中华人民共和国

交 通 法 规 汇 编

（2017）

中华人民共和国交通运输部　编

人民交通出版社股份有限公司
China Communications Press Co.,Ltd.

图书在版编目(CIP)数据

中华人民共和国交通法规汇编. 2017 / 中华人民共和国交通运输部编. — 北京: 人民交通出版社股份有限公司, 2018.8

ISBN 978-7-114-14867-5

Ⅰ.①中…　Ⅱ.①中…　Ⅲ.①交通运输管理—法规—汇编—中国—2017　Ⅳ.①D922.149

中国版本图书馆 CIP 数据核字(2018)第 157739 号

书　　名: **中华人民共和国交通法规汇编**(2017)
著 作 者: 中华人民共和国交通运输部
责任编辑: 郭红蕊　朱明周
责任校对: 尹　静
责任印刷: 张　凯
出版发行: 人民交通出版社股份有限公司
地　　址: (100011)北京市朝阳区安定门外外馆斜街 3 号
网　　址: http://www.ccpress.com.cn
销售电话: (010)59757973
总 经 销: 人民交通出版社股份有限公司发行部
经　　销: 各地新华书店
印　　刷: 北京虎彩文化传播有限公司
开　　本: 880 × 1230　1/32
印　　张: 37
字　　数: 991 千
版　　次: 2018 年 8 月　第 1 版
印　　次: 2018 年 8 月　第 1 次印刷
书　　号: ISBN 978-7-114-14867-5
定　　价: 180.00 元

编 辑 说 明

一、本卷汇编收集了2017年公布的交通运输以及与交通运输相关的法律、法规、规章、规范性文件，共106件。因篇幅所限，16件民航类规章未收录正文。

二、本卷汇编收集的内容包括：2017年交通运输部公布的规章和部分规范性文件；部分地方交通运输法规和规章；部分与交通运输有关的法律、行政法规及规范性文件。附录中收录了2017年由交通运输部规章废止的规章和规范性文件目录。

三、本卷汇编的内容按下列顺序编制：规划与政策指导，公路建设养护管理，水运管理，道路运输管理，安全质量监督，海事管理，法治建设，科技、教育与审计，铁路、民航与邮政管理，其他，部分地方交通运输法规规章，附录。

四、本卷汇编收录的所有文件以《立法法》规定的标准文本以及官方印发的文本为准。

目　　录

规划与政策指导

公路建设养护管理

水 运 管 理

道路运输管理

安全质量监督

海 事 管 理

法治建设

科技、教育与审计

铁路、民航与邮政管理

其　他

部分地方交通运输法规规章

附　　录

规划与政策指导

“十三五”现代综合交通运输体系发展规划

国发〔2017〕11号　2017.02.03

交通运输是国民经济中基础性、先导性、战略性产业，是重要的服务性行业。构建现代综合交通运输体系，是适应把握引领经济发展新常态，推进供给侧结构性改革，推动国家重大战略实施，支撑全面建成小康社会的客观要求。根据《中华人民共和国国民经济和社会发展第十三个五年规划纲要》，并与“一带一路”建设、京津冀协同发展、长江经济带发展等规划相衔接，制定本规划。

一、总体要求

（一）发展环境。

“十二五”时期，我国各种交通运输方式快速发展，综合交通运输体系不断完善，较好完成规划目标任务，总体适应经济社会发展要求。交通运输基础设施累计完成投资13.4万亿元，是“十一五”时期的1.6倍，高速铁路营业里程、高速公路通车里程、城市轨道交通运营里程、沿海港口万吨级及以上泊位数量均位居世界第一，天然气管网加快发展，交通运输基础设施网络初步形成。铁路、民航客运量年均增长率超过10%，铁路客运动车组列车运量比重达到46%，全球集装箱吞吐量排名前十位的港口我国占7席，快递业务量年均增长50%以上，城际、城市和农村交通服务能力不断增强，现代化综合交通枢纽场站一体化衔接水平不断提升。高速铁路装备制造科技创新取得重大突破，电动汽车、特种船舶、国产大型客机、中低速磁悬浮轨道交通等领域技术研发和应用取得进展，技术装备水平大幅提高，交通重大工程施工技术世界领先，走出去步伐不断加快。高速公路电子不停车收费系统（ETC）实现全国联网，新能源运输装备加快推广，交通运输安全应急保障能力进一步提高。铁路管理体制改革顺利实施,大部门管理体制初步建立,交通行政审批改革不断深化,运价改革、投融资改革扎实推进。

专栏1 "十二五"末交通基础设施完成情况

指　　标	单位	2010年	2015年	2015年规划目标
铁路营业里程	万公里	9.1	12.1	12
其中:高速铁路	万公里	0.51	1.9	—
铁路复线率	%	41	53	50
铁路电气化率	%	47	61	60
公路通车里程	万公里	400.8	458	450
其中:国家高速公路	万公里	5.8	8.0	8.3
普通国道二级及以上比重	%	60	69.4	70
乡镇通沥青(水泥)路率	%	96.6	98.6	98
建制村通沥青(水泥)路率	%	81.7	94.5	90
内河高等级航道里程	万公里	1.02	1.36	1.3
油气管网里程	万公里	7.9	11.2	15
城市轨道交通运营里程	公里	1400	3300	3000
沿海港口万吨级及以上泊位数	个	1774	2207	2214
民用运输机场数	个	175	207	230

注:国家高速公路里程统计口径为原"7918"国家高速公路网。

"十三五"时期,交通运输发展面临的国内外环境错综复杂。从国际看,全球经济在深度调整中曲折复苏,新的增长动力尚未形成,新一轮科技革命和产业变革正在兴起,区域合作格局深度调整,能源格局深刻变化。从国内看,"十三五"时期是全面建成小康社会决胜阶段,经济发展进入新常态,生产力布局、产业结构、消费及流通格局将加速变化调整。与"十三五"经济社会发展要求相比，综合交通运输发展水平仍然存在一定差距，主要是：网络布局不完善，跨区域通道、国际通道连通不足，中西部地区、贫困地区和城市群交通发展短板明显；综合交通枢纽建设相对滞后，城市内外交通衔接不畅，信息开放共享水平不高，一体化运输服务水平亟待提升，交通运输安全形势依然严峻；适应现代综合交通运输体系发展的体制机制尚不健全，铁路市场化、空域管理、油气管网运营体制、交通投融资等方面改革仍需深化。

综合判断，“十三五”时期，我国交通运输发展正处于支撑全面建成小康社会的攻坚期、优化网络布局的关键期、提质增效升级的转型期，将进入现代化建设新阶段。站在新的发展起点上，交通运输要准确把握经济发展新常态下的新形势、新要求，切实转变发展思路、方式和路径，优化结构、转换动能、补齐短板、提质增效，更好满足多元、舒适、便捷等客运需求和经济、可靠、高效等货运需求；要突出对“一带一路”建设、京津冀协同发展、长江经济带发展和新型城镇化、脱贫攻坚的支撑保障，着力消除瓶颈制约，提升运输服务的协同性和均等化水平；要更加注重提高交通安全和应急保障能力，提升绿色、低碳、集约发展水平；要适应国际发展新环境，提高国际通道保障能力和互联互通水平，有效支撑全方位对外开放。

（二）指导思想。

全面贯彻党的十八大和十八届二中、三中、四中、五中、六中全会精神，深入贯彻习近平总书记系列重要讲话精神和治国理政新理念新思想新战略，认真落实党中央、国务院决策部署，统筹推进“五位一体”总体布局和协调推进“四个全面”战略布局，牢固树立和贯彻落实新发展理念，以提高发展质量和效益为中心，深化供给侧结构性改革，坚持交通运输服务人民，着力完善基础设施网络、加强运输服务一体衔接、提高运营管理智能水平、推行绿色安全发展模式，加快完善现代综合交通运输体系，更好地发挥交通运输的支撑引领作用，为全面建成小康社会奠定坚实基础。

（三）基本原则。

衔接协调、便捷高效。充分发挥各种运输方式的比较优势和组合效率，提升网络效应和规模效益。加强区域城乡交通运输一体化发展，增强交通公共服务能力，积极引导新生产消费流通方式和新业态新模式发展，扩大交通多样化有效供给，全面提升服务质量效率，实现人畅其行、货畅其流。

适度超前、开放融合。有序推进交通基础设施建设，完善功能布局，强化薄弱环节，确保运输能力适度超前，更好发挥交通先行官作用。坚持建设、运营、维护并重，推进交通与产业融合。积极推进与周边国家互联互通，构建国际大通道，为更高水平、更深层次的开放型经济发展提供支撑。

创新驱动、安全绿色。全面推广应用现代信息技术，以智能化带动交通运输现代化。深化体制机制改革，完善市场监管体系，提高综合治理能力。牢固树立安全第一理念，全面提高交通运输的安全性和可靠性。将生态保护红线意识贯穿到交通发展各环节，建立绿色发展长效机制，建设美丽交通走廊。

（四）主要目标。

到 2020 年，基本建成安全、便捷、高效、绿色的现代综合交通运输体系，部分地区和领域率先基本实现交通运输现代化。

网络覆盖加密拓展。高速铁路覆盖 80% 以上的城区常住人口 100 万以上的城市，铁路、高速公路、民航运输机场基本覆盖城区常住人口 20 万以上的城市，内河高等级航道网基本建成，沿海港口万吨级及以上泊位数稳步增加，具备条件的建制村通硬化路，城市轨道交通运营里程比 2015 年增长近一倍，油气主干管网快速发展，综合交通网总里程达到 540 万公里左右。

综合衔接一体高效。各种运输方式衔接更加紧密，重要城市群核心城市间、核心城市与周边节点城市间实现 1 ~ 2 小时通达。打造一批现代化、立体式综合客运枢纽，旅客换乘更加便捷。交通物流枢纽集疏运系统更加完善，货物换装转运效率显著提高，交邮协同发展水平进一步提升。

运输服务提质升级。全国铁路客运动车服务比重进一步提升，民航航班正常率逐步提高，公路交通保障能力显著增强，公路货运车型标准化水平大幅提高、货车空驶率大幅下降，集装箱铁水联运比重明显提升，全社会运输效率明显提高。公共服务水平显著提升，实现村村直接通邮、具备条件的建制村通客车，城市公共交通出行比例不断提高。

智能技术广泛应用。交通基础设施、运载装备、经营业户和从业人员等基本要素信息全面实现数字化，各种交通方式信息交换取得突破。全国交通枢纽站点无线接入网络广泛覆盖。铁路信息化水平大幅提升，货运业务实现网上办理，客运网上售票比例明显提高。基本实现重点城市群内交通一卡通互通，车辆安装使用ETC比例大幅提升。交通运输行业北斗卫星导航系统前装率和使用率显著提高。

绿色安全水平提升。城市公共交通、出租车和城市配送领域新能源汽车快速发展。资源节约集约利用和节能减排成效显著，交通运输主要污染物排放强度持续下降。交通运输安全监管和应急保障能力显著提高，重特大事故得到有效遏制，安全水平明显提升。

专栏2 “十三五”综合交通运输发展主要指标

指标名称		2015年	2020年	属性
基础设施	铁路营业里程(万公里)	12.1	15	预期性
	高速铁路营业里程(万公里)	1.9	3.0	预期性
	铁路复线率(%)	53	60	预期性
	铁路电气化率(%)	61	70	预期性
	公路通车里程(万公里)	458	500	预期性
	高速公路建成里程(万公里)	12.4	15	预期性
	内河高等级航道里程(万公里)	1.36	1.71	预期性
	沿海港口万吨级及以上泊位数(个)	2207	2527	预期性
	民用运输机场数(个)	207	260	预期性
	通用机场数(个)	300	500	预期性
	建制村通硬化路率(%)	94.5	99	约束性
	城市轨道交通运营里程(公里)	3300	6000	预期性
	油气管网里程(万公里)	11.2	16.5	预期性

续上表

指标名称		2015年	2020年	属性
运输服务	动车组列车承担铁路客运量比重(%)	46	60	预期性
	民航航班正常率(%)	67	80	预期性
	建制村通客车率(%)	94	99	约束性
	公路货运车型标准化率(%)	50	80	预期性
	集装箱铁水联运量年均增长率(%)	10		预期性
	城区常住人口100万以上城市建成区公交站点500米覆盖率(%)	90	100	约束性
智能交通	交通基本要素信息数字化率(%)	90	100	预期性
	铁路客运网上售票率(%)	60	70	预期性
	公路客车ETC使用率(%)	30	50	预期性
绿色安全	交通运输 CO_2 排放强度下降率(%)	7*	预期性	
	道路运输较大以上等级行车事故死亡人数下降率(%)	20*	约束性	

注:①硬化路一般指沥青(水泥)路,对于西部部分建设条件特别困难、高海拔高寒和交通需求小的地区,可扩展到石质、混凝土预制块、砖铺、砂石等路面的公路。

②通用机场统计含起降点。

③排放强度指按单位运输周转量计算的 CO_2(二氧化碳)排放。

④*:与"十二五"末相比。

二、完善基础设施网络化布局

(一)建设多向连通的综合运输通道。

构建横贯东西、纵贯南北、内畅外通的"十纵十横"综合运输大通道,加快实施重点通道连通工程和延伸工程,强化中西部和东北地区通道建设。贯通上海至瑞丽等运输通道,向东向西延伸西北北部等运输通道,将沿江运输通道由成都西延至日喀则。推进北京至昆明、北京至港澳台、烟台至重庆、二连浩特至湛江、额济纳至广州等纵向新通道建设，沟通华北、西北至西南、华南等地区；推进福州至银川、厦门至喀什、汕头至昆明、绥芬河至满洲里等横向新通道建设，沟通西北、西南至华东地区，强化进出疆、出入藏通道建设。做好国内综合运输通道对外衔接。规划建设环绕我国陆域的沿边通道。

专栏3　综合运输通道布局

（一）纵向综合运输通道。

1. 沿海运输通道。起自同江，经哈尔滨、长春、沈阳、大连、秦皇岛、天津、烟台、青岛、连云港、南通、上海、宁波、福州、厦门、汕头、广州、湛江、海口，至防城港、至三亚。

2. 北京至上海运输通道。起自北京，经天津、济南、蚌埠、南京，至上海、至杭州。

3. 北京至港澳台运输通道。起自北京，经衡水、菏泽、商丘、九江、南昌、赣州、深圳，至香港（澳门）；支线经合肥、黄山、福州，至台北。

4. 黑河至港澳运输通道。起自黑河，经齐齐哈尔、通辽、沈阳、北京、石家庄、郑州、武汉、长沙、广州，至香港（澳门）。

5. 二连浩特至湛江运输通道。起自二连浩特，经集宁、大同、太原、洛阳、襄阳、宜昌、怀化，至湛江。

6. 包头至防城港运输通道。起自包头（满都拉），经延安、西安、重庆、贵阳、南宁，至防城港。

7. 临河至磨憨运输通道。起自临河（甘其毛都），经银川、平凉、宝鸡、重庆、昆明，至磨憨、至河口。

8. 北京至昆明运输通道。起自北京，经太原、西安、成都（重庆），至昆明。

9. 额济纳至广州运输通道。起自额济纳（策克），经酒泉（嘉峪关）、西宁（兰州）、成都、泸州（宜宾）、贵阳、桂林，至广州。

10. 烟台至重庆运输通道。起自烟台，经潍坊、济南、郑州、南阳、襄阳，至重庆。

（二）横向综合运输通道。

1. 绥芬河至满洲里运输通道。起自绥芬河，经牡丹江、哈尔滨、齐齐哈尔，至满洲里。

2. 珲春至二连浩特运输通道。起自珲春，经长春、通辽、锡林浩特，至二连浩特。

3. 西北北部运输通道。起自天津（唐山、秦皇岛），经北京、呼和浩特、临河、哈密、吐鲁番、库尔勒、喀什，至吐尔尕特、至伊尔克什坦、至红其拉甫；西端支线自哈密，经将军庙，至阿勒泰（吉木乃）。

4. 青岛至拉萨运输通道。起自青岛，经济南、德州、石家庄、太原、银川、兰州、西宁、格尔木，至拉萨。

5. 陆桥运输通道。起自连云港，经徐州、郑州、西安、兰州、乌鲁木齐、精河，至阿拉山口、至霍尔果斯。

6. 沿江运输通道。起自上海，经南京、芜湖、九江、武汉、岳阳、重庆、成都、林芝、拉萨、日喀则，至亚东、至樟木。

7. 上海至瑞丽运输通道。起自上海（宁波），经杭州、南昌、长沙、贵阳、昆明，至瑞丽。

8. 汕头至昆明运输通道。起自汕头，经广州、梧州、南宁、百色，至昆明。

9. 福州至银川运输通道。起自福州，经南昌、九江、武汉、襄阳、西安、庆阳，至银川。

10. 厦门至喀什运输通道。起自厦门，经赣州、长沙、重庆、成都、格尔木、若羌，至喀什。

（二）构建高品质的快速交通网。

以高速铁路、高速公路、民用航空等为主体，构建服务品质高、运行速度快的综合交通骨干网络。

推进高速铁路建设。加快高速铁路网建设，贯通京哈—京港澳、陆桥、沪昆、广昆等高速铁路通道，建设京港(台)、呼南、京昆、包(银)海、青银、兰(西)广、京兰、厦渝等高速铁路通道，拓展区域连接线，扩大高速铁路覆盖范围。

完善高速公路网络。加快推进由 7 条首都放射线、11 条北南纵线、18 条东西横线，以及地区环线、并行线、联络线等组成的国家高速公路网建设，尽快打通国家高速公路主线待贯通路段，推进建设年代较早、交通繁忙的国家高速公路扩容改造和分流路线建设。有序发展地方高速公路。加强高速公路与口岸的衔接。

完善运输机场功能布局。打造国际枢纽机场，建设京津冀、长三角、珠三角世界级机场群，加快建设哈尔滨、深圳、昆明、成都、重庆、西安、乌鲁木齐等国际航空枢纽，增强区域枢纽机场功能，实施部分繁忙干线机场新建、迁建和扩能改造工程。科学安排支线机场新建和改扩建，增加中西部地区机场数量，扩大航空运输服务覆盖面。推进以货运功能为主的机场建设。优化完善航线网络，推进国内国际、客运货运、干线支线、运输通用协调发展。加快空管基础设施建设，优化空域资源配置，推进军民航空管融合发展，提高空管服务保障水平。

专栏 4　快速交通网重点工程

(一)高速铁路。

建成北京至沈阳、北京至张家口至呼和浩特、大同至张家口、哈尔滨至牡丹江、石家庄至济南、济南至青岛、徐州至连云港、宝鸡至兰州、西安至成都、成都至贵阳、商丘至合肥至杭州、武汉至十堰、南昌至赣州等高速铁路。

建设银川至西安、贵阳至南宁、重庆至昆明、北京至商丘、济南至郑州、福州至厦门、西宁至成都、成都至自贡、兰州至中卫、黄冈至黄梅、十堰至西安、西安至延安、银川至包头、盐城至南通、杭州至绍兴至台州、襄阳至宜昌、赣州至深圳、长沙至赣州、南昌至景德镇至黄山、池州至黄山、安庆至九江、上海至湖州、杭州至温州、广州至汕尾、沈阳至敦化、牡丹江至佳木斯、郑州至万州、张家界至怀化、合肥至新沂等高速铁路。

（二）高速公路。

实施京新高速（G7）、呼北高速（G59）、银百高速（G69）、银昆高速（G85）、汕昆高速（G78）、首都地区环线（G95）等6条区际省际通道贯通工程；推进京哈高速（G1）、京沪高速（G2）、京台高速（G3）、京港澳高速（G4）、沈海高速（G15）、沪蓉高速（G42）、连霍高速（G30）、兰海高速（G75）等8条主通道扩容工程。推进深圳至中山跨江通道建设，新建精河至阿拉山口、二连浩特至赛汗塔拉、靖西至龙邦等连接口岸的高速公路。

（三）民用航空。

建成北京新机场、成都新机场以及承德、霍林郭勒、松原、白城、建三江、五大连池、上饶、信阳、武冈、岳阳、巫山、巴中、仁怀、澜沧、陇南、祁连、莎车、若羌、图木舒克、绥芬河、芜湖/宣城、瑞金、商丘、荆州、鄂州/黄冈、郴州、湘西、玉林、武隆、甘孜、黔北、红河等机场。

建设青岛、厦门、呼和浩特新机场，邢台、正蓝旗、丽水、安阳、乐山、元阳等机场。建设郑州等以货运功能为主的机场。研究建设大连新机场、聊城等机场。开展广州、三亚、拉萨新机场前期研究。

扩建上海浦东、广州、深圳、昆明、重庆、西安、乌鲁木齐、哈尔滨、长沙、武汉、郑州、海口、沈阳、贵阳、南宁、福州、兰州、西宁等机场。

推进京沪、京广、中韩、沪哈、沪昆、沪广、沪兰、胶昆等单向循环空中大通道建设，基本形成以单向运行为主的民航干线航路网格局。

（三）强化高效率的普通干线网。

以普速铁路、普通国道、港口、航道、油气管道等为主体，构建运行效率高、服务能力强的综合交通普通干线网络。

完善普速铁路网。加快中西部干线铁路建设,完善东部干线铁路网络,加快推进东北地区铁路提速改造,增强区际铁路运输能力,扩大路网覆盖面。实施既有铁路复线和电气化改造,提升路网质量。拓展对外通道,推进边境铁路建设,加强铁路与口岸的连通,加快实现与境外通道的有效衔接。

推进普通国道提质改造。加快普通国道提质改造,基本消除无铺装路面,全面提升保障能力和服务水平,重点加强西部地区、集中连片特困地区、老少边穷地区低等级普通国道升级改造和未贯通路段建设。推进口岸公路建设。加强普通国道日常养护,科学实施养护工程,强化大中修养护管理。推进普通国道服务区建设,提高服务水平。

完善水路运输网络。优化港口布局,推动资源整合,促进结构调整。强化航运中心功能,稳步推进集装箱码头项目,合理把握煤炭、矿石、原油码头建设节奏,有序推进液化天然气、商品汽车等码头建设。提升沿海和内河水运设施专业化水平,加快内河高等级航道建设,统筹航道整治与河道治理,增强长江干线航运能力,推进西江航运干线和京杭运河高等级航道扩能升级改造。

强化油气管网互联互通。巩固和完善西北、东北、西南和海上四大油气进口通道。新建和改扩建一批原油管道,对接西北、东北、西南原油进口管道和海上原油码头。结合油源供应、炼化基地布局,完善成品油管网,逐步提高成品油管输比例。大力推动天然气主干管网、区域管网和互联互通管网建设,加快石油、成品油储备项目和天然气调峰设施建设

专栏5　普通干线网重点工程

(一)普速铁路。

建成蒙西至华中、库尔勒至格尔木、成昆扩能等工程。建设川藏铁路、和田至若羌、黑河至乌伊岭、酒泉至额济纳、沪通铁路太仓至四团、兴国至永安至泉州、建宁至冠豸山、瑞金至梅州、宁波至金华等铁路,实施渝怀、集通、焦柳、中卫至固原等铁路改造工程。

（二）普通国道。

实现G219、G331等沿边国道三级及以上公路基本贯通，G228等沿海国道二级及以上公路基本贯通。建设G316、G318、G346、G347等4条长江经济带重要线路，实施G105、G107、G206、G310等4条国道城市群地区拥堵路段扩能改造，提升G211、G213、G215、G216、G335、G345、G356等7条线路技术等级。推进G219线昭苏至都拉塔口岸、G306线乌里雅斯太至珠恩嘎达布其口岸、G314线布伦口至红其拉甫口岸等公路升级改造。

（三）沿海港口。

稳步推进天津、青岛、上海、宁波—舟山、厦门、深圳、广州等港口集装箱码头建设。推进唐山、黄骅等北方港口煤炭装船码头以及南方公用煤炭接卸中转码头建设。实施黄骅、日照、宁波—舟山等港口铁矿石码头项目。推进唐山、日照、宁波—舟山、揭阳、洋浦等港口原油码头建设。有序推进商品汽车、液化天然气等专业化码头建设。

（四）内河高等级航道。

推进长江干线航道系统治理，改善上游航道条件，提升中下游航道水深，加快南京以下12.5米深水航道建设，研究实施武汉至安庆航道整治工程、长江口深水航道减淤治理工程。继续推进西江航运干线扩能，推进贵港以下一级航道建设。加快京杭运河山东段、江苏段、浙江段航道扩能改造以及长三角高等级航道整治工程。加快合裕线、淮河、沙颍河、赣江、信江、汉江、沅水、湘江、嘉陵江、乌江、岷江、右江、北盘江—红水河、柳江—黔江、黑龙江、松花江、闽江等高等级航道建设。

（五）油气管网。

建设中俄原油管道二线、仪长复线、连云港—仪征、日照—洛阳、日照—沾化、董家口—东营原油管道。新建樟树—株洲、湛江—北海、洛阳—临汾、三门峡—西安、永坪—晋中、鄂渝沿江等成品油管道，改扩建青藏成品油管道，适时建设蒙西、蒙东煤制油外输管道。建设中亚D线、中俄东线、西气东输三线(中段)、西气东输四线、西气东输五线、陕京四线、川气东送二线、新疆煤制气外输、鄂尔多斯—安平—沧州、青岛—南京、重庆—贵州—广西、青藏、闽粤、海口—徐闻等天然气管道，加快建设区域管网，适时建设储气库和煤层气、页岩气、煤制气外输管道。

(四)拓展广覆盖的基础服务网。

以普通省道、农村公路、支线铁路、支线航道等为主体，通用航空为补充，构建覆盖空间大、通达程度深、惠及面广的综合交通基础服务网络。

合理引导普通省道发展。积极推进普通省道提级、城镇过境段改造和城市群城际路段等扩容工程，加强与城市干道衔接，提高拥挤路段通行能力。强化普通省道与口岸、支线机场以及重要资源地、农牧林区和兵团团场等有效衔接。

全面加快农村公路建设。除少数不具备条件的乡镇、建制村外，全面完成通硬化路任务，有序推进较大人口规模的撤并建制村和自然村通硬化路建设，加强县乡村公路改造，进一步完善农村公路网络。加强农村公路养护，完善安全防护设施，保障农村地区基本出行条件。积极支持国有林场林区道路建设，将国有林场林区道路按属性纳入各级政府相关公路网规划。

积极推进支线铁路建设。推进地方开发性铁路、支线铁路和沿边铁路建设。强化与矿区、产业园区、物流园区、口岸等有效衔接，增强对干线铁路网的支撑作用。

加强内河支线航道建设。推进澜沧江等国际国境河流航道建设。加强长江、西江、京杭运河、淮河重要支流航道建设。推进金沙江、黄河中上游等中西部地区库湖区航运设施建设。

加快推进通用机场建设。以偏远地区、地面交通不便地区、自然灾害多发地区、农产品主产区、主要林区和旅游景区等为重点，推进200个以上通用机场建设，鼓励有条件的运输机场兼顾通用航空服务。

完善港口集疏运网络。加强沿海、长江干线主要港口集疏运铁路、公路建设。

专栏 6 基础服务网重点工程
（一）农村公路。 除少数不具备条件的乡镇、建制村外，全部实现通硬化路，新增 3.3 万个建制村通硬化路。改造约 25 万公里窄路基或窄路面路段。对约 65 万公里存在安全隐患的路段增设安全防护设施，改造约 3.6 万座农村公路危桥。有序推进较大人口规模的撤并建制村通硬化路 13.5 万公里。 （二）港口集疏运体系建设。 优先推进上海、大连、天津、宁波—舟山、厦门、南京、武汉、重庆等港口的铁路、公路连接线建设。加快推进营口、青岛、连云港、福州等其他主要港口的集疏运铁路、公路建设。支持唐山、黄骅、湄洲湾等地区性重要港口及其他港口的集疏运铁路、公路建设。新开工一批港口集疏运铁路，建设集疏运公路 1500 公里以上。

三、强化战略支撑作用

（一）打造"一带一路"互联互通开放通道。

着力打造丝绸之路经济带国际运输走廊。以新疆为核心区，以乌鲁木齐、喀什为支点，发挥陕西、甘肃、宁夏、青海的区位优势，连接陆桥和西北北部运输通道，逐步构建经中亚、西亚分别至欧洲、北非的西北国际运输走廊。发挥广西、云南开发开放优势，建设云南面向南亚东南亚辐射中心，构建广西面向东盟国际大通道，以昆明、南宁为支点，连接上海至瑞丽、临河至磨憨、济南至昆明等运输通道，推进西藏与尼泊尔等国交通合作，逐步构建衔接东南亚、南亚的西南国际运输走廊。发挥内蒙古联通蒙俄的区位优势，加强黑龙江、吉林、辽宁与俄远东地区陆海联运合作，连接绥芬河至满洲里、珲春至二连浩特、黑河至港澳、沿海等运输通道，构建至俄罗斯远东、蒙古、朝鲜半岛的东北国际运输走廊。积极推进与周边国家和地区铁路、公路、水运、管道连通项目建设，发挥民航网络灵活性优势，率先实现与周边国家和地区互联互通。

加快推进21世纪海上丝绸之路国际通道建设。以福建为核心区，利用沿海地区开放程度高、经济实力强、辐射带动作用大的优势，提升沿海港口服务能力，加强港口与综合运输大通道衔接，拓展航空国际支撑功能，完善海外战略支点布局，构建连通内陆、辐射全球的21世纪海上丝绸之路国际运输通道。

加强"一带一路"通道与港澳台地区的交通衔接。强化内地与港澳台的交通联系，开展全方位的交通合作，提升互联互通水平。支持港澳积极参与和助力"一带一路"建设，并为台湾地区参与"一带一路"建设做出妥善安排。

（二）构建区域协调发展交通新格局。

强化区域发展总体战略交通支撑。按照区域发展总体战略要求，西部地区着力补足交通短板，强化内外联通通道建设，改善落后偏远地区通行条件；东北地区提高进出关通道运输能力，提升综合交通网质量；中部地区提高贯通南北、连接东西的通道能力，提升综合交通枢纽功能；东部地区着力优化运输结构，率先建成现代综合交通运输体系。

构建京津冀协同发展的一体化网络。建设以首都为核心的世界级城市群交通体系，形成以"四纵四横一环"运输通道为主骨架、多节点、网格状的区域交通新格局。重点加强城际铁路建设，强化干线铁路与城际铁路、城市轨道交通的高效衔接，加快构建内外疏密有别、高效便捷的轨道交通网络，打造"轨道上的京津冀"。加快推进国家高速公路待贯通路段建设，提升普通国省干线技术等级，强化省际衔接路段建设。加快推进天津北方国际航运核心区建设，加强港口规划与建设的协调，构建现代化的津冀港口群。加快构建以枢纽机场为龙头、分工合作、优势互补、协调发展的世界级航空机场群。完善区域油气储运基础设施。

建设长江经济带高质量综合立体交通走廊。坚持生态优先、绿色发展，提升长江黄金水道功能。统筹推进干线航道系统化治理和支线航道建设，研究建设三峡枢纽水运新通道。优化长江岸线利用与港口布局，积极推进专业化、规模化、现代化港区建设，强化集疏运配套，促进区域港口一体化发展。发展现代航运服务，建设武汉、重庆长江中上游航运中心及南京区域性航运物流中心和舟山江海联运服务中心，实施长江船型标准化。加快铁路建设步伐，建设沿江高速铁路。统筹推进高速公路建设，加快高等级公路建设。完善航空枢纽布局与功能，拓展航空运输网络。建设沿江油气主干管道，推动管网互联互通。

（三）发挥交通扶贫脱贫攻坚基础支撑作用。

强化贫困地区骨干通道建设。以革命老区、民族地区、边疆地区、集中连片特殊困难地区为重点，加强贫困地区对外运输通道建设。加强贫困地区市（地、州、盟）之间、县（市、区、旗）与市（地、州、盟）之间高等级公路建设，实施具有对外连接功能的重要干线公路提质升级工程。加快资源丰富和人口相对密集贫困地区开发性铁路建设。在具备水资源开发条件的农村地区，统筹内河航电枢纽建设和航运发展。

夯实贫困地区交通基础。实施交通扶贫脱贫“双百”工程，加快推动既有县乡公路提级改造，增强县乡城镇中心的辐射带动能力。加快通乡连村公路建设，鼓励有需求的相邻县、相邻乡镇、相邻建制村之间建设公路。改善特色小镇、农村旅游景点景区、产业园区和特色农业基地等交通运输条件。

（四）发展引领新型城镇化的城际城市交通。

推进城际交通发展。加快建设京津冀、长三角、珠三角三大城市群城际铁路网，推进山东半岛、海峡西岸、中原、长江中游、成渝、关中平原、北部湾、哈长、辽中南、山西中部、呼包鄂榆、黔中、滇中、兰州—西宁、宁夏沿黄、天山北坡等城市群城际铁路建设，形成以轨道交通、高速公路为骨干，普通公路为基础，水路为补充，民航有效衔接的多层次、便捷化城际交通网络。

加强城市交通建设。完善优化超大、特大城市轨道交通网络，推进城区常住人口300万以上的城市轨道交通成网。加快建设大城市市域(郊)铁路,有效衔接大中小城市、新城新区和城镇。优化城市内外交通,完善城市交通路网结构,提高路网密度,形成城市快速路、主次干路和支路相互配合的道路网络,打通微循环。推进城市慢行交通设施和公共停车场建设。

四、加快运输服务一体化进程

(一)优化综合交通枢纽布局。

完善综合交通枢纽空间布局。结合全国城镇体系布局,着力打造北京、上海、广州等国际性综合交通枢纽,加快建设全国性综合交通枢纽,积极建设区域性综合交通枢纽,优化完善综合交通枢纽布局,完善集疏运条件,提升枢纽一体化服务功能。

专栏7　综合交通枢纽布局

(一)国际性综合交通枢纽。

重点打造北京—天津、上海、广州—深圳、成都—重庆国际性综合交通枢纽,建设昆明、乌鲁木齐、哈尔滨、西安、郑州、武汉、大连、厦门等国际性综合交通枢纽,强化国际人员往来、物流集散、中转服务等综合服务功能,打造通达全球、衔接高效、功能完善的交通中枢。

(二)全国性综合交通枢纽。

全面提升长春、沈阳、石家庄、青岛、济南、南京、合肥、杭州、宁波、福州、海口、太原、长沙、南昌—九江、贵阳、南宁、兰州、呼和浩特、银川、西宁、拉萨、秦皇岛—唐山、连云港、徐州、湛江、大同等综合交通枢纽功能,提升部分重要枢纽的国际服务功能。推进烟台、潍坊、齐齐哈尔、吉林、营口、邯郸、包头、通辽、榆林、宝鸡、泉州、喀什、库尔勒、赣州、上饶、蚌埠、芜湖、洛阳、商丘、无锡、温州、金华—义乌、宜昌、襄阳、岳阳、怀化、泸州—宜宾、攀枝花、酒泉—嘉峪关、格尔木、大理、曲靖、遵义、桂林、柳州、汕头、三亚等综合交通枢纽建设,优化中转设施和集疏运网络,促进各种运输方式协调高效,扩大辐射范围。

（三）区域性综合交通枢纽及口岸枢纽。

推进一批区域性综合交通枢纽建设，提升对周边的辐射带动能力，加强对综合运输大通道和全国性综合交通枢纽的支撑。

推进丹东、珲春、绥芬河、黑河、满洲里、二连浩特、甘其毛都、策克、巴克图、吉木乃、阿拉山口、霍尔果斯、吐尔尕特、红其拉甫、樟木、亚东、瑞丽、磨憨、河口、龙邦、凭祥、东兴等沿边重要口岸枢纽建设。

提升综合客运枢纽站场一体化服务水平。按照零距离换乘要求，在全国重点打造150个开放式、立体化综合客运枢纽。科学规划设计城市综合客运枢纽，推进多种运输方式统一设计、同步建设、协同管理，推动中转换乘信息互联共享和交通导向标识连续、一致、明晰，积极引导立体换乘、同台换乘。

促进货运枢纽站场集约化发展。按照无缝衔接要求，优化货运枢纽布局，推进多式联运型和干支衔接型货运枢纽（物流园区）建设，加快推进一批铁路物流基地、港口物流枢纽、航空转运中心、快递物流园区等规划建设和设施改造，提升口岸枢纽货运服务功能，鼓励发展内陆港。

促进枢纽站场之间有效衔接。强化城市内外交通衔接，推进城市主要站场枢纽之间直接连接，有序推进重要港区、物流园区等直通铁路，实施重要客运枢纽的轨道交通引入工程，基本实现利用城市轨道交通等骨干公交方式连接大中型高铁车站以及年吞吐量超过1000万人次的机场。

（二）提升客运服务安全便捷水平。

推进旅客联程运输发展。促进不同运输方式运力、班次和信息对接，鼓励开展空铁、公铁等联程运输服务。推广普及电子客票、联网售票，健全身份查验制度，加快完善旅客联程、往返、异地等出行票务服务系统，完善铁路客运线上服务功能。推行跨运输方式异地候机候车、行李联程托运等配套服务。鼓励第三方服务平台发展“一票制”客运服务。

完善区际城际客运服务。优化航班运行链条，着力提升航班正常率，提高航空服务能力和品质。拓展铁路服务网络，扩大高铁服务范围，提升动车服务品质，改善普通旅客列车服务水平。发展大站快车、站站停等多样化城际铁路服务，提升中心城区与郊区之间的通勤化客运水平。按照定线、定时、定点要求，推进城际客运班车公交化运行。探索创新长途客运班线运输服务模式。

发展多层次城市客运服务。大力发展公共交通，推进公交都市建设，进一步提高公交出行分担率。强化城际铁路、城市轨道交通、地面公交等运输服务有机衔接，支持发展个性化、定制化运输服务，因地制宜建设多样化城市客运服务体系。

推进城乡客运服务一体化。推动城市公共交通线路向城市周边延伸，推进有条件的地区实施农村客运班线公交化改造。鼓励发展镇村公交，推广农村客运片区经营模式，实现具备条件的建制村全部通客车，提高运营安全水平。

（三）促进货运服务集约高效发展。

推进货物多式联运发展。以提高货物运输集装化和运载单元标准化为重点，积极发展大宗货物和特种货物多式联运。完善铁路货运线上服务功能，推动公路甩挂运输联网。制定完善统一的多式联运规则和多式联运经营人管理制度，探索实施“一单制”联运服务模式，引导企业加强信息互联和联盟合作。

统筹城乡配送协调发展。加快建设城市货运配送体系，在城市周边布局建设公共货运场站，完善城市主要商业区、社区等末端配送节点设施，推动城市中心铁路货场转型升级为城市配送中心，优化车辆便利化通行管控措施。加快完善县、乡、村三级物流服务网络，统筹交通、邮政、商务、供销等农村物流资源，推广“多站合一”的物流节点建设，积极推广农村“货运班线”等服务模式。

促进邮政快递业健康发展。以邮区中心局为核心、邮政网点为支撑、村邮站为延伸，加快完善邮政普遍服务网络。推动重要枢纽的邮政和快递功能区建设，实施快递“上车、上船、上飞机”工程，鼓励利用铁路快捷运力运送快件。推进快递“向下、向西、向外”工程，推动快递网络下沉至乡村，扩大服务网络覆盖范围，基本实现乡乡设网点、村村通快递。

推进专业物流发展。加强大件运输管理，健全跨区域、跨部门联合审批机制，推进网上审批、综合协调和互联互认。加快发展冷链运输，完善全程温控相关技术标准和服务规范。加强危险货物全程监管，健全覆盖多种运输方式的法律体系和标准规范，创新跨区域联网联控技术手段和协调机制。

（四）增强国际化运输服务能力。

完善国际运输服务网络。完善跨境运输走廊，增加便利货物和人员运输协定过境站点和运输线路。有效整合中欧班列资源，统一品牌，构建“点对点”整列直达、枢纽节点零散中转的高效运输组织体系。加强港航国际联动，鼓励企业建设海外物流中心，推进国际陆海联运、国际甩挂运输等发展。拓展国际航空运输市场，建立海外运营基地和企业，提升境外落地服务水平。完善国际邮件处理中心布局，支持建设一批国际快件转运中心和海外仓，推进快递业跨境发展。

提高国际运输便利化水平。进一步完善双多边运输国际合作机制，加快形成“一站式”口岸通关模式。推动国际运输管理与服务信息系统建设，促进陆路口岸信息资源交互共享。依托区域性国际网络平台，加强与“一带一路”沿线国家和地区在技术标准、数据交换、信息安全等方面的交流合作。积极参与国际和区域运输规则制修订，全面提升话语权与影响力。

鼓励交通运输走出去。推动企业全方位开展对外合作，通过投资、租赁、技术合作等方式参与海外交通基础设施的规划、设计、建设和运营。积极开展轨道交通一揽子合作，提升高铁、城市轨道交通等重大装备综合竞争力，加快自主品牌汽车走向国际，推动各类型国产航空装备出口，开拓港口机械、液化天然气船等船舶和海洋工程装备国际市场。

（五）发展先进适用的技术装备。

推进先进技术装备自主化。提升高铁、大功率电力机车、重载货车、中低速磁悬浮轨道交通等装备技术水平，着力研制和应用中国标准动车组谱系产品，研发市域（郊）铁路列车，创新发展下一代高速列车，加快城市轨道交通装备关键技术产业化。积极发展公路专用运输车辆、大型厢式货车和城市配送车辆，鼓励发展大中型高档客车，大力发展安全、实用、经济型乡村客车。发展多式联运成套技术装备，提高集装箱、特种运输等货运装备使用比重。继续发展大型专业化运输船舶。实施适航攻关工程，积极发展国产大飞机和通用航空器。

促进技术装备标准化发展。加快推进铁路多式联运专用装备和机具技术标准体系建设。积极推动载货汽车标准化，加强车辆公告、生产、检测、注册登记、营运使用等环节的标准衔接。加快推进内河运输船舶标准化，大力发展江海直达船舶。推广应用集装化和单元化装载技术。建立共享服务平台标准化网络接口和单证自动转换标准格式。

专栏8　提升综合运输服务行动计划

（一）旅客联程运输专项行动。

建设公众出行公共信息服务平台，为旅客提供一站式综合信息服务。推进跨运输方式的客运联程系统建设，实现不同运输方式间有效衔接。鼓励企业完善票务服务系统，提高联程、往返和异地票务服务便捷性。

（二）多式联运专项行动。

加快完善货运枢纽多式联运服务功能，支持运载单元、快速转运设备、运输工具、停靠与卸货站点的标准化建设改造，加快多式联运信息资源共享，鼓励组织模式、管理模式和重大技术创新，培育一批具有跨运输方式货运组织能力并承担全程责任的多式联运经营企业。

（三）货车标准化专项行动。

按照“政策引导消化存量、强化标准严把增量”的原则，引导发展符合国家标准要求、技术性能先进的车辆运输车、液体危险货物罐车、模块化汽车列车等货运车辆，强化对非法改装、超限超载货运车辆的治理，推动建立门类齐备、技术合理的货运车型标准体系，推进标准化货运车型广泛应用。

（四）城乡交通一体化专项行动。

选取100个左右县级行政区组织开展城乡交通一体化推进行动，完善农村客货运服务网络，支持农村客货运场站网络建设和改造，鼓励创新农村客运和物流配送组织模式，推广应用农村客运标准化车型，推进城乡客运、城乡配送协调发展。

（五）公交都市建设专项行动。

在地市级及以上城市全面推进公交都市建设，新能源公交车比例不低于35%，城区常住人口300万以上城市基本建成公交专用道网络，整合城市公交运输资源，发展新型服务模式，全面提升城市公共交通服务效率和品质。

五、提升交通发展智能化水平

（一）促进交通产业智能化变革。

实施“互联网+”便捷交通、高效物流行动计划。将信息化智能化发展贯穿于交通建设、运行、服务、监管等全链条各环节，推动云计算、大数据、物联网、移动互联网、智能控制等技术与交通运输深度融合，实现基础设施和载运工具数字化、网络化，运营运行智能化。利用信息平台集聚要素，驱动生产组织和管理方式转变，全面提升运输效率和服务品质。

培育壮大智能交通产业。以创新驱动发展为导向，针对发展短板，着眼市场需求，大力推动智能交通等新兴前沿领域创新和产业化。鼓励交通运输科技创新和新技术应用，加快建立技术、市场和资本共同推动的智能交通产业发展模式。

（二）推动智能化运输服务升级。

推行信息服务“畅行中国”。推进交通空间移动互联网化，建设形成旅客出行与公务商务、购物消费、休闲娱乐相互渗透的“交通移动空间”。支持互联网企业与交通运输企业、行业协会等整合完善各类交通信息平台，提供综合出行信息服务。完善危险路段与事故区域的实时状态感知和信息告警推送服务。推进交通一卡通跨区（市）域、跨运输方式互通。

发展“一站式”“一单制”运输组织。推动运营管理系统信息化改造，推进智能协同调度。研究铁路客票系统开放接入条件，与其他运输方式形成面向全国的“一站式”票务系统，加快移动支付在交通运输领域应用。推动使用货运电子运单，建立包含基本信息的电子标签，形成唯一赋码与电子身份，推动全流程互认和可追溯，加快发展多式联运“一单制”。

（三）优化交通运行和管理控制。

建立高效运转的管理控制系统。建设综合交通运输运行协调与应急调度指挥中心，推进部门间、运输方式间的交通管理联网联控在线协同和应急联动。全面提升铁路全路网列车调度指挥和运输管理智能化水平。开展新一代国家交通控制网、智慧公路建设试点，推动路网管理、车路协同和出行信息服务的智能化。建设智慧港航和智慧海事，提高港口管理水平和服务效率，提升内河高等级航道运行状态在线监测能力。发展新一代空管系统，加强航空公司运行控制体系建设。推广应用城市轨道交通自主化全自动运行系统、基于无线通信的列车控制系统等，促进不同线路和设备之间相互联通。优化城市交通需求管理，提升城市交通智能化管理水平。

提升装备和载运工具智能化自动化水平。拓展铁路计算机联锁、编组站系统自动化应用，推进全自动集装箱码头系统建设，有序发展无人机自动物流配送。示范推广车路协同技术，推广应用智能车载设备，推进全自动驾驶车辆研发，研究使用汽车电子标识。建设智能路侧设施，提供网络接入、行驶引导和安全告警等服务。

（四）健全智能决策支持与监管。

完善交通决策支持系统。增强交通规划、投资、建设、价格等领域信息化综合支撑能力，建设综合交通运输统计信息资源共享平台。充分利用政府和企业的数据信息资源，挖掘分析人口迁徙、公众出行、枢纽客货流、车辆船舶行驶等特征和规律，加强对交通发展的决策支撑。

提高交通行政管理信息化水平。推动在线行政许可"一站式"服务，推进交通运输许可证件（书）数字化，促进跨区域、跨部门行政许可信息和服务监督信息互通共享。加强全国治超联网管理信息系统建设，加快推动交通运输行政执法电子化，推进非现场执法系统试点建设，实现异地交换共享和联防联控。加强交通运输信用信息、安全生产等信息系统与国家相关平台的对接。

（五）加强交通发展智能化建设。

打造泛在的交通运输物联网。推动运行监测设备与交通基础设施同步建设。强化全面覆盖交通网络基础设施风险状况、运行状态、移动装置走行情况、运行组织调度信息的数据采集系统，形成动态感知、全面覆盖、泛在互联的交通运输运行监控体系。

构建新一代交通信息基础网络。加快车联网、船联网等建设。在民航、高铁等载运工具及重要交通线路、客运枢纽站点提供高速无线接入互联网公共服务。建设铁路下一代移动通信系统，布局基于下一代互联网和专用短程通信的道路无线通信网。研究规划分配智能交通专用频谱。

推进云计算与大数据应用。增强国家交通运输物流公共信息平台服务功能。强化交通运输信息采集、挖掘和应用，促进交通各领域数据资源综合开发利用和跨部门共享共用。推动交通旅游服务等大数据应用示范。鼓励开展交通大数据产业化应用，推进交通运输电子政务云平台建设。

保障交通网络信息安全。构建行业网络安全信任体系，基本实现重要信息系统和关键基础设施的安全可控，提升抗毁性和容灾恢复能力。加强大数据环境下防攻击、防泄露、防窃取的网络安全监测预警和应急处置能力建设。加强交通运输数据保护，防止侵犯个人隐私和滥用用户信息等行为。

专栏9　交通运输智能化发展重点工程

（一）高速铁路、民用航空器接入互联网工程。

选取示范高速铁路线路，提供基于车厢内公众移动通信和无线网的高速宽带互联网接入服务。选取示范国内民用航空器，提供空中接入互联网服务。

（二）交通运输数据资源共享开放工程。

建设综合交通运输大数据中心，形成数据开放共享平台。增强国家交通运输物流公共信息平台服务功能，着力推动跨运输方式、跨部门、跨区域、跨国界交通物流信息开放与共享。

（三）综合交通枢纽协同运行与服务示范工程。

在京津冀、长江经济带开展综合交通枢纽协同运行与服务示范，建设信息共享与服务平台、应急联动和协调指挥调度决策支持平台，实现城市公交与对外交通之间动态组织、灵活调度。

（四）新一代国家交通控制网示范工程。

选取公路路段和中心城市，在公交智能控制、营运车辆智能协同、安全辅助驾驶等领域开展示范工程，应用高精度定位、先进传感、移动互联、智能控制等技术，提升交通调度指挥、运输组织、运营管理、安全应急、车路协同等领域智能化水平。

（五）高速公路电子不停车收费系统（ETC）应用拓展工程。

提高全国高速公路ETC车道覆盖率。提高ETC系统安装、缴费等便利性，着重提升在道路客运车辆、出租汽车等各类营运车辆上的使用率。研究推进标准厢式货车不停车收费。提升客服网点和省级联网结算中心服务水平，建设高效结算体系。实现ETC系统在公路沿线、城市公交、出租汽车、停车、道路客运等领域广泛应用。

（六）北斗卫星导航系统推广工程。

加快推动北斗系统在通用航空、飞行运行监视、海上应急救援和机载导航等方面的应用。加强全天候、全天时、高精度的定位、导航、授时等服务对车联网、船联网以及自动驾驶等的基础支撑作用。鼓励汽车厂商前装北斗用户端产品,推动北斗模块成为车载导航设备和智能手机的标准配置,拓宽在列车运行控制、港口运营、车辆监管、船舶监管等方面的应用。

六、促进交通运输绿色发展

(一)推动节能低碳发展。

优化交通运输结构,鼓励发展铁路、水运和城市公共交通等运输方式,优化发展航空、公路等运输方式。科学划设公交专用道,完善城市步行和自行车等慢行服务系统,积极探索合乘、拼车等共享交通发展。鼓励淘汰老旧高能耗车船,提高运输工具和港站等节能环保技术水平。加快新能源汽车充电设施建设,推进新能源运输工具规模化应用。制定发布交通运输行业重点节能低碳技术和产品推广目录,健全监督考核机制。

(二)强化生态保护和污染防治。

将生态环保理念贯穿交通基础设施规划、建设、运营和养护全过程。积极倡导生态选线、环保设计,利用生态工程技术减少交通对自然保护区、风景名胜区、珍稀濒危野生动植物天然集中分布区等生态敏感区域的影响。严格落实生态保护和水土保持措施,鼓励开展生态修复。严格大城市机动车尾气排放限值标准,实施汽车检测与维护制度,探索建立重点区域交通运输温室气体与大气污染物排放协同联控机制。落实重点水域船舶排放控制区管理政策,加强近海以及长江、西江等水域船舶溢油风险防范和污染排放控制。有效防治公路、铁路沿线噪声、振动,减缓大型机场噪声影响。

(三)推进资源集约节约利用。

统筹规划布局线路和枢纽设施,集约利用土地、线位、桥位、岸线等资源,采取有效措施减少耕地和基本农田占用,提高资源利用效率。在工程建设中,鼓励标准化设计及工厂预制,综合利用废旧路面、疏浚土、钢轨、轮胎和沥青等材料以及无害化处理后的工业废料、建筑垃圾,循环利用交通生产生活污水,鼓励企业加入区域资源再生综合交易系统。

专栏 10　交通运输绿色化发展重点工程
（一）交通节能减排工程。 支持高速公路服务区充电桩、加气站，以及长江干线、西江干线、京杭运河沿岸加气站等配套设施规划与建设。推进原油、成品油码头油气回收治理，推进靠港船舶使用岸电。在京津冀、长三角、珠三角三大区域，开展船舶污染物排放治理，到 2020 年硫氧化物、氮氧化物、颗粒物年排放总量在 2015 年基础上分别下降 65%、20%、30%。 （二）交通装备绿色化工程。 加快推进天然气等清洁运输装备、装卸设施以及纯电动、混合动力汽车应用，鼓励铁路推广使用交—直—交电力机车，逐步淘汰柴油发电车。加速淘汰一批长江等内河老旧客运、危险品运输船舶。 （三）交通资源节约工程。 提高土地和岸线利用效率，提升单位长度码头岸线设计通过能力。积极推广公路服务区和港口水资源综合循环利用。建设一批资源循环利用试点工程。 （四）交通生态环保工程。 建设一批港口、装卸站、船舶修造厂和船舶含油污水、生活污水、化学品洗舱水和垃圾等污染物的接收设施，并与城市公共转运处置设施衔接。在枢纽、高速公路服务区建设一批污水治理和循环利用设施。

七、加强安全应急保障体系建设

（一）加强安全生产管理。

强化交通运输企业安全管理主体责任，推动企业依法依规设置安全生产管理机构，健全安全生产管理制度，加强安全生产标准化建设和风险管理。实施从业人员安全素质提升工程，加强安全生产培训教育。重点围绕基础设施、装备设施、运输工具、生产作业等方面安全操作与管理，打造全寿命周期品质工程。强化对安全生产法律法规和安全常识的公益宣传引导，广泛传播交通安全价值观与理念。

（二）加快监管体系建设。

构建安全生产隐患排查治理和风险分级管控体系，加强重大风险源动态全过程控制，健全交通安全事故调查协调机制。完善集监测、监控和管理于一体的铁路网络智能安全监管平台和信息传输系统。完善国家公路网运行监测体系，实时监测东中部全部路段和西部重点路段的高速公路运行情况，全面实现重点营运车辆联网联控。完善近海和内河水上交通安全监管系统布局，加强远海动态巡航执法能力建设，加强“四类重点船舶”运行监测。提升民航飞机在线定位跟踪能力，建立通用航空联合监管机制，实现全过程、可追溯监管。加快城市公交安全管理体系建设，加强城市轨道交通运营安全监管和物流运行监测。实施邮政寄递渠道安全监管“绿盾”工程，实现货物来源可追溯、运输可追踪、责任可倒查。加快实现危险货物运输全链条协同监管，强化应对危险化学品运输中泄漏的应急处理能力，防范次生突发环境事件。

（三）推进应急体系建设。

加强交通运输部门与公安、安全监管、气象、海洋、国土资源、水利等部门的信息共享和协调联动，完善突发事件应急救援指挥系统。完善全国交通运输运行监测与应急指挥系统，加快建设省级和中心城市运行监测与应急指挥系统。加快建设铁路、公路和民航应急救援体系。完善沿海、长江干线救助打捞飞行基地和船舶基地布局，加强我国管辖海域应急搜救能力和航海保障建设。提升深海远洋搜寻和打捞能力，加强海外撤侨等国际应急救援合作。

专栏11　交通运输安全应急保障重点工程
（一）深海远海监管搜救工程。 研究启动星基船舶自动识别系统，配置中远程监管救助载

人机和无人机,提升大型监管救助船舶远海搜救适航性能,推动深海远海分布式探测作业装备研发与应用。提升南海、东海等重点海域监管搜救能力。

(二)长江干线交通安全工程。

完善长江干线船舶交通管理系统、船舶自动识别系统和视频监控系统,强化长江海事巡航救助一体化船舶、公安巡逻船和消防船舶配置,建设大型起重船及辅助装备、库区深潜器等成套打捞系统。加强长江干线船舶溢油应急设备库建设。

(三)铁路安保工程。

加快建设国家铁路应急救援基地,加强高铁运行、监控、防灾预警等安全保障系统建设;加大道口平交改立交及栅栏封闭等安全防护设施建设力度。

(四)公路安全应急工程。

继续实施公路安全生命防护工程。持续开展农村公路隐患治理,加强农村公路隧道隐患整治,继续开展农村公路危桥改造。不断完善道路交通应急体系,提高应急保障能力。

(五)航空安全工程。

建设民航安保体系,提高民航空防安全保障和反恐怖防范能力。加强适航审定能力建设,建设全国民航安全保卫信息综合应用平台。依托航空运输等企业加快构建民航应急运输和搜救力量。

(六)邮政寄递渠道安全监管"绿盾"工程。

建设行政执法、运行监测、安全预警、应急指挥、决策支持、公共服务六类信息系统,完善国家邮政安全监控中心,建设省级和重点城市邮政安全监控中心。

八、拓展交通运输新领域新业态

(一)积极引导交通运输新消费。

促进通用航空与旅游、文娱等相关产业联动发展,扩大通用航空消费群体,强化与互联网、创意经济融合,拓展通用航空新业态。

有序推进邮轮码头建设，拓展国际国内邮轮航线，发展近海内河游艇业务，促进邮轮游艇产业发展。大力发展自驾车、房车营地，配套建设生活服务功能区。鼓励企业发展城市定制公交、农村定制班车、网络预约出租汽车、汽车租赁等新型服务，稳妥推进众包服务，鼓励单位、个人停车位等资源错时共享使用。

（二）培育壮大交通运输新动能。

以高速铁路通道为依托，以高铁站区综合开发为载体，培育壮大高铁经济，引领支撑沿线城镇、产业、人口等合理布局，密切区域合作，优化资源配置，加速产业梯度转移和经济转型升级。基本建成上海国际航运中心，加快建设天津北方、大连东北亚、厦门东南国际航运中心，提升临港产业发展水平，延伸和拓展产业链。建设北京新机场、郑州航空港等临空经济区，聚集航空物流、快件快递、跨境电商、商务会展、科技创新、综合保障等产业，形成临空经济新兴增长极。

（三）打造交通物流融合新模式。

打通衔接一体的全链条交通物流体系，以互联网为纽带，构筑资源共享的交通物流平台，创新发展模式，实现资源高效利用，推动交通与物流一体化、集装化、网络化、社会化、智能化发展。推进"平台+"物流交易、供应链、跨境电商等合作模式，鼓励"互联网+城乡配送"、"物联网+供应链管理"等业态模式的创新发展。推进公路港等枢纽新业态发展，积极发展无车承运人等互联网平台型企业，整合公路货运资源，鼓励企业开发"卡车航班"等运输服务产品。

（四）推进交通空间综合开发利用。

依据城市总体规划和交通专项规划，鼓励交通基础设施与地上、地下、周边空间综合利用，融合交通与商业、商务、会展、休闲等功能。打造依托综合交通枢纽的城市综合体和产业综合区，推动高铁、地铁等轨道交通站场、停车设施与周边空间的联动开发。重点推进地下空间分层开发，拓展地下纵深空间，统筹城市轨道交通、地下道路等交通设施与城市地下综合管廊的规划布局，研究大城市地下快速路建设。

专栏 12 交通运输新领域建设重点工程
（一）通用航空工程。 积极发展通用航空短途运输，鼓励有条件的地区发展公务航空。在适宜地区开展空中游览活动，发展飞行培训，提高飞行驾驶执照持有比例。利用会展、飞行赛事、航空文化交流等活动，支持通用航空俱乐部、通用航空爱好者协会等社团发展。规划建设一批航空飞行营地，完善航空运动配套服务，开展航空体育与体验飞行。 （二）国家公路港网络建设工程。 以国际性、全国性综合交通枢纽为重点，建设与铁路货运站、港口、机场等有机衔接的综合型公路港；以区域性综合交通枢纽为重点，建设与主干运输通道快速连通的基地型公路港；以国家高速公路沿线城市为重点，形成一批与综合型和基地型公路港有效衔接、分布广泛的驿站型公路港。 （三）邮轮游艇服务工程。 有序推进天津、大连、秦皇岛、青岛、上海、厦门、广州、深圳、北海、三亚、重庆、武汉等邮轮码头建设，在沿海沿江沿湖等地区发展公共旅游和私人游艇业务，完善运动船艇配套服务。 （四）汽车营地建设工程。 依托重点生态旅游目的地、精品生态旅游线路和国家旅游风景道，规划建设一批服务自驾车、房车等停靠式和综合型汽车营地，利用环保节能材料和技术配套建设生活服务等功能区。 （五）城市交通空间开发利用工程。 重点在国际性、全国性综合交通枢纽，以高速铁路客运站、城际铁路客运站、机场为主体，建设一批集交通、商业、商务、会展、文化、休闲于一体的开放式城市功能区。鼓励建设停车楼、地下停车场、机械式立体停车库等集约化停车设施，并按照一定比例配建充电设施。

（六）步道自行车路网建设工程。

规划建设城市步行和自行车交通体系，逐步打造国家步道系统和自行车路网，重点建设一批山地户外营地、徒步骑行服务站。

九、全面深化交通运输改革

（一）深化交通管理体制改革。

深入推进简政放权、放管结合、优化服务改革，最大程度取消和下放审批事项，加强规划引导，推动交通项目多评合一、统一评审，简化审批流程，缩短审批时间；研究探索交通运输监管政策和管理方式，加强诚信体系建设，完善信用考核标准，强化考核评价监督。完善"大交通"管理体制，推进交通运输综合行政执法改革，建设正规化、专业化、规范化、标准化的执法队伍。完善收费公路政策，逐步建立高速公路与普通公路统筹发展机制。全面推进空域管理体制改革，扎实推进空域规划、精细化改革试点和"低慢小"飞行管理改革、航线审批改革等重点工作，加快开放低空空域。加快油气管网运营体制改革，推动油气企业管网业务独立，组建国有资本控股、投资主体多元的油气管道公司和全国油气运输调度中心，实现网运分离。

（二）推进交通市场化改革。

加快建立统一开放、竞争有序的交通运输市场，营造良好营商环境。加快开放民航、铁路等行业的竞争性业务，健全准入与退出机制，促进运输资源跨方式、跨区域优化配置。健全交通运输价格机制，适时放开竞争性领域价格，逐步扩大由市场定价的范围。深化铁路企业和客货运输改革，建立健全法人治理结构，加快铁路市场化运行机制建设。有序推进公路养护市场化进程。加快民航运输市场化进程，有序发展专业化货运公司。积极稳妥深化出租汽车行业改革，完善经营权管理制度。

（三）加快交通投融资改革。

建立健全中央与地方投资联动机制，优化政府投资安排方式。在试点示范的基础上，加快推动政府和社会资本合作（PPP）模式在交通运输领域的推广应用,鼓励通过特许经营、政府购买服务等方式参与交通项目建设、运营和维护。在风险可控的前提下,加大政策性、开发性等金融机构信贷资金支持力度,扩大直接融资规模,支持保险资金通过债权、股权等多种方式参与重大交通基础设施建设。积极利用亚洲基础设施投资银行、丝路基金等平台,推动互联互通交通项目建设。

十、强化政策支持保障

(一)加强规划组织实施。

各有关部门要按照职能分工,完善相关配套政策措施,做好交通军民融合工作,为本规划实施创造有利条件;做好本规划与国土空间开发、重大产业布局、生态环境建设、信息通信发展等规划的衔接,以及铁路、公路、水运、民航、油气管网、邮政等专项规划对本规划的衔接落实;加强部际合作和沟通配合,协调推进重大项目、重大工程,加强国防交通规划建设;加强规划实施事中事后监管和动态监测分析,适时开展中期评估、环境影响跟踪评估和建设项目后评估,根据规划落实情况及时动态调整。地方各级人民政府要紧密结合发展实际,细化落实本规划确定的主要目标和重点任务,各地综合交通运输体系规划要做好对本规划的衔接落实。

(二)加大政策支持力度。

健全公益性交通设施与运输服务政策支持体系,加强土地、投资、补贴等组合政策支撑保障。切实保障交通建设用地,在用地计划、供地方式等方面给予一定政策倾斜。加大中央投资对铁路、水运等绿色集约运输方式的支持力度。充分发挥各方积极性,用好用足铁路土地综合开发、铁路发展基金等既有支持政策,尽快形成铁路公益性运输财政补贴的制度性安排,积极改善铁路企业债务结构。统筹各类交通建设资金,重点支持交通扶贫脱贫攻坚。充分落实地方政府主体责任,采用中央与地方共建等方式推动综合交通枢纽一体化建设。

(三)完善法规标准体系。

研究修订铁路法、公路法、港口法、民用航空法、收费公路管理条例、道路运输条例等,推动制定快递条例,研究制定铁路运输条例等法规。加快制定完善先进适用的高速铁路、城际铁路、市域(郊)铁路、城市轨道交通、联程联运、综合性交通枢纽、交通信息化智能化等技术标准,强化各类标准衔接,加强标准、计量、质量监督,构建综合交通运输标准体系和统计体系。完善城市轨道交通装备标准规范体系,开展城市轨道交通装备认证。依托境外交通投资项目,带动装备、技术和服务等标准走出去。

(四)强化交通科技创新。

发挥重点科研平台、产学研联合创新平台作用,加大基础性、战略性、前沿性技术攻关力度,力争在特殊重大工程建设、交通通道能力和工程品质提升、安全风险防控与应急技术装备、综合运输智能管控和协同运行、交通大气污染防控等重大关键技术上取得突破。发挥企业的创新主体作用,鼓励企业以满足市场需求为导向开展技术、服务、组织和模式等各类创新,提高科技含量和技术水平,不断向产业链和价值链高端延伸。

(五)培育多元人才队伍。

加快综合交通运输人才队伍建设,培养急需的高层次、高技能人才,加强重点领域科技领军人才和优秀青年人才培养。加强人才使用与激励机制建设,提升行业教育培训的基础条件和软硬件环境。做好国外智力引进和国际组织人才培养推送工作,促进人才国际交流与合作。

附件:1. 重点任务分工方案

2. 综合运输大通道和综合交通枢纽示意图(略)

3. “十三五”铁路规划建设示意图(略)

4. “十三五”国家高速公路规划建设示意图(略)

5. “十三五”民用运输机场规划建设示意图(略)

6. “十三五”内河高等级航道规划建设示意图(略)

7. “十三五”原油、成品油、天然气管道规划建设示意图(略)

附件1

重点任务分工方案

序号	任　　务	责任单位
1	建设多向连通的综合运输通道	国家发展改革委、交通运输部牵头，国家铁路局、中国民航局、中国铁路总公司等按职责分工负责
2	构建高品质的快速交通网。推进高速铁路建设，完善高速公路网络，完善运输机场功能布局	国家发展改革委、交通运输部、国家铁路局、中国民航局、中国铁路总公司等按职责分工负责
3	强化高效率的普通干线网。完善普速铁路网，推进普通国道提质改造，完善水路运输网络，强化油气管网互联互通	交通运输部、国家发展改革委牵头，国家能源局、国家铁路局、中国民航局、中国铁路总公司等按职责分工负责
4	拓展广覆盖的基础服务网。合理引导普通省道发展，全面加快农村公路建设，积极推进支线铁路建设，加强内河支线航道建设，加快推进通用机场建设，完善港口集疏运网络	交通运输部、国家发展改革委牵头，国家铁路局、中国民航局、中国铁路总公司等按职责分工负责
5	打造“一带一路”互联互通开放通道。着力打造丝绸之路经济带国际运输走廊，加快推进21世纪海上丝绸之路国际通道建设，加强“一带一路”通道与港澳台地区的交通衔接	国家发展改革委牵头，交通运输部、外交部、商务部、国家铁路局、中国民航局、中国铁路总公司等按职责分工负责
6	构建京津冀协同发展的一体化网络。打造“轨道上的京津冀”，完善综合交通网络	国家发展改革委牵头，交通运输部、住房城乡建设部、国家铁路局、中国民航局、中国铁路总公司等按职责分工负责

续上表

序号	任　　务	责 任 单 位
7	建设长江经济带高质量综合立体交通走廊。打造长江黄金水道,构建立体交通走廊	国家发展改革委牵头,交通运输部、水利部、环境保护部、国家铁路局、中国民航局、中国铁路总公司等按职责分工负责
8	发挥交通扶贫脱贫攻坚基础支撑作用。强化贫困地区骨干通道建设,夯实贫困地区交通基础	交通运输部、国家发展改革委牵头,国务院扶贫办、国家铁路局、中国民航局、中国铁路总公司等按职责分工负责
9	发展引领新型城镇化的城际城市交通。推进城际交通发展,加强城市交通建设	国家发展改革委、交通运输部、住房城乡建设部牵头,国家铁路局、中国民航局、中国铁路总公司等按职责分工负责
10	优化综合交通枢纽布局。完善综合交通枢纽空间布局,提升综合客运枢纽站场一体化服务水平,促进货运枢纽站场集约化发展,促进枢纽站场之间有效衔接	交通运输部、国家发展改革委牵头,住房城乡建设部、国家铁路局、中国民航局、国家邮政局、中国铁路总公司等按职责分工负责
11	提升客运服务安全便捷水平。推进旅客联程运输发展,完善区际城际客运服务,发展多层次城市客运服务,推进城乡客运服务一体化	交通运输部牵头,国家发展改革委、国家铁路局、中国民航局、中国铁路总公司等按职责分工负责
12	促进货运服务集约高效发展。推进货物多式联运发展,统筹城乡配送协调发展,促进邮政快递业健康发展,推进专业物流发展	交通运输部牵头,国家发展改革委、商务部、质检总局、国家铁路局、中国民航局、国家邮政局、中国铁路总公司等按职责分工负责
13	增强国际化运输服务能力。完善国际运输服务网络,提高国际运输便利化水平,鼓励交通运输走出去	交通运输部牵头,国家发展改革委、商务部、海关总署、质检总局、国家铁路局、中国民航局、国家邮政局、中国铁路总公司等按职责分工负责

续上表

序号	任　　务	责 任 单 位
14	发展先进适用的技术装备。推进先进技术装备自主化，促进技术装备标准化发展	国家发展改革委、交通运输部、工业和信息化部牵头，科技部、公安部、质检总局、国家铁路局、中国民航局、国家邮政局、中国铁路总公司等按职责分工负责
15	促进交通产业智能化变革。实施“互联网＋”行动计划，培育壮大智能交通产业	国家发展改革委、交通运输部牵头，工业和信息化部、科技部、国家铁路局、中国民航局、中国铁路总公司等按职责分工负责
16	推动智能化运输服务升级。推行信息服务“畅行中国”，发展“一站式”“一单制”运输组织	交通运输部、国家发展改革委牵头，工业和信息化部、国家铁路局、中国民航局、中国铁路总公司等按职责分工负责
17	优化交通运行和管理控制。建立高效运转的管理控制系统，提升装备和载运工具智能化自动化水平	交通运输部牵头，国家发展改革委、工业和信息化部、公安部、国家铁路局、中国民航局、中国铁路总公司等按职责分工负责
18	健全智能决策支持与监管。完善交通决策支持系统，提高交通行政管理信息化水平	交通运输部牵头，工业和信息化部、国家铁路局、中国民航局、中国铁路总公司等按职责分工负责
19	加强交通发展智能化建设。打造泛在的交通运输物联网，构建新一代交通信息基础网络，推进云计算与大数据应用，保障交通网络信息安全	国家发展改革委、交通运输部牵头，工业和信息化部、国家国防科工局、国家铁路局、中国民航局、中国铁路总公司等按职责分工负责
20	推动节能低碳发展。优化运输结构，推广应用节能低碳技术和产品	交通运输部、住房城乡建设部牵头，国家发展改革委、环境保护部、国家能源局、国家铁路局、中国民航局、中国铁路总公司等按职责分工负责

续上表

序号	任　　务	责 任 单 位
21	强化生态保护和污染防治。加强全过程全周期生态保护，强化大气、水、噪声污染防治	交通运输部牵头，国家发展改革委、环境保护部、国家铁路局、中国民航局、中国铁路总公司等按职责分工负责
22	推进资源集约节约利用。提高交通资源利用效率，加强资源综合循环利用	交通运输部牵头，工业和信息化部、环境保护部、国家铁路局、中国民航局、中国铁路总公司等按职责分工负责
23	加强交通运输安全生产管理	交通运输部牵头，公安部、安全监管总局、国家铁路局、中国民航局、中国铁路总公司等按职责分工负责
24	加快交通安全监管体系建设	交通运输部牵头，公安部、安全监管总局、国家铁路局、中国民航局、国家邮政局、中国铁路总公司等按职责分工负责
25	推进交通运输应急体系建设	交通运输部牵头，公安部、安全监管总局、国家铁路局、中国民航局、中国铁路总公司等按职责分工负责
26	积极引导交通运输新消费	国家发展改革委、交通运输部牵头，工业和信息化部、住房城乡建设部、国家旅游局、中国民航局、国家邮政局、中国铁路总公司等按职责分工负责
27	培育壮大交通运输新动能	国家发展改革委、交通运输部牵头，商务部、海关总署、国家旅游局、体育总局、中国铁路总公司等按职责分工负责
28	打造交通物流融合新模式	国家发展改革委、交通运输部牵头，商务部、工业和信息化部、海关总署、中国铁路总公司等按职责分工负责
29	推进交通空间综合开发利用	国家发展改革委、交通运输部、住房城乡建设部牵头，国土资源部等按职责分工负责

续上表

序号	任　　务	责任单位
30	深化交通管理体制改革	国家发展改革委、交通运输部牵头，工商总局、国家铁路局、中国民航局、中国铁路总公司等按职责分工负责
31	推进交通市场化改革	国家发展改革委、交通运输部牵头，工商总局、国家铁路局、中国民航局、中国铁路总公司等按职责分工负责
32	加快交通投融资改革	国家发展改革委、财政部、交通运输部牵头，国土资源部、人民银行、银监会、证监会、保监会、国家铁路局、中国民航局、中国铁路总公司等按职责分工负责
33	完善法规体系	交通运输部牵头，国务院法制办、国家铁路局、中国民航局、国家邮政局、国家交通战备办公室、中国铁路总公司等按职责分工负责
34	强化标准支撑	质检总局、交通运输部牵头，工业和信息化部、科技部、住房城乡建设部、国家铁路局、中国民航局、国家邮政局、中国铁路总公司等按职责分工负责

交通运输部　中国农业发展银行
关于合力推进交通扶贫脱贫攻坚工作的通知

交规划发〔2017〕2号　2017.01.04

各省、自治区、直辖市、新疆生产建设兵团交通运输厅(局、委),中国农业发展银行各分行:

为深入贯彻落实中央扶贫开发工作会议精神和《中共中央 国务院关于打赢脱贫攻坚战的决定》的部署要求,加快推进贫困地区交通发展,充分发挥政策性金融作用,破解贫困地区交通建设资金难题,现就合力推进交通扶贫脱贫攻坚工作有关要求通知如下:

一、充分认识合力推进交通扶贫脱贫攻坚工作的重要意义

全面建成小康社会,最艰巨最繁重的任务在贫困地区。加快贫困地区交通基础设施建设,补齐贫困地区交通运输发展短板,提升贫困地区交通运输服务水平,充分发挥交通扶贫对脱贫攻坚的基础支撑作用和先行引领作用,对提升贫困地区区域发展能力和全面建成小康社会具有重要战略意义。

"十三五"时期是打赢脱贫攻坚战的决胜阶段,交通扶贫建设任务重、资金需求量大,必须充分发挥政策性金融引导作用助推交通扶贫脱贫攻坚工作。中央扶贫开发工作会议后,中国农业发展银行(以下简称农发行)以服务脱贫攻坚统揽全局工作,率先制定政策性金融扶贫五年规划,率先对832个国家扶贫开发工作重点县和集中连片特殊困难地区县实现扶贫金融服务机构全覆盖。农发行机构网络健全、扶贫贷款资金利率优惠、贷款期限长等优势有助于缓解交通扶贫中的资金压力。各级交通运输主管部门和农发行分支机构要认真贯彻落实中央决策部署,深刻认识服务脱贫攻坚工作的重大历史使命和社会责任，合力破解交通扶贫资金难题，加快打赢“十三五”交通扶贫脱贫攻坚战。

二、扎实推进交通扶贫脱贫攻坚工作重点任务

准确把握党中央、国务院方针政策，坚持精准扶贫、精准脱贫的基本方略。有脱贫攻坚任务的各省（区、市）要围绕省级人民政府脱贫攻坚工作部署，以《“十三五”交通扶贫规划》为基础，结合《国家发展改革委、交通运输部、国务院扶贫办关于印发〈关于进一步发挥交通扶贫脱贫攻坚基础支撑作用的实施意见〉的通知》（发改基础〔2016〕926 号）具体要求，针对不同区域交通发展需求，精准运用农发行信贷资金和农发重点基金，发挥信贷产品“组合拳”优势，把政策性信贷资金使用到最需要帮扶的地方，对交通扶贫项目真正起到引导和扶持作用。围绕交通扶贫规划范围内的1177 个集中连片特困县、国家扶贫开发工作重点县、革命老区县、少数民族县、边境县，加快构建“外通内联、通村畅乡”的交通运输网络，主要支持范围包括：

（一）农村公路。重点支持纳入各省（区、市）“十三五”交通扶贫脱贫攻坚目标任务、“百万公里农村公路建设工程”的农村公路项目，主要包括乡镇、建制村、一定人口规模的自然村通硬化路项目；易地扶贫搬迁安置点通硬化路项目；乡村旅游公路、资源开发和通产业园区公路；窄路基路面公路拓宽改造；“油返砂”农村公路改造项目；农村公路安全生命防护工程建设、危桥改造、新建桥梁和渡口改造项目。

（二）普通国道和省道。重点支持交通运输部和各省（区、市）人民政府制定的“十三五”交通规划中的普通国道项目，优先安排实施“百项交通扶贫骨干通道工程”中的普通国道项目；大力支持纳入各省（区、市）“十三五”交通扶贫脱贫攻坚目标任务的省道新建和改造项目。

（三）贫困地区其他交通建设项目。重点支持对贫困人口覆盖率较高的县域城镇道路、内河航道等水运基础设施、运输站场及其他道路附属设施。

三、建立合力推进交通扶贫脱贫攻坚工作的紧密协作机制

各级交通运输主管部门和农发行应进一步建立健全协作机制,切实提升合作水平,拓展合作范围,加大合作力度。

(一)交通运输主管部门协助农发行做好扶贫贷款工作。

各级交通运输主管部门要把农发行作为交通扶贫贷款融资的重要合作银行,用好用足农发行信贷政策和产品组合,加快推进交通扶贫项目建设。加强行业指导,及时向农发行提供相关规划和政策信息。与农发行紧密开展项目对接合作,协助推进项目融资工作,及时向农发行提出资金需求和项目清单。协调同级发展改革、财政、扶贫办、人民银行、银监会等部门,为交通扶贫脱贫攻坚创造良好的外部环境。

(二)各级农发行为交通扶贫建设提供全面优质的金融服务。

各级农发行要发挥政策性银行铺路架桥作用,将交通扶贫脱贫攻坚项目作为重点支持对象,优化办贷手续,优先受理,优先评审,优先配置信贷资源,实行规模倾斜、利率优惠、期限延长等支持政策。及时向交通运输主管部门提供有关政策性金融政策,聚焦重点区域,因地、因项目制定合理的贷款方案,推介"统贷统还"等信贷模式。对纳入双方共同建立的 PSL 项目库的农村公路项目,及时向人民银行申请 PSL 贷款资金,其他农村交通建设项目贷款利率按照"对标当地同业、适当体现优惠"原则合理确定,为交通扶贫建设提供低成本贷款资金。实施贫困地区信贷政策差别化,对 832 个国家扶贫开发工作重点县和集中连片特困地区农村交通贷款取消地方政府财力区域准入限制;创新担保组合,结合本地实际加大扶贫创新力度,在整合担保资源方面出台新举措。

(三)深化合作,不断创新交通扶贫融资模式。

在充分挖掘现有政策潜力的基础上,不断优化创新扶贫政策,共同探索研究合规的政策性融资模式。建立会商机制,互通政策信息和交通融资业务进展情况等。加强交通扶贫联合调研、交通扶贫脱贫政策研究和培训。共同推动创造良好的交通扶贫建设项

目融资环境。

各省级交通运输主管部门和农发行省级分行在交通扶贫脱贫工作中遇到的问题和建议，请及时向交通运输部和农发行总行反映。

交通运输部　国家旅游局　国家铁路局　中国民用航空局　中国铁路总公司　国家开发银行　关于促进交通运输与旅游融合发展的若干意见

交规划发〔2017〕24号　2017.01.24

各省、自治区、直辖市、新疆生产建设兵团交通运输厅(局、委)、旅游发展委(局),国家铁路局所属各单位、民航各地区管理局、中国铁路总公司所属各单位、国家开发银行各分行:

旅游业是国民经济重要的战略性支柱产业,交通运输是旅游业发展的基础支撑和先决条件。近年来,我国综合交通运输体系不断完善,交通运输与旅游融合发展已经成为旅游业转型发展的新趋势。为深入贯彻党中央、国务院关于推进供给侧结构性改革的决策部署,落实《国务院关于促进旅游业改革发展的若干意见》(国发〔2014〕31号),进一步扩大交通运输有效供给,优化旅游业发展的基础条件,加快形成交通运输与旅游融合发展的新格局,现提出以下意见。

一、总体要求

(一)指导思想。

落实创新、协调、绿色、开放、共享发展新理念,以深化供给侧结构性改革为主线,以转型升级、提质增效为中心,着力完善旅游交通网络设施,创新旅游交通产品,提升旅游交通服务品质,扩大新需求,创造新供给,更好地适应经济社会发展和人民群众旅游需求新变化,为促投资促消费稳增长提供坚实支撑。

（二）基本原则。

——坚持需求导向。围绕满足游客不断增长的旅游需求，增强旅游交通有效供给，提升旅游交通服务品质，带动相关产业发展，激发转型发展新动能。

——坚持协同联动。强化部门联动，优化整合交通运输与旅游资源，充分发挥开发性金融机构的优势和作用，探索建立旅游交通规划、建设、运营新机制，形成融合联动发展新模式。

——坚持市场主导。发挥政府规划引导和政策支持作用，进一步激发企业创新的内生动力，不断创新旅游交通产品和服务，构筑创新发展新环境。

——坚持突出特色。因地制宜确定旅游交通发展目标、路径和措施，打造具有地方特色、平安绿色的旅游交通精品，培育科学发展新优势。

（三）发展目标。

到2020年，基本建成结构合理、功能完善、特色突出、服务优良的旅游交通运输体系。建立健全交通运输与旅游融合发展的运行机制，基本形成“快进”“慢游”旅游交通基础设施网络，旅游交通产品供给能力明显增强，旅游交通服务功能明显改善，服务质量有效提升。

二、完善旅游交通基础设施网络体系

（四）加强旅游交通基础设施统筹规划。

进一步强化规划引领作用，加强旅游交通基础设施发展规划编制，统筹考虑交通、游憩、娱乐、购物等旅游要素和旅游资源开发，构建“快进”“慢游”的综合旅游交通网络。积极将观景台、旅游标志标牌等设施与交通基础设施统一规划、设计，充分体现区域人文特征及旅游特色，实现旅游交通标志规范、清晰明确、快速识别。

（五）加快构建便捷高效的“快进”交通网络。

依托高速铁路、城际铁路、民航、高等级公路等构建“快进”交通网络，提高旅游目的地的通达性和便捷性，实现游客远距离快速进出目的地。推进一种及以上“快进”交通方式通达4A级景区，两种及以上通达5A级景区。优化配置重点旅游城市列车班次，有条件的城市增开旅游专列。鼓励旅游城市增加至主要客源地直航航线航班，优化旅游旺季航班配置。鼓励按规定开展旅游包机业务。健全重点旅游景区交通集散体系。加快干线公路与景区公路连接线以及相邻区域景区之间公路建设，在有条件的地区形成旅游环线，并根据景区旅游规模科学确定公路建设标准。做好自驾车房车营地与交通干线之间联通公路建设。

（六）支持建设满足旅游体验的“慢游”交通网络。

建设集“吃住行游购娱”于一体的“慢游”交通网络。因地制宜建设旅游风景道，结合沿线景观风貌和旅游资源，打造具有通达、游憩、体验、运动、健身、文化、教育等复合功能的主题线路，并根据需求增设自行车道、步道等慢行设施。支持为红色旅游景区直接配套的红色旅游公路建设，支持通往少数民族特色村寨、风情小镇等旅游景点的乡村旅游公路建设。

三、健全交通服务设施旅游服务功能

（七）强化客运枢纽的旅游服务功能。

拓展机场、火车站、汽车站、邮轮码头等客运枢纽旅游服务功能，改造升级枢纽内旅游信息服务系统、标识引导系统等设施，增强自驾游服务等功能。鼓励发展旅游客运码头、游艇停靠点等，提升旅游服务功能。加强邮轮港口与城市旅游体系的衔接，引导有条件城市建设邮轮旅游集散枢纽。

（八）提升高速公路服务设施的旅游功能。

结合地方特色因地制宜在高速公路服务区增设休憩娱乐、物流、票务、旅游信息和特色产品售卖等服务功能，设置房车车位、加气站和新能源汽车充电桩等设施，推动高速公路服务区向交通、生态、旅游、消费等复合功能型服务区转型升级，建成一批特色主题服务区。加强连接重要景区的高速公路服务区的景观营造，邻近景区的服务区可考虑联合景区创新建设模式。临近高速公路具有观景价值的地方，可与景区联合设置服务区或停车区，旅游部门要提供便利,方便服务区建设和布局。鼓励有条件的高速公路结合重要景区灵活设置出入口。

(九)完善普通公路旅游服务设施。

以国省干线公路服务区试点建设为契机,鼓励在路侧空间富裕路段设置驿站、简易自驾车房车营地、观景台、厕所等设施。根据需要在农村公路沿线增设简易驿站、港湾式停车带和观景台。具备条件的道班可探索配套建设旅游停车场、驿站、简易自驾车房车营地等设施。加大景区和乡村旅游点停车场建设力度,鼓励在干线到旅游景区之间增设停车场并实现景区接驳服务。

四、推进旅游交通产品创新

(十)促进铁路旅游产品转型升级。

积极发展遗产铁路旅游线路、精品铁路旅游线路等铁路旅游产品。针对市场需求增开特色旅游列车、旅馆列车等特色旅游专列。鼓励景区结合铁路遗存、自然景观等,设置旅游体验或短途观光线路。支持开发适合旅游特点的特种观光列车等装备。

(十一)打造精品公路旅游产品。

按照景观优美、体验性强、带动性大等要求,结合旅游景区景点、旅游风景道等建设,加强沿线生态资源环境保护和风情小镇、特色村寨、汽车露营地、绿道系统等规划建设,形成有广泛影响力的自然风景线、历史人文线、红色文化线。加强与沿线产业和旅游经营对接,开展产品与公路旅游线路推介。推广精品旅游公路自驾游线路,引导自驾车房车旅游发展,培育自驾游和营地连锁品牌企业。

(十二)开发水上旅游产品。

优化沿海邮轮港口布局,逐步形成分布合理的邮轮港口体系。支持发展邮轮、游艇等水上旅游产品。鼓励支持航运企业根据市场需求拓展国际国内邮轮航线,打造邮轮港口至城市一体化旅游线路。支持长江干线、珠江干线及滨湖地区等有条件通航水域有序发展内河游轮旅游,增加游轮旅游航线,加强水上旅游线路及水上旅游公共服务设施建设。

(十三)发展低空飞行旅游产品。

支持开发低空旅游线路,鼓励开发空中游览、航空体验、航空运动等航空旅游产品。积极开展通用航空旅游试点,鼓励重点旅游城市及符合条件的旅游区开辟低空旅游航线。推动通用机场建设,建设低空旅游产业园、通航旅游小镇与飞行营地。支持低空旅游通用航空装备自主研制,打造低空飞行旅游装备及配套的专业化生产和产业化应用基地。

(十四)挖掘交通文化旅游产品。

加强对具有历史文化、精神价值等意义的铁路、公路交通遗产资源的保护开发研究,鼓励挖掘“丝绸之路”“茶马古道”“蜀道”“川盐入黔线路”“京杭大运河”等具有重要历史文化价值的交通遗迹遗存,做好资源保护与开发,完善旅游线路与展示平台。结合具有地域特色和历史文化价值的旅游线路和交通工具,打造交通旅游产品。鼓励富有观赏价值的大型桥梁等交通基础设施在设计新建时增加停车、观景、卫生等服务设施,已建成的可结合大修、改扩建增加观景服务等功能。

五、提升旅游运输服务质量

(十五)鼓励旅游客运市场创新发展。

加强服务景区客流的公共交通运输组织,鼓励开通至景区景点的旅游专线、旅游直通车,鼓励在黄金周、小长假等重大节假日期间开通定制旅游线路,增强城乡客运线路服务乡村旅游的能力。支持传统运输企业拓展旅游运输服务。支持运力闲置的客运班车向旅游包车转型,探索中小型旅游包车车型的准入。

(十六)积极推进游客联程联运。

完善省域客运联网售票系统,鼓励有条件地区设立跨省区联网售票平台并完善运行机制。积极推进跨运输方式客运联程系统建设,鼓励企业完善票务服务系统,提高联网、联程、异地和往返票务服务水平。引导互联网企业提供联程联运“一站式”票务服务。加强公空联运,推广设立异地城市候机楼,增设或加密机场到重点旅游景区的客运班线。加快推进空铁联运产品开发,在空铁联运枢纽内设立相应的旅游服务窗口。

（十七）加强旅游交通信息服务。

建立交通、旅游等跨部门数据共享机制，研究制定交通、旅游部门数据共享清单、开放清单，实质性对外开放相关数据。促进交通旅游服务大数据应用，引导各类互联网平台和市场主体参与交通、旅游服务大数据产品及增值服务开发，运用网站、微博、微信、应用程序（APP）等媒介，为社会公众提供多样化交通出行、旅游等综合信息服务，完善汽车租赁全国联网，推动实现一地租车、异地还车。政企合作推动12301智慧旅游公共服务平台建设，推广景区门票网上预约，完善重点景区客流监测预警等功能，采用信息化等手段引导节假日旅游高峰客流。

（十八）提升旅游交通安全保障水平。

高度重视旅游公路尤其是农村旅游公路安保设施建设，重点强化临水临崖路段、视距不良路段、陡坡急弯路段等安保设施。健全旅游客运驾驶员、船员培训与考核管理机制，提高安全驾驶与操作水平，推动完善房车准驾制度。在制度、装备、人员等方面督促企业落实安全管理主体责任，依职责加强监管。交通、旅游等部门共同制定旅游交通应急预案，提升旅游交通应急保障能力。旅游部门应对旅行社等企事（业）单位提供的服务项目进行审查，监督旅行社选择具有合法资质的旅游包车企业和车辆承接旅游团队，签订规范的包车合同。

六、强化交通运输与旅游融合发展的保障措施

（十九）完善促进融合发展的工作机制。

交通运输部门、旅游部门等加强协作，建立健全促进交通运输与旅游融合发展重大问题协调推进机制，形成分工明确、协同联动的工作机制。强化对旅游交通规划技术指导。探索建立低空飞行、邮轮等旅游交通新业态的协同管理模式。

（二十）拓展促进融合发展的投融资渠道。

进一步创新模式，加大投融资力度，形成多元化旅游交通发展投融资格局。积极探索采取基础设施特许经营、政府购买服务、政府和社会资本合作(PPP)等模式,鼓励整合旅游和土地资源,实现沿线交通运输和旅游资源开发一体化发展。积极争取开发性、政策性等金融机构信贷资金支持。国家开发银行"十三五"期提供不低于2000亿元优惠贷款,贷款利率不高于央行同期基准利率,期限原则上不超过30年、宽限期3~5年,为交通运输与旅游融合提供有力金融支持,对相关示范工程给予政策倾斜和重点支持。

(二十一)加强市场监管及信用体系建设。

采用信息化手段强化市场动态监管,推动实现"正规社、正规车、正规导""三正"服务模式。督促规范旅游包车客运管理,强化日常监管,切实规范旅游包车客运经营行为,加强旅游包车客运价格管理。强化旅游交通信用管理,完善旅游交通服务质量投诉处理制度,畅通投诉渠道,健全违法旅行社、旅游客运企业和从业人员"黑名单"制度,发布旅游运输企业服务质量投诉、质量考核信息,建立考核评价制度。加快完善邮轮运输法规体系,制定出台有关政策标准。

(二十二)发挥试点示范的引领作用。

研究构建旅游风景道体系,积极推动旅游风景道建设,打造一批特色突出的旅游风景道示范工程,鼓励结合地域特色研究制定旅游风景道建设标准导则。鼓励有条件地区创建交通运输旅游融合发展示范区。在高速公路服务区、邮轮旅游集散中心、旅游客运码头等基础设施建设领域,以及公路旅游产品、水上旅游产品、空中游览、旅游专列、联程联运等旅游运输服务领域,推动形成一批可复制、可推广的成功经验。

交通运输部关于印发推进交通运输生态文明建设实施方案的通知

交规划发〔2017〕45号　2017.04.01

各省、自治区、直辖市、新疆生产建设兵团及计划单列市交通运输厅(局、委),中国远洋海运、招商局、中国交通建设集团,部管各社团,部属各单位,部内各司局:

现将《推进交通运输生态文明建设实施方案》印发给你们,请结合本地实际,认真贯彻落实。

推进交通运输生态文明建设实施方案

为深入贯彻落实党中央、国务院生态文明建设要求,加快推进交通运输生态文明建设和绿色循环低碳发展,制定本实施方案。

一、总体要求

全面贯彻落实党的十八大和十八届三中、四中、五中、六中全会精神,紧紧围绕统筹推进"五位一体"总体布局和协调推进"四个全面"战略布局,牢固树立创新、协调、绿色、开放、共享的发展理念,以供给侧结构性改革推动交通运输生态文明建设,将绿色发展理念融入交通运输发展的全过程和各方面,切实推进交通运输行业转型升级和提质增效。

总体目标:到2020年,交通运输行业生态文明建设各方面工作取得显著进展。交通运输结构显著优化,综合交通运输网络基本建成,城市公交优先战略全面推进。交通基础设施绿色建设和运营技术全面推广,土地、岸线等资源节约集约利用。清洁运输水平显著提高,营运车船污染排放有效控制,新能源和清洁能源运输工具广泛应用。交通运输生态文明制度和标准体系进一步完善,全行业绿色发展意识逐步提高。行业绿色发展水平与全面建成小康社会的发展要求基本适应。

二、建设原则

(一)全面推进,重点突破。将绿色发展理念融入交通运输发展的全过程和各方面,聚焦制约交通运输绿色发展的关键领域和突出问题,科学谋划,重点突破。

(二)节约优先,保护优先。把资源节约集约利用和保护生态环境放在优先位置,服务国家生态环境质量改善的整体要求,减少资源能源消耗,降低污染排放,支撑交通运输行业持续健康发展。

（三）改革创新，示范引领。建立多方共同推进交通运输绿色发展的改革创新机制，发挥绿色交通示范项目的引领作用，加大新技术新产品推广应用力度。

（四）政策引导，强化监管。健全交通运输生态文明制度和标准体系，不断提升交通运输节能环保监管水平。

三、重点任务

（一）优化交通运输结构。

1. 构建现代综合交通运输网络。

优化交通运输基础设施结构，加快铁路、水运和城市轨道交通建设。重点完善综合运输通道建设，打造"一带一路"互联互通的开放运输通道，构建京津冀协同发展的一体化交通运输网络，建设长江经济带综合立体交通走廊。加强农村公路建设。推进港口资源整合和一体化发展，避免同质化竞争和资源浪费。

鼓励空铁、公铁、空巴等旅客联程运输服务模式，大力发展以城际铁路客运为主体的大容量、快速捷运系统。充分发挥不同运输方式的比较优势和组合效率，强化各种运输方式的衔接。加快构建高效顺畅的多式联运系统，推进铁水、公铁、公水、陆空等联运模式有序发展。推广普及公路甩挂运输。

2. 优先发展公共交通。

深入落实城市公共交通优先发展战略，全面推进"公交都市"建设，进一步提高公交出行分担率。加快建设快速公交系统和公交基础设施服务网络。到2020年，"公交都市"城市基本覆盖地市级以上城市，城区常住人口300万以上城市建成区公共交通机动化出行比例达到60%以上，基本建成公共交通优先的城市交通出行网络。

3. 推进交通运输智能化。

推进信息技术与交通运输行业管理和服务的深度融合，促进大数据、云计算、移动互联等先进技术应用，推进交通运输信息资源交换共享，建设覆盖综合交通运输枢纽、城市公交等领域的信息引导系统，服务城市交通与物流体系高效运转。鼓励利用互联网技术提升交通运输系统运行效率。

提高高速公路电子不停车收费(ETC)车道系统覆盖率。组织实施“互联网+便捷交通”“互联网+高效物流”等示范项目,开展信息服务“畅行中国”专项行动。继续推进交通一卡通跨区域、跨方式互联互通。

4. 提升交通运输清洁化水平。

推动运输装备专业化,推进内河船型、货运车型标准化,推广应用高效、节能、环保型运输设备,鼓励淘汰老旧高能耗车辆、船舶和作业机械。重点推进长江干线等船型标准化工作,到2020年,长江干线船型标准化率达到75%,长江干线船舶平均吨位超过2000载重吨。

完善汽车绿色维修技术和管理流程,鼓励企业进行绿色维修设施设备及工艺的升级改造。研究制定汽车检测与维护(I/M)制度,到2020年,全国一、二类维修企业的危险废弃物规范处置率达到95%以上。

5. 优化运输能源消费结构。

加大新能源、清洁能源车辆在城市公交和客货运输领域的应用。继续实施道路运输车辆和营运船舶燃料消耗量限值制度。推进水运行业应用液化天然气,鼓励在港口装卸机械和运输装备中使用电能或天然气等作为动力。鼓励太阳能、风能、地热能、生物能等可再生能源在交通基础设施和装备中的应用。充分发挥新能源公交车财政补助政策的激励作用,重点提升大气污染治理重点区域和重点省市新增及更换公交车中新能源公交车比例。到2020年,营运客车、营运货车和营运船舶单位周转量能耗与2015年相比分别下降2.1%、6.8%和6.0%,港口生产单位吞吐量能耗下降2%。

推动船舶靠港使用岸电,制定港口岸电布局建设方案,加快港口岸电设备设施建设和船舶受电设施设备改造。优先推进港作船舶、公务船舶靠泊使用岸电,重点在沿海及长江干线的集装箱、客滚和邮轮专业化码头建设船舶岸电设施。

(二)加强交通运输生态保护和污染综合防治。

6. 加强交通基础设施生态保护和修复。

严格遵循主体功能区和生态保护红线等空间管控要求,将生态保护理念贯穿于基础设施规划、建设、运营和养护全过程。重点推进生态选线选址,依法绕避自然保护区、饮用水水源保护区等环境敏感区,降低交通基础设施建设和运营对生态环境的影响。严格落实水土保持措施,加强植被保护与恢复。推进旅游风景道建设,加强旅游公路沿线生态资源环境保护。

在"十二五"公路水路生态修复试点工作的基础上,针对早期建设的由于理念、资金和技术原因导致需进一步修复生态环境的交通运输基础设施,鼓励开展生态修复。重点在高寒高海拔、水源涵养生态功能区、水土流失重点治理区的国省道改扩建项目推进公路边坡和取弃土场植被恢复;在环渤海、长三角、珠三角等港口集中区域开展港口生态修复,在长江干线航道、西江航道等高等级航道开展航道生态修复,改善港口及航道区域生态环境质量。

7. 强化交通运输行业大气污染防治。

落实《中华人民共和国大气污染防治法》,全面推进珠三角、长三角、环渤海(京津冀)水域船舶大气污染物排放控制区建设,推进内河和江海直达船舶使用符合标准的普通柴油。鼓励船舶采取连接岸电、使用清洁能源、尾气后处理等与排放控制区要求等效的替代措施。强化船舶大气污染排放监管,重点完善船舶排放控制区和长江流域船舶污染监测监管能力建设,开展船舶排放监测和联合监管。到2020年,京津冀、长三角、珠三角区域的船舶硫氧化物、氮氧化物和颗粒物排放总量在2015年基础上分别下降65%、20%和30%。

推动原油成品油码头油气回收治理,启动并推进一批码头油气回收试点工程,研究制定码头油气回收相关技术规范。开展干散货码头粉尘专项治理,全面推进主要港口大型煤炭、矿石码头堆场建设防风抑尘设施。鼓励采用温拌沥青等先进工艺,减少交通基础设施建设过程中的废气排放。

8. 开展交通运输行业水污染防治。

推动船舶含油污水、生活污水、化学品洗舱水和垃圾等污染物的接收设施建设，并确保与城市公共转运、处置设施之间的有序衔接。推进港口、运输枢纽、高速公路服务区的污水处理和循环利用。鼓励节能环保型船舶建造和既有船舶实施污水储存处置设施改造。

到2020年，全国大型专业化码头、运输枢纽、高速公路服务区的污水处理率和达标排放率均达100%。分级分类修订船舶及其设施设备的相关环保标准，推进沿海及内河船舶执行新修订的船舶污染物排放标准。严格落实“禁止内河单壳化学品船舶和600载重吨以上的单壳油船进入‘两横一纵两网十八线’高等级航道网水域航行”管理政策。

9. 提升交通运输污染事故应急能力。

建立健全污染事故应急预案体系，推动海上重大溢油事故应急处置部际联动，加强海上重大溢油事故应急能力建设，有序推进《国家重大海上溢油应急能力建设规划(2015—2020年)》(交溢油发〔2016〕6号)相关建设任务。强化国家级溢油应急设备库运行管理，提升国家溢油应急设备库维护水平。加强危险化学品泄漏事故应急设备配备和应急能力建设。提升溢油事故监视监测能力。提高溢油应急人员专业化水平。

(三)推进交通运输资源节约循环利用。

10. 推进土地和岸线资源节约集约利用。

采用合理选线选址、优化建设方案、永临用地结合等措施提高新建交通基础设施的用地效率，最大限度地减少土地资源占用，严控耕地特别是基本农田占用。改扩建和升级改造工程应在满足安全性和服务水平的条件下，充分利用既有走廊或场地。

加强岸线使用监管，制定并推进实施岸线资源有偿使用制度，防止港口重复建设和岸线资源浪费，严控码头岸线过度超前审批，完成全国港口深水岸线资源普查。在长江干线开展无证码头治理工作，与相关部门联合依法取缔安全隐患大、严重影响居民生活环境、非法建设的码头和装卸点。

11. 推广废旧材料综合循环利用。

积极推动沥青等废旧路面材料以及钢材、水泥等建材的循环利用。扩大粉煤灰、煤矸石、矿渣、废旧轮胎等工业废料的综合利用,开展疏浚土、建筑垃圾等在交通基础设施建设运营中的无害化处理与利用。到2020年,高速公路和普通国省干线废旧沥青路面材料循环利用率分别达到85%和75%以上。

(四)强化交通运输生态文明综合治理能力。

12. 建立健全绿色交通发展制度和标准体系。

推进绿色交通评价、统计等制度建设,研究制定交通运输节约能源管理办法。研究提出交通运输企业用能设施设备能效和二氧化碳排放强度等级及评定方法。以"全生命周期"统筹考虑环境效益,提高道路、桥梁建设标准。

持续提升营运车船能耗监管能力。完善交通运输能耗统计、环境统计制度。推进重点地区、重点企业营运车船能耗统计监测工作,继续推进车、船、路、港千家企业所在地区建立能耗监测系统平台,逐步构建交通运输能耗监测系统平台和数据库。

13. 提升科技创新与支撑能力。

支持交通运输节能减排、生态环保等方面的新技术、新工艺、新材料、新产品的研发和示范应用。重点支持清洁能源应用、靠港船舶使用岸电、交通大气污染防治、特长隧道节能、生态型护岸、船舶尾气处理、码头油气回收治理等技术研发和应用。推广应用运输装备节能驾驶、节能操作技术。

14. 组织开展绿色交通示范项目。

继续做好"十二五"期续建的区域性主题性交通运输节能减排项目的实施及收尾工作。在此基础上,鼓励省级交通运输主管部门继续开展绿色交通示范创建工作,重点在生态基础设施建设、清洁化运输装备、高效化运输组织模式等方面积极实践,通过不断探索总结可复制、可推广的适用技术和成功经验,为交通绿色发展提供借鉴。

创建绿色交通示范区。鼓励创建一批绿色交通示范省、市、县。从能源结构调整、能效提升的角度,推广应用清洁能源与新能源运输装备、运输场站节能照明、智能公交、公众出行信息服务、绿色汽车维修、公共自行车和慢行交通系统等。

创建绿色公路示范。以国家高速公路、国道为重点,创建一批绿色公路示范工程。在公路设计、施工、运营、养护过程推广应用成熟的节能减排施工设备、节能供配电和节能照明、废旧材料再生和循环利用、污染治理技术和钢结构桥梁等。启动实施改扩建工程绿色升级、绿色服务区建设等专项行动,到2020年,绿色公路建设标准和评估体系基本建立,建成一批绿色公路示范工程。

创建绿色港航示范。以沿海和内河主要港口为重点,鼓励创建一批绿色港口示范工程,推广应用靠港船舶使用岸电、港区节能照明、清洁能源利用、机械势能回收、码头油气回收治理等;以内河高等级航道为重点,鼓励创建一批绿色内河航道建设示范工程和绿色内河航道管理示范单位,推广应用航道精准测绘、节能供配电和节能照明、一体化太阳能航标灯、航标遥控遥测系统,鼓励航道疏浚土综合利用等。

创建绿色交通企业示范。引导交通运输重点用能企业应用节能环保先进技术和管理措施,实施能效领跑者制度,提升交通运输企业绿色发展水平,启动一批绿色交通企业示范项目。

15. 积极参与国际合作。

积极参与海运业减排的全球治理,参加联合国气候变化框架公约(UNFCCC)和国际海事组织(IMO)等框架下国际谈判与合作。深入开展国际谈判的支撑研究,以及国内应对和履约研究。鼓励利用多双边渠道,加强与国际组织、国外企业和研究咨询机构等的交流合作,推动交通运输生态文明先进技术和理念的“走出去、引进来”。

四、保障措施

(一)强化交通运输生态文明组织领导。

将实施方案的各项重点任务细化分解,明确责任分工和进度安排。各级交通运输管理部门要紧密结合工作实际,加强组织领导和分工协作,抓好试点示范和推广应用,确保各项工作落实到位。各省级交通运输主管部门应对照绿色发展指标体系开展自我评价,按年度向部报告本地区交通运输生态文明建设情况,并适时组织开展专项监督检查。

(二)多渠道筹措绿色发展资金。

在充分利用中央资金支持政策的基础上,积极协调地方各级政府加大本地区交通运输生态文明建设的政策与资金支持力度,不断完善配套政策和激励措施。鼓励各级交通运输企业积极运用排放权交易、合同能源管理、第三方污染治理等市场机制筹措绿色发展资金。各级交通运输企业应积极贯彻生态文明建设理念,不断加大对交通运输节能减排、生态保护和污染防治等工作的资金投入。

(三)加强生态文明宣传教育。

组织开展交通运输行业节能宣传周、低碳日、公交出行宣传周等主题宣传活动,引导公众绿色低碳出行。利用多种媒体通过多种形式广泛宣传绿色低碳交通理念,推广节能低碳技术和产品。强化对交通运输从业人员的生态文明教育培训,提高全行业生态文明意识和水平。

交通运输部关于印发珠江水运发展规划纲要的通知

交规划发〔2017〕74号　2017.05.16

广东省、云南省、贵州省、广西壮族自治区交通运输厅，珠江航务管理局：

现将《珠江水运发展规划纲要》印发给你们，请结合工作实际，认真组织实施。

珠江水运发展规划纲要

前言

珠江是我国第二大通航河流,由西江、北江、东江干支流及珠江三角洲诸河组成,形成“三江汇流、八口出海”的水系特点。作为我国华南、西南地区重要的水上运输大通道,珠江已经成为我国西南内陆地区与粤港澳地区经济互补、协调发展的重要纽带。

“一带一路”倡议提出,要加快北部湾经济区和珠江—西江经济带开放发展,充分发挥珠三角开放合作区作用,打造粤港澳大湾区,形成21世纪海上丝绸之路与丝绸之路经济带有机衔接的重要门户。为推进“一带一路”倡议实施,深化泛珠三角区域合作,强化区域内各种运输方式的衔接,构建安全、低碳和便捷的综合交通运输体系,需要进一步加快珠江水运科学发展,努力打造第二条黄金水道。

根据珠江水运发展面临的新形势和新要求,制定珠江水运发展规划纲要。本规划纲要是指导珠江水运发展的纲领性文件,突出了未来十年珠江水运的建设和发展重点,范围包括广东、广西、贵州、云南4省(区)珠江流域相关地区,规划期为2017年至2025年。

一、发展基础

(一)基本情况。

1.基本形成了以“一横一网三线”为骨架的航道体系。“十一五”以来,珠江水系重点实施了西江航运干线扩能工程、珠江三角洲高等级航道网建设工程、右江梯级开发建设工程、北盘江—红水河航运建设工程、柳江航道整治工程等,西江航运干线已达到二级航道标准,珠江三角洲高等级航道网已基本建成并逐步向北江、东江延伸,左江、右江、红水河、柳江、黔江等航道通航条件得到明显改善。以“一横一网三线”高等级航道（西江航运干线，珠江三角洲高等级航道网，右江、北盘江—红水河、柳江—黔江）为骨架的航道体系基本形成。截至2016年底，珠江水系航道通航里程15552公里，其中三级及以上航道1946公里，占航道通航总里程的12.5%，规划的高等级航道达标率为86%。

2. 建成了一批集约化、规模化港区。重点实施了南宁港中心港区牛湾作业区、贵港港中心港区苏湾作业区、梧州港藤县港区赤水作业区、柳州港中心港区阳和作业区等一批港口重点项目，建成了以南宁港中心港区、贵港港中心港区、梧州港藤县港区、肇庆港三榕港区、佛山港禅城港区等为代表的一批规模化、集约化港区。截至2016年底，珠江水系港口货物通过能力54775万吨、1354万标准箱❶，2005年以来年均增长9.2%和13.4%，港口能力和服务水平明显提升。

3. 运输船舶技术状况明显改善。珠江内河船舶运力增长速度较快，大型化趋势明显，货运船舶平均吨位从2005年的257吨提高到2016年的1070吨，年均增长13.8%。船型标准化工作有序推进，西江航运干线新建过闸船舶均符合主尺度标准，老旧船舶拆解、生活污水防污染改造、液化天然气示范船和新能源应用工作初见成效，单壳液货船禁航政策得到严格落实。截至2016年底，珠江水系拥有内河运输船舶16343艘，净载重吨1620万吨。

4. 水运量和港口吞吐量持续快速增长。2016年珠江水运完成货运量8.3亿吨，较2005年年均增长11.6%，主要集中在中下游地区，以矿建材料、煤炭、水泥、矿石等大宗散货运输为主。2016年珠江水系港口完成货物吞吐量6.14亿吨，其中集装箱1146万标准箱，较2005年分别年均增长11.9%和9.3%。

5. 水运保障和管理能力稳步提升。水上通航安全监管和应急搜救体系逐步强化，航海保障支持服务更加有力，水上安全形势总

---

❶ 港口统计范围为除深圳港、珠海港、广州港沿海部分之外的珠江水系所有港口，下同。

体稳定。航道助航设施逐步完善,重点航段、船闸和港口基本实现了甚高频通信系统(VHF)、视频监控系统(CCTV)、船舶自动识别系统(AIS)、水位自动监测、航标遥控遥测等设备的覆盖。信息技术在水运规划、勘察、设计和港航管理、水上安全管理、港口物流等领域得到广泛应用。西江干线主要通航船闸启用了基于北斗导航的船舶智能过闸系统,联合调度模式逐步推进。珠江水系已初步建成水运行业专用信息网络和应用系统。

(二)发展成效。

经过多年的建设和发展,珠江水运基础设施条件明显改善,运输市场快速发展,黄金水道作用凸显,在促进区域经济发展、完善综合运输体系、综合利用水资源、促进西部地区民生改善等方面发挥了重要作用。

1. 促进了沿江产业带形成和梯度转移。近年来,广东、广西等省区依托珠江黄金水道,在沿线地区建设了高新技术、汽车、建材、陶瓷等一批特色产业园区,佛山高新技术产业开发区、肇庆高新技术产业开发区、南宁六景工业园区、贵港江南工业园区和临港工业集中区、梧州进口再生资源加工园区和陶瓷工业园区、柳州阳和工业区等初具规模。2016 年,西江航运干线长洲船闸货物通过量 6953 万吨,均为上游广西、贵州、云南等地与广东及港澳地区交流量,珠江三角洲地区部分产业沿西江、北江向粤西北、广西等地转移趋势明显。

2. 在腹地资源开发运输中发挥了重要作用。珠江上游地区矿藏资源丰富,储量在 1 亿吨以上的矿产达 25 种,其中煤、磷、铝、硫为流域内的四大矿种。水运在煤炭、非金属矿石、矿建材料等大宗散货运输中具有明显的优势。2016 年珠江水系能源、原材料等大宗散货货运量 5.5 亿吨,约占水系货运总量的 67%,内河水运在腹地资源开发运输中发挥了重要作用。

3. 有效促进了综合交通运输体系的完善。2016 年珠江水系内河完成货运量 8.3 亿吨,占全社会综合运输总量的 10.8%。在大宗物资运输方面,广东内河水运承担了省内煤炭运输量的

26%，矿石、矿建材料运输量的60%。在沿海港口集疏运方面，内河水运承担了广州港1/4的集疏运量，香港、深圳港也开辟有通往珠江三角洲的内河集装箱运输快线。内河水运已成为综合交通运输体系的重要组成，在能源、原材料等大宗散货和集装箱运输中发挥了重要的保障作用。

4. 促进了流域水资源综合开发利用。近年来，西江航运干线、右江、都柳江等航道上建设了贵港、那吉、鱼梁、老口、从江、大融等一批以通航为主要功能的航电枢纽，在改善航道通航条件的同时，提高了防洪、排涝能力，提供了大量清洁能源，显著改善了相关城市水环境，取得了航运、发电、供水、防洪、旅游等综合效益。

5. 提升了区域对内对外开放水平。珠江水系上联云南、贵州、广西等西部省区，下接经济发达的广东以及珠江三角洲地区，是面向港澳和东盟开放合作的前沿地带，沿线省市大力发展外向型经济，对内交流和对外开放水平不断提升。目前，西江航运干线沿线有6个对外开放港口，形成辐射广大腹地的外贸运输网络，承担了腹地大量的外贸运输任务。

6. 促进了西部地区民生改善和精准扶贫。近年来，广西、贵州等省区实施了天生桥、龙滩、董箐等一批库湖区航运建设工程，改善了沿线地区百姓的出行条件，促进了当地经济发展。这些地区生态环境脆弱，铁路、公路建设难度大、成本高，发展内河水运有利于节约土地资源，保护生态环境，符合可持续发展的要求，对于促进精准扶贫具有重要作用。

（三）存在问题。

1. 上游地区闸坝碍航严重。龙滩、百色枢纽未同步建设通航建筑物，造成红水河、右江断航17年以上，云南、贵州等上游地区只能以区间短途运输为主，内河水运长距离、运量大、成本低等优势未能充分发挥，严重制约了珠江水运的辐射范围和发展水平。

2. 干支联动有待进一步拓展。虽然西江航运干线已达到二级及以上航道标准，但支流航道等级普遍较低，右江金鸡滩、左江山秀、北江清远等枢纽船闸通过能力不足，经常出现堵航现象，干支衔接的航道网络尚未形成,干支直达运输有待进一步发展。

3. 港口集疏运体系不完善。大部分港口都没有进港铁路,港口与重要产业园区、物流园区、干线公路之间缺乏有效衔接,集疏运公路以二级及以下标准为主,等级偏低、能力不足,部分还与城市道路混用。

4. 统筹协调有待进一步加强。珠江水运发展在一定程度上还存在上下游统筹不够,部门之间、行业之间、地区之间沟通协调不足等问题,需要进一步深化改革、完善体制,建立全方位、多层次的沟通协调机制。

二、面临形势

(一)发展要求。

1. 落实"一带一路"倡议要求珠江水运发挥好通道支撑作用。珠江是连接我国西南地区与港澳和推动东盟开放合作的重要纽带,随着广东自贸区设立、内地与港澳更紧密经贸关系建立和面向东盟开放合作加强,珠三角经济区将充分发挥开发开放优势打造"一带一路"枢纽,滇黔桂等珠江—西江中上游地区将充分利用区位优势推动"一带一路"有机衔接,要求珠江水运为促进区域经济陆海双向和对内对外开放合作中发挥好重要的支撑作用。

2. 促进沿江河产业布局和承接产业转移要求珠江水运先行先导。依托水运通道,珠江流域沿江河地区初步形成了以建材、电力、机械、冶金、汽车为主的临江基础产业带。未来一段时期,珠江—西江经济带将提升发展现有特色优势产业,培育发展战略性新兴产业,将有序推进中上游地区承接产业转移,构建优势互补、协同联动的现代产业集聚带。沿江河优势产业集聚和承接产业转移,要求珠江水运先行先导并发挥更重要依托作用。

3. 着力推进供给侧结构性改革和扶贫攻坚要求补齐珠江水运发展短板。珠江—西江经济带发展规划提出要以珠江—西江干线航道为主通道,构建互通两广、连接东盟、通达港澳、辐射云贵、江海联运的综合交通运输大通道。目前,珠江水运在区域综合运输体系中的优势尚未充分发挥,支撑区域发展的能力有待增强。进一步完善航道网络,强化港口枢纽作用,提升水运服务能力,是交通运输补齐短板,着力推进供给侧结构性改革的重要体现,也有利于进一步改善西南贫穷落后地区交通运输条件。

4. 推进珠江流域生态文明建设要求珠江水运进一步发挥比较优势。与其他运输方式相比,水运具有占地少、排放小、能耗低的优势,加快发展珠江水运有利于实现交通运输结构性节能减排,是建设珠江—西江生态廊道的重要抓手。珠江水运发展要贯彻落实“生态优先、绿色发展”的理念,统筹开发建设与环境保护,强化节约资源、降耗减排,增强可持续发展能力,实现经济效益、社会效益和环境效益的有机统一。

(二)需求预测。

珠江水运需求将呈现市场规模持续增长、发展速度逐步减缓的态势。预测 2020 年,珠江水运货运量 10.8 亿吨、港口吞吐量 8.1 亿吨,“十三五”期间年均增长 6.5% 和 7.0%。预测 2025 年,珠江水运货运量 12.2 亿吨、港口吞吐量 9.3 亿吨,“十四五”期间年均增长 2.5% 和 2.8%。煤炭、矿石、矿建材料、水泥等大宗散货仍将是珠江水运的主要运输货类,约占货运总量的 60%。随着珠江中下游沿江产业结构优化升级,沿海港口集疏运体系的完善,高附加值产品的货物运输需求增多,集装箱运输量将较快增长,预测 2020 年、2025 年分别为 1650 万标准箱、2000 万标准箱,年均增速分别为 9.0% 和 3.9%。

三、总体要求

(一)指导思想。

深入贯彻党的十八大和十八届三中、四中、五中、六中全会精神,牢固树立创新、协调、绿色、开放、共享发展理念,落实“一带一路”倡议和珠江—西江经济带发展规划,以推进供给侧结构性改革为主线,着力解决制约珠江水运发展的突出问题;着力深化体制机制改革、激发活力;着力统筹协调,协同发展、共同发展;着力推进治理体系和能力的现代化。努力打造畅通、安全、绿色、高效的珠江黄金水道,充分发挥珠江水运在综合交通运输体系中的作用,促进区域经济协调发展。

（二）基本原则。

重点突破、远近结合。统筹当前建设和长远发展，以解决制约珠江水运发展的重点问题、重要瓶颈为突破口，合力推进，促进珠江水运整体全面发展。

统筹协调、协同发展。推进航道、港口、船舶、支持保障系统协调发展，与综合运输网络有效衔接，同时处理好水运与防洪、发电等关系，形成推进珠江黄金水道建设和发展的合力。

安全第一、绿色发展。坚持安全发展理念，落实安全主体和监管责任，提高珠江水运安全应急管理水平；坚持生态优先、绿色发展，共抓大保护、不搞大开发，深入推行绿色水运发展。

深化改革、创新发展。坚持深化改革，创新体制机制，坚持规划引领，统筹推进，加强政府的政策引导和监督管理，发挥市场调节作用和企业的主体作用。

（三）发展目标。

到2025年，基本建成畅通、安全、绿色、高效的珠江黄金水道，全面对接粤港澳大湾区，珠江水运在综合运输体系中的比较优势得到较好发挥，总体服务能力满足经济社会发展的需要。建成干支衔接的珠江高等级航道网，黄金水道功能显著提升。港口转型升级取得实效，现代物流枢纽作用更加明显。建成反应及时、监管有力的支持保障系统，绿色水运发展取得明显成效，水运管理体制、机制逐步完善，航运服务水平进一步提升。

近期目标（2020年）：

内河航道。改善内河航道里程约1100公里，规划的高等级航道达标里程3000公里，达标率90%以上，支流航道通航条件得到明显改善。

内河港口。建设一批规模化、集约化港区，集疏运条件明显改善，区域辐射力、产业支撑力明显增强。

内河船舶。内河船舶标准化、专业化水平进一步提升，船型标准化率达到70%，货运船舶平均吨位达到1200吨。

绿色安全。在珠三角水域设立船舶排放控制区,船舶硫氧化物排放下降率约65%;一般自然灾害和事故灾害造成的航道破坏、堵塞修复抢通时间不超过48小时。

运输服务。江海联运、集装箱多式联运加快发展。信息化水平全面提升,海事、航运等业务协同管理和服务能力明显增强,数字航道、运输市场监测、岸线资源管理等信息系统功能进一步完善。

四、主要任务

(一)打造珠江黄金水道。

以"一横一网三线"高等级航道为重点,以解决制约珠江水运发展的重要瓶颈为突破口,加快建设干支衔接、区域成网、江海贯通的珠江黄金水道。重点实施碍航闸坝复航工程、西江航运干线扩能工程、珠江三角洲航道网完善工程、西南水运出海通道建设工程、支流航道提升工程,稳步开展沟通长江水系和珠江水系的赣粤运河、湘桂运河等研究工作。

1. 碍航闸坝复航工程。

着力解决珠江中上游碍航闸坝问题,加快推进右江百色水利枢纽、红水河龙滩水电站过船设施建设,协调落实右江百色水利枢纽过船设施项目业主和建设资金,推动项目尽快开工建设。协调推进红水河龙滩枢纽过船设施建设,满足通航1000吨级船舶要求。根据腹地经济发展需求,适时推进贺江、绣江等航道碍航闸坝复航。

2. 西江航运干线扩能工程。

西江航运干线自南宁至广州全长854公里,是沟通广西、云南、贵州与广东、港澳地区的重要经济纽带,现为二级航道,规划将南宁至佛山段提高为一级航道,相应扩大沿线西津、贵港等枢纽通航能力。研究将西伶通道、磨刀门水道等出海航道纳入西江航运干线,与广州、珠海等沿海港口沟通,提升江海联运服务功能,满足沿江地区经济发展对水运的需求,进一步发挥其上通云贵、下接港澳的主轴作用,为承接产业转移和珠江—西江经济带建设提供重要支撑。

专栏 1　西江航运干线扩能工程重点项目
实施西江航运干线南宁至贵港、贵港至梧州、梧州至肇庆段一级航道建设工程，实施西伶通道一级航道建设工程。扩建贵港航运枢纽二线船闸、西津水利枢纽二线船闸。研究论证西江下游通航海轮范围和标准。

3. 珠江三角洲航道网完善工程。

珠江三角洲“三纵三横三线”高等级航道网由西江下游出海航道等 16 条航道组成，航道里程 939 公里，在促进珠江三角洲经济发展、密切粤港澳经贸合作中发挥了重要作用。规划通过实施“加密、提级”等完善工程，改善龙穴南水道、倒运海水道、鸡鸦水道、泥湾门—鸡啼门水道航道条件，进一步提高通往广州、深圳、珠海等沿海主要港口的内河航道集疏运能力。根据发展需要，研究提高部分出海口门通航海船能力。

专栏 2　珠江三角洲航道网完善工程重点项目
实施龙穴南水道通航 3000 吨级海船航道建设工程，磨刀门水道及出海航道、倒运海水道、鸡鸦水道、泥湾门—鸡啼门水道三级航道建设工程。研究提高崖门、横门、虎跳门出海口门通航海船能力。研究推进横门出海航道二期工程、矾石水道航道整治工程前期工作。

4. 西南水运出海通道建设工程。

右江、北盘江—红水河、柳江—黔江三条珠江水系西南水运出海通道，是云南、贵州、广西与粤港澳沟通的重要纽带。右江航道自剥隘至南宁全长 435 公里，重点解决百色枢纽断航问题，并通过实施枢纽扩能改造和航道建设，实现三级航道贯通。北盘江—红水河航道自百层至石龙三江口全长 741 公里，重点解决龙滩枢纽断航问题，改善沿线水电站过船设施通航条件，研究推动三级航道建设。柳江—黔江航道自柳州至桂平全长 284 公里，重点加快大藤峡水利枢纽船闸建设，实施现有船闸改造和航道建设，达到二级及以上航道标准。

专栏3　西南水运出海通道建设工程重点项目
右江：实施右江百色水利枢纽通航设施建设工程和金鸡滩枢纽船闸扩能改造工程。实施右江云南富宁港至广西百色段三级航道工程。 北盘江—红水河：实施龙滩水电站通航设施建设工程，扩建岩滩水电站过船设施。改善大化、百龙滩、乐滩枢纽通航条件，实施来宾至桂平段二级航道建设工程。 柳江—黔江：实施柳江柳州至石龙三江口二级航道工程。新建红花枢纽二线船闸。

5. 支流航道提升工程。

北江、左江、东江、都柳江—融江、北盘江上游、南盘江、桂江、绣江、贺江、连江等是珠江水系重要的支流航道，是"一横一网三线"高等级航道的重要延伸和拓展，是服务沿线产业发展和促进脱贫攻坚的重要支撑。通过实施船闸扩能改造和航道整治，全面建成北江、东江、左江三级航道。加快都柳江航电一体化开发和融江过船设施扩能改造，将都柳江—融江航道等级提升为四级。实施北盘江上游马马崖、董箐等库区航运建设工程，方便库区百姓出行，促进库区旅游发展。根据发展需要，按照四级航道标准研究实施桂江、绣江、贺江、连江等支流航道建设工程和其他支流航道库湖区航运建设工程。

专栏4　支流航道提升工程重点项目
北江：实施北江韶关至三水河口三级航道扩能工程。 左江：扩建左江山秀枢纽等过船设施，研究实施左江龙州至崇左段航道等级提升工程。 都柳江—融江：实施温寨、郎洞、大融、从江、梅林航电枢纽工程，推进洋溪水利枢纽建设。扩建融江麻石、浮石、古顶、大埔

船闸(兼顾1000吨级单船通航),实施融江四级航道建设工程。

东江:研究实施东江河源至石龙段航道扩能工程。

桂江:研究实施平乐至旺村段四级航道建设工程。

北盘江上游:实施马马崖、董箐等库区航运建设工程。

(二)推进港口转型升级。

加快规模化、集约化港区建设,完善港口集疏运体系,提升港口现代服务功能,促进港产城互动发展。

1. 打造集约化、规模化港区。

按照布局合理、功能完善、协调高效要求,优先发展佛山、肇庆、梧州、贵港、南宁等主要港口,积极发展云浮、柳州、来宾、百色、崇左等重要港口,适度发展一般港口,进一步完善港口布局,提升服务能力和水平,形成现代港口服务体系。重点打造一批集约化、规模化、专业化公用港区,加强港口集疏运通道与腹地产业集聚区的连接,完善集装箱、大宗散货等江海转运系统,大力发展多式联运,增强港口辐射和集聚能力。加强内河港口锚地规划与建设。

专栏5　港口码头工程重点项目

广东省重点建设佛山港三水港区金本作业区、肇庆港新港港区、清远港清远港区清新作业区、东莞港内河港区石龙作业区、江门港主城港区江海作业区、韶关港北江港区白土作业区、云浮港新港港区等。

广西壮族自治区重点建设南宁港中心港区牛湾作业区、贵港港中心港区苏湾作业区、梧州港中心港区塘源紫金村码头、柳州港官塘作业区、来宾港象州港区钓鱼公作业区、百色港田阳港区头塘作业区等。

贵州省重点建设罗甸港罗妥港区、望谟港蔗香港区等。

云南省重点建设富宁港等。

2. 积极拓展港口功能。

鼓励港口与沿线的临港工业区、物流园区加强联合,形成“以港兴园”“以园带产”的发展模式。强化港口现代物流枢纽作用，以港口物流业发展带动港口转型升级，提升港口装卸存储、中转换装、现代物流、商贸服务等功能，为客户提供综合物流服务。

3. 完善港口集疏运体系。

结合港口总体规划的制修订，及时组织编制港口集疏运体系专项规划，纳入港口所在地城市总体规划和相关交通规划。加强港口铁路集疏运建设，重点推进主要港口及部分地区重要港口大宗散货港区、集装箱港区与干线铁路之间的集疏运铁路建设，提高铁路集疏港能力和比重。继续推进重要港区与高速公路、干线公路通道之间的集疏运公路建设，实现重要港区连通二级及以上公路，对于受城市交通制约较大的重要港区，鼓励建立疏港专用公路。

专栏6　港口集疏运重点项目
铁路：肇庆港新港港区铁路支线、云浮港新港港区铁路支线、南宁港六景港区六景站支线、贵港港中心港区苏湾作业区进港铁路支线、梧州港藤县港区赤水圩作业区进港铁路支线等。 公路：肇庆港高要港区县道X429南岸至大湾段扩建工程、佛山港三水港区进港公路改扩建工程、南宁港隆安港区宝塔作业区疏港公路、贵港港中心港区东津作业区至苏湾作业区进港公路、梧州港中心港区紫金村作业区进港公路、贵州罗甸港罗妥港区进港公里、云南富宁港进港公路等。

（三）推动航运服务发展。

推进运力结构调整，优化运输组织，发展现代航运服务业，提升航运整体水平。

1. 推进运力结构调整。

继续推进珠江水系内河船型标准化工作，充分发挥船舶报废拆解和船型标准化补助资金政策效应，完善标准船型系列，提升船舶技术标准，鼓励建造和改造符合国家引导方向的先进、节能、环保、高效的新型船舶。严格客船、液货危险品船舶运输市场准入管理，严格船舶强制报废制度，有序淘汰老旧船舶、单壳液货船，逐步推进运力结构优化调整。进一步加强运力市场供需信息发布，促进运输市场有序竞争。

2. 完善江海联运体系。

充分发挥珠江三角洲内河水网优势，通过政府推动、企业投资和优化组织等多种渠道，继续推动珠江三角洲地区江海联运系统发展。鼓励开辟西江内河集装箱快班航线，推行集装箱班船优先过闸政策，提高运输组织效率，促进集装箱江海联运发展。

3. 大力发展多式联运。

推进佛山、肇庆、南宁、贵港、梧州等港口集装箱铁水联运发展，贵港、来宾等港口煤炭铁水联运发展。加强铁水联运设施设备技术标准、信息资源、服务规范、作业流程等方面的有效对接。引导和支持具备条件的运输企业加快向多式联运经营人转变，推行“一单制”联运服务。推动联运企业信息互联互通，提高联运效率，构筑珠江黄金水道快捷高效的进出口货运大通道。

4. 发展现代航运服务业。

充分发挥广州航运交易所和广西西江航运交易所的服务功能，促进航运服务业要素聚集，提升现代航运服务整体水平。支持加快发展航运交易、金融、保险、海事仲裁等高端服务业，完善服务内容。支持发展航运咨询业，发挥行业智库决策支持和社会引导作用。

（四）加强水运安全监管。

完善安全监管体系，落实企业安全生产主体责任，加强水上应急救助能力建设，建立健全水运应急保障体系，全面提升珠江水运安全保障能力。

1. 完善安全监管体系。

深入开展“平安交通”创建活动，促进相关安全管理职能部门落实安全监管责任，共同建立安全生产风险预防控制体系，加大水上隐患排查治理力度，促进各职能部门依法对客船、危险化学品船实施重点监管，对重大隐患实行挂牌督办。加强对港口危化品罐区、仓库、堆场和桥区通航安全监管,配齐专业监管力量。加强源头安全管理,开展安全信用体系建设,强化事前事中安全监管,提高水路运输反恐防范能力。

2. 落实企业安全责任。

全面贯彻落实《安全生产法》,督促港航企业严格履行法定职责和主体责任,加大人员培训和资金投入,加强日常管理,健全并严格落实安全生产责任制。推进企业安全生产标准化建设,加强企业达标分级分类管理。加强职业资格管理,完善从业人员安全教育培训制度,夯实安全生产基础。

3. 加强水上应急救助能力建设。

完善珠江水上应急救助指挥体系,构建分工明确、衔接有效的水上搜救区域合作机制。以珠江口、西江航运干线、重点库区和旅游、客运繁忙区域、危化品集中区域为重点,合理布局水上应急救助力量,推进巡航救助一体化。加强水上搜救、航道抢通、抢险打捞、消防治安等能力建设,在重点水域合理配备专业船舶设备。加快珠江水上应急救助专业人才的培养,注重发挥社会救助力量和应急救助志愿者作用,形成专兼结合的水上应急救助队伍。

4. 加强水上安全保障能力建设。

加大水上安全保障能力建设投入,加强重点水域船舶交通管理系统(VTS)和视频监控系统(CCTV)等监管设施配布,推进相关监管系统的跨区联动与数据共享,提高船舶动态信息获取能力。强化重点船舶跟踪和报警装置的安装推广工作,提升应急定位搜寻和救助能力。建立健全安全信息播发系统,逐步构建布局合理、层次分明、功能完善、性能可靠的水上安全保障体系。

(五)促进水运绿色发展。

坚持"生态优先、绿色发展",推进生态航道建设、绿色港口建设,加强船舶污染防治,打造珠江生态走廊。

1. 推进生态航道建设。

将生态环保理念融入航道建设和养护全过程,注重航道建设与周围景观、建筑物的协调,促进航道绿色发展。实施生态航道建设示范工程,积极推进生态护岸、生态修复等工程建设。开展疏浚土利用研究,提高疏浚施工、吹填水平,促进航道维护和航道工程疏浚土综合利用。引进国内外节能型航道建设、养护技术,将航道建设和养护对生态的影响降低到最低。

2. 推进绿色港口建设。

利用好国家和省市相关专项资金,采用新技术、新材料、新工艺,不断提高港区大气污染和水污染防治水平。鼓励港口企业优先使用电能和液化天然气(LNG)等清洁能源作为动力,有序建设港口岸电设施,推进港口"油改电""油改气",淘汰老旧作业机械,推广应用高效、节能、环保的港口装卸机械和运输装备。推动港口船舶污染物接收设施建设,并做好与城市公共转运、处置设施的衔接。推进原油、成品油码头油气回收治理,分批次、分类别开展码头油气回收试点工作。加强港口粉尘、噪声污染防治。

3. 加强船舶污染防治。

深化防污染和危险品运输长效管理机制,加快淘汰污染物排放不达标的船舶,规范船舶水上拆解行为,有效控制船舶污染物排放。落实国家船舶排放控制区政策,提升大气污染物排放监管能力,控制船舶硫化物、氮氧化物和颗粒物排放。完善珠江水上交通污染事故应急预案,提升油品、化学品泄漏应急处置能力。加大LNG、太阳能、低硫油等清洁能源在船舶上的推广应用力度,重点做好LNG动力船舶的开发与推广,推动靠港船舶优先使用岸电,加强专业执法人员培训学习。

(六)提升行业管理水平。

健全珠江水运管理体制机制,提升航道保障服务能力,加强港口岸线管理,引导港航企业集约化发展,推进信息化发展,提升珠江水运公共服务能力。

1. 健全珠江水运管理体制机制。

根据中央全面深化改革的精神和要求,积极探索研究珠江水运管理体制,逐步建立"统一规划、统筹协调、统分结合、职责清晰、运行顺畅"的管理体制。完善珠江水运发展高层协调机制,进一步加强部省、省区之间的协调、合作，进一步推进跨部委和相关企业的统筹协调，推动珠江水运重大事项决策和重点、难点问题的协调解决。加强与水利、电力等部门的协调，维护航运权益。加强行业内中央与地方单位统筹协调，健全水系交通港航部门工作机制。充分发挥行业社会组织的作用。

2. 提高航道保障服务能力。

加强珠江高等级航道、重要支流航道及沿江港口集疏运航道的养护，保障高等级航道网畅通，提高船舶通航效率。加快推进珠江数字航道建设，逐步实现西江干线、珠江三角洲高等级航道网等电子航道图全覆盖。推广航标遥测遥控、水位遥测遥报等技术应用，提高航道养护能力和技术水平。加大航道资源保护力度，加强对珠江干线、重要支流桥梁、船闸建设的监督管理。规范过船设施运行管理，推进西江干线多线多级船闸联合调度，提高珠江水系过船设施整体通航能力和运行效率。

3. 加强港口岸线管理。

加强港口岸线管理和保护，合理有序开发港口岸线资源，严格港口岸线用途管制和港口总规范围内的建设项目审批，进一步提升港口岸线资源利用效率。加强岸线使用监管，依法整治违法违规乱建码头、设施及占用港口岸线、违法经营等行为，加强内河码头“未批先建”治理，建立、完善岸线资源动态数据库和全过程监管系统。加强岸线后方陆域保护，创新岸线使用管理模式，探索以公开招标方式确定岸线使用人。

4. 引导港航企业集约化发展。

继续推进统一开放、竞争有序的航运市场建设，强化市场监管，完善信用体系，促进航运企业诚实守信、公平竞争。鼓励各省（区）研究出台财政、税收、金融等扶持政策，着力培育内河港口、航运龙头企业，鼓励企业兼并重组，实现规模化、集约化、网络化经营，培育具有国际影响力的码头运营商。鼓励沿海港口和物流企业采取多种形式进入内河水运领域发展，支持大型港航企业向上下游延伸服务链，与其他产业联动发展、跨界融合，向区域性物流经营人转变。

5. 推进珠江水运信息化发展。

整合水运信息化资源,建设珠江航运综合服务信息系统。鼓励港口、航运、物流企业运用信息技术提高生产效率,推进建设覆盖水系的水运信息专网,完善海事、航道、通航设施管理等部门和港航企业的信息关联共享机制。推进主要港口的信息化、智能化、自动化建设,推进港口和口岸部门信息共享和交换,实现珠江物流商贸、信息服务有机整合,打造"互联网+"航运生态圈。

五、保障措施

(一)加强组织保障。

进一步加强珠江水运发展管理工作的统筹协调,切实发挥交通运输部派出机构作用,加强在水系公共信息服务、区域水运市场管理、跨省(区)航道管理等方面的协调。珠江水系四省区交通运输主管部门是规划纲要实施的主体,要切实加强领导,抓好各项任务落实,科学合理制订重大项目前期计划并组织实施。珠江水系航运规划领导小组及办公室要督促检查重要工作的落实,积极协调跨地区重大事项,依托珠江水运发展高层协调机制,进一步加强与水利、水电等部门的沟通协调,实现水运与相关行业的共同、协调发展。

(二)加大资金投入。

内河航道是国家重要的公益性基础设施,应以政府投入为主。中央资金主要用于支持内河高等级航道建设,"十三五"期间将在"十二五"的基础上进一步提高补助标准,适当支持其他航道和港口集疏运通道建设,扶持贫困地区水运设施建设。各级地方交通运输主管部门应积极争取,将内河航道建设、维护等经费纳入各级政府部门预算。继续实施航电结合、梯级开发,滚动发展内河水运。推广运用政府和社会资本合作模式,鼓励和引导社会资本投资内河水运基础设施建设。

(三)做好规划衔接。

交通运输部会同相关部委开展《全国内河航道与港口布局规

划》的修订工作，统筹研究高等级航道规划方案和规划等级的调整问题。4省(区)交通运输主管部门根据发展需要，适时启动省级水运规划的修编或调整，做好与全国规划和本规划纲要的衔接。各相关地方应开展港口总体规划的修编或调整，落实全国规划、本规划纲要和省级水运规划的要求，指导港口建设和发展。

(四)强化技术支撑。

加大科技投入，加快人才培养，完善激励机制，开展重大关键技术研究，促进科技成果转化。开展珠江上游枢纽高坝通航问题研究，着力解决关键节点工程建设难题。加强珠江水运数字航道、智慧港口、智能航运等领域的技术创新，积极开展节能环保、安全应急等新技术的研究与应用。

(五)完善法规标准。

依据《航道法》《港口法》等法律，配套出台相关法规。制定符合珠江水系特点的规范性文件、规章制度和标准规范等。研究出台珠江水系船闸管理办法，研究制定珠江水系内河通航标准，完善珠江水系船型船舶尺度标准。

交通运输部关于深化交通运输供给侧结构改革　改善投资和市场环境进一步推进“放管服”改革降低物流成本的通知

交规划发〔2017〕108号　2017.07.28

各省(自治区、直辖市、新疆生产建设兵团)交通运输厅(局、委),计划单列市交通运输局(委),长江航务管理局、珠江航务管理局,部内相关司局:

近年来,在以习近平同志为核心的党中央坚强领导下,在全行业共同努力下,交通运输供给侧结构性改革取得明显成效,交通运输经济运行呈现稳中有进、稳中向好、结构优化、效益提升的局面。为切实抓好深化重点领域各项改革,不断满足经济社会发展和人民群众的新期待,确保工作取得更大实效,现将有关事项通知如下:

一、总体要求

坚决贯彻党中央、国务院决策部署,深化落实《交通运输部关于推进供给侧结构性改革　促进物流业“降本增效”的若干意见》(交规划发〔2016〕147号)、《交通运输部关于印发〈2017年交通运输供给侧结构性改革工作要点〉的通知》(交规划函〔2017〕225号),遵循“问题导向、重点突破,深化改革、形成合力,统筹推进、分类引导”的原则,把握好稳和进的关系,通过落实改善投资和市场环境要求、深化交通运输供给侧结构性改革、进一步推进“放管服”改革、加快基础设施网络化进程、创新运输服务方式,使企业营商环境进一步改善、市场活力进一步增强、降低物流成本效果进一步显现,有力保障经济平稳健康发展,更好满足人民群众新需求。

二、重点工作

(一)落实改善投资和市场环境要求,降低企业经营成本。清理交通领域各类罚款和检查、建立涉企收费目录清单制度,严禁越权收费、超标准收费、自设收费项目、重复收费,杜绝中介机构利用政府影响违规收费,行业协会不得强制企业入会或违规收费(部财审司、法制司、规划司牵头,相关司局分工负责)。

(二)进一步推进“放管服”改革,减少制度性交易费用。放权降费、优化监管、规范执法行为,降低物流制度性交易成本。完善道路货运驾驶员从业资格与信用管理制度,积极推进年审结果签注网上办理和网上查询,实行车辆道路运输证异地年审。2017 年年内推动货运车辆年检和年审合并,并允许普通道路货运车辆异地办理(部运输服务司负责)。2017 年年内实现跨省大件运输并联许可全国联网(部公路局负责)。运用大数据、物联网、云平台等信息技术,建立健全市场诚信体系(部政研室、公路局、水运局、运输服务司、财审司负责)。全面推进“双随机、一公开”监管,推进交通运输行业市场准入负面清单管理(部法制司牵头,相关司局分工负责)。运行好部行政许可网上办理平台,对企业和群众办事实行“一口受理”、全程服务(部办公厅、法制司、科技司、公路局、运输服务司负责)。加强政务信息共享,最大限度地减少企业办事的证照数量(部法制司牵头,相关司局分工负责)。规范公路货运领域执法行为、严格执法程序。推动交通、公安部门联合执法模式常态化、制度化。制定公路货运处罚事项清单,明确处罚标准并向社会公布。健全全国公路执法监督举报平台(部公路局、运输服务司、法制司负责)。适时启动不合规平板半挂车等车型专项治理工作(部公路局、运输服务司负责)。

(三)加快基础设施网络化进程,提升有效供给能力。着力构建高品质的快速交通网和高效率的普通干线网(部规划司、公路局、水运局负责)。推进繁忙干线机场新建、迁建和扩能改造,增加中西部地区机场数量(中国民用航空局有关司局负责)。大力支持旅游路、资源路、产业路建设。以贫困地区特别是深度贫困地区为重点，深入推进“四好农村路”建设。力争2019年实现所有具备条件的建制村通硬化路（部规划司、公路局负责）。深入实施“快递下乡”工程（国家邮政局有关司局负责）。完善县、乡、村三级农村物流服务网络（部运输服务司负责）。加快综合客运枢纽和货运枢纽（物流园区）建设，完善港口集疏运铁路、公路（部规划司，国家铁路局、中国民用航空局、国家邮政局有关司局负责）。盘活存量、用好增量、扩大直接融资，探索形成长期稳定的交通发展资金保障机制。全面推进政府和社会资本合作（PPP）模式。指导建立健全债务风险预警、评估及应急处置机制（部财审司、规划司负责）。

（四）创新运输服务方式，满足多样化运输需求。积极推进旅客联程运输发展、城乡客运服务一体化发展。积极支持公交都市建设（部运输服务司、规划司负责）。完善航空服务网络，提高民航服务品质（中国民用航空局有关司局负责）。打造旅游风景道体系，促进房车自驾车旅游发展（部规划司、公路局负责）。推动邮轮运输业发展，开展邮轮船票试点（部水运局、规划司、海事局负责）。鼓励探索城际定制客运、商务出行等公共客运服务新模式（部运输服务司负责）。有力降低物流成本。进一步完善物流大通道，提升区域物流服务效率（部规划司、公路局、水运局、运输服务司负责）。大力发展多式联运。有效推进公路甩挂运输。深化无车承运人试点工作。推广使用中置轴汽车列车等先进车型（部运输服务司负责）。积极推进冷链物流发展（部运输服务司、水运局、规划司，国家铁路局有关司局负责）。加快推进智慧港口建设（部水运局负责）。促进城市配送体系建设，引导和鼓励企业开展共同配送、夜间配送（部运输服务司、规划司，国家邮政局有关司局负责）。大力支持“互联网＋”交通物流新业态发展（部规划司、运输服务司、科技司负责）。推进跨部门物流信息资源互联应用，为市场物流活动增效率提供便利（部规划司、科技司、水运局、运输服务司，国家铁路局、中国民用航空局、国家邮政局有关司局负责）。

三、保障措施

（一）加强领导。在部全面深化改革领导小组下，进一步强化交通运输供给侧结构性改革专项办公室作用，建立统筹推进“放管服”改革的工作机制。部管国家局、地方各级交通运输主管部门要高度重视、加强领导，主要负责同志直接抓，明确各项改革事项的时间表、路线图和责任人。加强行业上下联动，形成全国行业上下齐抓共推改革的良好局面。

（二）鼓励创新。地方各级交通运输主管部门要从自身实际出发，树立允许改革有失误、但不允许不改革的鲜明导向，只要有利于就业创业、有利于为市场主体减负、有利于促进社会投资、有利于改善营商环境、有利于增进群众福祉的，都要勇于尝试、敢于探索，推动顶层设计和基层探索良性互动、有机结合。

（三）强化宣传。加强对各地区、各部门深化交通运输供给侧结构性改革、改善投资和市场环境、进一步推进“放管服”改革、降低物流成本工作的总结，及时跟踪了解改革过程中遇到的困难和问题，对行之有效的经验和做法及时在更大范围加以宣传推广。

（四）做好评估。各地区、各部门应利用好大数据、云计算等先进技术，加强对改革各项重点任务的跟踪监测和评估，特别是对降低物流成本工作量化成效的跟踪监测和科学评估，健全交通物流长效跟踪监测机制，确保工作取得更大实效。

北斗卫星导航系统交通运输行业应用专项规划(公开版)

交规划发〔2017〕187号　2017.11.22

前言

北斗卫星导航系统(以下简称北斗系统)是我国着眼于国家安全和经济社会发展需要,自主建设、独立运行的卫星导航系统,是国家重要空间基础设施。交通运输行业是北斗系统重要的行业用户,北斗系统提供的定位、导航、授时服务能够对行业转型升级发展起到重要支撑作用,在行业推广应用北斗系统,将有效推动北斗系统产业化、国际化发展进程,是落实国家安全战略、促进军民融合深度发展和经济社会发展的重要举措,也是新常态下推动现代综合交通运输发展的迫切需求。

"十二五"至"十三五"期,国家相继印发《国家卫星导航产业中长期发展规划》《"十三五"现代综合交通运输体系发展规划》《关于经济建设和国防建设融合发展的意见》等重要文件,大力推动北斗系统应用,并将交通运输行业作为北斗系统应用的重要领域,对行业北斗系统应用工作提出了新的要求。《北斗卫星导航系统交通运输行业应用专项规划(公开版)》(以下简称《规划》)是北斗系统行业应用中长期专项规划,《规划》深入贯彻党中央、国务院关于北斗系统建设应用相关文件精神,提出北斗系统在交通运输全领域应用工作的发展目标、主要任务和保障措施。《规划》是"十三五"至"十四五"期推进北斗系统在行业应用的指导性文件,同时也是交通运输部安排相关建设项目的重要依据。

一、现状与形势

(一)发展基础。

国家稳步推进北斗系统建设,2012 年底北斗系统已向亚太区域提供服务,目前正在全面推进北斗三号全球系统建设,计划 2018 年面向"一带一路"沿线及周边国家提供基本服务,2020 年前后完成 35 颗卫星发射组网,向全球提供服务。

交通运输行业是北斗系统应用的重要领域,交通运输部先后开展了多项测试验证和示范推广工作,截至 2016 年底,道路营运车辆配置北斗兼容终端 460 余万台,沿海建成支持北斗系统的差分定位基准站 26 座,有力推进了北斗系统民用化和产业化进程。颁布了《交通运输部关于在行业推广应用北斗卫星导航系统的指导意见》等政策文件,制定了《道路运输车辆卫星定位系统北斗兼容车载终端技术规范》等行业规范。推动北斗系统取得了面向海事领域应用的国际合法地位和面向民航领域应用的初步策略认可。

虽然行业北斗系统应用取得了一定的成效,并具有良好的发展前景,但仍存在以下问题。一是国外卫星导航系统先发优势明显,行业内北斗终端应用普及率偏低。二是国产北斗芯片和模块等产品的可靠性和成熟度仍需通过规模应用予以提升,北斗短报文通信服务功能未能得到充分发挥,应用规模偏低。三是虽然国家已建成一定规模的北斗地基增强基准站,但尚无明确的应用服务政策和数据共享交换机制,无法完全满足行业对高精度定位导航的需求。四是现有行业政策对北斗系统推广应用支撑不足,缺乏行业统筹应用规划,行业应用系统性、整体性考虑有待加强。五是缺乏完善的标准体系,行业各领域北斗系统应用相关技术标准不健全,现有各标准衔接有待加强。因此,需要进一步加大北斗系统在交通运输行业应用推广力度。

(二)形势要求。

1. 是服务国家战略实施的需要。

《国家卫星导航产业中长期发展规划》中提出,到 2020 年,北斗卫星导航系统及其兼容产品在国民经济重要行业和关键领域得到广泛应用。交通运输是国民经济中基础性、先导性、战略性产业，是推进“一带一路”建设、京津冀协同发展和长江经济带发展的重要领域。大力推动行业北斗系统应用，推进北斗系统产业化和国际化，是落实党中央、国务院相关文件精神的具体举措，也是服务国家重要战略实施的有力措施。

2. 是支持现代综合交通运输体系发展的需要。

交通运输具有点多、线长和面广的特点，涉及时空基准信息实时性强、数据量大、精度及可靠性要求高。北斗系统能提供实时导航、快速定位、精确授时、位置报告和短报文通信服务功能，与交通运输行业需求高度契合。当前，交通运输行业正处于转型发展的黄金时期，为实现《“十三五”现代综合交通运输体系发展规划》提出的到 2020 年基本建成安全、便捷、高效、绿色的现代综合交通运输体系的发展目标，应充分发挥北斗系统自主可控、功能全面的特点，推动北斗系统与交通运输行业有机融合，支持“四个交通”发展。

3. 是促进军民融合发展的需要。

交通运输是维护国家安全和国防安全的重要保障，是贯彻落实军民融合发展国家战略的重点领域。北斗系统具有军民融合的典型属性，通过行业应用北斗系统，能够有效促进交通运输保障国防建设能力整体提升，同时以行业应用成果作为验证手段，为北斗系统提供实际应用状况反馈，支持北斗系统建设，推动经济建设和国防建设在更广范围、更高层次、更深程度上融合发展，切实支持国家军民融合发展。

二、总体思路

（一）指导思想。

全面贯彻党的十九大精神，深入贯彻习近平新时代中国特色社会主义思想，认真落实党中央、国务院关于北斗系统建设与应用相关决策部署，紧密围绕国家北斗系统发展和行业发展战略，把握北斗应用发展机遇，以提高行业时空信息服务水平和安全保障能力为主线，着力完善基础设施、优化发展环境、拓展应用领域、创新应用模式、加强示范引领，切实推动北斗系统在交通运输各领域广泛应用。

（二）规划原则。

强化基础，保障应用。依托国家和地方现有和拟建的空基与地基资源，按照事权划分，从行业特色和自身需求出发，合理布局行业基础设施，提升行业应用保障能力。

政府引导，规范应用。发挥政府引导和带动作用，强化顶层设计，营造良好的体制机制和政策标准环境。做好与北斗卫星导航系统重大专项和相关国家规划的衔接，加强行业内外协调配合，规范行业北斗系统应用工作。

市场驱动，创新应用。强化企业技术创新主体地位，培育行业新模式新业态新需求，激发创新活力，促进北斗系统与各类新兴技术融合，引领行业转型升级，推动北斗系统在交通运输行业的创新应用。

分步实施，有序应用。按照国家北斗系统发展总体部署，结合行业内各领域发展水平，在不同领域以示范工程为抓手，先重点，后全面，分步有序推进行业应用工作。

（三）规划目标。

2020 年规划目标：

到 2020 年，建成保障能力明显增强、应用环境趋于完善、应用领域更加广泛、创新能力显著提升的北斗系统交通运输行业服务体系，在铁路、公路、水路、民航、邮政等交通运输全领域实现北斗系统应用，其中重点和关键领域率先实现卫星导航系统自主可控。

——保障能力明显增强。满足行业需求的地基增强系统应用服务覆盖长江干线和沿海港口等区域，搜救能力全面提升，初步实现对北斗系统和地基增强系统行业服务性能的监测、验证，各类交通时空信息有效汇聚。

——应用环境趋于完善。综合交通北斗应用管理架构基本形成，行业标准规范基本完备，各领域应用政策更加健全，军地联系更加紧密。

——应用领域更加广泛。在行业关键领域应用国产北斗终端,实现卫星导航服务自主可控,重点运输车辆北斗兼容终端应用率不低于80%,国内“四类重点船舶”北斗兼容终端应用率不低于80%,城市地面公共交通北斗兼容终端应用率不低于80%,推动民航低空空域监视北斗定位信息应用率达到100%,铁路列车调度北斗授时应用率达到100%,行业在售终端全部支持北斗定位模式,建成相应的应用管理与服务平台。

——创新能力显著提升。行业北斗系统“产学研用”创新体系基本形成,市场驱动作用明显,企业创新主体地位进一步提升,行业创新应用不断涌现,行业终端产品种类更加丰富、质量明显提升、成本大幅下降,技术成果各方共享共用。

2025 年规划目标:

到 2025 年,建成服务于综合交通的定位、导航和授时(PNT)体系,形成完备、规范、精准、安全的北斗系统交通运输行业应用格局,为国家综合 PNT 体系建设提供有力支持。

三、主要任务

(一)加强行业应用基础设施建设。

发挥政府公共管理和安全保障作用,重点加强北斗系统交通运输行业应用基础能力建设,依托已建成的北斗地基增强系统,按照全国“一张网”总体部署,结合行业需求,补充建设长江干线和沿海北斗地基增强系统、交通运输北斗高精度导航与位置服务信息资源中心,推动形成行业高精度位置服务体系,建设交通运输行业卫星导航基准站数据处理分级保护系统工程,实现交通运输行业基准站数据的安全接入、处理和分发。推动北斗卫星加入全球卫星搜救系统,在北斗系统中轨卫星上搭载搜救载荷,以促进北斗全球化应用,改扩建我国现有搜救卫星地面系统,提升我国应急搜救反应能力。依托交通运输行业全球资源优势,建立北斗全球系统组网民用应用验证平台,开展北斗全球系统功能性能验证工作,及时向全球用户公布民用应用性能评估结果。

专栏一　行业应用基础设施重点工程

1. 长江干线北斗地基增强系统工程。

依托北斗地基增强系统，结合行业需求，补充建设覆盖长江干线的带状地基增强网络，并将相关数据接入交通运输北斗高精度导航与位置服务信息资源中心，综合应用多种手段向用户提供高精度定位导航和授时服务，提升长江航运的公共服务能力和应急处置能力。

2. 沿海北斗卫星导航差分基准站升级改造工程。

结合北斗地基增强系统工程建设，在沿海重点水域开展北斗区域增强站建设，补充建设其他区域北斗地基增强站点，并将相关数据接入交通运输北斗高精度导航与位置服务信息资源中心。完善全海区数据监测中心和北海、东海、南海海区数据处理服务中心，向社会提供沿海区域厘米级定位和导航服务。

3. 交通运输北斗高精度导航与位置服务信息资源中心工程。

统筹交通运输行业北斗地基增强等高精度导航定位信息资源，建设卫星导航增强信息和高精度用户综合服务系统，实现交通运输行业内外北斗卫星导航基准站数据信息的接入、汇聚和共享共用，形成针对行业用户的增强信息接收、处理、交换、管控和播发等能力，提供稳定、安全、分级和自主可控的高精度位置服务。

4. 交通运输行业卫星导航基准站数据处理分级保护系统工程。

按照《中华人民共和国测绘法》和国家相关保密规定，建成满足分级保护要求，具备数据隔离、身份鉴别、访问控制、密码保护、电磁泄漏防护、安全审计与监控、边界防护与控制等功能的卫星导航基准站数据处理分级保护系统，实现交通运输行业基准站数据的安全接入、处理和分发，为卫星导航高精度应用提供基础支撑环境。

5. 基于北斗中轨卫星的全球搜救系统工程。

推动北斗卫星加入全球卫星搜救系统，在北斗中轨卫星上搭载搜救载荷，建设地面验证系统，改扩建我国现有搜救卫星地面系统，建设报警确认信息返向链路管控系统，提升北斗系统在全球海上人命救助领域的作用。

6. 北斗全球系统组网工程民用应用验证系统工程。

建立北斗全球系统组网工程民用应用验证平台，充分利用行业资源，选取部分车、船及跨国运输线路开展北斗全球系统功能性能验证工作，推动建立客观、公正的验证评估体系，提供全球范围内的民用应用性能评估结果，推动北斗系统全球化应用。

（二）完善行业应用发展环境。

完善行业北斗应用工作相关法规。在国际海事组织（IMO）、国际民航组织（ICAO）、国际电工委员会（IEC）等国际组织框架下，持续开展北斗系统应用相关国际合作工作，加强与相关国际公约的对接，推动北斗系统接入全球海上遇险与安全系统（GMDSS）。积极参与《中华人民共和国卫星导航条例》等国家卫星导航相关法律法规研究制定工作。完善运输过程监管及服务、路网运行监测、交通基础设施建设及安全健康监测、安全应急搜救、物流调度管理、高精度位置服务等领域相关管理办法，支持北斗系统应用。推动交通运输行业公务执法车辆、执法船舶和执法“单兵”装备配置北斗终端，制定船载北斗终端配备鼓励政策，推动“四类重点船舶”安装使用北斗终端，引导商船安装配置北斗终端，扩大使用范围。按照《中华人民共和国测绘法》相关要求，加强行业卫星导航基准站和公共服务平台管理。强化相关保密制度，提升安全保密意识，确保卫星导航相关涉密信息严格保密，杜绝失泄密事件发生。规范北斗短报文通信在交通安全应急领域的应用。

研究行业北斗应用相关标准。持续推动北斗系统标准化“走出去”。在相关国际组织的工作框架下,继续推进标准、指南等文件的制定和修订工作。建立行业北斗系统应用标准规范体系,纳入交通运输标准化体系。结合行业应用实际,以问题为导向,及时制修订交通运输行业与卫星导航系统相关的标准规范,如《基于北斗卫星导航的增强系统民航应用性能要求》《沿海无线电指向标—差分全球导航》。加强对北斗系统相关产品的质量监督管理,提高行业北斗系统应用产品质量。

(三)全面拓展行业应用领域。

推动北斗系统在铁路领域的应用。建立基于北斗系统的全国统一的列车运行授时与调度指挥系统,加强列车运行监控和管理。

推动北斗系统在民航领域的应用。加快推进北斗区域系统、全球系统及相关增强系统在运输及通用航空定位、导航、授时及监视领域的应用,鼓励国产大飞机及通用航空器应用北斗系统。

推动北斗系统在邮政领域的应用。鼓励在邮件快件运输、收投车辆上配置北斗终端,利用北斗系统加强对以上车辆的实时跟踪和有效监控,全面提升安全管理能力和服务水平。

开展北斗系统在交通运输基础设施测量和安全监测中的应用。在铁路、公路、桥梁、隧道、航道、码头等基础设施建设和安全健康监测中广泛应用北斗技术手段,并在公众网无法覆盖区域使用北斗短报文功能回传监测数据。

加强北斗系统在运输过程监管领域的应用。在原相关示范工程基础上,推动重点营运车辆安装北斗兼容终端比率稳步提升,借力北斗地基增强系统,推动实现全国运输车辆车道级动态监控和监控终端时间同步,助益车辆违章监管和事故调查。

推动北斗系统融入“智慧高速”。结合高速公路周边增强基准站布局情况,在沿线适当补充站点,并接入交通运输北斗高精度导航与位置服务信息资源中心,提高车路协同信息服务能力,为辅助驾驶等高精度应用提供支持。

推动北斗系统服务公众出行。发挥北斗高精度优势,辅助多源信息融合导航定位技术和室内定位技术，鼓励在城市公交车、出租汽车和轨道交通上应用北斗系统，多渠道服务公众出行。鼓励驾驶员培训机构使用增强数据资源，实现培训过程精准管理。推动北斗系统在车联网、自动驾驶领域的应用。

推动北斗系统在水路领域的应用。发挥北斗系统在航标遥测遥控中的作用，推动航标使用北斗定位和短报文通信功能。做好基于北斗的中国海上搜救信息系统示范工程建设成果的应用。加快推进北斗终端设备在船舶和应急装备上的应用，推动国内船舶和大型应急装备逐步安装使用北斗船载终端，完善数据格式和接口协议，形成稳定可靠的数据传输保障体系，提高北斗短报文遇险报警能力，在现有海上安全监管平台中接入北斗系统相关信息，与海事共享数据库融合，拓展智慧海事的感知手段和应用功能。结合智慧港口建设，推动各港口在货物搬运、甩挂运输、场站管理、港区调度、车船货匹配、货物跟踪、多式联运等方面应用北斗系统，提高港区运输调度和运营效率。

推动北斗系统助力综合运输发展。适时启动综合运输北斗卫星导航时空信息服务系统建设，汇聚各类交通运输方式动静态空间信息数据。鼓励通过使用北斗系统促进各类运输方式有机衔接，发挥综合效益，推动在重要的综合运输枢纽和节点使用北斗系统，促进实现各类运输方式统一授时和精准换乘。

（四）积极鼓励行业应用创新。

支持北斗与其他技术融合应用。充分利用北斗系统高精度时空基准信息，结合信息技术发展趋势，促进北斗系统与移动通信、互联网、地理信息、高分遥感、大数据、云计算、智能终端等技术融合，充分突出各类技术特色、发挥各类技术优势，创新应用服务模式，共同服务行业发展，鼓励行业各领域开展多种技术融合应用专题研究。

推动北斗相关技术成果转化。推动建立交通运输行业北斗系统技术研究成果转化机制，促进政府机构、军队、科研院所、企业等主体间北斗系统相关技术成果共享共用，鼓励研究成果在工程中的示范应用，支持各类技术在实际业务中的创新应用，组织交通运输行业各领域北斗系统应用专家，指导和服务行业北斗系统技术成果转化和创新应用工作。

发挥企业创新主体地位作用。建立产学研用相结合的技术创新体系，支持行业内研究机构和企业联合，持续创新北斗系统应用新模式。鼓励社会资本参与或主导行业北斗系统应用新产品的研发、研制和推广。加快创新成果孵化，促进科技成果转化，实现行业北斗系统应用产品的市场化和产业化。依托交通运输行业现有科技资源共享平台，开展北斗系统应用技术交流、成果推介和政策宣传等活动。

（五）深入推进军民融合应用。

北斗系统应用是推进交通运输军民融合深度发展的重点领域，交通运输行业需增强先行意识，发挥先锋作用，全力推进北斗系统军民融合应用工作，提升行业军民融合发展水平和战备保障能力。

（六）开展行业应用示范工程建设。

结合行业北斗系统应用重点方向，发挥示范引领作用，开展一批应用示范工程建设，以示范应用带动全面应用和国际化应用。推动北斗系统服务“一带一路”建设、长江经济带发展，结合“一带一路”倡议明确的“稳步推进北斗导航系统走出去”任务整体布局和实施方案，特别是中俄国际道路运输中，利用北斗/格洛纳斯系统服务两国国际道路运输，促进交通运输与北斗系统国际化发展联动。建设交通运输单北斗系统应用示范工程，率先推动在行业公务执法、应急救援及航海保障等领域实现卫星导航系统自主可控。建设基于北斗的国际道路运输服务信息系统工程和全球海上航运示范工程，持续推动北斗系统国际化进程。建设基于北斗的内河船舶航行运输服务监管示范工程，提升内河航运信息化水平和安全保障能力。建设基于北斗的铁路网和列车统一授时与调度指挥系统工程、通用航空应用示范系统工程，推动北斗系统在铁路和民航领域的应用。

专栏二　行业应用示范工程

1. 交通运输单北斗系统应用示范工程。

在交通运输行业部分公务车船、物流车辆、救助飞行器及航标等航海保障设施上推广应用单北斗定位模式终端，对原有GPS设备进行替代，建设配套监控管理系统或对原有系统进行升级改造，推动实现公务执法、应急救援及航海保障等领域定位、导航、通信自主可控，同时对单北斗系统行业服务能力进行实际验证。

2. 基于北斗的国际道路运输服务信息系统工程。

建设基于北斗的国际道路运输服务信息系统工程，并在中俄等国际道路运输领域开展先行验证，实现国际道路运输行车许可证管理、出入境运输车辆运行状态实时监管、口岸现场查验等业务数字化管理，完善汽车出入境证件网上申请、跨境综合信息服务、跨境应急救援等服务功能，全面提升国际道路运输便利化水平。

3. 基于北斗的内河船舶航行运输服务监管示范工程。

充分利用海事共享数据库整合的水路运输资源，融合北斗信息，发挥北斗短报文功能，完善智慧海事监管和服务平台，拓展对船舶航行动态信息、遇险报警信息的感知和接收手段，提升对船舶的动态监管、应急救助和信息服务能力。

4. 基于北斗的通用航空应用示范系统工程。

用北斗/GPS替换典型通用航空机型综合航电系统中的GPS，实现自主可控的航空器空中导航。使用北斗系统完成空中位置下传与空—地应急通信，实现对航空器的独立追踪与监控，提高通用航空安全运行保障能力，为北斗系统在运输航空领域的应用奠定基础。

5. 基于北斗的铁路网和列车统一授时与调度指挥系统工程。

采用北斗系统实现全国铁路网和列车的时钟同步，融合轨道电路、多普勒雷达、累计车轮旋转数加应答器等多种技术，实现列车精准定位，提高铁路网和列车综合调度指挥能力。

6. 全球海上航运示范工程。

开展北斗系统在远洋船队管理、航线监视、港口生产和物流领域的示范应用，以北斗系统应用助力智慧港口建设，推动北斗系统在国际海事领域的应用，提高我国港航企业海外业务开拓能力和国际竞争力。

四、保障措施

（一）完善工作体制机制。

在交通运输部北斗卫星导航系统应用工作领导小组框架下，增加国家铁路局、中国民用航空局、国家邮政局代表，基本形成综合交通北斗应用管理架构。切实加强行业北斗系统应用的组织领导和统筹协调，发挥部在顶层设计方面的统筹作用。利用北斗卫星导航系统重大专项领导小组等平台，完善与中央军委装备发展部的协同工作机制，加强与军地部门的交流合作。探索建立行业北斗系统检验检测中心、应用推广中心、技术研发中心。鼓励各级交通运输管理机构建立符合各地实际的北斗系统应用管理模式，进一步完善政企合作机制，构建多元主体参与的北斗系统应用推广机制。

（二）拓宽资金筹措渠道。

积极争取中央财政资金支持，吸纳社会资本参与，加大对行业北斗系统应用的投入，结合行业发展需求，根据资金落实情况，分期分批推进实施。各级交通运输管理部门应积极与相关部门沟通，争取各级政府财政性资金和专项资金的支持，用于北斗系统应用推广。

（三）加强人才队伍建设。

充分发挥人才力量在行业北斗系统应用方面的带动作用，以北斗系统交通运输行业应用需求为导向，对从业人员开展北斗系统相关理论知识培训，增强从业人员对北斗系统的认识程度，培养复合型人才队伍。

（四）加强宣传和交流。

在各类国际交通运输展览、国际学术会议等场合，积极宣传行业北斗系统应用经验和成果，将北斗系统应用相关技术成果向外推介。依托双边或多边政府间合作交流机制，加强与国外交通运输管理机构在卫星导航系统应用领域的对接与协作，让世界感知北斗、接受北斗、应用北斗，提高北斗国际地位。

交通运输部关于全面深入推进绿色交通发展的意见

交政研发〔2017〕186号　2017.11.27

各省、自治区、直辖市、新疆生产建设兵团交通运输厅(局、委),部属各单位,部内各司局:

建设生态文明是中华民族永续发展的千年大计。党的十八大以来,交通运输行业深入贯彻落实以习近平同志为核心的党中央关于生态文明建设的新理念新思想新战略,全力推动交通运输的科学发展,在绿色交通方面取得了积极成效。但总体上看,交通运输发展方式相对粗放、运输结构不尽合理、绿色交通治理体系不尽完善、治理能力有待提高等问题依然存在,难以有效满足新时代人民日益增长的优美生态环境需要。为全面贯彻党的十九大精神,切实落实新发展理念,深入推进绿色交通发展,服务交通强国建设,现提出以下意见。

一、总体要求

(一)指导思想。

以习近平新时代中国特色社会主义思想为指导,紧紧围绕统筹推进"五位一体"总体布局和协调推进"四个全面"战略布局,坚持人与自然和谐共生的基本方略,牢固树立社会主义生态文明观,践行"绿水青山就是金山银山"的理念,以交通强国战略为统领,以深化供给侧结构性改革为主线,着力实施交通运输结构优化、组织创新、绿色出行、资源集约、装备升级、污染防治、生态保护等七大工程,加快构建绿色发展制度标准、科技创新和监督管理等三大体系,实现绿色交通由被动适应向先行引领、由试点带动向全面推进、由政府推动向全民共治的转变,推动形成绿色发展方式和生活方式，为建设美丽中国、增进民生福祉、满足人民对美好生活的向往提供坚实支撑和有力保障。

（二）基本原则。

生态优先，绿色发展。坚持尊重自然、顺应自然、保护自然，把绿色发展摆在更加突出的位置，落实最严格的生态环境保护制度，全方位、全地域、全过程推进交通运输生态文明建设，全面提升交通基础设施、运输装备和运输组织的绿色水平。

深化改革，创新驱动。坚持体制机制创新、管理创新、技术创新和方式创新，着眼于建设现代化经济体系的战略目标，着力深化交通运输供给侧结构性改革，加快推进综合交通管理体制等重点领域改革，转变交通发展方式，优化交通运输结构，推广绿色出行方式，推动形成交通运输绿色发展长效机制。

重点突破，系统推进。坚持抓重点、补短板、强弱项，针对绿色交通发展制约性强、群众反映突出的问题，在重点领域和关键环节集中发力，打好污染防治攻坚战，以点带面，示范引领，不断拓展绿色交通发展的广度和深度，形成交通运输发展与生态文明建设相互促进的良好局面。

多方参与，协同治理。坚持政府为主导、企业为主体、社会组织和公众共同参与，通过法律、经济、技术和必要的行政手段，着力构建约束和激励并举的绿色交通制度体系，努力建设政府企业公众共治的绿色交通行动体系。积极参与全球环境治理，加强交通运输应对气候变化等领域的国际合作与交流。

（三）发展目标。

到2020年，初步建成布局科学、生态友好、清洁低碳、集约高效的绿色交通运输体系，绿色交通重点领域建设取得显著进展。

——客货运输结构持续优化。铁路和水运在大宗货物长距离运输中承担的比重进一步提高，铁路客运出行比例逐步提升。

——先进运输组织方式进一步推广。力争实现2020年多式联运货运量比2015年增长1.5倍，重点港口集装箱铁水联运量年均增长10%。

——绿色出行比例显著提升。大中城市中心城区绿色出行比例达到70%以上,建成一批公交都市示范城市。

——资源利用效率明显提高。港口岸线资源、土地资源和通道资源的利用效率明显提高,交通运输废旧材料循环利用率和利用水平稳步提升。

——清洁高效运输装备有效应用。交通运输行业新能源和清洁能源车辆数量达到60万辆,内河船舶船型标准化率达到70%,公路货运车型标准化率达到80%。内河运输船舶能源消耗中液化天然气(LNG)比例在2015年基础上增长200%。铁路单位运输工作量综合能耗比2015年降低5%,营运货车、营运船舶和民航业单位运输周转量能耗比2015年分别降低6.8%、6%和7%,港口生产单位吞吐量综合能耗比2015年降低2%。

——污染排放得到有效控制。船舶水污染物全部接收或按规定处置,环渤海(京津冀)、长三角、珠三角水域船舶硫氧化物、氮氧化物和颗粒物排放与2015年相比分别下降65%、20%和30%。交通运输二氧化碳排放强度比2015年下降7%。全国主要港口和船舶排放控制区内港口50%以上已建的集装箱、客滚、邮轮、3千吨级以上客运和5万吨级以上干散货专业化泊位具备向船舶供应岸电的能力。

——生态保护取得积极成效。交通基础设施建设全面符合生态功能保障基线要求。建成一批绿色交通基础设施示范工程,实施一批交通基础设施生态修复项目。

到2035年,形成与资源环境承载力相匹配、与生产生活生态相协调的交通运输发展新格局,绿色交通发展总体适应交通强国建设要求,有效支撑国家生态环境根本好转、美丽中国目标基本实现。

二、全面推进实施绿色交通发展重大工程

(一)运输结构优化工程。

统筹交通基础设施布局。在国土主体功能区和生态功能保障基线要求下,进一步优化铁路、公路、水运、民航、邮政等规划布局,扩大铁路网覆盖面，加快完善公路网，大力推进内河高等级航道建设，统筹布局综合交通枢纽，完善港口、机场等重要枢纽集疏运体系，提升综合交通运输网络的组合效率。

优化旅客运输结构。推进铁路、公路、水运、民航等客运系统有机衔接和差异化发展，提升公共客运的舒适性和可靠性，吸引中短距离城际出行更多转向公共客运。加快构建以高速铁路和城际铁路为主体的大容量快速客运系统，形成与铁路、民航、水运相衔接的道路客运集疏网络，稳步提高铁路客运比重，逐步减少800公里以上道路客运班线。

改善货物运输结构。按照“宜水则水、宜陆则陆、宜空则空”的原则，研究制定相关政策，调整优化货运结构，促进不同运输方式各展其长、良性竞争、整体更优。提升铁路全程物流服务水平，理顺运价形成机制，提高疏港比例，发挥铁路在大宗物资中远距离运输中的骨干作用。大力发展内河航运，充分发挥水运占地少、能耗低、运能大等比较优势。逐步减少重载柴油货车在大宗散货长距离运输中的比重。

（二）运输组织创新工程。

推广高效运输组织方式。大力发展多式联运、江海直达、滚装运输、甩挂运输、驼背运输等先进运输组织方式。依托铁路物流基地、公路港、沿海和内河港口等，推进多式联运型和干支衔接型货运枢纽（物流园区）建设。统筹农村地区交通、邮政、商务、供销等资源，推广“多站合一”农村物流节点建设，推广农村“货运班线”服务方式。积极推动快递“上车上船上飞机”，鼓励发展铁路快运产品。积极推进铁水联运示范工程，将集装箱铁水联运示范项目逐步扩大到内河主要港口。

提高物流信息化水平。鼓励“互联网+”高效物流等业态创新，深入推进道路货运无车承运人试点，促进供需匹配，降低货车空驶率。推进国家交通运输物流公共信息平台建设，推动跨领域、跨运输方式、跨区域、跨国界的物流信息互联互通。

发展高效城市配送模式。加快推进城市绿色货运配送，优化城市货运和快递配送体系,在城市周边布局建设公共货运场站或快件分拨中心,完善城市主要商业区、校园、社区等末端配送节点设施,引导企业发展统一配送、集中配送、共同配送等集约化组织方式。鼓励发展智能快件箱等智能投递设施,积极协调公安等部门保障快递电动车辆依法依规通行。

(三)绿色出行促进工程。

全面开展绿色出行行动。积极鼓励公众使用绿色出行方式,进一步提升公交、地铁等绿色低碳出行方式比重。加强自行车专用道和行人步道等城市慢行系统建设,改善自行车、步行出行条件。引导规范私人小客车合乘、互联网租赁自行车等健康发展。鼓励汽车租赁业网络化、规模化发展,依托机场、火车站等客运枢纽发展"落地租车"服务,促进分时租赁创新发展。

深入实施公交优先战略。在大中城市全面推进"公交都市"建设,完善公共交通管理体制机制,加快推动城市轨道交通、公交专用道、快速公交系统等公共交通基础设施建设,强化智能化手段在城市公共交通管理中的应用。推进城际、城市、城乡、农村客运四级网络有序对接,鼓励城市公交线路向郊区延伸,扩大公共交通覆盖面。

加强绿色出行宣传和科普教育。启动全国绿色交通宣教行动,深入宣贯相关理念、目标和任务。开展绿色出行宣传月活动及"无车日"活动,制作发布绿色出行公益广告,让绿色交通发展人人有责,让绿色出行成为风尚。

(四)交通运输资源集约利用工程。

集约利用通道岸线资源。推动铁路、公路和市政道路统筹集约利用线位、桥位等交通通道资源,改扩建和升级改造工程充分利用既有走廊。加强港口岸线使用监管,严格控制开发利用强度,促进优化整合利用。深入推进区域港口协同发展,促进区域航道、锚地和引航等资源共享共用。

提高交通基础设施用地效率。推进交通基础设施科学选线选址,避让基本农田,禁止耕地超占,减少土地分割。积极推进取土、弃土与造地、复垦综合措施，因地制宜采用低路基、以桥代路、以隧代路等措施，严格控制互通立交规模，提高土地节约集约利用水平。

促进资源综合循环利用。积极推动废旧路面、沥青等材料再生利用，推广钢结构的循环利用，扩大煤矸石、矿渣、废旧轮胎等工业废料和疏浚土、建筑垃圾等综合利用。推进钢结构桥梁建设，提升基础设施品质和耐久性，降低全生命周期成本。推进快递包装绿色化、减量化、可循环，鼓励降低客运领域一次性制品使用强度。继续推动高速公路服务区、客运枢纽等开展水资源循环利用。

推广应用节能环保先进技术。制定发布交通运输行业重点节能环保技术和产品推广目录。继续对港口、机场、货运枢纽（物流园区）装卸机械和运输装备实施“油改电、油改气”工程，开展机场新能源综合利用示范。积极推广温拌沥青等技术应用，在桥梁、隧道等交通基础设施中全面推广节能灯具、智能通风控制等新技术与新设备。提高铁路机车牵引能效水平，推广车船节能技术改造，全面规范实施飞机辅助动力装置（APU）替代。

（五）高效清洁运输装备升级工程。

推进运输装备专业化标准化。加快推进内河船型标准化，严格执行船舶强制报废制度，加快淘汰高污染、高耗能船舶、老旧运输船舶、单壳油轮和单壳化学品船。调整完善内河运输船舶标准船型指标，加快推广三峡船型、江海直达船型和节能环保船型。继续深化车辆运输车治理，全面推进货运车辆标准化、厢式化、轻量化。加快推进敞顶集装箱、厢式半挂车等标准化运载单元的推广应用。

推广应用新能源和清洁能源车船。在港口和机场服务、城市公交、出租汽车、城市物流配送、汽车租赁、邮政快递等领域优先使用新能源汽车，加大天然气等清洁燃料车船推广应用。联合环保、工信、质检、公安等部门，严格落实国家、行业有关能耗等标准限值要求，鼓励支持节能环保车辆优先使用，推动运输装备升级进档。联合公安等部门研究制定鼓励新能源汽车使用的差异化政策措施。支持高速公路服务区、交通枢纽充电加气设施的规划与建设，在京津冀、长三角、珠三角、成渝等区域公路网率先完善充电加气配套设施体系。支持内河高等级航道加气设施的规划与建设，支持在长江干线、京杭运河和西江干线等开展液化天然气加注码头建设。

（六）交通运输污染防治工程。

强化船舶和港口污染防治。继续实施船舶排放控制区政策，适时研究建立排放要求更严、控制污染物种类更全、空间范围更大的排放控制区政策。大力推广靠港船舶使用岸电，推动码头、船舶、水上服务区待闸锚地等新改建岸电设施。全面推进港口油气回收系统建设，推动船舶改造加装尾气污染治理装备。全面推进大型煤炭、矿石码头堆场防风抑尘设施建设。全面推进港口船舶污染物接收设施建设，重点提升化学品洗舱水接收能力，并确保与城市公共转运、处理设施衔接。继续推进实施碧海行动计划。推动长江经济带内河船舶开展环保设施升级改造，推动建设长江经济带绿色航运发展先行示范区。

强化营运货车污染排放的源头管控。加快更新老旧和高能耗、高排放营运车辆，推广应用高效、节能、环保的车辆装备。强化运输过程的抑尘设施应用。制定实施汽车检测与维护（I/M）制度，确保在用车达到能耗和排放标准。采用多种技术手段，推进对营运车辆燃料消耗检测的监督管理。研究建立京津冀、长三角区域道路货运绿色发展综合示范区。倡导推广生态驾驶、节能操作、绿色驾培。积极推广绿色汽车维修技术，加强对废油、废水和废气的治理，提升汽车维修行业环保水平。

（七）交通基础设施生态保护工程。

推进绿色基础设施创建。把生态保护理念贯穿到交通基础设施规划、设计、建设、运营和养护全过程，强力开展绿色铁路、绿色公路、绿色航道、绿色港口、绿色机场等创建活动。在铁路、公路沿线开展路域环境综合整治。积极推行生态环保设计，倡导生态选线选址，严守生态保护红线。完善生态保护工程措施，合理选用降低生态影响的工程结构、建筑材料和施工工艺，尽量少填少挖，追求取弃平衡。落实生态补偿机制，降低交通建设造成的生态影响。

实施交通廊道绿化行动。落实国土绿化行动，大力推广公路边坡植被防护，在铁路、公路、航道沿江沿线大力开展绿化美化行动，提升生态功能和景观品质，支撑生态廊道构建。联合旅游等部门健全交通服务设施旅游服务功能，打造国家旅游风景道，促进交通旅游融合发展。

开展交通基础设施生态修复。针对早期建设不能满足生态保护要求的交通基础设施，推进生态修复工程建设。重点针对高寒高海拔、水源涵养生态功能区、水土流失重点治理区等重点生态功能区，结合国省道改扩建项目推进取弃土场生态恢复、动物通道建设和湿地连通修复。针对涉及自然保护区、世界自然文化遗产、风景名胜区的国省道改扩建项目，推进路域沿线生态改善和景观升级。在环渤海、长三角、珠三角等港航产业应用滩涂湿地恢复、生境营造、增殖放流等生态修复技术。在长江经济带内河高等级航道、西江干线航道等实施生态护岸、人工鱼巢等航道生态恢复措施。

三、加快构建绿色交通发展制度保障体系

（一）绿色交通制度标准体系。

加快构建绿色交通规划政策体系。研究制定绿色交通中长期发展战略，建立分层级、分类别、分方式的绿色交通规划体系。研究制定京津冀、长江经济带等重点区域绿色交通发展规划。将生态文明建设目标纳入综合交通运输规划，推动构建科学适度有序的国土空间布局体系和绿色循环低碳发展的产业体系。修订交通运输节能环保领域相关管理办法。

完善绿色交通标准体系。逐步构建基础设施、运输装备、运输组织等方面的绿色交通标准体系，配套制定绿色交通相关建设和评价标准，完善交通运输行业重点用能设备能效标准和能耗统计标准。积极参与绿色交通国际标准制定，提升国际影响力。

(二)绿色交通科技创新体系。

强化绿色交通科技研发。强化科研单位、高校、企业等创新主体协同,开展以绿色交通新技术、新产品、新装备为重点的科技联合攻关,在新能源和清洁能源应用、特长隧道节能、车船尾气防治、自动驾驶、无人船、自动化码头、低噪声船舶、数字航道、公路发电等领域尽快取得一批突破性科研成果。

推动绿色交通科技成果转化与应用。完善绿色交通科技创新成果的评价与转化机制,加快先进成熟适用绿色技术的示范、推广与应用。加快推进移动互联、云计算、大数据等先进信息技术应用,大力推动“互联网+”交通运输发展,提升交通运输运行效率。借鉴国际绿色交通发展经验,加强国际科技和成果交流合作。

(三)绿色交通监督管理体系。

提升行业节能环保管理水平。健全绿色交通管理体制机制,推动各级交通运输主管部门加强绿色交通管理力量配备。严格执行国家环保“三同时”制度,深入开展交通运输规划环境影响评价工作。加强与发展改革、环保等部门及地方政府协同合作,按照大气、水污染防治协作机制分工,配合完成大气、水污染治理攻坚任务。

强化船舶污染物排放监测监管。以船舶排放控制区为重点,开展船舶大气污染物排放和水污染物排放监测监管。推动建立港口和船舶污染物排放、船舶燃油质量等方面的部门间联合监管机制。强化船舶大气污染监测和执法能力建设,严格落实内河和江海直达船舶使用合规普通柴油、船舶排放控制区低硫燃油使用的相关要求。

四、切实抓好组织落实

(一)加强组织领导。

统筹推进绿色交通建设发展,强化本意见与交通运输服务决胜全面建成小康社会三年行动计划和交通强国战略纲要的衔接,在行动计划和战略纲要中充分体现各项任务要求。各级交通运输主管部门要抓紧研究制定本地区、本领域绿色交通发展的实施方案,明确责任分工和任务措施,各司其职、各负其责,确保工作落实到位。

(二)加大政策支持。

积极争取各级财政性资金对绿色交通发展的支持力度,促进交通运输行业应用绿色信贷、绿色债券等创新金融工具,拓宽绿色交通发展融资渠道,鼓励支持交通运输节能环保产业发展。加强政策协调衔接,强化试点示范、典型经验的总结推广。

(三)鼓励多方参与。

充分发挥企业和社会公众积极性,积极探索新举措、新模式,形成全社会广泛参与的工作机制。引导企业广泛应用节能环保技术和装备,更好承担社会责任,培育创建一批绿色交通示范企业。组织开展绿色交通专题教育培训,推广绿色交通先进技术和经验,提升行业从业人员的节能环保意识和能力。

(四)强化监督考核。

加大对绿色交通建设的督查考核力度,积极探索将绿色交通发展绩效纳入部门和单位工作考核体系,研究建立奖惩机制。落实《党政领导干部生态环境损害责任追究办法(试行)》要求,坚决制止和惩处破坏生态环境行为。

公路建设养护管理

“四好农村路”督导考评办法

交公路发〔2017〕11号　2017.01.08

第一章　总　　则

第一条　为进一步把农村公路建好、管好、护好、运营好，建立健全督导考评体系，根据《中华人民共和国公路法》《公路安全保护条例》《道路运输条例》《农村公路建设管理办法》《农村公路养护管理办法》等法律法规规章，制定本办法。

第二条　本办法适用于对中央确定的农村公路发展任务，以及部、省、市、县确定相关任务、目标和主要政策落实情况的督导考评工作。

第三条　督导考评应当遵循科学评价、突出重点、奖优罚劣的原则。

第四条　督导考评实行逐级督导考评制，原则上分为部、省、市、县四个级。

部级督导考评对象为省级交通运输主管部门，省级督导考评对象为市级交通运输主管部门或县级交通运输主管部门，市级督导考评对象为县级交通运输主管部门，县级督导考评对象为乡道、村道的管理单位。

第五条　交通运输部负责部级督导考评的组织实施，指导全国督导考评工作。

省级交通运输主管部门负责省级督导考评的组织实施，协助、配合部级督导考评工作，监督指导本辖区督导考评工作。

省级以下督导考评规则由省级交通运输主管部门制定。

第六条 各级交通运输主管部门应当定期开展督导考评工作,突出目标导向和结果导向,推动重点任务完成和政策落实,强化行业管理,不断提升“四好农村路”服务“三农”和脱贫攻坚的能力和水平。

第七条 各级交通运输主管部门应当积极将“四好农村路”工作纳入地方政府目标考核体系。

第二章 督导考评内容

第八条 部级督导考评内容包括中央年度任务落实情况、政策法规保障情况,以及农村公路建设、管理、养护、运营等方面。

省级及以下督导考评内容由各级交通运输主管部门在上级督导考评内容基础上,结合本地区实际确定。

第九条 中央年度任务落实以任务分解、监督实施、督促整改为考评重点,主要包括中央一号文件、国务院政府工作报告和部确定的“四好农村路”年度工作任务等。

第十条 政策法规保障考评以国家政策落实和相关制度制定情况为考评重点,主要包括以下几个方面:

(一)“四好农村路”相关法律法规规章落实情况。

(二)省级“四好农村路”法规和规章制定情况。

(三)争取省级政府出台“四好农村路”支持政策和纳入地方政府绩效考核情况。

(四)“四好农村路”工作安排部署、组织推动、示范县创建和政策激励等情况。

第十一条 “建设好”以资金投入和行业管理等为考评重点,主要包括以下几个方面:

(一)建设资金筹集、建设任务落实和服务农村经济社会发展情况。

(二)生命安全防护和危桥改造工程开展情况。

(三)行业监督管理和基本建设程序规范情况,建设质量管理的制度体系完善情况，整改措施落实和建设标准、质量达标等情况。

（四）“三同时”“七公开”制度落实情况。

第十二条　“管理好”以机构人员配备、路产保护和路域治理等为考评重点，主要包括以下几个方面：

（一）县、乡农村公路管理机构和村级议事机制完善情况，管理机构和人员经费纳入地方政府财政预算情况。

（二）路政、运政行业管理情况。

（三）路产路权保护的部署和落实情况，推进超载超限治理、用地确权等情况，爱路护路乡规民约、村规民约制定和执行情况。

（四）路域环境治理情况，“路田分家”“路宅分家”情况。

第十三条　“养护好”以资金保障、养护工程开展、路况水平和行业管理等为考评重点，主要包括以下几个方面：

（一）《农村公路养护管理办法》规定的养护资金相关政策落实情况。

（二）列养率和大中修工程开展情况，优、良、中等路率目标完成情况。

（三）路况检测、评定和决策科学化情况，养护台账情况。

（四）养护管理规范化、市场化、专业化情况。

第十四条　“运营好”以客货运发展情况为考评重点，主要包括以下几个方面：

（一）具备条件的乡镇、建制村通客车情况。

（二）农村客运班线安全通行条件审核情况。

（三）城乡客运一体化发展情况。

（四）覆盖县、乡、村三级的农村物流体系建设情况。

第十五条　部级督导考评根据农村公路发展阶段，选取可量化、可评价、典型性的指标，评分标准在每年交通运输部制定的督导考评实施方案中予以明确。

第三章　督导考评实施

第十六条　督导考评工作流程原则上按印发督导通知、组成督导考评工作组、实地督导考评、印发督导考评情况通报的程序进行。

第十七条　督导考评实行督导考评工作组负责制。

部级督导考评由交通运输部从各地抽调负责农村公路工作的专家组成部督导考评工作组。组长由部内相关司局或委托省级交通运输主管部门负责同志担任。

省级及以下督导考评由当地交通运输主管部门组织,可采用自检、交叉互检、委托第三方检查或检测等方式。组长原则上由相关交通运输主管部门负责同志担任。

第十八条　交通运输部根据全国"四好农村路"开展情况,在每年一季度确定部级督导考评省份和实施方案,每个省份至少实地督导分属不同地市的两个县。其中,一个县由受检查省份推荐,一个县由部督导考评工作组选定。

省级及以下督导考评对象和实地督导相关要求由各级交通运输主管部门确定。

第十九条　实地督导考评一般采用座谈了解、检查内业资料、数据核算、现场检测或检查的方法,并按照评分标准打分,准确客观进行考评。

第二十条　督导考评工作组应与受检单位交换督导考评意见。

第四章　督导考评结果运用

第二十一条　部级督导考评结果由交通运输部向省级交通运输主管部门通报,抄送省级人民政府办公厅。

省级及以下督导考评结果通报方式由省级交通运输主管部门

确定。

第二十二条　省级交通运输主管部门应在接到督导考评通报的两个月内向交通运输部反馈整改方案，并根据整改进展及时报告阶段性成果。

第二十三条　部级督导考评结果作为交通运输部评判各地“四好农村路”开展情况的主要依据。

对年度任务落实不力，进度严重滞后，以及在督导考评中弄虚作假的，交通运输部将予以通报批评，并采取相应惩戒措施。

第二十四条　省级交通运输主管部门应当建立健全督导考评结果与投资和荣誉等相挂钩的奖惩机制，充分发挥督导考评结果的激励作用。

第五章　附　　则

第二十五条　省级交通运输主管部门应根据本办法制定实施细则，指导市县落实本办法相关规定。

第二十六条　本办法由交通运输部公路局负责解释。

第二十七条　本办法自 2017 年 1 月 18 日起施行。

公路工程建设项目评标工作细则

交公路发〔2017〕142号　2017.09.21

第一章　总　　则

第一条　为规范公路工程建设项目评标工作,维护招标投标活动当事人的合法权益,依据《中华人民共和国招标投标法》《中华人民共和国招标投标法实施条例》、交通运输部《公路工程建设项目招标投标管理办法》及国家有关法律法规,制定本细则。

第二条　依法必须进行招标的公路工程建设项目,其评标活动适用本细则;国有资金占控股或者主导地位的依法必须进行招标的公路工程建设项目,采用资格预审的,其资格审查活动适用本细则;其他项目的评标及资格审查活动可参照本细则执行。

第三条　公路工程建设项目评标工作是指招标人依法组建的评标委员会根据国家有关法律、法规和招标文件,对投标文件进行评审,推荐中标候选人或者由招标人授权直接确定中标人的工作过程。

采用资格预审的公路工程建设项目,招标人应当按照有关规定组建资格审查委员会审查资格预审申请文件。资格审查委员会的专家抽取以及资格审查工作要求,应当适用本细则关于评标委员会以及评标工作的规定。

第四条　评标工作应当遵循公平、公正、科学、择优的原则。任何单位和个人不得非法干预或者影响评标过程和结果。

第五条　招标人应当采取必要措施,保证评标工作在严格保密的情况下进行,所有参与评标活动的人员均不得泄露评标的有关信息。

第六条 公路工程建设项目的招标人或者其指定机构应当对评标过程录音录像并存档备查。

第二章 职责分工

第七条 招标人负责组织评标工作并履行下列职责：

（一）按照国家有关规定组建评标委员会；办理评标专家的抽取、通知等事宜；为参与评标工作的招标人代表提供授权函；

（二）向评标委员会提供评标所必需的工作环境、资料和信息以及必要的服务；

（三）向评标委员会成员发放合理的评标劳务报酬；

（四）在招标投标情况书面报告中载明评标委员会成员在评标活动中的履职情况；

（五）保障评标工作的安全性和保密性。

公路工程建设项目实行委托招标的，招标代理机构应当在招标人委托的范围内组织评标工作，且遵守本细则关于招标人的规定。

第八条 评标委员会负责评标工作并履行下列职责：

（一）审查、评价投标文件是否符合招标文件的实质性要求；

（二）要求投标人对投标文件有关事项作出澄清或者说明（如需要）；

（三）对投标文件进行比较和评价；

（四）撰写评标报告，推荐中标候选人，或者根据招标人授权直接确定中标人；

（五）在评标报告中记录评标监督人员、招标人代表或者其他工作人员有无干预正常评标活动或者其他不正当言行；

（六）向交通运输主管部门报告评标过程中发现的其他违法违规行为。

第九条 交通运输主管部门负责监督评标工作并履行下列

职责：

（一）按照规定的招标监督职责分工，对评标委员会成员的确定方式、评标专家的抽取和评标活动进行监督；

（二）对评标程序、评标委员会使用的评标标准和方法进行监督；

（三）对招标人代表、评标专家和其他参加评标活动工作人员的不当言论或者违法违规行为及时制止和纠正；

（四）对招标人、招标代理机构、投标人以及评标委员会成员等当事人在评标活动中的违法违规行为进行行政处理并依法公告，同时将上述违法违规行为记入相应当事人的信用档案。

第三章　评标工作的组织与准备

第十条　评标由招标人依法组建的评标委员会负责。

评标委员会由评标专家和招标人代表共同组成，人数为五人以上单数。其中，评标专家人数不得少于成员总数的三分之二。评标专家由招标人按照交通运输部有关规定从评标专家库相关专业中随机抽取。

对于技术复杂、专业性强或者国家有特殊要求，采取随机抽取方式确定的评标专家难以保证胜任评标工作的特殊招标项目，招标人可以直接确定相应专业领域的评标专家。

投标文件采用双信封形式密封的，招标人不得组建两个评标委员会分别负责第一信封（商务文件和技术文件）和第二信封（报价文件）的评标工作。

第十一条　在评标委员会开始评标工作之前，招标人应当准备评标所必需的信息，主要包括招标文件、招标文件的澄清或者修改、开标记录、投标文件、资格预审文件。

第十二条　招标人协助评标委员会评标的，应当选派熟悉招标工作、政治素质高的人员，具体数量由招标人视工作量确定。评标委员会成员和招标人选派的协助评标人员应当实行回避制度。

属于下列情况之一的人员，不得进入评标委员会或者协助评标：

（一）负责招标项目监督管理的交通运输主管部门的工作人员；

（二）与投标人法定代表人或者授权参与投标的代理人有近亲属关系的人员；

（三）投标人的工作人员或者退休人员；

（四）与投标人有其他利害关系，可能影响评标活动公正性的人员；

（五）在与招标投标有关的活动中有过违法违规行为、曾受过行政处罚或者刑事处罚的人员。

招标人及其子公司、招标人的上级主管部门或者控股公司、招标代理机构的工作人员或者退休人员不得以专家身份参与本单位招标或者招标代理项目的评标。

第十三条 招标人协助评标的，应当在评标委员会开始评标工作的同时或者之前进行评标的协助工作。协助评标工作应当以招标文件规定的评标标准和方法为依据，主要内容包括：

（一）编制评标使用的相应表格；

（二）对投标报价进行算术性校核；

（三）列出投标文件相对于招标文件的所有偏差，并进行归类汇总；

（四）查询公路建设市场信用信息管理系统，对投标人的资质、业绩、主要人员资历和目前在岗情况、信用等级进行核实；

（五）通过相关网站对各类注册资格证书、安全生产考核合格证等证件进行查询核实；

（六）在评标过程中，对评标委员会各成员的评分表进行复核，统计汇总；对评标过程资料进行整理。

第十四条 招标人协助评标工作应当客观、准确，如实反映投标文件对招标文件规定的响应情况；不得故意遗漏或者片面摘录，不得对投标文件作出任何评价，不得在评标委员会对所有偏差定性之前透露存有偏差的投标人名称；不得明示或者暗示其倾向或者排斥特定投标人。

第四章 评标工作的实施

第十五条 评标工作现场应当处于通信屏蔽状态，或者将评标委员会成员及现场工作人员的手机、电脑、录音录像等电子设备统一集中保管。

第十六条 评标工作应当按照以下程序进行：

（一）招标人代表出示加盖招标人单位公章的授权函及身份证，向评标委员会其他成员表明身份；

（二）招标人代表核对评标委员会其他成员的身份证；

（三）招标人代表宣布评标纪律；

（四）招标人代表公布已开标的投标人名单，并询问评标委员会成员有否回避的情形；评标委员会成员存在应当回避情形的，应当主动提出回避；

（五）招标人代表与评标委员会其他成员共同推选主任委员；

（六）评标委员会主任委员主持会议，要求招标人介绍项目概况、招标文件中与评标相关的关键内容及协助评标工作（如有）相关情况；

（七）评标委员会评标，完成并签署评标报告，将评标报告提交给招标人代表；

（八）招标人代表对评标报告进行形式检查，有本细则第三十三条规定情形的，提请评标委员会进行修改完善；

（九）评标报告经形式检查无误后，评标委员会主任委员宣布评标工作结束。

第十七条 投标文件采用双信封形式密封的，招标人应当合理安排第二信封（报价文件）公开开标的时间和地点，保证与第一信封（商务文件和技术文件）的评审工作有序衔接，避免泄露评标工作信息。

第十八条 评标过程中,评标委员会成员有回避事由、擅离职守或者因健康等原因不能继续评标的,应当及时更换。被更换的评标委员会成员作出的评审结论无效,由更换后的评标委员会成员重新进行评审。更换评标委员会成员的情况应当在评标报告中予以记录。

被更换的评标委员会成员如为评标专家库专家,招标人应当从原评标专家库中按照原方式抽取更换后的评标委员会成员,或者在符合法律规定的前提下相应减少评标委员会中招标人代表数量。

无法及时更换评标委员会成员导致评标委员会构成不满足法定要求的,评标委员会应当停止评标活动,已作出的评审结论无效。招标人封存所有投标文件和开标、评标资料,依法重新组建评标委员会进行评标。招标人应当将重新组建评标委员会的情况在招标投标情况书面报告中予以说明。

第十九条 评标委员会应当民主推荐一名主任委员,负责组织评标委员会成员开展评标工作。评标委员会主任委员与评标委员会的其他成员享有同等权利与义务。评标委员会应当保证各成员对所有投标文件的全面、客观、独立评审,确保评标工作质量。

第二十条 评标委员会应当首先听取招标人关于招标项目概况的介绍和协助评标工作内容(如有)的说明,并认真阅读招标文件,获取评标所需的重要信息和数据,主要包括以下内容:

(一)招标项目建设规模、技术标准和工程特点;

(二)招标文件规定的评标标准和方法;

(三)其他与评标有关的内容。

第二十一条 招标人协助评标的,评标委员会应当根据招标文件规定,对投标文件相对于招标文件的所有偏差依法逐类进行定性,对招标人提供的评标工作用表和评标内容进行认真核对,对与招标文件不一致、存在错误或者遗漏的内容要进行修正。

评标委员会应当对全部投标文件进行认真审查,招标人提供的协助评标工作内容及信息仅作为评标的参考。评标委员会不得以招标人在协助评标过程中未发现投标文件存有偏差或者招标人协助评标工作存在疏忽为由规避评标责任。

第二十二条 评标委员会应当按照招标文件规定的评标标准和方法，对投标文件进行评审和比较。招标文件没有规定的评标标准和方法不得作为评标的依据。

对于招标文件规定的评标标准和方法，评标委员会认为其违反法律、行政法规的强制性规定，违反公开、公平、公正和诚实信用原则，影响潜在投标人投标的，评标委员会有权停止评标工作并向招标人书面说明情况，招标人应当修改招标文件后重新招标。

评标委员会发现招标文件规定的评标标准和方法存在明显文字错误，且修改后不会影响评标结果的，评标委员会可以对其进行修改，并在评标报告说明修改的内容和修改原因。除此之外，评标委员会不得以任何理由修改评标标准和方法。

第二十三条 对于投标文件存在的偏差，评标委员会应当根据招标文件规定的评标标准和方法进行评审，依法判定其属于重大偏差还是细微偏差。凡属于招标文件评标标准和方法中规定的重大偏差，或者招标文件评标标准和方法中未做强制性规定，但出现了法律、行政法规规定的否决投标情形的，评标委员会应当否决投标人的投标文件。

由于评标标准和方法前后内容不一致或者部分条款存在易引起歧义、模糊的文字，导致难以界定投标文件偏差的性质，评标委员会应当按照有利于投标人的原则进行处理。

第二十四条 评标委员会应当根据《中华人民共和国招标投标法实施条例》第三十九条、第四十条、第四十一条的有关规定，对在评标过程中发现的投标人与投标人之间、投标人与招标人之间存在的串通投标的情形进行评审和认定；存在串通投标情形的，评标委员会应当否决其投标。

投标人以他人名义投标、以行贿手段谋取中标，或者投标弄虚作假的，评标委员会应当否决其投标。

第二十五条 评标过程中，投标文件中存在下列情形之一且评标委员会认为需要投标人作出必要澄清、说明的，应当书面通知该投标人进行澄清或者说明：

（一）投标文件中有含义不明确的内容或者明显文字错误；

（二）投标报价有算术性错误；

（三）投标报价可能低于成本价；

（四）招标文件规定的细微偏差。

评标委员会应当给予投标人合理的澄清、说明时间。

投标人的澄清、说明应当采用书面形式，按照招标文件规定的格式签署盖章，且不得超出投标文件的范围或者改变投标文件的实质性内容。投标人的澄清或者说明内容将视为投标文件的组成部分。投标标的、投标函文字报价、质量标准、履行期限均视为投标文件的实质性内容，评标委员会不得要求投标人进行澄清。

评标委员会不得暗示或者诱导投标人作出澄清、说明，不得接受投标人主动提出的澄清、说明。

第二十六条 投标报价有算术性错误的，评标委员会应当按照招标文件规定的原则对投标报价进行修正。对算术性修正结果，评标委员会应当按照本细则第二十五条规定的程序要求投标人进行书面澄清。投标人对修正结果进行书面确认的，修正结果对投标人具有约束力，其投标文件可继续参加评审。

投标人对算术性修正结果存有不同意见或者未做书面确认的，评标委员会应当重新复核修正结果。如果确认修正结果无误且投标人拒不按照要求对修正结果进行确认的，应当否决该投标人的投标；如果发现修正结果存在差错，应当及时作出调整并重新进行书面澄清。

第二十七条 评标委员会发现投标人的投标报价明显低于其他投标人报价或者在设有标底时明显低于标底的，应当按照本细则第二十五条规定的程序要求该投标人对相应投标报价作出书面说明，并提供相关证明材料。

如果投标人不能提供相关证明材料，或者提交的相关材料无法证明投标人可以按照其报价以及招标文件规定的质量标准和履行期限完成招标项目的,评标委员会应当认定该投标人以低于成本价竞标,并否决其投标。

第二十八条 除评标价和履约信誉评分项外,评标委员会成员对投标人商务和技术各项因素的评分一般不得低于招标文件规定该因素满分值的60%;评分低于满分值60%的,评标委员会成员应当在评标报告中作出说明。投标文件各项评分因素得分应以评标委员会各成员的打分平均值确定,评标委员会成员总数为七人以上时,该平均值以去掉一个最高分和一个最低分后计算。

第二十九条 在评标过程中,如有效投标不足3个,评标委员会应当对有效投标是否仍具有竞争性进行评审。评标委员会一致认为有效投标仍具有竞争性的,应当继续推荐中标候选人,并在评标报告中予以说明。评标委员会对有效投标是否仍具有竞争性无法达成一致意见的,应当否决全部投标。

第三十条 评标委员会成员对需要共同认定的事项存在争议的,应当按照少数服从多数的原则作出结论。持不同意见的评标委员会成员应当在评标报告上以书面形式说明其不同意见和理由并签字确认。评标委员会成员拒绝在评标报告上签字又不书面说明其不同意见和理由的,视为同意评标结果。

第三十一条 评审完成后,评标委员会主任委员应当组织编写书面评标报告。评标报告中推荐的中标候选人应当不超过3个,并标明排序。

第三十二条 评标报告应当载明下列内容:

(一)招标项目基本情况;

(二)评标委员会成员名单;

(三)监督人员名单;

(四)开标记录;

(五)符合要求的投标人名单;

(六)否决的投标人名单以及否决理由;

(七)串通投标情形的评审情况说明;

(八)评分情况;

（九）经评审的投标人排序；

（十）中标候选人名单；

（十一）澄清、说明事项纪要；

（十二）需要说明的其他事项；

（十三）评标附表。

对评标监督人员、招标人代表或者其他工作人员干预正常评标活动，以及对招标投标活动的其他不正当言行，评标委员会应当在评标报告第（十二）项内容中如实记录。

除第一款规定的第（一）、（三）、（四）项内容外，评标委员会所有成员应当在评标报告上逐页签字。

第三十三条 招标人代表收到评标委员会完成的评标报告后，应当对评标报告内容进行形式检查，发现问题应当及时告知评标委员会进行必要的修改完善。形式检查仅限于以下内容：

（一）评标报告正文以及所附文件、表格是否完整、清晰；

（二）报告正文和附表等内容是否有涂改，涂改处是否有做出涂改的评标委员会成员签名；

（三）投标报价修正和评分计算是否有算术性错误；

（四）评标委员会成员对客观评审因素评分是否一致；

（五）投标文件各项评分因素得分是否符合本细则第二十八条相关要求；

（六）评标委员会成员签字是否齐全。

形式检查并不免除评标委员会对评标工作应负的责任。

第三十四条 评标报告经形式检查无误后，评标委员会主任委员宣布评标工作结束。

第三十五条 评标结束后，如招标人发现提供给评标委员会的信息、数据有误或者不完整，或者由于评标委员会的原因导致评标结果出现重大偏差，招标人应当及时邀请原评标委员会成员按照招标文件规定的评标标准和方法对评标报告内容进行审查确认，并形成书面审查确认报告。

投标人或者其他利害关系人对招标项目的评标结果提出异议

或者投诉的,评标委员会成员有义务针对异议或者投诉的事项进行审查确认,并形成书面审查确认报告。

审查确认过程应当接受交通运输主管部门的监督。审查确认改变评标结果的,招标人应当公示评标委员会重新推荐的中标候选人,并将审查确认报告作为招标投标情况书面报告的组成部分,报具有招标监督职责的交通运输主管部门备案。

第五章　纪　　律

第三十六条　评标委员会成员应当客观、公正、审慎地履行职责,遵守职业道德;应当依据评标办法规定的评审顺序和内容逐项完成评标工作,对本人提出的评审意见以及评分的公正性、客观性、准确性负责。

评标委员会成员不得对主观评审因素协商评分。

招标人不得向评标委员会作倾向性、误导性的解释或者说明。

第三十七条　评标委员会成员有依法获取劳务报酬的权利,但不得向招标人索取或者报销与评标工作无关的其他费用。

第三十八条　评标委员会向招标人提交书面评标报告后自动解散。评标工作中使用的文件、表格以及其他资料应当同时归还招标人。评标委员会成员不得记录、复制或者从评标现场带离任何评标资料。

第三十九条　评标委员会成员和其他参加评标活动的工作人员不得与任何投标人或者与投标人有利害关系的人进行私下接触,不得收受投标人和其他与投标有利害关系的人的财物或者其他好处。

在评标期间,评标委员会成员和其他参加评标活动的工作人员不得发表有倾向性或者诱导、影响其他评审成员的言论,不得对不同投标人采取不同的审查标准。

第四十条　评标委员会成员和其他参加评标活动的工作人员,不得向他人透露对投标文件的评审、中标候选人的推荐情况以及与评标有关的其他情况，且对在评标过程中获悉的国家秘密、商业秘密负有保密责任。

第四十一条 省级以上人民政府交通运输主管部门应当对评标专家实行动态监管，建立评标专家准入、诫勉、清退制度，健全对评标专家的评价机制，对评标专家的工作态度、业务水平、职业道德等进行全面考核。

第六章 附 则

第四十二条 本细则由交通运输部负责解释。

第四十三条 使用国际组织或者外国政府贷款、援助资金的项目，贷款方、资金提供方对评标工作和程序有不同规定的，可以适用其规定，但违背中华人民共和国的社会公共利益的除外。

第四十四条 在公共资源交易平台开展评标工作的，评标职责分工、评标工作的准备与实施等均应当遵守本细则规定。

采用电子评标的，应当按照本细则和国家有关电子评标的规定执行。

第四十五条 本细则自 2017 年 10 月 1 日起施行，有效期 5 年。《公路工程施工招标评标委员会评标工作细则》(交公路发〔2003〕70 号)同时废止。

交通运输部　公安部 关于治理车辆超限超载联合执法常态化制度化工作的实施意见(试行)

交公路发〔2017〕173 号　2017.11.09

各省、自治区、直辖市、新疆生产建设兵团交通运输厅(局、委)、公安厅(局):

为贯彻中央财经领导小组第十六次会议精神,落实《国务院办公厅关于进一步推进物流降本增效促进实体经济发展的意见》(国办发〔2017〕73 号),严格规范治超检查和处罚行为,进一步优化营商环境,根据国家有关法律法规,现就推进交通运输和公安部门治超联合执法常态化制度化工作,提出如下意见。

一、指导思想

全面贯彻党的十九大精神,以习近平新时代中国特色社会主义思想为指导,认真落实党中央、国务院的决策部署,以服务交通运输发展、维护社会公共安全和人民群众合法权益为目标,以杜绝多头执法和重复罚款为重点,创新工作机制,规范执法流程,强化科技监管,提高执法效能,促进严格规范公正文明执法,为经济社会发展和人民群众出行提供更加安全高效的服务保障。

二、工作原则

(一)坚持政府领导、部门联动。要在地方各级人民政府的统一领导下,明确职责任务,建立健全协作机制,加强执法队伍建设,强化执法督导检查,推动联合执法工作科学规范高效开展。

(二)坚持依法履职、提升服务。要切实推进依法规范履行法定职责,强化协作配合,严格规范检查和处罚行为。强化执法为民意识,坚持以规范为主、处罚为辅,完善便民服务措施,提升执法服务水平。

（三）坚持统筹部署、分类实施。统筹本区域路网结构、公路超限检测站点分布、执法力量部署等因素，分类规范和强化普通公路、高速公路、货运源头等区域联合执法，提高执法效能，节约行政资源。

（四）坚持科技推动、创新管理。要坚持互联网思维和信用治超，加快推广完善技术监测设备，推进相关信息交换和共享，逐步实现自动识别和精准查纠，减少路面检查频次，从源头环节减少和杜绝不规范执法行为。

三、联合执法工作机制

各地交通运输、公安部门要在普通公路、高速公路、货运源头等区域全面实施联合执法，严格规范查处车货总质量超过《公路货运车辆超限超载认定标准》（见附件1）的违法超限超载运输行为，避免重复罚款。

（一）定点联合执法。对于地处省际、多条国道或省道交汇点、货物运输主通道的超限检测站，各地公路管理机构和公安交通管理部门应当实行驻站联合执法，由公路管理机构负责检测车辆装载情况并监督消除违法行为，公安交通管理部门单独实施处罚和记分（认定标准见附件1，工作流程见附件2）。实行驻站联合执法的超限检测站，由各省级交通运输、公安部门共同确定后，报省级人民政府批准同意。对于未实施驻站联合执法的超限检测站，由公路管理机构负责检测和监督消除违法行为，并通知公安交通管理部门，公安交通管理部门要及时到站实施处罚和记分。超限检测站的设立必须经省级人民政府批准。对于违法超限超载运输车辆较多的超限检测站，交通运输、公安部门要加强执法力量，确保及时查处和纠正违法行为。

（二）流动联合执法。对于未设置超限检测站的普通公路，公路管理机构和公安交通管理部门应建立会商机制，不定期联合开展流动检测。对于故意绕行逃避检测或者短途超限运输情形严重的地区，要加大联合流动检测频次。发现违法超限超载车辆，应就近引导至超限检测站接受检查处罚(工作流程见附件2);距离超限检测站较远的,应当就近引导至具有停放车辆和卸载条件的超限检测点接受检查处罚。超限检测点的设置应方便及时就近消除违法超限超载车辆的违法行为,并报省级人民政府批准(设置要求见附件3)。流动联合执法人员引导车辆至超限检测站点后,按照驻站联合执法的职责分工和工作流程进行检查处罚。要通过设置车辆检测等技术设备,加强超限超载违法情况监测,对超限超载违法多发高发的路段,联合开展针对性查纠。

(三)高速公路入口联合执法。省级交通运输、公安部门要在省级人民政府统一部署下,组织和指导高速公路经营管理单位,加强高速公路入口检测管理,推进高速公路治超工作。高速公路经营管理单位要加快安装高速公路入口检测设施(设备),加强货运车辆装载情况检测,实行检测数据和收费站入口发卡系统联动管理;发现违法超限超载车辆时,高速公路经营管理单位应当拒绝其进入高速公路行驶,并及时报告当地公路管理机构、公安交通管理部门,由有关部门按流动联合执法程序进行处理。对寻衅滋事、堵塞车道等违法行为,公安机关应依法查处。

(四)货运源头联合执法。各地道路运输管理机构应当加强对政府公布的重点货运源头单位的监督检查,建立重点货运源头单位监管信息系统,引导货运源头单位安装使用称重设备和视频监控设备,加强货车出场(站)装载情况检查,制止违法超限超载车辆出场(站)上路行驶。同时,提请地方人民政府督促相关行业主管部门履行监管职责,监督公路货运源头企业落实安全生产主体责任,从源头遏止违法超限超载运输。各地公路管理机构、公安交通管理部门要加强本地区货运源头单位周边路段的流动联合执法。对于货运源头超限超载严重的地区,省级交通运输、公安部门应通过治超工作领导小组协调机制对该地区进行挂牌督办,督促整改,并向社会公布。

(五)联动管理和失信联合惩戒。各省级公路管理机构要汇总本区域内违法超限超载车辆的检测信息和公安交通管理部门的处罚信息，抄送车籍所在地省级道路运输管理机构。道路运输管理机构要按照《中华人民共和国公路安全保护条例》《中华人民共和国道路运输条例》等规定，对违法货运车辆、货运车辆驾驶人、道路运输企业和货运场所经营者进行相应处罚。各地交通运输主管部门要组织道路运输管理机构和公路管理机构，加快推进货运源头单位、运输企业、从业人员、营运车辆数据库建设，做好严重违法失信超限超载运输行为和相关责任主体信息汇总和报送工作，依法依规实施失信联合惩戒。相关信息在“信用交通”网站公布。

四、联合执法纪律要求

各地交通运输、公安部门要依法依规履行职责，严格统一超限超载认定标准，严厉打击货车违法超限超载行为。联合执法人员依法进行检查处罚时，应着制式服装，出示执法证件，使用文明规范用语，申明执法检查依据和理由等；要坚持教育与处罚相结合，充分运用说服教育、调节疏导、劝导示范等非强制手段。要配备和使用执法记录仪，实现执法全过程记录。要按照有关规定，保证超限检测站视频监控、网络通信等检测辅助设施正常运行。要严格落实罚款收缴分离制度，公路货运罚款按照国库集中收缴制度的有关规定缴入国库。要抓紧制定公路货运处罚事项清单，明确处罚标准并向社会公布。要严格落实执法信息公开制度，依法公开执法主体、执法依据、执法程序、执法监督、执法结果、当事人权利等相关信息。各地道路运输管理机构不单独上路检查货运车辆。

联合执法要严格执行“十不准”纪律：

（一）不准制定和执行与全国统一超限超载认定标准不一致的地方标准。

（二）不准无执法资格人员实施行政处罚、行政强制措施等执法行为。

（三）不准超出法律法规规章规定的范围实施行政检查和行政处罚。

（四）不准制定和执行罚款收缴合并的制度。

（五）不准利用职务便利，以各种形式收受当事人及其委托人财物。

（六）不准对同一违法行为进行重复罚款。

（七）不准对违法超限超载车辆只罚款不卸载。

（八）不准违规收取超限检测费、停车保管费、通行费等费用。

（九）不准超期扣留违法超限超载车辆不作处理。

（十）不准在公路超限检测站（点）以外现场处罚车辆超限超载违法行为，原则上所有对货车超限超载违法行为的现场检查处罚一律引导至公路超限检测站（点）进行。

五、保障措施

（一）加强组织领导。省级交通运输、公安部门要依托治超工作领导小组协调机制，研究制定联合执法实施方案，报省级人民政府批准后组织实施。要大力宣传治理车辆超限超载的重要意义和成效，及时公布联合执法业务流程、行政处罚和检查清单等重点内容，鼓励社会公众加强对治超执法工作的监督，促进联合执法工作有效开展。

（二）加强站点布局。省级交通运输、公安部门要结合本地区道路货运流量流向、路网结构、车辆超限超载特征、公安交警执法站设置等情况，研究制定超限检测站和超限检测点设置和优化方案，报省级人民政府批准后实施。要按有关规定，及时公开超限检测站（点）相关信息。超限检测站要增设安全防护设施，保护执法人员的人身安全；有条件的，要增设相关服务设施，为驾乘人员提供加水、如厕等便民服务。

（三）加强科技支撑。省级交通运输、公安部门要加快车辆信息、执法信息交换和共享，提高治超执法科技化和信息化水平，实现货运车辆自动检测、车辆轴型和装载标准自动识别、违法超限超载信息自动记录、处罚信息自动转递。各地交通运输部门要完善公路超限检测站设施设备，在超限检测站前方设置货车检测通道和相应的交通标志，引导车辆进站检测，并设置电子抓拍系统，防止货运车辆逃避进站检测。对于交通流量大的，要在货车检测通道内设置预检设施，提高检测效率。对于货运车辆不按规定车道行驶、逃避检测的，公安交通管理部门要依法处罚。有条件的地方可逐步完善技术监测网络，自动检测、拍摄和记录行驶中货运车辆的车货总质量、车辆图像等信息。

（四）加强经费保障。省级交通运输、公安部门要通过治超工作领导小组协调机制，切实落实治超执法经费预算保障，满足实际执法工作需要；公路超限检测站要做好联合执法的办公、住宿等保障。

（五）加强执法监督。省级交通运输、公安部门要组织依托12328、12389服务监督电话系统及政府机构网站邮箱等，受理投诉举报，及时查处和纠正违规执法行为；每季度对所在区域执法处罚情况进行网上公示公开。要强化行政复议、申诉渠道，依法受理、及时处理复议申请和申诉，最大限度保护行政相对人的合法权益。要加强监督检查，建立健全执法工作责任倒查与追究制度。交通运输部、公安部视情对重点地区进行督导，对工作不力、问题突出的，将督促地方按照有关规定严肃处理，并在全国范围内通报。

附件 1

公路货运车辆超限超载认定标准

轴数	车型	图例		总质量限值（吨）
2 轴	载货汽车	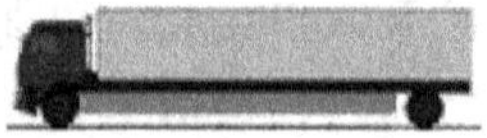		18
3 轴	中置轴挂车列车			27
	铰接列车			
	载货汽车			25

续上表

轴数	车型	图　　例		总质量限值（吨）
4 轴	中置轴挂车列车			36
				35
	铰接列车		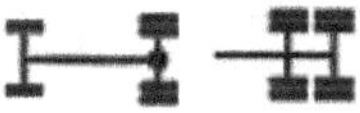	36
	全挂汽车列车			
	载货汽车			31
5 轴	中置轴挂车列车			43

	铰接列车			

续上表

轴数	车型	图例		总质量限值（吨）
5 轴	铰接列车			43
			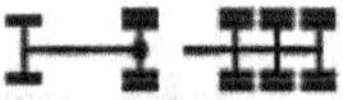	42
	全挂汽车列车			43

6 轴	中置轴挂车列车			49
				46
				49
				46

续上表

轴数	车型	图例		总质量限值（吨）
6 轴	铰接列车			49
				46
			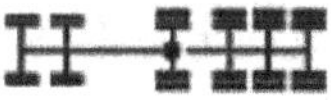	46
	全挂列车			49
				46

注：1. 2 轴货车车货总重还应当不超过行驶证标明的总质量。

2. 除驱动轴外，图例中的 2 轴组、3 轴组以及半挂车和全挂车，每减少两个轮胎，其总质量限值减少 3 吨。

3. 安装名义断面宽度不小于 425 毫米轮胎的挂车及其组成的汽车列车，驱动轴安装名义断面宽度不小于 445 毫米轮胎的载货汽车及其组成的汽车列车，其总质量限值不予核减。

4. 驱动轴为每轴每侧双轮胎且装备空气悬架时，3 轴和 4 轴货车的总质量限值各增加 1 吨；驱动轴为每轴每侧双轮胎并装备空气悬架且半挂车的两轴之间的距离 $d \geq 1800$ 毫米 4 轴铰接列车，总质量限值为 37 吨。

5. 图例中未列车型，根据《汽车、挂车及汽车列车外廓尺寸、轴荷及质量限值》（GB 1589—2016）规定，确定相应的总质量限值。

6. 对于车货外廓尺寸超限行为，按照国家有关部门的统一部署，分阶段有步骤地推进。在部署工作开展前，暂不对外廓尺寸进行检查。

7. 危险化学品运输车辆违法超限超载的，由公安机关依据《危险化学品安全管理条例》第八十八条的有关规定进行处罚。

8. 运输鲜活农产品车辆违法超限超载运输的，通行收费公路时，该运次不得给予免收车辆通行费的优惠政策；通行非收费公路时，以批评教育为主，暂不实施处罚。

9. 载运标准集装箱的挂车列车的整治工作另行部署，在专项整治前，重点检查其车货总质量是否超过限载标准的行为，暂不对外廓尺寸进行检查。

10. 低平板半挂车运输普通货物的整治工作另行部署，在专项整治前，重点查纠其车货总质量超过限载标准和假牌套牌违法行为。

附件2

超限检测站联合执法工作流程

1. 通过交通标志或执法人员的指挥，引导货运车辆进入超限检测站接受检查。

2. 公路管理机构执法人员对车辆装载情况进行检测，确认未超过超限超载认定标准的车辆，直接予以放行；超过规定标准1吨以内的，予以提示警告后放行。

3. 对经检测确认超限超载的车辆，公路管理机构执法人员打印检测单（过磅单）两份，由驾驶员签字确认。

4. 公路管理机构执法人员责令并监督超限超载车辆消除违法状态。对经复检确认违法状态已按规定消除的车辆，公路管理机构执法人员打印检测单（过磅单）两份，由驾驶员签字确认。

5. 公路管理机构执法人员制作称重和卸载单（式样见附件），加盖单位公章后，将公安交通管理部门留存联交现场执勤交通民警。

6. 现场执勤交通民警收到公路管理机构提供的称重和卸载单后，依据称重和卸载单载明的超限超载比例，依法作出处罚并制作公安交通管理行政处罚决定书，或者制作道路交通安全违法行为处理通知书，当场交付被处罚的驾驶员。

7. 公路管理机构执法人员收到公安交通管理部门的行政处罚决定书或道路交通安全违法行为处理通知书后，采取复印等方式留存证据，放行已消除违法状态的车辆，不得以任何理由拖延放行时间，不得以任何名义收取费用。

8. 各省级公路管理机构要汇总本区域内违法超限超载车辆的检测信息、公安交通管理部门的处罚信息，抄送车籍所在地省级道路运输管理机构。

附件

称重和卸载单

（编号　　　）

车牌号：　　　　　　　驾驶员姓名：

道路运输证号：

从业资格证号：

车辆所属运输企业：

车辆装货场所：

车辆最大允许总质量：　　　　　　　　　　　　吨

卸载前车货总质量：　　　　　　　　　　　　　吨

卸载后车货总质量：　　　　　　　　　　　　　吨

超限超载比例：　　　　　　　　　　　　　　　%

超限超载比例 =（卸载前车货总质量 − 车辆最大允许总质量）/车辆最大允许总质量 ×100%

驾驶员签名：　　　　　　　　　　（超限检测站盖章）

年　月　日

（公路管理机构留存联）

称重和卸载单

（编号　　　）

车牌号：　　　　　　　驾驶员姓名：

道路运输证号：

从业资格证号：

车辆所属运输企业：

车辆装货场所：

车辆最大允许总质量：　　　　　　　　　　　　吨

卸载前车货总质量：　　　　　　　　　　　　　吨

卸载后车货总质量：　　　　　　　　　　　　　吨

超限超载比例：　　　　　　　　　　　　　　　%

超限超载比例＝（卸载前车货总质量－车辆最大允许总质量）/车辆最大允许总质量×100%

驾驶员签名：　　　　　　　　　　　　（超限检测站盖章）

年　月　日

（公安交通管理部门留存联）

附件3

超限检测点设置要求

1. 功能定位:作为超限检测站的有效补充,是开展流动联合执法时实施现场检查处罚的重要场所,方便对超限超载车辆及时就近开展检测认定和违法问题整改。

2. 选址要求:位于区域公路网中货物运输的重要路段或节点,尽量靠近公路主线,通行条件较好,与公路主线可通过辅道、匝道等连接。辅道、匝道能满足大型货车通行需求。

3. 标志标线要求:在公路主线上设置醒目的指示标志,在与公路主线连接处应设置减速标志标线和相应反光、防护等设施。

4. 外观要求:设有明显外观标识和标志标牌,标明该超限检测点的名称、主管单位、监督电话等信息。

5. 场地要求:满足大型货运车辆停放、通行,且能存放卸载货物的非开放场所。

6. 称重设备要求:具有经质检部门检验检测合格的静态称重设备。

水运管理

航道通航条件影响评价审核管理办法

交通运输部令2017年第1号　2017.01.16

第一章　总　　则

第一条　为规范航道通航条件影响评价审核工作，依法保护航道，根据《中华人民共和国航道法》，制定本办法。

第二条　对与航道有关的工程进行航道通航条件影响评价审核及监督实施，适用本办法。

本办法所称航道通航条件影响评价审核，是指在新建、改建、扩建（以下统称建设）与航道有关的工程前，建设单位根据国家有关规定和技术标准规范，论证评价工程对航道通航条件的影响并提出减小或者消除影响的对策措施，由有审核权的交通运输主管部门或者航道管理机构进行审核。

第三条　除《中华人民共和国航道法》第二十八条第一款第（一）、（二）、（三）项规定的工程外，下列与航道有关的工程，应当进行航道通航条件影响评价审核：

（一）跨越、穿越航道的桥梁、隧道、管道、渡槽、缆线等建筑物、构筑物；

（二）通航河流上的永久性拦河闸坝；

（三）航道保护范围内的临河、临湖、临海建筑物、构筑物，包括码头、取（排）水口、栈桥、护岸、船台、滑道、船坞、圈围工程等。

第四条　交通运输部主管全国航道通航条件影响评价审核管理工作。

国务院或者国务院有关部门批准、核准的建设项目，以及与交通运输部按照国务院的规定直接管理的跨省、自治区、直辖市的重要干线航道和国际、国境河流航道等重要航道有关的建设项目，其航道通航条件影响评价，由交通运输部负责审核。其中，与长江干线航道有关的建设项目，除国务院或者国务院有关部门批准、核准的建设项目以及跨（穿）越长江干线的桥梁、隧道工程外，由长江航务管理局承担审核的具体工作。

其他建设项目的航道通航条件影响评价，按照省、自治区、直辖市人民政府的规定由县级以上地方人民政府交通运输主管部门或者航道管理机构负责审核。

本条第二款、第三款规定的负责审核的部门或者航道管理机构，以下统称审核部门。

第二章　航道通航条件影响评价报告编制

第五条　建设与航道有关的工程，建设单位应当在工程可行性研究阶段，按照交通运输部有关规定和技术标准要求编制航道通航条件影响评价报告（以下简称航评报告）。

第六条　航评报告应当包括下列内容：

（一）建设项目概况，包括项目名称、地点、规模、建设单位等；

（二）建设项目所在河段、湖区、海域的通航环境，包括自然条件、水上水下有关设施、航道及通航安全状况等；

（三）建设项目的选址评价；

（四）建设项目与通航有关的技术参数和技术要求的分析论证；

（五）建设项目对航道条件、通航安全、港口及航运发展的影响分析；

（六）减小或者消除对航道通航条件影响的措施；

（七）航道条件与通航安全的保障措施；

（八）征求各有关方面意见的情况及处理情况。

第七条　航评报告由建设单位自行编制，也可以委托具有相应经验、技术条件和能力，信誉良好的机构编制。审核部门不得以任何形式要求建设单位委托特定机构编制航评报告。

第八条 编制航评报告，应当开展现场踏勘、调研，做到搜集资料齐全、论证充分、评价全面、结论明确、客观公正，并如实反映各相关部门、单位的意见及处理情况。

建设单位和航评报告编制单位应当对资料的真实性、有效性，以及航评报告的内容与结论负责。

第九条 在航评报告编制过程中，建设单位应当就通航影响征求港航企业等利害相关方的意见。

在通航河流上建设永久性拦河闸坝的，建设单位应当书面征求上下游受影响省份的省级交通运输主管部门的意见。在长江水系四级及以上航道建设永久性拦河闸坝的，建设单位还应当征求长江航务管理局的意见；在珠江水系四级及以上航道建设永久性拦河闸坝和桥梁的，建设单位还应当征求珠江航务管理局的意见。

各相关交通运输主管部门及管理机构应当及时向征求意见的建设单位回复意见。

第三章　申请与审核

第十条 建设单位在工程可行性研究阶段完成航评报告后，应当向审核部门提出航道通航条件影响评价审核申请。

第十一条 建设单位申请航道通航条件影响评价审核时，应当提交以下材料：

（一）审核申请书；

（二）航评报告；

（三）项目的规划或者其他建设依据；

（四）建设单位的营业执照、组织机构代码证、成立文件等机构证明文件；

（五）涉及规划调整或者拆迁等措施的应当提供规划调整或者拆迁已取得同意或者已达成一致的承诺函、协议等材料。

建设单位应当对所提交材料的真实性、合法性负责。

第十二条 审核部门收到建设单位提交的审核申请后，应当进行材料审查，审查内容主要包括申请事项是否属于受理范围、材料是否齐全、航评报告文本格式是否符合规定要求等。

不属于受理范围的，审核部门应当及时告知建设单位。申请材料不全或者不符合规定要求的，应当在五个工作日内一次性告知需要补正的全部内容。材料审查通过的，审核部门应当予以受理，并出具受理通知书。

第十三条 审核部门受理建设单位提交的审核申请后，应当及时组织审核。审核依据主要包括：

（一）有关法律、法规、规章；

（二）《内河通航标准》（GB 50139）、《通航海轮桥梁通航标准》（JTJ 311）、《运河通航标准》（JTS 180—2）、《长江干线通航标准》（JTS 180—4）等有关标准；

（三）航道、港口等相关规划；

（四）建设项目所在河段、湖区、海域航道建设养护、通航安全、航运发展的相关要求。

第十四条 审核部门应当围绕航评报告内容是否全面，程序是否合规，论证是否充分，结论是否客观，拟采取的措施是否得当等方面内容，针对下列事项进行审核：

（一）拦河闸坝的选址，总平面布置，运量预测，代表船型，通航建筑物设计通航标准及规模、设计通航水位及流量、上下游梯级通航水位衔接、回水变动区淤积及坝下清水冲刷影响，施工期通航方案，通航建筑物施工组织计划，航道与通航安全保障措施等；

（二）桥梁、缆线等跨越航道建设项目的选址，河床演变分析，设计通航水位，代表船型，通航净空尺度，桥跨布置方案，墩柱防撞标准，航道与通航安全保障措施等；

（三）隧道、管道等穿越航道建设项目的选址、河床演变、埋设深度、出入土点、冲刷深度、应急抛锚影响，航道与通航安全保障措施等；

(四)临河、临湖、临海建设项目的选址及工程布置对航道通航条件的影响,航道与通航安全保障措施等。

第十五条 审核部门在审核中认为必要的,可以采取专家咨询、委托第三方技术咨询机构开展技术咨询等方式。咨询费用由审核部门按照国家有关规定纳入部门预算管理。

委托第三方技术咨询机构的,应当选择具有港口河海工程咨询、水运行业设计、水运行业(航道工程)设计资质之一,并具备相关专业业务能力的技术服务机构承担技术咨询工作。第三方技术咨询机构的选择应当遵守政府采购法律、法规的有关要求,并及时公告有关信息。

委托的第三方技术咨询机构不得与可行性研究报告编制单位、航评报告编制单位为同一单位,不得与可行性研究报告编制单位、航评报告编制单位、建设单位存在控股、管理关系或者存在法人、负责人为同一人等重大关联关系。

第三方技术咨询机构应当充分了解委托事项与航道、通航有关的情况以及有关各方的意见,客观、公正、及时地完成技术咨询工作,并对技术咨询结论负责。技术咨询报告应当对审核的各项内容提出明确的意见;有重大分歧的,应当如实反映并提出建议。

第十六条 审核部门应当在受理审核申请后二十个工作日内完成审核并出具航道通航条件影响评价审核意见(以下简称审核意见)。技术咨询、专家评审、评价材料修改完善所需时间不计算在规定的审核期限内。

第十七条 审核意见应当根据本办法第十四条规定的审核内容,提出明确意见,并作出通过或者不予通过审核的意见。

审核未通过的,建设单位可以根据审核意见对工程选址或者建设方案等进行调整,重新编制航评报告,并报送审核部门审核。

审核部门应当在审核意见中明确负责组织监督检查的部门或者建设项目所在水域负责航道现场管理的机构,并将审核意见抄送该部门或者机构。

第十八条 审核部门出具审核意见后,建设单位、项目名称和涉及航道、通航的事项发生变化的，建设单位应当向原审核部门申请办理变更手续。

其中，建设项目涉及航道、通航的以下事项发生较大调整且对航道通航条件可能产生不利影响的，建设单位应当开展补充或者重新评价，并重新报送审核部门审核：

（一）工程选址；

（二）拦河闸坝总平面布置，通航建筑物型式、有效尺度及规模，设计通航水位等；

（三）跨越航道建设项目的通航净空尺度、通航孔布置、墩柱布置等；

（四）穿越航道建设项目的埋设深度、出入土点等；

（五）临河、临湖、临海建设项目的设计代表船型、工程布置、功能用途、结构形式等；

（六）其他可能对航道条件、通航安全、航运发展产生较大影响的事项。

第十九条 建设单位取得审核意见后，未在审核意见签发之日起三年内开工建设的，或者建设项目开工建设前因重大自然灾害、极端水文条件等引起航道通航条件发生重大变化的，建设单位应当重新申请办理审核手续。

第二十条 审核部门应当将开展航道通航条件影响评价审核的依据、条件、程序、期限以及需要提交的材料目录等依法予以公开，接受社会监督。

第四章　监督检查

第二十一条 审核部门应当组织对航道通航条件影响评价审核意见的执行情况进行监督检查。其中，交通运输部负责审核的建设项目，由省级交通运输主管部门负责组织进行监督检查；但与长江干线航道有关的建设项目，由长江航务管理局负责组织进行监督检查。

建设项目所在水域负责航道现场管理的机构承担现场监督检查工作。

第二十二条 建设单位应当严格执行审核意见，并接受监督检查。

开工建设前，建设单位应当向负责航道现场管理的机构报送建设项目施工图设计中涉及航道、通航内容的资料。与航道、通航有关的建设内容完工后，建设单位应当向负责航道现场管理的机构报送建设项目审核意见执行情况、施工临时设施及残留物的清除情况等资料。建设单位应当对所报资料的真实性负责。

第二十三条 负责航道现场管理的机构在日常巡查中应当加强对与航道有关的工程执行航道通航条件影响评价审核意见的现场检查；对建设单位报送的建设项目施工图设计中涉及航道、通航内容的资料，应当及时进行核查。发现工程建设与审核意见不符的，应当要求建设单位及时改正；建设单位拒不改正的，应当及时报告负责组织监督检查的部门。

与航道有关的建设内容完工后，负责航道现场管理的机构应当将监督检查情况、建设单位关于审核意见的执行情况等逐级报送审核部门。

第二十四条 负责组织监督检查的部门在参与建设项目初步设计、施工图设计审查过程中，应当对建设项目执行审核意见的情况进行复核。

在建设项目开工前，负责组织监督检查的部门应当根据审核意见和建设项目现场监督检查实际，向负责航道现场管理的机构明确现场监管要求。

第二十五条 交通运输部和省级交通运输主管部门应当建立随机抽取被检查对象、随机选派抽查人员的抽查机制，对建设项目执行审核意见的情况进行监督检查，并将检查结果及时向社会公开。

第二十六条 有下列情形之一的，审核部门可以撤销已出具的审核意见：

（一）建设单位以提供虚假材料等不正当手段取得审核意见的；

（二）超越审核权限出具审核意见的；

（三）违反规定程序出具审核意见的；

（四）依法可以撤销审核意见的其他情形。

第五章 法律责任

第二十七条 审核部门、负责组织监督检查的部门或者负责航道现场管理的机构不依法履行职责的，由其上级主管部门责令改正，对直接负责的主管人员和其他直接责任人员依法给予处分。审核部门、负责组织监督检查的部门或者负责航道现场管理的机构工作人员滥用职权、玩忽职守、徇私舞弊的，依法给予处分；构成犯罪的，依法移交司法机关追究刑事责任。

第二十八条 建设单位违反航道通航条件影响评价审核规定进行项目建设的，由有审核权的交通运输主管部门或者航道管理机构依据《中华人民共和国航道法》的规定，追究法律责任。

负责组织监督检查的部门或者负责航道现场管理的机构应当将监督检查中发现的建设单位的相关违法行为报告审核部门，并提出处理建议。

第二十九条 实施罚款时，应当综合考虑航道的等级及重要性、建设项目对航道条件与通航安全的影响程度、建设单位采取补救措施的及时性和有效性等因素，合理确定罚款额度。

对违反《中华人民共和国航道法》第二十八条规定，位于内河四级及以上航道或者通航5000吨级及以上海轮航道的建设项目，在《中华人民共和国航道法》第三十九条规定的罚款幅度内给予从重处罚。

对违反《中华人民共和国航道法》第二十八条规定，位于内河四级以下航道上且对航道条件与通航安全影响较小并及时消除隐患的建设项目，在《中华人民共和国航道法》第三十九条规定的罚款幅度内给予从轻处罚。

第三十条 交通运输部和省级交通运输主管部门应当加强对建设单位、航评报告编制单位、相关技术服务机构、评审专家的信用管理，依法将失信行为信息及时向社会公开。

第六章 附 则

第三十一条 本办法自2017年3月1日起施行。交通部于1994年9月10日发布的《跨越国家航道的桥梁通航净空尺度和技术要求的审批办法》（交基发〔1994〕906号）和2006年7月26日发布的《关于进一步做好跨越航道的桥梁通航净空尺度和技术要求审批工作的通知》（交水发〔2006〕388号）同时废止。

交通运输部关于修改《中华人民共和国国际海运条例实施细则》的决定

交通运输部令2017年第4号　2017.03.07

交通运输部决定对《中华人民共和国国际海运条例实施细则》(交通运输部令2013年第9号)作如下修改:

一、删去第三条第(八)项、第(九)项、第(十三)项,第二十二条、第三十条、第三十三条、第三十五条、第三十六条、第四十三条、第四十四条、第四十五条、第四十六条、第六十四条。

二、将第三条第(一)项中的“商定和收取运费、签发提单及其他相关运输单证”修改为“商定和收取客票票款和运费、签发客票和提单及其他相关运输单证、安排旅客上下船舶”。删去第(四)项第(6)目中的“港到港”。在第(十二)项的“企业商业登记文件为复印件的”前增加“境外”。

三、删去第四条第一款中的“在中国境内设立企业经营国际船舶运输业务,或者”。

四、删去第五条第一款中的“在中国境内设立企业经营国际船舶运输业务,或者”和第(二)项。将第一款第(三)项修改为“(二)申请人的企业商业登记文件、公司章程的复印件”。在第一款中增加一项作为第(四)项“(四)规定的国际船舶保安证书、安全管理证书、航运公司安全与防污染能力符合证明的复印件”。增加一款作为第四款“取得《国际船舶运输经营许可证》的企业在经营国际船舶运输业务期间,应当确保本条所列有关证书、证明持续合法有效。”

五、删除第六条第一款第(二)项。将第一款第(三)项修改为“(二)母公司的商业登记文件、公司章程的复印件”。将第一款第

(四)项中的“副本”修改为“复印件”。将第二款中的“签发提单”修改为“签发客票或者提单”。

六、将第七条第一款修改为“设立外商投资企业经营国际船舶代理业务,应当有固定的营业场所和必要的营业设施,其高级业务管理人员中至少应当有2人具有3年以上从事国际海上运输经营活动的经历。”将第二款修改为“经营国际船舶代理业务的企业,应当在开业后30日内向交通运输部报备企业名称、注册地、联系方式等信息和《企业法人营业执照》复印件。交通运输部定期在其政府网站或者授权发布的网站发布国际船舶代理业务经营者名称。”

七、将第八条第一款修改为“中国企业法人申请经营国际船舶管理业务,应当向拟经营业务所在地的省、自治区、直辖市人民政府交通运输主管部门提出申请,申请材料应当包括:

(一)申请书;

(二)申请人的商业登记文件、公司章程的复印件;

(三)固定营业场所的证明文件;

(四)航运公司安全与防污染能力符合证明复印件;

(五)《海运条例》第九条第(二)项规定的高级业务管理人员的从业资历证明文件;

(六)《海运条例》第九条第(三)项规定的人员的船长、轮机长适任证书复印件。”

删去第二款中的“申请人持《国际海运辅助业经营资格登记证》向企业登记机关办理企业登记,向税务部门和外汇管理部门指定的银行办理相关手续”。增加一款作为第三款,内容为“取得《国际海运辅助业经营资格登记证》的企业在经营国际船舶管理业务期间,应当确保本条所列有关证书、证明持续合法有效。”

八、删去第九条第(二)项。将第(三)项修改为“母公司的商业登记文件、公司章程的复印件”。将第(四)项中的“副本”修改为“复印件”。

九、在第十条第二款中的“交通运输部在其政府网站”后增加

"或者授权发布的网站"。增加一款作为第三款"取得《国际班轮运输经营资格登记证》的企业在经营国际班轮运输业务期间,应当确保有关证书、证明持续合法有效。"

十、删去第十一条第一款第(二)项。将第一款第(三)项修改为"(二)企业商业登记文件复印件;"将第一款第(五)项修改为"(四)保证金已交存的银行凭证复印件、保证金保函或者保证金责任保险原件。"将第五款修改为"以保证金保函、保证金责任保险取得《无船承运业务经营资格登记证》的企业,资格登记证的有效期限与保函或者责任保险有效期一致。"

十一、在第十四条中的"应当按照《海运条例》第八条第二款的规定交纳保证金"后增加"或者取得保证金保函、保证金责任保险"。将第(二)项修改为"母公司及分支机构的企业商业登记文件复印件"。将第(三)项中的"副本"修改为"复印件"。在第(五)项中的"保证金已交存的银行凭证复印件"后增加"保证金保函或者保证金责任保险原件"。

十二、在第十七条中的"无船承运业务经营申请者交纳保证金"后增加"取得保证金保函或者保证金责任保险"。在"交通运输部在其政府网站"后增加"或者授权发布的网站"。

十三、将第十八条中的"活期"修改为"相应"。

十四、在第十九条第(一)项、第(二)项最后均增加"而无船承运业务经营者拒不执行的"。

十五、在第二十一条第一款中增加一项作为第(五)项"中国籍船舶终止国际船舶运输业务"。

十六、将第二十七条第二款修改为"前款规定的经营者不得接受未办理提单登记并交存保证金或者取得保证金保函、保证金责任保险的无船承运业务经营者的委托,为其代理签发提单。"

十七、将第二十九条修改为"国际船舶运输经营者不得接受未办理提单登记并交纳保证金或者取得保证金保函、保证金责任保险的无船承运业务经营者提供的货物或者集装箱。"

十八、在第三十四条后增加一条,具体内容为:"国际海运业及辅助业经营者,应当按照有关统计报表制度的要求,真实、准确、完整、及时地报送相关统计信息。”

十九、删去第三十七条中的“国际海运货物仓储业务经营者以及国际集装箱站与堆场业务经营者”。

二十、在第三十八条后增加两条,内容为:

“国际集装箱班轮运输经营者在报备运价时,应当报备中国港口至外国基本港的出口集装箱的海运运价和附加费。”

“班轮公会、运价协议组织在中国开展业务应当遵守我国缔结或者参加的国际公约和我国的法律法规、规章及相关规定,不得损害国际海运市场公平竞争秩序。

班轮公会和运价协议组织应当与中国境内的托运人组织建立有效的协商机制。”

二十一、将第三十九条第一款第(二)项修改为“(二)公司章程复印件”。删去第一款第(三)项。将第(四)项修改为“(三)投资者的企业商业登记文件或者身份证件复印件”。

二十二、将第五章名称修改为“监督检查”。

二十三、在第四十六条后增加两条,内容为:

“交通运输部和有关地方人民政府交通运输主管部门依照有关法律、法规和本规定,对国际海运市场实施监督检查和调查。国际海上运输业务经营者、国际海运辅助业务经营者应当配合监督检查和调查,如实提供有关凭证、文件及其他相关资料。”

“国际船舶运输经营者和无船承运业务经营者应当执行生效的备案运价。国务院交通运输主管部门根据利害关系人的请求或者自行决定,组织或者授权地方交通运输主管部门开展运价备案执行情况检查。”

二十四、在第五十一条第(一)项中“托运人”前增加“旅客或者”。将第(二)项修改为“影响旅客或者货物的正常出行或者出运”。

二十五、将涉及《国际海运条例》的条文序号进行相应调整。

二十六、将条文中所有的“交通主管部门”统一修改为“交通运输主管部门”,将“对外贸易经济合作部”统一修改为“商务部”。

条文序号作相应调整。

本决定自2017年3月7日起施行。

《国际海运条例实施细则》根据本决定作相应修正,重新发布。

中华人民共和国国际海运条例实施细则

(2003年1月20日交通部发布,根据2013年8月29日交通运输部《关于修改〈中华人民共和国国际海运条例实施细则〉的决定》第一次修正,根据2017年3月7日交通运输部《关于修改〈中华人民共和国国际海运条例实施细则〉的决定》第二次修正)

第一章 总 则

第一条 根据《中华人民共和国国际海运条例》(以下简称《海运条例》)的规定,制定本实施细则。

第二条 交通运输部和有关地方人民政府交通运输主管部门应当依照《海运条例》和本实施细则的规定,按照公平、高效、便利的原则,管理国际海上运输经营活动和与国际海上运输相关的辅助性经营活动,鼓励公平竞争,禁止不正当竞争。

第三条 《海运条例》和本实施细则中下列用语的含义是:

(一)国际船舶运输业务,是指国际船舶运输经营者使用自有或者经营的船舶、舱位,提供国际海上货物运输和旅客运输服务以及为完成这些服务而围绕其船舶、所载旅客或者货物开展的相关活动,包括签订有关协议、接受订舱、商定和收取客票票款和运费、签发客票和提单及其他相关运输单证、安排旅客上下船舶、安排货物装卸、安排保管、进行货物交接、安排中转运输和船舶进出港等活动。

(二)国际船舶运输经营者,包括中国国际船舶运输经营者和外国国际船舶运输经营者。其中,中国国际船舶运输经营者是指依据《海运条例》和本实施细则规定取得《国际船舶运输经营许可证》经营国际船舶运输业务的中国企业法人；外国国际船舶运输经营者是指依据外国法律设立经营进出中国港口国际船舶运输业务的外国企业。

（三）国际班轮运输业务，是指以自有或者经营的船舶，或者以《海运条例》第十三条第三款规定的方式，在固定的港口之间提供的定期国际海上货物或旅客运输。

（四）无船承运业务，是指《海运条例》第七条第二款规定的业务，包括为完成该项业务围绕其所承运的货物开展的下列活动：

（1）以承运人身份与托运人订立国际货物运输合同；

（2）以承运人身份接收货物、交付货物；

（3）签发提单或者其他运输单证；

（4）收取运费及其他服务报酬；

（5）向国际船舶运输经营者或者其他运输方式经营者为所承运的货物订舱和办理托运；

（6）支付运费或者其他运输费用；

（7）集装箱拆箱、集拼箱业务；

（8）其他相关的业务。

（五）无船承运业务经营者，包括中国无船承运业务经营者和外国无船承运业务经营者。其中中国无船承运业务经营者是指依照《海运条例》和本实施细则规定取得无船承运业务经营资格的中国企业法人；外国无船承运业务经营者是指依照外国法律设立并依照《海运条例》和本实施细则的相关规定取得经营进出中国港口货物无船承运业务资格的外国企业。

（六）国际船舶代理经营者，是指依照中国法律设立从事《海运条例》第二十五条规定业务的中国企业法人。

（七）国际船舶管理经营者，是指依照中国法律设立从事《海运条例》第二十六条规定业务的中国企业法人。

（八）外商投资企业，是指依照中国法律投资设立的中外合资经营企业、中外合作经营企业和外商独资企业。

（九）外商常驻代表机构，是指外国企业或者其他经济组织在中国境内依法设立的，为其派出机构开展宣传、推介、咨询和联络活动的非营业性机构。

（十）企业商业登记文件，是指企业登记机关或者企业所在国有关当局签发的企业营业执照或者企业设立的证明文件。境外企业商业登记文件为复印件的，须有企业登记机关在复印件上的确认或者证明复印件与原件一致的公证文书。

（十一）班轮公会协议，是指符合联合国《1974 年班轮公会行动守则公约》定义的，由班轮公会成员之间以及班轮公会之间订立的各类协议。

（十二）运营协议，是指两个或者两个以上国际班轮运输经营者为稳定或者控制运价订立的关于在一条或者数条航线上增加或者减少船舶运力协议，以及其他协调国际班轮运输经营者共同行动的协议，包括具有上述性质内容的会议纪要；两个或者两个以上国际班轮运输经营者为提高运营效率订立的关于共同使用船舶、共同使用港口设施及其他合作经营协议和各类联盟协议、联营体协议。

（十三）运价协议，是指两个或者两个以上国际班轮运输经营者之间订立的关于收费项目及其费率、运价或者附加费等内容的协议，包括具有上述内容的会议纪要。

（十四）公布运价，是指国际班轮运输经营者和无船承运业务经营者运价本上载明的运价。运价本由运价、运价规则、承运人和托运人应当遵守的规定等内容组成。

（十五）协议运价，指国际班轮运输经营者与货主、无船承运业务经营者约定的运价，包括运价及其相关要素。协议运价以合同或者协议形式书面订立。

（十六）从业资历证明文件，是指被证明人具有 3 年以上从事国际海上运输或者国际海上运输辅助性经营活动经历的个人履历表。个人履历表须经公证机关公证。

第二章　国际海上运输及其辅助性业务的经营者

第四条　中国企业法人申请经营国际船舶运输业务,应当符合《海运条例》第五条规定的条件,考虑交通运输部公布的国际海运市场竞争状况和国家关于国际海上运输业发展的政策。

交通运输部应当在其政府网站和其他适当媒体上及时公布国际海运市场竞争状况和国家关于国际海上运输业发展的政策。上述状况和政策未经公布,不得作为拒绝申请的理由。

第五条　中国企业法人申请经营国际船舶运输业务,申请人应当向交通运输部提出申请,报送相关材料,并应同时将申请材料抄报企业所在地的省、自治区、直辖市人民政府交通运输主管部门。申请材料应当包括:

(一)申请书;

(二)申请人的企业商业登记文件、公司章程的复印件;

(三)船舶所有权证书、国籍证书和法定检验证书的副本或者复印件;

(四)规定的国际船舶保安证书、安全管理证书、航运公司安全与防污染能力符合证明的复印件;

(五)提单、客票或者多式联运单证样本;

(六)符合交通运输部规定的高级业务管理人员的从业资格证明。

有关省、自治区、直辖市人民政府交通运输主管部门自收到上述抄报材料后,应当就有关材料进行审核,提出意见,并应当自收到有关材料之日起 10 个工作日内将有关意见报送交通运输部。

交通运输部收到申请人的申请材料后,应当在申请材料完整齐备之日起 30 个工作日内按照《海运条例》第五条和第六条的规定进行审核,作出许可或者不许可的决定。决定许可的,向申请人颁发《国际船舶运输经营许可证》;决定不许可的,应当书面通知申请人并告知理由。

取得《国际船舶运输经营许可证》的企业在经营国际船舶运输业务期间，应当确保本条所列有关证书、证明持续合法有效。

第六条 中国国际船舶运输经营者在中国境内设立分支机构的，适用本实施细则第五条规定的程序。申请材料应当包括：

（一）申请书；

（二）母公司的商业登记文件、公司章程的复印件；

（三）母公司的《国际船舶运输经营许可证》复印件；

（四）母公司对该分支机构经营范围的确认文件；

（五）符合交通运输部要求的高级业务管理人员的从业资格证明。

中国国际船舶运输经营者的分支机构可为其母公司所有或者经营的船舶提供办理船舶进出港口手续、安排港口作业、接受订舱、签发客票或者提单、收取运费等服务。

第七条 设立外商投资企业经营国际船舶代理业务，应当有固定的营业场所和必要的营业设施，其高级业务管理人员中至少应当有 2 人具有 3 年以上从事国际海上运输经营活动的经历。

经营国际船舶代理业务的企业，应当在开业后 30 日内向交通运输部报备企业名称、注册地、联系方式等信息和《企业法人营业执照》复印件。交通运输部定期在其政府网站或者授权发布的网站发布国际船舶代理业务经营者名称。

从事国际船舶代理业务的企业变更企业信息或者不再从事国际船舶代理经营活动的，应当在信息变更或者停止经营活动的 15 日内，向交通运输部备案。

第八条 中国企业法人申请经营国际船舶管理业务，应当向拟经营业务所在地的省、自治区、直辖市人民政府交通运输主管部门提出申请，申请材料应当包括：

（一）申请书；

（二）申请人的商业登记文件、公司章程的复印件；

（三）固定营业场所的证明文件；

（四）航运公司安全与防污染能力符合证明复印件；

（五）《海运条例》第九条第（二）项规定的高级业务管理人员的从业资历证明文件；

（六）《海运条例》第九条第（三）项规定的人员的船长、轮机长适任证书复印件。

有关省、自治区、直辖市人民政府交通运输主管部门收到申请人的申请材料后，应当在申请材料完整齐备之日起15个工作日内进行审核。材料真实且符合《海运条例》第九条规定条件的，予以资格登记，并颁发《国际海运辅助业经营资格登记证》；材料不真实或者不符合《海运条例》第九条规定条件的，不予登记，书面通知申请人并告知理由。

取得《国际海运辅助业经营资格登记证》的企业在经营国际船舶管理业务期间，应当确保本条所列有关证书、证明持续合法有效。

第九条 国际船舶管理经营者在中国境内的分支机构经营相关业务的，应当符合《海运条例》第九条的规定，并按照《海运条例》第十条和本实施细则第八条的规定进行登记。登记申请材料应当包括：

（一）申请书；

（二）母公司的商业登记文件、公司章程的复印件；

（三）母公司的《国际海运辅助业经营资格登记证》复印件；

（四）母公司确定该分支机构经营范围确认文件；

（五）营业场所的证明文件；

（六）《海运条例》第九条规定的人员的从业资历或者资格的证明文件。

第十条 国际船舶运输经营者申请经营进出中国港口国际班轮运输业务，应当向交通运输部提出申请，并报送《海运条例》第十四条规定的材料。交通运输部应当按照《海运条例》第十四条的规定进行审核。予以登记的，颁发《国际班轮运输经营资格登记证》。申请材料不真实、不齐备的，不予登记，应当书面通知申请人并告知理由。

国际船舶运输经营者依法取得经营进出中国港口国际班轮运输业务资格后,交通运输部在其政府网站或者授权发布的网站公布国际班轮运输经营者名称及其提单格式样本。

取得《国际班轮运输经营资格登记证》的企业在经营国际班轮运输业务期间,应当确保有关证书、证明持续合法有效。

第十一条 申请办理无船承运业务经营者提单登记的,应当向交通运输部提出提单登记申请,报送相关材料,并应当同时将申请材料抄报企业所在地或者外国无船承运业务经营者指定的联络机构所在地的省、自治区、直辖市人民政府交通运输主管部门。申请材料应当包括:

(一)申请书;

(二)企业商业登记文件复印件;

(三)提单格式样本;

(四)保证金已交存的银行凭证复印件、保证金保函或者保证金责任保险原件。

申请人为外国无船承运业务经营者的,还应当提交本实施细则第二十四条规定的其指定的联络机构的有关材料。

有关省、自治区、直辖市人民政府交通运输主管部门自收到上述抄报材料后,应当就有关材料进行审核,提出意见,并应当自收到抄报的申请材料之日起 7 个工作日内将有关意见报送交通运输部。

交通运输部收到申请人的材料后,应当在申请材料完整齐备之日起 15 个工作日内按照《海运条例》第七条和第八条的规定进行审核。审核合格的,予以提单登记,并颁发《无船承运业务经营资格登记证》;不合格的,应当书面通知当事人并告知理由。

以保证金保函、保证金责任保险取得《无船承运业务经营资格登记证》的企业,资格登记证的有效期限与保函或者责任保险有效期一致。

第十二条 外国无船承运业务经营者按照外国法律已取得经

营资格且有合法财务责任保证的，在按照《海运条例》和本实施细则申请从事进出中国港口无船承运业务时，可以不向中国境内的银行交存保证金。但为了保证外国无船承运业务经营者清偿因其不履行承运人义务或者履行义务不当所产生的债务以及支付罚款，满足《海运条例》第八条第三款的规定，该外国无船承运业务经营者的政府主管部门与中国政府交通运输主管部门应就财务责任保证实现方式签订协议。

第十三条 没有在中国港口开展国际班轮运输业务，但在中国境内承揽货物、签发提单或者其他运输单证、收取运费，通过租赁国际班轮运输经营者船舶舱位提供进出中国港口国际货物运输服务；或者利用国际班轮运输经营者提供的支线服务，在中国港口承揽货物后运抵外国港口中转的，应当按照本实施细则的有关规定，取得无船承运业务经营资格。但有《海运条例》第十三条第三款规定情形的除外。

第十四条 中国的无船承运业务经营者在中国境内的分支机构，应当按照《海运条例》第八条第二款的规定交纳保证金，或者取得保证金保函、保证金责任保险，并按照本实施细则第十一条的规定进行登记，取得《无船承运业务经营资格登记证》。申请登记应当提交下列材料：

（一）申请书；

（二）母公司及分支机构的企业商业登记文件复印件；

（三）母公司的《无船承运业务经营资格登记证》复印件；

（四）母公司确认该分支机构经营范围的确认文件；

（五）保证金已交存的银行凭证复印件、保证金保函或者保证金责任保险原件。

第十五条 无船承运业务经营者申请提单登记时，提单抬头名称应当与申请人名称相一致。

提单抬头名称与申请人名称不一致的，申请人应当提供说明该提单确实为申请人制作、使用的相关材料，并附送申请人对申请登记提单承担承运人责任的书面声明。

第十六条 无船承运业务经营者使用两种或者两种以上提单的,各种提单均应登记。

国际班轮运输经营者和无船承运业务经营者的登记提单发生变更的,应当于新的提单使用之日起15日前将新的提单样本格式向交通运输部备案。

第十七条 无船承运业务经营申请者交纳保证金、取得保证金保函或者保证金责任保险并办理提单登记,依法取得无船承运业务经营资格后,交通运输部在其政府网站或者授权发布的网站公布无船承运业务经营者名称及其提单格式样本。

第十八条 无船承运业务经营者应当依法在交通运输部指定的商业银行开设的无船承运业务经营者专门账户上交存保证金,保证金利息按照中国人民银行公布的相应存款利率计息。

第十九条 无船承运业务经营者交存的保证金,受国家法律保护。除下列情形外,保证金不得动用:

(一)因无船承运业务经营者不履行承运人义务或者履行义务不当,根据司法机关已生效的判决或者司法机关裁定执行的仲裁机构裁决应当承担赔偿责任的,而无船承运业务经营者拒不执行的;

(二)被交通运输主管部门依法处以罚款的,而无船承运业务经营者拒不执行的。

有前款(一)、(二)项情形需要从保证金中划拨的,应当依法进行。

无船承运业务经营者的保证金不符合《海运条例》规定数额的,交通运输部应当书面通知其补足。无船承运业务经营者自收到交通运输部书面通知之日起30日内未补足的,交通运输部应当按照《海运条例》第十二条的规定取消其经营资格。

第二十条 无船承运业务经营者被交通运输部依法取消经营资格、申请终止经营或者因其他原因终止经营的,可向交通运输部申请退还保证金。交通运输部应将该申请事项在其政府网站上公示30日。

在公示期内,有关当事人认为无船承运业务经营者有本实施细则第十九条第一款第(一)项情形需要对其保证金采取保全措施的,应当在上述期限内取得司法机关的财产保全裁定。自保证金被保全之日起,交通运输部依照《海运条例》对保证金账户的监督程序结束。有关纠纷由当事双方通过司法程序解决。

公示期届满未有前款规定情形的,交通运输部应当通知保证金开户银行退还无船承运业务经营者保证金及其利息,并收缴该无船承运业务经营者的《无船承运业务经营资格登记证》。

第二十一条 中国国际船舶运输经营者、中国无船承运业务经营者、国际船舶管理经营者有下列变更情形之一的,应当向原资格许可、登记机关备案:

(一)变更企业名称;

(二)企业迁移;

(三)变更出资人;

(四)歇业、终止经营;

(五)中国籍船舶终止国际船舶运输业务。

变更企业名称的,由原资格许可、登记机关换发相关经营许可证或者经营资格登记证;企业终止经营的,应当将有关许可、登记证书交回原许可、登记机关。

第三章 国际海上运输及其辅助性业务经营活动

第二十二条 国际班轮运输经营者新开或者停开国际班轮运输航线,或者变更国际班轮运输船舶、班期的,应当按照《海运条例》第十六条的规定在交通运输部指定媒体上公告,并按规定报备。

第二十三条 中国国际船舶运输经营者增加运营船舶,包括以光船租赁方式租用船舶增加运营船舶的,应当于投入运营前15日向交通运输部备案,取得备案证明文件。备案材料应当载明公司名称、注册地、船名、船舶国籍、船舶类型、船舶吨位、拟运营航线。

交通运输部收到备案材料后,应当在 3 个工作日内出具备案证明文件。

第二十四条 在中国港口开展国际班轮运输业务的外国国际船舶运输经营者,以及在中国委托代理人提供进出中国港口国际货物运输服务的外国无船承运业务经营者,应当在中国境内委托一个联络机构,负责代表该外国企业与中国政府有关部门就《海运条例》和本实施细则规定的有关管理及法律事宜进行联络。联络机构可以是该外国企业在中国境内设立的外商投资企业或者常驻代表机构,也可以是其他中国企业法人或者在中国境内有固定住所的其他经济组织。委托的联络机构应当向交通运输部备案,并提交下列文件:

(一)联络机构说明书,载明联络机构名称、住所、联系方式及联系人;

(二)委托书副本或者复印件;

(三)委托人与联络机构的协议副本;

(四)联络机构的工商登记文件复印件。

联络机构为该外国企业在中国境内的外商投资企业或者常驻代表机构的,不须提供本条第一款第(二)项、第(三)项文件。

联络机构或者联络机构说明书所载明的事项发生改变的,应当自发生改变之日起 15 日内向交通运输部备案。

第二十五条 任何单位和个人不得擅自使用国际班轮运输经营者和无船承运业务经营者已经登记的提单。

第二十六条 无船承运业务经营者需要委托代理人签发提单或者相关单证的,应当委托依法取得经营资格的国际船舶运输经营者、无船承运业务经营者和国际海运辅助业务经营者代理上述事项。

前款规定的经营者不得接受未办理提单登记并交存保证金或者取得保证金保函、保证金责任保险的无船承运业务经营者的委托,为其代理签发提单。

第二十七条 国际班轮运输经营者与货主和无船承运业务经营者协议运价的,应当采用书面形式。协议运价号应当在提单或者相关单证上显示。

第二十八条 国际船舶运输经营者不得接受未办理提单登记并交纳保证金或者取得保证金保函、保证金责任保险的无船承运业务经营者提供的货物或者集装箱。

第二十九条 国际班轮运输经营者和无船承运业务经营者应当将其在中国境内的船舶代理人、签发提单代理人在交通运输部指定的媒体上公布。公布事项包括代理人名称、注册地、住所、联系方式。代理人发生变动的,应当于有关代理协议生效前 7 日内公布上述事项。

国际班轮运输经营者、无船承运业务经营者应当及时将公布代理事项的媒体名称向交通运输部备案。

第三十条 国际船舶运输经营者之间订立的涉及中国港口的班轮公会协议、运营协议、运价协议等,应当自协议订立之日起 15 日内,按下列规定向交通运输部备案:

(一)班轮公会协议,由班轮公会代表其所有经营进出中国港口海上运输的成员备案。班轮公会备案时,应当同时提供该公会的成员名单。

(二)国际船舶运输经营者之间订立的运营协议、运价协议,由参加订立协议的国际船舶运输经营者分别备案。

第三十一条 国际船舶管理经营者应当根据合同的约定和国家有关规定,履行有关船舶安全和防止污染的义务。

第三十二条 国际海运业及辅助业经营者,应当按照有关统计报表制度的要求,真实、准确、完整、及时地报送相关统计信息。

第三十三条 国际船舶代理经营者、国际船舶管理经营者,不得有下列行为:

(一)以非正常、合理的收费水平提供服务,妨碍公平竞争;

(二)在会计账簿之外暗中给予客户回扣,以承揽业务;

(三)滥用优势地位,限制交易当事人自主选择国际海运辅助

业务经营者,或者以其相关产业的垄断地位诱导交易当事人,排斥同业竞争;

(四)其他不正当竞争行为。

第三十四条 外国国际船舶运输经营者以及外国国际海运辅助企业的常驻代表机构不得从事经营活动,包括不得:

(一)代表其境外母公司接受订舱,签发母公司提单或者相关单证;

(二)为母公司办理结算或者收取运费及其他费用;

(三)开具境外母公司或者其母公司在中国境内设立的《海运条例》第二十九条规定的企业的票据;

(四)以托运人身份向国际班轮运输经营者托运货物;

(五)以外商常驻代表机构名义与客户签订业务合同。

第三十五条 国际集装箱班轮运输经营者在报备运价时,应当报备中国港口至外国基本港的出口集装箱的海运运价和附加费。

第三十六条 班轮公会、运价协议组织在中国开展业务应当遵守我国缔结或者参加的国际公约和我国的法律法规、规章及相关规定,不得损害国际海运市场公平竞争秩序。

班轮公会和运价协议组织应当与中国境内的托运人组织建立有效的协商机制。

第四章 外商投资经营国际海上运输及其辅助性业务

第三十七条 设立中外合资、合作经营企业经营国际船舶运输业务,应当通过拟设立企业所在地的省、自治区、直辖市人民政府交通运输主管部门向交通运输部提出申请。申请材料应当包括:

(一)申请书;

(二)公司章程复印件;

（三）投资者的企业商业登记文件或者身份证件复印件；

（四）符合交通运输部规定的高级业务管理人员的从业资格证明。

有关省、自治区、直辖市人民政府交通运输主管部门应当自收到完整齐备的材料之日起10个工作日内将申请材料及意见转报交通运输部。

交通运输部应当自收到转报的上述材料和意见之日起30个工作日内，按照《海运条例》第二十八条第二款、第三款和第四款的规定以及交通运输部公布的国际海运市场竞争状况和国家关于国际海上运输业发展的政策进行审核，作出批准或者不予批准的决定。决定批准的，发给批准文件；不予批准的，应当书面通知申请人并告知理由。

获得批准的申请人应当持交通运输部批准文件，按照国家有关外商投资企业的法律、法规的要求，到有关部门办理相应的设立外商投资企业的审批手续。取得相应的审批手续后，应当持有关部门许可设立企业的文件和本实施细则第五条第一款（三）至（六）项的相关材料，按照本实施细则第五条规定的程序向交通运输部领取相应的《国际船舶运输经营许可证》。

第三十八条　设立《海运条例》第二十八条规定的外商投资企业，应当按照交通运输部和商务部的有关规定办理。

第三十九条　设立外商投资企业经营国际船舶代理业务，应当通过拟设立企业所在地的省、自治区、直辖市人民政府交通运输主管部门向交通运输部提交符合本实施细则第七条第一款规定条件的申请材料。有关省、自治区、直辖市人民政府交通运输主管部门收到完整齐备的上述材料后，应当于10个工作日内将有关材料及意见转报交通运输部。

交通运输部应当自收到转报的上述材料和意见之日起30个工作日内，按照本实施细则第七条第一款的规定进行审核，作出批准或者不予批准的决定。决定批准的，发给批准文件；不予批准的，应当书面通知申请人并告知理由。

获得批准的申请人应当持交通运输部批准文件，按照国家有关外商投资企业的法律、法规的要求到有关部门办理相应的设立外商投资企业的审批手续。取得相应的批准文件后，到交通运输部领取《国际船舶代理经营资格登记证书》。

第四十条 设立外商投资企业经营国际船舶管理业务，应当通过拟设立企业所在地的省、自治区、直辖市人民政府交通运输主管部门向交通运输部提交本实施细则第八条规定的申请材料。有关省、自治区、直辖市人民政府交通运输主管部门收到完整齐备的上述材料后，应当于10个工作日内将有关材料及意见转报交通运输部。

交通运输部应当自收到转报的上述材料和意见之日起30个工作日内，按照《海运条例》第九条的规定进行审核，作出批准或者不予批准的决定。决定批准的，发给批准文件；不予批准的，应当书面通知申请人并告知理由。

获得批准的申请人应当持交通运输部批准文件，按照国家有关外商投资企业的法律、法规的要求到有关部门办理相应的设立外商投资企业的审批手续。取得相应的审批手续后，应当持有关部门的批准文件按照本实施细则第八条规定的程序向企业所在地的省、自治区、直辖市人民政府交通运输主管部门办理登记，领取《国际海运辅助业经营资格登记证》。

第五章 监督检查

第四十一条 交通运输部和有关地方人民政府交通运输主管部门依照有关法律、法规和本规定，对国际海运市场实施监督检查和调查。国际海上运输业务经营者、国际海运辅助业务经营者应当配合监督检查和调查，如实提供有关凭证、文件及其他相关资料。

第四十二条 国际船舶运输经营者和无船承运业务经营者应当执行生效的备案运价。国务院交通运输主管部门根据利害关系人的请求或自行决定，组织或授权地方交通运输主管部门开展运价备案执行情况检查。

第四十三条 利害关系人认为国际海上运输业务经营者、国际海运辅助业务经营者有《海运条例》第三十一条和本实施细则第三十三条规定情形的，可依照《海运条例》第三十一条的规定请求交通运输部实施调查。请求调查时，应当提出书面调查申请，并阐述理由，提供必要的证据。

交通运输部对调查申请应当进行评估，在自收到调查申请之日起60个工作日内作出实施调查或者不予调查的决定：

（一）交通运输部认为调查申请理由不充分或者证据不足的，决定不予调查并通知调查申请人。申请人可补充理由或者证据后再次提出调查申请。

（二）交通运输部根据评估结论认为应当实施调查或者按照《海运条例》第三十一条规定自行决定调查的，应当将有关材料和评估结论通报国务院工商行政管理部门和价格部门。

第四十四条 调查的实施由交通运输部会同国务院工商行政管理部门和价格部门（以下简称调查机关）共同成立的调查组进行。

调查机关应当将调查组组成人员、调查事由、调查期限等情况通知被调查人。被调查人应当在调查通知送达后30日内就调查事项作出答辩。

被调查人认为调查组成员同调查申请人、被调查人或者调查事项有利害关系的，有权提出回避请求。调查机关认为回避请求成立的，应当对调查组成员进行调整。

第四十五条 被调查人接受调查时，应当根据调查组的要求提供相关数据、资料及文件等。属于商业秘密的，应当向调查组提出。调查组应当以书面形式记录备查。

调查机关和调查人员对被调查人的商业秘密应当予以保密。

被调查人发现调查人员泄露其商业秘密并有充分证据的，有权向调查机关投诉。

第四十六条 调查机关对被调查人“低于正常、合理水平运价”的认定,应当考虑下列因素:

(一)同一行业内多数经营者的运价水平以及与被调查人具有同等规模经营者的运价水平;

(二)被调查人实施该运价水平的理由,包括成本构成、管理水平和盈亏状况等;

(三)是否针对特定的竞争对手并以排挤竞争对手为目的。

第四十七条 调查机关对“损害公平竞争”或者“损害交易对方”的认定,应当考虑下列因素:

(一)对旅客或者托运人自由选择承运人造成妨碍;

(二)影响旅客或者货物的正常出行或者出运;

(三)以账外暗中回扣承揽货物,扭曲市场竞争规则。

第四十八条 调查机关作出调查结论前,可举行专家咨询会议,对“损害公平竞争”或者“损害交易对方”的程度进行评估。

聘请的咨询专家不得与调查申请人、被调查人具有利害关系。

第四十九条 调查结束时,调查机关应当作出调查结论,并书面通知调查申请人和被调查人:

(一)基本事实不成立的,调查机关应当决定终止调查;

(二)基本事实存在但对市场公平竞争不造成实质损害的,调查机关可决定不对被调查人采取禁止性、限制性措施;

(三)基本事实清楚且对市场公平竞争造成实质损害的,调查机关应当根据《海运条例》的规定,对被调查人采取限制性、禁止性措施。

第五十条 调查机关在作出采取禁止性、限制性措施的决定前,应当告知当事人有举行听证的权利;当事人要求举行听证的,应当在自调查机关通知送达之日起 10 日内,向调查机关书面提出;逾期未提出听证请求的,视为自动放弃请求听证的权利。

第五十一条 就本实施细则第三十三条所列情形实施调查的,调查组成员中应当包括对被调查人的资格实施登记的有关省、自治区、直辖市人民政府交通运输主管部门的人员。

对有本实施细则第三十三条第(三)项所列违法行为并给交易当事人或者同业竞争者造成实质损害的,调查机关可采取限制其在一定时期内扩大业务量的限制性措施。

第六章　法律责任

第五十二条　违反《海运条例》和本实施细则的规定应当予以处罚的,交通运输部或授权的省、自治区、直辖市人民政府交通运输主管部门应当按照《海运条例》第六章和本章的规定予以处罚。

第五十三条　外商常驻代表机构有本实施细则第三十四条规定情形的,交通运输部或者有关省、自治区、直辖市人民政府交通运输主管部门可将有关情况通报有关工商行政管理部门,由工商行政管理部门按照《海运条例》第四十八条的规定处罚。

第五十四条　班轮公会协议、运营协议和运价协议、国际船舶代理经营者未按规定向交通运输部备案的,由交通运输部依照《海运条例》第四十四条的规定,对本实施细则第七条、第三十条规定的备案人实施处罚。班轮公会不按规定报备的,可对其公会成员予以处罚。

第五十五条　调查人员违反规定,泄露被调查人保密信息的,依法给予行政处分;造成严重后果,触犯刑律的,依法追究刑事责任。

第七章　附　　则

第五十六条　《海运条例》和本实施细则规定的许可、登记事项,申请人可委托代理人办理。代理人办理委托事项的,应当提供授权委托书。外国申请人或者投资者提交的公证文书,应当由申请人或者投资者所在国公证机关或者执业律师开出。

本实施细则所要求的各类文字资料应当用中文书写,如使用其他文字的，应随附中文译文。

第五十七条 对《海运条例》和本实施细则规定的备案事项的具体要求、报备方式和方法应当按照交通运输部的规定办理。

第五十八条 香港特别行政区、澳门特别行政区和台湾地区的投资者在内地投资从事国际海上运输和与国际海上运输相关的辅助性业务，比照适用《海运条例》第四章和本实施细则第四章的有关规定。

第五十九条 《海运条例》第十七条规定的公布运价和协议运价备案的具体办法，由交通运输部另行规定。

第六十条 本实施细则自 2003 年 3 月 1 日起施行。交通部 1985 年 4 月 11 日发布的《交通部对从事国际海运船舶公司的暂行管理办法》、1990 年 3 月 2 日发布的《国际船舶代理管理规定》、1990 年 6 月 20 日发布的《国际班轮运输管理规定》、1992 年 6 月 9 日发布的《中华人民共和国海上国际集装箱运输管理规定实施细则》、1997 年 10 月 17 日发布的《外国水路运输企业常驻代表机构管理办法》同时废止。

交通运输部关于修改《老旧运输船舶管理规定》的决定

交通运输部令2017年第16号　2017.05.23

交通运输部决定对《老旧运输船舶管理规定》(交通运输部令2014年第14号)作如下修改：

一、将第二十二条修改为："海事管理机构在现场监督检查时，发现从事国内运输的老旧运输船舶不能提供有效的船舶营运证件的，应当通知船舶经营人所在地设区的市级人民政府水路运输管理部门依法处理。"

二、删去第四十二条。

条文序号作相应调整。

本决定自2017年5月23日起施行。

《老旧运输船舶管理规定》根据本决定作相应修正，重新发布。

老旧运输船舶管理规定

（2006 年 7 月 5 日交通部发布，根据 2009 年 11 月 30 日交通运输部《关于修改〈老旧运输船舶管理规定〉的决定》第一次修正，根据 2014 年 9 月 5 日交通运输部《关于修改〈老旧运输船舶管理规定〉的决定》第二次修正，根据 2017 年 5 月 23 日交通运输部《关于修改〈老旧运输船舶管理规定〉的决定》第三次修正）

第一章　总　　则

第一条　为加强老旧运输船舶管理，优化水路运力结构，提高船舶技术水平，保障水路运输安全，促进水路运输事业健康发展，根据《国内水路运输管理条例》，制定本规定。

第二条　本规定适用于拥有中华人民共和国国籍，从事水路运输的海船和河船。

第三条　本规定中下列用语的含义是：

（一）船龄，是指船舶自建造完工之日起至现今的年限；

（二）购置、光租外国籍船船龄，是指船舶自建造完工之日起至国务院商务主管部门或其授权的部门和机构签发的《机电产品进口许可证》或《自动进口许可证》签发之日的年限；

（三）老旧运输船舶，是指船龄在本规定第四条、第五条规定的最低船龄以上的运输船舶；

（四）报废船舶，是指永久不能从事水路运输的船舶；

（五）废钢船，是指永久不能从事水路运输的钢质船舶；

（六）单壳油船，是指未设有符合国内船舶检验规范规定的双层底舱和双层边舱的油船（含油驳）。

第四条　老旧海船分为以下类型：

（一）船龄在10年以上的高速客船，为一类老旧海船；

（二）船龄在10年以上的客滚船、客货船、客渡船、客货渡船（包括旅客列车轮渡）、旅游船、客船，为二类老旧海船；

（三）船龄在12年以上的油船（包括沥青船）、散装化学品船、液化气船，为三类老旧海船；

（四）船龄在18年以上的散货船、矿砂船，为四类老旧海船；

（五）船龄在20年以上的货滚船、散装水泥船、冷藏船、杂货船、多用途船、集装箱船、木材船、拖轮、推轮、驳船等，为五类老旧海船。

第五条　老旧河船分为以下类型：

（一）船龄在10年以上的高速客船，为一类老旧河船；

（二）船龄在10年以上的客滚船、客货船、客渡船、客货渡船（包括旅客列车轮渡）、旅游船、客船，为二类老旧河船；

（三）船龄在16年以上的油船（包括沥青船）、散装化学品船、液化气船，为三类老旧河船；

（四）船龄在18年以上的散货船、矿砂船，为四类老旧河船；

（五）船龄在20年以上的货滚船、散装水泥船、冷藏船、杂货船、多用途船、集装箱船、木材船、拖轮、推轮、驳船（包括油驳）等，为五类老旧河船。

第六条　国家对老旧运输船舶实行分类技术监督管理制度，对已达到强制报废船龄的运输船舶实施强制报废制度。

第七条　根据本规定和其他有关规定，交通运输部对全国老旧运输船舶的市场准入和营运进行管理，县级以上地方人民政府交通运输主管部门或者负责水路运输管理的机构（以下统称水路运输管理部门）实施本行政区域的老旧运输船舶的市场准入和营运管理工作。

海事管理机构根据有关法律、行政法规和本规定对老旧运输船舶实施安全监督管理。

第二章　船舶购置、光租、改建管理

第八条　购置外国籍船舶或者以光船租赁条件租赁外国籍船舶从事水路运输，船舶必须符合本规定附录规定的购置、光租外国籍船舶的船龄要求，其船体、主要机电设备和安全、防污染设备等应当符合船舶法定检验技术规则。

购置、光租外国籍油船，其船体应当符合《经1978年议定书修订的〈1973年国际防止船舶造成污染公约〉》附则I《防止油类污染规则》规定的要求。

第九条　本规定所称购置外国籍船舶、以光船租赁条件租赁外国籍船舶，包括已经从国外购置或者以光船租赁条件租赁，但尚未在中国取得合法船舶检验证书、船舶国籍证书的外国籍船舶，以及通过拍卖方式购置的外国籍船舶。

第十条　任何组织和个人不得购置外国籍废钢船从事水路运输，也不得以光船租赁条件租赁外国籍废钢船从事水路运输。

第十一条　超过本规定报废船龄的外国籍船舶不得从事国内水路运输。

第十二条　根据运力供求情况和保障运输安全的需要，交通运输部可以决定在特定的旅客运输航线和散装液体危险货物运输航线、水域暂停购置或者光租外国籍一、二、三类船舶从事水路运输。

第十三条　购置外国籍船舶或者以光船租赁条件租赁外国籍船舶改为中国籍船舶经营水路运输，购置人、承租人应当了解船舶的船龄和技术状况，并按下列程序办理有关手续：

（一）购置或者光租外国籍一、二、三类船舶前，应当按照国家有关规定向设区的市级人民政府水路运输管理部门提出增加运力的申请，并报经具有许可权限的部门批准；购置或者光租外国籍四、五类船舶，应当按有关规定在签订购置或者光租意向后15个工作日内向所在地设区的市级人民政府水路运输管理部门备案；

（二）购置外国籍船舶或者以光船租赁条件租赁外国籍船舶后，应依法向海事管理机构认可的船舶检验机构申请初次检验，取得其签发的船舶检验证书；

（三）购置外国籍船舶或者以光船租赁条件租赁外国籍船舶取得船舶检验证书后，应依法向海事管理机构申请船舶登记、光船租赁登记，取得其签发的船舶所有权登记证书、船舶国籍证书或者光船租赁登记证明书及临时船舶国籍证书；

（四）购置外国籍船舶或者以光船租赁条件租赁外国籍船舶取得船舶国籍证书或者光船租赁登记证明书及临时船舶国籍证书后，经营国内水路运输的，应当按有关规定申领并取得船舶营运证；经营国际运输的，于投入运营前15日向交通运输部备案。交通运输部应当自收到备案材料之日起3日内出具备案证明书。

第十四条 船舶检验机构应当严格按照有关船舶法定检验技术规则和本规定对购置的外国籍船舶或者以光船租赁条件租赁的外国籍船舶进行检验。

第十五条 船舶登记机关应当严格按照有关船舶登记规定和本规定对购置的外国籍船舶或者以光船租赁条件租赁的外国籍船舶进行登记。

第十六条 交通运输部和水路运输管理部门应当按国家有关水路运输经营管理规定和本规定对经营水路运输的申请进行审核，符合条件的，发给船舶营运证或者国际船舶备案证明书。

第十七条 四类、五类船舶不得改为一类、二类、三类船舶从事水路运输，三类船舶之间不得相互改建从事水路运输。

第十八条 改建一、二、三类老旧运输船舶，应当按运力变更的规定报原许可机关批准。

改建老旧运输船舶，必须向海事管理机构认可的船舶检验机构申请建造检验。

船舶检验机构对改建的老旧运输船舶签发船舶检验证书，应当注明改建日期，但不得改变船舶建造日期。

第十九条 老旧运输船舶经过改建，与改建前不属本规定的同一船舶类型的，其特别定期检验船龄、强制报废船龄适用于改建后老旧运输船舶类型的规定。

第三章　船舶营运管理

第二十条　船舶所有人或者经营人应采取有效措施，加强老旧运输船舶的跟踪管理，适当缩短船舶设备检修、养护检查周期和各种电气装置的绝缘电阻测量周期，严禁失修失养。

第二十一条　船舶所有人或者经营人改变老旧运输船舶的用途或航区，必须向海事管理机构认可的船舶检验机构申请临时检验，核定载重线和乘客定额、船舶构造及设备的安全性能，必要时重新丈量总吨位和净吨位。

第二十二条　海事管理机构在现场监督检查时，发现从事国内运输的老旧运输船舶不能提供有效的船舶营运证件的，应当通知船舶经营人所在地设区的市级人民政府水路运输管理部门依法处理。

第二十三条　海事管理机构应当对从事国际运输的中国籍老旧运输船舶和进出我国港口的达到本规定老旧船舶年限的外国籍运输船舶加强监督检查。

第二十四条　对处于不适航状态或者有其他妨碍、可能妨碍水上交通安全的老旧运输船舶，海事管理机构依照有关法律、行政法规的规定禁止其进港、离港，或责令其停航、改航、驶向指定地点。

第二十五条　船舶所有人或者经营人应当按照国家有关规定，向海事管理机构认可的船舶检验机构申请对营运中的老旧运输船舶定期检验。经检验不合格的，不得经营水路运输。

第二十六条　老旧运输船舶达到本规定附录规定的特别定期检验的船龄，继续经营水路运输的，船舶所有人或经营人应当在达到特别定期检验船龄的前后半年内向海事管理机构认可的船舶检验机构申请特别定期检验，取得相应的船舶检验证书，并报船舶营运证或者国际船舶备案证明书的发证机关备案。

第二十七条 经特别定期检验合格、继续经营水路运输的老旧运输船舶,船舶所有人或者经营人应当自首次特别定期检验届满一年后每年申请一次特别定期检验,取得相应的船舶检验证书,并报船舶营运证或者国际船舶备案证明书的发证机关备案。

交通运输部和水路运输管理部门发现老旧运输船舶的技术状况可能影响航行安全的,应当通知海事管理机构。

老旧运输船舶的技术状况可能影响航行安全的,海事管理机构应当责成船舶所有人或经营人向船舶检验机构申请临时检验。

第二十八条 未按本规定第二十六条、第二十七条的规定申请特别定期检验或者经特别定期检验不合格的老旧运输船舶,应予以报废。

第二十九条 达到本规定附录规定的强制报废船龄的船舶,应予以报废。

船舶检验证书、船舶营运证的有效期最长不得超过本规定附录规定的船舶强制报废船龄的日期。

第三十条 船舶报废后,其船舶营运证或者国际船舶备案证明书自报废之日起失效,船舶所有人或者经营人应在船舶报废之日起十五日内将船舶营运证或者国际船舶备案证明书交回原发证机关予以注销。其船舶检验证书由原发证机关加注“不得从事水路运输”字样。

第三十一条 禁止使用已经报废的船舶从事水路运输。

禁止使用报废船舶的设备及其他零部件拼装运输船舶从事水路运输。

第三十二条 报废船舶改作趸船、水上娱乐设施以及其他非运输设施,应符合国家有关规定。

第四章 监督和处罚

第三十三条 交通运输部和水路运输管理部门、海事管理机构应当按照有关法律、行政法规、规章的规定，对老旧运输船舶进行监督检查。

老旧运输船舶所有人或者经营人应当接受交通运输部和水路运输管理部门、海事管理机构依法进行的监督检查，如实提交有关证书、资料或者情况，不得拒绝、隐匿或者弄虚作假。

第三十四条 老旧运输船舶所有人或者经营人违反本规定第十三条第(四)项的规定，使用未取得船舶营运证的船舶从事水路运输的，按《国内水路运输管理条例》第三十四条第一款的规定给予行政处罚。

第三十五条 违反本规定第三十条的规定，未将报废船舶的船舶营运证或者国际船舶备案证明书交回原发证机关的，责令改正，可以处1000元以下的罚款。

第三十六条 船舶所有人或者经营人违反本规定有关船舶登记、检验规定的，由海事管理机构按有关法律、行政法规、规章规定给予行政处罚。

第三十七条 交通运输部和水路运输管理部门、海事管理机构的工作人员玩忽职守、徇私舞弊、滥用职权的，依法给予行政处分。

第五章 附 则

第三十八条 为满足保护国家利益和加强安全管理的需要，交通运输部可以对本规定的有关船龄进行临时调整。

第三十九条 为保护水域环境，对已投入营运但未达到强制报废船龄的单壳油船实行限期淘汰。具体时间和实施范围由交通运输部另行公布。

第四十条 仅从事水上工程作业的船舶，以及仅从事港区内作业的拖船、工作船等船舶，不适用本规定。

以上船舶和其他非营运船舶从事水路运输时，适用本规定。

第四十一条 对从事中国港口至外国港口间运输的一、二类船舶,需要对船龄作出限制规定的,由双边商定。

第四十二条 本规定自2006年8月1日起施行。2001年4月9日交通部公布的《老旧运输船舶管理规定》(交通部令2001年第2号)同时废止。

附录一

海船船龄标准

船舶类别	购置、光租外国籍船船龄	特别定期检验船龄	强制报废船龄
一类船舶	10 年以下	18 年以上	25 年以上
二类船舶	10 年以下	24 年以上	30 年以上
三类船舶	12 年以下	26 年以上	31 年以上
四类船舶	18 年以下	28 年以上	33 年以上
五类船舶	20 年以下	29 年以上	34 年以上

附录二

河船船龄标准

船舶类别	购置、光租外国籍船船龄	特别定期检验船龄	强制报废船龄
一类船舶	10 年以下	18 年以上	25 年以上
二类船舶	10 年以下	24 年以上	30 年以上
三类船舶	16 年以下	26 年以上	31 年以上
四类船舶 其中黑龙江水系船舶	18 年以下 18 年以下	28 年以上 33 年以上	33 年以上 39 年以上
五类船舶 其中黑龙江水系船舶	20 年以下 20 年以下	29 年以上 35 年以上	35 年以上 41 年以上

港口危险货物安全管理规定

交通运输部令2017年第27号　2017.09.04

第一章　总　　则

第一条　为了加强港口危险货物安全管理，预防和减少危险货物事故，保障人民生命、财产安全，保护环境，根据《中华人民共和国港口法》《中华人民共和国安全生产法》《中华人民共和国危险化学品安全管理条例》等有关法律、行政法规，制定本规定。

第二条　在中华人民共和国境内，新建、改建、扩建储存、装卸危险货物的港口建设项目和进行危险货物港口作业，适用本规定。

前款所称危险货物港口作业包括在港区内装卸、过驳、仓储危险货物等行为。

第三条　港口危险货物安全管理坚持安全第一、预防为主、综合治理的方针，强化和落实危险货物港口建设项目的建设单位和港口经营人安全生产主体责任。

第四条　交通运输部主管全国港口危险货物安全行业管理工作。

省、自治区、直辖市交通运输主管部门主管本辖区的港口危险货物安全监督管理工作。

省、市、县级港口行政管理部门在职责范围内负责具体实施港口危险货物安全监督管理工作。

第二章　建设项目安全审查

第五条　新建、改建、扩建储存、装卸危险货物的港口建设项目（以下简称危险货物港口建设项目），应当由港口行政管理部门进行安全条件审查。

未通过安全条件审查，危险货物港口建设项目不得开工建设。

第六条　省级港口行政管理部门负责下列港口建设项目的安全条件审查：

（一）涉及储存或者装卸剧毒化学品的港口建设项目；

（二）沿海 50000 吨级以上、长江干线 3000 吨级以上、其他内河 1000 吨级以上的危险货物码头；

（三）沿海罐区总容量 100000 立方米以上、内河罐区总容量 5000 立方米以上的危险货物仓储设施。

其他危险货物港口建设项目由项目所在地设区的市级港口行政管理部门负责安全条件审查。

第七条　危险货物港口建设项目的建设单位，应当在可行性研究阶段按照国家有关规定委托有资质的安全评价机构对该建设项目进行安全评价，并编制安全预评价报告。安全预评价报告应当符合有关安全生产法律、法规、规章、国家标准、行业标准和港口建设的有关规定。

第八条　涉及危险化学品的港口建设项目，建设单位还应当进行安全条件论证，并编制安全条件论证报告。安全条件论证的内容应当包括：

（一）建设项目内在的危险和有害因素对安全生产的影响；

（二）建设项目与周边设施或者单位、人员密集区、敏感性设施和敏感环境区域在安全方面的相互影响；

（三）自然条件对建设项目的影响。

第九条　建设单位应当向危险货物建设项目所在地港口行政管理部门申请安全条件审查，并提交以下材料：

（一）建设项目安全条件审查申请书；
（二）建设项目安全预评价报告；
（三）建设项目安全条件论证报告（涉及危险化学品的提供）；
（四）依法需取得的建设项目规划选址文件。

所在地港口行政管理部门应当核查文件是否齐全，不齐全的告知申请人予以补正。对材料齐全的申请应当予以受理；对不属于本级审查权限的，应当在受理后5日内将申请材料转报有审查权限的港口行政管理部门。转报时间应当计入审查期限。

第十条 负责安全条件审查的港口行政管理部门应当自受理申请之日起45日内作出审查决定。

有下列情形之一的，安全条件审查不予通过：

（一）安全预评价报告存在重大缺陷、漏项的，包括对建设项目主要危险、有害因素的辨识和评价不全面或者不准确的；

（二）对安全预评价报告中安全设施设计提出的对策与建议不符合有关安全生产法律、法规、规章和国家标准、行业标准的；

（三）建设项目与周边场所、设施的距离或者拟建场址自然条件不符合有关安全生产法律、法规、规章和国家标准、行业标准的；

（四）主要技术、工艺未确定，或者不符合有关安全生产法律、法规、规章和国家标准、行业标准的；

（五）未依法进行安全条件论证和安全评价的；

（六）隐瞒有关情况或者提供虚假文件、资料的。

港口行政管理部门在安全条件审查过程中，应当对申请材料进行审查，并对现场进行核查。必要时可以组织相关专家进行咨询论证。

第十一条 港口行政管理部门对符合安全条件的，应当予以通过，并将审查决定送达申请人。对未通过安全条件审查的，应当说明理由并告知申请人。建设单位经过整改后可以重新申请安全条件审查。

第十二条 已经通过安全条件审查的危险货物港口建设项目有下列情形之一的，建设单位应当按照本规定的有关要求重新进行安全条件论证和安全评价，并重新申请安全条件审查：

（一）变更建设地址的；

（二）建设项目周边环境因素发生重大变化导致安全风险增加的；

（三）建设项目规模进行调整导致安全风险增加或者安全性能降低的；

（四）建设项目平面布置、作业货种、工艺、设备设施等发生重大变化导致安全风险增加或者安全性能降低的。

第十三条 建设单位应当在危险货物港口建设项目初步设计阶段按照国家有关规定委托设计单位对安全设施进行设计。

安全设施设计应当符合有关安全生产和港口建设的法律、法规、规章以及国家标准、行业标准，并包括以下主要内容：

（一）该建设项目涉及的危险、有害因素和程度及周边环境安全分析；

（二）采用的安全设施和措施，预期效果以及存在的问题与建议；

（三）对安全预评价报告中有关安全设施设计的对策与建议的采纳情况说明；

（四）可能出现的事故预防及应急救援措施。

第十四条 由港口行政管理部门负责初步设计审批的危险货物港口建设项目，在初步设计审批中对安全设施设计进行审查。

前款规定之外的其他危险货物港口建设项目，由负责安全条件审查的港口行政管理部门进行安全设施设计审查。

建设单位在申请安全设施设计审查时应当提交以下材料：

（一）安全设施设计审查申请书；

（二）设计单位的基本情况及资信情况；

（三）安全设施设计。

港口行政管理部门应当自受理申请之日起 20 日内对申请材料进行审查，作出审查决定，并告知申请人；20 日内不能作出决定的，经本部门负责人批准，可以延长 10 日，并应当将延长期限的理由告知申请人。

第十五条 有下列情形之一的,安全设施设计审查不予通过:

(一)设计单位资质不符合相关规定的;

(二)未按照有关法律、法规、规章和国家标准、行业标准的规定进行设计的;

(三)对未采纳安全预评价报告中的安全对策和建议,未作充分论证说明的;

(四)隐瞒有关情况或者提供虚假文件、资料的。

安全设施设计审查未通过的,建设单位经过整改后可以重新申请安全设施设计审查。

第十六条 已经通过审查的危险货物港口建设项目安全设施设计有下列情形之一的,建设单位应当报原审查部门重新申请安全设施设计审查:

(一)改变安全设施设计且可能导致安全性能降低的;

(二)在施工期间重新设计的。

第十七条 危险货物港口建设项目的建设单位应当在施工期间组织落实经批准的安全设施设计的有关内容,并加强对施工质量的监测和管理,建立相应的台账。施工单位应当按照批准的设计施工。

第十八条 危险货物港口建设项目的安全设施应当与主体工程同时建成,并由建设单位组织验收。验收前建设单位应当按照国家有关规定委托有资质的安全评价机构对建设项目及其安全设施进行安全验收评价,并编制安全验收评价报告。安全验收评价报告应当符合国家标准、行业标准和港口建设的有关规定。

建设单位进行安全设施验收时,应当组织专业人员对该建设项目进行现场检查,并对安全设施施工报告及监理报告、安全验收评价报告等进行审查,作出是否通过验收的结论。参加验收人员的专业能力应当涵盖该建设项目涉及的所有专业内容。

安全设施验收未通过的,建设单位经过整改后可以再次组织安全设施验收。

第十九条 安全设施验收合格后，建设单位应当将验收过程中涉及的文件、资料存档，并自觉接受和配合安全生产监督管理部门依据《中华人民共和国安全生产法》的规定对安全设施验收活动和验收结果进行的监督核查。

第二十条 安全评价机构的安全评价活动应当遵守有关法律、法规、规章和国家标准和行业标准的规定。

港口行政管理部门应当对违法违规开展港口安全评价的机构予以曝光，并通报同级安全生产监督管理部门。

第三章 经营人资质

第二十一条 从事危险货物港口作业的经营人（以下简称危险货物港口经营人）除满足《港口经营管理规定》规定的经营许可条件外，还应当具备以下条件：

（一）设有安全生产管理机构或者配备专职安全生产管理人员；

（二）具有健全的安全管理制度、岗位安全责任制度和操作规程；

（三）有符合国家规定的危险货物港口作业设施设备；

（四）有符合国家规定且经专家审查通过的事故应急预案和应急设施设备；

（五）从事危险化学品作业的，还应当具有取得从业资格证书的装卸管理人员。

第二十二条 申请危险货物港口经营人资质，除按《港口经营管理规定》的要求提交相关文件和材料外，还应当向所在地港口行政管理部门提交以下文件和材料：

（一）危险货物港口经营申请表，包括拟申请危险货物作业的具体场所、作业方式、危险货物品名（集装箱和包装货物载明到“项别”）；

（二）符合国家规定的应急设施、设备清单；

（三）装卸管理人员的从业资格证书（涉及危险化学品的提供）；

（四）新建、改建、扩建储存、装卸危险货物港口设施的，提交安全设施验收合格证明材料（包括安全设施施工报告及监理报告、安全验收评价报告、验收结论和隐患整改报告）；使用现有港口设施的，提交对现状的安全评价报告。

第二十三条 所在地港口行政管理部门应当自受理申请之日起30日内作出许可或者不予许可的决定。符合许可条件的，应当颁发《港口经营许可证》，并对每个具体的危险货物作业场所配发《港口危险货物作业附证》（见附件）。

《港口经营许可证》应当载明危险货物港口经营人的名称与办公地址、法定代表人或者负责人、经营地域、准予从事的业务范围、附证事项、发证日期、许可证有效期和证书编号。

《港口危险货物作业附证》应当载明危险货物港口经营人、作业场所、作业方式、作业危险货物品名（集装箱和包装货物载明到"项别"）、发证机关、发证日期、有效期和证书编号。

所在地港口行政管理部门应当依法向社会公开有关信息，并及时向所在地海事管理机构和同级安全生产监督管理部门、环境保护主管部门、公安机关通报。

第二十四条 《港口经营许可证》有效期为3年，《港口危险货物作业附证》有效期不得超过《港口经营许可证》的有效期。

危险货物港口建设项目需要试运行经营的，《港口经营许可证》及《港口危险货物作业附证》的有效期为试运行经营期，并在证书上注明。经竣工验收合格后，危险货物港口经营人应当按照本规定第二十二条的规定重新申请。

第二十五条 危险货物港口经营人应当在《港口经营许可证》或者《港口危险货物作业附证》有效期届满之日30日以前，向发证机关申请办理延续手续。

申请办理《港口经营许可证》及《港口危险货物作业附证》延续手续，除按《港口经营管理规定》的要求提交相关文件和材料

外,还应当提交下列材料:

(一)除本规定第二十二条第(一)项之外的其他证明材料;

(二)本规定第二十八条规定的安全评价报告及落实情况。

第二十六条 危险货物港口经营人发生变更或者其经营范围发生变更的,应当按照本规定第二十二条的规定重新申请《港口经营许可证》及《港口危险货物作业附证》。

第二十七条 危险货物港口经营人应当在依法取得许可的范围内从事危险货物港口作业,依法提取和使用安全生产经费,聘用注册安全工程师从事安全生产管理工作,对从业人员进行安全生产教育、培训并如实记录相关情况,推进安全生产标准化建设。相关从业人员应当按照《危险货物水路运输从业人员考核和从业资格管理规定》的要求,经考核合格或者取得相应从业资格。

第二十八条 危险货物港口经营人应当在取得经营资质后,按照国家有关规定委托有资质的安全评价机构,对本单位的安全生产条件每3年进行一次安全评价,提出安全评价报告。安全评价报告的内容应当包括对事故隐患的整改情况、遗留隐患和安全条件改进建议。

危险货物港口经营人应当将安全评价报告以及落实情况报所在地港口行政管理部门备案。

第二十九条 出现下列情形之一的,危险货物港口经营人应当重新进行安全评价,并按照本规定第二十八条的规定进行备案:

(一)增加作业的危险货物品种;

(二)作业的危险货物数量增加,构成重大危险源或者重大危险源等级提高的;

(三)发生火灾、爆炸或者危险货物泄漏,导致人员死亡、重伤或者事故等级达到较大事故以上的;

(四)周边环境因素发生重大变化,可能对港口安全生产带来重大影响的。

增加作业的危险货物品种或者数量,涉及变更经营范围的,除应当符合环保、消防、职业卫生等方面相关主管部门的要求外,还应当按照本规定第二十六条的规定重新申请《港口经营许可证》及《港口危险货物作业附证》。

现有设施需要进行改扩建的，除应当履行改扩建手续外，还应当履行本规定第二章安全审查的有关规定。

第四章　作业管理

第三十条　危险货物港口经营人应当根据《港口危险货物作业附证》上载明的危险货物品名，依据其危险特性，在作业场所设置相应的监测、监控、通风、防晒、调温、防火、灭火、防爆、泄压、防毒、中和、防潮、防雷、防静电、防腐、防泄漏以及防护围堤或者隔离操作等安全设施、设备，并保持正常、正确使用。

第三十一条　危险货物港口经营人应当按照国家标准、行业标准对其危险货物作业场所的安全设施、设备进行经常性维护、保养，并定期进行检测、检验，及时更新不合格的设施、设备，保证正常运转。维护、保养、检测、检验应当做好记录，并由有关人员签字。

第三十二条　危险货物港口经营人应当在其作业场所和安全设施、设备上设置明显的安全警示标志；同时还应当在其作业场所设置通信、报警装置，并保证其处于适用状态。

第三十三条　危险货物专用库场、储罐应当符合国家标准和行业标准，设置明显标志，并依据相关标准定期安全检测维护。

第三十四条　危险货物港口作业使用特种设备的，应当符合国家特种设备管理的有关规定，并按要求进行检验。

第三十五条　危险货物港口经营人使用管道输送危险货物的，应当建立输送管道安全技术档案，具备管道分布图，并对输送管道定期进行检查、检测，设置明显标志。

在港区内进行可能危及危险货物输送管道安全的施工作业，施工单位应当在开工的 7 日前书面通知管道所属单位，并与管道所属单位共同制定应急预案，采取相应的安全防护措施。管道所属单位应当指派专门人员到现场进行管道安全保护指导。

第三十六条 危险货物港口作业委托人应当向危险货物港口经营人提供委托人身份信息和完整准确的危险货物品名、联合国编号、危险性分类、包装、数量、应急措施及安全技术说明书等资料;危险性质不明的危险货物,应当提供具有相应资质的专业机构出具的危险货物危险特性鉴定技术报告。法律、行政法规规定必须办理有关手续后方可进行水路运输的危险货物,还应当办理相关手续,并向港口经营人提供相关证明材料。

危险货物港口作业委托人不得在委托作业的普通货物中夹带危险货物,不得匿报、谎报危险货物。

第三十七条 危险货物港口经营人不得装卸、储存未按本规定第三十六条规定提交相关资料的危险货物。对涉嫌在普通货物中夹带危险货物,或者将危险货物匿报或者谎报为普通货物的,所在地港口行政管理部门或者海事管理机构可以依法开拆查验,危险货物港口经营人应当予以配合。港口行政管理部门和海事管理机构应当将查验情况相互通报,避免重复开拆。

第三十八条 发生下列情形之一的,危险货物港口经营人应当及时处理并报告所在地港口行政管理部门:

(一)发现未申报或者申报不实、申报有误的危险货物;

(二)在普通货物或者集装箱中发现夹带危险货物;

(三)在危险货物中发现性质相抵触的危险货物,且不满足国家标准及行业标准中有关积载、隔离、堆码要求。

对涉及船舶航行、作业安全的相关信息,港口行政管理部门应当及时通报所在地海事管理机构。

第三十九条 在港口作业的包装危险货物应当妥善包装,并在外包装上设置相应的标志。包装物、容器的材质以及包装的型式、规格、方法应当与所包装的货物性质、运输装卸要求相适应。材质、型式、规格、方法以及包装标志应当符合我国加入并已生效的有关国际条约、国家标准和相关规定的要求。

第四十条 危险货物港口经营人应当对危险货物包装和标志

进行检查,发现包装和标志不符合国家有关规定的,不得予以作业,并应当及时通知或者退回作业委托人处理。

第四十一条 船舶载运危险货物进出港口,应当按照有关规定向海事管理机构办理申报手续。海事管理机构应当及时将有关申报信息通报所在地港口行政管理部门。

第四十二条 船舶危险货物装卸作业前,危险货物港口经营人应当与作业船舶按照有关规定进行安全检查,确认作业的安全状况和应急措施。

第四十三条 不得在港口装卸国家禁止通过水路运输的危险货物。

第四十四条 在港口内从事危险货物添加抑制剂或者稳定剂作业的单位,作业前应当将有关情况告知相关危险货物港口经营人和作业船舶。

第四十五条 危险货物港口经营人在危险货物港口装卸、过驳作业开始 24 小时前,应当将作业委托人以及危险货物品名、数量、理化性质、作业地点和时间、安全防范措施等事项向所在地港口行政管理部门报告。所在地港口行政管理部门应当在接到报告后 24 小时内作出是否同意作业的决定,通知报告人,并及时将有关信息通报海事管理机构。报告人在取得作业批准后 72 小时内未开始作业的,应当重新报告。未经所在地港口行政管理部门批准的,不得进行危险货物港口作业。

时间、内容和方式固定的危险货物港口装卸、过驳作业,经所在地港口行政管理部门同意,可以实行定期申报。

第四十六条 危险货物港口作业应当符合有关安全作业标准、规程和制度,并在具有从业资格的装卸管理人员现场指挥或者监控下进行。

第四十七条 两个以上危险货物港口经营人在同一港口作业区内进行危险货物港口作业,可能危及对方生产安全的,应当签订安全生产管理协议,明确各自的安全生产管理职责和应当采取的安全措施,并指定专职安全生产管理人员进行安全检查与协调。

第四十八条 危险货物港口经营人进行爆炸品、气体、易燃液体、易燃固体、易于自燃的物质、遇水放出易燃气体的物质、氧化性物质、有机过氧化物、毒性物质、感染性物质、放射性物质、腐蚀性物质的港口作业，应当划定作业区域，明确责任人并实行封闭式管理。作业区域应当设置明显标志，禁止无关人员进入和无关船舶停靠。

第四十九条 危险货物应当储存在港区专用的库场、储罐，并由专人负责管理；剧毒化学品以及储存数量构成重大危险源的其他危险货物，应当单独存放，并实行双人收发、双人保管制度。

危险货物的储存方式、方法以及储存数量，包括危险货物集装箱直装直取和限时限量存放，应当符合国家标准、行业标准或者国家有关规定。

第五十条 危险货物港口经营人经营仓储业务的，应当建立危险货物出入库核查、登记制度。

对储存剧毒化学品以及储存数量构成重大危险源的其他危险货物的，危险货物港口经营人应当将其储存数量、储存地点以及管理措施、管理人员等情况，依法报所在地港口行政管理部门和相关部门备案。

第五十一条 危险货物港口经营人应当建立危险货物作业信息系统，实时记录危险货物作业基础数据，包括作业的危险货物种类及数量、储存地点、理化特性、货主信息、安全和应急措施等，并在作业场所外异地备份。有关危险货物作业信息应当按要求及时准确提供相关管理部门。

第五十二条 危险货物港口经营人应当建立安全生产风险预防控制体系，开展安全生产风险辨识、评估，针对不同风险，制定具体的管控措施，落实管控责任。

第五十三条 危险货物港口经营人应当根据有关规定，进行重大危险源辨识，确定重大危险源级别，实施分级管理，并登记建档。危险货物港口经营人应当建立健全重大危险源安全管理规章制度，制定实施危险货物重大危险源安全管理与监控方案，制定应急预案，告知相关人员在紧急情况下应当采取的应急措施，定期对重大危险源进行安全评估。

第五十四条 危险货物港口经营人应当将本单位的重大危险源及有关安全措施、应急措施依法报送所在地港口行政管理部门和相关部门备案。

第五十五条 危险货物港口经营人在重大危险源出现本规定第二十九条规定的情形之一，可能影响重大危险源级别和风险程度的，应当对重大危险源重新进行辨识、分级、安全评估、修改档案，并及时报送所在地港口行政管理部门和相关部门重新备案。

第五十六条 危险货物港口经营人应当制定事故隐患排查制度，定期开展事故隐患排查，及时消除隐患，事故隐患排查治理情况应当如实记录，并向从业人员通报。

危险货物港口经营人应当将重大事故隐患的排查和处理情况及时向所在地港口行政管理部门备案。

第五章　应急管理

第五十七条 所在地港口行政管理部门应当建立危险货物事故应急体系，制定港口危险货物事故应急预案。应急预案应当依法经当地人民政府批准后向社会公布。

所在地港口行政管理部门应当在当地人民政府的领导下推进专业化应急队伍建设和应急资源储备，定期组织开展应急培训和应急救援演练，提高应急能力。

第五十八条 危险货物港口经营人应当制定本单位危险货物事故专项应急预案和现场处置方案，依法配备应急救援人员和必要的应急救援器材、设备，每半年至少组织一次应急救援培训和演练并如实记录，根据演练结果对应急预案进行修订。应急预案应当具有针对性和可操作性，并与所在地港口行政管理部门公布的港口危险货物事故应急预案相衔接。

危险货物港口经营人应当将其应急预案及其修订情况报所在

地港口行政管理部门备案,并向本单位从业人员公布。

第五十九条 危险货物港口作业发生险情或者事故时,港口经营人应当立即启动应急预案,采取应急行动,排除事故危害,控制事故进一步扩散,并按照有关规定向港口行政管理部门和有关部门报告。

危险货物港口作业发生事故时,所在地港口行政管理部门应当按规定向上级行政管理部门、当地人民政府及有关部门报告,并及时组织救助。

第六章 安全监督与管理

第六十条 所在地港口行政管理部门应当采取随机抽查、年度核查等方式对危险货物港口经营人的经营资质进行监督检查,发现其不再具备安全生产条件的,应当依法撤销其经营许可。

第六十一条 所在地港口行政管理部门应当依法对危险货物港口作业和装卸、储存区域实施监督检查,并明确检查内容、方式、频次以及有关要求等。实施监督检查时,可以行使下列职权:

(一)进入并检查危险货物港口作业场所,查阅、抄录、复印相关的文件或者资料,提出整改意见;

(二)发现危险货物港口作业和设施、设备、装置、器材、运输工具不符合法律、法规、规章规定和国家标准、行业标准要求的,责令立即停止使用;

(三)对危险货物包装和标志进行抽查,对不符合有关规定的,责令港口经营人停止作业,及时通知或者退回作业委托人处理;

(四)检查中发现事故隐患的,应当责令危险货物港口经营人立即消除或者限期消除;重大事故隐患排除前或者排除过程中无法保证安全的,应当责令从危险区域内撤出作业人员并暂时停产停业;重大事故隐患排除后,经其审查同意,方可恢复作业;

(五)发现违法违章作业行为,应当当场予以纠正或者责令限期改正；

（六）对应急演练进行抽查，发现不符合要求的，当场予以纠正或者要求限期改正；

（七）经本部门主要负责人批准，依法查封违法储存危险货物的场所，扣押违法储存的危险货物。

港口行政管理部门依法进行监督检查，监督检查人员不得少于2人，并应当出示执法证件，将执法情况书面记录。监督检查不得影响被检查单位的正常生产经营活动。

第六十二条 有关单位和个人对依法进行的监督检查应当予以配合，不得拒绝、阻碍。港口行政管理部门依法对存在重大事故隐患作出停产停业的决定，危险货物港口经营人应当依法执行，及时消除隐患。危险货物港口经营人拒不执行，有发生生产安全事故的现实危险的，在保证安全的前提下，经本部门主要负责人批准，港口行政管理部门可以依法采取通知有关单位停止供电等措施，强制危险货物港口经营人履行决定。

港口行政管理部门依照前款规定采取停止供电措施，除有危及生产安全的紧急情形外，应当提前24小时通知危险货物港口经营人。危险货物港口经营人履行决定、采取相应措施消除隐患的，港口行政管理部门应当及时解除停止供电措施。

第六十三条 所在地港口行政管理部门应当加强对重大危险源的监管和应急准备，建立健全本辖区内重大危险源的档案，组织开展重大危险源风险分析，建立重大危险源安全检查制度，定期对存在重大危险源的港口经营人进行安全检查，对检查中发现的事故隐患，督促港口经营人进行整改。

第六十四条 港口行政管理部门应当建立举报制度，认真落实各类违法违规从事危险货物港口作业的投诉和举报，接受社会监督，及时曝光违法违规行为。

第六十五条 港口行政管理部门应当加强监管队伍建设，建立健全安全教育培训制度，依法规范行政执法行为。

第六十六条 所在地港口行政管理部门应当配备必要的危险

货物港口安全检查装备,建立危险货物港口安全监管信息系统,具备危险货物港口安全监督管理能力。

第六十七条 港口行政管理部门应当建立港口危险货物管理专家库。专家库应由熟悉港口安全相关法律法规和技术标准、危险货物港口作业、港口安全技术、港口工程、港口安全管理和港口应急救援等相关专业人员组成。

港口行政管理部门在组织安全条件审查、安全设施设计审查或者其他港口危险货物管理工作时,需要吸收专家参加或者听取专家意见的,应当从专家库中抽取。

第六十八条 所在地港口行政管理部门应当建立健全安全生产诚信管理制度,对危险货物港口经营人存在安全生产违法行为或者造成恶劣社会影响的,应当列入安全生产不良信用记录,并纳入交通运输和相关统一信用信息共享平台。

第七章 法律责任

第六十九条 未经安全条件审查,新建、改建、扩建危险货物港口建设项目的,由所在地港口行政管理部门责令停止建设,限期改正;逾期未改正的,处五十万元以上一百万元以下的罚款。

第七十条 危险货物港口建设项目有下列行为之一的,由所在地港口行政管理部门责令停止建设或者停产停业整顿,限期改正;逾期未改正的,处五十万元以上一百万元以下的罚款,对其直接负责的主管人员和其他直接责任人员处二万元以上五万元以下的罚款:

(一)未按照规定对危险货物港口建设项目进行安全评价的;

(二)没有安全设施设计或者安全设施设计未按照规定报经港口行政管理部门审查同意的;

(三)施工单位未按照批准的安全设施设计施工的;

(四)安全设施未经验收合格,擅自从事危险货物港口作业的。

第七十一条 未依法取得相应的港口经营许可证,或者超越许可范围从事危险货物港口经营的,由所在地港口行政管理部门责令停止违法经营,没收违法所得;违法所得十万元以上的,并处违法所得二倍以上五倍以下罚款;违法所得不足十万元的,处五万元以上二十万元以下的罚款。

第七十二条 危险货物港口经营人未依法提取和使用安全生产经费导致不具备安全生产条件的,由所在地港口行政管理部门责令限期改正;逾期未改正的,责令停产停业整顿。

第七十三条 危险货物港口经营人有下列行为之一的,由所在地港口行政管理部门责令限期改正,可以处五万元以下的罚款;逾期未改正的,责令停产停业整顿,并处五万元以上十万元以下的罚款,对其直接负责的主管人员和其他直接责任人员处一万元以上二万元以下的罚款:

(一)未按照规定设置安全生产管理机构或者配备安全生产管理人员的;

(二)未依法对从业人员进行安全生产教育、培训,或者未如实记录安全生产教育、培训情况的;

(三)未将事故隐患排查治理情况如实记录或者未向从业人员通报的;

(四)未按照规定制定危险货物事故应急救援预案或者未定期组织演练的。

第七十四条 危险货物港口经营人有下列行为之一的,由所在地港口行政管理部门责令限期改正,可以处十万元以下的罚款;逾期未改正的,责令停产停业整顿,并处十万元以上二十万元以下的罚款,对其直接负责的主管人员和其他直接责任人员处二万元以上五万元以下的罚款:

(一)危险货物港口作业未建立专门安全管理制度、未采取可靠的安全措施的;

(二)对重大危险源未登记建档,或者未进行评估、监控,或者未制定应急预案的;

（三）未建立事故隐患排查治理制度的。

第七十五条 危险货物港口经营人有下列情形之一的，由所在地港口行政管理部门责令改正，可以处五万元以下的罚款；逾期未改正的，处五万元以上二十万元以下的罚款，对其直接负责的主管人员和其他直接责任人员处一万元以上二万元以下的罚款；情节严重的，责令停产停业整顿：

（一）未在生产作业场所和安全设施、设备上设置明显的安全警示标志的；

（二）未按照国家标准、行业标准或者国家有关规定安装、使用安全设施、设备并进行经常性维护、保养和定期检测的。

第七十六条 危险货物港口经营人有下列情形之一的，由所在地港口行政管理部门责令改正，可以处五万元以下的罚款；逾期未改正的，处五万元以上十万元以下的罚款；情节严重的，责令停产停业整顿：

（一）未对其铺设的危险货物管道设置明显的标志，或者未对危险货物管道定期检查、检测的；

（二）危险货物专用库场、储罐未设专人负责管理，或者对储存的剧毒化学品以及储存数量构成重大危险源的其他危险货物未实行双人收发、双人保管制度的；

（三）未建立危险货物出入库核查、登记制度的；

（四）装卸、储存没有安全技术说明书的危险货物或者外包装没有相应标志的包装危险货物的；

（五）未在作业场所设置通信、报警装置的。

在港口进行可能危及危险货物管道安全的施工作业，施工单位未按照规定书面通知管道所属单位，或者未与管道所属单位共同制定应急预案、采取相应的安全防护措施，或者管道所属单位未指派专门人员到现场进行管道安全保护指导的，由所在地港口行政管理部门按照前款规定的处罚金额进行处罚。

第七十七条 危险货物港口经营人有下列情形之一的，由所在地港口行政管理部门责令改正，处五万元以上十万元以下的罚

款;逾期未改正的,责令停产停业整顿;除第(一)项情形外,情节严重的,还可以吊销其港口经营许可证件:

(一)未在取得从业资格的装卸管理人员现场指挥或者监控下进行作业的;

(二)未依照本规定对其安全生产条件定期进行安全评价的;

(三)未将危险货物储存在专用库场、储罐内,或者未将剧毒化学品以及储存数量构成重大危险源的其他危险货物在专用库场、储罐内单独存放的;

(四)危险货物的储存方式、方法或者储存数量不符合国家标准或者国家有关规定的;

(五)危险货物专用库场、储罐不符合国家标准、行业标准的要求的。

第七十八条 危险货物港口经营人有下列情形之一的,由所在地港口行政管理部门责令改正,可以处一万元以下的罚款;逾期未改正的,处一万元以上五万元以下的罚款:

(一)未将安全评价报告以及落实情况报港口行政管理部门备案的;

(二)未将剧毒化学品以及储存数量构成重大危险源的其他危险货物的储存数量、储存地点以及管理人员等情况报港口行政管理部门备案的。

第七十九条 两个以上危险货物港口经营人在同一港口作业区内从事可能危及对方生产安全的危险货物港口作业,未签订安全生产管理协议或者未指定专职安全管理人员进行安全检查和协调的,由所在地港口行政管理部门责令限期改正,可以处一万元以下的罚款,对其直接负责的主管人员和其他直接责任人员可以处三千元以下的罚款;情节严重的,可以处一万元以上五万元以下的罚款,对其直接负责的主管人员和其他直接责任人员可以处三千元以上一万元以下的罚款;逾期未改正的,责令停产停业整顿。

第八十条 危险货物港口经营人未采取措施消除事故隐患的,由所在地港口行政管理部门责令立即消除或者限期消除;逾期未改正的，责令停产停业整顿，并处十万元以上五十万元以下的罚款，对其直接负责的主管人员和其他直接责任人员处二万元以上五万元以下的罚款。

第八十一条 未按照本规定报告并经同意进行危险货物装卸、过驳作业的，由所在地港口行政管理部门责令改正，并处五千元以上五万元以下的罚款。

第八十二条 危险货物港口经营人有下列行为之一的，由所在地港口行政管理部门责令改正，并处三万元以下的罚款：

（一）装卸国家禁止通过该港口水域水路运输的危险货物的；

（二）未如实记录危险货物作业基础数据的；

（三）发现危险货物的包装和安全标志不符合相关规定仍进行作业的；

（四）未具备其作业使用的危险货物输送管道分布图、安全技术档案的；

（五）未将重大事故隐患的排查和处理情况、应急预案及时向所在地港口行政管理部门备案的；

（六）未按照规定实施安全生产风险预防控制的。

在港口从事危险货物添加抑制剂或者稳定剂作业前，未将有关情况告知相关危险货物港口经营人和作业船舶的，由所在地港口行政管理部门责令改正，并对相关单位处三万元以下的罚款。

第八十三条 港口作业委托人未按规定向港口经营人提供所托运的危险货物有关资料的，由所在地港口行政管理部门责令改正，处五万元以上十万元以下的罚款。港口作业委托人在托运的普通货物中夹带危险货物，或者将危险货物谎报或者匿报为普通货物托运的，由所在地港口行政管理部门责令改正，处十万元以上二十万元以下的罚款，有违法所得的，没收违法所得。

第八十四条 危险货物港口经营人拒绝、阻碍港口行政管理部门依法实施安全监督检查的，由港口行政管理部门责令改正；逾期未改正的，处二万元以上二十万元以下的罚款；对其直接负责的主管人员和其他直接责任人员处一万元以上二万元以下的罚款。

第八十五条 港口行政管理部门的工作人员有下列行为之一的,对直接负责的主管人员和其他直接责任人员给予行政处分;构成犯罪的,依法追究刑事责任:

(一)未按照规定的条件、程序和期限实施行政许可的;

(二)发现违法行为未依法予以制止、查处,情节严重的;

(三)未履行本规定设定的监督管理职责,造成严重后果的;

(四)有其他滥用职权、玩忽职守、徇私舞弊行为的。

第八十六条 违反本规定的其他规定应当进行处罚的,按照《中华人民共和国港口法》《中华人民共和国安全生产法》《中华人民共和国危险化学品安全管理条例》等法律法规执行。

第八章 附 则

第八十七条 本规定所称危险货物,是指具有爆炸、易燃、毒害、腐蚀、放射性等危险特性,在港口作业过程中容易造成人身伤亡、财产毁损或者环境污染而需要特别防护的物质、材料或者物品,包括:

(一)《国际海运危险货物规则》(IMDG Code)第3部分危险货物一览表中列明的包装危险货物,以及未列明但经评估具有安全危险的其他包装货物;

(二)《国际海运固体散装货物规则》(IMSBC Code)附录一B组中含有联合国危险货物编号的固体散装货物,以及经评估具有安全危险的其他固体散装货物;

(三)《经1978年议定书修订的〈1973年国际防止船舶造成污染公约〉》(MARPOL73/78公约)附则Ⅰ附录1中列明的散装油类;

(四)《国际散装危险化学品船舶构造和设备规则》(IBC Code)第17章中列明的散装液体化学品,以及未列明但经评估具有安全危险的其他散装液体化学品,港口储存环节仅包含上述中具有安全危害性的散装液体化学品;

（五）《国际散装液化气体船舶构造和设备规则》(IGC Code)第 19 章列明的散装液化气体，以及未列明但经评估具有安全危险的其他散装液化气体；

（六）我国加入或者缔结的国际条约、国家标准规定的其他危险货物；

（七）《危险化学品目录》中列明的危险化学品。

第八十八条 本规定自 2017 年 10 月 15 日起施行。2012 年 12 月 11 日交通运输部发布的《港口危险货物安全管理规定》(交通运输部令 2012 年第 9 号)同时废止。

附件

港口危险货物作业附证

编号：

港口经营人：
作业场所：
作业方式：
作业危险货物品名：

发证机关：
发证日期：
有效期至：

港口危险货物作业附证填写说明

一、《港口危险货物作业附证》纸张大小设定为 A4 格式，外观设计背景加国徽、底纹等。

二、附证编号：由各地港口行政管理部门按照《港口经营许可证》号后加“—”再加具体的码头（泊位）（M 表示）、储罐（C 表示）、装车台（T 表示）、堆场（D 表示）、仓库（K 表示）、过驳（B 表示）汉语拼音字母缩写表示。例：（苏宁）港经证（00026）号—M001；（苏宁）港经证（00026）号—C001；（苏宁）港经证（00026）号—T001；（苏宁）港经证（00026）号—D001；（苏宁）港经证（00026）号—K001；（苏宁）港经证（00026）号—B001。

三、作业场所：由港口行政管理部门和港口经营人共同确定，分为码头（泊位）、单个储罐、装车台、堆场、仓库、过驳区六种作业场所，分别发放附证，并明确作业区域的位置，以及泊位等级、储罐容量（公称容积）、装车线数量、堆场面积、仓库面积、过驳水域面积等。例：南京港××港区××作业区 608 码头（5000 吨级）；南京港××港区××作业区××储罐区××号储罐（5 万立方米）；南京港××港区××作业区××储罐区（或××码头）××号装车台（×条装车线）；南京港××港区××作业区××危险货物堆场（1 万平方米），南京港××港区××作业区××危险货物仓库（1 万平方米），南京港××港区××水域××过驳锚地（5 平方公里）。

四、作业方式：如船—管道，船—管道—储罐，储罐—管道—船，船—船等方式。

五、作业危险货物品名：根据《国际海运危险货物规则》《国际海运固体散装货物规则》《经 1978 年议定书修订的〈1973 年国际防止船舶造成污染公约〉》《国际散装危险化学品船舶构造和设备规则》《国际散装液化气体船舶构造和设备规则》《危险化学品目录》最新版填写具体的作业品种名称(集装箱和包装货物载明到“项别”)。

交通运输部关于推进特定航线江海直达运输发展的意见

交水发〔2017〕53号　2017.04.11

上海、江苏、浙江、安徽、江西、湖北、湖南、重庆、四川、云南、贵州省(市)交通运输厅(委)：

江海直达是一种便捷高效、绿色经济的运输方式。推进江海直达运输发展，是深化交通运输供给侧结构性改革的重要内容，对于提升长江黄金水道功能和构建现代综合交通运输体系具有重要作用。为落实长江经济带发展规划纲要，推进江海直达运输发展，现提出以下意见。

一、总体要求

(一)指导思想。

全面贯彻党的十八大及十八届三中、四中、五中、六中全会精神，深入贯彻习近平总书记系列重要讲话精神和治国理政新理念新思想新战略，坚持创新、协调、绿色、开放、共享发展理念，认真落实依托黄金水道推动长江经济带发展决策部署，以推进交通运输供给侧结构性改革为主线，优化运输组织，促进物流降本增效，提升服务品质，努力推进江海直达运输安全、高效和绿色发展，加快水运提质增效升级，更好地服务长江经济带发展。

(二)基本原则。

坚持深化改革、创新发展。根据航行内河和特定海域的特点，改革突破现行制度体系，科学制定江海直达船舶法规制度。加强科技创新，开发先进适用直达船型。创新发展模式，优化运输组织，促进船舶、航道、港口协调发展。

坚持依法依规、安全发展。牢固树立安全第一理念，强化法规制度的引领和规制作用，保障直达船舶本质安全。强化法规制度执行，落实安全责任，有针对性地加强安全风险防控，实现江海直达运输安全发展。

坚持示范引领、市场推动。以市场需求为导向，更加注重发挥江海直达比较优势，不断提升经济性和竞争力，促进高效发展。开展江出海直达运输示范，逐步扩大示范范围。更加注重优化运输供给，加强与其他运输方式的衔接，促进长江综合立体交通走廊建设。

（三）发展目标。

到 2020 年，建立健全长江经济带江海直达运输法规规范和管理制度，基本形成长江和长三角地区至宁波—舟山港和上海港洋山港区江海直达运输系统，水路集疏运比重进一步提升，江海直达运输经济社会效益得到显现。到 2030 年，建成安全、高效、绿色江海直达运输体系，江海直达运输的经济社会效益显著提升，为长江经济带发展提供有力支撑。

二、主要任务

（四）制定完善江海直达船舶法规规范。

根据特定海域、特定航线的实际情况，制定实施长江经济带特定航线江海直达船舶（船长 65 米至 150 米）法定检验暂行规则及建造规范。加强经验总结和科学论证，不断完善江海直达船舶法规规范，进一步开展总长 65 米以下江海直达船舶规范研究。完善京杭运河等长江水系江海直达过闸船舶主尺度等船型技术要求。

（五）加强江海直达船型系列研发应用。

鼓励航运企业与科研院校和设计单位等开展联合攻关，优先推进长江干线至宁波—舟山港 2 万吨级江海直达散货船和长江干线至上海港洋山港区 700TEU、长三角地区至上海港洋山港区 124TEU 和 64TEU 江海直达集装箱船等船型研发及应用。适应港口、航道等基础设施的改善，稳步发展长江 5000 吨级、10000 吨级、15000 吨级散货直达系列船型和长三角地区集装箱直达系列船型。研究拓展江海直达领域和范围，开展江海直达商品汽车滚装船等前期研究。

(六)加强港口航道等基础设施建设。

加大长江干线及长三角地区高等级航道网建设规划实施力度,加强航道整治,加快推进苏北地区、苏锡常、杭嘉湖等地区江海直达集装箱运输通道建设。加强主要港口集疏运体系建设,促进沿江枢纽港、支线港的协同发展,不断提升江海直达运输覆盖范围和服务能力。积极推动宁波—舟山港、上海港洋山港区等江海直达运输配套码头、锚地等设施的升级改造,减少船舶待泊时间。积极协调推动地方有关部门开展制约江海直达船舶航行的桥梁改造前期研究工作。

(七)积极培育江海直达运输市场。

优先发展长江干线至宁波—舟山港干散货、长三角地区至上海港洋山港区集装箱江海直达运输,积极推动直达运输班轮化发展,不断提高航班密度,创建直达航线品牌。充分发挥大型航运企业带动作用,鼓励港航企业与货主紧密合作,推动签订中长期运输合同,加强运输上下游产业链资源整合,促进江海直达运输集约化发展。完善江海直达运输网络,积极发展铁水联运,引导运输方式合理分担,推动形成与国际海运、陆海联运、国际班列等有机结合的联运服务模式,促进上海国际航运中心、舟山江海联运服务中心和重庆长江上游航运中心、武汉长江中游航运中心、南京区域性航运物流中心联动发展。

(八)促进江海直达运输安全绿色发展。

强化船舶运输法规制度的执行,严格落实企业安全主体责任。从严从实加强安全监管,严把市场准入关和安全技术关,提高船舶安全检查质量,强化事中事后监管,跟踪江海直达运行情况,加强风险预警防控。按照生态优先、绿色发展的总体要求,推动新技术和清洁能源在江海直达船舶上的应用,鼓励江海直达船舶应用 LNG 动力、靠港使用岸电。

(九)优化江海直达运输管理。

研究制定江海直达船舶船员配备标准,完善船员培训考试和发证要求，加强船员培训，不断提升船员素质，制定江海直达船舶安全管理规定。加强江海直达运输市场监测分析，引导运力有序投放和合理增长。加快运输市场信用体系建设，维护市场秩序，促进市场公平竞争。

（十）提升江海直达运输应急能力。

推进实施《国家水上交通安全监管和救助系统布局规划》，加强江海直达通航环境和通航秩序管理，重点加大特定海域 VTS 监控力度，提升导助航服务能力，优化救助能力布局，提升救助保障和应急处置能力。

三、保障措施

（十一）加强组织领导。

各相关省级交通运输主管部门和海事管理机构要高度重视江海直达运输工作，加强领导，明确责任分工，强化协调配合，建立工作联动机制，完善与相关管理部门的沟通机制，形成工作合力，做好总结分析及评估工作，切实提高对江海直达运输的服务能力，营造良好发展环境。

（十二）加大政策扶持。

综合运用法规、技术、经济、行政等手段，深入研究政策措施，促进江海直达运输发展。优先支持江海直达运输相关港口集疏运项目建设。鼓励各地出台发展江海直达运输的资金补助等优惠政策，鼓励港口企业给予江海直达船舶优先靠离泊、优先装卸等支持措施。

（十三）强化科技信息服务。

加强产学研用协同，加大江海直达船型的科研投入，开展江海直达船舶关键技术及运输组织研究，积极推动成果转化应用。相关科研部门要加强对江海直达运输的技术支持与指导，推进先进技术成果应用。加强市场分析，及时发布信息，引导市场有序发展。

交通运输部　国家发展改革委
关于印发《港口收费计费办法》的通知

交水发〔2017〕104 号　2017.07.12

各省、自治区、直辖市交通运输厅(委)、发展改革委、物价局,交通运输部长江、珠江航务管理局:

为深入贯彻落实党中央、国务院全面深化改革,清理规范涉企经营服务性收费、减轻企业负担的决策部署,充分发挥市场对资源配置的决定性作用和更好发挥政府作用,促进港口更好地服务国民经济、对外贸易和航运事业发展,依据《中华人民共和国港口法》《中华人民共和国价格法》和《中央定价目录》,交通运输部会同国家发展改革委对《中华人民共和国港口收费计费办法》(以下简称《办法》)进行了修订,现印发给你们,请遵照执行。现将有关事项通知如下:

一、调整完善港口收费政策

国内客运和旅游船舶港口作业费实行市场调节价,纳入港口作业包干费计费范围,由国内客运运营企业向港口经营人支付,不直接向旅客收取;港口经营人不得在港口作业包干费以外对任何国内客运和旅游船舶港口作业单独设项、另行收费。

理货服务费和引航服务以外引领海上移动式平台在我国水域航行的技术服务费实行市场调节价,由理货公司、引领服务单位分别与委托方协商确定具体收费标准。国际船舶多点挂靠停泊费优惠幅度和货物堆存免费保管期,由船方或其代理人、货方或其代理人分别与港口经营人协商确定。

拖轮费计费方式由按拖轮马力和工作时间收费改为按被拖船舶类型和大小收费。对航行国际航线超大型船舶引航费实行收费总额封顶控制。拖轮费、引航费的具体计费办法详见《办法》。

二、认真做好办法的宣贯工作

深化港口价格形成机制改革是贯彻落实稳中求进工作总基调、推进水运供给侧结构性改革的重要举措。各省级交通运输主管部门、港口所在地港口行政管理部门和各级价格主管部门要全面提高思想认识，加强组织领导，认真做好《办法》的宣传贯彻和落实工作。《办法》要及时传达到每个港口经营人和引航机构，确保改革成果落到实处，取得实效。

三、进一步加强拖轮、理货和引航服务管理

沿海省级交通运输主管部门要在保障安全的前提下，广泛征求相关方面意见，对船舶靠离泊和引航或移泊使用拖轮艘数的经济性、合理性进行充分论证，加强区域统筹协调，于2017年9月15日前公布本辖区各港口的拖轮艘数标准，并于9月30日前将公布情况报交通运输部，长江干线各港口的拖轮艘数配备标准由交通运输部长江航务管理局公布并报交通运输部。省级交通运输主管部门要依法履行港口理货行业管理职责，加快引入竞争机制，不断激发市场活力，加强市场监管和行业自律，促进理货平稳、有序发展。要积极推进“阳光引航”，进一步提升引航服务水平。

四、加大港口收费监督指导力度

各级交通运输主管部门、港口行政管理部门和各级价格主管部门要监督收费政策实施，督促指导港口经营人、引航机构落实港口收费各项规定，遵循公平、合法和诚实信用的原则提供服务，并主动接受社会监督。各级价格主管部门要加强价格监督检查，依法查处违法违规价格行为，维护正常价格秩序。

本通知自2017年9月15日起执行，有效期为5年。《交通运输部国家　发展改革委关于印发〈港口收费计费办法〉的通知》（交水发〔2015〕206号）、《交通运输部　国家发展改革委〈关于调整港口内贸收费规定和标准的通知〉》（交水发〔2005〕234号）同时废止。

港口收费计费办法

第一章　总　　则

第一条　按照党的十八届三中全会关于全面深化改革的总体部署,为规范港口经营服务性收费行为,完善港口价格形成机制,维护港口经营、使用、管理各方的合法权益,促进港口事业持续健康发展,根据《中华人民共和国港口法》《中华人民共和国价格法》《中央定价目录》《中央涉企经营服务收费目录清单》《中央涉企进出口环节经营服务收费目录清单》和《港口经营管理规定》等,制定本办法。

第二条　中华人民共和国沿海、长江干线主要港口及其他所有对外开放港口,提供船舶进出、停泊、靠泊,旅客上下,货物装卸、驳运、储存和港口保安等服务,由港口经营人和引航机构等单位向船方、货方或其代理人等计收港口经营服务性费用,适用于本办法。

各港与香港、澳门、台湾之间运输的港口收费,比照本办法有关航行国际航线船舶和外贸进出口货物及集装箱的有关规定执行。

其他港口的收费计费办法,依据地方定价目录规定的定价权限和具体适用范围制定,可参照本办法有关规定执行。

长江干线船舶引航(移泊)的收费计费办法另行规定。

第三条　港口收费包括实行政府定价、政府指导价和市场调节价的经营服务性收费,其中实行政府定价的港口收费包括货物港务费、港口设施保安费;实行政府指导价的港口收费包括引航(移泊)费、拖轮费、停泊费、驳船取送费、特殊平舱费和围油栏使用费;实行市场调节价的港口收费包括港口作业包干费、堆存保管费、库场使用费,以及提供船舶服务的供水(物料)服务费、供油(气)服务费、供电服务费、垃圾接收处理服务费、污油水接收处理服务费、理货服务费。

上述收费项目均应单独设项计收,港口经营人和引航机构不得超出以上范围另行设立港口收费项目。

港口经营人和引航机构要建立收费目录清单制度,采取公示栏、公示牌、价目表(册)或电子显示屏、电子触摸屏等方式,主动公示收费项目、对应服务内容和收费标准,接受社会监督。收费公示栏(含公示牌、电子显示屏、电子触摸屏等)要长期固定设置在收费场所以及港区内方便阅读的地方,尽可能独立置放,位置明显,字体端正规范。

第四条 实行政府定价的港口收费必须按照本办法规定的收费标准计收;实行政府指导价的港口收费应以本办法规定的收费标准为上限,港口经营人和引航机构可在不超过上限收费标准的范围内自主制定具体收费标准;实行市场调节价的港口收费由港口经营人根据市场供求和竞争状况、生产经营成本和服务内容自主制定收费标准。

实行政府定价的港口收费标准按本办法规定的费率确定;实行政府指导价的港口收费标准按本办法规定的基准费率、附加收费、优惠收费合计确定。

引航(移泊)费的具体收费标准,应经港口所在地港口行政管理部门抄报省级交通运输、价格主管部门,由引航机构对外公布执行。

第五条 船方、货方或其代理人应不迟于船舶到港的当天,将有关付费人的书面资料提交港口经营人、管理人或引航机构。船方或其代理人提供的进出口舱单及有关资料有误或需要变更的,应在卸船或装船前书面通知港口经营人、管理人或引航机构。

第六条 港口收费计费单位和进整办法应符合下列规定:

(一)费用计算以人民币元为计费单位。每一提货单或装货单每项费用的尾数按四舍五入进整,每一计费单的最低收费额为1元。

(二)船舶以计费吨为计费单位,按净吨计算,1净吨为1计费吨,无净吨的按总吨计,既无净吨也无总吨的按载重吨计,既无净吨也无总吨和载重吨的按排水量计,并均按计费吨的收费标准计费。拖轮按马力计算,1马力为1计费吨。木竹排、水上浮物等按体积计算,1立方米为1计费吨。不满1计费吨的按1计费吨计。

(三)时间以日或小时为计费单位。以日为计费单位的,按日历日计,不满1日按1日计;以小时为计费单位的,不满1小时按1小时计,超过1小时的尾数,不满半小时按0.5小时计,超过半小时的按1小时计。另有规定的除外。

(四)距离以海里或千米为计费单位,不满1海里或1千米的按1海里或1千米计。

(五)面积以平方米为计费单位,不满1平方米的按1平方米计。

(六)货物以重量吨或体积吨为计费单位,既有重量吨又有体积吨的,择大计费。重量吨为货物的毛重,以1000千克为1重量吨;体积吨为货物"满尺丈量"的体积,以1立方米为1体积吨。特殊货物重量按表1(特殊货物重量换算表)进行换算,实重大于换算重量时,按换算重量计算。

(七)每一提货单或装货单每项货物的重量或体积,最低以1重量吨或1体积吨计算;超过1重量吨或1体积吨的,尾数按0.01进整。每一计费单同一等级的货物相加进整。

(八)集装箱以箱(20英尺或40英尺)为计费单位。可折叠的空箱,4箱及4箱以下摞放在一起的,按1箱相应标准的重箱计费。另有规定的除外。

第七条 货物的重量或体积,以提货单、装货单或港口货物作业合同上所列为准。港口经营人、管理人可对货物的重量或体积进行核查,提货单、装货单或港口货物作业合同上所列重量或体积与核查不符的,以实际核查结果作为计费依据。

第八条 除货物港务费、港口设施保安费外，引航(移泊)费、拖轮费、停泊费、驳船取送费、特殊平舱费和围油栏使用费均应以本办法规定的收费标准为上限计收费用。

第二章 货物港务费

第九条 经由港口吞吐的货物及集装箱，由具体负责维护和管理防波堤、航道、锚地等港口基础设施的单位向货方或其代理人收取货物港务费。

第十条 外贸货物港务费计收应符合下列规定：

(一)外贸货物港务费按表2(外贸货物港务费费率表)规定费率分别计收进、出港货物港务费。

(二)下列货物及集装箱免收外贸货物港务费：

1. 凭客票托运的行李；
2. 船舶自用的燃物料；
3. 本船装货垫缚材料；
4. 随包装货物同行的包装备品；
5. 随鱼鲜同行的防腐用的冰和盐；
6. 随活畜、活禽同行的必要饲料；
7. 使馆物品、联合国物品、赠送礼品、展品、样品；
8. 国际过境货物；
9. 集装箱空箱(商品箱除外)。

第十一条 内贸货物港务费计收应符合下列规定：

(一)内贸货物港务费按表3(内贸货物港务费费率表)规定费率分别计收进、出港货物港务费。

(二)下列货物及集装箱免收内贸货物港务费：

1. 凭客票托运的行李；
2. 船舶自用的燃物料；
3. 本船装货垫缚材料；
4. 随包装货物同行的包装备品；

5. 渔船捕获的鱼鲜以及同行的防腐用的冰和盐；
6. 随活畜、活禽同行的必要饲料；
7. 使馆物品、联合国物品、军用物品；
8. 因意外事故临时卸在港内仍需运往原到达港的货物；
9. 用于本港建设的货物；
10. 购进或售出的船舶；
11. 集装箱空箱(商品箱除外)。

第三章　港口设施保安费

第十二条　经由港口吞吐的外贸进出口货物及集装箱,由取得《港口设施保安符合证书》的港口经营人,按表4（港口设施保安费费率表)规定费率向货方或其代理人分别计收进、出港港口设施保安费。

第十三条　外贸进、出口内支线运输集装箱,由承担国际运输段的船方或其代理人向其挂靠港口的港口经营人代交港口设施保安费。

第十四条　外贸进口货物及集装箱因故停留中途港不再经水运前往到达港或其他港口的,港口设施保安费由中途港计收;因故停留中途港未办理清关手续并继续经水运前往原到达港或其他港口的,港口设施保安费由到达港计收。

第十五条　下列货物及集装箱免收港口设施保安费:
1. 凭客票托运的行李;
2. 船舶自用的燃物料;
3. 本船装货垫缚材料;
4. 随包装货物同行的包装备品;
5. 随鱼鲜同行的防腐用的冰和盐;
6. 随活畜、活禽同行的必要饲料;
7. 使馆物品、联合国物品、赠送礼品、展品、样品;
8. 进口化肥、国际转关和国际过境货物及集装箱;
9. 集装箱空箱(含商品集装箱)。

第四章　引航(移泊)费

第十六条　引领航行国际航线船舶进、出港,向船方或其代理人计收引航费应符合下列规定:

(一)引航距离在10海里及以内,且引领船舶在120000净吨及以内的引航费,按表5(航行国际航线船舶港口收费基准费率表)编号1(A)规定费率计收。引航距离在10海里及以内,且引领船舶超过120000净吨的引航费按55000元计收。

(二)引航距离超过10海里的引航费,其超程部分按表5编号1(B)规定费率计收。

(三)超出各港引航距离以远的引航费,其超远部分的引航费按表5编号1(A)规定费率的30%计收。

(四)大连、营口、秦皇岛、天津、烟台、青岛、日照、连云港、上海、宁波、厦门、汕头、深圳、广州、湛江、防城、海口、洋浦、八所、三亚港以外的港口(港区),引航费加收引航附加费,最高不超过每计费吨0.30元。

(五)引领航行国际航线船舶过闸,引航费加收过闸引领费,过闸引领费按表5编号1(C)规定费率计收。

第十七条　引领航行国内航线船舶进、出港,向船方或其代理人计收引航费应符合下列规定:

(一)引航距离在10海里及以内的引航费,按表6(航行国内航线船舶港口收费基准费率表)编号1(A)规定费率计收。

(二)引航距离超过10海里的引航费,其超程部分按表6编号1(B)规定费率计收。

(三)超出各港引航距离以远的引航费,其超远部分的引航费按表6编号1(A)规定费率的30%计收。

第十八条　港口的引航距离由港口所在地港口行政管理部门确定并对外公布,同时抄报省级交通运输主管部门。

第十九条　引领国际、国内航线船舶在港内移泊,由引航机构向船方或其代理人计收移泊费。引领国际航线船舶在港内移泊,按表5（航行国际航线船舶港口收费基准费率表）编号1(D)规定费率按次计收移泊费。引领国内航线船舶在港内移泊，按表6（航行国内航线船舶港口收费基准费率表）编号1(C)规定费率按次计收移泊费。

第二十条 引领国内航线船舶航行黑龙江水系，引航费按表7(航行国内航线船舶黑龙江水系引航费基准费率表)规定费率计收，20000计费吨以上船舶和4000计费吨以上由拖轮拖带驳船、木竹排、水上浮物的引航费收费标准由引航机构与船方或其代理人协商确定；港内移泊费按表6（航行国内航线船舶港口收费基准费率表）编号1(D)规定费率按次计收。

第二十一条 航行国际航线船舶节假日或夜班的引航(移泊)作业应根据实际作业情况分别加收引航(移泊)费附加费。节假日、夜班的引航(移泊)作业时间占全部作业时间一半及以上，或节假日、夜班的作业时间大于等于半小时的，节假日或夜班的引航(移泊)费附加费应按表5(航行国际航线船舶港口收费基准费率表)编号1规定费率的45%分别加收，既为节假日又为夜班的引航(移泊)费附加费按表5编号1规定费率的90%一并加收。

第二十二条 航行国际航线船舶的港口引航(移泊)起码计费吨为2000计费吨；航行国内航线船舶黑龙江水系的港口引航(移泊)起码计费吨为300计费吨，其他航行国内航线船舶的港口引航(移泊)起码计费吨为500计费吨。

第二十三条 引航费按第一次进港和最后一次出港各一次分别计收。

第二十四条 由拖轮拖带的船舶、驳船、木竹排或水上浮物，其引航(移泊)费按拖轮的功率(马力)与所拖船舶、驳船、木竹排或水上浮物的计费吨合计计收。

第五章 拖 轮 费

第二十五条 船舶靠离泊使用拖轮和引航或移泊使用拖轮，

提供拖轮服务的单位向船方或其代理人计收拖轮费。航行国际、国内航线船舶每拖轮艘次费率分别按表8（航行国际航线船舶拖轮费基准费率表）、表9（航行国内沿海航线船舶拖轮费基准费率表）和表10（航行国内内河航线船舶拖轮费基准费率表）规定计收。

沿海港口的船舶靠离泊和引航或移泊使用拖轮艘数的配备标准由所在地港口行政管理部门会同海事管理机构提出，各省级交通运输主管部门对其合规性、合理性进行审核后公布。长江干线拖轮艘数的配备标准由交通运输部长江航务管理局会同沿江相关省级交通运输主管部门制定，并对外公布。

第二十六条 被拖船舶靠离的泊位与最近的拖轮基地距离超过30海里但小于等于50海里的，其拖轮费可按基准费率的110%收取；距离超过50海里的，可按120%收取。

第二十七条 拖轮费与燃油价格实行联动，燃油价格大幅上涨或下跌影响拖轮运营成本发生较大变化时，适当调整拖轮费基准费率标准。具体联动机制和办法另行规定。

第六章 停泊费

第二十八条 停泊在港口码头、浮筒的船舶，由提供停泊服务的港口经营人向船方或其代理人计收停泊费。停泊费计收应符合下列规定：

（一）航行国际、国内航线船舶，停泊费分别按表5（航行国际航线船舶港口收费基准费率表）编号2（A）和表6（航行国内航线船舶港口收费基准费率表）编号2（A）规定费率计收。

（二）下列航行国际、国内航线的船舶，分别按表5编号2（B）和表6编号2（B）规定费率计收停泊费：

1.货物及集装箱装卸或上、下旅客完毕4小时后，因船方原因继续留泊的船舶；

2.非港口原因造成的等修、检修的船舶（等装、等卸和装卸货物及集装箱过程中的等修、检修除外)；

3. 加油加水完毕继续留泊的船舶；

4. 非港口工人装卸的船舶；

5. 国际客运和旅游船舶。

第二十九条 停泊在港口锚地的航行国际航线船舶，由负责维护港口锚地的单位向船方或其代理人按表5（航行国际航线船舶港口收费基准费率表）编号2(C)规定费率计收停泊费。

第三十条 船舶在港口码头、浮筒、锚地停泊以24小时为1日，不满24小时的按1日计。船舶在港每24小时交叉发生码头、浮筒、锚地停泊的，停泊费按表5 编号2(A)规定费率计收。

第三十一条 系靠停泊在港口码头、浮筒的船舶的船舶，视同停泊码头、浮筒的船舶计收停泊费。

第三十二条 由于港口原因或特殊气象原因造成船舶在港内留泊，以及港口建设工程船舶、军事船舶和执行公务的公务船舶留泊，免收停泊费。

第七章 驳船取送费

第三十三条 在长江干线和黑龙江水系港口使用拖轮取送驳船到码头装卸货物，由提供拖轮服务的港口经营人向船方、货方或其代理人收取驳船取送费。驳船取送费经双方协商可选择下列计费方法：以驳船重量和取送距离计费，自港口中心锚地至装卸货物码头，只按重载一次计算，距离在5千米及以内的按表6(航行国内航线船舶港口收费基准费率表)编号3(A)规定费率计收；距离超过5千米的按表6 编号3(B)规定费率计收。

第八章 特殊平舱费和围油栏使用费

第三十四条 为在船舱散货上加装货物进行平舱以及按船方或其代理人要求的其他平舱，由港口经营人向船方或其代理人收取特殊平舱费。散货在装舱过程中的随装随扒、装舱完毕后扒平突出舱口顶尖和为在散货上面装载压舱包所进行的一般平舱,不得收取特殊平舱费。

第三十五条 船舶按规定使用围油栏,由提供围油栏服务的单位向船方或其代理人收取围油栏使用费。

第三十六条 航行国际航线船舶的特殊平舱费、围油栏使用费,分别按表5(航行国际航线船舶港口收费基准费率表)编号3、编号4规定费率计收。

第三十七条 航行国际航线船舶节假日或夜班的特殊平仓作业应根据实际作业情况分别加收特殊平仓费附加费。节假日、夜班的特殊平仓作业时间占全部作业时间一半及以上,或节假日、夜班的作业时间大于等于半小时的,节假日或夜班的特殊平仓费附加费应按表5(航行国际航线船舶港口收费基准费率表)编号3规定费率的45%分别加收,既为节假日又为夜班的特殊平仓费附加费按表5编号3规定费率的90%一并加收。

第三十八条 航行国内航线船舶的特殊平舱费、围油栏使用费,分别按表6(航行国内航线船舶港口收费基准费率表)编号4、编号5规定费率计收。

第九章　港口作业包干费

第三十九条 港口经营人为船舶运输的货物及集装箱提供港口装卸等劳务性作业,向船方、货方或其代理人等综合计收港口作业包干费;港口经营人为客运和旅游船舶提供港站使用等服务,向客运和旅游船舶运营企业或其代理人综合计收港口作业包干费。

第四十条 港口作业包干费的包干范围包括港口作业的全过程,港口经营人应分别将下列货物及集装箱港口作业、客运港口服务纳入港口作业包干费,不得单独设立收费项目另行收费:

(一)货物及集装箱港口作业:散杂货装卸,集装箱装卸,铁路线使用,铁路货车取送,汽车装卸、搬移、翻装,集装箱火车、驳船装卸,集装箱拆、装箱,起重船、起重机、吸扬机使用,起货机工力,拆包和倒包,灌包和缝包,分票,挑样,一般扫舱和拆隔舱板,装卸用防雨设备、防雨罩使用,装卸及其他作业工时,岸机使用,以及困难作业,杂项作业,减加载,捣载,转栈,超长(笨重、危险、冷藏、零星)货物作业,地秤使用,轨道衡,尺码丈量,库内升降机或其他机械使用,除尘,集装箱清洗,成组工具使用。

(二)客运港口服务:客运和旅游客运码头服务、港站使用服务、行李代理、行李装卸、进出码头迎送旅客。

第四十一条 港口经营人可根据港口作业情况增加或减少第四十条规定的作业内容,但均应纳入港口作业包干费统一计收,收费标准由港口经营人自主制定。

第四十二条 港口作业包干费不得包含实行政府定价、政府指导价的收费项目和其他实行市场调节价的收费项目。

第十章 堆存保管费和库场使用费

第四十三条 货物及集装箱在港口仓库、堆场堆存,由港口经营人向货方或其代理人收取堆存保管费。

第四十四条 经港口经营人同意,在港口库场进行加工整理、抽样等,由港口经营人向货方或其代理人计收库场使用费。

第四十五条 堆存保管费和库场使用费的收费标准由港口经营人自主制定。

第十一章 船舶供应服务费

第四十六条 港口经营人为船舶提供供水(物料)、供油(气)、供电、垃圾接收处理、污油水接收处理服务,由港口经营人向船方或其代理人收取船舶供应服务费。

第四十七条 船舶供应服务费的收费标准由港口经营人自主

制定。水、油、气、电价格按照国家规定价格政策执行。

第十二章　附　　则

第四十八条　本办法所称“满尺丈量”是指按《进出口商品货载衡量检验规程》(SN/T 0892)进行的丈量。

第四十九条　本办法所称“危险货物”是指列入《危险货物品名表》(GB 12268)和《国际海运危险货物规则》(IMDG Code)危险货物一览表中的货物。

第五十条　本办法所称节假日是指中华人民共和国法定节假日和休假日。夜班作业时间是指 21 时至次日 8 时时段内连续 8 小时的作业时间,具体时间起讫点由港口所在地港口行政管理部门确定并对外公布。

第五十一条　沿海内支线集装箱船舶,实行政府指导价的港口收费以表 5 (航行国际航线船舶港口收费基准费率表)规定费率的 50% 计收;长江内支线集装箱船舶,实行政府指导价的港口收费以表 6 (航行国内航线船舶港口收费基准费率表)规定的费率计收;承运海洋原油、液化石油气(外贸进出口原油、液化石油气除外)的船舶,实行政府指导价的港口收费以表 5 规定费率的 50% 计收。

第五十二条　对抢险救灾物资运输的港口作业收费,由交通运输部会同国家发展和改革委员会制定。对军事运输的港口作业收费,由交通运输部会同负责军事运输的管理部门、国家发展和改革委员会制定。

第五十三条　本办法由交通运输部会同国家发展和改革委员会负责解释。

第五十四条　本办法自 2017 年 9 月 15 日起执行,有效期为 5 年。2015 年 12 月 29 日,交通运输部、国家发展改革委印发的《港口收费计费办法》停止执行。此前发布的有关规定与本办法不一致的,以本办法为准。

特殊货物重量换算表 表1

货物名称	计算单位	换算重量（千克）
骆驼、牛、马、骡、驴	头	1000
猪、羊、狗、牛犊、马驹、骡驹、驴驹	头(条、只)	200
散装的猪崽、羊羔	头(只)	30
笼装的猪崽、羊羔、家禽、家畜、野兽、蛇、卵蛋	立方米	500
藤、竹制的椅、凳、几、书架	个	30
鱼苗(秧、种)	立方米	800
其他不能确定重量的货物	立方米	1000
家具(折叠的除外)	自重加两倍	
各种材料的空容器（折叠的以及草袋、布袋、纸袋、麻袋、塑料袋除外）		

注：自重加两倍是指货物本身毛重再加两倍。

外贸货物港务费费率表 表2

分类	编号	货物及集装箱名称	计费单位	费率(元)	
				进口	出口
货物	1	煤炭、矿石、矿砂、矿粉、磷灰土、水泥、纯碱、粮食、盐、砂土、石料、砖瓦、生铁、钢材(不包括废钢)、钢管、钢坯、钢锭、有色金属块锭、焦炭、半焦、块煤、化肥、轻泡货物	重量吨	1.40	0.70
			体积吨	0.90	0.45
	2	一级危险货物、冷藏货物、古画、古玩、金器、银器、珠宝、玉器、翡翠、珊瑚、玛瑙、水晶、钻石、玉刻、木刻、各种雕塑制品、贝雕制品、漆制器皿、古瓷、景泰蓝、地毯、壁毯、刺绣	重量吨	6.60	3.30
			体积吨	4.40	2.20
	3	其他货物	重量吨	3.30	1.65
			体积吨	2.20	1.10

续上表

分类	编号	货物及集装箱名称	计费单位	费率(元)	
				进口	出口
集装箱	4	装载一般货物的集装箱、商品箱	箱(20英尺)	40.00	20.00
			箱(40英尺)	80.00	40.00
	5	装载一级危险货物的集装箱、冷藏箱(重箱)	箱(20英尺)	80.00	40.00
			箱(40英尺)	160.00	80.00

注:1.“轻泡货物”是指每1重吨的体积满4立方米的货物,但每件货物重量满5吨的按重量吨计费。

2.编号1中的“化肥”是指农业生产用的化肥,其他用于化工原料的不在此列。

3.编号2中的“一级危险货物”包括《危险货物品名表》(GB 12268)和《国际海运危险货物规则》(IMDG Code)危险货物一览表中的第1类、第2类、第7类、第5.2项和第6.2项的危险货物以及第3类、第4类、第8类、第5.1项和第6.1项中包装类别Ⅰ和Ⅱ的危险货物,不包括农业生产用的化肥农药。

4.原油按编号3中的“其他货物”计费。

5.其他集装箱按其内容积与表列相近箱型集装箱内容积的比例计费。

内贸货物港务费费率表 表3

编号	分类	适用范围	计费单位	费率(元)
1	货物	沿海港口	重量吨	0.50
		内河港口		1.00
		沿海港口	体积吨	0.25
		内河港口		0.50
2	装载一般货物的集装箱、商品箱	沿海和内河港口	箱(20英尺)	8.00
			箱(40英尺)	16.00
3	装载一级危险货物的集装箱、冷藏箱(重箱)	沿海和内河港口	箱(20英尺)	16.00
			箱(40英尺)	32.00

注:1.其他集装箱按其内容积与表列相近箱型集装箱内容积的比例计费。

2.福州港按内河港口收费标准计费。

港口设施保安费费率表 表4

编号	分　类	计费单位	费率(元)
1	集装箱重箱	箱(20英尺)	10.00
		箱(40英尺)	15.00
2	货物	重量吨或体积吨	0.25

注:1.20英尺重箱和40英尺重箱以外的其他非标准集装箱按相近箱型的费率计费。

2.集装箱拼箱货物按货物的实际重量吨或体积吨分摊港口设施保安费。

航行国际航线船舶港口收费基准费率表 表5

编号	项　目	计费单位	费率(元)		说　明
1	引航(移泊)费	计费吨	A	0.50	40000净吨及以下部分
				0.45	40001~80000净吨部分
				0.425	80000~120000净吨部分
		计费吨·海里	B	0.005	10海里以上超程部分
		计费吨	C	0.16	过闸引领
		计费吨	D	0.22	港内移泊
2	停泊费	计费吨·日	A	0.25	
		计费吨·小时	B	0.15	
		计费吨·日	C	0.05	锚地停泊
3	特殊平舱费	计费吨	3.70		计费吨按平舱舱口实装货物吨数的30%计算
4	围油栏使用费	船·次	3000.00		1000净吨以下船舶
			3500.00		1000~3000净吨船舶
			4000.00		3000净吨以上船舶

航行国内航线船舶港口收费基准费率表 表6

编号	项目	计费单位	费率(元)		说明
1	引航(移泊)费	计费吨	A	0.20	
		计费吨·海里	B	0.002	
		计费吨	C	0.15	引领国内航线船舶在港内移泊
			D	0.12	引领国内航线船舶航行黑龙江水系在港内移泊
2	停泊费	计费吨·日	A	0.08	
			B	0.12	
3	驳船取送费	计费吨	A	0.50	5千米及以内
		计费吨·千米	B	0.10	超过5千米
4	特殊平舱费	计费吨	0.80(沿海) 1.65(内河)		计费吨按平舱舱口实装货物吨数的30%计算
5	围油栏使用费	船·次	1000.00		500净吨以下船舶
			1200.00		500~1000净吨船舶
			1400.00		1000净吨以上船舶

航行国内航线船舶黑龙江水系引航费基准费率表 表7

船舶类型	计费单位(计费吨)	费率(元/千米)
客、货轮	300以下	0.99
	300~500	1.48
	500~1000	1.97
	1000~2000	2.63
	2000~3000	2.96
	3000~5000	3.45
	5000~7000	3.95
	7000~10000	4.77
	10000~15000	6.08
	15000~20000	8.88

续上表

船舶类型	计费单位(计费吨)	费率(元/千米)
驳船、木竹排、水上浮物	500以下	0.49
	500~1000	0.66
	1000~2000	0.74
	2000~3000	0.82
	3000~4000	0.99

注:引航里程按运价里程计算。

航行国际航线船舶拖轮费基准费率表

(计费单位:元/拖轮艘次)　　表8

序号	船长(米)	船舶类型		
		集装箱船、滚装船、客船	油船、化学品船、液化气体船	散货船、杂货船及其他
1	80及以下	6000	5700	5300
2	80~120	6500	7800	7400
3	120~150	7000	8500	8000
4	150~180	8000	10500	9000
5	180~220	8500	12000	11000
6	220~260	9000	14000	13000
7	260~275	9500	16000	14000
8	275~300	10000	17000	15000
9	300~325	10500	18000	16000
10	325~350	11000	18600	16500
11	350~390	11500	19600	17800
12	390以上	12000	20300	19600

航行国内沿海航线船舶拖轮费基准费率表

（计费单位：元/拖轮艘次）　　　　表9

序号	船长(米)	船舶类型		
		集装箱船、滚装船、客船	油船、化学品船、液化气体船	散货船、杂货船及其他
1	80 及以下	3500	3500	3200
2	80 ~ 120	4000	4600	4400
3	120 ~ 150	4500	5200	5000
4	150 ~ 180	4800	6500	5500
5	180 ~ 220	5100	7300	6500
6	220 ~ 260	5500	9000	8000
7	260 ~ 275	5800	10000	8500
8	275 ~ 300	6100	10500	9000
9	300 ~ 325	6500	11000	9500
10	325 ~ 350	6800	11300	10000
11	350 ~ 390	7100	11900	10500
12	390 以上	7500	12500	11900

航行国内内河航线船舶拖轮费基准费率表

（计费单位：元/拖轮艘次）　　　　表10

序号	船长(米)	船舶类型		
		集装箱船、滚装船、客船	油船、化学品船、液化气体船	散货船、杂货船及其他
1	80 及以下	5200	5000	4500
2	80 ~ 120	5700	6500	6200
3	120 ~ 150	6200	7300	6900
4	150 ~ 180	6900	9100	7800
5	180 ~ 220	7300	10400	9500
6	220 ~ 260	7800	12300	11200

续上表

序号	船长(米)	船舶类型		
		集装箱船、滚装船、客船	油船、化学品船、液化气体船	散货船、杂货船及其他
7	260～275	8400	13900	12300
8	275～300	8700	14700	13000
9	300～325	9200	15600	13800
10	325～350	9600	16200	14400
11	350～390	10100	17100	15500
12	390 以上	10500	18000	17100

交通运输部关于推进长江经济带绿色航运发展的指导意见

交水发〔2017〕114号　2017.08.04

上海、江苏、浙江、安徽、江西、湖北、湖南、重庆、四川、云南、贵州省(市)交通运输厅(委),长江航务管理局,上海、浙江海事局:

推进长江经济带绿色发展是党中央、国务院在新时期做出的重大决策部署。航运具有占地少、能耗低、运能大等比较优势,经济高效、节能环保。近年来,长江经济带航运基础设施建设成效显著,运输服务能力明显提升,为区域乃至全国经济社会发展提供了有效支撑。但仍然存在发展方式相对粗放、绿色发展水平不高、航运比较优势未得到充分发挥等问题,不能完全适应长江经济带发展的新要求。为贯彻落实《中共中央　国务院关于加快推进生态文明建设的意见》《长江经济带发展规划纲要》,推进长江经济带绿色航运发展,现提出以下意见。

一、总体要求

(一)指导思想。

全面贯彻党的十八大和十八届三中、四中、五中、六中全会精神,统筹推进"五位一体"总体布局和协调推进"四个全面"战略布局,牢固树立和贯彻落实新发展理念,坚持生态优先、绿色发展,以推进供给侧结构性改革为主线,以长江生态环境承载力为约束,以资源节约集约利用为导向,以绿色航道、绿色港口、绿色船舶、绿色运输组织方式为抓手,努力推动形成绿色发展方式,促进航运绿色循环低碳发展,更好发挥长江黄金水道综合效益,为长江经济带经济社会发展提供更加有力的支撑。

（二）基本原则。

改革创新，引领发展。立足国家战略，着力推进供给侧结构性改革，紧紧依靠制度、科技和管理创新，积极培育绿色发展新动能，加快长江经济带绿色航运发展，引领全国航运发展，充分发挥长江黄金水道在长江经济带综合立体交通走廊中的主骨架和主通道作用，在长江经济带生态文明建设中先行示范。

全面推进，重点突破。从战略规划着眼，强化长江经济带绿色航运发展顶层设计。加强统筹谋划，把绿色发展理念融入航运发展的各方面和全过程，从生态保护、污染防治、资源节约、节能降碳等方面全面推进绿色发展。坚持目标导向、问题导向，围绕关键领域和重点环节，实施专项行动，开展试点示范，实现率先突破。

综合施策，分类指导。坚持优增量、调存量，综合运用改善结构、整合资源、提升标准、强化监管等多种措施，不断提升基础设施、运输装备的节能环保水平。既统筹推进协调发展，又结合实际，根据沿海内河、干支流特点，分类提出科学合理的目标要求。

（三）发展目标。

到 2020 年，初步建成航道网络有效衔接、港口布局科学合理、船舶装备节能环保、航运资源节约利用、运输组织先进高效的长江经济带绿色航运体系，航运科学发展、生态发展、集约发展的良好态势基本形成，在综合运输体系中的作用进一步提升，绿色航道、绿色港口、绿色船舶和绿色运输组织方式等重点领域进展显著。

——行业生态保护取得明显成效。航运基础设施生态友好程度明显提升，符合生态红线要求。建成一批绿色航道、绿色港口示范工程。

——行业污染物排放得到全面有效控制。船舶污染物全部接收或按规定处置；长三角水域船舶硫氧化物、氮氧化物、颗粒物与 2015 年相比分别下降 65%、20%、30%；船舶使用能源中液化天然气（LNG）占比在 2015 年基础上增长 200%；新建大型煤炭、矿石码头堆场 100% 建设防风抑尘等设施；主要港口 90% 的港作船舶、公务船舶靠泊使用岸电，主要港口和排放控制区内 50% 的集装箱、客滚、邮轮、3000 吨级以上客运和 5 万吨级以上干散货专业化泊位具备向船舶供应岸电的能力。

——节约集约利用水平显著提高。长江经济带港口单位岸线通过能力在 2015 年基础上增长 10%；营运船舶单位运输周转量能耗和港口生产单位吞吐量综合能耗在 2015 年基础上分别下降 6%、2%。

——运输组织效率明显提升。内河船舶船型标准化率达到 70%，平均吨位达到 1000 载重吨；重点港口集装箱铁水联运量年均同比增长 10%；基本形成长江和长三角地区至宁波—舟山港和洋山深水港区江海直达运输系统。

二、主要任务

（四）完善长江经济带绿色航运发展规划。

1. 优化港口和航道规划布局。

修订《全国内河航道与港口布局规划》《长江干线航道发展规划》，加快形成干支衔接、互联互通的内河高等级航道网，进一步优化港口布局和功能分工。完善主要港口总体规划，统筹港口岸线与其他岸线利用需求，合理确定港口岸线开发规模与开发强度。强化港口和航道规划与区域规划、城市规划等的衔接与融合，综合利用过江通道资源。

2. 加快制定实施绿色航运发展专项规划。

加快出台港口岸电布局方案，研究制定长江化学品洗舱基地布局规划等专项规划。推进落实《长江干线京杭运河西江航运干线液化天然气加注码头布局方案（2017—2025 年）》。认真实施《长江干线危险化学品船舶锚地布局方案（2016—2030 年）》，加快推进危险化学品锚地建设。

（五）建设生态友好的绿色航运基础设施。

3. 推进绿色航道建设。

优先采用生态影响较小的航道整治技术与施工工艺，积极推广生态友好型新材料、新结构在航道工程中的应用，加强疏浚土等资源综合利用。在航电枢纽建设和运营中采取修建过鱼设施、营造栖息生境和优化运营调度等生态环保措施。推动开展造成显著生态影响的已建航道工程与航电枢纽工程生态修复。加快推进三峡枢纽水运新通道建设,解决三峡枢纽瓶颈制约。加强航道水深测量和信息发布,充分利用长江航道水深资源,引导船舶进行科学配载。建设智能化、绿色化水上服务区。

4. 开展绿色港口创建。

加快落实《“十三五”长江经济带港口多式联运建设实施方案》《“十三五”港口集疏运系统建设方案》,完善港口集疏运体系,强化主要港区与干线铁路、高等级公路的连接,打通港口集疏运“最后一公里”。完善绿色港口创建制度,深入开展长江经济带港口绿色等级评价,高标准建设新建绿色码头,因地制宜制定老旧码头的升级改造方案,鼓励有条件的港区或港口整体创建绿色港区(港口)。推进港口和船舶污染物接收设施建设,做好与城市公共转运、处理设施的衔接,促进港口环保设施高效稳定运营,确保污染物得到合规处理。全面推进主要港口既有大型煤炭、矿石码头堆场建设防风抑尘等设施。

(六)推广清洁低碳的绿色航运技术装备。

5. 持续提升船舶节能环保水平。

严格执行船舶强制报废制度,加快淘汰高污染、高耗能的客船、老旧运输船舶、单壳油轮和单壳化学品船。深入推进内河船型标准化,调整完善内河运输船舶标准船型指标,加快推广三峡船型、江海直达船型和节能环保船型,开展内河集装箱(滚装)经济性、高能效船型、船舶电力推进系统等研发与推广应用。进入内河的国际航线船舶加装压载水处理装置或者其他等效设施。鼓励船舶改造油气收集系统,加装尾气污染治理装备。鼓励400总吨以下内河船舶安装生活污水收集存储或收集处理装置。加快推进清洁能源船舶开发应用,完善船舶能效管理体系。

6. 强化港口机械设备节能与清洁能源利用。

加强港口节能环保技术改造,加快淘汰能耗高、污染重、技术落后的设备,积极推广清洁能源和可再生能源在机械设备和港口生产生活中的应用。提高码头前沿装卸设备、水平运输车辆、堆场装卸机械等关键设备的自动化水平，进一步提升港口装卸作业效率。开展智慧港口示范工程建设，优化港口物流流程和生产组织，促进港口物流服务网络化、无纸化和智能化。

（七）创新节能高效的绿色航运组织体系。

7. 大力发展绿色运输组织方式。

以集装箱、商品汽车铁水联运为重点，深入开展铁水联运示范工程，加快推进铁水、公水等多式联运发展。依托黄金水道，鼓励冷链物流企业探索“水运 + 冷藏班列”铁水联运等联运新模式，优化物流通道布局，促进形成与国际海运、陆海联运、国际班列等有机结合的联运服务模式。加快落实《关于推进特定航线江海直达运输发展的意见》，优先发展干散货、集装箱江海直达运输，研究拓展江海直达领域和范围，加快研究推进商品汽车江海直达船舶发展。鼓励沿江内贸适箱货物集装箱化，促进干支直达、江海联运和水水中转。支持发展大宗液体散货顶推运输船队，鼓励港口企业给予顶推运输船队优先靠离泊、优先装卸等优惠措施。

8. 进一步提升运输组织效率。

利用移动互联、大数据、云计算等先进技术，积极推进“互联网 +”水运融合发展。加快建设数字航道，推广使用长江电子航道图、水上 ETC 和北斗定位系统。推进长江航运物流公共信息平台和国家交通运输物流公共信息平台建设，促进信息交换共享。优化船闸调度运行管理，推动长江上游及支流水库群、梯级船闸联合调度，完善运行调度机制和枢纽水库调度规程，进一步提升船舶过闸效率。加强三峡船闸和升船机运行维护管理，统筹协调、科学安排三峡和葛洲坝船闸检修，加强检修期间的通航保障工作，充分发挥三峡升船机运能。

（八）提升绿色航运治理能力。

9. 加强法规标准制修订工作。

按照《中华人民共和国大气污染防治法》《中华人民共和国水污染防治法》等法律法规的新要求，制修订绿色航运发展相关的规章制度。研究制定内河航道绿色建设技术导则，完善绿色港口评价标准。完善船舶建造规范和检验法规,研究制定长江水系过闸运输船舶标准船型主尺度系列国家强制性标准。研究制定绿色航运发展综合示范区评价体系,推动建设长江经济带绿色航运发展先行示范区。

10. 加强港口资源节约集约利用。

积极推进区域港口一体化发展,加强港口资源整合,完善港口间协调发展机制,加快推进锚地、航道等资源共享共用。严格港口岸线管理,探索建立港口岸线资源有偿使用制度,建立长江经济带港口深水岸线监测系统。积极引导小、散、乱码头集中布置,鼓励企业专用码头社会化经营管理,促进规模化公用港区(码头)建设。在地方政府统一领导下,在重点水域继续开展非法码头专项整治工作,推动依法取缔安全隐患大、环境影响突出、非法建设的码头和装卸点,开展船舶水上过驳非法作业治理,禁止和取缔内河危险品水上非法过驳作业。

11. 加强节能环保监管。

加强防污染设施建设和污染物排放的监督检查,坚决制止和纠正违法违规行为。研究设立长江绿色航运黑名单制度,加大对违规企业的惩处力度。严格实施船舶与港口污染防治专项行动实施方案,推动建立港口和船舶污染物排放的部门间联合监管机制。加强船用燃油联合监管,严格落实内河和江海直达船舶使用合规普通柴油、船舶排放控制区低硫燃油使用的相关要求。开展船舶违规从事植物油运输的治理。加强水运基础设施和船舶的能耗监测。

12. 加大科技攻关和推广应用。

加强绿色发展新技术、新材料、新工艺在航运领域的转化应用,制定发布绿色航运技术和产品推广目录,优先支持重点节能环保技术和产品的推广应用。鼓励企业加大科技攻关力度和资金投入,开展船舶尾气后处理、大功率 LNG 柴油双燃料动力设备、过鱼设施等重大装备与关键技术研发。

(九)深入开展绿色航运发展专项行动。

13. 加强化学品洗舱作业专项治理。

按照危险化学品洗舱基地布局，开展长江经济带化学品洗舱作业需求评估，积极推进化学品洗舱基地建设。全面开展化学品洗舱水治理，进一步规范和强化化学品洗舱基地和洗舱作业管理。引导建立危险化学品洗舱基地和配套设施建设产业基金，鼓励社会资本投资建设和运营管理危险化学品洗舱基地。

14. 大力推广靠港船舶使用岸电。

完善船舶检验法规和建造规范，积极推进新建船舶建设岸电受电设施，鼓励既有集装箱船、客滚船等客船改造岸电受电设施。新建码头必须建设岸电设施，引导现有码头增加或改建岸电设施。推进水上服务区、待闸锚地等船舶密集区建设岸电设施。完善岸电供售电机制，健全船舶使用岸电的激励机制，积极推进靠泊船舶优先使用岸电。

15. 积极推进 LNG 动力船舶和配套码头建设。

鼓励 LNG 动力船舶建造和改造，优先使用 LNG 能源，完善 LNG 动力船舶建造规范和运营管理配套政策。制定完善 LNG 加注码头建设、运营和管理等标准规范，按照布局方案，加快推进 LNG 加注码头建设，形成 LNG 能源水上应用良性互动发展格局。

16. 强化危险化学品运输安全治理。

积极推进长江危险化学品运输安全保障体系建设。按照当地人民政府的统一安排，加快推进水源保护区和自然保护区内的危险化学品码头搬迁工作。建立内河禁运危险化学品遴选标准，严格落实《内河危险化学品禁运目录》。严格危险化学品运输市场准入，实施企业分类分级管理。严格执行内河单壳油船、单壳化学品船禁航相关规定，加强危险品运输船舶安全监管。完善危险化学品水路运输企业信息库，建立长江危险化学品运输动态监管信息共享平台，推进共享危险化学品运输相关信息。结合危险化学品运输规模和码头布局，强化水上溢油及危险化学品泄漏事故应急处置能力建设。

17. 组织船舶污染防治专项治理。

坚持问题导向，全面排查船舶污染风险隐患。紧抓船舶航行与作业安全这一源头，加强风险防控。坚持系统治理，建立与完善船舶污染“防、治、赔”的综合治理机制。船舶污染防治专项治理行动工作方案另行印发。

三、保障措施

（十）加强组织领导。

各级交通运输主管部门要高度重视，把绿色航运发展摆在更加突出的位置，制定本区域绿色航运发展工作方案，明确责任分工，统筹安排工作进度。各级交通运输主管部门和海事管理机构要加强与有关部门的沟通，积极探索建立区域间、上下游协调联动机制，齐抓共管、形成合力，确保各项工作扎实推进。

（十一）加强政策支持。

各级交通运输主管部门要充分利用好中央和地方已有的相关资金支持政策，并积极协商有关部门加大政策与资金支持力度。对集约高效的运输组织方式加大市场准入支持力度，培育绿色发展、生态友好型港航企业，建立绿色发展的激励机制。探索形成公众参与绿色航运发展与监督制度。充分利用市场机制，引导社会资本进入绿色航运发展领域。加快推进内河船舶污染责任险，鼓励航运企业探索长江绿色航运相互保险。

（十二）加强监督考核。

建立监督考核机制，层层传导压力，逐级落实责任。制定绿色航运发展考核办法，依托专业化技术手段和人才，定期评估绿色航运发展重点任务和工作目标的完成情况。开展定期通报，并将评估考核结果作为专项资金补贴和示范项目筛选的重要依据。

（十三）加强宣传引导。

加强舆论引导，组织开展绿色航运发展相关主题宣传，广泛宣传绿色航运发展的成效和做法，交流推广绿色发展经验，积极营造促进绿色航运发展的良好氛围。加强从业人员绿色发展知识和专业技能的培训教育，强化船员、码头职工等一线人员的环保意识，大力提升从业人员素质，确保各项任务在全行业得到有效开展。

交通运输部关于国内水路运输企业自有船舶运力达标问题的通知

交水发〔2017〕125 号　2017.08.18

各省、自治区、直辖市交通运输厅(委),部长江航务管理局、珠江航务管理局:

为深入贯彻落实党中央、国务院关于加强供给侧结构性改革的决策部署,进一步优化船舶运力供给结构,统筹考虑国内水路运输市场发展情况,现就《交通运输部关于实施国内水路运输及辅助业管理规定有关事项的通知》(交水发〔2014〕141 号)关于国内水路运输企业自有船舶运力达标的要求补充通知如下:

一、2014 年 3 月 1 日后批准设立的国内水路运输企业,应满足《国内水路运输管理规定》(交通运输部令 2016 年第 79 号,以下简称《规定》)要求的自有船舶运力标准。

二、2014 年 3 月 1 日前批准设立的国内水路运输企业应满足以下要求:

(一)国内普通货船运输企业的自有船舶运力标准为:沿海省际运输 2000 总吨、沿海省内运输 1000 总吨、内河运输 600 总吨。

(二)国内沿海客船和危险品船运输企业、内河客船和危险品船运输企业应分别在 2019 年 3 月 1 日前、2020 年 3 月 1 日前满足《规定》要求的自有船舶运力标准。企业应编制整改方案,明确自有船舶运力分年度达标进度和具体完成时间节点,于 2017 年 10 月 31 日前将整改方案报所在地水路运输管理部门。各地水路运输管理部门要加强对这类企业自有船舶运力达标工作的督促指导和监管。

三、仅从事海上试采油作业平台原油污油水运输企业的自有船舶运力标准为:沿海省际运输 5000 总吨、沿海省内运输 1000 总吨。

仅从事长江三角洲长江干线以外内河港口至长江干线江苏段或上海段港口间直达运输(不跨越第三省市)的内河省际普通货船、成品油船、化学品船运输企业,可适用《规定》附件 1 中其他内河省际运输自有船舶运力最低限额(即应不低于 1000 总吨),但有关水路运输管理部门应严格按此核定企业和船舶的经营范围。

四、为促进企业自有船舶运力达标,采取以下支持政策:

(一)允许自有船舶运力不达标的沿海省际客船、危险品船运输企业在现有自有运力的基础上适当新增客船、危险品船运力,其新增运力后的自有运力总规模不得超过《规定》要求的相应船舶类型最低自有运力规模的 30%(新增 1 艘船舶即达标的除外)。企业自有船舶运力达标后再申请新增运力的,按相关宏观调控政策执行。

(二)鼓励自有船舶运力不达标的省际客船、危险品船运输企业通过兼并重组实现运力达标。兼并重组后的企业可一次性申请新增不超过 2 艘该企业经营范围所包含船舶类型的船舶运力。

(三)对于因自有船舶运力不达标、主动申请缩小其国内水路运输经营范围的企业,若在 3 年内能够满足原经营范围的自有船舶运力标准要求,可依企业申请恢复原经营范围。

(四)对省内客船、危险品船运输实施运力宏观调控政策的地方有关水路运输管理部门,要积极完善相关政策,支持企业自有船舶运力达标。

五、对不符合《规定》和本通知自有船舶运力标准要求的企业,各级水路运输管理部门要按照有关要求督促其限期整改;对整改后仍不合格的企业,撤销其国内水路运输相关经营资质,或依企业申请调整其经营范围或注销其相关经营资质。

本通知自发布之日起实施,有效期为 5 年。

交通运输部关于学习借鉴浙江经验推进区域港口一体化改革的通知

交水函〔2017〕633号　2017.08.22

天津、河北、辽宁、黑龙江、上海、江苏、浙江、安徽、福建、江西、山东、湖北、湖南、广东、广西、海南、重庆、四川省(自治区、直辖市)交通运输厅(委):

港口是经济社会发展的战略资源和重要支撑,是推进"一带一路"建设的重要支点。为深入贯彻习近平总书记关于港口发展的重要指示批示精神,近期交通运输部在总结区域港口一体化发展改革试点的基础上,赴浙江进行了专题调研,形成了《浙江强力推进区域港口一体化改革经验》,现印发给你们,并就有关事项通知如下:

一、充分认识推进区域港口一体化发展的重要意义

推进区域港口一体化发展是促进港口提质增效升级、化解过剩产能、优化资源配置的重要举措,对于建设国际一流港口、推动交通强国建设、服务经济社会发展具有重要意义。地方各级交通运输主管部门要把思想和行动统一到习近平总书记关于港口发展的重要指示批示精神上来,紧紧抓住交通运输基础设施发展、服务水平提高、转型发展的黄金时期,以深化供给侧结构性改革为主线,把握港口资源整合、集约利用的总体发展趋势,积极争取地方党委、政府的重视和支持,将港口一体化发展纳入地方经济社会发展全局中战略谋划,加快港口转型升级,为经济社会发展提供更加有力支撑。

二、学习借鉴浙江推进区域港口一体化改革经验

在浙江省委、省政府的高度重视和战略谋划下,浙江港口一体化改革取得显著成效:优化了全省港口定位分工,构建了协同发展的格局,有力促进了港口发展定位科学化;设立省级港口资源整合平台,协同推进老港区功能调整与新港区开发,有力促进了港口资源利用集约化;推动沿海港口、内河港口一体化运营和内陆无水港联动发展,运输组织进一步优化,有力促进了港口运营高效化;实现了区域港口从分散竞争、各自为政向协同发展转变,宁波—舟山港的龙头带动效应进一步显现,有力促进了市场竞争有序化;适应城市新一轮开发开放的需要,加快港产城融合发展,有力促进了港口服务现代化。

三、因地制宜有序推进区域港口一体化发展

各省级交通运输主管部门在学习借鉴浙江改革经验的同时,要牢固树立新发展理念,因地制宜、分类施策,坚持改革创新,坚持市场化导向,继续深化区域港口一体化改革试点,积极稳妥推进区域港口一体化发展;要在地方党委、政府的统一领导下,加强统筹协调、跟踪指导,制定工作方案,精心组织实施,加强地区间、部门间协作,将好的做法及时报部,促进相互学习、相互借鉴,逐步形成全国港口良性互动发展格局。

附件:浙江强力推进区域港口一体化改革经验

附件

浙江强力推进区域港口一体化改革经验

浙江是海洋港口大省，拥有深水自然岸线 754 公里，港口深水岸线资源数量和质量均居全国前列，现有宁波—舟山港等 4 个沿海港口和杭州港等 7 个内河港口。近年来，浙江省认真学习贯彻习近平总书记关于港口建设发展的重要指示批示精神，贯彻落实新发展理念，深化港口供给侧结构性改革，推进港口资源整合，加快港口提质增效升级，统筹区域沿海港口、内河港口、内陆无水港一体化发展，取得了明显成效。

一、主要做法

（一）抓统筹，高规格高起点谋划推进港口一体化。一是领导重视高位推进。浙江省委、省政府将港口一体化发展纳入全省经济社会发展全局中战略谋划。2015 年 8 月，成立由省委书记任组长、省长和常务副省长任副组长和有关省领导、部门以及地市主要负责人为成员的省海洋港口发展领导小组，加强顶层设计，统筹推进全省海洋港口一体化发展，协调解决港口一体化发展的重大问题。二是成立机构统筹推进。2016 年 6 月，组建省海洋港口发展委员会，由省分管领导担任主任，负责海洋经济和海洋港口发展的宏观管理和综合协调，加强发展规划和改革方案实施。

（二）抓优化，合理布局完善港口功能。一是加快构建港口协同发展格局。编制省海洋港口发展"十三五"规划，科学定位港口发展，推进实现港口规划、建设、管理"一盘棋"，港航交通、物流、信息"一张网"，港口岸线、航道、锚地资源开发保护"一张图"。二是完善港口总体规划。按照全省港口发展格局、功能分工等要求，修订各港口总体规划。完成宁波—舟山港总体规划修编工作，将 19 个港区划分为重点发展港区、优化发展港区、特色发展港区，分类推进发展。

(三)抓整合,集约高效利用港口资源。一是成立港口资源整合平台。2015 年 8 月,在原省海投集团基础上,更名成立浙江省海港投资运营集团有限公司(省海港集团),并一次性注入省属资产 150 亿元,作为省级海洋港口资源开发建设投融资主平台。2015 年 9 月,原宁波港集团和舟山港集团通过股权等值划转方式组建了宁波舟山港集团。2016 年 11 月,省海港集团与宁波舟山港集团深化整合,实行“两块牌子、一套班子”运作。在实现宁波—舟山港一体化运营基础上,又相继完成了对温州港、嘉兴港、台州港和义乌国际陆港等相关港口资产的整合。二是加强港口资源统筹管控。完善港口岸线项目的前期工作联动机制,成立浙江省海洋港口岸线资源收储中心,加强港口岸线等资源的统筹管理。三是统筹建设项目。编制实施全省“十三五”海洋港口重大建设项目库,集中资金资源重点投向重大项目。

(四)抓联动,促进港产城联动协同发展。一是推动海港和内河港口联动发展。省海港集团成立区域公司,发挥宁波—舟山港的示范作用,推进温州、台州、嘉兴等海港和义乌国际陆港的一体化运营。组建内河港口发展公司,带动湖州、绍兴、金华、衢州港等内河港口发展。二是促进港产城一体发展。加强港口规划与城市规划、产业规划衔接,加快港口重点项目建设,强化港口与临港产业、物流园区的有效对接。三是辐射带动腹地发展。推进港口后方腹地运输大通道建设,优化内陆无水港节点布局,设立 16 个无水港,拓展内陆服务网络,促进海港与义乌等内陆无水港联动发展。

(五)抓服务,提升港口综合实力。一是延伸上下游产业链。积极发展全程物流,推动码头物流向全程物流延伸,完善港口服务网络,发展“门到门”物流服务。二是积极发展联运业务。积极推进水水中转、江海联运和铁水联运,完善江海联运网络。组建大宗散货江海联运船队,推进舟山江海联运服务中心建设。三是加强国际交流合作。参与印尼、缅甸等“一带一路”沿线港口投资建设,深度对接招商局、中远海运等央企,在港口建设、临港工业、海洋产业等方面加强国际合作。浙江宁波连续多年举办中国航海日论坛和海丝港口论坛,增进沿线国家港口航运交流合作。

二、主要成效

(一)有力促进了发展定位科学化。一是优化了全省港口分工定位。形成以宁波—舟山港为主体,以浙东南和浙北环杭州湾港口为两翼,联动发展义乌国际无水港和7个内河港口的“一体两翼多联”港口发展格局。二是优化了宁波—舟山港内部功能布局。将大宗散货泊位主要布局在北部区域、将集装箱泊位主要布局在南部区域,实现了功能合理分工、错位发展。

(二)有力促进了资源利用集约化。一是港口进一步朝大型化、枢纽化发展。宁波—舟山港2017年上半年集装箱吞吐量跃居全球第三位,集装箱枢纽港地位进一步巩固,全国首批7个40万吨矿石泊位中,浙江省占据3席。二是集约化、规模化经营水平进一步提升。2016年,宁波—舟山港完成货物吞吐量9.2亿吨,连续8年蝉联全球第一。随着港口集疏运体系建设的加快,岸线、运输通道资源集约利用水平明显提升。三是老港区功能调整与新港区开发协同推进。优化存量资源利用,实行老旧码头技术改造和搬迁,调整老港区功能,推动新建港区承接老港区货运功能转移,促进临港先进制造业发展。

(三)有力促进了港口运营高效化。一是运营效率得到大幅提升。沿海港口实现一体化运营,与内河港口联动发展,并促进港口信息化、智能化发展,有力提升了港口作业效率和服务效率。二是运输组织进一步优化。铁水联运、江海联运、水水中转等快速发展,宁波—舟山港开通了11条集装箱铁水联运班列,2017年上半年完成集装箱铁水联运量18.2万标箱,同比增长82%。2017年上半年完成江海联运、水水中转集装箱吞吐量25.6万标箱、332万标箱,分别同比增长55%、24%。三是港口综合实力进一步增强。浙江海港集团总资产突破1000亿元,净资产近700亿元,负债率下降到36.2%。

(四)有力促进了市场竞争有序化。一是区域港口从分散竞争、各自为政向协同发展转变。随着功能合理分工、港口一体化运营等,化解了部分码头产能过剩矛盾,避免了同质化恶性竞争,港口之间的合作得到有效加强,协同发展效应逐步放大。二是龙头带动效应显现。在宁波—舟山港的引领带动下,温州、嘉兴等港新开通了一批外贸集装箱航线,完善了航线服务网络,中小港口加快了码头功能调整,积极发展现代物流和航运服务功能。

(五)有力促进了港口服务现代化。一是适应城市新一轮开发开放的需要。在浙江海港集团的有力推动下,温州港结合城市发展布局,将瓯江老港区部分功能逐步外移,并在状元岙新港区新增了邮轮功能。二是港产城融合发展步伐加快。嘉兴滨海地区设立省级港产城统筹发展试验区,打造海河联运引领区、临港先进制造示范区、滨海新城建设先行区,台州港头门港区加快实施港产城综合开发,港口服务能力进一步增强。三是服务国家战略能力进一步增强。舟山江海联运服务中心建设加快推进,与湖北武汉、江苏太仓等长江流域港口及内陆无水港合作深化。与"一带一路"沿线 17 个港口缔结友好港,开辟航线 82 条,完成年集装箱量运量突破 900 万标箱,全球港口服务网络不断完善。

三、经验启示

(一)顶层设计和战略谋划是推进港口一体化发展的关键环节。推进区域港口一体化,涉及领域广、政策性强,需要省级层面加强顶层设计和战略谋划。浙江省委、省政府成立了统筹全省港口一体化发展的领导小组,整合全省港口资源,制定发展思路,编制改革方案、发展规划,强力推进区域港口一体化发展、资源统筹管控、通关服务便利化、对外开放合作等重点领域改革创新,推动港口发展由数量规模型向质量效益型转变,提升了区域港口的综合竞争力。

(二)市场主导和政府引导相结合是推进港口一体化发展的根本原则。推进区域港口一体化发展,必须充分发挥市场在资源配置中的决定性作用和政府的引导推动作用。浙江一方面以市场为导向,以资产为纽带,组建省海港集团,设立产业基金,搭建投资运营平台，推进港口资源整合；另一方面，省级成立海洋港口专门机构，破除体制机制障碍，强化规划引领，有力地落实了相关改革举措。

（三）加强统筹兼顾和调动地方积极性是推进港口一体化发展的重要前提。推进港口一体化发展涉及多方利益调整，必须加强顶层设计和基层探索，形成改革合力。浙江既加强统筹协调，组建省级港口集团，上收管理权限，实行按股比分红权与经营决策权的分离，整合相关地市港口资产；又充分调动地方发展港口的积极性，维护地方现有利益，做到"三个保持"：保持各地港口企业注册地、股权和税收关系不变，保持重点项目推进力度不减，保持港口对各地经济发展支撑力度不仅不减反而得到加大。

（四）整体推进与重点突破相结合是推进港口一体化发展的有效路径。分类分步骤推进区域港口一体化发展是浙江取得成功的关键。浙江通过沿海港带动内河港、龙头港口带动中小港口、港口与无水港联动发展，统筹推进国际强港建设和港口一体化发展。率先实施宁波—舟山港一体化运营，逐步整合台州、温州、嘉兴等地国有港口企业资产，不断取得新进展新成效，探索出一条可行的路子。

（五）进一步增强港口对经济社会发展的服务支撑作用是推进港口一体化发展的主要目标。浙江通过深化港口一体化发展改革，加快了港口转型升级，促进了国有骨干港口企业做强做优做大，进一步推动完善现代交通综合运输体系，形成港口、产业、城市的良性互动发展，增强了港口对经济社会发展的服务支撑作用，更好发挥了港口在"一带一路"建设中的重要支点和枢纽作用。各地经济社会的发展，也为港口一体化向纵深推进提供了强劲动力。

下一步，浙江将进一步坚持深化改革，完善管理体制机制，从行政资源、港口资产和运营管理等方面全面推进港口资源深度整合，发挥港口枢纽作用，加快浙江现代交通示范区建设；依托宁波—舟山港和舟山江海联运服务中心建设，与长江沿线港口联动发展，更好服务长江经济带战略；加快实施走出去战略，形成具有较强国际竞争力的港口建设和运营商，完善沿线国家海上服务网络，促进互联互通，为"一带一路"建设提供更加有力支撑。

交通运输部　中央军委后勤保障部
关于进一步做好水路军人
依法优先出行工作的通知

交水发〔2017〕175 号　2017.11.23

各省、自治区、直辖市交通运输厅(委),各战区联合参谋部,各军种后勤部,战略支援部队参谋部,军委机关事务管理总局综合局,武汉联勤保障基地,武警部队后勤部,武汉联勤保障基地,有关港航企业:

为深入贯彻落实习近平总书记关于增强军人荣誉感的重要指示精神,根据《中华人民共和国国防法》《中华人民共和国兵役法》《中华人民共和国军人抚恤优待条例》等法律法规,按照中央军委完善军人荣誉制度有关部署安排,就水路军人依法优先出行有关事项通知如下:

一、优先对象

持中国人民解放军、中国人民武装警察部队和军校学员有效证件的现役军人、残疾军人、军队离休退休干部和退休士官(以下简称军人)。

有效证件包括:中国人民解放军《军官证》《文职干部证》《义务兵证》《士官证》《残疾军人证》《离休干部荣誉证》《军官退休证》《文职干部退休证》《士官退休证》,中国人民武装警察部队《警官证》《文职干部证》《义务兵证》《士官证》《残疾军人证》《离休干部荣誉证》《警官退休证》《文职干部退休证》《士官退休证》及军校《学员证》。

以上证件仅用于识别军人身份,水路旅客实名制售票、安检手续遵照相关规定执行。

二、优先内容

全国水路客运经营企业、港口客运站和载客 12 人以上的客运船舶等应当在购票、安检、候船、登船、乘船等方面对军人提供以下优先服务，随同军人出行的家属（原则上不超过 2 人，不需要提供与军人本人的关系证明）可一同随行。

（一）购票。军人凭有效证件优先购票。港口客运站应设置军人优先售票窗口，并在醒目位置悬挂“军人依法优先”标牌，服务人员应积极主动做好军人依法优先售票服务引导工作。执行作战、演习训练、抢险救灾等紧急任务的军人，在船舶不超载的前提下，可凭当地航务军代处出具的相关证明优先安排乘船，后续按规定补票，客船应根据载客情况提供方便，安排合适席位。票源比较紧张的航线，当地航务军代处和相关水路客运企业要加强沟通协调，鼓励水路客运企业根据当地驻军需求，提前做好票源预留。

（二）安检。港口客运站应安排军人及随行家属优先安检并设置明显标志，具备条件的应设置军人优先安检通道。

（三）候船。推动渤海湾、舟山水域、琼州海峡等沿海重点水域主要港口客运站开设军人候船室（区），鼓励其他港口客运站依自身条件开设军人候船场所。

（四）登船。港口客运站、客运船舶等应安排军人及随行家属优先检票和登船。对行动不便的伤病残军人，应尽量安排助残设施设备，协助登乘。

（五）乘船及其他。鼓励客运船舶在客船舱室、服务设施富余情况下对军人提供免费升舱、免费休息等便利服务。

三、工作要求

（一）提高认识。各级交通运输（港航）管理部门、水路客运经营者要进一步提高对军人依法优先工作重要性的认识，加强对一线服务人员的培训教育，提高主动服务意识，提升服务水平。军队各级运输投送机构要教育广大官兵掌握政策、用好政策，自觉遵守相关制度规定，维护军人良好形象。

（二）加强宣传。各级交通运输（港航）管理部门和军队有关单位要充分利用各种宣传途径，广泛、深入开展“军人依法优先”宣传活动，营造良好氛围，切实增强军人荣誉感。

（三）抓好落实。各级交通运输（港航）管理部门要将水路军人依法优先作为军民融合发展的重要工作内容，协调组织好本地区水路军人依法优先服务保障工作。军队各级运输投送机构负责指导协调所属单位和所在区域军人依法优先服务保障工作；驻水路交通沿线航务军代处具体协调各港航单位落实军人依法优先工作，及时妥善处理出现的问题。

本通知自2018年1月1日起施行，有效期5年，1996年原总后勤部、交通部印发的《关于军人乘船购票优先的通知》（后交字第450号）同时废止。

交通运输部办公厅关于加强港口危险货物储罐安全管理的意见

交办水〔2017〕34号　2017.03.08

各省、自治区、直辖市交通运输厅(委)：

为贯彻落实《国务院办公厅关于印发危险化学品安全综合治理方案的通知》(国办发〔2016〕88号)和《交通运输部关于印发〈危险货物港口作业安全治理专项行动方案(2016—2018年)〉的通知》(交水发〔2016〕75号)精神，深化危险货物港口作业安全治理专项行动，进一步夯实安全生产基础，促进港口安全生产形势持续稳定，经交通运输部同意，现对加强港口危险货物储罐安全管理提出以下意见：

一、总体要求

认真贯彻落实党中央、国务院关于加强安全生产工作的决策部署，牢固树立安全发展理念，坚守安全红线，坚持标本兼治，注重远近结合，严格执行有关法律法规和标准规范，全面落实安全生产责任，加强港口危险货物储罐安全源头防范、风险管控和作业管理，着力构建双重预防性工作机制，切实提升港口危险货物储罐的本质安全水平和安全保障能力，科学防范和有效遏制重特大事故。

二、加强安全风险源头管控

(一)科学合理布局选址。

优化危险货物储罐区等港口危险货物作业集中区域布局，加强港口规划与城市总体规划和产业布局的衔接，合理确定区域范围。布局要综合考虑地理位置、自然条件、安全防护距离、公用设施保障、应急救援能力和区域内相关企业间相互影响等因素，预防连锁事故发生，降低区域风险。选址和建设应当符合相关法律法规和标准规范的要求,与城市建成区、人口密集区、重要设施、敏感目标之间保持足够的安全防护距离,与周边公共安全设施的相互影响保持在可控的范围内。

(二)加强区域风险管控。

所在地港口行政管理部门每五年要组织专业机构对管辖范围内的港口储罐区等危险货物作业集中区域开展一次安全风险和应急能力评估,通过区域定量风险计算,确定安全容量,实施总量控制,并在建设项目安全条件审查时严格把关。区域风险评估结果要及时报告当地人民政府,并抄送安监、消防、规划等相关管理部门。

(三)严格安全准入。

所在地港口行政管理部门要按照职责督促储罐建设单位严格履行安全准入手续,依法申请安全条件审查、安全设施设计审查,依法组织开展安全设施验收。按照地方人民政府统一部署,会同有关部门做好涉及港口的重点监管危险化学品和重大危险源建设项目联合审批。按照《港口经营管理规定》和《港口危险货物安全管理规定》的要求,严格《港口经营许可证》和《港口危险货物作业附证》的审核、发放,逐个储罐配发《港口危险货物作业附证》。

三、强化设施设备管理

(一)加强储罐设备设施维护。

港口危险货物经营人要明确储罐设备设施使用维护的责任人,按照"一台一档"建立完善储罐管理档案,制订维护、检修计划,按照有关标准规范对储罐进行经常性的维护,确保储罐本体及其附属的阀门、仪表等相关安全附件和防雷、防静电设施等完好有效。

(二)完善储罐安全监测监控系统。

港口危险货物经营人要建立健全安全检测监控体系,按照相关规定和规范要求装备安全仪表系统和自动化控制系统,安装储罐高低液位报警及自动联锁切断装置,确保易燃易爆、有毒有害气体泄漏报警系统完好可用。大型储罐、液化气体储罐及剧毒化学品储罐等重点储罐要按照规定设置紧急切断阀。

（三）强化安全检查检测。

港口危险货物经营人要参照《港口危险货物常压储罐检测工作指南》（附件1），依据相关标准规范，对储罐开展安全检查检测，实施例行检查、年度检查和定期检测。对检查检测发现的问题和隐患要及时整改，不具备安全生产条件的，要停止使用。年度检查报告和定期检测报告应留档备查。

四、规范作业管理

（一）规范装卸作业行为。

港口危险货物经营人要制定并严格执行各项安全管理制度和安全作业规程，加强从业人员教育培训，落实从业资格管理制度，装卸管理人员应持证上岗。装卸作业期间，相关作业人员要按规定穿戴防静电工作服、防静电工作鞋，使用符合防爆要求的工具。装卸作业现场要设置监护人员，加强监督检查，禁止违章指挥、违章操作、违反劳动纪律作业，遇有强雷雨等异常天气，要暂时停止作业，出现液位高低位报警时，必须立即采取处置措施。严格执行添加抑制剂或稳定剂作业的有关规定。加强装卸栈台等重点部位的安全管理，对外来危险货物运输车辆、驾驶员、押运员等，严格执行安全检查制度。

（二）加强危险性作业管理。

港口危险货物经营人要规范储罐区动火、进入受限空间等危险性作业活动的管理及检维修管理，严格执行作业内部批准制度，认真进行作业风险分析，作业票中应有危险、有害因素识别和安全措施等内容。切实落实安全防范措施，动火作业时，要提前做好消防应急准备，加强过程监控；进入受限空间作业时，要严格检测可燃气体、有毒气体浓度和氧含量。严禁以阀门代替盲板作为隔断措施，严禁对未经清洗置换的储罐和管路进行动火作业。进一步加强对危险性作业劳务外包管理，严格承包商的资质审核，做好作业交底和现场监护。

五、加强安全监管

（一）健全安全监管制度。

所在地港口行政管理部门要将储罐作为港口安全监管的重点内容，建立健全监督检查制度，督促港口危险货物经营人严格落实重大危险源管理、隐患排查和风险管控和安全评价管理等制度。省级交通运输主管部门、所在地港口行政管理部门要完善相关档案，依托信息化手段，建立储罐基础数据库，及时掌握储罐基本情况，与有关部门实现信息共享，并实施监管过程痕迹化管理。

（二）强化经营资质年度核查。

所在地港口行政管理部门要落实《港口危险货物安全管理规定》有关要求，对港口危险货物经营人的经营资质实施年度核查，并将储罐年度检查报告、定期检测报告作为经营资质条件的符合性证明材料。对不具备资质条件的，依法责令停止经营，并督促整改，逾期不改正的，依法取消经营资格。

（三）加强现场检查和行政执法。

所在地港口行政管理部门要参照《港口危险货物安全监督检查工作指南》的有关要求，加强对港口危险货物经营人和储罐区的安全检查，重点是设施设备管理和作业管理，强化行政执法，依法查处违法违规行为。

（四）加快推进安全诚信体系建设。

将危险货物储罐等储存经营作为港口领域推进安全生产诚信体系建设的重点。所在地港口行政管理部门要把港口危险货物经营人未建立各项安全管理制度、未按规定开展储罐检测维护、违章作业等行为纳入企业安全生产不良信用记录，建立安全生产诚信“黑名单”制度，加大联合惩戒力度。

六、加强应急救援工作

（一）提高企业应急处置能力。

港口危险货物经营人要进一步完善应急预案，制订关键岗位应急处置具体操作规程，加强管理和操作人员培训，确保相关人员掌握岗位安全风险和操作规程。按规定和实际需要配备应急救援人员和相应的应急器材、设备，有针对性地定期开展应急演练，提高一线作业人员事故初期现场应急处置能力。主要港口要按照《中华人民共和国消防法》及公安部等13部委《关于规范和加强企业专职消防队伍建设的指导意见》，建立专职消防队，配置相应的人员、装备、训练和站舍等设施，强化灭火救援演练。

（二）加强公共应急能力建设。

所在地港口行政管理部门要在当地人民政府的领导下，根据储罐区等危险货物集中区域安全风险评估的情况，推进专业化应急队伍建设和应急资源储备。要将集中区域事故应急处置作为港口危险货物事故应急预案的重要内容，推动建立集中区域内各相关企业、集中区域与周边区域之间的应急联动机制，联合相关部门组织开展公共应急救援力量和相关企业应急救援力量共同参与的有针对性应急演练。

七、开展在役储罐安全专项整治

（一）深入开展自查。

所在地港口行政管理部门应督促港口危险货物经营人于2017年4月底前对安全管理制度、人员、设备及应急资源的落实情况和储罐维护管理以及装卸作业、储罐区动火、进入受限空间等情况，深入开展自查，加大隐患排查治理。2017年5月15日前，所在地港口行政管理部门要认真组织填写《港口危险货物储罐基本信息表》（附件2），汇总监管范围内每个在役储罐的基本信息（建造日期、储存货种、容积、日常维护和检测情况等）报送至上级港口行政管理部门。省级交通运输主管部门要对填报信息进行核对、汇总，通过密码通信专网于2017年5月底前报交通运输部。填写、汇总信息时应做好信息保护。

（二）集中开展安全检测和整治。

港口危险货物经营人要按照规定认真开展安全评价，并对其经营管理的储罐集中开展一次定期检测。对设计施工资料缺失的储罐、罐龄在20年以上的储罐、缺乏有效检测记录且储存的危险货物火灾危险性为甲B类的储罐，在2017年12月底前完成定期检测,其他储罐要在 2018 年 12 月底前完成定期检测,但对具有在有效期内并符合要求的定期检测报告的储罐,可直接认可相关检测结果。所在地港口行政管理部门要根据本次集中开展的安全检测结果,实施储罐分类监管,对检测发现的问题和隐患要督促经营人及时维修整改,对按照《港口危险货物安全管理规定》和《危险货物港口作业重大事故隐患判定指南》等规定,经判定构成重大事故隐患的,要依法依规采取相应措施。省级交通运输主管部门要及时汇总本次整治的情况(包括定期检测、经营资质年度核查及后续分类管理等情况),分别于 2018 年 1 月底、2019 年 1 月底前报部。

(三)开展危险货物集中区域安全风险评估。

所在地港口行政管理部门要于 2017 年 12 月底前组织专业机构对港口储罐区等危险货物作业集中区域开展一次安全风险和应急能力评估,并根据评估结果及时研究制定和采取措施,消除区域系统性安全风险。省级交通运输主管部门要对辖区内港口危险货物集中区域安全风险评估工作加强指导和督促检查,并于 2018 年 1 月底前将有关情况汇总后报交通运输部。

八、有关要求

各级交通运输(港口)主管部门要高度重视港口危险货物储罐安全管理工作,把储罐安全管理作为危险货物港口作业安全治理专项行动的深化内容,加强组织领导,结合本地实际,制定时间表,细化工作措施,落实安全责任,扎实推进,务求实效。所在地港口行政管理部门要将本意见的要求传达到辖区内所有储罐经营人,并精心组织实施各项工作。省级交通运输主管部门要结合安全督查工作进行重点督查,及时总结跟踪有关工作进展情况,并强化责任追究。

附件:1. 港口危险货物常压储罐检测工作指南

2. 港口危险货物储罐基本信息表

附件1

港口危险货物常压储罐检测工作指南

1　适用范围

本指南规定了港口危险货物常压储罐检测工作的检测方式、检测周期、检测内容、检测结论及相关要求。

本指南适用于设计压力小于0.1MPa(G)且公称容积大于或等于1000m^3、建造在地面上、储存毒性程度为非极度或非高度危害的石油、石油产品或化工液体介质、现场组焊的立式圆筒形钢制焊接储罐。公称容积小于1000m^3、储存其他类似液体介质的储罐,可参照本指南执行。

本指南适用的储罐,其检测范围包括储罐基础、储罐本体、附属设施和安全附件。

按本指南开展港口危险货物常压储罐的检测工作,应符合国家有关法律法规和标准规范的规定。

2　检测方式

2.1　例行检查

例行检查是以目视为主的方法近距离检查储罐外部状况的检查方式。例行检查由储罐使用单位在日常巡检过程中进行。

2.2　年度检查

年度检查是为了保证储罐在定期检测周期内的安全而进行的检查。年度检查可由储罐使用单位或专业检测机构进行。

2.3　定期检测

定期检测是按一定的检测周期对常压储罐进行的较全面的检测。定期检测可根据实际情况采用在线检测方法或开罐检测方法,对于在线检测中发现的有较高安全风险的储罐,应进行开罐复检。定期检测工作应由专业检测机构进行。

3　检测周期

3.1　例行检查

例行检查周期应根据储罐结构、储存介质和所处环境特点等因素由储罐使用单位确定，最长不超过3个月。

3.2　年度检查

年度检查每年至少1次。当年进行定期检测的储罐可不进行当年的年度检查。

3.3　定期检测

定期检测周期的确定应满足下列要求：

1)定期检测周期应根据实测的腐蚀速率和罐体的最小允许厚度来确定。

2)当腐蚀速率未知时，可根据类似工况条件下储罐运行经验预测的腐蚀速率来确定检测周期；当没有类似储罐的运行经验或数据时，定期检测周期不得超过6年；公称直径大于或等于30m或公称容积大于或等于10000m^3的储罐，定期检测周期不得超过4年。

3)对于腐蚀较严重、频繁更换储存介质等状况下的储罐，使用单位应根据实际情况和专业检测机构的意见合理缩短定期检测周期。

4)储罐使用单位也可以采用基于风险的检验程序确定定期检测周期。

5)储罐在检测周期内，如有下列情况之一，应进行检测：

a.发生重大事故、自然灾害或停用一年以上的，在重新使用前；

b.经重大修理或改造后重新投入使用前。

4　检测内容及要求

4.1　例行检查

例行检查内容一般包括沉降迹象、基础状况、涂层状况、罐体是否有明显的渗漏和变形、安全附件是否能正常工作、附属设施是否有明显的破损以及其他异常情况等。例行检查完成后，由检查人员形成检查记录。

4.2 年度检查

年度检查以外部宏观检查为主,可采用目视法,必要时辅助以其他检测设备。检查内容一般包括基础检查、罐体检查、罐顶罐壁测厚、焊缝外观检查(无保温层储罐)、浮顶检查(外浮顶储罐)、安全附件检查、防腐保温层及防水檐检查等。年度检查完成后,由使用单位或专业检测机构出具检查报告。

4.3 定期检测

定期检测的内容一般包括资料审查、宏观检查、罐体腐蚀检测、焊缝无损检测、安全附件检查等。根据储罐使用情况,必要时还可增加材质分析、金相检验、应力测定、真空泄漏检测、充水试验、储罐基础检测、储罐沉降检测、阴极保护检测、防腐层检测、保温层检测等内容。

定期检测过程应满足下列要求:

1)检测前,应审查储罐相关资料,其中设计、安装、竣工验收等资料,在首次检测时必须审查,在以后的检测中可以视需要查阅。

2)宏观检查以目视检查的方法为主,必要时利用放大镜、样板、量具等工具进行检查。

3)储罐底板腐蚀检测宜采用可靠技术手段进行全面扫描检测。在线检测方式下推荐采用声发射检测方法,开罐检测方式下推荐采用漏磁检测方法。对声发射或漏磁检测发现腐蚀异常区域可采用超声检测等方法进行复检,若采用其他方法进行检测时,应考虑检测结果的有效性。

4)对储罐顶板、壁板进行腐蚀检测时,其检测点的数量,应以能较准确反映被测板的实际平均厚度的原则来确定。对于严重腐蚀区域应进行复检,确定该区域的准确腐蚀状况。

5)焊缝表面检测采用磁粉检测、渗透检测的无损检测方法,对于铁磁性材料优先采用磁粉检测。如果内表面无法进行检测,可以在外表面采用其他方法进行检测。必要时,储罐清罐后应当对认为需要进行焊缝埋藏缺陷检查的部位,进行射线检测、超声检测或超声导波检测抽查。

6)安全附件应由专业检测机构进行定期校验,所有安全附件均应在校验有效期内工作。

7)定期检测结束后,专业检测机构应根据检测结果,出具检测报告。

5　检测结论

5.1　年度检查

年度检查报告应给出以下结论:

1)符合要求,指未发现或者只有轻度不影响安全使用的缺陷,可以在允许的参数范围内继续使用;

2)基本符合要求,指发现一般缺陷,经过使用单位采取措施后能保证安全运行,可以有条件的监控使用,结论中应当注明监控运行需要解决的问题及其完成期限;

3)不符合要求,指发现严重缺陷,不能保证储罐安全运行的情况,不允许继续使用,应当停止运行或者由专业检测机构进行进一步检测。

5.2　定期检测

定期检测报告应给出以下结论:

1)继续使用,指未发现缺陷或者只有不影响储罐安全运行的轻微缺陷。

2)监控使用,指发现一般的缺陷,经使用单位采取措施后能保证储罐安全运行。检测结论中应注明监控运行的工作条件和整改期限。

监控使用的储罐必须采取相应的措施进行修复和处理,否则只能在限定的条件下短期监控使用。

3)停止使用,指发现严重缺陷,不能保证储罐安全运行,必须对缺陷进行修复和处理,否则不得继续使用。

6　主要参考标准

AQ 3053—2015　立式圆筒形钢制焊接储罐安全技术规范

SY/T 6620—2014　油罐检验、修理、改造和翻建

SY/T 5921—2011　立式圆筒形钢制焊接油罐操作维护修理规程

SHS 01012—2004　常压立式圆筒形钢制焊接储罐维护检修规程。

TSG R7001—2013　压力容器定期检验规则

TSG 21—2016　固定式压力容器安全技术监察规程

附件 2

港口危险货物储罐基本信息表

填报日期：

<table>
<tr><td colspan="7">储罐基础信息</td></tr>
<tr><td colspan="2">所属港口</td><td colspan="2"></td><td colspan="2">建造日期</td><td></td></tr>
<tr><td colspan="2">所属港区</td><td colspan="2"></td><td colspan="2">储罐编号</td><td></td></tr>
<tr><td colspan="2">港口经营人</td><td colspan="2"></td><td colspan="2">储罐形式</td><td></td></tr>
<tr><td colspan="2">联系人</td><td colspan="2"></td><td colspan="2">储罐容积</td><td></td></tr>
<tr><td colspan="2">联系电话</td><td colspan="2"></td><td colspan="2">储罐材质</td><td></td></tr>
<tr><td colspan="2">联系人邮箱</td><td colspan="5"></td></tr>
<tr><td colspan="7">作业货种信息</td></tr>
<tr><td rowspan="4">许可的储存介质</td><td>货种名称</td><td>CAS 号</td><td>UN 编号</td><td>火灾危险性</td><td>危险化学品</td><td>剧毒化学品</td></tr>
<tr><td></td><td></td><td></td><td></td><td></td><td></td></tr>
<tr><td></td><td></td><td></td><td></td><td></td><td></td></tr>
<tr><td>……</td><td></td><td></td><td></td><td></td><td></td></tr>
<tr><td colspan="7">储罐设计及检测维护信息</td></tr>
<tr><td colspan="7">是否有设计资料 □ 是 □ 否</td></tr>
<tr><td colspan="2">设计单位名称</td><td colspan="5"></td></tr>
<tr><td colspan="2">设计单位资质</td><td colspan="5"></td></tr>
<tr><td colspan="2">设计压力(MPa)</td><td colspan="2"></td><td colspan="2">设计温度(℃)</td><td></td></tr>
<tr><td colspan="7">是否有建造工程资料(竣工资料) □ 是 □ 否</td></tr>
<tr><td colspan="2">建造单位名称</td><td colspan="5"></td></tr>
<tr><td colspan="2">建造单位资质</td><td colspan="5"></td></tr>
<tr><td colspan="7">是否对储罐进行过定期检测 □ 是、 □ 否</td></tr>
<tr><td colspan="2">检测时间</td><td colspan="2">检测机构</td><td colspan="3">检测结论</td></tr>
<tr><td colspan="2"></td><td colspan="2"></td><td colspan="3"></td></tr>
<tr><td colspan="7">是否对储罐进行过维修 □ 是 □ 否</td></tr>
<tr><td colspan="3">维修时间</td><td colspan="2">维修部位</td><td colspan="2">维修方式</td></tr>
<tr><td colspan="3"></td><td colspan="2"></td><td colspan="2"></td></tr>
</table>

填表说明：

1. 逐个储罐填写，可附页说明。
2. “火灾危险性”一栏，依据《石油化工企业设计防火规范》(GB 50160)的规定，确定作业货种的火灾危险性，填写甲 A、甲 B、乙 A、乙 B、丙 A、丙 B。
3. “危险化学品”一栏，根据《危险化学品目录》，确定作业货种是否属于危险化学品，填写“是”或“否”。
4. “剧毒化学品”一栏，根据《危险化学品目录》，确定作业货种是否属于剧毒化学品，填写“是”或“否”。

交通运输部办公厅关于明确享受中资“方便旗”船税收优惠政策船舶转挂五星红旗后兼营国内运输管理问题的通知

交办水函〔2017〕598号　2017.05.11

各省、自治区、直辖市交通运输厅(委),各中央航运企业集团:

经国务院批准,中资“方便旗”船税收优惠政策于2016年9月1日至2019年9月1日实施。为深入贯彻落实有关政策,明确享受该政策进口的船舶(含原享受特案免税政策进口的船舶,下同)转挂五星红旗后兼营国内运输管理问题,现将有关事项通知如下:

一、享受中资“方便旗”船税收优惠政策的船舶,原则上应继续从事国际航运,符合下列情形并经交通运输部批准,可从事国内航运:

(一)国内没有满足所申请的运输要求的中国籍船舶运力;

(二)船舶安全技术状况满足国内航运要求。

二、申请材料

船舶经营人(申请人)向所在地设区的市级水路运输主管部门提出申请。申请材料包括:

(一)申请书(包括船舶船名、船舶类型、船龄等以及其他转籍前后变化的船舶信息);

(二)申请人关于国内没有满足所申请的运输要求的中国籍船舶运力的情况报告;

(三)《国内水路运输经营许可证》(与申请船舶类型相适应);

(四)申请人DOC证书或安全生产标准化达标证书,船舶转中国籍后的船舶所有权证书、国籍证书和法定检验证书的副本或者复印件。

三、交通运输部应当在受理申请之日起15个工作日内,对申请事项进行审核,并向社会公示(公示时间10个工作日)。经审核符合条件、社会公示无异议的,交通运输部向申请人颁发批准文件,有效期三年(并与船检证书相适应)。到期后再重新申请。

四、享受中资"方便旗"船税收优惠政策的船舶不可计入经营人国内自有船舶运力。

五、享受中资"方便旗"船税收优惠政策的船舶经营人应按照国家有关规定,合法经营,做好安全管理工作,确保船舶安全运营。

道路运输管理

城市公共汽车和电车客运管理规定

交通运输部令2017年第5号　2017.03.07

第一章　总　　则

第一条　为规范城市公共汽车和电车客运活动，保障运营安全，提高服务质量，促进城市公共汽车和电车客运事业健康有序发展，依据《国务院关于城市优先发展公共交通的指导意见》（国发〔2012〕64号），制定本规定。

第二条　从事城市公共汽车和电车（以下简称城市公共汽电车）客运的服务提供、运营管理、设施设备维护、安全保障等活动，应当遵守本规定。

本规定所称城市公共汽电车客运，是指在城市人民政府确定的区域内，运用符合国家有关标准和规定的公共汽电车车辆和城市公共汽电车客运服务设施，按照核准的线路、站点、时间和票价运营，为社会公众提供基本出行服务的活动。

本规定所称城市公共汽电车客运服务设施，是指保障城市公共汽电车客运服务的停车场、保养场、站务用房、候车亭、站台、站牌以及加油（气）站、电车触线网、整流站和电动公交车充电设施等相关设施。

第三条　交通运输部负责指导全国城市公共汽电车客运管理工作。

省、自治区人民政府交通运输主管部门负责指导本行政区域内城市公共汽电车客运管理工作。

城市人民政府交通运输主管部门或者城市人民政府指定的城

市公共交通运营主管部门(以下简称城市公共交通主管部门)具体承担本行政区域内城市公共汽电车客运管理工作。

第四条 城市公共汽电车客运是城市公共交通的重要组成部分,具有公益属性。

省、自治区人民政府交通运输主管部门和城市公共交通主管部门应当在本级人民政府的领导下,会同有关部门,根据国家优先发展公共交通战略,落实在城市规划、财政政策、用地供给、设施建设、路权分配等方面优先保障城市公共汽电车客运事业发展的政策措施。

第五条 城市公共汽电车客运的发展,应当遵循安全可靠、便捷高效、经济适用、节能环保的原则。

第六条 国家鼓励城市公共汽电车客运运营企业实行规模化、集约化经营。

第七条 国家鼓励推广新技术、新能源、新装备,加强城市公共交通智能化建设,推进物联网、大数据、移动互联网等现代信息技术在城市公共汽电车客运运营、服务和管理方面的应用。

第二章 规划与建设

第八条 城市公共交通主管部门应当统筹考虑城市发展和社会公众基本出行需求,会同有关部门组织编制、修改城市公共汽电车线网规划。

编制、修改城市公共汽电车线网规划,应当科学设计城市公共汽电车线网、场站布局、换乘枢纽和重要交通节点设置,注重城市公共汽电车与其他出行方式的衔接和协调,并广泛征求相关部门和社会各方的意见。

第九条 城市公共交通主管部门应当依据城市公共汽电车线网规划,结合城市发展和社会公众出行需求,科学论证、适时开辟或者调整城市公共汽电车线路和站点,并征求社会公众意见。

新建、改建、扩建城市公共汽电车客运服务设施,应当符合城市公共汽电车线网规划。

第十条　城市公共交通主管部门应当按照城市公共汽电车线网规划，对城市道路等市政设施以及规模居住区、交通枢纽、商业中心、工业园区等大型建设项目配套建设城市公共汽电车客运服务设施制定相关标准。

第十一条　城市公共交通主管部门应当会同有关部门，按照相关标准要求，科学设置公交专用道、公交优先通行信号系统、港湾式停靠站等，提高城市公共汽电车的通行效率。

第十二条　城市公共交通主管部门应当定期开展社会公众出行调查，充分利用移动互联网、大数据、云计算等现代信息技术收集、分析社会公众出行时间、方式、频率、空间分布等信息，作为优化城市公共交通线网的依据。

第十三条　城市公共交通主管部门应当按照有关标准对城市公共汽电车线路、站点进行统一命名，方便乘客出行及换乘。

第三章　运营管理

第十四条　城市公共汽电车客运按照国家相关规定实行特许经营，城市公共交通主管部门应当根据规模经营、适度竞争的原则，综合考虑运力配置、社会公众需求、社会公众安全等因素，通过服务质量招投标的方式选择运营企业，授予城市公共汽电车线路运营权；不符合招投标条件的，由城市公共交通主管部门择优选择取得线路运营权的运营企业。城市公共交通主管部门应当与取得线路运营权的运营企业签订线路特许经营协议。

城市公共汽电车线路运营权实行无偿授予，城市公共交通主管部门不得拍卖城市公共汽电车线路运营权。运营企业不得转让、出租或者变相转让、出租城市公共汽电车线路运营权。

第十五条　申请城市公共汽电车线路运营权应当符合下列条件：

（一）具有企业法人营业执照；

（二）具有符合运营线路要求的运营车辆或者提供保证符合国家有关标准和规定车辆的承诺书；

（三）具有合理可行、符合安全运营要求的线路运营方案；

（四）具有健全的经营服务管理制度、安全生产管理制度和服务质量保障制度；

（五）具有相应的管理人员和与运营业务相适应的从业人员；

（六）有关法律、法规规定的其他条件。

第十六条 城市公共汽电车线路运营权实行期限制，同一城市公共汽电车线路运营权实行统一的期限。

第十七条 城市公共汽电车线路特许经营协议应当明确以下内容：

（一）运营线路、站点设置、配置车辆数及车型、首末班次时间、运营间隔、线路运营权期限等；

（二）运营服务标准；

（三）安全保障制度、措施和责任；

（四）执行的票制、票价；

（五）线路运营权的变更、延续、暂停、终止的条件和方式；

（六）履约担保；

（七）运营期限内的风险分担；

（八）应急预案和临时接管预案；

（九）运营企业相关运营数据上报要求；

（十）违约责任；

（十一）争议调解方式；

（十二）双方的其他权利和义务；

（十三）双方认为应当约定的其他事项。

在线路特许经营协议有效期限内，确需变更协议内容的，协议双方应当在共同协商的基础上签订补充协议。

第十八条 城市公共汽电车线路运营权期限届满，由城市公共交通主管部门按照第十四条规定重新选择取得该线路运营权的运营企业。

第十九条 获得城市公共汽电车线路运营权的运营企业,应当按照线路特许经营协议要求提供连续服务,不得擅自停止运营。

运营企业需要暂停城市公共汽电车线路运营的,应当提前3个月向城市公共交通主管部门提出报告。运营企业应当按照城市公共交通主管部门的要求,自拟暂停之日7日前向社会公告;城市公共交通主管部门应当根据需要,采取临时指定运营企业、调配车辆等应对措施,保障社会公众出行需求。

第二十条 在线路运营权期限内,运营企业因破产、解散、被撤销线路运营权以及不可抗力等原因不能运营时,应当及时书面告知城市公共交通主管部门。城市公共交通主管部门应当按照国家相关规定重新选择线路运营企业。

在线路运营权期限内,运营企业合并、分立的,应当向城市公共交通主管部门申请终止其原有线路运营权。合并、分立后的运营企业符合本规定第十五条规定条件的,城市公共交通主管部门可以与其就运营企业原有的线路运营权重新签订线路特许经营协议;不符合相关要求的,城市公共交通主管部门应当按照国家相关规定重新选择线路运营企业。

第二十一条 城市公共交通主管部门应当配合有关部门依法做好票制票价的制定和调整,依据成本票价,并按照鼓励社会公众优先选择城市公共交通出行的原则,统筹考虑社会公众承受能力、政府财政状况和出行距离等因素,确定票制票价。

运营企业应当执行城市人民政府确定的城市公共汽电车票制票价。

第二十二条 运营企业应当按照企业会计准则等有关规定,加强财务管理,规范会计核算,并按规定向城市公共交通主管部门报送运营信息、统计报表和年度会计报告等信息。年度会计报告内容应当包括运营企业实际执行票价低于运营成本的部分,执行政府乘车优惠政策减少的收入,以及执行抢险救灾等政府指令性任务发生的支出等。

第二十三条 城市公共交通主管部门应当配合有关部门建立

运营企业的运营成本核算制度和补偿、补贴制度。

对于运营企业执行票价低于成本票价等所减少的运营收入，执行政府乘车优惠政策减少的收入，以及因承担政府指令性任务所造成的政策性亏损，城市公共交通主管部门应当建议有关部门按规定予以补偿、补贴。

第四章　运营服务

第二十四条　运营企业应当按照线路特许经营协议确定的数量、车型配备符合有关标准规定的城市公共汽电车车辆，并报城市公共交通主管部门备案。

第二十五条　运营企业应当按照有关标准及城市公共交通主管部门的要求，在投入运营的车辆上配置符合以下要求的相关服务设施和运营标识：

（一）在规定位置公布运营线路图、价格表；

（二）在规定位置张贴统一制作的乘车规则和投诉电话；

（三）在规定位置设置特需乘客专用座位；

（四）在无人售票车辆上配置符合规定的投币箱、电子读卡器等服务设施；

（五）规定的其他车辆服务设施和标识。

第二十六条　运营企业应当按照有关标准及城市公共交通主管部门的要求，在城市公共汽电车客运首末站和中途站配置符合以下要求的相关服务设施和运营标识：

（一）在规定位置公布线路票价、站点名称和服务时间；

（二）在规定位置张贴投诉电话；

（三）规定的其他站点服务设施和标识配置要求。

第二十七条　运营企业聘用的从事城市公共汽电车客运的驾驶员、乘务员，应当具备以下条件：

（一）具有履行岗位职责的能力；

（二）身心健康，无可能危及运营安全的疾病或者病史；

(三)无吸毒或者暴力犯罪记录。

从事城市公共汽电车客运的驾驶员还应当符合以下条件:

(一)取得与准驾车型相符的机动车驾驶证且实习期满;

(二)最近连续3个记分周期内没有记满12分违规记录;

(三)无交通肇事犯罪、危险驾驶犯罪记录,无饮酒后驾驶记录。

第二十八条 运营企业应当按照有关规范和标准对城市公共汽电车客运驾驶员、乘务员进行有关法律法规、岗位职责、操作规程、服务规范、安全防范和应急处置等基本知识与技能的培训和考核,安排培训、考核合格人员上岗。运营企业应当将相关培训、考核情况建档备查,并报城市公共交通主管部门备案。

第二十九条 从事城市公共汽电车客运的驾驶员、乘务员,应当遵守以下规定:

(一)履行相关服务标准;

(二)按照规定的时段、线路和站点运营,不得追抢客源、滞站揽客;

(三)按照价格主管部门核准的票价收费,并执行有关优惠乘车的规定;

(四)维护城市公共汽电车场站和车厢内的正常运营秩序,播报线路名称、走向和停靠站,提示安全注意事项;

(五)为老、幼、病、残、孕乘客提供必要的帮助;

(六)发生突发事件时应当及时处置,保护乘客安全,不得先于乘客弃车逃离;

(七)遵守城市公共交通主管部门制定的其他服务规范。

第三十条 运营企业应当按照线路特许经营协议规定的线路、站点、运营间隔、首末班次时间、车辆数、车型等组织运营。未经城市公共交通主管部门同意,运营企业不得擅自改变线路特许经营协议内容。按照第十七条规定变更协议内容签订补充协议的,应当向社会公示。

第三十一条 运营企业应当依据城市公共汽电车线路特许经

营协议制定行车作业计划,并报城市公共交通主管部门备案。运营企业应当履行约定的服务承诺,保证服务质量,按照行车作业计划调度车辆,并如实记录、保存线路运营情况和数据。

第三十二条 运营企业应当及时向城市公共交通主管部门上报相关信息和数据,主要包括运营企业人员、资产等信息,场站、车辆等设施设备相关数据,运营线路、客运量及乘客出行特征、运营成本等相关数据,公共汽电车调查数据,企业政策与制度信息等。

第三十三条 由于交通管制、城市建设、重大公共活动、公共突发事件等影响城市公共汽电车线路正常运营的,城市公共交通主管部门和运营企业应当及时向社会公告相关线路运营的变更、暂停情况,并采取相应措施,保障社会公众出行需求。

第三十四条 城市公共交通主管部门应当根据社会公众出行便利、城市公共汽电车线网优化等需要,组织运营企业提供社区公交、定制公交、夜间公交等多样化服务。

第三十五条 发生下列情形之一的,运营企业应当按照城市公共交通主管部门的要求,按照应急预案采取应急运输措施:

(一)抢险救灾;

(二)主要客流集散点运力严重不足;

(三)举行重大公共活动;

(四)其他需要及时组织运力对人员进行疏运的突发事件。

第三十六条 城市公共汽电车客运场站等服务设施的日常管理单位应当按照有关标准和规定,对场站等服务设施进行日常管理,定期进行维修、保养,保持其技术状况、安全性能符合国家标准,维护场站的正常运营秩序。

第三十七条 运营企业应当按照国家有关标准,定期对城市公共电车触线网、馈线网、整流站等供配电设施进行维护,保证其正常使用,并按照国家有关规定设立保护标识。

第三十八条 乘客应当遵守乘车规则,文明乘车,不得在城市公共汽电车客运车辆或者场站内饮酒、吸烟、乞讨或者乱扔废弃物。

乘客有违反前款行为时，运营企业从业人员应当对乘客进行劝止，劝阻无效的，运营企业从业人员有权拒绝为其提供服务。

第三十九条 乘客应当按照规定票价支付车费，未按规定票价支付的，运营企业从业人员有权要求乘客补交车费，并按照有关规定加收票款。

符合当地优惠乘车条件的乘客，应当按规定出示有效乘车凭证，不能出示的，运营企业从业人员有权要求其按照普通乘客支付车费。

第四十条 有下列情形之一的，乘客可以拒绝支付车费：

(一)运营车辆未按规定公布运营收费标准的；

(二)无法提供车票凭证或者车票凭证不符合规定的；

(三)不按核准的收费标准收费的。

第四十一条 城市公共汽电车客运车辆在运营途中发生故障不能继续运营时，驾驶员、乘务员应当向乘客说明原因，安排改乘同线路后序车辆或者采取其他有效措施疏导乘客，并及时报告运营企业。

第四十二条 进入城市公共汽电车客运场站等服务设施的单位和个人，应当遵守城市公共汽电车场站等服务设施运营管理制度。

第四十三条 运营企业利用城市公共汽电车客运服务设施和车辆设置广告的，应当遵守有关广告管理的法律、法规及标准。广告设置不得有覆盖站牌标识和车辆运营标识、妨碍车辆行驶安全视线等影响运营安全的情形。

第五章 运营安全

第四十四条 运营企业是城市公共汽电车客运安全生产的责任主体。运营企业应当建立健全企业安全生产管理制度，设置安全生产管理机构或者配备专职安全生产管理人员，保障安全生产经费投入，增强突发事件防范和应急处置能力，定期开展安全检查和隐患排查，加强安全乘车和应急知识宣传。

第四十五条 运营企业应当制定城市公共汽电车客运运营安全操作规程,加强对驾驶员、乘务员等从业人员的安全管理和教育培训。驾驶员、乘务员等从业人员在运营过程中应当执行安全操作规程。

第四十六条 运营企业应当对城市公共汽电车客运服务设施设备建立安全生产管理制度,落实责任制,加强对有关设施设备的管理和维护。

第四十七条 运营企业应当建立城市公共汽电车车辆安全管理制度,定期对运营车辆及附属设备进行检测、维护、更新,保证其处于良好状态。不得将存在安全隐患的车辆投入运营。

第四十八条 运营企业应当在城市公共汽电车车辆和场站醒目位置设置安全警示标志、安全疏散示意图等,并为车辆配备灭火器、安全锤等安全应急设备,保证安全应急设备处于良好状态。

第四十九条 禁止携带违禁物品乘车。运营企业应当在城市公共汽电车主要站点的醒目位置公布禁止携带的违禁物品目录。有条件的,应当在城市公共汽电车车辆上张贴禁止携带违禁物品乘车的提示。

第五十条 运营企业应当依照规定配备安保人员和相应设备设施,加强安全检查和保卫工作。乘客应当自觉接受、配合安全检查。对于拒绝接受安全检查或者携带违禁物品的乘客,运营企业从业人员应当制止其乘车;制止无效的,及时报告公安部门处理。

第五十一条 城市公共交通主管部门应当会同有关部门,定期进行安全检查,督促运营企业及时采取措施消除各种安全隐患。

第五十二条 城市公共交通主管部门应当会同有关部门制定城市公共汽电车客运突发事件应急预案,报城市人民政府批准。

运营企业应当根据城市公共汽电车客运突发事件应急预案,制定本企业的应急预案,并定期演练。

发生安全事故或者影响城市公共汽电车客运运营安全的突发事件时,城市公共交通主管部门、运营企业等应当按照应急预案及时采取应急处置措施。

第五十三条 禁止从事下列危害城市公共汽电车运营安全、扰乱乘车秩序的行为：

（一）非法拦截或者强行上下城市公共汽电车车辆；

（二）在城市公共汽电车场站及其出入口通道擅自停放非城市公共汽电车车辆、堆放杂物或者摆摊设点等；

（三）妨碍驾驶员的正常驾驶；

（四）违反规定进入公交专用道；

（五）擅自操作有警示标志的城市公共汽电车按钮、开关装置，非紧急状态下动用紧急或安全装置；

（六）妨碍乘客正常上下车；

（七）其他危害城市公共汽电车运营安全、扰乱乘车秩序的行为。

运营企业从业人员接到报告或者发现上述行为应当及时制止；制止无效的，及时报告公安部门处理。

第五十四条 任何单位和个人都有保护城市公共汽电车客运服务设施的义务，不得有下列行为：

（一）破坏、盗窃城市公共汽电车车辆、设施设备；

（二）擅自关闭、侵占、拆除城市公共汽电车客运服务设施或者挪作他用；

（三）损坏、覆盖电车供电设施及其保护标识，在电车架线杆、馈线安全保护范围内修建建筑物、构筑物或者堆放、悬挂物品，搭设管线、电（光）缆等；

（四）擅自覆盖、涂改、污损、毁坏或者迁移、拆除站牌；

（五）其他影响城市公共汽电车客运服务设施功能和安全的行为。

第六章　监督检查

第五十五条 城市公共交通主管部门应当建立“双随机”抽查制度，并定期对城市公共汽电车客运进行监督检查，维护正常的运营秩序,保障运营服务质量。

第五十六条 城市公共交通主管部门有权行使以下监督检查职责:

(一)向运营企业了解情况,要求其提供有关凭证、票据、账簿、文件及其他相关材料;

(二)进入运营企业进行检查,调阅、复制相关材料;

(三)向有关单位和人员了解情况。

城市公共交通主管部门对检查中发现的违法行为,应当当场予以纠正或者要求限期改正;对依法应当给予行政处罚、采取强制措施的行为,应当依法予以处理。

有关单位和个人应当接受城市公共交通主管部门及其工作人员依法实施的监督检查,如实提供有关材料或者说明情况。

第五十七条 城市公共交通主管部门应当建立运营企业服务质量评价制度,定期对运营企业的服务质量进行评价并向社会公布,评价结果作为衡量运营企业运营绩效、发放政府补贴和线路运营权管理等的依据。

对服务质量评价不合格的线路,城市公共交通主管部门应当责令相关运营企业整改。整改不合格,严重危害公共利益,或者造成重大安全事故的,城市公共交通主管部门可以终止其部分或者全部线路运营权的协议内容。

第五十八条 城市公共交通主管部门和运营企业应当分别建立城市公共交通服务投诉受理制度并向社会公布,及时核查和处理投诉事项,并将处理结果及时告知投诉人。

第五十九条 城市公共交通主管部门应当对完成政府指令性运输任务成绩突出,文明服务成绩显著,有救死扶伤、见义勇为等先进事迹的运营企业和相关从业人员予以表彰。

第七章 法律责任

第六十条 未取得线路运营权、未与城市公共交通主管部门签订城市公共汽电车线路特许经营协议，擅自从事城市公共汽电车客运线路运营的，由城市公共交通主管部门责令停止运营，并处2万元以上3万元以下的罚款。

第六十一条 运营企业违反本规定第二十五条、第二十六条规定，未配置符合要求的服务设施和运营标识的，由城市公共交通主管部门责令限期改正；逾期不改正的，处5000元以下的罚款。

第六十二条 运营企业有下列行为之一的，由城市公共交通主管部门责令限期改正；逾期未改正的，处5000元以上1万元以下的罚款：

（一）未定期对城市公共汽电车车辆及其安全设施设备进行检测、维护、更新的；

（二）未在城市公共汽电车车辆和场站醒目位置设置安全警示标志、安全疏散示意图和安全应急设备的；

（三）使用不具备本规定第二十七条规定条件的人员担任驾驶员、乘务员的；

（四）未对拟担任驾驶员、乘务员的人员进行培训、考核的。

第六十三条 运营企业未制定应急预案并组织演练的，由城市公共交通主管部门责令限期改正，并处1万元以下的罚款。

发生影响运营安全的突发事件时，运营企业未按照应急预案的规定采取应急处置措施，造成严重后果的，由城市公共交通主管部门处2万元以上3万元以下的罚款。

第六十四条 城市公共汽电车客运场站和服务设施的日常管理单位未按照规定对有关场站设施进行管理和维护的，由城市公共交通主管部门责令限期改正；逾期未改正的，处1万元以下的罚款。

第六十五条 违法携带违禁物品进站乘车的，或者有本规定第五十三条危害运营安全行为的，运营企业应当报当地公安部门依法处理。

第六十六条 违反本规定第五十四条，有危害城市公共汽电车客运服务设施行为的，由城市公共交通主管部门责令改正，对损坏的设施依法赔偿,并对个人处1000元以下的罚款,对单位处5000元以下的罚款。构成犯罪的,依法追究刑事责任。

第六十七条 城市公共交通主管部门不履行本规定职责、造成严重后果的,或者有其他滥用职权、玩忽职守、徇私舞弊行为的,对负有责任的领导人员和直接责任人员依法给予处分;构成犯罪的,依法追究刑事责任。

第六十八条 地方性法规、政府规章对城市公共汽电车客运违法行为需要承担的法律责任与本规定有不同规定的,从其规定。

第八章 附 则

第六十九条 县(自治县、旗、自治旗、团场)开通公共汽电车客运的,参照适用本规定。

第七十条 经相关城市人民政府协商开通的毗邻城市间公共汽电车客运,参照适用本规定。

第七十一条 本规定自2017年5月1日起施行。

交通运输部关于进一步规范限量瓶装氮气等气体道路运输管理有关事项的通知

交运发〔2017〕96号　2017.07.11

各省、自治区、直辖市、新疆生产建设兵团交通运输厅(局、委):

为贯彻落实党中央、国务院关于推进供给侧结构性改革和降低实体经济企业成本的决策部署,深化交通运输放管服改革,促进物流业降本增效,保障限量瓶装氮气等气体安全、便利运输,更好地满足社会需要,根据中国工业气体工业协会,中国商业联合会,中国石油和化学工业联合会等单位的申请,经组织专家研究论证,决定对氮、氦、氖、氩、氪、氙等低危气体,符合相关要求时,在道路运输环节按照普通货物进行管理。现就有关事项通知如下:

一、对于使用符合国家特种设备安全技术规范《气瓶安全技术监察规程》(TSG R0006)无缝气瓶,运输压缩氮(UN1066)、压缩氦(UN1046)、压缩氖(UN1065)、压缩氩(UN1006)、压缩氪(UN1056),单个气瓶公称容积不超过50升,每个运输单元所运输的压缩气体气瓶总水容积不超过500升的,在道路运输环节按照普通货物进行管理,豁免其关于运输企业资质、专用车辆和从业人员资格等有关危险货物运输管理要求。

二、对于使用符合国家特种设备安全技术规范《气瓶安全技术监察规程》(TSG R0006)无缝气瓶,运输氙(UN2036),单个气瓶公称容积不超过50升,每个运输单元所运输的氙净充装质量不超过500千克的,在道路运输环节按照普通货物进行管理,豁免其关于运输企业资质、专用车辆和从业人员资格等有关危险货物运输管理要求。

三、对于使用符合国家特种设备安全技术规范《气瓶安全技术监察规程》(TSG R0006)焊接绝热气瓶,运输冷冻液态氮(UN1977)、冷冻液态氩(UN1963)、冷冻液态氖(UN1913)、冷冻液态氪(UN1951),单个气瓶公称容积不大于175升,每个运输单元所运输的冷冻液化气体净充装质量不超过500千克的,在道路运输环节按照普通货物进行管理,豁免其关于运输企业资质、专用车辆和从业人员资格等有关危险货物运输管理要求。

四、从事限量瓶装氮、氩、氖、氪、氦、氙气瓶运输的企业应当按照《限量瓶装氮、氩、氖、氪、氦、氙道路运输指南》(以下简称《指南》)要求,对驾驶人员进行培训,使用符合要求的车辆进行运输,做到轻装轻卸及妥善固定,确保气瓶阀门关严,出现泄漏或者交通事故等紧急情况应当按照程序进行紧急处置。

五、托运人及其他相关参与方应当切实履行《指南》规定的责任和义务。氮、氩、氖、氪、氦、氙的包装、标签使用或者数量不满足本通知要求时,在道路运输环节不得按照普通货物进行托运和运输。中国工业气体工业协会、中国商业联合会、中国石油和化学工业联合会要对会员企业积极开展政策宣贯、培训,跟踪掌握会员企业托运合规情况,加强行业自律,促进运输安全。

六、各地交通运输管理部门要会同有关部门加强对相关法律、行政法规及本文件宣传,依法督促托运人及运输企业及其他参与方按照《指南》落实安全生产主体责任,加强执法检查,严格依法查处瓶装氮、氩、氖、氪、氦、氙违法托运及运输行为,切实保障运输安全。

附件:限量瓶装氮、氩、氖、氪、氦、氙道路运输指南

附件

限量瓶装氮、氦、氖、氩、氪、氙道路运输指南

本文件对"瓶装氮、氦、氖、氩、氪、氙道路运输豁免数量"内的氮、氦、氖、氩、氪、氙气瓶道路运输提供基本的安全操作指导。

豁免数量

单个无缝气瓶公称容积不超过50 升,每个运输单元所运输的压缩气体(氮气、氦气、氖气、氩气、氪气)气瓶总水容积不超过500 升;每个运输单元所运输的液化氙气净充装质量不超过500 千克。

单个焊接绝热气瓶公称容积不大于175 升,每个运输单元所运输的冷冻液化气体(氮、氦、氖、氩)净充装质量不超过500 千克。

以常用气瓶为例,单个运输单元可运送的气瓶数量参考如下。

产品种类	联合国编号(UN)	气瓶种类	单个气瓶公称容积(升)	最大充装质量(千克)	满足豁免条件的气瓶数量(个)
氮	1066	无缝气瓶(15MPa)	8		≤62
			10		≤50
			40		≤12
			50		≤10
	1977	焊接绝热气瓶	175	120	≤4
氦	1046	无缝气瓶(15MPa)	10		≤50
			40		≤12
			50		≤10
	1963	焊接绝热气瓶	100	13	≤38
			175	22	≤22

续上表

产品种类	联合国编号（UN）	气瓶种类	单个气瓶公称容积（升）	最大充装质量（千克）	满足豁免条件的气瓶数量（个）
氖	1065	无缝气瓶（15MPa）	10		≤50
			40		≤12
			50		≤10
	1913	焊接绝热气瓶	175	222	≤2
氩	1006	无缝气瓶（15MPa）	10		≤50
			40		≤12
			50		≤10
	1951	焊接绝热气瓶	175	210	≤2
氪	1056	无缝气瓶（15MPa）	10		≤50
			40		≤12
			50		≤10
氙	2036	无缝气瓶（液化气体）	10	12	≤38
			40	49	≤10
			50	61	≤8

托运人责任

确保托运气瓶符合国家特种设备安全技术规范《气瓶安全技术监察规程》(TSG R0006)。

确保气瓶或其外包装上粘贴符合《气瓶警示标签》(GB 16804) 要求的气瓶警示标签、产品合格证等。

告知承运人所托运的气瓶容积及数量、危险特性、安全操作要求以及发生危险情况时应急处置措施。

交付前应检查确认气瓶瓶阀关严、无泄漏，气瓶安全附件齐全、完好。

承运人责任

培训驾驶人员:

驾驶员应取得相应资质，包括驾驶证和从业资格证。承运企业应对驾驶人员进行定期培训，并保存相关培训及考核记录。培训内容包括：所载瓶装气体的危险特性，气瓶的安全操作和应急处置措施等。

车辆合规:

符合《中华人民共和国道路运输条例》中从事货运经营的车辆要求，并首选敞开式或通风良好的车辆或者集装箱，如果不可行，车辆或集装箱的门上应使用采用适当字体，书写“警告”、“不通风”、“小心开启”标记，并向从业人员说明标记的含义。同时，避免人员与气瓶处于同一空间。车上配备所载物品的安全技术说明书、手套等防护用品；运输瓶装冷冻液化气体时，车上应配备长袖衣物、防冻手套和防护眼镜等。

轻装轻卸：

符合《气瓶安全技术监察规程》（TSG R0006）及相关标准规范要求，做到轻装轻卸，严禁抛、滑、滚、碰、敲击；如需吊装，严禁使用电磁起重机和金属链绳。

确保气瓶阀门关严：

运输前再次检查气瓶阀门是否关严、有无泄漏、气瓶保护帽是否安装、是否移除调压器等所有与气瓶外接设备。

气瓶妥善固定:

运输气瓶时应当整齐放置。横放时，瓶端朝向应一致且应采取安全、适当的挡块、绑缚或紧固方式防止气瓶滚动、滑落；立放时，应妥善固定，防止气瓶倾倒，可参照《气瓶直立道路运输技术要求》（GB/T 30685）。与其他物品一同运输时，应避免气瓶的完好性受到损坏，例如气瓶上方不得压放重物，以避免损坏气瓶安全装置。

避免高温暴晒:

应避免气瓶在高温下运输。夏季要有遮阳设施，防止暴晒。

应急处理措施:

出现泄漏或交通事故等紧急情况后，驾驶员应按照基本处置程序，将车辆停在安全的地方并采取相关措施，保证车辆安全并避免事件恶化。如有需要，应尽快向相关部门报告，并启动危险货物应急处置预案。几种常见情况及处置措施如下：

微漏情形一

原因：在充装结束后阀门关闭不严，或在运输搬运过程中阀门松开，导致泄漏。

处置：关严阀门。

快速泄漏情形一

原因：高温导致瓶内的气体压力超过安全压力后出现安全阀起跳，或者爆破片破裂，高压气体快速泄漏。

处置：处置人员应在采取必要防护措施后，将气瓶移至空旷处并排放完毕。作出标识后，退回托运企业。处置冷冻液化气体泄漏时，防护措施包括穿长袖衣物、戴防冻手套和防护眼镜等。

微漏情形二

原因：瓶阀附件（阀杆、垫片、防爆片）老化或磨损，阀芯松动或密封不严，导致漏气。

处置：将气瓶移至空旷处排放完毕。作出标识后，退回托运企业。

快速泄漏情形二

原因：瓶阀损坏造成高压气体快速泄漏，使得气瓶飞窜、瓶体翻滚或旋转失控。

处置：处置人员应先疏散现场人员，并在采取必要防护措施后，将气瓶移至空旷处排放完毕。作出标识后，退回托运企业。处置冷冻液化气体泄漏时，防护措施包括穿长袖衣物、戴防护手套和防护眼镜等。

交通运输部关于《网络预约出租汽车经营服务管理暂行办法》第三十四条第(一)项适用主体的意见

交法函〔2017〕564号　2017.07.31

山西省交通运输厅：

你厅《关于〈网络预约出租汽车经营服务管理暂行办法〉第三十四条适用主体如何界定的请示》(晋交政法发〔2017〕240号)收悉。经研究,现答复如下：

未取得《网络预约出租汽车经营许可证》的经营者、未取得《网络预约出租汽车运输证》的车辆、未取得《网络预约出租汽车驾驶员证》的驾驶员擅自从事或者变相从事网约车经营活动的,均适用《网络预约出租汽车经营服务管理暂行办法》第三十四条第(一)项规定。

交通运输部　中央宣传部　中央网信办　国家发展改革委　工业和信息化部　公安部　住房城乡建设部　人民银行　质检总局　国家旅游局　关于鼓励和规范互联网租赁自行车发展的指导意见

交运发〔2017〕109号　2017.08.01

各省、自治区、直辖市人民政府，国务院各部委、各直属机构：

互联网租赁自行车（俗称“共享单车”）是移动互联网和租赁自行车融合发展的新型服务模式，是分享经济的典型业态。近年来，我国互联网租赁自行车快速发展，在更好地满足公众出行需求、有效解决城市交通出行“最后一公里”问题、缓解城市交通拥堵、构建绿色出行体系等方面发挥了积极作用，有力推动了分享经济发展。但同时也存在车辆乱停乱放、车辆运营维护不到位、企业主体责任不落实、用户资金和信息安全风险等问题。为了鼓励和规范互联网租赁自行车发展，经国务院同意，现提出以下指导意见。

一、总体要求

（一）指导思想。全面贯彻党的十八大和十八届三中、四中、五中、六中全会精神，深入贯彻习近平总书记系列重要讲话精神和治国理政新理念新思想新战略，认真落实党中央、国务院决策部署，统筹推进“五位一体”总体布局和协调推进“四个全面”战略布局，牢固树立和贯彻落实创新、协调、绿色、开放、共享的发展理念，深化供给侧结构性改革，有效推进“互联网＋”行动计划，鼓励和规范互联网租赁自行车发展，提升互联网租赁自行车服务水平，优化交通出行结构，构建绿色、低碳的出行体系，更好地满足人民群众出行需要。

（二）基本原则。

——坚持服务为本。树立以人民为中心的发展思想，维护各方合法权益，为公众提供更安全、更便捷、更绿色、更经济的出行服务。

——坚持改革创新。以“互联网+”行动为契机，发挥市场在资源配置中的决定性作用和更好地发挥政府作用，探索政府与企业合作新模式，激发企业创新动力和活力，促进行业健康有序发展。

——坚持规范有序。坚持问题导向，实施包容审慎监管，形成鼓励和规范互联网租赁自行车的发展环境，落实企业主体责任，依法规范企业经营，引导用户守诚信、讲文明，维护正常运行和停放秩序。

——坚持属地管理。城市人民政府是互联网租赁自行车管理的责任主体，充分发挥自主权和创造性，因地制宜、因城施策，探索符合本地实际的发展模式。

——坚持多方共治。充分调动各方面积极性，加强行业自律，引导公众积极参与，形成政府、企业、社会组织和公众共同治理的局面。

二、实施鼓励发展政策

（三）科学确定发展定位。互联网租赁自行车是分时租赁营运非机动车，是城市绿色交通系统的组成部分，是方便公众短距离出行和公共交通接驳换乘的交通服务方式。各地要坚持优先发展公共交通，统筹发展互联网租赁自行车，推进公共租赁自行车与互联网租赁自行车融合发展，建立完善多层次、多样化的城市出行服务系统。不鼓励发展互联网租赁电动自行车。

（四）引导有序投放车辆。各城市可根据城市特点、公众出行需求和互联网租赁自行车发展定位，研究建立与城市空间承载能力、停放设施资源、公众出行需求等相适应的车辆投放机制,引导互联网租赁自行车运营企业合理有序投放车辆,保障行业健康有序发展和安全稳定运行。

(五)完善自行车交通网络。合理布局慢行交通网络和自行车停车设施,将其纳入城市综合交通体系规划,并与城市公共交通规划相衔接。积极推进自行车道建设,提高自行车道的网络化和通达性。要优化自行车交通组织,完善道路标志标线,纠正占用非机动车道等违法行为,保障自行车通行条件。

(六)推进自行车停车点位设置和建设。各城市要制定适合本地特点的自行车停放区设置技术导则,规范自行车停车点位设置。对不适宜停放的区域和路段,可制定负面清单实行禁停管理。对城市重要商业区域、公共交通站点、交通枢纽、居住区、旅游景区周边等场所,应当施划配套的自行车停车点位或者通过电子围栏等设定停车位,为自行车停放提供便利。

三、规范运营服务行为

(七)加强互联网租赁自行车标准化建设。鼓励有关社会组织、产业联盟制定团体标准;支持各地结合发展规模、城市管理、地形条件、用户骑行习惯等差异化需求,制定运营、维护、车辆淘汰等地方标准;鼓励企业制定更高水平的产品质量、运营管理、售后服务等企业标准,探索实施全生命周期管理,推进企业产品和服务标准自我声明公开;加快制定基础通用类国家标准。运用认证认可、监督抽查等手段,建立标准实施分类监督机制,促进标准落地,确保产品质量和安全。投放车辆应当符合有关技术标准规定。

(八)规范企业运营服务。互联网租赁自行车运营企业要加强线上线下服务能力建设。充分利用车辆卫星定位、大数据等信息技术加强对所属车辆的经营管理,创新经营服务方式,不断提升用户体验,提高服务水平。合理配备线下服务团队,加强车辆调度、停放和维护管理,确保车辆安全、方便使用、停放有序。互联网租赁自行车实行用户实名制注册和使用。运营企业应当与用户签订服务协议,明确双方权利义务,明确用户骑行、停放等方面的要求。禁止向未满12岁的儿童提供服务。明示计费方式和标准,公开服务质量承诺,建立投诉处理机制,接受社会监督。创新保险机制,为用户购买人身意外伤害险。加强信息报送与共享,及时将车辆投放数量、分布区域等运营信息报送当地主管部门并实现相关部门信息共享。

（九）加强停放管理和监督执法。互联网租赁自行车运营企业要落实对车辆停放管理的责任,推广应用电子围栏等技术,综合采取经济惩罚、记入信用记录等措施,有效规范用户停车行为;及时清理违规停放、存在安全隐患、不能提供服务的车辆,并根据停车点车辆饱和情况及时调度转运车辆,最大限度满足用户用车停车需求。各地要加强对互联网租赁自行车停放的监督,明确相关主管部门的执法职责;对乱停乱放问题严重、线下运营服务不力、经提醒仍不采取有效措施的运营企业,应公开通报相关问题,限制其投放。

（十）引导用户安全文明用车。用户应当自觉遵守道路交通安全、城市管理等相关法律法规及服务协议约定,做到文明用车、安全骑行、规范停放,骑行前应当检查自行车技术状况,确保骑行安全。使用互联网租赁自行车不得违反规定载人,不得擅自加装儿童座椅等设备。加强对互联网租赁自行车使用规范和安全文明骑行的宣传教育,通过互联网租赁自行车平台推送、公益广告、主题教育、志愿者活动等多种方式,引导用户增强诚信和文明意识、遵守交通法规、遵守社会公德。

（十一）加强信用管理。加快互联网租赁自行车服务领域信用记录建设,建立企业和用户信用基础数据库,定期推送给全国信用信息共享平台。对企业和用户不文明行为和违法违规行为记入信用记录。加强企业服务质量和用户信用评价。鼓励企业组成信用信息共享联盟,对用户建立守信激励和失信惩戒机制。支持发展跨企业、跨品牌的租赁平台服务。

四、保障用户资金和网络信息安全

（十二）加强用户资金安全监管。鼓励互联网租赁自行车运营企业采用免押金方式提供租赁服务。企业对用户收取押金、预付资金的,应严格区分企业自有资金和用户押金、预付资金,在企业注册地开立用户押金、预付资金专用账户,实施专款专用,接受交通、金融等主管部门监管,防控用户资金风险。企业应建立完善用户押金退还制度,加快实现"即租即押、即还即退"。互联网租赁自行车业务中涉及的支付结算服务,应通过银行、非银行支付机构提供,并与其签订协议。互联网租赁自行车运营企业实施收购、兼并、重组或者退出市场经营的,必须制定合理方案,确保用户合法权益和资金安全。

(十三)加强网络和信息安全保护。互联网租赁自行车运营企业应当遵守《中华人民共和国网络安全法》等法律法规要求,将服务器设在中国大陆境内,并落实网络安全等级保护、数据安全管理、个人信息保护等制度,建立网络和信息安全管理制度及技术保障手段,完善网络安全防范措施,依法合规采集、使用和保护个人信息,强化系统数据安全保护,防范违法信息传播扩散。运营企业采集信息不得侵害用户合法权益和社会公共利益,不得超越提供互联网租赁自行车服务所必需的范围;在境内运营中采集的信息和生成的相关数据应当在中国大陆境内存储。发生重大网络和信息安全事件,应及时向相关主管部门报告。主管部门不得将运营企业报送的数据超越管理所必需的范围。

五、营造良好发展环境

(十四)明确责任分工。各地区、各有关部门要充分认识鼓励和规范互联网租赁自行车的重要意义,加强组织领导、加快制度建设、强化监管服务。城市人民政府要结合本地实际,明确各部门工作责任,建立联合工作机制,加强统筹协调,加快信息共享,促进互联网租赁自行车健康有序发展。交通运输部门负责互联网租赁自行车与城市公共交通融合发展的政策制定和统筹协调;公安机关负责查处盗窃、损毁互联网租赁自行车等违法行为,查处互联网租赁自行车交通违法行为,维护交通秩序;住房城乡建设部门负责城市自行车交通网络、互联网租赁自行车停车设施规划并指导建设;

公安机关交通管理部门和城市管理部门共同指导互联网租赁自行车停放管理;网信部门、电信主管部门、公安机关等根据各自职责,负责加强互联网租赁自行车服务的网络安全监管,保障用户信息安全。发展改革、价格、人民银行、工商、质检等部门按照各自职责,对互联网租赁自行车经营行为实施相关监督检查,并对违法行为依法处理。

(十五)加强社会公众治理。充分发挥行业协会、产业联盟等各方作用,支持制定发布行业公约等自律规则,贯彻实施相关标准,加强行业服务和自律管理,强化服务质量监管、第三方评价等。鼓励公众共同参与治理,形成企业主体、政府监管、多方参与的社会治理体系。加大消费者权益保护力度,防范向消费者转嫁经营风险等行为。

(十六)建立公平竞争市场秩序。互联网租赁自行车运营企业应当依法规范经营,不得妨碍市场公平竞争,不得侵害用户合法权益和公共利益。各地区、各有关部门要加强指导和监督管理,创新监管方式,建立完善"双随机"抽查制度,畅通投诉渠道,维护各方合法权益。充分发挥舆论监督和社会监督作用,加大对违法违规行为的曝光,营造良好发展环境。

交通运输部　住房城乡建设部
关于促进小微型客车租赁健康发展的指导意见

交运发〔2017〕110号　2017.08.04

各省(自治区、直辖市)、新疆生产建设兵团交通运输厅(局、委)、住房城乡建设厅(局、委):

小微型客车租赁是满足人民群众个性化出行、商务活动、公务活动和旅游休闲等需求的交通服务方式。为促进新形势下小微型客车租赁的健康发展,推动移动互联网与小微型客车租赁的融合发展,更好满足人民群众多层次出行需求,现提出以下指导意见。

一、总体要求

(一)指导思想。

全面贯彻落实党的十八大和十八届三中、四中、五中、六中全会精神,深入贯彻习近平总书记系列重要讲话精神和治国理政新理念新思想新战略,牢固树立创新、协调、绿色、开放、共享的发展理念,充分发挥市场在资源配置中的决定性作用和更好发挥政府作用,深化供给侧结构性改革,优化行业发展环境,激发市场活力和社会创造力,促进行业健康发展,推动建设龙头企业引领、网络覆盖广泛、经营行为规范、服务品质优良的小微型客车租赁服务体系,更好地满足人民群众多样化出行需要。

(二)基本原则。

用户为本,安全第一。坚持以人民为中心的发展思想,牢固树立安全发展理念,加快提升行业服务水平,提供安全、便捷、优质的小微型客车租赁服务。

改革创新,融合发展。坚持问题导向,深化行业供给侧结构性改革,推动小微型客车租赁与互联网融合发展,促进小微型客车租赁创新发展。

科学监管,规范有序。加强信用体系建设,利用先进技术手段,提升事中事后监管能力,维护公平竞争的市场秩序,保障各方合法权益。

二、夯实安全管理基础

(三)规范租赁车辆管理。小微型客车租赁是指在约定时间内小微型客车租赁经营者将小微型客车交付承租人使用,收取租赁费用,不提供驾驶劳务的经营方式。租赁车辆是汽车租赁经营者提供车辆租赁服务以获取利润为目的而使用的机动车,应按照相关法律法规和技术标准规定到公安机关办理登记。车辆的安全技术检验、环保检验和报废等按照有关规定执行。车辆购买交强险、第三者责任险等相关保险时按照登记的使用性质对应的保险费率投保,鼓励经营者与保险公司根据小微型客车租赁业务特点和风险大小,开发保险产品,提高企业抗风险能力,保障承租人合法权益。小微型客车租赁经营者应加强对租赁车辆的日常使用管理,建立租赁车辆技术档案,定期进行检测维护,确保租赁车辆性能及安全状况良好,车容车貌卫生整洁。

(四)落实身份查验制度。为维护公共安全,保障租赁经营者和承租人合法权益,开展小微型客车租赁业务要落实完善身份查验制度,并按要求采集和报送有关信息。小微型客车租赁经营者应当具备身份查验所需的设施设备,对承租人提供的有效证件进行查验,将有关信息在车辆租赁合同中记录,并载明所有驾驶人身份证件和驾驶证信息。承租人是个人的,应查验承租人的有效身份证件和驾驶证原件;承租人为企业法人或其他组织的,应查验企业法人营业执照或其他有效登记证件,授权委托书和经办人有效身份证件原件。租赁车辆应交付给经过身份查验的承租人,对不符合要求、身份不明或者拒绝身份查验的,不应提供小微型客车租赁服务。

三、提升服务能力

（五）完善基础设施规划建设。各地交通运输部门应当会同当地住房城乡建设（规划）部门依据城市总体规划，根据当地经济社会发展和居民出行需要，综合考虑人口数量、经济发展水平、居民出行需求以及城市交通状况等因素，制定小微型客车租赁发展规划，并纳入综合运输体系规划和城市综合交通体系规划，统筹安排租赁网点和停车场地；加强小微型客车租赁与不同交通运输方式的换乘衔接，推进机场、火车站、汽车站、港口等交通枢纽小微型客车租赁营业网点以及客流密集区域停车站点建设。

（六）加强日常经营管理。鼓励小微型客车租赁经营者利用卫星定位装置、地理信息系统等远程监控技术和车联网、“电子围栏”等智能技术，强化对租赁车辆安全的管控力度，降低经营风险；鼓励小微型客车租赁经营者利用互联网、移动互联网应用程序（APP）开展车辆预订、取还车和电子支付等服务，提高租车便捷性。小微型客车租赁经营者应当遵守国家网络和信息安全有关规定，完善网络安全防范措施，依法合规采集、存储、使用和保护个人信息，不得超越提供小微型客车租赁服务所必需的范围。小微型客车租赁经营者应当加强租赁合同管理，明确经营者和承租人权利义务，建立投诉处理机制，依法接受社会公众投诉，及时答复处理结果。

（七）推动规模化、网络化、品牌化发展。鼓励小微型客车租赁经营者通过兼并重组、合资合作、上市融资等方式，提升规模化水平，加强上下游行业及相关行业联动。支持小微型客车租赁经营者通过特许经营、连锁经营、战略联盟等形式，扩大网络覆盖范围，优化经营网点布局，为消费者提供“一点租多点还”“一城租多城还”租赁服务，不断提升服务体验。引导小微型客车租赁经营者加强品牌建设，创新经营服务内容，增强企业核心竞争力。

四、鼓励分时租赁发展

（八）充分认识发展分时租赁的作用。分时租赁，俗称汽车共享，是以分钟或小时等为计价单位，利用移动互联网、全球定位等信息技术构建网络服务平台,为用户提供自助式车辆预订、车辆取还、费用结算为主要方式的小微型客车租赁服务,是传统小微型客车租赁在服务模式、技术、管理上的创新,改善了用户体验,为城市出行提供了一种新的选择,有助于减少个人购车意愿,一定程度上缓解城市私人小汽车保有量快速增长趋势以及对道路和停车资源的占用。

(九)科学确定分时租赁发展定位。各地交通运输部门要会同住房城乡建设(规划)部门综合考虑城市经济发展、交通出行结构、汽车保有量、停车资源等实际,在坚持公交优先发展战略的前提下,考虑分时租赁非集约化出行的特点,合理确定分时租赁在城市综合交通运输体系中的定位,研究建立与公众出行需求、城市道路资源、停车资源等相适应的车辆投放机制,使其与城市公共交通、出租汽车等出行方式协调发展,形成多层次、差异化的城市交通出行体系。

(十)提升线上线下服务能力。分时租赁经营者应具备线上服务能力,要通过技术手段落实承租人身份查验要求,应通过大数据分析,强化车辆智能组织调配,动态优化车辆布局,实现不同时间、不同区域间的车辆供需平衡。推广应用“电子围栏”技术,引导用户有序停车,加强停车管理。分时租赁经营者应具备线下运营服务能力,要通过运营人员日常巡检、车辆自检等方式,确保车辆安全状况良好,要建立完善车辆调度、维修、救援、回收机制和流程。分时租赁经营者应采用安全、合规的支付结算服务,确保用户押金和资金安全,确保用户个人信息安全。鼓励分时租赁经营者采用信用模式代替押金管理。

(十一)建立健全配套政策措施。鼓励城市商业中心、政务中心、大型居民区、交通枢纽等人流密集区域的公共停车场为分时租赁车辆停放提供便利。鼓励探索通过优惠城市路内停车费等措施,推动租赁车辆在依法划设的城市路内停车泊位停放,在不增加城市道路拥堵、不影响其他社会车辆停放的情况下,提高路内停车泊位的使用效率和租赁车辆使用便利度。鼓励使用新能源车辆开展分时租赁，并按照新能源汽车发展有关政策在充电基础设施布局和建设方面给予扶持。

五、营造良好发展环境

（十二）加快推进制度标准建设。进一步完善小微型客车租赁规章制度，制修订小微型客车租赁相关标准。明确小微型客车租赁合同格式文本主要内容，规范租赁合同管理。推动解决租赁车辆道路交通违法处置、租赁车辆诈骗等突出问题，形成统一、开放的租赁市场，为行业健康发展创造条件。

（十三）创新监管方式。各地交通运输部门要建立行业基本信息采集分析机制，全面及时准确掌握行业发展动态。加快信用体系建设，建立小微型客车租赁经营者和承租人信用评价制度，构建跨地区、跨部门、跨领域的联合激励和惩戒机制。定期开展服务质量测评和用户满意度调查，并向社会发布测评和调查结果。

各地交通运输部门要充分认识促进小微型客车租赁健康发展的重要意义，在当地党委政府的统一领导下，制定配套政策措施和实施方案，加强组织领导，健全工作机制，强化协调沟通，充分发挥行业协会作用，确保各项政策措施落地见效，促进小微型客车租赁健康发展，更好满足人民群众多样化出行需求。

交通运输部关于加快发展冷链物流保障食品安全促进消费升级的实施意见

交运发〔2017〕127 号　2017.08.22

各省、自治区、直辖市、新疆生产建设兵团交通运输厅(局、委),部属各单位,部内各司局:

促进冷链物流规范健康发展,对于提高人民群众生活品质,保障食品药品流通安全具有重要意义。交通运输是冷链物流的基础环节和重要载体,在支撑冷链物流发展中发挥着主体作用。目前,我国冷链物流运输环节“断链”现象较为普遍,运输装备技术水平低、行业监管不足、标准规范执行不到位,影响了冷链物流整体服务品质和安全保障能力。为深入贯彻落实《国务院办公厅关于加快发展冷链物流保障食品安全促进消费升级的意见》(国办发〔2017〕29 号)相关要求,推动物流业供给侧结构性改革,加快促进冷链物流健康规范发展,保障鲜活农产品和食品流通安全,支撑产业转型发展和居民消费升级,制定本实施意见。

一、总体要求

贯彻落实国务院关于加快发展冷链物流的总体部署和要求,以满足全社会冷链物流需求、提升冷链物流服务品质、保障食品流通安全为目标导向,坚持市场主导、问题导向、创新驱动、协同发展,深入推进物流供给侧结构性改革,充分发挥交通运输在冷链物流发展中的基础性作用,着力提升设施设备技术水平、健全全程温控体系、优化运输组织模式、强化企业运营监管,力争到 2020 年,初步形成全程温控、标准规范、运行高效、安全绿色的冷链物流服务体系,“断链”问题基本解决,全面提升冷链物流服务品质,有效保障食品流通安全。

二、加快完善冷链物流设施设备

1. 严格冷藏保温车辆的市场准入和退出。制定发布《营运货车安全技术条件》行业标准，将冷藏保温车辆作为专用货运车辆加强管理，并将温度监控设备性能要求作为冷藏保温车辆投入运营的基本条件。对于不符合相关标准要求的，不允许投入冷链物流市场。引导高耗能、低效率、不合规的冷藏保温车加快退出市场。

2. 严格冷藏保温车辆使用过程管理。做好冷藏保温车辆的年度审验，制定发布《冷藏保温车辆温度记录与监控设备性能要求和检测方法》《冷藏保温车辆分类及技术要求》等行业标准，明确对冷藏保温车辆及其温控、制冷设备等的性能要求和检验方法，并纳入营运车辆综合性能检验，确保温控、制冷设备性能合格。

3. 提升冷链物流装备专业化水平。鼓励多温层冷藏车、冷藏集装箱、冷藏厢式半挂车、低温保温容器等标准化运载单元以及轻量化、新能源等节能环保冷藏保温车型在冷链物流中推广使用，提高冷链物流装备的专业化、标准化、轻量化水平。完善冷藏集装箱供需体系，建立跨运输方式的冷藏集装箱循环共享共用系统，提高冷藏集装箱的利用效率。

4. 加强冷链物流基础设施建设。加快建设具有仓储、集配、运输等功能于一体的公共服务型冷链物流园区，加快面向农产品生产基地，特别是中西部农产品规模较大地区的冷链物流园区建设。引导货运枢纽(物流园区)完善冷链物流服务功能，合理规划园区内冷藏库、恒温库、冷冻库等设施的布局，支持标准化冷库、封闭低温装卸货台、温控理货区建设，促进制冷、温控、装卸、分拣包装等先进设备的推广应用。加快农村冷链物流网络体系建设，完善“最先一公里”产地预冷设施。

三、鼓励冷链物流企业创新发展

5. 引导传统冷链物流企业转型升级。鼓励传统冷链物流企业扩大经营规模和服务范围，拓展经营网络，创新服务产品，引导单一运输服务向定制化、个性化增值服务转型，提升冷链物流服务品质。鼓励有条件的冷链物流企业延伸服务链条，加强与农产品生产、生鲜食品加工、商贸流通企业在订单管理、仓储管理、物流配送、温度监控等方面的协同对接，推动冷链物流企业向综合物流服务商转型发展，提高冷链物流企业供应链服务水平。

6. 创新企业运营组织模式。依托多式联运示范工程，鼓励冷链物流企业发展“海运＋冷藏班列”海铁联运、“中欧冷藏班列”公铁联运、公水联运、空陆联运等多式联运新模式。加强多式联运冷藏设施设备在技术标准、信息资源、服务规范、作业流程等方面的有效对接，引导冷链物流企业提供全程一站式服务。支持冷链物流企业依托移动互联网等信息技术从事无车、无船承运业务，鼓励企业根据冷链产品消费需求特点，创新运营组织模式，发展甩挂运输、共同配送等先进运输组织方式，提高冷链物流运作效率。

7. 鼓励企业联盟发展。按照“优势互补、资源共享、互信共赢”的原则，鼓励不同类型的企业以资本、产品、信息为纽带，建立冷链物流联盟，加强合作，实现资源整合，促进集约化、规模化发展，提升市场集中度，扭转市场主体过散、过弱的局面，提高企业竞争力和市场抗风险能力。

四、提升冷链物流信息化水平

8. 构建冷链物流温度监控系统。鼓励冷链物流企业自建或委托第三方机构建设冷链物流设施设备的远程监控系统，对冷藏保温库、冷藏保温车辆、冷藏集装箱内的温度进行实时监测记录，及时处置温度异常等情况，确保冷链物流运输环节温度控制“不断链”。

9. 促进冷链物流信息互联共享。冷链物流企业应加强物流管理信息系统建设，为收发货人提供全程定位跟踪和温度监控服务，推进冷链上下游企业信息共享，实现订单处理、运输仓储、城市配送、结算等业务环节的有效对接，促进资源优化调度和业务协同。

五、提高行业监管水平

10. 强化对冷链物流运输环节温度监控的监管。建立对冷链物流企业温度监控记录的抽检抽查制度，对温控记录、运单数据进行核查比对,作为政府行业监管和企业信用评价的依据。充分发挥社会监督力量,引导形成运输企业和收发货人在货物交付、装卸、运输等环节的温度记录查验机制。

11. 开展冷链物流企业服务和信用评价。制订发布《道路冷链运输服务规则》,引导企业建立完善以温度控制为核心的冷链物流操作规程,建立健全冷链物流服务质量和信用评价体系。开展冷链物流企业信用信息共享,建立与相关部门的企业信用信息联动共享机制,对冷链物流企业信用评价结果进行公示和联合惩戒。

六、健全完善相关政策

12. 优化城市配送冷藏保温车辆通行管理。研究开展城市冷链配送需求量调查预测及冷藏保温车辆标识化管理工作,为科学配置冷链物流资源提供依据。城市交通运输主管部门应积极协调公安部门,调整完善城市配送冷藏保温车辆通行管理制度,合理规划冷链配送停靠装卸设施,推动实现配送车辆便利通行。

13. 降低冷链物流通行成本。继续执行鲜活农产品运输"绿色通道"政策,引导企业按照相关规定运输鲜活农产品,确保冷链物流企业运输鲜活农产品依法享受"绿色通道"政策。

七、保障措施

14. 加强部门协同协作。健全完善部门协同机制,利用信息技术手段建立行业监管的联动机制,规范冷链物流企业经营行为。在冷链物流用地、融资、税收、保险、通行等问题加强协调配合,不断优化政策环境,形成推进冷链物流发展的合力。

15. 注重冷链物流人才培养。鼓励高校、科研机构与国内外著名企业联合建立冷链物流综合培训和试验基地,加强冷链物流学科及研发中心建设,提高冷链物流管理和操作人员知识水平和专业技能。

16. 发挥行业协会作用。充分发挥行业协会在标准制修订、服务质量认证、产品标识化管理、政策建议、交流合作、资质评定和人才培训等方面的积极作用,规范冷链物流企业经营行为,推动行业自律。

交通运输部关于改革出租汽车驾驶员从业资格考试有关工作的通知

交运发〔2017〕134号　2017.09.04

各省、自治区、直辖市、新疆生产建设兵团交通运输厅(局、委):

为深入贯彻落实国务院"放管服"改革工作部署,积极推进深化出租汽车行业改革政策落地实施,促进解决当前出租汽车驾驶员从业资格考试工作中存在的突出问题,增强考试针对性、实用性,同时符合驾驶员从业基本要求,确保行业服务水平,根据《交通运输部关于修改〈出租汽车驾驶员从业资格管理规定〉的决定》(交通运输部令2016年第63号)有关规定,现就改革出租汽车驾驶员从业资格考试工作有关事项通知如下。

一、改革考试模式

(一)实行"两考合一"。出租汽车驾驶员从业资格全国公共科目考试与区域科目(包括巡游出租汽车驾驶员和网络预约出租汽车驾驶员)考试实行"两考合一",即将两个考试科目在一次考试中完成。从业资格考试试题满分为100分,全国公共科目考试试题和区域科目考试试题各占50分,两个科目均得分40分及以上为合格。

(二)调整试题数量和形式。全国公共科目试题数量由85道调整为50道,考试题型由三类调整为两类,修订后的《出租汽车驾驶员从业资格全国公共科目考试大纲》见附件1。区域科目考试试题数量与分值由各地出租汽车行政主管部门根据实际情况确定;区域科目考试确需设置实际操作项目的,其分数占区域科目考试总分的比例不得高于50%。

(三)做好工作衔接。全国公共科目考试为40分及以上的从业人员异地就业时，免考全国公共科目，只参加当地区域科目考试，得分40分及以上为合格。在本通知执行之日前，按照满分百分制组织全国公共科目考试的考试成绩仍然有效，按50%折算分数。

二、优化题库试题

（四）精简试题数量。调整公共科目考试题库试题数量，题库试题数量与试卷试题数量比例不超过10∶1，由1200道调整为500道。区域科目考试题库由各地依据实际情况进行优化完善。

（五）优化试题内容。从业资格考试内容应立足于出租汽车驾驶员的基本要求和职业特点，突出安全和服务方面的应知应会知识，避免出现与出租汽车运营服务基本要求不密切或者难度过大的内容，试题应当简洁明了、通俗易懂，并定期更新题库。

修订后的《出租汽车驾驶员从业资格全国公共科目考试题库》见附件2。

三、公开考试题库

（六）多渠道公开考试题库。全国公共科目考试题库和区域科目考试题库均向社会公开。全国公共科目考试题库（含试题答案）由交通运输部在交通运输部官方网站公开，同步在交通职业资格网（www. jtzyzg. org. cn）启用全国公共科目在线测试平台，考生可登录平台查看试题、组卷自测。区域科目考试题库（含试题答案）由各城市出租汽车行政主管部门在部门政务网站或从业资格考试报名网站公开，并设置全国公共科目在线测试平台的链接。鼓励具备条件的地区启用本地区域科目在线测试平台，为考生创造良好备考条件。

四、强化便民利民服务

（七）减轻考生负担。各地出租汽车行政主管部门要严格落实考培分离、考生自愿参培要求，禁止强制考生参加考前培训，不得组织或参与组织任何与考试有关的培训，不得以培训费、报名费、资料费等名义变相收取考试费。

（八）创新服务方式。要加强出租汽车驾驶员从业资格考点建设和信息化系统建设,鼓励实行从业资格考试网上报名、与公安等部门联网审验、网上约考、网上查看进度,“让考生少跑腿、让数据多跑路”,降低考生时间成本和经济成本。

五、工作要求

(九)加强组织领导。各地出租汽车行政主管部门要充分认识改革出租汽车驾驶员从业资格考试工作的重要性、紧迫性,加强组织领导,明确责任分工,精心部署实施。要密切跟踪改革进展,加强实施效果评估,不断总结积累经验,及时完善政策措施,确保改革取得实效。

(十)提升监管能力。要加快转变政府职能,在推进出租汽车驾驶员从业资格考试改革的同时,加强事中事后监管,提升从业人员队伍素质,提高服务质量和水平,保障乘客出行安全和合法权益。

(十一)强化宣传引导。要积极利用网络、广播、电视、报纸、新媒体、从业资格考试报名点公示等多种渠道,加大改革宣传力度,及时发布考试题库和在线测试平台有关信息,回应社会关切,营造良好氛围。

(十二)及时实施到位。各城市应于2017年11月底前对出租汽车驾驶员从业资格区域科目(包括巡游出租汽车驾驶员和网络预约出租汽车驾驶员)考试内容进行优化、调整,并公开题库。尚未开展网络预约出租汽车驾驶员从业资格考试的城市,应在网络预约出租汽车驾驶员从业资格区域科目考试开考1个月前完成网络预约出租汽车驾驶员从业资格区域科目考试内容的优化、调整,并公开题库。

本通知自2017年12月1日起执行。2016年发布的《交通运输部办公厅关于印发出租汽车驾驶员从业资格全国公共科目考试大纲的通知》(交办运〔2016〕135号)和《交通运输部办公厅关于启用出租汽车驾驶员从业资格全国公共科目考试新题库的通知》(交办运函〔2016〕1228号)同时废止。

附件1

出租汽车驾驶员从业资格全国公共科目考试大纲

为规范出租汽车驾驶员从业资格全国公共科目考试,提高出租汽车驾驶员综合素质,根据《交通运输部关于修改〈出租汽车驾驶员从业资格管理规定〉的决定》(交通运输部令2016年第63号)和交通运输部关于改革出租汽车驾驶员从业资格考试的工作部署,制定本大纲。

一、适用范围

本大纲适用于在中华人民共和国境内,申请从事出租汽车客运服务的驾驶员。

出租汽车驾驶员从业资格全国公共科目考试实行全国统一考试大纲。

二、考试组织

交通运输部负责指导全国出租汽车驾驶员从业资格全国公共科目考试工作。

各省、自治区交通运输主管部门负责指导本行政区域内出租汽车驾驶员从业资格全国公共科目考试工作。

直辖市、设区的市级出租汽车行政主管部门组织实施本行政区域内出租汽车驾驶员从业资格全国公共科目考试工作。

三、考试方式及要求

(一)考试方式实行全国统一题库,采用计算机系统随机抽题的方式考试。

(二)出租汽车驾驶员从业资格全国公共科目考试时间50分钟。

(三)出租汽车驾驶员从业资格全国公共科目考试试题共50道题,题型分为判断题、单项选择题,其中判断题25题,每题1分;单项选择题25题,每题1分。

（四）出租汽车驾驶员从业资格全国公共科目考试总分50分，得分40分及以上为合格。

（五）每场考试应当不少于2名考核员，考试成绩必须由2名考核员签字确认。考试成绩应在考试结束10日内公布。

四、考试内容及要求

（一）掌握出租汽车相关政策、法律法规。

（二）掌握出租汽车服务标准规范。

（三）掌握出租汽车安全运营知识。

（四）理解出租汽车驾驶员职业道德。

（五）熟悉出租汽车运营其他相关知识。

五、考试内容及分值分配

考试项目	考试范围	分值	总分
1. 政策、法律法规	《国务院办公厅关于深化改革推进出租汽车行业健康发展的指导意见》《出租汽车驾驶员从业资格管理规定》《网络预约出租汽车经营服务管理暂行办法》《巡游出租汽车经营服务管理规定》《出租汽车服务质量信誉考核办法》等国家出租汽车政策、法律法规	14	14
2. 服务标准规范	服务流程	7	20
	车辆服务要求	4	
	驾驶员服务要求	4	
	特殊人群服务与服务禁忌	3	
	服务评价与投诉处理	2	
3. 安全运营知识	安全运营生理与心理知识	3	10
	行车安全与突发情况处置	5	
	自我安全防范	1	
	常见危险品的基本知识	1	

续上表

考试项目	考 试 范 围	分值	总分
4. 职业道德	社全责任与职业道德	2	2
5. 其他相关知识	运价与计程计价设备使用知识	1	4
	节能与环保知识	1	
	交通事故处理	1	
	应急保障、消防与乘客救护基本知识	1	

六、评分标准

(一)判断题,每错1题扣1分。

(二)单项选择题,每错1题扣1分。

附件 2

出租汽车驾驶员从业资格全国公共科目考试题库

（第 1 版）

出租汽车驾驶员从业资格全国公共科目
考试题库(第1版)试题分布表

考试项目	考试范围	分值	总分	题量			
				总量	小计	判断	单选
1. 政策、法律法规	《国务院办公厅关于深化改革推进出租汽车行业健康发展的指导意见》《出租汽车驾驶员从业资格管理规定》《网络预约出租汽车经营服务管理暂行办法》《巡游出租汽车经营服务管理规定》《出租汽车服务质量信誉考核办法》等国家出租汽车政策、法律法规	14	14	110	110	57	53
2. 服务标准规范	服务流程	7	20	190	68	38	30
	车辆服务要求	4			40	20	20
	驾驶员服务要求	4			36	18	18
	特殊人群服务与服务禁忌	3			28	11	17
	服务评价与投诉处理	2			18	10	8
3. 安全运营知识	安全运营生理与心理知识	3	10	130	28	17	11
	行车安全与突发情况处置	5			83	40	43
	自我安全防范	1			10	5	5
	常见危险品的基本知识	1			9	3	6
4. 职业道德	社会责任与职业道德	2	2	20	20	10	10
5. 其他相关知识	运价与计程计价设备使用知识	1	4	50	16	12	4
	节能与环保知识	1			10	6	4
	交通事故处理	1			10	5	5
	应急保障、消防与乘客救护基本知识	1			14	8	6
合计		50	50	500	500	260	240

目　　录

第一部分　政策、法律法规(110 题)

《国务院办公厅关于深化改革推进出租汽车行业健康发展的指导意见》《出租汽车驾驶员从业资格管理规定》《网络预约出租汽车经营服务管理暂行办法》《巡游出租汽车经营服务管理规定》《出租汽车服务质量信誉考核办法》等国家出租汽车政策、法律法规(110 题)

一、判断题(57 题)

序号	题　　干	答案
1	出租汽车驾驶员从业资格包括巡游出租汽车驾驶员从业资格和网络预约出租汽车驾驶员从业资格等。	正确
2	申请人若首次参加出租汽车驾驶员从业资格考试,其全国公共科目和区域科目考试可在不同的区域完成。	错误
3	投入运营的出租汽车车辆应当安装具有行驶记录功能的车辆卫星定位装置、应急报警装置。	正确
4	根据国家关于深化出租汽车改革的要求,严禁出租汽车企业向驾驶员收取高额抵押金,现有抵押金过高的要降低。	正确
5	新增巡游出租汽车经营权全部实行无偿使用,但可以变更经营主体。	错误
6	出租汽车综合服务区应当为进入服务区的出租汽车驾驶员免费提供餐饮、修理等服务。	错误
7	城市人民政府要优先发展公共交通,适度发展出租汽车。	正确
8	巡游出租汽车和网络预约出租汽车应实行错位发展和差异化经营,为社会公众提供品质化、多样化的运输服务。	正确

续上表

序号	题　　干	答案
9	取得从业资格证的出租汽车驾驶员，应当经出租汽车行政主管部门从业资格注册后，方可从事出租汽车客运服务。	正确
10	网络预约出租汽车驾驶员的注册，通过出租汽车经营者向发证机关所在地出租汽车行政主管部门报备完成。	正确
11	个体出租汽车经营者自己驾驶出租汽车从事经营活动的，不需要申请办理从业资格注册手续。	错误
12	出租汽车驾驶员应到其所属的出租汽车企业完成注册。	错误
13	出租汽车驾驶员在从业资格注册有效期内，与出租汽车经营者解除劳动合同的，应当申请注销从业资格证。	错误
14	出租汽车驾驶员取得从业资格证后超过 1 年未申请注册的，注册后上岗前应当完成不少于 27 学时的继续教育。	错误
15	出租汽车驾驶员继续教育由出租汽车经营者组织实施。	正确
16	出租汽车驾驶员办理注册后应将从业资格证交由出租汽车经营者保管。	错误
17	网约车按照高品质服务、差异化经营的原则，有序发展。	正确
18	网约车平台公司承担承运人责任，应当保证运营安全，保障乘客合法权益。	正确
19	网约车平台公司暂停或者终止运营的，应当通告提供服务的车辆所有人和驾驶员。	正确
20	网约车平台公司应与驾驶员签订劳动合同或者协议，明确双方的权利和义务。	正确
21	网约车平台公司在提供网约车服务时，应当提供驾驶员姓名、照片、手机号码和服务评价结果，以及车辆牌照等信息。	正确
22	网约车平台公司不得妨碍市场公平竞争，不得为排挤竞争对手而以低于成本的价格运营扰乱正常市场秩序。	正确

续上表

序号	题　　干	答案
23	网约车驾驶员应当为乘客购买承运人责任险。	错误
24	网约车平台公司和驾驶员可以向第三方有偿提供驾驶员、约车人和乘客的相关个人信息。	错误
25	任何企业和个人不得向未取得合法资质的车辆、驾驶员提供信息对接开展网约车经营服务。	正确
26	任何企业和个人不得以私人小客车合乘名义提供网约车经营服务。	正确
27	网约车车辆和驾驶员不得通过未取得经营许可的网络服务平台提供运营服务。	正确
28	网约车只要行驶里程未达到60万千米,就可以允许经营。	错误
29	使用年限达到8年但行驶里程未达到60万千米的网约车,应当退出经营。	正确
30	小、微型非营运载客汽车登记为预约出租客运的,行驶里程达到60万千米时强制报废。	正确
31	除小、微型非营运载客汽车外,其他小、微型营运载客汽车登记为预约出租客运的,按照该类型营运载客汽车报废标准和网约车报废标准中先行达到的标准报废。	正确
32	国家鼓励巡游出租汽车实行规模化、集约化、个体化经营。	错误
33	出租汽车驾驶员应当做好运营前例行检查,保持车辆设施、设备完好,车容整洁。	正确
34	出租汽车驾驶员应当衣着整洁,语言文明,主动问候,提醒乘客根据意愿选择是否系安全带。	错误
35	出租汽车驾驶员应当根据乘客意愿升降车窗玻璃及使用空调、音响、视频等服务设备。	正确

续上表

序号	题　　干	答案
36	为提高车辆使用效率，出租汽车驾驶员在客流高峰时段，可以不经乘客同意搭载其他乘客。	错误
37	出租汽车驾驶员应当遵守道路交通安全法规，文明礼让行车。	正确
38	出租汽车驾驶员发现乘客遗失财物，设法及时归还失主。无法找到失主的，可由自己保存。	错误
39	乘客要求去偏远、冷僻地区或者夜间要求驶出城区的，出租汽车驾驶员有权直接拒绝提供服务。	错误
40	出租汽车驾驶员发现乘客遗留可疑危险物品的，应当立即报警。	正确
41	出租汽车驾驶员接单后，应当按照约定时间到达约定地点。乘客未按约定候车时，驾驶员可直接自行撤单。	错误
42	驾驶员有私自转包经营等违法行为的，巡游出租汽车经营者应当予以纠正；情节严重的，可按照约定解除合同。	正确
43	巡游出租汽车经营者应当通过建立替班驾驶员队伍、减免驾驶员休息日经营承包费用等方式保障出租汽车驾驶员休息权。	正确
44	巡游出租汽车经营者应当合理确定承包、管理费用，可以适当向驾驶员转嫁投资和经营风险。	错误
45	巡游出租汽车经营者应当根据经营成本、运价变化等因素及时调整承包费标准或者定额任务等。	正确
46	国家鼓励、支持和引导出租汽车企业、行业协会与出租汽车驾驶员、工会组织平等协商，合理确定并动态调整出租汽车承包费标准或定额任务。	正确
47	有交通肇事犯罪记录的出租汽车驾驶员，将由发证机关撤销其从业资格证，并公告作废。	正确

续上表

序号	题　　干	答案
48	出租汽车驾驶员不再具备从业条件的，出租汽车行政主管部门将依据相关法律法规撤销或者吊销其从业资格证件。	正确
49	转借、出租、涂改从业资格证的，由县级以上出租汽车行政主管部门责令改正，并处 1 万元以上 3 万元以下的罚款。	正确
50	出租汽车是城市公共交通的组成部分。	错误
51	新增和更新出租汽车，应当使用新能源汽车。	错误
52	巡游出租汽车驾驶员如无法继续从事经营的，可以将承包经营权转包给其他驾驶员。	错误
53	新增出租汽车经营权一律实行期限制，不得再实行无期限制。	正确
54	取得从业资格证件但在考核周期内未注册在岗的，仍需参加出租汽车驾驶员服务质量信誉考核。	错误
55	出租汽车驾驶员服务质量信誉考核工作每年进行一次。	正确
56	出租汽车驾驶员一个考核周期届满，经签注服务质量信誉考核等级后，该考核周期内的扣分与加分予以清除，不转入下一个考核周期。	正确
57	出租汽车驾驶员违反服务质量信誉考核指标的，一次扣分分值分别为 1 分、3 分、5 分、10 分、20 分共 5 种。	正确

二、单项选择题(53 题)

序号	题　　干	备选答案 A	备选答案 B	备选答案 C	备选答案 D	答案
1	出租汽车驾驶员从业资格全国公共科目考试成绩在(　　)内有效。	A. 省、直辖市域范围。	B. 市域范围	C. 全国范围	D. 县市域范围	C
2	出租汽车驾驶员从业资格全国公共科目考试实行(　　)的考试大纲。	A. 全国统一	B. 全省统一	C. 地市统一	D. 县内统一	A
3	出租汽车驾驶员取得从业资格后,并进行(　　),方可从事出租汽车客运服务。	A. 培训	B. 实习	C. 注册	D. 继续教育	C
4	拟从事出租汽车客运服务的驾驶员,应当向(　　)申请参加出租汽车驾驶员从业资格考试。	A. 从业资格培训机构	B. 设区的市级地方人民政府出租汽车行业主管部门	C. 出租汽车行业协会	D. 大型出租汽车经营企业	B
5	出租汽车驾驶员到从业资格证发证机关核定的范围外从事出租汽车客运服务的,应当(　　)。	A. 参加当地的从业资格换证考试	B. 参加全国公共科目考试	C. 参加当地的区域科目考试	D. 重新参加全国公共科目考试和当地的区域科目考试	C

续上表

序号	题干	备选答案 A	备选答案 B	备选答案 C	备选答案 D	答案
6	受理注册申请的出租汽车行政主管部门应当在(　)内办理完结注册手续。	A.3 日	B.5 日	C.10 日	D.15 日	B
7	巡游出租汽车驾驶员注册有效期届满需继续从事出租汽车客运服务的,应当在有效期届满 30 日前,向所在地(　)申请延续注册。	A.网信部门	B.公安交管部门	C.出租汽车行政主管部门	D.工商管理部门	C
8	出租汽车驾驶员从业资格注册有效期为(　)。	A.1 年	A.1 年	C.3 年	D.5 年	C
9	申请从业资格注册或者延续注册的出租汽车驾驶员,应当到(　)申请注册。	A.发证机关所在地的出租汽车行政主管部门	B.发证机关所在地的县级交通运输主管部门	C.发证机关所在地的市级交通运输主管部门	D.发证机关所在地的省级交通运输主管部门	A
10	个体巡游出租汽车经营者自己驾驶出租汽车从事经营活动的,持其(　)申请注册。	A.身份证、机动车驾驶证	B.从业资格证、车辆运营证	C.机动车驾驶证、从业资格证	D.机动车驾驶证、车辆运营证	B

续上表

序号	题　干	备选答案 A	备选答案 B	备选答案 C	备选答案 D	答案
11	出租汽车驾驶员注册有效期届满需继续从事出租汽车客运服务的，应当在有效期届满前(　　)内申请延续注册。	A. 5 日	B. 10 日	C. 20 日	D. 30 日	D
12	巡游出租汽车驾驶员在从业资格注册有效期内，与出租汽车经营者解除劳动合同或者经营合同的，应当在(　　)内向原注册机构报告，并申请注销注册。	A. 5 日	B. 10 日	C. 20 日	D. 30 日	C
13	出租汽车驾驶员取得从业资格证超过 3 年未申请注册的，注册后上岗前应当完成不少于(　　)学时的继续教育。	A. 72	B. 54	C. 27	D. 18	C
14	出租汽车驾驶员继续教育由(　　)组织实施。	A. 自学	B. 出租汽车经营者	C. 驾驶员培训学校	D. 继续教育机构	B
15	出租汽车驾驶员最近连续(　　)个记分周期内记满 12 分记录。由发证机关撤销其从业资格证，并公告作废。	A. 1	B. 2	C. 3	D. 4	C

续上表

序号	题　　干	备选答案 A	备选答案 B	备选答案 C	备选答案 D	答案
16	出租汽车驾驶员从业资格证遗失、毁损的，应当到原发证机关办理(　)手续。	A. 注销证件	B. 撤销证件	C. 证件补(换)发	D. 从业资格补考	C
17	出租汽车驾驶员因身体健康等其他原因不宜继续从事出租汽车客运服务的，由发证机关(　　)其从业资格证。	A. 注销	B. 撤销	C. 补(换)发	D. 核发	A
18	出租汽车驾驶员达到法定退休年龄的，由发证机关(　　)其从业资格证。	A. 注销	B. 撤销	C. 补(换)发	D. 审核延续	A
19	出租汽车驾驶员身体健康状况不再符合有关机动车驾驶员和相关从业要求且没有主动申请注销从业资格的，由发证机关(　　)其从业资格证。	A. 注销	B. 撤销	C. 补(换)发	D. 强制追回	B
20	出租汽车驾驶员有交通肇事犯罪、危险驾驶犯罪记录，有吸毒记录，有饮酒后驾驶记录，有暴力犯罪记录，最近连续3个记分周期内记满12分记录的，由发证机关(　)其从业资格证。	A. 注销	B. 撤销	C. 补(换)发	D. 强制追回	B

续上表

序号	题　干	备选答案 A	备选答案 B	备选答案 C	备选答案 D	答案
21	出租汽车行政主管部门应当将出租汽车驾驶员违法行为记录等作为(　　)的依据。	A. 出租汽车企业经营权延续经营	B. 服务质量信誉考核	C. 出租汽车企业经营权招投标	D. 出租汽车企业处罚标准	B
22	出租汽事驾驶员有拒载、议价等违法行为的,应当加强继续教育;情节严重的,出租汽车行政主管部门应当对其(　　)。	A. 延期注册	B. 注销从业资格证	C. 撤销从业资格证	D. 吊销从业资格证	A
23	网约车行驶里程达到(　　)万千米时强制报废。	A. 50	B. 60	C. 70	D. 80	B
24	行驶里程未达到 60 万千米但使用年限达到(　　)的网约车,应当退出经营。	A. 5 年	B. 6 年	C. 7 年	D. 8 年	D
25	网约车驾驶员不再具备从业条件或者有严重违法行为的,由县级以上出租汽车行政主管部门依据相关法律法规的有关规定(　　)从业资格证件。	A. 撤销或者吊销	B. 暂扣	C. 重新核发	D. 注销	A

续上表

序号	题干	备选答案 A	备选答案 B	备选答案 C	备选答案 D	答案
26	网约车驾驶员的行政处罚信息将被计入(　　)信用记录。	A 驾驶员和网约车平台公司	B. 工商部门	C. 公安机关	D. 价格管理部门	A
27	网约车平台公司所采集的个人信息和生成的业务数据,保存期限不少于(　　)。	A. 1 年	B. 2 年	C. 3 年	D. 4 年	B
28	出租汽车驾驶员违规收费的,由(　　)进行处罚。	A. 出租汽车行政主管部门	B. 价格主管部门	C. 工商部门	D. 公安机关	A
29	网约车平台公司暂停或者终止运营的,应当提前(　　)向服务所在地出租汽车行政主管部门书面报告,说明有关情况,通告提供服务的车辆所有人和驾驶员,并向社会公告。	A. 10 日	B. 20 日	C. 30 日	D. 60 日	C
30	网约车平台公司应当按照有关规定,与驾驶员签订多种形式的(　　),明确双方的权利和义务。	A. 劳动合同或者经营合同	B. 劳动合同或者协议	C. 劳动合同	D. 经营合同	B
31	网约车平台公司应当保证线上提供服务的驾驶员与线下实际提供服务的驾驶员一致,并将驾驶员相关信息向(　　)报备。	A. 服务所在地出租汽车行主管部门	B. 服务所在地出租汽车行业协会	C. 服务所在地工商行政管理部门	D. 服务所在地网信管理部门	A

续上表

序号	题　干	备选答案 A	备选答案 B	备选答案 C	备选答案 D	答案
32	网约车平台公司所采集的个人信息和生成的业务数据应当在(　　)存储和使用。	A. 中国大陆	B. 中国境内	C. 中国本土	D. 中国内地	D
33	《巡游出租汽车经营服务管理规定》是为规范出租汽车经营服务行为,保障(　　)的合法权益。	A. 乘客、驾驶员和巡游出租汽车经营者	B. 驾驶员、乘客、巡游出租汽车经营者和管理部门	C. 驾驶员、巡游出租汽车经营者和管理部门	D. 驾驶员、乘客和管理部门	A
34	巡游出租汽车经营者应当保障出租汽车驾驶员合法权益,依法与其签订(　　)。	A. 劳动合同或者聘用合同	B. 劳动合同或者经营合同	C. 劳动合同	D. 经营合同	B
35	巡游出租汽车经营服务是指(　　),喷涂、安装出租汽车标识,以(　　)及以下乘用车和驾驶劳务为乘客出行服务,并按照乘客意愿行驶,根据行驶里程和时间计费的经营活动。	A. 可在道路上巡游揽客、站点候客;七座	B. 通过预约方式承揽乘客;七座	C. 可在道路上巡游揽客九座	D. 通过预约方式承揽乘客;九座	A
36	预约出租汽车经营服务是指以符合条件的(　　)及以下乘用车(　　),并按照乘客意愿行驶,根据行驶里程、时间或者约定计费的经营活动。	A. 七座;可在道路上巡游揽客	B. 七座,通过预约方式承揽乘客	C. 九座;可在道路上巡游揽客	D. 九座;通过预约方式承揽乘客	B

续上表

序号	题　　干	备选答案 A	备选答案 B	备选答案 C	备选答案 D	答案
37	国家鼓励通过(　　)方式配置巡游出租汽车的车辆经营权。	A. 拍卖	B. 服务质量招投标	C. 服务质量信誉考核	D. 行政审批	B
38	出租汽车驾驶员应当在(　　),持本人的从业资格证件到当地道路运输管理机构签注服务质量信誉考核等级。	A. 每年 2 月 1 日前	B. 每年 3 月 1 日前	C. 服务质量信誉考核周期届满后 30 日内	D. 服务质量信誉考核周期届满后 60 日内	C
39	巡游出租汽车经营者应当根据(　　)等因素及时调整承包费标准或者定额任务等。	A. 当地 GDP 总量	B. 经营成本、运力规模	C. 经营成本、运价变化	D. 驾驶员从业年限	C
40	巡游出租汽车驾驶员有私自转包经营等违法行为的,(　　)应当予以纠正。	A. 出租汽车经营者	B. 出租汽车行政主管部门	C. 工商部门	D. 公安机关	A
41	乘客要求驶往偏远地区的,巡游车驾驶员认为必要时,可以要求乘客随同到就近的(　　)办理验证登记手续,乘客不予配合的,驾驶员有权拒绝提供服务。	A. 出租汽车行政管理部门	B. 公安机关治安部门	C. 经营企业	D. 道路运输管理机构	B

续上表

序号	题　干	备选答案 A	备选答案 B	备选答案 C	备选答案 D	答案
42	《出租汽车服务质量信誉考核办法》是为了规范出租汽车驾驶员的服务行为，建立完善出租汽车驾驶员(　　)，提升出租汽车服务水平。	A. 诚信体系	B. 运营体制	C. 准入机制	D. 职业保障	A
43	出租汽车驾驶员服务质量信誉考核内容包括遵守法规、(　　)、经营行为、运营服务等四方面内容。	A. 维护稳定	B. 安全生产	C. 服务质量	D. 车容车貌	B
44	出租汽车驾驶员服务质量信誉考核实行基准分值为(　　)分的计分制，另外加分分值为(　　)分。	A. 10 ,10	B. 10,20	C. 20 ,10	D. 20,20	C
45	出租汽车驾驶员一个考核周期届满，经签注服务质量信誉考核等级后，该考核周期内的(　　)。	A. 扣分与加分予以保留	B. 扣分与加分予以清除	C. 扣分予以清除	D. 加分予以清除	B
46	网约车平台公司及网约车驾驶员违法使用约车人、乘客个人信息的，由公安、网信等部门依照各自职责处以(　　)的罚款。	A. 500 元以上 1000 元以下	B. 1000 元以上 5000 元以下	C. 2000 元以上 1 万元以下	D. 1 万元以上 3 万元以下	C

续上表

序号	题　　干	备选答案 A	备选答案 B	备选答案 C	备选答案 D	答案
47	网约车平台公司及网约车驾驶员违法泄露约车人、乘客个人信息的，由公安、网信等部门依照各自职责处以(　　)的罚款。	A. 500 元以上 1000 元以下	B. 1000 元以上 5000 元以下	C. 2000 元以上 1 万元以下	D. 1 万元以上 3 万元以下	C
48	使用失效、伪造、变造的从业资格证，驾驶出租汽车从事出租汽车经营活动的，由县级以上出租汽车行政主管部门责令改正，并处(　　)的罚款。	A. 500 元以上 1000 元以下	B. 1000 元以上 5000 元以下	C. 5000 元以上 1 万元以下	D. 1 万元以上 3 万元以下	D
49	转借、出租、涂改从业资格证的，由县级以上出租汽车行政主管部门责令改正，并处(　　)的罚款。	A. 500 元以上 1000 元以下	B. 1000 元以上 5000 元以下	C. 5000 元以上 1 万元以下	D. 1 万元以上 3 万元以下	D
50	驾驶员未取得从业资格证，驾驶出租汽车从事经营活动的，由县级以上出租汽车行政主管部门责令改正，并处(　　) 的罚款。	A. 500 元以上 1000 元以下	B. 1000 元以上 5000 元以下	C. 5000 元以上 1 万元以下	D. 1 万元以上 3 万元以下	D

续上表

序号	题　干	备选答案 A	备选答案 B	备选答案 C	备选答案 D	答案
51	起讫点均不在许可的经营区域从事巡游出租汽车经营活动的，由县级以上地方人民政府出租汽车行政主管部门责令改正，并处以(　　)罚款。	A. 50 元以上 200 元以下	B. 500 元以上 2000 元以下	C. 5000 元以上 20000 元以下	D. 10000 元以上 20000 元以下	C
52	出租汽车驾驶员未办理注册手续驾驶出租汽车从事经营活动的，由县级以上出租汽车行政主管部门责令改正，并处(　　)的罚款。	A. 1000 元以上 3000 元以下	B. 200 元以上 2000 元以下	C. 50 元以上 200 元以下	D. 3000 元以上 1 万元以下	B
53	巡游出租汽车驾驶员转让、倒卖、伪造巡游出租汽车相关票据的，由县级以上地方人民政府出租汽车行政主管部门责令改正，并处以(　　)罚款。	A. 50 元以上 200 元以下	B. 500 元以上 2000 元以下	C. 5000 元以上 20000 元以下	D. 10000 元以上 20000 元以下	B

第二部分　服务标准规范(190题)

1. 服务流程(68题)

一、判断题(38题)

序号	题　　干	答案
1	出租汽车驾驶员可以在不增加行驶里程的情况下,另载他人,无需征得乘客同意。	错误
2	出租汽车驾驶员可以将对自己服务不满意的乘客转给其他出租汽车或中止服务。	错误
3	车辆起步前,出租汽车驾驶员应检查车门是否关好。	正确
4	乘客到达目的地后,在不影响道路交通和行人安全的情况下,应在允许停车路段按乘客的要求就近停车。	正确
5	当乘客在禁停路段扬手招车时,为了减少不必要的投诉,驾驶员应停车载客。	错误
6	载客过程中如因客观原因确需绕道时,出租汽车驾驶员应主动向乘客说明情况,如乘客不同意绕行要求下车时,可以拒绝乘客下车。	错误
7	出租汽车驾驶员发现乘客遗失物应该及时归还或者上交。	正确
8	出租汽车驾驶员发现乘客遗留物品,若找不到失主,可自行处理。	错误
9	出租汽车驾驶员载客途中无正当理由中断服务的视为中途甩客。	正确
10	出租汽车运营过程中,乘客要求使用空调、音响等设备时,驾驶员可以婉言拒绝。	错误

续上表

序号	题　干	答案
11	为提供良好服务，出租汽车驾驶员只要看到乘客扬手招车，必须马上停车载客。	错误
12	如果乘客要求下车的路段禁止停车，出租汽车驾驶员应婉拒并耐心向乘客解释，至可下车地点停车。	正确
13	外地乘客乘坐出租汽车时询问驾驶员当地的风景名胜等与目的地无关的地方，驾驶员可以不予理睬。	错误
14	出租汽车驾驶员运营过程中不得向乘客推销购物、饮食和休闲娱乐等项目。	正确
15	出租汽车驾驶员在运营过程中，征得乘客同意后可以在车内吸烟。	错误
16	出租汽车驾驶员小王接班后发现自己一点零钱也没有准备，但赚钱时间要紧，先开上路，让乘客支付零钱就可以了。	错误
17	出租汽车驾驶员进入服务站点后可以插队，以提高运营效率。	错误
18	出租汽车驾驶员在交班途中，可以询问乘客目的地是否与自己交班同方向，以确定是否载客，不耽误交班。	错误
19	乘客上下出租汽车时，驾驶员应引导乘客由右侧上下车。	正确
20	乘客上出租汽车时，驾驶员应主动协助乘客提拿行李，乘客应主动关闭行李舱。	错误
21	为保证行车安全，出租汽车驾驶员应提醒并在必要时协助乘客系好安全带。	正确
22	出租汽车驾驶员出车前应检查车容车貌、车辆技术状况、燃油或燃气，并备好随车设施、工具。	正确
23	出租汽车驾驶员因特殊情况不能完成载客服务的一律视为拒载或甩客。	错误
24	网络预约出租汽车可以在巡游出租汽车营运站点候客。	错误

续上表

序号	题　干	答案
25	无论经营者采取派单机制还是抢单机制,网络预约出租汽车驾驶员收到订单信息后,必须接单。	错误
26	出租汽车驾驶员接单后,未到达约定上车地点时,不应提前确认车辆已到达。	正确
27	出租汽车驾驶员接单后,若去往乘客目的地的路况不好,可以要求乘客取消订单。	错误
28	向网络服务平台发送预约用车请求的人,必须是乘客本人。	错误
29	出租汽车驾驶员接单后,按约定时间到达上车地点,即可向经营者发送乘客上车确认信息。	错误
30	出租汽车驾驶员应随身携带从业资格证。	正确
31	出租汽车驾驶员接单后,应等待乘客联系自己,确认上车时间及地点。	错误
32	出租汽车车辆标志全国统一。	错误
33	出租汽车驾驶员接单后,乘客上车后目的地发生变化的,费用按实际行程收取。	正确
34	网络预约出租汽车驾驶员待乘客上车后,可提示乘客使用客户端应用程序中的车辆位置信息实时分享功能。	正确
35	未经约车人或乘客同意,网络预约出租汽车驾驶员未按承诺到达约定上车地点提供服务的行为视为拒载。	正确
36	巡游出租汽车驾驶员收听到乘客电召服务需求信息后,必须提供相应服务。	错误
37	乘客下车时,出租汽车驾驶员可以向乘客索取小费。	错误
38	出租汽车驾驶员因修路等客观原因确需绕道的,可以不用向乘客说明以避免纠纷。	错误

二、单项选择题(30题)

序号	题干	备选答案A	备选答案B	备选答案C	备选答案D	答案
1	下列哪项做法符合《出租汽车运营服务规范》(GB/T 22485—2013)的要求?(　　)	A. 按乘客意愿选择合理路线	B. 需改变行驶路线时可以不征求乘客意见	C. 使用音响和空调是驾驶员的权利	D. 乘客的遗留物品,驾驶员可自行处理	A
2	出租汽车驾驶员有权拒载(　　)。	A. 醉酒后丧失自控能力但有人陪同的人员	B. 携带易燃、易爆、有毒有害等危险品的人员	C. 残障人士	D. 孕妇	B
3	下列哪种情形视为拒载?(　　)	A. 乘客携带易燃、易爆等危险物品时,出租汽车驾驶员不予载客的	B. 问清乘客去向后,出租汽车驾驶员以不熟悉通行路线为由不予载客的	C. 醉酒或者精神病患者乘车无陪同人员,出租汽车驾驶员不予载客的	D. 乘客夜间去偏远地区而不按规定办理登记或相关手续,出租汽车驾驶员不予载客的	B

续上表

序号	题　　干	备选答案 A	备选答案 B	备选答案 C	备选答案 D	答案
4	乘客乘坐出租汽车时,从车内往车窗外扔东西,驾驶员应当(　　)。	A. 礼貌劝阻	B. 默许	C. 批评教育	D. 及时停车捡回	A
5	乘客乘车时若将头、手臂等伸出车外,出租汽车驾驶员应当(　　)。	A. 默许	B. 批评教育	C. 礼貌劝阻	D. 指责乘客	C
6	当乘客上、下车时,出租汽车驾驶员的下列行为中正确的是(　　)。	A. 在道路内侧强行并线靠边停车	B. 在道路中央即停即走	C. 在允许停车路段靠右临时停车	D. 在交叉路口即停即走	C
7	出租汽车驾驶员在城市道路运营过程中,车辆突然发生故障,不能继续载客时,应当(　　)。	A. 协助乘客换乘,免收或收取车费	B. 按起步价收取车费	C. 按计程计价设备显示金额收费	D. 请乘客在车内等候,等待救援维修	A
8	搭载乘客在单行道行驶时,乘客要求掉头改变行车路线,出租汽车驾驶员应当(　　)。	A. 满足乘客需求	B. 不予理睬乘客需求	C. 让乘客下车换乘其他车辆	D. 向乘客解释清楚后改行合理路线	D
9	乘客到达目的地后,出租汽车驾驶员下列哪种做法是错误的?(　　)	A. 提醒乘客带好随身物品	B. 在确保安全的情况下,可在禁停路段让乘客下车	C. 按计程计价设备显示金额收费	D. 向乘客交付出租汽车发票	B

续上表

序号	题　干	备选答案 A	备选答案 B	备选答案 C	备选答案 D	答案
10	出租汽车驾驶员在载客运营过程中，应当根据（　　）使用空调。	A. 经营者要求	B. 管理部门要求	C. 乘客需求	D. 自己需求	C
11	驾驶巡游出租汽车行至禁停路段时应（　　）。	A. 在车流较少时可上、下乘客	B. 无人看管时可上、下乘客	C. 按乘客需要停车	D. 按规定在站点即停即走	D
12	客流高峰时期，巡游出租汽车在空车待租状态下遇有多名乘客扬手招车时，驾驶员应当（　　）。	A. 选择距离本车行进方向最近的乘客	B. 根据目的地远近选择乘客	C. 根据乘客目的地、道路拥堵状况选择乘客	D. 根据小费多少选择乘客	A
13	乘客携带行李乘坐出租汽车时，驾驶员应当（　　）。	A. 帮助乘客放置行李	B. 让乘客自己放置行李	C. 让站点管理人员放置行李	D. 额外收取行李运送费	A
14	出租汽车驾驶员在载客运营过程中，正确使用车内音响设备的做法是（　　）。	A. 按运营需求听取交通广播	B. 按乘客要求使用	C. 尽量不使用	D. 按自己兴趣收听节目	B

续上表

序号	题干	备选答案A	备选答案B	备选答案C	备选答案D	答案
15	出租汽车驾驶员在运营过程中行驶路线和乘客发生分歧时，在不违反有关法律法规的前提下，驾驶员应该（　　）。	A. 让乘客下车	B. 按乘客意见行驶	C. 按自己意见行驶	D. 向出租汽车企业求助	B
16	运营过程中遇交通堵塞、道路临时封闭等确需改变行驶路线时，出租汽车驾驶员应当（　　）。	A. 向乘客提前解释	B. 直接绕行	C. 免收绕行距离的费用	D. 到目的地后再解释	A
17	出租汽车驾驶员在运营过程中遇到乘客不适，下列做法不正确的是（　　）。	A. 尽量平稳驾驶	B. 拨打求助电话	C. 就近送达医院	D. 让乘客下车	D
18	出租汽车驾驶员在运营过程中，如乘客改变目的地，驾驶员（　　）。	A. 可让乘客下车	B. 应按新目的地重新选择合理路线	C. 可加收车费	D. 将乘客直接送达原目的地	B
19	出租汽车驾驶员运送乘客途中，如乘客因故需要短暂离开出租汽车，要求驾驶员停车等候，驾驶员应（　　）。	A. 拒绝	B. 尽量配合	C. 跟踪乘客	D. 收取小费	B

续上表

序号	题　干	备选答案 A	备选答案 B	备选答案 C	备选答案 D	答案
20	出租汽车驾驶员在运营过程中遇醉酒乘客，无法明确目的地时应该(　　)。	A. 尽可能帮助查询或拨打公安部门求助电话	B. 强行将其拖下车	C. 咨询出租汽车行政主管部门	D. 将其送至出租汽车企业	A
21	出租汽车驾驶员在乘客下车时，应向乘客(　　)。	A. 提出对本次服务评价为优	B. 提醒拿好随身物品	C. 索要小费	D. 索取联系方式	B
22	出租汽车驾驶员在运营途中(　　)不能完成载客服务，视为拒载或甩客。	A. 遇道路、气候特殊情况	B. 临时处理私事	C. 发生交通事故	D. 出现车辆故障	B
23	巡游出租汽车驾驶员在站点候客时，应(　　)。	A. 按顺序排队	B. 视情插队及时载客	C. 雇人协助揽客	D. 挑选到合适乘客立即出发	A
24	网络预约出租汽车经营者对于服务过程中发生的安全责任事故等，应(　　)。	A. 承担后行赔付责任	B. 承担先行赔付责任	C. 向乘客转移运输服务风险	D. 向驾驶员转移运输服务风险	B
25	出租汽车驾驶员运营期间，遇乘客要求的行驶路线与地图导航软件规划的路线不一致时，应当(　　)。	A. 终止服务	B. 尊重乘客意愿	C. 加收服务费	D. 仍按地图导航软件规划路线行驶	B

续上表

序号	题　　干	备选答案 A	备选答案 B	备选答案 C	备选答案 D	答案
26	出租汽车驾驶员接单后，如遇乘客未按约定时间到达上车点、且无法取得联系的，驾驶员应(　　)。	A. 直接离开	B. 继续等待	C. 与经营者联系，经同意后方可离开	D. 给乘客留言后离开	C
27	巡游出租汽车驾驶员站点候客时，(　　)。	A. 可以下车私自揽客	B. 根据自已需要挑选乘客	C. 根据乘客需要就近上客	D. 服从站点管理按序排队、顺序发车、不挑乘客	D
28	网络预约出租汽车驾驶员小李成功接单后又接到家里的电话，要求回家接孩子放学，小李的正确做法是(　　)。	A. 要求乘客取消订单	B. 按约定到达乘客上车地点继续提供服务	C. 延迟前往乘客约定地点	D. 关闭联系方式	B
29	乘客上车前，巡游出租汽车驾驶员(　　)。	A. 不得询问乘客目的地	B. 可以询问乘客目的地	C. 可以和乘客议价	D. 可以拒载	A
30	在(　　)情况下，出租汽车驾驶员可以谢绝或中断服务。	A. 因路途遥远，驾驶员不愿意前往的	B. 乘客携带易燃易爆危险品上车的	C. 乘客年龄较大、行动不便	D. 乘客不允许搭载其他乘客的	B

2. 车辆服务要求(40 题)

一、判断题(20 题)

序号	题　干	答案
1	出租汽车车辆,使用达 5 年的强制报废。	错误
2	无障碍出租汽车不用设置专用标志。	错误
3	出租汽车车况良好,可由出租汽车企业向主管部门申请免去年检,直接领取年检合格证。	错误
4	出租汽车驾驶员在运营过程中应根据乘客的要求使用空调、音响等设备,不得无故拒绝。	正确
5	出租汽车办理有效的机动车号牌和行驶证后,即符合运营资质。	错误
6	出租汽车应配备合格的消防器材,并按要求定期检查。	正确
7	出租汽车车辆内外可根据商家要求张贴商业广告。	错误
8	无障碍出租汽车应保证充足空间安放轮椅。	正确
9	出租汽车车辆号牌应当清晰,固定端正,无遮挡物、反光物。	正确
10	出租汽车车厢内应整洁、卫生,无杂物、异味。	正确
11	出租汽车行李厢内可供乘客放置行李物品的空间不得少于行李厢的三分之一。	错误
12	出租汽车应保持车门功能正常,车窗玻璃封闭良好,洁净明亮,无遮蔽物,升降自如。	正确
13	出租汽车应当仪表完好、整洁,仪表台不得放置与运营无关的物品。	正确
14	出租汽车遮阳板、化妆镜、顶棚应齐全完好洁净。	正确

续上表

序号	题　　干	答案
15	出租汽车安全带和锁扣应齐全、有效、无污渍。	正确
16	遇有流行传染病时，出租汽车要做好有针对性的消毒工作。	正确
17	出租汽车车身内外应清洁完好，漆皮完整无损，可按自己的爱好做个性化装饰。	错误
18	出租汽车座椅应牢固无塌陷，前排座椅可前后移动，倾度可调。	正确
19	小李驾驶的出租汽车雨刮器坏了，考虑到正值少雨季节，他可以不必立即送修，以免耽误运营。	错误
20	无障碍出租汽车是指由残疾人驾驶的出租汽车。	错误

二、单项选择题(20题)

序号	题　　干	备选答案A	备选答案B	备选答案C	备选答案D	答案
1	巡游出租汽车服务标志不包括(　　)。	A. 车身广告	B. 空车待租标志	C. 电召服务标志	D. 暂停运营标志	A
2	出租汽车应按规定进行定期检验属于(　　)。	A. 车容车貌要求	B. 车辆基本要求	C. 服务标志要求	D. 专用设施要求	B
3	出租汽车车身内外清洁完好，漆皮完整无损，(　　)个性化装饰。	A. 不做	B. 按行业管理规定做	C. 按个人意愿做	D. 按企业要求做	A

续上表

序号	题　干	备选答案A	备选答案B	备选答案C	备选答案D	答案
4	出租汽车行李箱内可供乘客放置行李物品的空间应不小于行李箱的(　　)。	A. 三分之一	B. 二分之一	C. 三分之二	D. 四分之三	C
5	巡游出租汽车车身颜色的样式必须(　　)喷涂。	A. 按自己意愿	B. 按出租汽车行政主管部门的要求	C. 按企业要求	D. 按市民要求	B
6	巡游出租汽车经营者应按照(　　),在车内适当的位置设置服务质量监督卡、价格标准、乘客须知等信息。	A. 自己意愿	B. 行业管理规定	C. 所在企业要求	D. 乘客要求	B
7	巡游出租汽车应按(　　)的要求,在车顶安装出租汽车标志顶灯与空车待租标志联动,夜间应有照明。	A. 出租汽车行政主管部门	B. 维修企业	C. 所在企业	D. 城市居民	A
8	上路运营的出租汽车必须设置(　　)。	A. 广告标志	B. 真皮座套	C. 倒车雷达	D. 车辆卫星定位装置	D
9	整洁、卫生,无杂物、异味是对出租汽车(　　)的要求。	A. 消防设施	B. 服务标志	C. 专用设施	D. 车辆整洁卫生	D

续上表

序号	题　干	备选答案 A	备选答案 B	备选答案 C	备选答案 D	答案
10	在车厢内外适当位置明示出租汽车经营者名称或简称、价格标准、服务监督电话和乘客须知信息等是对巡游出租汽车(　　)的要求。	A. 车客车貌	B. 服务标志	C. 车辆基本性能	D. 专用设施	B
11	下列哪项不属于出租汽车必须安装或配置的设施？(　　)	A. 计程计价设备	B. 车身电子稳定系统	C. 消防器材	D. 车载卫星定位系统	B
12	下列哪项不属于对出租汽车号牌的要求？(　　)	A. 字迹清晰	B. 固定端正	C. 无遮挡物、反光物	D. 定期更新	D
13	车身内外清洁完好，不做个性化装饰，漆皮、外饰条完好无损是对出租汽车(　　)的要求。	A. 专用设施	B. 服务标志	C. 车容车貌	D. 消防设施	C
14	下列哪项不属于对巡游出租汽车计程计价设备的要求？(　　)	A. 安装位置符合规定	B. 数字显示清晰	C. 发票打印准确、清晰	D. 定期自行校准	D
15	出租汽车车容车貌既反映出租汽车服务质量，也反映城市的(　　)。	A. 包容程度	B. 文明程度	C. 发展速度	D. 文化底蕴	B
16	小王的出租汽车在接受检查时，被要求取下悬挂在后视镜上的一串风铃，这样做的原因是(　　)。	A. 容易让乘客产生误解，引发投诉	B. 不符合当地的风俗习惯	C. 制作不精美，影响了车的美观程度	D. 不得违规在车内悬挂影响行车安全的设施设备	D

续上表

序号	题　　干	备选答案 A	备选答案 B	备选答案 C	备选答案 D	答案
17	出租汽车驾驶员在运营中按规定要求携带的证件不包括(　　)。	A. 继续教育合格证	B. 从业资格证	C. 道路运输证或网络预约出租汽车运输证	D. 机动车驾驶证	A
18	下列哪项不属于在巡游出租汽车车厢内外显著位置明示的信息?(　　)	A. 价格标准	B. 当地特色景点	C. 出租汽车经营者名称或者简称	D. 服务监督电话	B
19	无障碍出租车应保证有充足的空间安放(　　)。	A. 车载电话	B. 视频播放设备	C. 轮椅	D. 车载冰箱	C
20	下列哪项不是网络预约出租汽车车辆的必备条件?(　　)	A. 安装应急报警装置	B. 发动机应带有涡轮测压装置	C. 车辆轴距、排量、车龄符合所在地方政府管理部门的规定	D. 车内不应悬挂或放置影响行车安全的设施	B

3. 驾驶员服务要求(36 题)

一、判断题(18 题)

序号	题　　干	答案
1	出租汽车驾驶员在运营过程中应做到端庄大方,举止文明。	正确
2	夏天天气炎热,出租汽车驾驶员在运营过程中可以穿背心,短裤。	错误
3	女性出租汽车驾驶员上岗时浓妆是塑造美好形象、尊重乘客的表现。	错误
4	男性出租汽车驾驶员发型要求整齐大方,不留怪异的发型。	正确
5	出租汽车驾驶员不得在车厢内吸烟、饮食。	正确
6	夏天天气炎热,多下雨,出租汽车驾驶员可以穿拖鞋运营。	错误
7	出租汽车驾驶员要给乘客以亲切感和信任感,则需注意自身形象,着装规范,仪容大方。	正确
8	出租汽车驾驶员在运营过程中提倡使用普通话。	正确
9	出租汽车驾驶员驾驶车辆时不能吸烟,但是可以接打电话。	错误
10	出租汽车驾驶员与乘客交流要频繁不间断,内容文明健康。	错误
11	出租汽车驾驶员应虚心接受乘客的批评意见,处理好与乘客的纠纷。	正确
12	出租汽车驾驶员不应有在乘客面前挖鼻、剔牙、搔头等行为。	正确
13	出租汽车驾驶员在运营服务时不得有向车外抛物、吐痰等行为。	正确
14	张师傅不会讲普通话,所以不能参加出租汽车运营服务。	错误

续上表

序号	题　　干	答案
15	出租汽车驾驶员运营期间应按规定着装。	正确
16	出租汽车驾驶员在乘客上车时要与乘客有眼神接触。	正确
17	出租汽车驾驶员在乘客表达不满时不应粗暴打断。	正确
18	出租汽车驾驶员在征得乘客同意后，可以在车内吸烟。	错误

二、单项选择题(18 题)

序号	题　　干	备选答案 A	备选答案 B	备选答案 C	备选答案 D	答案
1	下列哪项做法不符合出租汽车驾驶员服务仪容要求？(　　)	A. 在运营过程中举止文明，礼貌待客	B. 除工作装外，可以按照个人喜好着装上岗	C. 运营前忌食有异味、有碍服务的食物	D. 手、脚保持洁净，指甲修剪得体	B
2	出租汽车驾驶员按规定着装、佩戴胸卡或服务标志，衣着整洁、服饰大方，发式整齐、面目洁净，是驾驶员(　　)的要求。	A. 个性修饰	B. 形象文明	C. 安全行车	D. 言行文明	B
3	出租汽车驾驶员服务仪容要求不包括(　　)。	A. 身体无异味	B. 正确佩戴服务标志	C. 穿着时尚、高档	D. 衣着得体	C

续上表

序号	题　干	备选答案 A	备选答案 B	备选答案 C	备选答案 D	答案
4	乘客间相互交谈过程中，驾驶员应当(　　)。	A. 随意插话	B. 要求乘客保持安静	C. 打断乘客说话	D. 专心开车，不插话	D
5	乘客招手，驾驶员准备停车的时候，有另外一辆出租汽车抢在其前面招呼乘客上车，驾驶员应该(　　)。	A. 要求抢客车辆的驾驶员赔偿损失	B. 尊重乘客乘车选择	C. 要求乘客乘自己的车	D. 与抢客车辆驾驶员据理力争	B
6	出租汽车驾驶员在运营过程中根据乘客需求使用普通话、地方方言、外语，属于(　　)要求。	A. 服务标志	B. 服务仪容	C. 车容车貌	D. 服务用语和言行举止	D
7	出租汽车驾驶员在行车中应该做到(　　)。	A. 不吸烟、不接打电话	B. 无人监管时将垃圾抛出车外，保持车内整洁	C. 根据个人意愿收听广播节目	D. 摇下车窗玻璃后吸烟	A
8	出租汽车驾驶员在运营过程中对乘客的提问应(　　)。	A. 根据自己的心情好坏回答	B. 及时回答，不必顾及内容真实性	C. 对自己不清楚的问题不予理会	D. 主动、耐心、如实回答或解释	D

续上表

序号	题　　干	备选答案 A	备选答案 B	备选答案 C	备选答案 D	答案
9	出租汽车驾驶员在运营过程中,对乘客的批评意见应(　　)。	A. 不予理睬	B. 虚心接受	C. 强硬回绝	D. 据理力争	B
10	下列不符合出租汽车驾驶员服务用语要求的是(　　)。	A. 提倡使用普通话	B. 根据乘客需要使用地方方言	C. 提倡掌握外语接待外国乘客	D. 无论乘客是否能听懂,使用常说的本地方言	D
11	不属于出租汽车驾驶员服务用语规范的是(　　)。	A. 您需要打开音响吗?	B. 你该下车了。	C. 请带好您的随身物品。	D. 请系好安全带。	B
12	下列哪项是出租汽车驾驶员在乘客上车时使用的文明用语?(　　)	A. 请提前准备好车费	B. 动作快点	C. 请快一点	D. 你好,请上车	D
13	下列哪项是出租汽车驾驶员在乘客下车时使用的文明用语?(　　)	A. 请把钱付了	B. 请抓紧时间下车	C. 欢迎再次乘坐	D. 没有零钱了,就不找您了	C

续上表

序号	题　　干	备选答案 A	备选答案 B	备选答案 C	备选答案 D	答案
14	《出租汽车运营服务规范》(GB/T 22485—2013)要求出租汽车驾驶员服务用语应(　　)。	A. 规范准确、文明礼貌	B. 规范标准、语言简练	C. 意思完整、有礼有节	D. 口齿伶俐、表情丰富	A
15	出租汽车驾驶员在运营服务时,乘客要求在禁停路段停车时劝阻的服务用语是(　　)	A. 不能停,否则要罚款。	B. 对不起,这里不允许停车	C. 您没有看见禁停标志吗?	D. 这里怎么能停车啊!	B
16	遇乘客迟迟不上车,驾驶员应当使用的服务用语是(　　)。	A. 您需要等候吗?	B. 再不上我就走了啊。	C. 你还坐不坐车?	D. 请您抓紧时间,不要耽误我运营。	A
17	出租汽车驾驶员与乘客交谈时,不属于谈话忌讳的是(　　)。	A. 个人隐私	B. 未经核实的小道消息	C. 个人负面情绪	D. 介绍城市景色	D
18	出租汽车驾驶员在与女性乘客交谈时,不适合询问的是(　　)。	A. 乘客是否需要使用空调	B. 乘客是否需要听音乐	C. 乘客婚姻状况和年龄	D. 乘客兴趣爱好	C

4. 特殊人群服务与服务禁忌(28 题)

一、判断题(11 题)

序号	题　干	答案
1	出租汽车驾驶员在服务老年乘客时应尽量避免使用紧急制动。	正确
2	12 周岁以下(或 1.4 米以下)儿童不宜坐在副驾驶位。	正确
3	出租汽车驾驶员切忌模仿聋哑乘客动作,取笑嘲笑对方。	正确
4	出租汽车驾驶员应以“乘客至上”为宗旨,满足乘客对语言、用车便利、设施等方面的需求。	正确
5	出租汽车驾驶员在接待老弱乘客时,要面带笑容、说话温和、使用尊称。	正确
6	出租汽车驾驶员在接待老弱乘客时,要尽量快速行驶,弥补上下车时耽误的时间。	错误
7	儿童好奇心强,活泼好动,乘车时喜好将头、手伸出窗外,驾驶员遇儿童乘客应当着重提醒并在必要时给予训诫,保证乘车安全。	错误
8	出租汽车驾驶员不必尊重乘客的宗教信仰和风俗习惯,各取所好。	错误
9	出租汽车驾驶员在运营过程中不得有抢客、强行揽客、甩客、倒客,未经乘客同意强行拼客等行为。	正确
10	出租汽车驾驶员为保障安全可以随时翻包检查乘客携带行李物品。	错误
11	利用计程计价设备作弊收取车费是出租汽车服务中的违法行为。	正确

二、单项选择题(17 题)

序号	题　干	备选答案 A	备选答案 B	备选答案 C	备选答案 D	答案
1	对老年男性乘客使用的尊称不包括(　　)。	A. 老师傅	B. 老头	C. 老人家	D. 老先生	B
2	遇到儿童乘客乘车,应做好的服务不包括(　　)。	A. 提醒儿童注意安全	B. 提醒儿童不要乱动车内设备	C. 提醒儿童不要将头手伸出窗外	D. 提醒儿童车上有好吃的糖果	D
3	符合出租汽车驾驶员做好伤病乘客服务要求的行为是(　　)。	A. 安排伤员躺卧在后排座位上	B. 伤员无人陪同又确有需要时,驾驶员不宜主动协助办理救治手续	C. 对患病乘客播放摇滚乐以放松心情	D. 直接将患病乘客拉到有回扣的医院就医	A
4	遇到盲人乘客乘车,出租汽车驾驶员应该(　　)。	A. 打开车门锁,提醒乘客自行上车	B. 打开车门,耐心等候乘客上车	C. 加收服务费	D. 主动下车,将盲人搀扶至车内	D
5	盲人乘客不能辨认计程计价设备,因此出租汽车驾驶员正确的收费做法是(　　)。	A. 加收服务费	B. 按计程计价设备金额收取	C. 提前议价	D. 虚报计价设备显示金额	B

续上表

序号	题　干	备选答案 A	备选答案 B	备选答案 C	备选答案 D	答案
6	遇有(　　)乘客乘坐出租汽车时,应尽可能将其安排到前排就座,以便沟通或指明目的地。	A. 盲人	B. 聋哑	C. 老人	D. 小孩	B
7	遇有患病、老弱乘客乘坐出租汽车时,驾驶员应(　　),关闭车窗,保持安静的乘车环境。	A. 加快车速,超速行驶	B. 关闭车载卫星定位系统	C. 关闭计程计价设备	D. 关闭音响	D
8	乘客乘坐出租汽车过程中有呕吐征兆时,驾驶员应当(　　)。	A. 提供备用纸巾及塑料袋,必要时征求乘客意见后及时停车	B. 结清车费请乘客下车	C. 请乘客打开车窗准备向窗外呕吐	D. 提高车速尽快送乘客到目的地	A
9	出租汽车驾驶员应做好伤病乘客的服务,对受伤的乘客,出租汽车驾驶员不得(　　)。	A. 及时联系其亲属	B. 协助乘客上车	C. 为避免麻烦拒载	D. 平稳驾驶	C
10	遇到行走不便的乘客乘坐出租汽车时,驾驶员应该(　　)。	A. 征得同意后主动协助乘客上车	B. 不予搭载	C. 提示乘客尽快上车	D. 保持高速行驶,弥补上下车时耽误的时间	A

续上表

序号	题　　干	备选答案 A	备选答案 B	备选答案 C	备选答案 D	答案
11	下列哪种行为属于服务禁忌？(　　)	A. 行车时接打手机	B. 路桥通行费由乘客承担	C. 征得乘客同意后拼客	D. 提醒乘客勿将头伸出窗	A
12	出租汽车驾驶员未经乘客同意不得(　　)。	A. 按计程计价设备金额收费	B. 使用车载卫星定位系统	C. 拼客	D. 询问乘客目的地	C
13	出租汽车驾驶员在与乘客交流时应(　　)紧盯乘客。	A. 适时	B. 避免	C. 必须	D. 视情	B
14	出租汽车驾驶员在载客运营过程中，无正当理由擅自中断服务的行为是(　　)。	A. 拒载	B. 宰客	C. 倒客	D. 甩客	D
15	出租汽车驾驶员在载客运营过程中未经(　　)同意，不得另载他人。	A. 企业	B. 乘客	C. 执法人员	D. 管理人员	B
16	出租汽车驾驶员在载客运营过程中未按合理路线行驶的行为属于(　　)。	A. 甩客	B. 倒客	C. 故意绕道行驶	D. 拒载	C
17	乘客扬手招车后，在乘客上车前驾驶员不得有(　　)行为。	A. 向乘客问好	B. 帮乘客提拿行李	C. 询问乘客目的地	D. 打开车门	C

5. 服务评价与投诉处理(18 题)

一、判断题(10 题)

序号	题干	答案
1	出租汽车经营者应定期开展服务质量评价,并不断改进服务。	正确
2	出租汽车驾驶员应保证服务质量统计数据和原始记录真实、准确,接受出租汽车行政主管部门的服务质量信誉考核。	正确
3	对待乘客投诉,出租汽车驾驶员应保持理性、平和的心态。	正确
4	出租汽车经营者应按规定设置服务监督机构及办公地点,但可以不设服务监督电话。	错误
5	出租汽车经营者接到乘客投诉后,应当在 24h 内处理,并及时将处理结果告知乘客。	正确
6	乘客下车时,出租汽车驾驶员应提醒乘客通过客户端、拨打服务监督电话等形式对其服务评价为优。	错误
7	出租汽车服务评价指标中,要求乘客投诉处理率和乘客满意率均达到 100%。	错误
8	乘客投诉会给出租汽车驾驶员带来麻烦,所以驾驶员可以不配合投诉处理。	错误
9	乘客对出租汽车服务质量有疑问,可拨打经营者服务监督电话、出租汽车行政主管部门电话等方式进行咨询、投诉。	正确
10	网络预约出租汽车驾驶员因骚扰、吸毒、超速等方面遭到投诉的,经营者应当暂停该驾驶员提供服务。	正确

二、单项选择题(8 题)

序号	题　　干	备选答案 A	备选答案 B	备选答案 C	备选答案 D	答案
1	以下哪项出租汽车服务评价指标不要求达到 100%？（　　）	A. 车容车貌合格率	B. 消防器材合格率	C. 车辆服务标志设置合格率	D. 乘客投诉处理率	A
2	以下哪项网络预约出租汽车服务评价指标不要求达到 100%？（　　）。	A. 乘客满意率	B. 车辆相符率	C. 驾驶员相符率	D. 营运车辆保险购买合格率	A
3	对于出现以下哪个方面投诉，网络预约出租汽车经营者可以不用暂停该驾驶员提供服务？（　　）	A. 不认路	B. 骚扰	C. 吸毒	D. 超速	A
4	出租汽车驾驶员因个人过失遇乘客投诉后，下列做法错误的是(　　)。	A. 坚持我行我素	B. 正视现实，承认错误	C. 认真做好善后	D. 接受经营者的批评、教育和处理	A
5	出租汽车驾驶员与乘客发生矛盾或纠纷，下列做法不恰当的是(　　)。	A. 要宽容大度，以理服人	B. 要保持冷静，举止文明	C. 要尊重乘客的意见和人格	D. 立刻请公安部门依法处理	D

续上表

序号	题　　干	备选答案 A	备选答案 B	备选答案 C	备选答案 D	答案
6	出租汽车服务评价指标中，要求驾驶员从业资格证件拥有率达到(　　)。	A. 90% 及以上	B. 95% 及以上	C. 100%	D. 85% 及以上	C
7	行车途中，老年乘客因车速过快对出租汽车驾驶员小王提出不满，小王应该如何处理？(　　)	A. 装作没有听见	B. 加速驾驶	C. 表示抗议	D. 及时表达歉意并降低车速	D
8	网络预约出租汽车服务中，与服务评价无关的原始记录有(　　)。	A. 订单日志	B. 网上交易日志	C. 行驶轨迹日志	D. 在线运营时长	D

第三部分　安全运营知识(130 题)

1. 安全运营生理与心理知识(28 题)

一、判断题(17 题)

序号	题　　干	答案
1	出租汽车驾驶员的心理素质是安全行车重要影响因素之一。	正确
2	行车中做到集中注意力、仔细观察和提前预防是出租汽车驾驶员安全意识的具体表现。	正确
3	出租汽车驾驶员驾驶车辆时保持心情舒畅、平心静气,有助于安全行车。	正确
4	出租汽车驾驶员的个性心理特征对安全行车没有影响。	错误
5	出租汽车驾驶员克服和控制急躁、愤怒等消极情绪,有助于减少行车中道路交通事故。	正确
6	心理疲劳是一种常见的心理现象,只要驾驶技术好就可以避免出租汽车运营安全事故的发生。	错误
7	出租汽车驾驶员小王因营业收入比其他同行收入较低,心理感觉不平衡,在运营中出现争道抢行的行为,其行为可理解。	错误
8	驾驶员行车中的包容、礼让有助于提高道路运输安全。	正确
9	出租汽车驾驶员在行车中无论遇到什么情况,当发现自己情绪不稳定时,要进行自我调节和疏导。	正确
10	出租汽车驾驶员在运营过程中,以最快速度到达目的地比安全文明行车更重要。	错误

续上表

序号	题　干	答案
11	出租汽车驾驶员有不良情绪，可以发泄到乘客身上。	错误
12	主动下车帮乘客搬运行李，有利于缓解长时间保持坐姿带来的疲劳。	正确
13	出租汽车驾驶员要定期体检，时刻关注自己的身体健康问题，这样既是对自己负责，也是对他人和社会负责。	正确
14	酒精会麻醉、抑制中枢神经，影响出租汽车驾驶员的判断力，降低视觉敏锐度，使其不能正确有效地控制出租汽车。	正确
15	出租汽车驾驶员只要其驾驶技术娴熟，吸烟对行车安全影响不大。	错误
16	镇静剂、兴奋剂、抗生素、抗过敏药物、治疗胃、肠消化系统和心血管系统的药物，按其临床作用不会对出租汽车驾驶员有影响。	错误
17	出租汽车驾驶员长时间保持固定姿势容易使腰部疲劳。	正确

二、单项选择题(11 题)

序号	题　干	备选答案 A	备选答案 B	备选答案 C	备选答案 D	答案
1	导致道路交通事故发生的各类因素中，人的因素是安全行车的(　　)。	A. 主要因素	B. 次要因素	C. 客观因素	D. 外在因素	A

续上表

序号	题　　干	备选答案 A	备选答案 B	备选答案 C	备选答案 D	答案
2	下列哪类性格类型有助于出租汽车驾驶员避免发生道路交通事故？（　　）	A. 没有监控探头时，侥幸违法驾驶	B. 遇紧急情况时头脑冷静、处置果断	C. 遇到道路拥堵时，情绪烦躁，长鸣喇叭	D. 在高速公路高速行驶时，不容忍其他车辆超车	B
3	驾驶员在突然遇到险情时，易引起（　　）反应。	A. 激情	B. 应急	C. 应激	D. 积极	C
4	出租汽车驾驶员在道路宽阔、视线良好、长途行车等情况下，极易产生（　　）	A. 挫折心理	B. 攀比心理	C. 麻痹心理	D. 好胜心理	C
5	下列做法能体现出租汽车驾驶员具有良好心理素质的是（　　）。	A. 因家庭矛盾内心抑郁时，不礼貌待客	B. 遇城市道路拥堵时，频繁鸣喇叭催促前车	C. 与乘客发生服务纠纷时，据理力争，盛气凌人	D. 心情烦躁或愤怒时，能够迅速调节，尽量做到心平气静	D
6	为保证行车安全和服务质量，出租汽车驾驶员在运营过程中应调整情绪，保持（　　）。	A. 意志消沉	B. 心情舒畅	C. 悲观失落	D. 无所畏惧	B

续上表

序号	题　干	备选答案A	备选答案B	备选答案C	备选答案D	答案
7	随着车速的提高，驾驶员的有效视野会(　　)。	A. 保持不变	B. 越来越宽	C. 越来越窄	D. 时宽时窄	C
8	出租汽车驾驶员在行车过程中，要正确应对交通冲突，增强(　　)控制能力。	A. 环境	B. 车流	C. 路面	D. 情绪	D
9	情绪剧烈波动时，一般情况下驾驶员应激反应能力会(　　)。	A. 下降	B. 提高	C. 保持不变	D. 没有规律	A
10	出租汽车驾驶员心理疏导的目的是为养成坚定、顽强、沉着、果断、机智的品格，不为(　　)左右。	A. 金钱	B. 事故	C. 身体	D. 情绪	D
11	如果出租汽车驾驶员不注意观察，就不能把行车中遇到的各种情况迅速传至(　　)，做出正确的反应和判断。	A. 耳中	B. 中枢神经	C. 胸中	D. 车内	B

2. 行车安全与突发情况处置(83 题)

一、判断题(40 题)

序号	题　　干	答案
1	音响、空调、计程计价设备、车载卫星定位系统是否正常是出租汽车安全检视的重要内容。	错误
2	检视发动机、底盘主要看其有无遗洒、泄漏。	正确
3	出车前检视车辆后视镜主要看其是否完好、角度是否调整得当。	正确
4	出租汽车驾驶员应该对出租汽车做好日常安全检视的工作,如有故障应及时送修,避免在运营途中出现问题,既影响安全又影响运营收入。	正确
5	驾驶室内空气质量、温度、噪声等环境因素与驾驶员疲劳关系不大。	错误
6	保证足够的睡眠时间和良好的睡眠质量是预防驾驶员疲劳驾驶的有效措施。	正确
7	出租汽车驾驶员在服用国家管制的精神药品后,若自我感觉良好,可以驾驶车辆运营。	错误
8	当行驶到城乡结合部,占道经营的摊点较多,易出现人员拥挤、交通拥堵的情况时,出租汽车驾驶员应小心谨慎、礼让行驶。	正确
9	行车中遇到车流缓慢或者周边车辆有不文明驾驶行为时,驾驶员应做好自我控制,避免产生急躁、愤怒情绪,影响运营安全。	正确
10	出租汽车驾驶员只要具备了较高的驾驶技能,就能避免道路交通事故的发生。	错误
11	夜间行车,驾驶员视距变短,注意力高度集中,易产生疲劳。	正确

续上表

序号	题干	答案
12	雾天驾驶要打开雾灯、远光灯，降低车速，保持较大的跟车距离。	错误
13	在冰雪道路上行车时，由于积雪对光线的反射，易造成驾驶员目眩。	正确
14	雪天驾驶出租汽车行驶，轻踩制动或缓打转向时，易导致侧滑、甩尾、转向失控。	错误
15	高温天气驾驶出租汽车行驶，当感到视线模糊、反应迟钝时要及时停车休息。	正确
16	雨天行驶，光线昏暗、能见度低，驾驶员视线易受影响，无法清晰观察路况，但只需打开前照灯就能防止上述现象发生。	错误
17	高温天气行驶，车辆轮胎温度高，行驶中易发生爆胎。	正确
18	雾天能见度低，看不清前方路况，应进入应急车道行驶相对安全。	错误
19	驾驶出租汽车通过无人看守的铁路道口，要加速通过。	错误
20	驾驶出租汽车通过扬尘路段时，要低速慢行，必要时可以开启车灯示意。	正确
21	驾驶出租汽车遇到窄路、坡道、急转弯处会车时，要低速慢行，必要时停车等待。	正确
22	出租汽车驾驶员在高速公路行车如遇到前方汽车排队，在乘客要求的前提下可以在紧急停车带上行驶。	错误
23	雨天驾驶出租汽车要与路边行人保持更大的间距，避免泥水溅污行人。	正确
24	雾天能见度较低时，驾驶出租汽车应开启雾灯、近光灯、示廓灯，必要时开肩危险报警闪光灯。	正确
25	出现险情时，驾驶员应保持头脑清醒，情绪镇定是做好避险的先决条件。	正确
26	车速较高时遇到紧急情况，驾驶员应采取急转方向避让，以减小碰撞损坏程度。	错误

续上表

序号	题　　干	答案
27	驾驶出租汽车行驶中发生爆胎时,应向相反方向急转转向盘或急踩制动踏板。	错误
28	行车中发动机突然熄火,不能起动时,驾驶员应打开危险报警闪光灯,原地立即停车。	错误
29	车辆高速行驶,遇转向突然失控时,驾驶员应使用紧急制动尽快将车停下,防止事故发生。	错误
30	车辆发生侧滑时,驾驶员应立即松抬制动踏板,并迅速向侧滑的相反方向转动转向盘,修正方向后继续行驶。	错误
31	因转向或擦撞引起车辆侧滑时,驾驶员应立即踩踏制动踏板减速,并迅速向侧滑的一方转动转向盘。	错误
32	车辆行驶中,发现轮胎泄气时,驾驶员应握稳转向盘,缓慢制动减速,停靠在路边安全地点。	正确
33	车辆因轮胎泄气驶离行车道时,驾驶员不要采用紧急制动,以免造成翻车或造成后车追尾。	正确
34	车辆因故障必须停车时,在不影响其他车辆行驶的前提下,驾驶员可在行车道缓慢停车。	错误
35	在高速公路上行车,如车辆发生故障需要临时停车时,应将车停至应急车道,并立即在车后方150米外放置警告标志。	正确
36	驾驶出租汽车遇紧急情况避险时要先考虑人的安全,先人后物。	正确
37	驾驶出租汽车行驶途中,油路或电路故障容易导致发动机突然熄火。	正确
38	驾驶出租汽车行驶中,制动突然失效,一次拉紧驻车制动器容易将驻车制动盘“抱死”,损坏传动机件,丧失制动力。	正确
39	驾驶出租汽车行驶中,制动突然失效,使用驻车制动器辅助制动时,可将操纵杆一次拉紧。	错误
40	驾驶出租汽车通过弯道时,可以加速超车,提高通行效率。	错误

二、单项选择题(43 题)

序号	题　干	备选答案 A	备选答案 B	备选答案 C	备选答案 D	答案
1	下列做法能体现出租汽车驾驶员具有安全、文明行车意识的是(　　)。	A. 出车前检查车辆	B. 在高速公路行驶时频繁变更车道	C. 雾天行驶时使用远光灯	D. 鸣喇叭并高速通过学校门口	A
2	行车中,驾驶员若发现车辆或零部件存在异响、松动等问题时,下列做法错误的是(　　)。	A. 及时停车检查	B. 判断故障	C. 送维修企业进行修理	D. 继续运营	D
3	驾驶员每天出车前要进行“四漏”检查,即车辆有无(　　)现象。	A. 漏水、漏油、漏气、漏光	B. 漏水、漏油、漏光、漏电	C. 漏水、漏油、漏气、漏电	D. 漏水、漏风、漏气、漏电	C
4	驾驶员连续行车 4 小时,应该停车至少休息(　　)。	A. 20 分钟以上	B. 15 分钟左右	C. 10 分钟左右	D. 5 分钟左右	A
5	预防疲劳驾驶最可靠、最有效的方法是(　　)。	A. 收听音乐	B. 保证充足睡眠	C. 深呼吸	D. 喝浓茶	A
6	出租汽车驾驶员在准备停车下客时,要提前开启右转向灯示意,然后观察路边情况,(　　)。	A. 并列停放	B. 按顺行方向靠右侧停车	C. 停在路中	D. 随意停车	B

续上表

序号	题　　干	备选答案 A	备选答案 B	备选答案 C	备选答案 D	答案
7	驾驶员在行车途中突然遇到路边儿童将皮球滚到路中间,应(　　)。	A. 保持原速行驶	B. 迅速绕过	C. 立即减速,随时准备停车,以防碰撞追逐的儿童	D. 从皮球上骑过	C
8	保障乘客安全是对出租汽车服务的基本要求,乘客上车后出租汽车驾驶员应提醒乘客(　　)。	A. 不能接打手机	B. 不准吃零食	C. 系好安全带	D. 妥善放置携带的危险品	C
9	驾驶出租汽车途经繁华地带,驾驶员不正确的驾驶方法是(　　)。	A. 注意周围车辆动态	B. 保持安全车距	C. 防备行人和自行车突然横穿	D. 高速平稳通过	D
10	当出租汽车行至公交车站、超市、商场等人车密集场所,要保持低速慢行,随时(　　)。	A. 下车指挥	B. 加速	C. 准备制动	D. 抢行	C
11	雾天驾驶出租汽车行驶,不能开启(　　)。	A. 近光灯	B. 雾灯	C. 远光灯	D. 示廓灯	C
12	雾天行驶,能见度在 5 米以内时,应当(　　)。	A. 减速行驶	B. 集中注意力谨慎驾驶	C. 选择安全地点停车	D. 以正常速度行驶	C

续上表

序号	题　干	备选答案 A	备选答案 B	备选答案 C	备选答案 D	答案
13	雨天行车时，为避免出现“水滑”现象，驾驶员应该（　）。	A. 低速行驶	B. 高速行驶	C. 紧急制动	D. 频繁变道	A
14	行车遇暴雨，使用刮水器也无法保障正常观察时，此时正确方法是（　）。	A. 集中注意力谨慎驾驶	B. 以正常速度行驶	C. 减速行驶	D. 立即减速靠边停车	D
15	在冰雪路上起步时，猛踩加速踏板会导致（　）。	A. 车辆侧翻	B. 驱动轮滑转	C. 车辆熄火	D. 方向失控	B
16	雪天驾驶出租汽车需要减速时，应（　）。	A. 紧急制动减速	B. 利用发动机制动，可轻踩制动踏板	C. 猛拉驻车制动器减速	D. 挂入“倒挡”	B
17	驾驶出租汽车在冰雪路面行驶的危险性在于（　）。	A. 轮胎附着力增大	B. 制动距离延长	C. 油电线路容易软化	D. 电气设备易受潮短路	B
18	出租汽车在冰雪路面行驶中，驾驶员不能采取的措施是（　）。	A. 控制车速，避免紧急制动	B. 避免急转方向	C. 紧跟前车	D. 尽量循前车的车辙走	C

续上表

序号	题　　干	备选答案 A	备选答案 B	备选答案 C	备选答案 D	答案
19	驾驶出租汽车在冰雪路面应适当(　　)实现安全超车。	A. 连续鸣喇叭	B. 增大横向间距	C. 开启前照灯	D. 加速尽快超越	B
20	高温天气驾驶出租汽车行驶,发现轮胎温度过高时应(　　)。	A. 给轮胎放气	B. 给轮胎浇凉水	C. 选择阴凉处停车降温	D. 继续行驶	C
21	出租汽车驾驶员在行车中经过积水路面时,要怎样做以保证安全?(　　)	A. 迅速加速通过	B. 保持正常车速通过	C. 低挡加速通过	D. 低挡低速通过	D
22	部分隧道出口有较强的横风,影响出租汽车驾驶员对车辆的控制,易出现(　　)。	A. 车速过快	B. 车速过慢	C. 熄火现象	D. 跑偏现象	D
23	高温天气驾驶出租汽车行驶,发现水温表读数达到100摄氏度时,应(　　)。	A. 立即停车并迅速补充冷却液	B. 立刻选择安全地点停车降温	C. 继续行驶	D. 送往维修企业	B
24	驾驶出租汽车高速行驶,突然发现前方道路中间停有故障车辆时,驾驶员应避免(　　)。	A. 急转方向	B. 制动减速	C. 控制方向	D. 沉着冷静	A
25	驾驶出租汽车低速行驶,突然发现前方有障碍物时,在道路交通条件允许的前提下,驾驶员应该(　　)。	A. 紧急制动	B. 转向避让同时减速	C. 急转方向	D. 及时跳车	B

续上表

序号	题　　干	备选答案 A	备选答案 B	备选答案 C	备选答案 D	答案
26	出租汽车通过隧道、涵洞、桥梁时，下列错误的做法是(　　)。	A. 严禁超速、超车	B. 及时开启灯光	C. 及时变更车道，争取时间	D. 不得随意停车	C
27	大风天气行车，由于风向往往不断地发生变化，当感到略有跑偏时，出租汽车驾驶员要(　　)。	A. 采取紧急制动	B. 双手稳握转向盘	C. 顺风向转动转向盘	D. 逆风向转动转向盘	B
28	高速公路双向行驶的隧道内禁止使用(　　)。	A. 近光灯	B. 远光灯	C. 示廓灯	D. 喇叭	B
29	进入隧道时，出租汽车驾驶员应提前开启(　　)。	A. 雨刮器	B. 左转向灯	C. 前照灯、示廓灯	D. 右转向灯	C
30	夜间驾驶出租汽车临近会车时，对向车辆仍开启远光灯导致炫目，驾驶员应该(　　)。	A. 高速行驶避开眩光	B. 保持原速行驶	C. 减速或停车让行	D. 长鸣喇叭、开启危险报警闪光灯	C
31	驾驶出租汽车在高速公路遇施工路段时，驾驶员应该(　　)。	A. 加速通过施工路段	B. 到施工现场前紧急制动	C. 遵守限速规定提前减速	D. 原地掉头	C

续上表

序号	题　干	备选答案 A	备选答案 B	备选答案 C	备选答案 D	答案
32	驾驶出租汽车在高速公路上以低于 60 公里/小时的车速进入行车道，这种行为(　　)。	A. 容易引发追尾碰撞	B. 能够保证行车安全	C. 容易造成轮胎磨损	D. 可以减少燃料消耗	A
33	驾驶出租汽车从繁忙拥堵的城市道路进入城乡结合部畅通道路时，驾驶员应该(　　)。	A. 紧跟前车行驶	B. 控制车速行驶，注意避让非机动车和行人	C. 加速行驶，尽快抵达目的地	D. 遇到低速车辆频鸣喇叭	B
34	出租汽车在高速公路上因故障临时停车时，应在车后多远外放置警告标志？(　　)	A. 30 米	B. 50 米	C. 100 米	D. 150 米	D
35	驾驶出租汽车通过跨海大桥时，要预防的危险因素之一是(　　)。	A. 横风	B. 共振	C. 水流	D. 大气压	A
36	乘客站在道路中拦截行驶的出租汽车，若停车上客，易导致后方车辆(　　)。	A. 侧面撞击	B. 追尾碰撞	C. 迎面撞击	D. 出现故障	B
37	遇紧急情况避险时，出租汽车驾驶员首先要尽量做到(　　)。	A. 财产不受损失	B. 人员不受伤害	C. 车辆不受损失	D. 道路设施不受损失	B

续上表

序号	题　干	备选答案 A	备选答案 B	备选答案 C	备选答案 D	答案
38	车辆前轮胎爆裂,已出现转向时,驾驶员应在控制住方向的情况下,(　　)使车辆缓慢减速。	A. 迅速熄火	B. 拉紧驻车制动器	C. 轻踏制动踏板	D. 迅速踏下制动踏板	C
39	行车过程中,车辆后轮胎爆裂时,驾驶员应保持镇定,(　　),控制车辆保持直线行驶,减速停车。	A. 迅速向爆胎另一侧转动向盘	B. 双手握稳转向盘	C. 迅速向爆胎一侧转动转转向	D. 迅速踏下制动踏板	B
40	夜间行车时,出租汽车车灯突然熄灭,应(　　)。	A. 观察前后车辆,减速靠边停车	B. 利用惯性,慢慢停车	C. 紧急制动,原地停车	D. 特别注意减速慢行	A
41	行车中制动突然失灵时,驾驶员要沉着镇静,握紧转向盘,(　　)进行减速。	A. 连续踩踏制动踏板	B. 利用“抢挡”或驻车制动	C. 迅速踏下离合器踏板	D. 迅速熄火	B
42	高速行驶的车辆,在转向失控的情况下使用紧急制动,很容易造成(　　)。	A. 爆炸	B. 翻车	C. 爆胎	D. 熄火	B
43	驾驶出租汽车行驶中感到车身倾斜,并且倾斜随行驶时间的延长而加重时,一般情况下是一侧轮胎(　　)。	A. 爆胎	B. 泄气	C. 磨损	D. 松动	B

3. 自我安全防范(10 题)

一、判断题(5 题)

序号	题　　干	答案
1	出租汽车具有单人单车运营、流动、分散运营等特点,驾驶员应充分认识运营治安问题的严峻性,提高防范意识。	正确
2	出租汽车驾驶员在遇劫后,要注意自我保护,在财产和生命安全面前,应当首先考虑财产安全。	错误
3	出租汽车驾驶员运营过程中如发现有其他车辆发出求救信号时,应当尽量协助,并迅速拨打救援电话。	正确
4	出租汽车遇劫时,可使用车载卫星定位系统报警。	正确
5	出租汽车驾驶员遇到抢劫犯罪,应临危不惧,胆大心细,拼尽全力制服罪犯。	错误

二、单项选择题(5 题)

序号	题　　干	备选答案 A	备选答案 B	备选答案 C	备选答案 D	答案
1	出租汽车驾驶员在载客运营过程中,为加强治安防范应当对(　　)的乘客要提高警惕。	A. 热情	B. 沉默寡言	C. 好奇	D. 诡秘不安	D

续上表

序号	题　干	备选答案 A	备选答案 B	备选答案 C	备选答案 D	答案
2	出租汽车驾驶员在遇劫后，要注意自我保护，特别要注意(　　)安全。	A. 生命	B. 财产	C. 车辆	D. 劫匪	A
3	为保障安全，出租汽车驾驶员在载客过程中，尽量不要(　　)。	A. 与乘客交谈	B. 饮食乘客提供的东西	C. 打开空调	D. 打开音响	B
4	为加强安全防范，出租汽车驾驶员遇到(　　)乘客时要格外警惕。	A. 语无伦次、诡秘不安	B. 携带行李、匆忙上车	C. 主动攀谈、热情外向	D. 穿戴整齐、举止文明	A
5	一辆出租汽车在某地被歹徒抢劫，案发后出租汽车驾驶员用电话向公安机关报警，他应当拨打(　　)。	A. 120	B. 122	C. 119	D. 110	D

4. 常见危险品的基本知识(9题)

一、判断题(3题)

序号	题　干	答案
1	易燃液体一旦起火,应立即用水扑救。	错误
2	酒精、黄磷、农药都属于危险化学品。	正确
3	烟花、爆竹、火柴都属于危险化学品中的爆炸品。	错误

二、单项选择题(6题)

序号	题　干	备选答案A	备选答案B	备选答案C	备选答案D	答案
1	火药、炸药、起爆药属于危险化学品中的(　　)。	A. 氧化性物质	B. 易燃固体	C. 爆炸品	D. 毒害品	C
2	下列危险化学品中属于易燃固体的是(　　)。	A. 火柴	B. 烟花	C. 电石	D. 燃油	A
3	硫酸、硝酸、盐酸属于危险化学品中的(　　)。	A. 毒性物质	B. 腐蚀性物质	C. 氧化性物质	D. 易燃性物质	B
4	硫磺、火柴属于危险化学品中的(　　)。	A. 爆炸品	B. 易燃固体	C. 自燃物品	D. 放射性物质	B
5	下列物质中遇水放出易燃气体的是(　　)。	A. 火柴	B. 氯气	C. 黄磷	D. 电石	D
6	出租汽车乘客可以携带以下哪项物品乘车(　　)。	A. 鞭炮	B. 硫酸	C. 生漆	D. 白酒	D

第四部分　职业道德(20 题)

社会责任与职业道德(20 题)

一、判断题(10 题)

序号	题　　干	答案
1	方便百姓、优质服务是出租汽车驾驶员社会责任在服务广大群众出行方面的体现。	正确
2	救死扶伤、提供援助是出租汽车驾驶员的社会责任,因此不能考虑自身安危。	错误
3	不做有损城市形象的事,不信谣、不传谣是对出租汽车驾驶员承担社会责任的要求。	正确
4	出租汽车驾驶员义务为高考学生提供接送服务是无私奉献社会的行为。	正确
5	出租汽车驾驶员只有做到诚实守信、文明服务,才能赢得乘客认可,提高职业信誉。	正确
6	出租汽车驾驶员职业道德水平与出租汽车服务质量没有直接关系。	错误
7	文明服务要求出租汽车驾驶员形象文明、语言文明、态度文明和举止文明等。	正确
8	拒载、故意绕道行驶等行为违背了出租汽车驾驶员诚信经营的职业道德。	正确
9	出租汽车行业是典型的服务业,出租汽车驾驶员从业期间应当树立盈利至上的从业意识。	错误
10	“爱国、敬业、诚信、友善”,是公民基本道德规范,是从个人行为层面对社会主义核心价值观基本理念的凝练。	正确

二、单项选择题(10题)

序号	题　干	备选答案A	备选答案B	备选答案C	备选答案D	答案
1	传递社会正能量要求出租汽车驾驶员传播(　　)。	A. 企业规章	B. 精神文明	C. 不满情绪	D. 小道消息	B
2	出租汽车驾驶员(　　)直接关系到城市的文明形象和社会风气。	A. 职业道德水平	B. 服务单位	C. 教育程度	D. 从业经历	A
3	从长远看，出租汽车驾驶员承担社会责任与获得经济效益之间的关系是(　　)。	A. 相辅相成	B. 背道而驰	C. 不成比例	D. 此消彼长	A
4	小张在出租汽车运营中始终把乘客的生命财产安全放在第一位，安全驾驶、文明行车。他的行为(　　)。	A. 符合社会责任要求	B. 符合快捷到达要求	C. 符合乘客的特殊需求	D. 符合拒载的要求	A
5	(　　)和法律是维护社会秩序稳定的两种重要手段。	A. 帮扶	B. 教育	C. 制度	D. 道德	D

续上表

序号	题　　干	备选答案 A	备选答案 B	备选答案 C	备选答案 D	答案
6	爱岗敬业是出租汽车驾驶员(　　)的前提。	A. 优质服务	B. 继续从业	C. 获得荣誉	D. 提高收入	A
7	出租汽车驾驶员应以(　　)赢得乘客尊重，满足社会需求。	A. 良好的服务态度	B. 牺牲部分应得利益	C. 尽可能快的运送速度	D. 无条件满足乘客	A
8	出租汽车驾驶员应自觉遵守法律法规和服务规范，牢固树立(　　)的观念。	A. 经济效益第一	B. 安全运营，优质服务	C. 安全运营与经济利益并重	D. 效率至上，快速运送	B
9	文明行车要求出租汽车驾驶员做到“礼让三先”，“礼让三先”不包括(　　)。	A. 先让	B. 先慢	C. 先停	D. 先行	D
10	出租汽车驾驶员文明驾驶行为不包括(　　)。	A. 宁停三分，不抢一秒	B. 礼让行人，安全为上	C. 礼让三先	D. 盛气凌人，赌气开车	D

第五部分　其他相关知识(50 题)

1. 运价与计程计价设备使用知识(16 题)

一、判断题(12 题)

序号	题　　干	答案
1	巡游车和网约车运价均实行政府定价或政府指导价,出租汽车驾驶员必须遵照执行。	错误
2	巡游车和网约车均应当依法经营、诚实守信、市场定价、优质服务。	错误
3	巡游车和网约车均应当配置统一的标志顶灯和计程计价设备。	错误
4	巡游车运价实行政府定价或政府指导价,并依法纳入政府定价目录。	正确
5	巡游车计程计价设备显示的车费已经包含车辆通行费,不得向乘客另外收取。	错误
6	出租汽车驾驶员在本区域内运营过程中,可以依据燃油价格等因素与乘客协议确定车费。	错误
7	出租汽车时距并计是指载客营运时按照行驶时间和里程同时计费的方式。	正确
8	出租汽车驾驶员应当按照规定使用计程计价设备,执行收费标准并主动出具有效车费票据。	正确
9	网约车运价一律实行市场调节价。	错误
10	网约车运价实行政府定价,城市人民政府认为有必要实行政府指导价的除外。	错误
11	网约车平台公司应当按照规定确定计程计价方式,不得有不正当价格行为。	正确
12	网约车实行市场调节价,不需要向乘客提供相应的出租汽车发票。	错误

二、单项选择题(4 题)

序号	题　　干	备选答案 A	备选答案 B	备选答案 C	备选答案 D	答案
1	出租汽车驾驶员在运营过程中,因车辆或驾驶员原因造成车辆停驶时,应(　　)计费。	A. 取消	B. 重新	C. 终止	D. 暂停	D
2	运营结束后,出租汽车驾驶员应在允许停车路段按乘客目的地就近靠路边停车,并(　　)计费。	A. 取消	B. 重新	C. 终止	D. 暂停	C
3	巡游车计程计价设备应按质量技术监督部门的要求进行(　　)。	A. 定期检定	B. 不定期检定	C. 定期更换	D. 定期维修	A
4	网约车运价实行(　　),当地政府认为有必要的可以实行政府指导价。	A. 政府定价	B. 行业协会定价	C. 市场调节价	D. 驾驶员与乘客协议价	C

2. 节能与环保知识(10 题)

一、判断题(6 题)

序号	题　　干	答案
1	空气滤清器太脏会阻碍空气畅通,从而减少燃油消耗。	错误
2	当车速过高时,空气阻力明显增大,燃油消耗随着车速的增加而增加。因此,车速过高不利于节省燃油。	正确
3	汽车在运行中,挡位的选择与换挡动作对燃油的消耗都有影响。	正确
4	行车中,驾驶员感到动力不足时,可猛踩加速踏板,增强动力,防止频繁换挡,这样可以节约燃料。	错误
5	不必要的加速、减速和停车都将增加废气排放。	正确
6	较长时间停车时,应将发动机关闭,可以节约燃油消耗,减少汽车废气排放。	正确

二、单项选择题(4 题)

序号	题　　干	备选答案 A	备选答案 B	备选答案 C	备选答案 D	答案
1	下列哪种行为不会造成燃料浪费?(　　)	A. 发动机怠速时踩踏加速踏板	B. 发动机长时间空转	C. 合理选择挡位行车	D. 将冷却液温度保持在较低水平	C

续上表

序号	题　　干	备选答案 A	备选答案 B	备选答案 C	备选答案 D	答案
2	一般情况下，经济车速是汽车最高设计车速的(　　)。	A. 40% 至 50%	B. 50% 至 75%	C. 70% 至 85%	D. 80% 至 95%	B
3	轮胎气压过低会增大轮胎的(　　)，油耗会显著增加。	A. 滚动阻力	B. 空气阻力	C. 负荷	D. 寿命	A
4	汽车频繁地变换车速，使车辆的油耗(　　)。	A. 减少	B. 增加	C. 不变	D. 无影响	B

3. 交通事故处理(10 题)

一、判断题(5 题)

序号	题　干	答案
1	在道路上发生交通事故,仅造成轻微财产损失,且基本事实清楚的,当事人应当先撤离现场,再进行协商处理。	正确
2	饮酒或醉酒驾驶出租汽车造成重大交通事故,构成犯罪的,依法追究刑事责任,吊销驾驶证,终身不得重新获得机动车驾驶证。	正确
3	道路交通事故适用简易程序处理完毕后,当事人应立即撤离现场,恢复交通。	正确
4	发生道路交通事故后,肇事车逃逸时,驾驶员要记清肇事车辆的车型、颜色、特征及逃逸方向,以及逃逸驾驶员的体貌特征等。	正确
5	发生未造成人身伤亡的道路交通事故后,双方协商未达成一致的,出租汽车驾驶员要及时拨打报警电话。	正确

二、单项选择题(5 题)

序号	题　干	备选答案 A	备选答案 B	备选答案 C	备选答案 D	答案
1	道路交通事故发生后,有故意破坏、伪造现场、毁灭证据等行为的当事人将承担(　　)。	A. 全部责任	B. 主要责任	C. 次要责任	D. 同等责任	A

续上表

序号	题　　干	备选答案 A	备选答案 B	备选答案 C	备选答案 D	答案
2	道路交通事故发生后，出租汽车驾驶员应如实讲清事故发生的(　　)、接触部位、人员伤势和车辆损坏程度等简要情况，并听候公安交管部门的处理，不得伪造肇事现场、肇事逃逸。	A. 时间、地点	B. 时间、经过	C. 地点、经过	D. 时间、姓名	A
3	出租汽车驾驶员对行人或非机动车故意制造交通事故的当事人应采取的做法是(　　)。	A. 立即报警请求处理	B. 给点钱了事别耽误生意	C. 找“能人”调和	D. 花钱免灾	A
4	在高速公路上发生交通事故时，将人员疏散至以下哪个区域能够保证安全？	A. 高速公路中间隔离带	B. 高速公路外侧行车道	C. 高速公路以外的区域	D. 高速公路内侧行车道	C
5	发生交通事故后当事人逃逸的，由逃逸的当事人承担(　　)。	A. 主要责任	B. 次要责任	C. 全部责任	D. 部分责任	C

4. 应急保障、消防和乘客救护基本知识(14 题)

一、判断题(8 题)

序号	题　　干	答案
1	发生道路交通事故,驾驶员应当设法让乘客远离事故现场,选择安全的地方等待,以防发生二次事故。	正确
2	使用灭火器灭火时,人要站在下风处,灭火器要瞄准火苗。	错误
3	车辆发动机起火时应迅速关闭发动机,打开发动机罩灭火。	错误
4	驾驶出租汽车行车中突遇地震时,应组织乘客躲在出租汽车里,不要下车。	错误
5	出租汽车驾驶员应掌握一定的救护知识,当乘客在车上突发疾病时能采取力所能及的救护,实施抢救。	正确
6	发生道路交通事故后,向 120 求助时,应详细说明受伤人员伤情,以便救护人员带齐药品和器械实施有效的救助。	正确
7	出租汽车驾驶员应当积极参与自然灾害、事故灾难、公共卫生事件和社会安全事件等突发事件的应对工作。	正确
8	车辆起火后,驾驶员救火时应张大口呼吸新鲜空气,以免缺氧。	错误

二、单项选择题(6 题)

序号	题　　干	备选答案 A	备选答案 B	备选答案 C	备选答案 D	答案
1	出租汽车发生下列哪类火灾可以用水扑救?(　　)	A. 轮胎起火	B. 柴油起火	C. 汽油起火	D. 发动机起火	A
2	使用车载灭火器灭火时,应该将灭火器对准(　　)。	A. 火苗	B. 火焰中部	C. 火源根部	D. 火源附近部位	C
3	有心脏病和肺病的患者,呼吸困难时可保持(　　)姿势。	A. 下蹲	B. 平卧	C. 侧卧	D. 半坐	D
4	出租汽车驾驶员抢救伤员时,应(　　)。	A. 先治伤,后救命	B. 先救命,后治伤	C. 仅救治重伤员	D. 仅救治轻伤员	B
5	发生道路交通事故或乘客意外事件,出租汽车驾驶员对乘客病情判断后,需立即救护的,应尽快拨打救援电话,必须简洁地表达(　　)。	A. 人、地、状况、救护措施	B. 人、地、时间、经过	C. 人、地、救护措施、经过	D. 人、时间、经过、状况	A
6	发生道路交通事故或乘客意外事件后,出租汽车驾驶员做好应急救护的目的是(　　)。	A. 减少个人损失	B. 挽救生命、减轻伤残	C. 彰显个人英雄主义	D. 向乘客索要报酬	B

交通运输部等十四个部门关于印发促进道路货运行业健康稳定发展行动计划（2017—2020年）的通知

交运发〔217〕141号　2017.09.19

各省、自治区、直辖市人民政府，国务院各部委、各直属机构：

为认真贯彻落实党中央、国务院关于维护道路货运行业健康稳定发展的重要部署，促进道路货运行业稳定和谐、健康有序发展，经国务院同意，现将《促进道路货运行业健康稳定发展行动计划（2017—2020年）》印发给你们，请认真贯彻执行。

附件：2018年底前促进道路货运行业降本减负10件实事任务分工表

促进道路货运行业健康稳定发展行动计划(2017—2020年)

道路货运是综合交通运输体系的重要组成部分,是国家物流系统的重要依托载体,是国民经济发展重要的基础性服务业。道路货运行业的健康稳定发展,事关国民经济的平稳运行,事关物流业的降本增效,事关城乡居民的生产生活,也是道路货运行业广大从业人员安居乐业的基本要求。改革开放以来,我国道路货运业取得长足发展,对经济社会发展做出巨大贡献,但长期积累的“多、小、散、弱”等结构性矛盾日益突出,普通运力相对过剩,经营业户负担较重,货车司机生产生活条件较差,保稳定、促发展任重而道远。为贯彻落实党中央、国务院进一步促进道路货运行业健康稳定发展的工作部署和要求,制定本专项行动计划。

一、总体要求

(一)指导思想。

牢固树立并贯彻落实新发展理念,坚持“稳中求进”工作总基调,以供给侧结构性改革为主线,坚持问题导向与目标导向相结合,以“减负增效、提质升级”为核心,按照“远近结合、标本兼治、改革引领、创新驱动、综合治理”的原则,统筹处理好改革、发展和稳定的关系,着力减轻经营负担、促进创新发展、改善从业环境、优化市场秩序、提升治理水平,为行业发展注入新动力、激发新活力,切实推进道路货运行业转型升级,实现行业持续健康稳定发展,为全面建成小康社会提供坚实保障。

(二)工作目标。

“十三五”期间,通过深化新一轮改革创新、破解多方面政策瓶颈,引导发展壮大一批龙头骨干企业、提升稳定一支较高素质从业队伍,道路货运行业对物流降本增效、社会新增就业、经济转型升级的支撑保障更加有力。

2018年年底前,完成降本减负10件实事(见附件),推动政策落地并取得实质性进展。制度性交易成本大幅降低,货车司机生产生活条件显著改善,货运业户的获得感和货车司机的归属感持续增强,行业平稳发展的基础更加牢固。

2020年年底前,提质增效各项工作任务全面推进,行业改革创新取得突破性进展。市场组织化程度明显提高,龙头骨干企业加快成长;市场主体结构明显优化;低水平落后运能有序淘汰更新,车型标准化水平显著提升;先进运输组织模式广泛推广,道路货运比较优势得到有效发挥;"互联网+货运"新业态不断涌现,资源集约利用效率稳步提高。

二、主要任务

(一)减轻道路货运经营负担。

1. 简化车辆检验与检测。推进营业性货运车辆安全技术检验和综合性能检测依法合并,减少重复检测、重复收费,减轻检验检测费用负担。严格落实取消营业性货运车辆二级维护强制上线检测,由经营者以确保车辆安全性能为前提,自主确定二级维护周期,自行组织车辆维护。(交通运输部、公安部、质检总局负责)。

2. 便利异地年审和考核。加快实现道路普通货运车辆异地年审和驾驶员异地考核。制定普通货运车辆异地年审规范和流程,优化审验服务。推进全国道路运政信息系统联网应用,建立与公安部门信息系统的共享联动机制。推动道路普通货运驾驶员基本信息、违法信息、信用信息等全国共享,实现证件转籍、信用考核等事项异地办理。鼓励开展道路货运驾驶员网络远程继续教育。(交通运输部、公安部负责)

3. 完善城市物流配送体系。以中心城市为重点,推动建立"交通运输主管部门负责需求管理和运力调控、公安交通管理部门负责通行管控"的协同工作机制。加强城市配送车辆技术管理,对于符合标准的新能源配送车辆给予通行便利。支持在城市周边统筹布局规划和建设一批具有干支衔接功能并组织开展共同配送的大型公共货运配送综合体,同步优化城市内末端共同配送节点。组织开展城市绿色货运配送试点。(交通运输部、公安部、工业和信息化部负责)

4. 规范大件运输许可管理。推进跨省大件运输并联许可全国联网,由起运地省份统一受理,沿途省份限时并联审批,一地办证、全线通行。(交通运输部负责)

5. 优化收费公路通行费政策。在具备条件的省份和路段,组织开展高速公路分时段差异化收费试点。推广货车使用电子不停车收费系统(ETC)非现金支付方式,省级人民政府可根据本地区实际,对使用ETC非现金支付卡并符合相关要求的货运车辆给予适当通行费优惠。严格执行鲜活农产品运输"绿色通道"政策,免收整车合法装载运输鲜活农产品车辆通行费。(交通运输部负责)

6. 优化交通运输业增值税发票管理。完善交通运输业个体纳税人异地代开增值税专用发票管理制度。落实收费公路通行费增值税发票开具工作实施方案,建立全国统一的收费公路通行费增值税发票服务平台系统,完成部、省两级收费公路联网收费系统改造,依托平台开具高速公路通行费增值税电子发票。(交通运输部、财政部、税务总局负责)

7. 推动取消部分许可审批事项。落实国务院有关"放管服"改革要求,精简道路货运行政许可事项,研究推动取消道路货运站场经营许可、外商投资道路运输业立项审批、总质量4.5吨及以下普通货运车辆道路运输证和驾驶员从业资格证,充分利用信息化手段、保险机制等,加强事中事后监管。(交通运输部负责)

8. 改进危险货物运输管理。督促各地取消危险货物道路运输驾驶员异地从业资格证转籍要求。在严格加强危险货物运输安全管理基础上,稳步实施限量瓶装氮气、二氧化碳等低危气体道路运输豁免制度。(交通运输部负责)

(二)促进货运行业创新发展。

9. 持续推进货运车辆技术升级。深化车辆运输车治理工作,

2018年6月全面完成治理目标。制定出台超长平板半挂车、液体危险货物罐车专项治理方案，分阶段合理设置更新淘汰过渡期。推进低水平非标车型车辆更新改造，加快淘汰落后运能。加快中置轴汽车列车等先进车型推广应用，完善制度标准。鼓励各地创新政策措施，推广标准化、厢式化、轻量化、清洁能源货运车辆。（交通运输部、工业和信息化部、公安部、财政部负责）

10. 大力推动运输组织模式创新。鼓励和引导传统道路货运企业主动适应并融入多式联运发展大局，调整优化经营结构，积极拓展短途接驳运输服务。支持道路货运企业加强与铁路相关企业战略合作，共同开发多式联运服务产品，探索发展驮背运输、公铁两用挂车甩挂运输等新模式。大力发展公路甩挂运输，广泛推广网络化、企业联盟、干支衔接等甩挂模式，支持创新“挂车池”服务、挂车租赁、长途接驳甩挂等新模式。大力支持发展城市共同配送，促进干支无缝衔接和集约化组织。（交通运输部、公安部、国家发展改革委负责）

11. 鼓励创新“互联网+”货运新业态。依托互联网、物联网、大数据、云计算等先进信息技术，大力发展“互联网+”车货匹配、“互联网+”专线整合、“互联网+”园区链接、“互联网+”共同配送、“互联网+”车辆租赁、“互联网+”大车队管理等新模式、新业态，按照“鼓励创新、包容审慎”的监管原则，及时调整制度政策，推动道路货运新旧业态加快融合发展，不断提高市场组织化程度。鼓励支持道路货运企业积极参与智能运输、智慧物流等各类试点示范。（交通运输部、国家发展改革委负责）

12. 规范培育现代物流市场新主体。鼓励道路货运企业通过组织创新、技术创新等做大做强，加快向多式联运经营人、现代物流服务商转型发展。深入推进无车承运人试点工作，提升无车承运人资源整合能力，强化全程运输责任，组织试点政策评估和制度研究，制定出台无车承运人管理办法和运营服务规范。鼓励中小货运企业联盟发展，支持以资产重组、资源共享等为纽带组建联盟实体，引导创新企业联盟组织模式和运行机制。（交通运输部

负责)

(三)维护公平竞争市场环境。

13. 严格落实治超全国统一标准。督促各地严格落实全国治理货运车辆非法改装和超限超载运输认定标准和处罚标准,编制货车非法改装和超限超载处罚清单,明确处罚事项和标准,规范执法自由裁量权。各级治理车辆超限超载工作领导小组要定期组织开展治超督导检查,确保全国各地治超执法标准统一。健全完善全国统一领导、地方政府负责、部门指导协调、各方联合行动的工作机制,强化地方政府主体责任,明确执法人员、执法装备配备标准,统一规范执法流程和规则。(交通运输部、公安部、工业和信息化部负责)

14. 规范公路货运执法行为。依托公路超限检测站,推进将由公路管理机构负责监督消除违法行为、公安交通管理部门单独实施处罚记分的治超联合执法模式常态化、制度化。坚持固定执法与流动检测相结合,积极推行公路路政部门与公安交通管理部门联合执法,进一步规范联合执法工作流程,规范车辆拦截和货物卸载管理。加强重点货运源头监管,落实"一超四罚"措施,推广高速公路入口称重劝返模式。调整优化国省干线公路超限检测站点布局。推广应用不停车称重检测系统。健全公路执法监督举报平台,强化12328交通运输服务监督电话投诉举报功能,鼓励社会各方监督。(交通运输部、公安部负责)

15. 合理引导市场预期。保持超限超载治理工作的延续性,合理确定过渡期和实施步骤。完善公路货运统计监测体系,有效整合社会大数据平台,加强市场运行动态跟踪和量化分析,定期发布市场供需状况,引导经营业户理性进入市场。(交通运输部负责)

16. 强化行业诚信监管。依托全国交通运输信用信息共享平台,推进货运源头单位、运输企业、货运车辆、从业人员相关数据信息与全国信用信息共享平台的交换与共享,将企业诚信信息通过"信用交通""信用中国"网站和国家企业信用信息公示系统进行公示。建立完善守信联合激励和失信联合惩戒制度,对严重失信的经营主体，要依法依规加大定向监管力度，在市场准入、政策给予等方面予以限制。鼓励企业自行发布服务标准和信用承诺。研究推行对超限超载货运车辆保险费率上浮制度。（交通运输部、国家发展改革委、保监会负责）

（四）改善从业人员生产经营条件。

17. 改善公路行车停宿条件。地方政府要组织多部门联合行动，在高速公路服务区和货运站场等重点区域，严厉打击盗抢车货和偷油等违法犯罪行为，列入社会治安综合治理重要任务，优化货车通行治安环境。鼓励有条件的省份进一步加大资金支持，创新机制并积极引导社会资本参与，在高速公路服务区、货运枢纽（物流园区）或其他公路沿线建设“司机之家”，为货车司机提供价格适宜的停车、住宿、餐饮、车辆维修保养、无线上网等服务，创建司机休息和放松的良好空间。（交通运输部、公安部负责）

18. 强化从业人员社会保障。有序扩大从业人员社保覆盖面，道路货运企业应依法与货车司机签订劳动合同并依法参加社会保险。研究推进从业人员在各项社会保险中优先参加工伤保险，根据货车司机的职业特点和道路货运企业用工方式，研究完善工伤保险参保缴费政策，不断提升工伤认定和劳动能力鉴定工作效率，提高工伤保险管理服务水平。研究探索道路货运互助保险机制。道路货运经营者应当按照《劳动法》有关规定合理安排货车司机工作量，保证法定休息时间。（人力资源社会保障部、财政部、交通运输部、保监会负责）

19. 加强货车司机职业教育。鼓励校企合作，建立大型货车驾驶人订单式培养机制。鼓励各地因地制宜研究制定优惠政策，引导符合有关条件的生源参加大型货车职业教育，逐步缓解职业货车司机日趋短缺的矛盾。（交通运输部、公安部、财政部、教育部、人力资源社会保障部负责）

20. 发挥工会和行业协会作用。研究推进道路货运从业人员工会建设，采取多种形式吸引货车司机加入工会组织，正确行使民主参与和行业监督权利。依托工会组织开展爱岗敬业楷模、感动交通人物等优秀从业人员典型选树活动。推动行业协会和产业工会定期开展货运企业营商环境、货车司机经营状态、行业发展公众满意度等社会调查,及时向有关部门反馈意见建议。组织开展货车司机安全节能驾驶技能竞赛,广泛开展专业培训、法制教育、技术推广、评优评先等工作,开展多种形式的关爱货车司机活动。鼓励依托行业协会、工会组织依法设立货车司机公益基金,为有困难的货车司机提供经济援助。支持行业协会、工会组织为货车司机等提供公益性法律援助,引导货车司机依法维权,理性反映诉求。(全国总工会、交通运输部负责)

(五)强化行业稳控综合治理。

21. 加强维稳形势监测分析。强化地方政府主体责任,建立健全交通运输、公安、维稳、网信、信访等多部门参与的协调联动机制,利用现代信息技术和大数据手段,进一步强化网络舆情监测,跟踪了解行业动态和各方诉求,及时沟通信息,做好分析研判和会商,有针对性采取措施,有效化解和疏导矛盾,及时做好不稳定情况的防范、排查和应对处置工作。(交通运输部、公安部、中央维稳办、中央网信办、国家信访局负责)

22. 做好突发事件应急处置。进一步健全分级分层的道路货运社会稳定事件应急处置预案和工作机制,切实强化上下联动和多方协同,确保第一时间快速反应、及时稳妥处置,最大限度维护道路货运市场稳定。(交通运输部、中央维稳办、公安部、中央网信办、国家信访局负责)

三、保障措施

(一)加强组织领导。在全国现代物流工作部际联席会议框架下,针对道路货运发展中的重大问题,定期分析研究、及时协调解决。重点加强对 2018 年底前促进道路货运行业降本减负 10 件实事的督导检查,及时开展绩效评估。各地区、各有关部门要加强对道路货运行业健康稳定发展工作的领导,建立健全政府主导、部门协同的长效工作机制,因地制宜制定具体实施方案。同时,要加强对拟出台重大政策影响的评估,制定应对预案。引导主流媒体

加强正面宣传,为行业健康稳定发展营造良好社会舆论氛围。(国务院有关部门)

(二)深化体制机制改革。创新推进交通运输行业综合执法改革,健全完善公路超限超载长效治理机制。加强基层“执法队伍职业化、执法站所标准化、执法行为规范化”建设,建立执法督导考评机制,严格执法监督检查。完善法规制度,规范引导新业态、新模式有序发展。充分利用大数据和信息化手段,加强事中事后精准化监管,有效促进行业治理体系和治理能力现代化。(交通运输部、公安部负责)

(三)强化政策支持。利用现有政策渠道,对通用集散型货运枢纽(物流园区)等基础设施建设投资予以支持。研究制定道路货运领域政府和社会资本合作的政策举措,引导带动更多社会资金投入。鼓励地方各级政府加强对道路货运基础设施、公共信息平台、治超科技手段建设以及货运司机社会保障、职业培训等公共服务方面的财政投入。支持城市人民政府统筹规划并投资建设城市共同配送中心及配套公共节点设施。(交通运输部、财政部、国家发展改革委负责)

(四)强化基层党组织保障作用。引导和支持道路货运企业加强基层党组织建设,不断扩大企业基层党组织的覆盖面。引导个体经营业户中的党员,依托个体劳动者协会等组织,采取多种形式健全党组织,加强党的建设,充分发挥道路货运行业生产一线党员的先锋模范作用,鼓励各地组织开展党员司机挂牌上岗、岗位示范及优秀党员司机评选等活动。(国务院有关部门)

各地区、各有关部门要高度重视道路货运行业健康稳定发展工作,按照本行动计划的任务分工和时限要求,明确责任主体和路线图,加强统筹协调和跟踪督导,确保各项工作任务落到实处,重大问题和情况及时报告。

附件

2018年底前促进道路货运行业降本减负10件实事任务分工表

序号	工作任务	负责部门	完成时限
1	推进货运车辆安全技术检验和综合性能检测依法合并	交通运输部、公安部、质检总局	2017年底
2	推进道路普通货运车辆异地年审和驾驶员异地考核	交通运输部	2018年底
3	推进跨省大件运输并联许可全国联网	交通运输部	2017年底
4	改善货车司机停车休息条件,选择典型省份试点建设“司机之家”	交通运输部	2018年底
5	对使用ETC非现金支付卡并符合相关要求的货运车辆给予适当通行费优惠	交通运输部	2017年底
6	推进从业人员在各项社会保险中优先参加工伤保险	人力资源社会保障部、交通运输部	2018年底
7	编制公布货车非法改装和超限超载处罚清单	交通运输部、公安部	2017年底
8	完善交通运输业个体纳税人异地代开增值税专用发票管理制度,推进开具高速公路通行费增值税电子发票	交通运输部、税务总局、财政部	2017年底
9	开展道路货运驾驶员免费网络继续教育	交通运输部、财政部	2017年底
10	取消部分道路货运行政审批事项	交通运输部	2018年底

交通运输部　公安部　质检总局关于加快推进道路货运车辆检验检测改革工作的通知

交运发〔2017〕207号　2017.12.19

各省、自治区、直辖市、新疆生产建设兵团交通运输厅(局、委)、公安厅(局)、质量技术监督局(市场监督管理部门):

为贯彻落实2017年5月17日国务院常务会议精神,推进货车年检(安全技术检验)和年审(综合性能检测)依法合并,减轻检验检测费用负担,现就加快推进道路货运车辆检验检测改革工作通知如下:

一、推进货车检验检测依法合并,切实减轻检验检测费用负担

贯彻落实国务院常务会议关于推进货车安全技术检验和综合性能检测依法合并的精神,有效杜绝重复检验检测,切实降低道路货运经营者经营成本。一是实现检验检测结果互认。汽车综合性能检测机构取得质监部门颁发的机动车安全技术性能检验机构计量认证证书,并与公安机关交通管理部门实现数据联网监管的,准予依法开展安全技术检验。货车安全技术检验和综合性能检测项目应逐步实行"一次上线、一次检验、一次收费",不得重复检验检测、不得重复收费。二是统一检验检测标准。货车安全技术检验项目、方法、标准和检验报告全国统一。质监部门、公安机关交通管理部门、交通运输管理部门要积极推进货车安全技术检验和综合性能检测相关标准的整合,并依法履行相关管理职责。三是统一检验检测周期。严格执行《道路交通安全法》等法律法规规定的货车安全技术检验周期,货车10年以内每年检验1次,超过10年的,每6个月检验1次。自2018年1月1日起,货车的综检、安检实行统一的检验检测周期,以该车辆的安检周期时间为准。

二、采取多项措施,改进货车检验检测便民服务

交通运输管理部门、公安机关交通管理部门及机动车检验检测机构(安全技术检验机构和综合性能检测机构)要简化办事流程和手续,为道路货运经营者提供更加方便、快捷、周到的服务。一是推行货车异地检验检测。实行货车(道路危险货物运输车辆除外)在全省范围内异地办理检验检测,无须办理委托检验检测手续,并逐步推行跨省异地检验检测,实现全国范围"通检"。二是推行货车异地年审。交通运输管理部门应通过完善全国道路运政管理信息系统及相关管理服务,允许货车车辆营运证异地年审(道路危险货物运输车辆除外)。三是推行货车预约检验检测。鼓励机动车检验检测机构通过互联网、电话、手机应用等方式提供预约检车服务,完善预约服务流程,增设预约窗口和检验检测通道,方便货车"随到随检"。四是优化检验检测服务流程。机动车检验检测机构要强化服务意识,完善场地引导标识,整合优化服务流程,减少货车车主排队往返,不断改进检车服务体验。

三、加强机动车检验检测机构管理,严格落实检验检测机构主体责任

要依法加强机动车检验检测机构管理,严格落实检验检测机构主体责任,提升监管效率和服务水平。要推进机动车检验检测机构计量认证、系统联网及检验检测数据信息共享。质监部门要将机动车检验检测机构依法纳入计量认证管理,对符合法定条件的机动车检验检测机构及时颁发计量认证证书。质监部门、公安机关交通管理部门应当将具备货车安全技术检验条件的机构名单通报交通运输管理部门。机动车检验检测机构应当与公安机关交通管理部门、交通运输管理部门实现数据联网。要建立健全机动车检验检测机构信用管理体系,推进联合监督检查制度和违规信息通报机制建设,加强对机动车检验检测机构的监督检查。要通过网上巡查、明察暗访、突击抽查等方式,重点抽查检验检测档案,倒查检验检测视频,检查检验检测设备和系统,严格查处违规替检、减少检验检测项目、篡改检验检测数据等违法违规行为。对发现机动车检验检测机构不检验检测即出具检验检测报告、替检代检、篡改伪造检验检测数据、出具虚假检验检测结果等严重违规行为的，要依照《道路交通安全法》等法律法规查处。对因出具虚假检验检测结果被撤销计量认证的机动车检验检测机构，根据质量监督检验检疫总局《检验检测机构资质认定管理办法》（总局令第163号）三年内不得再次申请，并根据《国务院关于建立完善守信联合激励和失信联合惩戒制度加快推进社会诚信建设的指导意见》对其法定代表人、主要负责人等责任人员逐步推动建立黑名单制度，实施行业禁入措施。

各级交通运输管理部门、公安机关交通管理部门、质监部门要统一思想、提高认识，加强组织领导和工作协调，形成工作合力，确保货车检验检测改革工作积极稳妥推进，切实减轻道路货运经营者负担。

道路客运接驳运输管理办法(试行)

交运发〔2017〕208号　2017.12.20

第一章　总　　则

第一条　为规范道路客运接驳运输,提高道路客运安全管理水平,促进道路客运转型升级,保障人民群众安全高效出行,依据《中华人民共和国安全生产法》《中华人民共和国道路交通安全法》《中华人民共和国道路运输条例》等有关法律、行政法规的规定,制定本办法。

第二条　开展道路客运接驳运输,应当遵守本办法。

道路客运接驳运输分为换驾式接驳运输和分段式接驳运输。

第三条　开展道路客运接驳运输,应当安全为本,诚实信用,依法经营。

第四条　需凌晨2时至5时运行的道路客运班线,应当按照本办法实行接驳运输。

鼓励道路客运企业对营运线路里程在800公里以上的道路客运班线实行分段式接驳运输,实现客运车辆和驾驶员当日往返。

各地交通运输主管部门应当推动道路客运结构调整,逐步减少营运线路里程在800公里以上的道路客运班线数量。营运线路里程在800公里以上的道路客运班线经营期限到期后申请延续经营的,如不实行接驳运输,应当调整发班安排,避免凌晨2时至5时载客停车休息。

第五条　接驳运输企业应当履行接驳运输安全生产主体责任,严格执行国家有关安全生产的法律、行政法规和政策,制定接驳运输安全生产管理制度和接驳运输线路运行组织方案，加强接驳运输运行管理。

第六条 鼓励接驳运输企业组建接驳运输联盟，制定联盟章程、自律公约、管理规章等，明确联盟及联盟企业安全生产管理职责，发挥行业协作、自律作用，推动接驳运输资源整合共享。

第七条 各地交通运输主管部门应当加强接驳运输安全生产源头管控和事中事后监管。省级交通运输主管部门应当对具备接驳点服务功能的客运站建设项目予以支持。

第二章 安全管理制度与接驳组织方案

第八条 接驳运输企业应当制定健全的接驳运输安全生产管理制度，包括接驳运输车辆、接驳运输驾驶员、接驳点安全生产管理制度，接驳运输动态监控制度，接驳运输安全生产操作规程，接驳点管理人员、接驳运输驾驶员岗位职责等。

第九条 接驳运输企业应当科学合理地制定接驳运输线路运行组织方案，包括接驳运输线路运行安排、接驳运输车辆安排和接驳点设置等。

（一）接驳运输线路运行安排：包括线路名称、线路里程、途经路线、接驳点、接驳次数、起讫客运站。

接驳运输线路运行安排应当避免驾驶员疲劳驾驶。

（二）接驳运输车辆安排：包括车辆信息、始发时间、预计接驳时间、预计终到时间、配备驾驶员数量等。

接驳运输车辆应当安装视频监控装置。

（三）接驳点设置：包括接驳点名称、详细地址、设施设备配备情况（含停车位、床位、视频监控设备、信息传输条件等）、接驳点专职管理人员、运营单位（含单位名称、负责人、联系方式等）。

接驳运输企业应当在制定接驳运输线路运行组织方案时，对接驳点进行实地查验，保证接驳点满足停车、驾驶员住宿、视频监控及信息传输等安全管理功能需求。

第十条　接驳运输企业应当直接管理接驳点,或者进驻接驳运输联盟及其他接驳运输企业运营的接驳点。

接驳运输企业直接管理接驳点的,应当配备专职管理人员。

接驳运输企业进驻接驳运输联盟或者其他接驳运输企业运营的接驳点的,应当签订协议,明确双方安全管理责任。接驳运输企业应当督促驾驶员执行接驳运输流程,履行接驳运输手续,接受接驳点管理人员的过程监督和信息核查。接驳点运营单位应当督促接驳点管理人员按照岗位职责和双方协议履职。

第十一条　分段式接驳运输线路运行组织方案还应当满足以下要求:

(一)同一客运班线全程接驳次数不得超过2次。

(二)接驳点能够保障不同接驳运输车辆间旅客安全换乘、旅客行李和行李舱载运货物安全交接。

(三)有明确的旅客、旅客行李及行李舱载运货物换车组织引导流程。

(四)由多个承运主体共同实施分段式接驳运输的,应当明确相关各方安全生产责任。

第十二条　接驳运输企业开展分段式接驳运输,将接驳点设置在客运站的,可向相关许可机关申请将接驳点所在的客运站增设为停靠站点。相关许可机关对符合条件的,应当予以批准。

第三章　接驳运输信息管理

第十三条　道路客运企业拟开展接驳运输的,应当向所在地省级交通运输主管部门提交接驳运输安全生产管理制度。

第十四条　接驳运输企业应当于每季度末月10日前通过全国重点营运车辆联网联控系统接驳运输管理平台(以下简称管理平台)报送下一季度拟开行的接驳运输线路运行组织方案,省级交通运输主管部门应当于当季度末月20日前完成客运班线和车辆信息核实。因车辆报废更新需调整接驳运输车辆的,接驳运输企业应当于每月10日前在管理平台报送车辆信息，省级交通运输主管部门应当于当月20日前完成车辆信息核实。

第十五条 管理平台通过信息自动交换功能，向公安交管部门提交需凌晨2时至5时运行的接驳运输线路运行组织方案，并及时公布已录入公安交管部门机动车辆信息管理相关系统的接驳运输车辆情况。

第十六条 接驳运输企业通过管理平台获取并打印已录入信息的接驳运输车辆凭证，作为公安交管部门允许接驳运输车辆凌晨2时至5时运行的参考依据。信息录入成功的接驳运输车辆次月起可执行凌晨2时至5时运行。

第十七条 接驳运输企业需要调整接驳运输线路运行组织方案的，应当及时向省级交通运输主管部门报送信息。

第四章 运行过程管理

第十八条 接驳运输企业应当按照接驳运输线路运行组织方案，在指定接驳点和接驳时段进行接驳，履行接驳手续，建立健全接驳运输台账，实施接驳过程动态监控及视频监控，并做好旅客引导服务。

第十九条 接驳运输企业开展分段式接驳运输的，应当在旅客购票时主动告知接驳过程、接驳时间、接驳点及所乘车辆等接驳运输相关信息。

第二十条 接驳运输执行以下流程：

（一）驾驶员发车前，应当领取《接驳运输行车单》（以下简称《行车单》，参考式样见附件），如实填写接驳运输相关信息，经发车站点或所属企业管理人员签字后，随车携带前往指定接驳点进行接驳。

（二）接驳运输车辆到达接驳点后，接驳运输交接班驾驶员应当交接车辆（仅限换驾式接驳运输）、旅客、旅客行李及行李舱载运货物等，并在《行车单》上签字。

（三）接驳运输交接班驾驶员完成交接后，接驳点管理人员应当核查接驳运输车辆、驾驶员及相关证件等，并在《行车单》上签字确认。

（四）实施分段式接驳运输的，接驳点管理人员及驾驶员应当引导旅客候车、换车，组织旅客行李及行李舱载运货物换车，防止旅客错乘、漏乘及行李货物遗失。

（五）接驳点管理人员在接驳点留存一份《行车单》。驾驶员随车携带一份《行车单》（分段式接驳运输双方驾驶员各携带一份），待运输任务结束后交由接驳运输企业留存。

第二十一条 接驳点管理人员发现接驳运输车辆、驾驶员信息不符或交接班驾驶员不履行接驳流程等违规行为的，不得在《行车单》上签字确认，应当立即将有关情况报告接驳运输车辆所属企业和接驳点运营单位相关负责人，并做好违规情况登记。接驳运输企业应当立即纠正接驳运输违规行为。

第二十二条 换驾式接驳运输完成后，应当履行以下接驳信息记录手续：

（一）接驳点管理人员应当于6小时内，在管理平台登记《行车单》相关信息。

（二）接驳运输企业应当通过接驳运输车载视频装置采集换驾前后的当班驾驶员图像信息，或通过其他技术手段采集能够证明驾驶员执行接驳的信息，并于24小时内上传至管理平台。

第二十三条 需凌晨2时至5时运行的接驳运输车辆，应当在前续22时至凌晨2时之间完成接驳。在此时间段内未完成接驳的接驳运输车辆，凌晨2时至5时应当在具备安全停车条件的地点停车休息。

第二十四条 接驳运输企业应当通过动态监控、视频监控、接驳信息记录检查、现场抽查等方式，加强接驳运输管理，严格执行接驳运输流程和旅客引导等服务；发现违规操作的，应当立即纠正。

接驳运输企业应当加强安全事故隐患排查治理，并将未按接驳运输线路运行组织方案完成接驳且在凌晨2时至5时仍然运行的行为作为重大安全事故隐患，及时发现并消除。

第二十五条 接驳运输企业应当保存接驳运输台账、《行车单》、接驳运输车辆动态监控信息、接驳过程相关图像信息等，保存期限不少于180日。

第二十六条 接驳运输企业应当在客运站、接驳运输车辆、接驳点等公告接驳运输信息和12328交通运输服务监督电话，主动接受社会监督。

第二十七条 客运站在执行车辆出站检查时，应当将接驳点待班驾驶员计入该车辆驾驶员配备数量。

第五章 监督检查

第二十八条 接驳运输企业所在地省级交通运输主管部门应当组织相关市、县级交通运输主管部门加强接驳运输监督检查，督促企业健全接驳运输安全生产管理制度，定期和不定期检查接驳运输企业台账和动态监控等信息及接驳运输信息公示情况，并将检查结果纳入企业诚信考核。对开展分段式接驳运输的企业，还应当检查旅客权益保障、客运服务等情况。

第二十九条 接驳点实施属地监管。接驳点所在地省级交通运输主管部门应当组织相关市、县级交通运输主管部门加强对接驳运输台账、管理人员工作流程等的监督检查，及时纠正检查发现的违规行为，并将企业违规行为通过管理平台告知接驳点运营单位、接驳运输企业所在地省级交通运输主管部门。

第三十条 交通运输主管部门发现接驳运输企业接驳运输安全生产管理制度不健全或违反接驳运输安全生产管理制度的，应当责令企业进行整改；发现接驳运输过程中存在安全事故隐患的，应当立即对该线路停业整顿直至消除隐患，并由原许可机关依据《中华人民共和国安全生产法》《道路运输从业人员管理规定》等法律、行政法规和规章有关规定，对接驳运输企业、驾驶员予以处罚。

第六章　附　　则

第三十一条　本办法下列用语的含义:

(一)换驾式接驳运输,是指客运班线一趟次的运输任务全程由一辆客运班车完成,客运班车运行到指定的接驳点后,当班驾驶员落地休息,与在接驳点休息等待的待班驾驶员履行接驳手续,由待班驾驶员继续执行驾驶任务的运输组织方式。

(二)分段式接驳运输,是指客运班线一趟次的运输任务全程由两辆及以上客运班车接驳完成,每辆客运班车只负责运输全程中部分固定路段的运输,前一辆客运班车运行到指定的接驳点,将旅客及行李、行李舱载运货物转入后一辆客运班车,再由后一辆客运班车继续执行运输任务的运输组织方式。

(三)接驳点,是指实施接驳过程的地点。

(四)接驳运输企业,是指实行接驳运输的道路客运企业。

(五)接驳运输车辆,是指实行接驳运输的道路客运班车。

第三十二条　从事线路固定的机场、高铁快线以及短途驳载且单程运营里程在100公里以内的道路班线客车,在确保安全的前提下,不受凌晨2时至5时通行限制。

第三十三条　本办法由交通运输部负责解释。

第三十四条　本办法自2018年5月1日起实施,有效期5年。

附件

接驳运输行车单参考式样

<table>
<tr><td>车属单位</td><td colspan="2"></td><td>车牌号</td><td></td></tr>
<tr><td>起点站</td><td colspan="2"></td><td>讫点站</td><td></td></tr>
<tr><td>驾驶员姓名</td><td colspan="4"></td></tr>
<tr><td>发车时间</td><td colspan="2">年　　月　　日　　时　　分</td><td>车站或企业管理人员签字</td><td></td></tr>
<tr><td>接驳点</td><td>接驳时间</td><td colspan="2">交接班驾驶员签字</td><td>接驳点管理人员签字</td></tr>
<tr><td></td><td></td><td></td><td></td><td></td></tr>
<tr><td></td><td></td><td></td><td></td><td></td></tr>
</table>

说明:1. 换驾式接驳运输行车单一式两份,分段式接驳运输行车单一式三份;接驳点多于1个的,行车单份数相应增加。

2. 当班驾驶员随车携带行车单至接驳点后与待班驾驶员签字交接;接驳点管理人员应对接驳时间、地点等信息据实填写。

3. 行车单一份在接驳点留存,一份由驾驶员随车携带,待运输任务结束后上交接驳运输企业留存。

4. 接驳运输企业可根据需要增加行车单内容。

交通运输部　国家发展改革委　国家旅游局　国家铁路局　中国民用航空局　国家邮政局　中国铁路总公司　关于加快推进旅客联程运输发展的指导意见

交运发〔2017〕215号　2017.12.31

各省、自治区、直辖市、新疆生产建设兵团交通运输厅(局、委)、发展改革委、经信委、旅游发展委(局),国家铁路局所属各单位、民航各地区管理局、国家邮政局所属各单位,中国铁路总公司所属各单位:

旅客联程运输是通过对旅客不同运输方式的行程进行统筹规划和一体化运输组织,实现旅客便捷高效出行的运输组织模式。旅客联程运输可充分发挥各种运输方式的比较优势、提高综合运输组合效率,改善旅客出行体验,对于推进交通运输供给侧结构性改革,促进现代综合交通运输体系发展,建设人民满意交通具有重要意义。当前,我国旅客联程运输发展尚处于起步阶段,联运设施不完善、信息资源不共享、运营规则不衔接、法规标准不适应、联运服务不规范等问题还比较突出,与人民群众的出行期待还有较大差距。为深入贯彻党的十九大关于建设交通强国的战略部署,落实《"十三五"现代综合交通运输体系发展规划》(国发〔2017〕11号)任务安排,加快推进旅客联程运输发展,更好地满足人民群众对美好生活的需要,现提出以下指导意见:

一、总体要求

(一)指导思想。

深入学习贯彻落实党的十九大精神,以习近平新时代中国特色社会主义思想为指导,牢固树立创新、协调、绿色、开放、共享的发展理念,以建设交通强国为导向,以改善旅客出行体验,打造安全可靠、便捷畅通、经济高效、节能环保的人民满意交通为出发点和落脚点,以优化运输组织、促进各种运输方式服务融合为切入点,着力加强资源共享、模式创新,着力优化市场环境、激发企业活力,加快推进旅客联程运输健康、有序、快速发展,更好地满足旅客个性化、多样化、高品质出行需求,增强人民群众获得感、幸福感和安全感。

(二)基本原则。

——坚持便民利民。坚持以人民为中心的发展思想,全面提升旅客出行全链条、各环节的服务效率和服务品质,切实改进旅客出行体验。

——坚持市场主导。充分发挥市场在资源配置中的决定性作用,积极培育旅客联程运输经营主体,鼓励企业探索创新,激发市场主体活力。

——坚持创新驱动。切实推进理念创新、制度创新和技术创新,着力破解旅客联程运输发展的瓶颈和障碍,增强旅客联程运输发展新动能。

——坚持统筹协调。加强部门间的协同协作,推动各种运输方式设施共建共享、信息互通、管理协同,充分发挥不同运输方式的比较优势,提高综合运输组合效率。

二、完善旅客联程运输服务设施

(三)统筹规划建设综合客运枢纽。按照“统一规划、统一设计、统一建设、统一运营管理”的要求,统筹考虑不同运输方式网络结构结点,优化完善综合客运枢纽布局。加快推进综合客运枢纽一体化建设,积极引导立体换乘、同台换乘。统筹规划布设枢纽内不同运输方式的到发区、换乘通道,以及安检票务等设施,实现枢纽功能布局紧凑、集约高效、空间贯通、客流衔接有序、换乘方便快捷。(交通运输部、国家发展改革委会同铁路局、民航局、铁路总公司等负责)

（四）鼓励共建共享联运设施设备。鼓励各种运输方式共建共享售票、取票、乘降、驻车换乘（P+R）等联运设施设备。鼓励枢纽站场设置封闭、连续的联运旅客换乘通道，并通过跨方式安检标准互认，在保证运输安全的前提下，减少旅客换乘过程中的重复安检。（交通运输部会同国家发展改革委、铁路局、民航局、铁路总公司等负责）

（五）完善枢纽站场联运服务功能。加强旅客联程运输服务设施建设，加快既有综合客运枢纽功能优化改造。鼓励枢纽站场开展摆渡服务，实现不同运输方式的有效衔接。鼓励在枢纽站场根据需要配设城市候机（船）楼、高铁无轨站、旅游集散中心等联运服务设施。规范枢纽站场导向标识系统，推动联运交通导向标识统一、连续、一致、明晰。（交通运输部会同国家发展改革委、旅游局、铁路局、民航局、铁路总公司等负责）

三、优化旅客联程运输市场环境

（六）培育旅客联程运输经营主体。加快培育专业化的旅客联程运输经营主体。支持不同运输方式企业依托运输线路、站场资源等纽带，联合成立旅客联程运输企业联盟，合作开展旅客联程运输经营业务。加强对旅客联程运输经营主体的信用记录建设，建立健全信用评价体系，强化信用红黑名单管理，并在全国信用信息共享平台实现共享，实施守信联合激励和失信联合惩戒。（交通运输部会同国家发展改革委、铁路局、民航局、铁路总公司等负责）

（七）改善旅客联程运输业务衔接条件。优化跨省（区、市）机场巴士线路管理政策，民航机场经营主体应开放道路接续运输服务市场，为道路运输企业开通机场接续运输线路提供便利。鼓励连接城市群的城际高铁公交化开行，并进一步优化进出站流程，提高旅客进出站效率，提升旅客出行便利性。（交通运输部、民航局、铁路总公司等负责）

（八）加强道路水路旅客售票工作。落实《道路旅客运输及客运站管理规定》《水路旅客运输实名制管理规定》，加快推进道路和水路客票实名制，为联运旅客实名查验、一证通达、安检确认创造条件。加快推进道路客运全国联网售票系统建设，实现部省系统联网运行。建立邮轮客票制度，鼓励邮轮等相关企业构建集航线、票务、旅游、咨询等服务于一体的邮轮综合信息网络。加快推进三峡库区、渤海湾、琼州海峡等重点水域旅客联网售票。（交通运输部会同旅游局负责）

四、提升旅客联程运输服务品质

（九）推进联运票务一体化。鼓励不同运输方式站场互设自动售（取）票设备，方便旅客购（取）联运客票。积极探索旅客联程运输电子客票，为实现“一站购票”“一票出行”创造条件。鼓励各种运输方式改进售检票系统功能，创新身份查验方式，支持使用身份证、二维码、生物识别信息等新媒介验票乘车。鼓励不同运输方式企业间建立票务清算平台和清算机制，研究优化旅客联程运输客票退改签管理制度，对联运客票的退改签时限、费用等给予一定优惠和便利。（交通运输部会同铁路局、民航局、铁路总公司等负责）

（十）推进联运服务多元化。鼓励不同运输方式企业依托互联网等信息化手段，加强深度合作，积极发展“空铁通”“空巴通”、公铁联运、海空联运等服务产品。鼓励客运企业与旅行社等旅游企业加强业务合作，推进旅游交通产品创新和游客联程联运，在旅客联程运输设施内设立相应的旅游服务窗口，改造升级旅游信息服务系统，促进“运游结合”。规范并有序推进各类第三方出行服务平台整合不同运输方式信息资源，为旅客提供客票信息查询、跨方式出行规划、联程客票代购等“一站式”出行服务。支持运输企业积极拓展国际旅客联程运输市场，开发国际旅客联程运输产品，支持国外航空公司与国内运输企业扩大代码共享范围。（交通运输部、旅游局会同铁路局、民航局、铁路总公司等负责）

（十一）推进联运服务专业化。鼓励地方政府、有关部门、运输企业根据需要加快发展城市候机（船）楼、高铁无轨站，合理规划布局网点，完善配套服务功能，为旅客提供信息查询、票务、候乘、行李托运、联运接续运输等服务。枢纽站场要提升人性化服务水平,积极设立“绿色通道”、重点旅客候车室等服务设施,加强晚点信息咨询、广播告知,提供无障碍出行、行李托运、专用候乘等便民利民服务。(交通运输部、铁路局、民航局、铁路总公司等负责)

(十二)推进行李服务便利化。鼓励运输企业在城市候机(船)楼及枢纽站场为联运旅客提供“行李直挂”服务,实现旅客行李运送“一站到底”。鼓励运输企业与第三方企业合作拓展提供行李托运门到门服务。鼓励运输企业与保险公司合作,引入行李运输责任险,完善行李运输赔付机制。鼓励有条件的枢纽站场实施行李推车跨区域共享使用。(交通运输部、铁路局、民航局、铁路总公司等负责)

(十三)推进联运接续便捷化。建立健全城市交通与城际交通协调联动机制,推动城市轨道交通、公共汽电车、出租汽车企业与铁路、公路、水路、航空企业建立常态化合作机制,统筹开通连接枢纽站场的公交专线、夜间班次和定制客运服务;加强在运营时刻、组织调度、运力安排等方面的协同衔接和应急响应,保障极端恶劣天气、大面积晚点等非正常情况下的旅客出行接续。鼓励在民航机场、高铁车站、港口客运站开辟汽车租赁服务网点,为旅客租赁汽车提供便利。支持枢纽站场根据需要配设快递服务点及快递分拨中心,为旅客携带物品出行提供便利。(交通运输部会同铁路局、民航局、邮政局、铁路总公司等负责)

五、提高旅客联程运输信息化水平

(十四)提高公共信息服务能力。强化旅客联程运输公共信息服务,鼓励运输企业以及各类信息服务主体利用电子显示屏、广播、手机短信、手机APP、微信等手段,向旅客及时公布旅客联程运输班次运行信息、换乘时间预估、延误预警、延误后调整出行方案建议等信息,提高服务信息发布的时效性、精准度和综合性,便于旅客合理规划并及时调整出行方案。鼓励各类社会主体开展综合交通出行服务产品的创新应用,为旅客提供一站式信息服务。(交通运输部、铁路局、民航局、铁路总公司等负责)

（十五）促进信息资源开放共享。推进运输企业间运行班次、运行时刻、各班次客流规模及运行动态、售票状态、延伸服务、旅客中转换乘等信息的开放共享、数据交换与整合利用，为运输企业开展旅客联程运输服务组织提供支撑。鼓励综合客运枢纽建设统一的综合信息服务平台，实现枢纽内不同运输方式间实时共享公共客运服务信息，提高枢纽协同运营服务水平，提升服务精准性。鼓励不同运输方式售票系统有效对接。（交通运输部会同铁路局、民航局、铁路总公司等负责）

六、健全旅客联程运输法规标准体系

（十六）完善旅客联程运输法规规则。加快推进综合运输服务相关法律法规的研究制定工作，明确旅客联程运输发展中各方的权利义务。积极开展旅客联程运输法规规则研究，推动旅客联程运输信息开放共享、联运设施衔接、联运安全与服务责任划分、客票退改签、行李托运、安检互认等相关工作。（交通运输部会同铁路局、民航局、铁路总公司等负责）

（十七）健全旅客联程运输标准体系。加快研究制定旅客联程运输信息代码、标志标识、服务质量要求等标准规范。鼓励企业联盟或行业协会制定旅客联程运输相关团体标准。（交通运输部会同铁路局、民航局、铁路总公司等负责）

七、加强旅客联程运输组织保障工作

（十八）加强组织领导。各级交通运输、铁路、民航、邮政等部门和单位要在当地人民政府的统一领导下，进一步完善综合交通运输协调工作机制，加强与其他相关行业主管部门的沟通协调，强化不同运输方式之间的协同联动，积极开展旅客联程运输发展规划、行动计划的编制工作，及时研究解决旅客联程运输发展相关的制度、政策和技术问题，有序推进旅客联程运输健康发展。（交通运输部会同铁路局、民航局、邮政局、铁路总公司等负责）

（十九）加大政策支持。各级交通运输、发展改革、旅游、铁路、民航、邮政等部门和单位要积极加强与地方政府有关部门的协调，积极从融资、信贷等方面加强对旅客联程运输发展的政策支持，并进一步加大对综合客运枢纽建设的投入力度。要积极创造条件，鼓励和引导社会资本参与旅客联程运输设施设备的建设和运营。（交通运输部、国家发展改革委、旅游局、铁路局、民航局、邮政局、铁路总公司等负责）

（二十）推进试点示范。结合当前正在推进的综合运输服务示范城市创建等载体，加快推动旅客联程运输发展的各项具体任务落地实施。鼓励各地以旅客需求为导向，因地制宜选择条件成熟的线路、枢纽、企业，组织开展旅客联程运输试点，有序推进综合客运枢纽规划建设一体化、票务服务一体化、行李服务便利化、信息资源开放共享等工作，不断探索和积累旅客联程运输发展经验，更好满足旅客多样化出行需求。（交通运输部会同国家发展改革委、铁路局、民航局、铁路总公司等负责）

各级交通运输、发展改革、经信、旅游、铁路、民航、邮政等部门和单位要按照有关工作要求，加强组织领导，加大政策支持，健全工作机制，强化协调配合，抓紧推进旅客联程运输发展相关工作。支持成立旅客联程运输协会组织，充分发挥行业协会在标准规范制修订、政策宣贯、交流合作、人才培训等方面的作用。力争通过3～5年时间，基本建立起规范有序的旅客联程运输市场体系，旅客联程运输发展环境有效改善，服务产品更加丰富，服务能力明显提高，服务品质显著提升，更好满足人民群众出行需求。

交通运输部办公厅关于印发《道路运输车辆卫星定位系统车载终端和平台标准符合性技术审查工作规范》的通知

交办运〔2017〕16号　2017.02.16

各省、自治区、直辖市、新疆生产建设兵团交通运输厅(局、委)：

经交通运输部同意,现将修订后的《道路运输车辆卫星定位系统车载终端和平台标准符合性技术审查工作规范》印发给你们,请遵照执行。

道路运输车辆卫星定位系统车载终端和平台标准符合性技术审查工作规范

第一章 总 则

第一条 为规范道路运输车辆卫星定位系统车载终端和平台标准符合性技术审查(以下简称标准符合性技术审查)工作,确保标准符合性技术审查工作的顺利实施,根据《道路运输车辆动态监督管理办法》(交通运输部、公安部、国家安全监管总局令 2016 年第 55 号)及有关规定,制定本规范。

第二条 本规范所称道路运输车辆卫星定位系统标准规范主要包括《道路运输车辆卫星定位系统车载终端技术要求》(JT/T 794)、《道路运输车辆卫星定位系统平台技术要求》(JT/T 796)、《道路运输车辆卫星定位系统终端通讯协议及数据格式》(JT/T 808)、《道路运输车辆卫星定位系统平台数据交换》(JT/T 809)、《机动车运行安全技术条件》(GB 7258)、《汽车行驶记录仪》(GB/T 19056)以及相关技术规范。

第三条 标准符合性技术审查工作应当遵循公平、公正、公开和便民的原则。

第四条 交通运输部负责标准符合性技术审查工作的监督管理;对通过标准符合性技术审查的产品公告。

第五条 受交通运输部委托,中国交通通信信息中心(以下简称通信信息中心)为标准符合性技术审查提供技术支持,主要包括:

(一)组织制定标准符合性技术审查相关工作制度;

(二)负责对申请标准符合性技术审查单位的资质进行审核;

(三)负责建设和维护标准符合性技术审查信息查询网站,提供标准符合性技术审查工作咨询服务。

第六条 申请从事标准符合性检测的检测机构应具有《中华人民共和国计量法》、检验检测机构资质认定有关法律法规及规章规定的基本条件和能力,并依法取得相关实验室资质认定证书。同时具有承担卫星定位系统车载终端或系统平台检测活动相应的计量设备、设施及软件检测系统,其性能、精度及软件的测试内容和功能应符合标准要求。

检测机构应当向通信信息中心备案。

检测机构依据实验室管理规定独立开展标准符合性检测工作,对出具检测报告的真实性和准确性负责,并承担相应的法律责任。

第七条 标准符合性技术审查工作程序主要包括:

申请车载终端或平台标准符合性检测的单位(以下简称申请单位)自主选择检测机构,检测机构根据标准和规程进行检测,并向申请单位出具检测报告。

通信信息中心对申请单位提交的材料进行资质审核,形成审核意见,按季度报送交通运输部。

交通运输部对审核通过的产品进行公示、公告。

第二章 标准符合性检测

第八条 申请单位可以自主选择具有相应资质的检测机构。

第九条 申请标准符合性检测,应提交以下材料及实物:

(一)车载终端。

1. 车载终端产品完整设计文件;

2. 送样型号的中文使用说明书;

3. 车载终端产品出厂检测合格证;

4. 车载终端产品入网设置及操作说明;

5. 同一型号检测样品不少于5套。

(二)平台。

平台的总体技术方案、用户手册。

第十条 车载终端标准符合性检测应在受理之日起 3 个月内完成检测工作。检测严格按照测试规程执行,如实记录检测结果,出具统一格式的检测报告。检测报告内容完整,数据真实,并经有关人员签字和检测机构盖章。

第十一条 检测报告一式三份,一份由检测机构存档,一份由申请单位留存,一份由检测机构在检测工作完成后 10 个工作日内,将检测报告交通信信息中心。

第十二条 检测机构应将检测过程的原始记录、检测报告和实物进行存档,其中样品留样不得少于 5 年。

每年 6 月 30 日和 12 月 31 日,检测机构向通信信息中心报送检测工作简报。

第三章 资质审核及公告

第十三条 申请单位在收到检测报告后,可及时向通信信息中心提出资质审核申请,提交下列材料(纸质材料、电子版材料各一份):

(一)车载终端。

1. 车载终端标准符合性技术审查申请书;

2. 营业执照、中国国家强制性产品认证证书(3C 证书:其中申请检测的车载终端型号必须与证书保持一致);

3. 检测报告。

(二)平台。

1. 系统平台标准符合性技术审查申请书;

2. 营业执照;

3. 检测报告。

第十四条 通信信息中心自收到申请材料之日起 5 个工作日内做出是否受理的决定。不予受理的,应书面告知,并说明理由。

第十五条 通信信息中心对申请单位提交的资料按照本规范等有关要求进行资质审核。

在审核过程中发现检测数据不完整或阶段性结论不正确、不符合标准要求的,中止资质审核并告知申请单位。

在审核过程中发现检测报告存在问题的,可要求原检测机构进行整改,直至原检测机构或第三方检测机构出具复检或补充报告。检测机构有义务免费承担车载终端和平台的复检工作。

在部公示前20个工作日未提交完整的审核资料的申请单位,顺延至下批次进行资质审核。

审核合格的,汇总报交通运输部。

第十六条 自主申请退出交通运输部道路运输车辆卫星定位系统公告名录的终端产品所属企业和平台所属企业,可及时向通信信息中心提出申请,提交道路运输车辆卫星定位系统产品退出公告目录申请书和营业执照。

第十七条 交通运输部对通过标准符合性技术审查及申请退出道路运输车辆卫星定位系统公告目录的产品进行公示、公告,原则上每季度发布一次。

第十八条 已公告的车载终端和平台,有下列情况之一的,应按新产品申请标准符合性技术审查:

(一)车载终端。

1. 更换微处理器、卫星定位芯片、通信模块的;

2. 变更设备适用终端类别的;

3. 涉及车载终端能够影响设备性能和可靠性的其他重大技术性变更。

(二)平台。

1. 平台系统架构、服务软件的性能发生变化的;

2. 涉及平台能够影响系统性能和可靠性的其他重大技术性变更。

第十九条 已公告的车载终端和平台,有下列情况之一的,应向通信信息中心备案,提交变更申请且审核合格后报交通运输部公告，其变更详细信息将由通信信息中心发布：

（一）车载终端和平台产品申请单位名称信息、法定代表人等发生变更的；

（二）平台产品变更平台名称及 IP 地址的。

第四章　监督管理

第二十条　具有下列情形之一的，通信信息中心对相关检测报告不予认可：

（一）检测结果不准确的；

（二）检测结论系伪造或者虚假检测报告；

（三）检测机构未经检测出具检测报告；

（四）检测机构被依法暂停、撤销检测资质的；

（五）其他违反法律、法规行为的。

第二十一条　经检查发现有下列情况之一的，将产品从公告目录中撤销，并将企业及其法定代表人信息向社会公布：

（一）伪造资质和相关法定证明材料的，伪造数据和记录的；

（二）销售或安装与通过标准符合性技术审查不一致车载终端的；

（三） 对车载终端设置技术壁垒，阻碍车辆正常转网的；

（四）通过不正当手段，骗取列入公告目录的；

（五）产品监督检查中发现的不符合标准或不符合质量要求的；

（六）其他违反法律、法规要求的。

第二十二条　从公告目录中撤销的车载终端产品，自撤销之日起不得以新增、替换等方式，再用于道路运输动态监控工作。

第二十三条　从公告目录中撤销的产品，其所属企业应依法进行整改，整改合格后，可申请标准符合性检测和审查工作。

重新申请恢复公告目录的车载终端产品，其组成配件应与原档案记录的配件信息一致。

第五章　附　　则

第二十四条　本规范由交通运输部运输服务司负责解释。

第二十五条　本规范自印发之日起施行,有效期 5 年。《交通运输部办公厅关于印发〈道路运输车辆卫星定位系统车载终端和平台标准符合性技术审查工作规范〉的通知》(交办运〔2016〕138 号)同时废止。

交通运输部办公厅　国家发展改革委办公厅关于组织开展第二批多式联运示范工程申报工作的通知

交办运〔2017〕53号　2017.04.25

各省、自治区、直辖市、新疆生产建设兵团交通运输厅(局、委)、发展改革委、经信委(工信委):

为贯彻落实《国务院办公厅关于转发国家发展改革委营造良好市场环境推动交通物流融合发展实施方案的通知》(国办发〔2016〕43号)、《交通运输部等十八个部门关于进一步鼓励开展多式联运工作的通知》(交运发〔2016〕232号)要求,交通运输部、国家发展改革委在总结第一批多式联运示范工程经验基础上,决定组织开展第二批多式联运示范工程申报工作。现将有关事项通知如下:

一、总体要求

开展多式联运示范工程建设,是深化交通运输供给侧结构性改革、促进各种运输方式融合发展、推动物流业降本增效的有效载体,是挖掘资源要素潜能、激发市场主体活力、引领多式联运加快发展的重要依托。各级交通运输、经济运行调节部门要按照客观公正、好中选优、务求实效的工作原则,以完善枢纽站场和集疏运体系、优化运输组织模式、推广先进技术装备、加快信息资源共享、促进企业联盟合作为重点,以增加有效供给、提升运输效率、降低物流成本、促进节能减排为目标,严格遴选把关,做好跟踪指导,加快培育一批服务优质、管理规范、示范引领作用明显的龙头骨干多式联运经营企业,为推动多式联运健康发展提供典型经验借鉴和模式参考。

二、申报条件

（一）基本条件。

1. 企业可单独申报也可联合申报，参与申报企业均应具有独立法人资格。

2. 申报企业（独立申报企业或联合申报的牵头企业，下同），或其实际参与多式联运项目运作的全资、控股企业，应具有铁路、道路、水路（含港口）、航空货物运输以及无车承运、无船承运、邮政快递业务经营等资质中至少一种资质资格。

3. 申报企业或其实际参与多式联运项目运作的全资、控股企业，应具备良好的多式联运业务基础或发展前景、较强的经营能力和资金实力，且从事货运物流服务相关业务 1 年以上。

4. 申报项目所依托的线路通道应具备两种及以上运输方式的运营条件，具有充足稳定的货源，申报企业应具有明确的运营组织方案。

5. 申报项目所依托的枢纽站场设施的转运功能应较为完善、对外交通设施的衔接较为顺畅，有与多式联运经营业务相适应的运载单元、运输装备及专业化多式联运设备。

（二）优先支持方向。

1. 能够较好地服务支撑"一带一路"、长江经济带和京津冀协同发展等国家重大战略，符合《"十三五"现代综合交通运输体系发展规划》《推进物流大通道建设行动计划（2016—2020 年）》《关于推动交通提质增效提升供给服务能力的实施方案》等规划布局的支持方向。

2. 优先支持已纳入《"十三五"港口集疏运系统建设方案》《铁路物流基地布局规划及 2015—2017 年建设计划》等规划建设方案的项目。

3. 优先支持冷链、商品车等专业化领域的多式联运项目，以及驮背运输、铁路双层集装箱运输、半挂车滚装运输和可交换箱体应用等装备技术创新类多式联运项目，优先支持中欧班列、海铁联运资源整合类项目，优先支持长江等内河铁水联运项目。优先支持铁路运输企业牵头或参与组织申报的项目。

4. 优先支持第一批多式联运示范工程运行线路和转运枢纽未覆盖的项目。

三、申报材料

申报企业向交通运输、经济运行调节部门提出申报时，应提供以下材料：

1. 多式联运示范工程实施方案。示范工程实施方案编制要点参见《交通运输部　国家发展改革委关于开展多式联运示范工程的通知》（交运发〔2015〕107号）附件1。实施方案应选择确定示范工程具体线路，深入分析示范工程开展的基础条件、市场需求和发展潜力，充分论证示范工程的必要性、可行性和创新性，明确提出示范工程的总体思路、建设内容、运营组织、年度计划和工作目标，并从提升区域发展竞争力、降低物流成本、节约燃油消耗、减少污染物排放等方面，客观评估示范工程的经济效益和社会效益。

2. 牵头及参与企业（单位）的企业法人营业执照或事业单位机构代码证（复印件加盖单位公章）。

3. 相关经营许可资质、备案证明或其他资格证明（复印件）。

4. 若申报项目中包含在建或改建枢纽站场内容的，应提供枢纽站场前期建设进展情况材料（复印件），具体包括：

（1）实行审批管理的投资项目提供可行性研究报告批复文件，实行核准管理的投资项目提供申请报告核准文件，实行备案管理的投资项目提供备案意见；

（2）城乡规划行政主管部门出具的建设用地规划许可证、建设工程规划许可证；

（3）国土资源行政主管部门出具的项目土地权属关系相关证明材料，包括：国有土地使用证或国有建设用地划拨决定书或国有土地使用权成交确认书或国有土地使用权出让合同；

（4）建设行政主管部门出具的建筑施工许可证；

（5）环境保护行政主管部门出具的环境影响评价批复文件；

（6）节能审查机关出具的节能审查意见。

5. 联合申报企业所签署的合作协议以及前期合作业务开展说明性文件。

6. 其他证明企业实力或基础条件的材料。

四、时间安排

(一)企业申报(2017 年 4—7 月)。有意向的企业可根据本通知要求,向属地交通运输、经济运行调节部门提出申请,编制多式联运示范工程实施方案,并于 2017 年 7 月底前将申报材料同时上报省级交通运输和经济运行调节部门。

(二)省级初审(2017 年 8 月)。省级交通运输主管部门会同经济运行调节部门,组织专家对申报材料进行初步评审,形成专家评审意见,并择优向交通运输部和国家发展改革委推荐。每个省份推荐项目不超过 2 个,并明确项目排序。2017 年 8 月底前,省级交通运输、经济运行调节部门联合行文将推荐项目申报材料及专家评审意见等,分别上报交通运输部、国家发展改革委(上报材料一式两份,同时以光盘形式提供电子文档)。

(三)部级评审(2017 年 9—10 月)。交通运输部、国家发展改革委汇总各地申报材料后,组织专家通过形式审查、条件预审和集中评审,并经专题研究,择优确定并联合公布多式联运示范工程项目名单。

(四)项目实施(2017 年 11 月—2020 年 10 月)。示范工程实施时间为 3 年,申报企业应按照申报的实施方案,全力抓好项目建设和组织实施,并按照有关要求做好运行动态监测数据填报、绩效评估等工作。省级交通运输、经济运行调节部门应加强工作指导,建立示范工程运行动态跟踪机制,及时协调解决示范工程实施过程中遇到的困难和问题。其间,交通运输部、国家发展改革委将适时组织专项督导、年度评估、工作交流和宣传推广。

五、保障措施

(一)加强组织领导。各地交通运输、经济运行调节部门要加强协调配合,成立专项工作组,统筹做好多式联运示范工程组织申报和实施等工作。要积极争取地方人民政府及相关行业主管部门的支持,凝聚各方共识,形成工作合力,为多式联运发展创造良好环境。

(二)强化技术指导。各地交通运输、经济运行调节部门要组织申报企业和有关专家,紧紧围绕多式联运示范工程的总体部署要求,科学严谨编制好项目实施方案,突出示范工程项目的创新性和引领带动作用,并按照边示范、边总结、边推广的思路,抓好组织实施、绩效评估和经验推广等工作。

(三)加大政策支持。交通运输部将对符合要求的示范工程枢纽站场纳入部货运枢纽(物流园区)建设项目库,并根据有关政策给予投资补助。国家发展改革委将加强部门协调和政策推进,支持示范工程建设。各地交通运输、经济运行调节部门,要积极争取地方财政对示范工程中的技术装备更新、信息系统及站场设施建设等给予配套支持,并协调有关方面落实用地保障、税费优惠等政策。

交通运输部办公厅关于印发《12328 交通运输服务监督电话系统运行服务质量考评暂行办法》的通知

交办运〔2017〕135 号　2017.10.09

各省、自治区、直辖市、新疆生产建设兵团交通运输厅(局、委):

为进一步规范和加强 12328 交通运输服务监督电话系统运行管理工作,提升电话系统服务质量,提高交通运输便民利民服务水平,根据《12328 交通运输服务监督电话管理办法》(交运发〔2014〕249 号)和《关于进一步改进提升 12328 电话运行服务质量有关工作的通知》(交办运函〔2017〕184 号)要求,交通运输部组织制定了《12328 交通运输服务监督电话系统运行服务质量考评暂行办法》。现印发给你们,请认真遵照执行。

12328交通运输服务监督电话系统运行服务质量考评暂行办法

第一章　总　　则

第一条　为进一步规范和加强12328交通运输服务监督电话系统(以下简称12328电话系统)运行管理工作,提升电话系统服务质量,提高交通运输便民利民服务水平,根据《12328交通运输服务监督电话管理办法》等有关规定,制定本办法。

第二条　12328电话系统运行服务质量考评工作坚持公开、公平、公正和服务导向、标准统一、分级实施、动态管理的原则。

第三条　12328电话系统运行服务质量考评对象为省级交通运输主管部门和省级12328电话服务中心。

第四条　12328电话系统运行服务质量考评工作由交通运输部负责组织实施。

第二章　考 评 内 容

第五条　12328电话系统运行服务质量考评内容包括电话受理、业务办理、联网运行和其他事项四个方面。

第六条　电话受理重点考评12328电话接听效率和服务质量,考评指标包括:

(一)工单数量:12328电话系统所受理的工单总量。

(二)人工接通率:人工接听量与人工排队量的比率。

(三)信息咨询类即时答复率:即时答复的信息咨询类工单量与信息咨询类工单总量的比率。

（四）平均等待时长：从来电人拨打12328电话到获得服务的平均时长。

第七条 业务办理重点考评工单承办单位的办理效率和办理质量，考评指标包括：

（一）限时办结率：限时办结的转办工单量与转办工单总量的比率。

（二）跨省工单办结率：限时办结的跨省工单量与本省接收的跨省工单总量的比率。

（三）即时答复满意率：来电人对话务员电话服务质量评价为满意、非常满意的即时答复工单量与参与评价的即时答复工单总量的比率。

（四）抽查回访率：抽查回访的转办工单量与办结的转办工单总量的比率。

（五）回访满意率：抽查回访得到满意、非常满意评价的转办工单量与参与评价的抽查回访转办工单总量的比率。

第八条 联网运行重点考评12328电话系统联网运行质量和系统运行维护情况，考评指标包括：

（一）电话工单生成率：生成工单的通话记录数量与通话记录总量的比率。

（二）通话记录报送率：有通话记录的工单量与电话渠道工单总量的比率。

（三）数据及时报送率：按时报送工单记录和来电记录的数量占应当报送工单记录和来电记录总量的比率。

（四）数据规范率：符合《交通运输服务监督电话系统 第3部分：数据交换与信息共享接口技术要求》标准规定格式和业务逻辑的数据量与系统报送数据总量的比率。

（五）断网次数：省级平台与部级平台联网运行中断的次数。省级平台（部级平台）每10分钟内主动向部级平台（省级平台）发起心跳检测，实现双向检测，部级平台收到和发送两次心跳检测请求时长均超过10分钟则判断为一次断网。

(六)断网时长:系统处于断网状态持续的时间。

第九条 其他事项考评指标包括:

(一)荣誉奖励:12328 电话服务中心或工作人员获得省市级以上表彰并授予荣誉称号。

(二)电话工单覆盖地市数量:通过设置省级 12328 电话服务中心远程座席或单独建设市级电话受理系统受理 12328 电话业务的地市数量。暂不具备条件的,经交通运输部同意,可暂由省级 12328 电话服务中心集中受理。

(三)24 小时服务:本省辖区内地市级 12328 电话实行 7×24 小时人工座席和自动语音服务的情况。

(四)批评曝光:12328 电话服务中心或工作人员被有关部门通报批评或新闻媒体曝光的情况。

第三章 考评程序

第十条 12328 电话系统运行服务质量考评分月度考评和年度考评。每自然月进行月度考评,年末依据全年总体情况进行年度考评。

第十一条 月度考评实行计分制,满分 100 分,考评内容包括第六、七、八条规定的考评指标;年度考评在月度考评平均得分的基础上,考评内容增加第九条规定的考评指标。考评结果按最终得分从高到低进行排名。

第十二条 第九条考评指标中的相关材料应当于次年 1 月份前 5 个工作日内报送至交通运输部。

第十三条 考评工作采取系统自动统计为主、随机抽查为辅的形式进行。对弄虚作假、谎报瞒报,经核查属实的,予以通报批评,考评结果判定为不合格。

第十四条 考评结果应当公示,公示期为 5 个工作日。对考评结果有异议的,可在公示期内提请核对修正。公示期结束后,交通运输部以适当形式对考评结果予以公布。

第十五条 12328 电话系统运行服务质量考评结果将作为交通运输部评优推优的重要参考。

第四章 附 则

第十六条 省级交通运输主管部门可参照本办法,并结合当地实际情况制定本辖区 12328 电话系统运行服务质量考评办法。

第十七条 本办法由交通运输部负责解释。

第十八条 本办法自 2018 年 1 月 1 日起施行。

附件:12328 电话系统运行服务质量考评指标

附件

12328 电话系统运行服务质量考评指标

考评内容	考评指标	分值	计分标准
电话受理（29 分）	1. 工单数量	4	由高到低阶梯排序，第 1～2 名得 4 分，第 3～4 名得 3.75 分，第 5～6 名得 3.5 分，以此类推，第 31～32 名得 0.25 分
	2. 人工接通率	10	人工接通率 = 人工接听量/转接人工量 ×100%； 达到 95% 的，得 10 分；低于 95% 达到 90% 的，每下降 1% 扣 0.5 分；低于 90% 的，每下降 1% 扣 1 分
	3. 信息咨询类即时答复率	5	达到 95% 的，得 5 分；每下降 1% 扣 0.5 分
	4. 平均等待时长	10	等待时长 = 通话开始时刻 − 12328 电话呼叫时刻 25 秒以内的，得 10 分；超过 25 秒不超过 40 秒的，每超过 3 秒扣 1 分；超过 40 秒的，每超过 1 秒扣 1 分

续上表

考评内容	考评指标	分值	计分标准
工单办理（36分）	5. 限时办结率	10	达到95%的，得10分；低于95%达到90%的，每下降1%扣0.5分；低于90%的，每下降1%扣1分（按照《12328交通运输服务监督电话管理办法》统计）
	6. 跨省工单办结率	8	达到90%的，得8分；低于90%达到70%的，每下降5%扣0.5分；低于70%的，每下降5%扣1分；系统不具备跨省工单转办功能的不得分
	7. 即时答复满意率	6	达到90%的，得6分；低于90%达到80%的，每下降2%扣0.5分；低于80%的，每下降1%扣0.5分
	8. 抽查回访率	7	达到30%的，得7分；低于30%达到25%的，每下降1%扣0.5分；低于25%的，每下降1%扣1分；其中抽查投诉工单量不低于抽查量的80%，每少10%扣1分
	9. 回访满意率	5	达到90%的，得5分；低于90%达到85%的，每下降1%扣0.5分；低于85%的，每下降1%扣1分

续上表

考评内容	考评指标	分值	计分标准
联网运行（35分）	10.电话工单生成率	8	统计期前移1个月，达到99.5%的，得8分；低于99.5%达到99.1%的，每下降0.1%扣0.5分；低于99.1%的，每下降0.1%扣1分
	11.通话记录报送率	5	达到99.9%的，得5分；低于99.9%达到99.5%的，每下降0.1%扣0.5分；低于99.5%的，每下降0.1%扣1分
	12.数据及时报送率	8	达到95%的，得8分；低于95%达到90%的，每下降1%扣0.5分；低于90%的，每下降1%扣1分；即时答复类工单报送时限为通话结束后30分钟以内；转办工单报送时限为办结后30分钟以内；来电记录报送时限为通话结束后3分钟以内
	13.数据规范率	6	达到99%的，得6分；低于99%达到95%的，每下降1%扣0.5分；低于95%的，每下降1%扣1分
	14.断网次数	4	未出现断网情况，得4分；每断网1次扣1分
	15.总断网时长及平均断网时长	4	未出现断网情况，得4分；出现断网但总断网时长不超过8个小时的，扣1分；出现断网且总断网时长超过8个小时的每超过1小时扣0.5分；平均断网时长（断网时长/断网次数）超过4小时的，每超过1小时扣0.5分；不足1小时的按1小时扣分

续上表

考评内容	考评指标	分值	计分标准
其他事项	16. 荣誉奖项	—	集体:国家级加3分,省部级加2分,市级加1分; 个人:国家级加1分,省部级加0.5分
	17. 电话工单覆盖地市数量	—	报送工单数据缺少部分地市数据,每缺少一个地市扣2分
	18. 24小时服务	—	不定期进行抽查,核实呼叫中心非7×24小时人工座席服务热线的情况,发现一次扣2分
	19. 批评曝光	—	受到上级点名通报批评,每次扣3分;被市级以上新闻媒体曝光并核查属实,每次扣2分;未按要求完成上级督办事项,每次扣1分

注:1. 数据统计范围以报送时间为准,所涉及时间以北京时间为准。

2. 出现以下情况不计入联网运行质量考评:

1)因部级数据交换平台系统升级导致报送失败的;

2)因视频会议调整网络链路并提前报备的;

3)因其他原因导致并提前报备的。

3. 报送数据中业务领域不准确、工单内容不完整、来电记录中时间记录不准确、即时答复类型与工单内容不一致、业务逻辑不合理等情况将判断为不规范。具体参照 JT/T 1019.3—2016 相关信息数据体结构之规则。

4. 因数据报送不完整导致考评指标计算样本发生偏差的,该项考评指标得分不超过总分值的一半。

5. 考评计分标准采用阶段扣分制,当不足扣分幅度时按照当前阶段最小扣分幅度计。

6. 考评指标计分保留两位小数,不足0.01分的按0.01分计算,每项最低得分均为0分,扣分项累计不超过10分,加分项累计不超过5分。

安全质量监督

公路水运工程安全生产监督管理办法

交通运输部令2017年第25号　2017.06.12

第一章　总　　则

第一条　为了加强公路水运工程安全生产监督管理，防止和减少生产安全事故，保障人民群众生命和财产安全，根据《中华人民共和国安全生产法》《建设工程安全生产管理条例》《生产安全事故报告和调查处理条例》等法律、行政法规，制定本办法。

第二条　公路水运工程建设活动的安全生产行为及对其实施监督管理，应当遵守本办法。

第三条　本办法所称公路水运工程，是指经依法审批、核准或者备案的公路、水运基础设施的新建、改建、扩建等建设项目。

本办法所称从业单位，是指从事公路、水运工程建设、勘察、设计、施工、监理、试验检测、安全服务等工作的单位。

第四条　公路水运工程安全生产工作应当以人民为中心，坚持安全第一、预防为主、综合治理的方针，强化和落实从业单位的主体责任，建立从业单位负责、职工参与、政府监管、行业自律和社会监督的机制。

第五条　交通运输部负责全国公路水运工程安全生产的监督管理工作。

长江航务管理局承担长江干线航道工程安全生产的监督管理工作。

县级以上地方人民政府交通运输主管部门按照规定的职责负责本行政区域内的公路水运工程安全生产监督管理工作。

第六条 交通运输主管部门应当按照保障安全生产的要求，依法制修订公路水运工程安全应急标准体系。

第七条 交通运输主管部门应当建立公路水运工程从业单位和从业人员安全生产违法违规行为信息库，实行安全生产失信黑名单制度，并按规定将有关信用信息及时纳入交通运输和相关统一信用信息共享平台，依法向社会公开。

第八条 有关行业协会依照法律、法规、规章和协会章程，为从业单位提供有关安全生产信息、培训等服务，发挥行业自律作用，促进从业单位加强安全生产管理。

第九条 国家鼓励和支持公路水运工程安全生产科学技术研究成果和先进技术的推广应用，鼓励从业单位运用科技和信息化等手段对存在重大安全风险的施工部位加强监控。

第十条 在改善项目安全生产条件、防止生产安全事故、参加抢险救援等方面取得显著成绩的单位和个人，交通运输主管部门依法给予奖励。

第二章 安全生产条件

第十一条 从业单位从事公路水运工程建设活动，应当具备法律、法规、规章和工程建设强制性标准规定的安全生产条件。任何单位和个人不得降低安全生产条件。

第十二条 公路水运工程应当坚持先勘察后设计再施工的程序。施工图设计文件依法经审批后方可使用。

第十三条 公路水运工程施工招标文件及施工合同中应当载明项目安全管理目标、安全生产职责、安全生产条件、安全生产信用情况及专职安全生产管理人员配备的标准等要求。

第十四条 施工单位从事公路水运工程建设活动，应当取得安全生产许可证及相应等级的资质证书。施工单位的主要负责人和安全生产管理人员应当经交通运输主管部门对其安全生产知识和管理能力考核合格。

施工单位应当设置安全生产管理机构或者配备专职安全生产管理人员。施工单位应当根据工程施工作业特点、安全风险以及施工组织难度,按照年度施工产值配备专职安全生产管理人员,不足5000万元的至少配备1名;5000万元以上不足2亿元的按每5000万元不少于1名的比例配备;2亿元以上的不少于5名,且按专业配备。

第十五条 从业单位应当依法对从业人员进行安全生产教育和培训。未经安全生产教育和培训合格的从业人员,不得上岗作业。

第十六条 公路水运工程从业人员中的特种作业人员应当按照国家有关规定取得相应资格,方可上岗作业。

第十七条 施工中使用的施工机械、设施、机具以及安全防护用品、用具和配件等应当具有生产(制造)许可证、产品合格证或者法定检验检测合格证明,并设立专人查验、定期检查和更新,建立相应的资料档案。无查验合格记录的不得投入使用。

第十八条 特种设备使用单位应当依法取得特种设备使用登记证书,建立特种设备安全技术档案,并将登记标志置于该特种设备的显著位置。

第十九条 翻模、滑(爬)模等自升式架设设施,以及自行设计、组装或者改装的施工挂(吊)篮、移动模架等设施在投入使用前,施工单位应当组织有关单位进行验收,或者委托具有相应资质的检验检测机构进行验收。验收合格后方可使用。

第二十条 对严重危及公路水运工程生产安全的工艺、设备和材料,应当依法予以淘汰。交通运输主管部门可以会同安全生产监督管理部门联合制定严重危及公路水运工程施工安全的工艺、设备和材料的淘汰目录并对外公布。

从业单位不得使用已淘汰的危及生产安全的工艺、设备和材料。

第二十一条 从业单位应当保证本单位所应具备的安全生产条件必需的资金投入。

建设单位在编制工程招标文件及项目概预算时,应当确定保障安全作业环境及安全施工措施所需的安全生产费用,并不得低于国家规定的标准。

施工单位在工程投标报价中应当包含安全生产费用并单独计提,不得作为竞争性报价。

安全生产费用应当经监理工程师审核签认,并经建设单位同意后,在项目建设成本中据实列支,严禁挪用。

第二十二条 公路水运工程施工现场的办公、生活区与作业区应当分开设置,并保持安全距离。办公、生活区的选址应当符合安全性要求,严禁在已发现的泥石流影响区、滑坡体等危险区域设置施工驻地。

施工作业区应当根据施工安全风险辨识结果,确定不同风险等级的管理要求,合理布设。在风险等级较高的区域应当设置警戒区和风险告知牌。

施工作业点应当设置明显的安全警示标志,按规定设置安全防护设施。施工便道便桥、临时码头应当满足通行和安全作业要求,施工便桥和临时码头还应当提供临边防护和水上救生等设施。

第二十三条 施工单位与从业人员订立的劳动合同,应当载明有关保障从业人员劳动安全、防止职业危害等事项。施工单位还应当向从业人员书面告知危险岗位的操作规程。

施工单位应当向作业人员提供符合标准的安全防护用品,监督、教育从业人员按照使用规则佩戴、使用。

第二十四条 公路水运工程建设应当实施安全生产风险管理,按规定开展设计、施工安全风险评估。

设计单位应当依据风险评估结论,对设计方案进行修改完善。

施工单位应当依据风险评估结论,对风险等级较高的分部分项工程编制专项施工方案,并附安全验算结果,经施工单位技术负责人签字后报监理工程师批准执行。

必要时,施工单位应当组织专家对专项施工方案进行论证、审核。

第二十五条　建设、施工等单位应当针对工程项目特点和风险评估情况分别制定项目综合应急预案、合同段施工专项应急预案和现场处置方案，告知相关人员紧急避险措施，并定期组织演练。

施工单位应当依法建立应急救援组织或者指定工程现场兼职的、具有一定专业能力的应急救援人员，配备必要的应急救援器材、设备和物资，并进行经常性维护、保养。

第二十六条　从业单位应当依法参加工伤保险，为从业人员缴纳保险费。

鼓励从业单位投保安全生产责任保险和意外伤害保险。

第三章　安全生产责任

第二十七条　从业单位应当建立健全安全生产责任制，明确各岗位的责任人员、责任范围和考核标准等内容。从业单位应当建立相应的机制，加强对安全生产责任制落实情况的监督考核。

第二十八条　建设单位对公路水运工程安全生产负管理责任。依法开展项目安全生产条件审核，按规定组织风险评估和安全生产检查。根据项目风险评估等级，在工程沿线受影响区域作出相应风险提示。

建设单位不得对勘察、设计、监理、施工、设备租赁、材料供应、试验检测、安全服务等单位提出不符合安全生产法律、法规和工程建设强制性标准规定的要求。不得违反或者擅自简化基本建设程序。不得随意压缩工期。工期确需调整的，应当对影响安全的风险进行论证和评估，经合同双方协商一致，提出相应的施工组织和安全保障措施。

第二十九条　勘察单位应当按照法律、法规、规章、工程建设强制性标准和合同文件进行实地勘察，针对不良地质、特殊性岩土、有毒有害气体等不良情形或者其他可能引发工程生产安全事故的情形加以说明并提出防治建议。

勘察单位提交的勘察文件必须真实、准确，满足公路水运工程安全生产的需要。

勘察单位及勘察人员对勘察结论负责。

第三十条 设计单位应当按照法律、法规、规章、工程建设强制性标准和合同文件进行设计，防止因设计不合理导致生产安全事故的发生。

设计单位应当考虑施工安全操作和防护的需要，对涉及施工安全的重点部位和环节在设计文件中加以注明，提出安全防范意见。依据设计风险评估结论，对存在较高安全风险的工程部位还应当增加专项设计，并组织专家进行论证。

采用新结构、新工艺、新材料的工程和特殊结构工程，设计单位应当在设计文件中提出保障施工作业人员安全和预防生产安全事故的措施建议。

设计单位和设计人员应当对其设计负责，并按合同要求做好安全技术交底和现场服务。

第三十一条 监理单位应当按照法律、法规、规章、工程建设强制性标准和合同文件进行监理，对工程安全生产承担监理责任。

监理单位应当审核施工项目安全生产条件，审查施工组织设计中安全措施和专项施工方案。在实施监理过程中，发现存在安全事故隐患的，应当要求施工单位整改；情节严重的，应当下达工程暂停令，并及时报告建设单位。施工单位拒不整改或者不停止施工的，监理单位应当及时向有关主管部门书面报告，并有权拒绝计量支付审核。

监理单位应当如实记录安全事故隐患和整改验收情况，对有关文字、影像资料应当妥善保存。

第三十二条 依合同承担试验检测或者施工监测的单位应当按照法律、法规、规章、工程建设强制性标准和合同文件开展工作。所提交的试验检测或者施工监测数据应当真实、准确，数据出现异常时应当及时向合同委托方报告。

第三十三条 依法设立的为安全生产提供技术、管理服务的机构，依照法律、法规、规章和执业准则，接受从业单位的委托为其安全生产工作提供技术、管理服务。

从业单位委托前款规定的机构提供安全生产技术、管理服务的，保障安全生产的责任仍由本单位负责。

第三十四条 施工单位应当按照法律、法规、规章、工程建设强制性标准和合同文件组织施工，保障项目施工安全生产条件，对施工现场的安全生产负主体责任。施工单位主要负责人依法对项目安全生产工作全面负责。

建设工程实行施工总承包的，由总承包单位对施工现场的安全生产负总责。分包单位应当服从总承包单位的安全生产管理，分包单位不服从管理导致生产安全事故的，由分包单位承担主要责任。

第三十五条 施工单位应当书面明确本单位的项目负责人，代表本单位组织实施项目施工生产。

项目负责人对项目安全生产工作负有下列职责：

（一）建立项目安全生产责任制，实施相应的考核与奖惩；

（二）按规定配足项目专职安全生产管理人员；

（三）结合项目特点，组织制定项目安全生产规章制度和操作规程；

（四）组织制定项目安全生产教育和培训计划；

（五）督促项目安全生产费用的规范使用；

（六）依据风险评估结论，完善施工组织设计和专项施工方案；

（七）建立安全预防控制体系和隐患排查治理体系，督促、检查项目安全生产工作，确认重大事故隐患整改情况；

（八）组织制定本合同段施工专项应急预案和现场处置方案，并定期组织演练；

（九）及时、如实报告生产安全事故并组织自救。

第三十六条 施工单位的专职安全生产管理人员履行下列职责：

（一）组织或者参与拟订本单位安全生产规章制度、操作规程，以及合同段施工专项应急预案和现场处置方案；

（二）组织或者参与本单位安全生产教育和培训，如实记录安全生产教育和培训情况；

（三）督促落实本单位施工安全风险管控措施；

（四）组织或者参与本合同段施工应急救援演练；

（五）检查施工现场安全生产状况，做好检查记录，提出改进安全生产标准化建设的建议；

（六）及时排查、报告安全事故隐患，并督促落实事故隐患治理措施；

（七）制止和纠正违章指挥、违章操作和违反劳动纪律的行为。

第三十七条 施工单位应当推进本企业承接项目的施工场地布置、现场安全防护、施工工艺操作、施工安全管理活动记录等方面的安全生产标准化建设，并加强对安全生产标准化实施情况的自查自纠。

第三十八条 施工单位应当根据施工规模和现场消防重点建立施工现场消防安全责任制度，确定消防安全责任人，制定消防管理制度和操作规程，设置消防通道，配备相应的消防设施、物资和器材。

施工单位对施工现场临时用火、用电的重点部位及爆破作业各环节应当加强消防安全检查。

第三十九条 施工单位应当将专业分包单位、劳务合作单位的作业人员及实习人员纳入本单位统一管理。

新进人员和作业人员进入新的施工现场或者转入新的岗位前，施工单位应当对其进行安全生产培训考核。

施工单位采用新技术、新工艺、新设备、新材料的，应当对作业人员进行相应的安全生产教育培训，生产作业前还应当开展岗位风险提示。

第四十条 施工单位应当建立健全安全生产技术分级交底制

度，明确安全技术分级交底的原则、内容、方法及确认手续。

分项工程实施前，施工单位负责项目管理的技术人员应当按规定对有关安全施工的技术要求向施工作业班组、作业人员详细说明，并由双方签字确认。

第四十一条 施工单位应当按规定开展安全事故隐患排查治理，建立职工参与的工作机制，对隐患排查、登记、治理等全过程闭合管理情况予以记录。事故隐患排查治理情况应当向从业人员通报，重大事故隐患还应当按规定上报和专项治理。

第四十二条 事故发生单位应当依法如实向项目建设单位和负有安全生产监督管理职责的有关部门报告。不得隐瞒不报、谎报或者迟报。

发生生产安全事故，施工单位负责人接到事故报告后，应当迅速组织抢救，减少人员伤亡，防止事故扩大。组织抢救时，应当妥善保护现场，不得故意破坏事故现场、毁灭有关证据。

事故调查处置期间，事故发生单位的负责人、项目主要负责人和有关人员应当配合事故调查，不得擅离职守。

第四十三条 作业人员应当遵守安全施工的规章制度和操作规程，正确使用安全防护用具、机械设备。发现安全事故隐患或者其他不安全因素，应当向现场专(兼)职安全生产管理人员或者本单位项目负责人报告。

作业人员有权了解其作业场所和工作岗位存在的风险因素、防范措施及事故应急措施，有权对施工现场存在的安全问题提出检举和控告，有权拒绝违章指挥和强令冒险作业。

在施工中发生可能危及人身安全的紧急情况时，作业人员有权立即停止作业或者在采取可能的应急措施后撤离危险区域。

第四章 监督管理

第四十四条 交通运输主管部门应当对公路水运工程安全生产行为和下级交通运输主管部门履行安全生产监督管理职责情况

进行监督检查。

交通运输主管部门应当依照安全生产法律、法规、规章及工程建设强制性标准,制定年度监督检查计划,确定检查重点、内容、方式和频次。加强与其他安全生产监管部门的合作,推进联合检查执法。

第四十五条 交通运输主管部门对公路水运工程安全生产行为的监督检查主要包括下列内容:

(一)被检查单位执行法律、法规、规章及工程建设强制性标准情况;

(二)本办法规定的项目安全生产条件落实情况;

(三)施工单位在施工场地布置、现场安全防护、施工工艺操作、施工安全管理活动记录等方面的安全生产标准化建设推进情况。

第四十六条 交通运输主管部门在职责范围内开展安全生产监督检查时,有权采取下列措施:

(一)进入被检查单位进行检查,调阅有关工程安全管理的文件和相关照片、录像及电子文本等资料,向有关单位和人员了解情况;

(二)进入被检查单位施工现场进行监督抽查;

(三)责令相关单位立即或者限期停止、改正违法行为;

(四)法律、行政法规规定的其他措施。

第四十七条 交通运输主管部门对监督检查中发现的安全问题或者安全事故隐患,应当根据情况作出如下处理:

(一)被检查单位存在安全管理问题需要整改的,以书面方式通知存在问题的单位限期整改;

(二)发现严重安全生产违法行为的,予以通报,并按规定依法实施行政处罚或者移交有关部门处理;

(三)被检查单位存在安全事故隐患的,责令立即排除;重大事故隐患排除前或者排除过程中无法保证安全的,责令其从危险区域撤出作业人员,暂时停止施工,并按规定专项治理,纳入重点监管的失信黑名单；

（四）被检查单位拒不执行交通运输主管部门依法作出的相关行政决定，有发生生产安全事故的现实危险的，在保证安全的前提下，经本部门负责人批准，可以提前 24 小时以书面方式通知有关单位和被检查单位，采取停止供电、停止供应民用爆炸物品等措施，强制被检查单位履行决定；

（五）因建设单位违规造成重大生产安全事故的，对全部或者部分使用财政性资金的项目，可以建议相关职能部门暂停项目执行或者暂缓资金拨付；

（六）督促负有直接监督管理职责的交通运输主管部门，对存在安全事故隐患整改不到位的被检查单位主要负责人约谈警示；

（七）对违反本办法有关规定的行为实行相应的安全生产信用记录，对列入失信黑名单的单位及主要责任人按规定向社会公布；

（八）法律、行政法规规定的其他措施。

第四十八条 交通运输主管部门执行监督检查任务时，应当将检查的时间、地点、内容、发现的问题及其处理情况作出书面记录，并由检查人员和被检查单位的负责人签字。被检查单位负责人拒绝签字的，检查人员应当将情况记录在案，向本单位领导报告，并抄告被检查单位所在的企业法人。

第四十九条 交通运输主管部门对有下列情形之一的从业单位及其直接负责的主管人员和其他直接责任人员给予违法违规行为失信记录并对外公开，公开期限一般自公布之日起 12 个月：

（一）因违法违规行为导致工程建设项目发生一般及以上等级的生产安全责任事故并承担主要责任的；

（二）交通运输主管部门在监督检查中，发现因从业单位违法违规行为导致工程建设项目存在安全事故隐患的；

（三）存在重大事故隐患，经交通运输主管部门指出或者责令限期消除，但从业单位拒不采取措施或者未按要求消除隐患的；

（四）对举报或者新闻媒体报道的违法违规行为，经交通运输主管部门查实的；

（五）交通运输主管部门依法认定的其他违反安全生产相关法律法规的行为。

对违法违规行为情节严重的从业单位及主要责任人员，应当列入安全生产失信黑名单，将具体情节抄送相关行业主管部门。

第五十条 交通运输主管部门在专业性较强的监督检查中，可以委托具备相应资质能力的机构或者专家开展检查、检测和评估，所需费用按照本级政府购买服务的相关程序要求进行申请。

第五十一条 交通运输主管部门应当健全工程建设安全监管制度，协调有关部门依法保障监督执法经费和装备，加强对监督管理人员的教育培训，提高执法水平。

监督管理人员应当忠于职守，秉公执法，坚持原则。

第五十二条 交通运输主管部门在进行安全生产责任追究时，被问责部门及其工作人员按照法律、法规、规章和工程建设强制性标准规定的方式、程序、计划已经履行安全生产督查职责，但仍有下列情形之一的，可不承担责任：

（一）对发现的安全生产违法行为和安全事故隐患已经依法查处，因从业单位及其从业人员拒不执行导致生产安全责任事故的；

（二）从业单位非法生产或者经责令停工整顿后仍不具备安全生产条件，已经依法提请县级以上地方人民政府决定中止或者取缔施工的；

（三）对拒不执行行政处罚决定的从业单位，已经依法申请人民法院强制执行的；

（四）工程项目中止施工后发生生产安全责任事故的；

（五）因自然灾害等不可抗力导致生产安全事故的；

（六）依法不承担责任的其他情形。

第五十三条 交通运输主管部门应当建立举报制度，及时受理对公路水运工程生产安全事故、事故隐患以及监督检查人员违法行为的检举、控告和投诉。

任何单位或者个人对安全事故隐患、安全生产违法行为或者事故险情等,均有权向交通运输主管部门报告或者举报。

第五章　法律责任

第五十四条　从业单位及相关责任人违反本办法规定,国家有关法律、行政法规对其法律责任有规定的,适用其规定;没有规定的,由交通运输主管部门根据各自的职责按照本办法规定进行处罚。

第五十五条　从业单位及相关责任人违反本办法规定,有下列行为之一的,责令限期改正;逾期未改正的,对从业单位处1万元以上3万元以下的罚款;构成犯罪的,依法移送司法部门追究刑事责任:

(一)从业单位未全面履行安全生产责任,导致重大事故隐患的;

(二)未按规定开展设计、施工安全风险评估,或者风险评估结论与实际情况严重不符,导致重大事故隐患未被及时发现的;

(三)未按批准的专项施工方案进行施工,导致重大事故隐患的;

(四)在已发现的泥石流影响区、滑坡体等危险区域设置施工驻地,导致重大事故隐患的。

第五十六条　施工单位有下列行为之一的,责令限期改正,可以处5万元以下的罚款;逾期未改正的,责令停产停业整顿,并处5万元以上10万元以下的罚款,对其直接负责的主管人员和其他直接责任人员处1万元以上2万元以下的罚款:

(一)未按照规定设置安全生产管理机构或者配备安全生产管理人员的;

(二)主要负责人和安全生产管理人员未按照规定经考核合格的。

第五十七条　交通运输主管部门及其工作人员违反本办法规

定，有下列情形之一的，对直接负责的主管人员和其他直接责任人员依法给予行政处分；构成犯罪的，依法移送司法部门追究刑事责任：

（一）发现公路水运工程重大事故隐患、生产安全事故不予查处的；

（二）对涉及施工安全的重大检举、投诉不依法及时处理的；

（三）在监督检查过程中索取或者接受他人财物，或者谋取其他利益的。

第六章　附　　则

第五十八条　地方人民政府对农村公路建设的安全生产另有规定的，适用其规定。

第五十九条　本办法自2017年8月1日起施行。交通部于2007年2月14日以交通部令2007年第1号发布、交通运输部于2016年3月7日以交通运输部令2016年第9号修改的《公路水运工程安全生产监督管理办法》同时废止。

公路水运工程质量监督管理规定

交通运输部令2017年第28号　2017.09.04

第一章　总　　则

第一条　为了加强公路水运工程质量监督管理，保证工程质量，根据《中华人民共和国公路法》《中华人民共和国港口法》《中华人民共和国航道法》《建设工程质量管理条例》等法律、行政法规，制定本规定。

第二条　公路水运工程质量监督管理，适用本规定。

第三条　本规定所称公路水运工程，是指经依法审批、核准或者备案的公路、水运基础设施的新建、改建、扩建等建设项目。

本规定所称公路水运工程质量，是指有关公路水运工程建设的法律、法规、规章、技术标准、经批准的设计文件以及工程合同对建设公路水运工程的安全、适用、经济、美观等特性的综合要求。

本规定所称从业单位，是指从事公路、水运工程建设、勘察、设计、施工、监理、试验检测等业务活动的单位。

第四条　交通运输部负责全国公路水运工程质量监督管理工作。交通运输部长江航务管理局按照规定的职责对长江干线航道工程质量监督管理。

县级以上地方人民政府交通运输主管部门按照规定的职责负责本行政区域内的公路水运工程质量监督管理工作。

公路水运工程质量监督管理，可以由交通运输主管部门委托的建设工程质量监督机构具体实施。

第五条　交通运输主管部门应当制定完善公路水运工程质量

监督管理制度、政策措施，依法加强质量监督管理，提高质量监督管理水平。

第六条 公路水运工程建设领域鼓励和支持质量管理新理念、新技术、新方法的推广应用。

第二章 质量管理责任和义务

第七条 从业单位应当建立健全工程质量保证体系，制定质量管理制度，强化工程质量管理措施，完善工程质量目标保障机制。

公路水运工程施行质量责任终身制。建设、勘察、设计、施工、监理等单位应当书面明确相应的项目负责人和质量负责人。从业单位的相关人员按照国家法律法规和有关规定在工程合理使用年限内承担相应的质量责任。

第八条 建设单位对工程质量负管理责任，应当科学组织管理，落实国家法律、法规、工程建设强制性标准的规定，严格执行国家有关工程建设管理程序，建立健全项目管理责任机制，完善工程项目管理制度，严格落实质量责任制。

第九条 建设单位应当与勘察、设计、施工、监理等单位在合同中明确工程质量目标、质量管理责任和要求，加强对涉及质量的关键人员、施工设备等方面的合同履约管理，组织开展质量检查，督促有关单位及时整改质量问题。

第十条 勘察、设计单位对勘察、设计质量负责，应当按照有关规定、强制性标准进行勘察、设计，保证勘察、设计工作深度和质量。勘察单位提供的勘察成果文件应当满足工程设计的需要。设计单位应当根据勘察成果文件进行工程设计。

第十一条 设计单位应当按照相关规定，做好设计交底、设计变更和后续服务工作，保障设计意图在施工中得以贯彻落实，及时处理施工中与设计相关的质量技术问题。

第十二条 公路水运工程交工验收前，设计单位应当对工程建设内容是否满足设计要求、是否达到使用功能等方面进行综合检查和分析评价,向建设单位出具工程设计符合性评价意见。

第十三条 施工单位对工程施工质量负责,应当按合同约定设立现场质量管理机构、配备工程技术人员和质量管理人员,落实工程施工质量责任制。

第十四条 施工单位应当严格按照工程设计图纸、施工技术标准和合同约定施工,对原材料、混合料、构配件、工程实体、机电设备等进行检验;按规定施行班组自检、工序交接检、专职质检员检验的质量控制程序;对分项工程、分部工程和单位工程进行质量自评。检验或者自评不合格的,不得进入下道工序或者投入使用。

第十五条 施工单位应当加强施工过程质量控制,并形成完整、可追溯的施工质量管理资料,主体工程的隐蔽部位施工还应当保留影像资料。对施工中出现的质量问题或者验收不合格的工程,应当负责返工处理;对在保修范围和保修期限内发生质量问题的工程,应当履行保修义务。

第十六条 勘察、设计、施工单位应当依法规范分包行为,并对各自承担的工程质量负总责,分包单位对分包合同范围内的工程质量负责。

第十七条 监理单位对施工质量负监理责任,应当按合同约定设立现场监理机构,按规定程序和标准进行工程质量检查、检测和验收,对发现的质量问题及时督促整改,不得降低工程质量标准。

公路水运工程交工验收前,监理单位应当根据有关标准和规范要求对工程质量进行检查验证,编制工程质量评定或者评估报告,并提交建设单位。

第十八条 施工、监理单位应当按照合同约定设立工地临时试验室,严格按照工程技术标准、检测规范和规程,在核定的试验检测参数范围内开展试验检测活动。

施工、监理单位应当对其设立的工地临时试验室所出具的试验检测数据和报告的真实性、客观性、准确性负责。

第十九条 材料和设备的供应单位应当按照有关规定和合同约定对其产品或者服务质量负责。

第三章 监督管理

第二十条 公路水运工程实行质量监督管理制度。

交通运输主管部门及其委托的建设工程质量监督机构应当依据法律、法规和强制性标准等，科学、规范、公正地开展公路水运工程质量监督管理工作。任何单位和个人不得非法干预或者阻挠质量监督管理工作。

第二十一条 交通运输主管部门委托的建设工程质量监督机构应当满足以下基本条件：

（一）从事质量监督管理工作的专业技术人员数量不少于本单位职工总数的70%，且专业结构配置合理，满足质量监督管理工作需要，从事现场执法的人员应当按规定取得行政执法证件；

（二）具备开展质量监督管理的工作条件，按照有关装备标准配备质量监督检查所必要的检测设备、执法装备等；

（三）建立健全质量监督管理制度和工作机制，落实监督管理工作责任，加强业务培训。

质量监督管理工作经费应当由交通运输主管部门按照国家规定协调有关部门纳入同级财政预算予以保障。

第二十二条 交通运输主管部门或者其委托的建设工程质量监督机构依法要求建设单位按规定办理质量监督手续。

建设单位应当按照国家规定向交通运输主管部门或者其委托的建设工程质量监督机构提交以下材料，办理工程质量监督手续：

（一）公路水运工程质量监督管理登记表；

（二）交通运输主管部门批复的施工图设计文件；

（三）施工、监理合同及招投标文件；

（四）建设单位现场管理机构、人员、质量保证体系等文件；

（五）本单位以及勘察、设计、施工、监理、试验检测等单位对其项目负责人、质量负责人的书面授权委托书、质量保证体系等文件；

（六）依法要求提供的其他相关材料。

第二十三条 建设单位提交的材料符合规定的，交通运输主管部门或者其委托的建设工程质量监督机构应当在15个工作日内为其办理工程质量监督手续，出具公路水运工程质量监督管理受理通知书。

公路水运工程质量监督管理受理通知书中应当明确监督人员、内容和方式等。

第二十四条 建设单位在办理工程质量监督手续后、工程开工前，应当按照国家有关规定办理施工许可或者开工备案手续。

交通运输主管部门或者其委托的建设工程质量监督机构应当自建设单位办理完成施工许可或者开工备案手续之日起，至工程竣工验收完成之日止，依法开展公路水运工程建设的质量监督管理工作。

第二十五条 公路水运工程交工验收前，建设单位应当组织对工程质量是否合格进行检测，出具交工验收质量检测报告，连同设计单位出具的工程设计符合性评价意见、监理单位提交的工程质量评定或者评估报告一并提交交通运输主管部门委托的建设工程质量监督机构。

交通运输主管部门委托的建设工程质量监督机构应当对建设单位提交的报告材料进行审核，并对工程质量进行验证性检测，出具工程交工质量核验意见。

工程交工质量核验意见应当包括交工验收质量检测工作组织、质量评定或者评估程序执行、监督管理过程中发现的质量问题整改以及工程质量验证性检测结果等情况。

第二十六条 公路水运工程竣工验收前，交通运输主管部门委托的建设工程质量监督机构应当根据交通运输主管部门拟定的验收工作计划，组织对工程质量进行复测，并出具项目工程质量鉴定报告，明确工程质量水平；同时出具项目工程质量监督管理工作报告,对项目建设期质量监督管理工作进行全面总结。

工程质量鉴定报告应当以工程交工质量核验意见为参考,包括交工遗留问题和试运行期间出现的质量问题及整改、是否存在影响工程正常使用的质量缺陷、工程质量用户满意度调查及工程质量复测和鉴定结论等情况。

交通运输主管部门委托的建设工程质量监督机构应当将项目工程质量鉴定报告和项目工程质量监督管理工作报告提交负责组织竣工验收的交通运输主管部门。

第二十七条 交通运输主管部门委托的建设工程质量监督机构具备相应检测能力的,可以自行对工程质量进行检测;不具备相应检测能力的,可以委托具有相应能力等级的第三方试验检测机构负责相应检测工作。委托试验检测机构开展检测工作的,应当遵守政府采购有关法律法规的要求。

第二十八条 交通运输主管部门或者其委托的建设工程质量监督机构可以采取随机抽查、备案核查、专项督查等方式对从业单位实施监督检查。

公路水运工程质量监督管理工作实行项目监督责任制,可以明确专人或者设立工程项目质量监督组,实施项目质量监督管理工作。

第二十九条 交通运输主管部门或者其委托的建设工程质量监督机构应当制定年度工程质量监督检查计划,确定检查内容、方式、频次以及有关要求等。监督检查的内容主要包括:

(一)从业单位对工程质量法律、法规的执行情况;

(二)从业单位对公路水运工程建设强制性标准的执行情况;

(三)从业单位质量责任落实及质量保证体系运行情况;

(四)主要工程材料、构配件的质量情况;

(五)主体结构工程实体质量等情况。

第三十条 实施监督检查时,应当有2名以上人员参加,并出示有效执法证件。检查人员对涉及被检查单位的技术秘密和商业秘密,应当为其保密。

第三十一条 监督检查过程中,检查人员发现质量问题的,应当当场提出检查意见并做好记录。质量问题较为严重的,检查人员应当将检查时间、地点、内容、主要问题及处理意见形成书面记录,并由检查人员和被检查单位现场负责人签字。被检查单位现场负责人拒绝签字的,检查人员应当将情况记录在案。

第三十二条 交通运输主管部门或者其委托的建设工程质量监督机构履行监督检查职责时,有权采取下列措施:

(一)进入被检查单位和施工现场进行检查;

(二)询问被检查单位工作人员,要求其说明有关情况;

(三)要求被检查单位提供有关工程质量的文件和材料;

(四)对工程材料、构配件、工程实体质量进行抽样检测;

(五)对发现的质量问题,责令改正,视情节依法对责任单位采取通报批评、罚款、停工整顿等处理措施。

第三十三条 从业单位及其工作人员应当主动接受、配合交通运输主管部门或者其委托的建设工程质量监督机构的监督检查,不得拒绝或者阻碍。

第三十四条 公路水运工程发生质量事故,建设、施工单位应当按照交通运输部制定的公路水运建设工程质量事故等级划分和报告制度,及时、如实报告。交通运输主管部门或者其委托的建设工程质量监督机构接到事故报告后,应当按有关规定上报事故情况,并及时组织事故抢救,组织或者参与事故调查。

第三十五条 任何单位和个人都有权如实向交通运输主管部门及其委托的建设工程质量监督机构举报、投诉工程质量事故和质量问题。

第三十六条 交通运输主管部门应当加强对工程质量数据的统计分析,建立健全质量动态信息发布和质量问题预警机制。

第三十七条 交通运输主管部门应当完善公路水运工程质量信用档案,健全质量信用评价体系,加强对公路水运工程质量的信用评价管理,并按规定将有关信用信息纳入交通运输和相关统一信用信息共享平台。

第三十八条 交通运输主管部门应当健全违法违规信息公开制度,将从业单位及其人员的失信行为、举报投诉并被查实的质量问题、发生的质量事故、监督检查结果等情况,依法向社会公开。

第四章 法律责任

第三十九条 违反本规定第十条规定,勘察、设计单位未按照工程建设强制性标准进行勘察、设计的,设计单位未根据勘察成果文件进行工程设计的,依照《建设工程质量管理条例》第六十三条规定,责令改正,按以下标准处以罚款;造成质量事故的,责令停工整顿:

(一)工程尚未开工建设的,处10万元以上20万元以下的罚款;

(二)工程已开工建设的,处20万元以上30万元以下的罚款。

第四十条 违反本规定第十四条规定,施工单位不按照工程设计图纸或者施工技术标准施工的,依照《建设工程质量管理条例》第六十四条规定,责令改正,按以下标准处以罚款;情节严重的,责令停工整顿:

(一)未造成工程质量事故的,处所涉及单位工程合同价款2%的罚款;

(二)造成工程质量一般事故的,处所涉及单位工程合同价款2%以上3%以下的罚款;

(三)造成工程质量较大及以上等级事故的,处所涉及单位工程合同价款3%以上4%以下的罚款。

第四十一条 违反本规定第十四条规定,施工单位未按规定对原材料、混合料、构配件等进行检验的,依照《建设工程质量管理条例》第六十五条规定,责令改正,按以下标准处以罚款;情节严重的,责令停工整顿:

(一)未造成工程质量事故的,处10万元以上15万元以下的罚款；

（二）造成工程质量事故的，处 15 万元以上 20 万元以下的罚款。

第四十二条 违反本规定第十五条规定，施工单位对施工中出现的质量问题或者验收不合格的工程，未进行返工处理或者拖延返工处理的，责令改正，处 1 万元以上 3 万元以下的罚款。

施工单位对保修范围和保修期限内发生质量问题的工程，不履行保修义务或者拖延履行保修义务的，依照《建设工程质量管理条例》第六十六条规定，责令改正，按以下标准处以罚款：

（一）未造成工程质量事故的，处 10 万元以上 15 万元以下的罚款；

（二）造成工程质量事故的，处 15 万元以上 20 万元以下的罚款。

第四十三条 违反本规定第十七条规定，监理单位在监理工作中弄虚作假、降低工程质量的，或者将不合格的建设工程、建筑材料、建筑构配件和设备按照合格签字的，依照《建设工程质量管理条例》第六十七条规定，责令改正，按以下标准处以罚款，降低资质等级或者吊销资质证书；有违法所得的，予以没收：

（一）未造成工程质量事故的，处 50 万元以上 60 万元以下的罚款；

（二）造成工程质量一般事故的，处 60 万元以上 70 万元以下的罚款；

（三）造成工程质量较大事故的，处 70 万元以上 80 万元以下的罚款；

（四）造成工程质量重大及以上等级事故的，处 80 万元以上 100 万元以下的罚款。

第四十四条 违反本规定第十八条规定，设立工地临时实验室的单位弄虚作假、出具虚假数据报告的，责令改正，处 1 万元以上 3 万元以下的罚款。

第四十五条 违反本规定第二十二条规定，建设单位未按照规定办理工程质量监督手续的，依照《建设工程质量管理条例》第五十六条规定，责令改正，按以下标准处以罚款：

（一）未造成工程质量事故的，处20万元以上30万元以下的罚款；

（二）造成工程质量一般事故的，处30万元以上40万元以下的罚款；

（三）造成工程质量较大及以上等级事故的，处40万元以上50万元以下的罚款。

第四十六条 依照《建设工程质量管理条例》规定给予单位罚款处罚的，对单位直接负责的主管人员和其他直接责任人员处单位罚款数额5%以上10%以下的罚款。

第四十七条 交通运输主管部门及其委托的建设工程质量监督机构的工作人员在监督管理工作中玩忽职守、滥用职权、徇私舞弊的，依法给予处分；构成犯罪的，依法追究刑事责任。

第五章 附 则

第四十八条 乡道、村道工程建设的质量监督管理参照本规定执行。

第四十九条 本规定自2017年12月1日起施行。交通部于1999年2月24日发布的《公路工程质量管理办法》（交公路发〔1999〕90号）、2000年6月7日发布的《水运工程质量监督规定》（交通部令2000年第3号）和2005年5月8日发布的《公路工程质量监督规定》（交通部令2005年第4号）同时废止。

交通运输部关于推进公路水路行业安全生产领域改革发展的实施意见

交安监发〔2017〕39号　2017.03.27

提高交通运输安全生产水平是践行以人民为中心、服务民生、保障民生的基本要求，也是实现交通运输事业健康发展的前提和基础。为贯彻落实《中共中央　国务院关于推进安全生产领域改革发展的意见》精神，进一步加强和改进安全生产工作，现就推进公路水路行业安全生产领域改革发展提出如下实施意见：

一、总体要求

（一）指导思想。全面贯彻党的十八大和十八届三中、四中、五中、六中全会精神，以邓小平理论、“三个代表”重要思想、科学发展观为指导，深入贯彻习近平总书记系列重要讲话精神和治国理政新理念新思想新战略，坚持安全发展，坚守发展决不能以牺牲安全为代价这条不可逾越的红线，以“平安交通”为统领，以防范遏制重特大安全生产事故为重点，加强领导、改革创新，着力强化企业安全生产主体责任，着力堵塞监督管理漏洞，着力夯实安全生产基础，扎实推动公路水路行业安全生产工作系统化、规范化、标准化，切实增强安全防范治理能力，为我国经济社会发展提供更加可靠的交通运输安全保障。

（二）基本原则。

——坚持安全发展。贯彻以人民为中心的发展思想，始终把人的生命安全放在首位，切实解决行业安全生产突出问题，补齐行业安全发展短板，增强行业安全发展能力。

——坚持改革创新。不断推进安全生产理论创新、制度创新、体制机制创新、科技创新和文化创新，增强内生动力，激发创新活力，推动安全生产与经济社会协调发展。

——坚持依法监管。运用法治思维和法治方式，完善安全生产法规制度和标准体系，严格规范公正文明执法，增强监管执法效能，提高行业安全生产法治化水平。

——坚持系统治理。构建风险分级管控和隐患排查治理双重预防工作机制，加强事中事后监管，综合运用法律、行政、经济、市场等手段，综合采取人防、技防、物防措施，提升行业安全生产治理能力。

（三）目标任务。“十三五”期比“十二五”期，较大以上等级道路运输行车事故死亡人数下降率20%，运输船舶百万吨港口吞吐量水上交通事故死亡人数下降率20%，港口营运亿吨吞吐量事故件数、死亡人数下降率5%，工程建设百亿元投资事故件数、死亡人数下降率4%，重特大事故频发势头得到有效遏制。公路水路行业安全体系基本建成，安全生产整体水平与全面建成小康社会和交通运输事业发展相适应。到2030年，实现行业安全生产治理体系和治理能力现代化，从业人员安全素质整体提升，安全保障能力显著增强，有效保障经济社会发展和人民群众安全便捷出行。

二、严格落实安全生产责任

（四）强化部门监管责任落实。坚持党政同责、一岗双责、齐抓共管、失职追责，按照管行业必须管安全、管业务必须管安全、管生产经营必须管安全的要求，制定《公路水路行业安全生产监督管理工作责任规范导则》，指导各级交通运输主管部门及行业负有安全生产监督管理职责的机构（以下简称交通运输管理部门）制定安全生产监督管理工作责任规范，规范履职行为。交通运输管理部门依法依规履行安全生产和职业健康监管职责，从法规、政策、标准、规划、行政许可、监督检查执法等方面加强安全生产工作。

（五）严格落实企业主体责任。交通运输企业对本单位安全生产和职业健康工作负全面责任，依法依规设置安全生产管理机构，配足安全生产专职管理人员，加大安全生产资金投入，提高运输工具、装备设施安全性能,建立健全自我约束、持续改进的内生机制。实行企业全员安全生产责任制度,细化并落实主要负责人、管理人员和每个岗位的责任。法定代表人和实际控制人同为安全生产第一责任人,主要技术负责人负有安全生产技术决策和指挥权,强化部门安全生产职责,落实一岗双责。建立全过程安全生产和职业健康管理制度,做到安全责任、管理、投入、培训和应急救援"五到位"。国有企业要发挥安全生产工作示范带头作用,自觉接受属地监管。按规定开展安全生产风险评估和辨识,建立管控制度,制定落实安全操作规程,做到"清单化""痕迹化"管理。树立"隐患就是事故"理念,建立健全隐患排查治理制度、重大隐患治理情况向交通运输有关部门和企业职代会"双报告"制度,实行自查自改自报闭环管理。大力推进企业安全生产标准化建设,开展经常性的应急演练,依法诚实守信开展安全生产工作。

(六)健全责任考核机制。建立省级交通运输主管部门"平安交通"建设和部属单位安全生产工作考核评价制度和指标体系,开展评价和考核工作。各地交通运输主管部门要对所属负有安全生产监督管理职责的部门和下级交通运输主管部门实施安全生产工作考核或评价。建立安全生产绩效与履职评定、职务晋升、奖励惩处挂钩制度,严格实行安全生产"一票否决"。

(七)严格责任追究和尽职免责制度。各级交通运输管理部门要实行党政领导干部任期安全生产责任制,依法依规制定安全生产权力和责任清单,尽职照单免责、失职照单问责。建立企业生产经营全过程安全生产责任追溯制度,完善安全生产事故和重大隐患的问责追责机制。按照"四不放过"原则,严格事故调查处理,依法严肃追究责任单位和相关责任人责任。严格事故报告制度,对瞒报、谎报、漏报、迟报事故的单位和个人依法依规追责。对被追究刑事责任的生产经营者依法实施相应的职业禁入,对事故发生负有重大责任的社会服务机构和人员依法严肃追究法律责任,并依法实施相应的行业禁入。

三、改革安全监管体制机制

（八）完善安全生产监督管理体制。各级交通运输主管部门要建立健全安全生产委员会，充分发挥统筹协调和督促检查作用，加强本单位安全生产工作的组织领导，切实解决突出问题。加强运政、路政、海事、航道、公安等单位的业务指导和监督检查，进一步加强安全生产监管队伍建设，充实基层安全生产监管人员。按照国家统一部署，建立安全生产和职业健康一体化监管执法体制，依法依规履行安全生产和职业健康监管职责。

（九）完善重点领域安全生产监管体制。按照安全生产法的规定，明确将公路水路行业安全生产执法职责纳入交通运输各业务领域现有执法机构或综合执法机构。各地交通运输主管部门要在地方政府领导下，进一步厘清存在重叠交叉的港区与经济开发区、保税区、海关监管区等功能区安全管理职责分工；指导和督促所在地港口行政管理部门进一步厘清与安全监管、公安等部门在港口危化品监管方面的职责边界，对管理职责不清的，应主动报告当地政府，推动地方政府明确部门职责分工。加快推动港航公安管理体制改革。

（十）完善部门协调机制。健全优化与安监、公安等相关部门以及交通运输各行业领域安全监管部门之间的沟通协调机制，依法开展联合检查和打非治违联合执法。推进建立部门间非法违规信息抄告机制，加强相关安全监管信息共享，提高监督检查效能。健全省、市、县三级安全生产应急救援管理工作机制。

四、大力推进依法治理

（十一）健全法规制度体系。结合实际，加快推进行业安全生产相关法规制度立改废工作，制定安全生产中长期立法规划，突出重点领域，加快制定针对性和操作性强、科学规范的法规制度。加强行业安全生产地方性法规制度建设，解决区域性安全生产突出问题。

（十二）健全标准规范。制定行业安全生产国家标准或行业标准，重点围绕公路水运基础设施建设运营与养护、运输工具和装备设施、生产作业等制定完善相应的安全生产标准规范。鼓励依法成立的社会团体和企业制定更加严格规范的安全生产标准,结合国情积极借鉴实施国际先进标准。

(十三)严格安全准入制度。严格道路水路客运和危险货物运输、危险货物港口作业、公路水运工程施工等高危领域安全准入条件。按照强化监管和便民服务相结合的原则,科学设置安全生产行政许可事项,对取消、下放、移交的行政许可事项,加强事中事后安全监管。建立安全生产倒逼机制和优胜劣汰机制,鼓励安全生产条件好和安全管理水平高的企业加快发展,对不满足安全生产条件或整改后仍达不到要求的企业,依法强制退出。

(十四)规范监管执法行为。完善安全生产监管执法制度,明确每个交通运输企业安全生产监督管理主体,制定实施安全监管执法计划,完善执法程序规定,依法严格查处各类违法违规行为。加大"四不两直"、暗查暗访、突击检查、"双随机"抽查力度。加强与公安、检察院、法院等协调配合,完善安全生产违法线索通报、案件移送与协查机制。对违法行为当事人拒不执行安全生产行政执法决定的,交通运输各有关部门应依法申请司法机关强制执行。完善执法监督机制,加强社会监督和舆论监督,保证执法严明、有错必纠。

(十五)健全监管执法保障体系。明确安全生产监管执法装备及现场执法和应急救援用车配备标准,将安全生产监管执法经费纳入同级财政保障范围,推动建立安全监管人员岗位津贴制度。加强安全生产监管执法制度化、标准化、信息化建设,确保规范高效监管执法。建立安全生产监管执法人员依法履行法定职责制度,激励保证监管执法人员忠于职守、履职尽责。严格安全生产监管执法人员资格管理,建立健全安全生产监管执法人员凡进必考、入职培训、持证上岗和定期轮训制度。

(十六)完善事故调查处理机制。健全组织或参与公路水路行业安全生产事故调查机制,完善事故调查组组长负责制。建立事故调查分析技术支撑体系,较大等级以上事故调查报告应设立技术和管理问题专篇,详细分析原因并全文发布,做好解读,回应公众关切。对事故调查发现有漏洞、缺陷的有关法律法规和标准制度,及时启动制定修订工作。建立事故暴露问题整改督办制度,对履职不力、整改措施不落实的,依法依规严肃追究有关单位和人员责任。

五、建立安全预防控制体系

(十七)加强安全风险管控。制定出台《公路水路行业安全生产风险管理暂行办法》,规范安全生产风险辨识、评估与管控工作,强化道路水路运输、港口营运、公路水运工程等重点领域的安全生产风险管理,实施重大安全风险备案。加强跨行业跨部门跨地区安全生产风险联防联控,充分利用科技和信息化手段,强化预测预警预控和过程监管。按照有关标准规范和要求加强规范引导,科学合理建设,优化港口危险货物集中区域布置,合理确定区域范围,降低区域风险。定期开展港口危险货物集中区域风险和应急能力评估,通过区域定量风险计算,确定安全容量,实施总量控制。

(十八)加强隐患排查治理。制定出台《公路水路行业安全生产事故隐患治理暂行办法》,明确安全生产事故隐患分类分级标准和整改措施,监督检查交通运输企业隐患排查治理工作,建立并严格落实重大隐患挂牌督办制度,对重大隐患督办整改不力的实行约谈告诫、公开曝光;情节严重的依法依规严肃问责。强化隐患排查治理监督执法,建立与企业隐患排查治理系统联网的信息平台,继续深入开展隐患排查治理攻坚行动。

(十九)加强重点领域治理。继续扎实开展“道路运输平安年”、“平安船舶”、危险货物港口作业安全治理等专项行动。实施普通公路、特别是农村路中的急弯陡坡、临水临崖危险路段公路安全生命防护工程建设。加强跨海大桥、海底隧道、轨道交通、航运枢纽、港口等防灾监测、安全检测及防护系统建设。提高长途客运车辆、旅游客车、危险物品运输车辆和船舶安全性能,对已运行的要加快安全技术装备改造升级。强化重点营运车辆联网联控,推进道路、水路旅客运输实名制工作。

六、加强安全基础保障能力建设

（二十）推进安全与应急基础设施和装备建设。继续开展危桥改造和渡口改造、渡改桥工程、救生衣行动。加快安全监管应急救援船舶、飞机、基地和长江干线监管救助和抢险打捞能力建设，完善安全监管和应急配套设施建设。鼓励各地将渡口渡船纳入公共交通服务领域，加强安全设施和装备建设。全面提升水上交通运输安全保障和应急处置能力，建设完善近岸通信监控系统布局，加强深远海通信监控能力；加强大吨位抢险打捞、深海远海搜寻救助和打捞装备建设，加强长江等主要内河监管救助和抢险打捞能力建设。统筹公路水路应急物资储备基地布局和建设，研究推进危化品应急处置能力建设。

（二十一）建立安全科技支撑体系。加强公路水路行业安全生产理论和政策研究，运用大数据技术开展安全生产规律性分析，提高安全生产决策科学化水平。加强安全应急关键技术研究和装备研发，推广应用性能可靠、先进适用的新技术、新工艺、新设备和新材料。积极推动卫星导航、地理信息和大数据分析技术在防灾预警、应急救援等方面的应用，增强突发事件应急处置能力。重点推进安全生产监督监察、安全执法、安全生产与应急管理培训教育等信息化建设和企业安全生产标准化管理系统升级改造。

（二十二）发挥市场机制推动作用。建立交通运输企业增加安全投入的激励约束机制，鼓励企业购买和运用安全生产管理和技术服务。交通运输管理部门应建立和完善购买安全生产服务制度，支持和引导第三方机构开展安全生产评价等技术服务。积极推进实施安全生产责任保险制度，切实发挥保险机构参与风险评估管控和事故预防功能。积极推进交通运输企业安全生产诚信体系建设，实现与交通运输信用体系相对接，建立安全生产违法违规行为信息库，研究建立交通运输企业安全生产不良记录“黑名单”制度，完善失信惩戒和守信激励机制。

（二十三）健全安全培训教育体系。组织开展基于典型案例的港航特大安全风险防控研究,深入剖析典型事故案例,坚持以案说法,在行业中广泛开展安全警示教育。将安全生产监督管理纳入各级交通运输领导干部培训内容。实施从业人员安全素质提升工程,督促企业严格落实安全教育培训制度,切实做到先培训、后上岗。推进安全文化建设,加强安全生产公益宣传和社会监督,公开并畅通社会公众投诉举报渠道。加强行业安全生产与应急领域的国际交流合作,学习借鉴国外安全生产与职业健康先进经验。

七、强化实施保障

(二十四)加强组织领导。各部门、各单位要实行主要领导负责制,坚决抓好《中共中央　国务院关于推进安全生产领域改革发展的意见》的贯彻落实,并按照本实施意见的要求,结合各地实际,制定本部门本单位的具体实施办法,进一步细化工作任务,明确责任分工和完成时限。贯彻落实情况要及时向交通运输部安委会报告。

(二十五)加强宣传引导。各部门、各单位要加强行业安全生产领域改革发展工作的宣传引导,周密安排,层层动员部署,充分利用各种宣传媒介,大力宣贯和解读安全生产领域改革发展的重要内容,推动各项改革举措有效落实。

(二十六)加强督查考核。各部门、各单位要把行业安全生产领域改革发展作为年度工作目标考核重要内容,加大督查力度,及时发现并解决存在的困难和问题,确保各项措施取得实实在在的成效。

交通运输部关于印发《公路水路行业安全生产风险管理暂行办法》《公路水路行业安全生产事故隐患治理暂行办法》的通知

交安监发〔2017〕60号　2017.04.27

各省、自治区、直辖市、新疆生产建设兵团交通运输厅(局、委),长江、珠江航务管理局,各直属海事局:

为推进建立公路水路行业安全生产风险管理和隐患治理双重预防机制,部制定了《公路水路行业安全生产风险管理暂行办法》《公路水路行业安全生产事故隐患治理暂行办法》,现印发你们,请结合以下要求贯彻执行。

一、深刻认识加强安全生产风险管理和隐患治理工作的重要性

构建安全生产风险管理和隐患治理双重预防体系是贯彻落实中共中央、国务院关于推进安全生产领域改革发展的重要要求,是转变安全生产管理方式、提高安全生产管理水平的重要途径,是有效防范和遏制安全生产重特大事故的重要举措。各部门、各单位要按照"标本兼治、综合治理、系统建设"的总要求,将安全生产风险管理和隐患治理作为当前和今后一段时期安全生产工作的重中之重,认真组织贯彻落实《公路水路行业安全生产风险管理暂行办法》《公路水路行业安全生产隐患治理暂行办法》,积极推进安全生产风险管理和隐患治理机制建设,持续推动交通运输事业安全发展。

二、加强组织领导,统筹谋划各项工作

部安委会统一组织领导公路水路行业安全生产风险管理和隐患治理体系建设工作,部安委办具体负责统筹协调,并制定安全生产风险辨识评估基本规范；各业务主管司局应按职责分工，在负责领域内组织推进安全生产风险管理和隐患治理体系建设，具体制定行业安全生产风险和事故隐患等级判定指南，指导有关工作开展。各省级交通运输主管部门要加强组织领导，将相关工作纳入重点工作研究和部署，统筹协调推进各项工作；各行业主管部门要在负责领域内组织实施有关规章制度和标准规范，指导生产经营单位规范开展相关安全生产风险管理和隐患排查治理工作。

三、结合行业实际，分领域稳步推进

推进风险管控和隐患治理体系建设是安全生产领域一项重要的改革发展任务，难度大、任务重，需要各行业领域结合实际，开拓创新、稳步推进、持续完善。要在客运、危险货物运输、工程建设等安全生产风险较大的重点领域率先开展风险管控和隐患治理体系建设。在其他领域可组织开展试点示范，尽快形成一批可复制、可推广的经验做法，以点带面，逐步推广实施。在各行业领域安全生产风险管理和隐患治理体系建设工作中，要充分结合行业工作实际和现有工作基础，并在实践中大胆创新、积极探索，不断建立完善相关工作制度、标准规范和操作规程，逐步形成完善的工作体系。

四、强化工作保障，确保取得实际效果

各部门、各单位要切实加强安全生产风险管理和隐患治理体系建设的工作保障，加快信息平台建设，提升信息化水平，注重关键安防技术装备研发和推广应用，积极探索运用大数据、信息化、智能化等新技术新手段，解决实施过程中存在的问题。要加大工作指导力度，加强经验交流和工作总结，开展针对性培训教育工作，为公路水路行业安全生产风险管理和隐患治理体系建设创造良好条件。

请各部门、各部门将本行业、领域安全生产风险管理和隐患治理实施办法以及工作中好的经验做法和存在的问题及时报部。

公路水路行业安全生产风险管理暂行办法

第一章　总　　则

第一条　为加强公路水路行业安全生产风险管理，规范安全生产风险辨识、评估与管控工作，防范和遏制安全生产事故，依据《中华人民共和国安全生产法》和交通运输有关法规制度，制定本办法。

第二条　本办法适用于公路水路行业安全生产风险辨识、评估、管控及其监督管理工作。

第三条　从事公路水路行业生产经营活动的企事业单位（以下简称生产经营单位）是安全生产风险管理的实施主体，应依法依规建立健全安全生产风险管理工作制度，开展本单位管理范围内的风险辨识、评估等工作，落实重大风险登记、重大危险源报备和控制责任，防范和减少安全生产事故。

第四条　交通运输部指导全国公路水路行业安全生产风险管理工作。地方交通运输管理部门和有关部属单位指导管辖范围内安全生产风险管理工作。属地负有安全生产监督管理职责的交通运输管理部门具体负责管辖范围内生产经营单位重大风险辨识、评估与管控的监督管理工作。

第五条　公路水路行业安全生产风险管理工作应坚持“单位负责、行业监管、动态实施、科学管控”的原则。

第二章　分类分级

第六条　公路水路行业安全生产风险（以下简称风险）是指

生产经营过程中发生安全生产事故的可能性。

第七条 风险按业务领域分为道路运输风险、水路运输风险、港口营运风险、交通工程建设风险、交通设施养护工程风险和其他风险六个类型。每个类型可按照业务属性分为若干类别。

第八条 风险等级按照可能导致安全生产事故的后果和概率,由高到低依次分为重大、较大、一般和较小四个等级。

第九条 重大风险是指一定条件下易导致特别重大安全生产事故的风险。

较大风险是指一定条件下易导致重大安全生产事故的风险。

一般风险是指一定条件下易导致较大安全生产事故的风险。

较小风险是指一定条件下易导致一般安全生产事故的风险。

以上同时满足两个以上条件的,按最高等级确定风险等级。

第十条 各重点领域的风险等级判定指南由交通运输部另行发布。

第三章 辨识、评估与控制

第一节 辨识与评估

第十一条 生产经营单位应针对本单位生产经营活动范围及其生产经营环节,按照相关法规标准要求,编制风险辨识手册,明确风险辨识范围、方式和程序。

第十二条 生产经营单位风险辨识应针对影响发生安全生产事故及其损失程度的致险因素进行,致险因素一般包含以下方面:

(一)从业人员安全意识、安全与应急技能、安全行为或状态;

(二)生产经营基础设施、运输工具、工作场所等设施设备的安全可靠性;

(三)影响安全生产外部要素的可知性和应对措施;

(四)安全生产的管理机构、工作机制及安全生产管理制度合规和完备性。

第十三条 生产经营单位安全生产风险辨识分为全面辨识和专项辨识。全面辨识是生产经营单位为全面掌握地本单位安全生产风险,全面、系统对本单位生产经营活动开展的风险辨识;专项辨识是生产经营单位为及时掌握本单位重点业务、工作环节或重点部位、管理对象的安全生产风险,对本单位生产经营活动范围内部分领域开展的安全生产风险辨识。

第十四条 全面辨识应每年不少于1次,专项辨识应在生产经营环节或其要素发生重大变化或管理部门有特殊要求时及时开展。安全生产风险辨识结束后应形成风险清单。

第十五条 生产经营单位应依据风险等级判定指南,对风险清单中所列风险进行逐项评估,确定风险等级以及主要致险因素和控制范围。

第十六条 风险致险因素发生变化超出控制范围的,生产经营单位应及时组织重新评估并确定等级。

生产经营单位重大风险等级评定、等级变更和销号,可委托第三方服务机构进行评估或成立评估组进行评估,出具评估结论。生产经营单位成立的评估组成员应包括生产经营单位负责人或安全管理部门负责人和相关业务部门负责人、2名以上相关专业领域具有一定从业经历的专业技术人员。

第二节 管理与控制

第十七条 生产经营单位应依据风险的等级、性质等因素,科学制定管控措施。

第十八条 生产经营单位应建立风险动态监控机制,按要求进行监测、评估、预警,及时掌握风险的状态和变化趋势。

第十九条 生产经营单位应严格落实风险管控措施,保障必要的投入,将风险控制在可接受范围内。

第二十条 生产经营单位应当将风险基本情况、应急措施等信息通过安全手册、公告提醒、标识牌、讲解宣传等方式告知本单位从业人员和进入风险工作区域的外来人员,指导、督促做好安全防范。

第二十一条 生产经营单位应针对本单位风险可能导致的安全生产事故,制定或完善应急措施。

第二十二条 当风险的致险因素超出管控范围,达到预警条件的,生产经营单位应及时发出预警信息,并立即采取针对性管控措施,防范安全生产事故发生。发生安全生产事故的,应按有关规定,及时有效处置。

第二十三条 生产经营单位应对管理范围内风险辨识、评估、登记、管控、应急等情况进行年度总结和分析,针对存在的问题提出改进措施。

第二十四条 生产经营单位应如实记录风险辨识、评估、监测、管控等工作,并规范管理档案。重大风险应单独建立清单和专项档案。

第二十五条 生产经营单位应加大安全投入,积极开展风险辨识、评估、管控相关技术研究和应用,提升风险管控能力。

第三节 重大风险管控与登记

第二十六条 生产经营单位应按下列要求加强重大风险管控:

(一)对重大风险制定动态监测计划,定期更新监测数据或状态,每月不少于1次,并单独建档;

(二)重大风险应单独编制专项应急措施;

(三)重大风险确定后按年度组织专业技术人员对风险管控措施进行评估改进,年度评估报告应在次年1个月内通过交通运输安全生产风险管理系统向属地负有安全生产监督管理职责的交通运输管理部门报送。

第二十七条 生产经营单位应对进入重大风险影响区域的本单位从业人员组织开展安全防范、应急逃生避险和应急处置等相关培训和演练。

第二十八条 生产经营单位应当在重大风险所在场所设置明

显的安全警示标志,标明重大风险危险特性、可能发生的事件后果、安全防范和应急措施。

第二十九条 生产经营单位应当将重大风险的名称、位置、危险特性、影响范围、可能发生的安全生产事故及后果、管控措施和安全防范与应急措施告知直接影响范围内的相关单位或人员。

第三十条 生产经营单位应当将本单位重大风险有关信息通过公路水路行业安全生产风险管理信息系统进行登记,构成重大危险源的应向属地综合安全生产监督管理部门备案。登记(含重大危险源报备,下同)信息应当及时、准确、真实。

第三十一条 重大风险登记主要内容包括基本信息、管控信息、预警信息和事故信息等。

(一)基本信息包括重大风险名称、类型、主要致险因素、评估报告,所属生产经营单位单位名称、联系人及方式等信息;

(二)管控信息包括管控措施(含应急措施)和可能发生的安全生产事故及影响范围与后果等信息;

(三)预警信息包括预警事件类型、级别,可能影响区域范围、持续时间、发布(报送)范围,应对措施等;

(四)事故信息包括重大风险管控失效发生的安全生产事故名称、类型、级别、发生时间、造成的人员伤亡和损失、应急处置情况、调查处理报告等;

(五)填报单位、人员、时间,以及需填报的其他信息。

上述第(三)、(四)款信息在预警或安全生产事故发生后登记或报备。

第三十二条 重大风险登记分为初次、定期和动态三种方式。

第三十三条 初次登记,应在评估确定重大风险后5个工作日内填报。

第三十四条 定期登记,采取季度和年度登记,季度登记截止时间为每季度结束后次月10日;年度登记时间为自然年,截止时间为次年1月30日。

第三十五条 生产经营单位发现重大风险的致险因素超出管控范围,或出现新的致险因素,导致发生安全生产事故概率显著增加或预估后果加重时,应在5个工作日内动态填报相关异常信息。

第三十六条 重大风险经评估确定等级降低或解除的,生产经营单位应于5个工作日内通过公路水路行业安全生产风险管理系统予以销号。

第三十七条 重大风险管控失效发生安全生产事故的,应急处置和调查处理结束后,应在15个工作日对相关工作进行评估总结,明确改进措施,评估总结应向属地负有安全生产监督管理职责的交通运输管理部门报送。

第四章 监督管理

第三十八条 属地负有安全生产监督管理职责的交通运输管理部门应将管辖范围内的生产经营单位安全生产风险管理工作纳入日常监督管理,将重大风险监督抽查纳入安全生产年度监督检查计划,明确抽查比例和方式,督促企业落实管控责任。

第三十九条 属地负有安全生产监督管理职责的交通运输管理部门对生产经营单位重大风险监督抽查的主要内容包括:

(一)重大风险管理制度、岗位责任制建设情况;

(二)重大风险登记、监测管控等落实情况;

(三)重大风险应急措施和应急演练情况。

第四十条 属地负有安全生产监督管理职责的交通运输管理部门应对监督抽查发现重大风险辨识、管控、登记等工作落实不到位的生产经营单位采取以下措施予以监督整改。

(一)对未建立完善的重大风险管理制度、机制、岗位责任体系和重大风险应急措施的予以督促整改;

(二)对未按规定开展重大风险辨识、评估、登记、评估改进和应急演练等工作的予以限期整改;

(三)对重大风险未有效实施监测和控制的纳入重大安全生

产隐患予以挂牌督办；

(四)对重大风险控制不力，不能保证安全的，应依据相关法律法规予以处罚。

第四十一条 属地负有安全生产监督管理职责的交通运输管理部门应规范记录对生产经营单位风险管理监督抽查的有关信息，针对管辖范围内的重大风险建立档案，妥善保存相关文件资料。

第四十二条 交通运输管理部门可以通过购买服务的方式，委托专业第三方服务机构开展重大风险督查检查工作。

第四十三条 交通运输管理部门应通过政策、法规标准和科技项目支持等方式，鼓励引导行业开展风险管控技术装备研究与应用，充分运用信息化、智能化、大数据等技术手段和先进工艺、材料、技术、装备，提升风险管控水平和安全监管能力。

第四十四条 任何单位或者个人对生产经营单位安全生产风险管理违法违规行为，均有权向生产经营单位或交通运输管理部门投诉或举报。

第四十五条 交通运输管理部门或生产经营单位应对拟公布的风险信息进行评估，涉及社会稳定和国家安全的，应遵照国家保密法律法规，未经允许不得公开。

第四十六条 交通运输管理部门对不按有关规定开展风险辨识、评估以及监测、管控重大风险的生产经营单位和相关人员，应依法依规予以处理，并记入其安全生产不良信用记录。

第四十七条 受生产经营单位委托承担风险辨识、评估、管控支持和监督检查的第三方服务机构，应对其承担工作的合规性、准确性负责。生产经营单位委托第三方服务机构提供风险管理相关支持工作，不改变生产经营单位风险管理的主体责任。

第四十八条 属地负有安全生产监督管理职责的交通运输管理部门及工作人员，对生产经营单位重大风险监督管理失职渎职，导致发生安全生产事故的，应依法依规追究责任。

第五章　附　　则

第四十九条　属地负有安全生产监督管理职责的交通运输管理部门是指依据相关法律法规或有关规定，直接对生产经营单位交通运输相关业务安全生产工作负有监督管理责任的单位或部门。

第五十条　本办法自2018年1月1日起实施，有效期3年。

公路水路行业安全生产隐患治理暂行办法

第一章　总　　则

第一条　为加强和规范公路水路行业安全生产隐患治理工作,督促从事交通运输生产经营活动的企事业单位(以下简称生产经营单位)落实安全生产主体责任,防范和遏制公路水路行业安全生产事故发生,保障人民群众生命财产安全,依据《中华人民共和国安全生产法》和交通运输有关法规制度,制定本办法。

第二条　本办法适用于公路水路行业安全生产隐患排查、整改及其监督管理工作。

第三条　本办法所称安全生产隐患,是生产经营单位违反安全生产法律、法规、规章、标准、规程和安全生产管理制度等规定,或因其他因素在生产经营活动中存在的可能导致安全生产事故发生的人的不安全行为、物的不安全状态、场所的不安全因素和管理上的缺陷。

第四条　生产经营单位是隐患治理的责任主体,生产经营单位主要负责人对本单位隐患治理工作全面负责,应当部署、督促、检查本单位或本单位职责范围内的隐患治理工作,及时消除隐患。

第五条　交通运输部指导全国公路水路行业安全生产隐患治理管理工作。地方交通运输管理部门和有关部属单位指导管辖范围内安全生产隐患治理管理工作。属地负有安全生产监督管理职责的交通运输管理部门具体负责管辖范围内生产经营单位安全生产隐患治理的监督,督促生产经营单位落实重大隐患治理和报备。

第六条　隐患治理工作应坚持“单位负责、行业监管、分级管理、社会监督”的原则。

第二章 分类分级

第七条 隐患按业务领域分为道路运输隐患、水路运输隐患、港口营运隐患、交通工程建设隐患、交通设施养护工程隐患和其他隐患六个类型。每个类型可按照业务属性分为若干类别。

第八条 隐患分为重大隐患和一般隐患两个等级。重大隐患是指极易导致重特大安全生产事故,且整改难度较大,需要全部或者局部停产停业,并经过一定时间整改治理方能消除的隐患,或者因外部因素影响致使生产经营单位自身难以消除的隐患。一般隐患是指除重大隐患外,可能导致安全生产事故发生的隐患。

各重点领域重大隐患分级判定指南由交通运输部另行颁布。

第三章 隐患排查与整改

第九条 生产经营单位应当建立健全隐患排查、告知(预警)、整改、评估验收、报备、奖惩考核、建档等制度,逐级明确隐患治理责任,落实到具体岗位和人员。

第十条 生产经营单位应当保障隐患治理投入,做到责任、措施、资金、时限、预案“五到位”。

第十一条 生产经营单位应当建立隐患日常排查、定期排查和专项排查工作机制,明确隐患排查的责任部门和人员、排查范围、程序、频次、统计分析、效果评价和评估改进等要求,及时发现并消除隐患。

第十二条 隐患日常排查是生产经营单位结合日常工作组织开展的经常性隐患排查,排查范围应覆盖日常生产作业环节,日常排查每周应不少于1次。

第十三条 隐患专项排查是生产经营单位在一定范围、领域组织开展的针对特定隐患的排查,一般包括:

(一)根据政府及有关管理部门安全工作专项部署,开展针对性的隐患排查；

（二）根据季节性、规律性安全生产条件变化，开展针对性的隐患排查；

（三）根据新工艺、新材料、新技术、新设备投入使用对安全生产条件形成的变化，开展针对性的隐患排查；

（四）根据安全生产事故情况，开展针对性的隐患排查。

第十四条　隐患定期排查是由生产经营单位根据生产经营活动特点，组织开展涵盖全部交通运输生产经营领域、环节的隐患排查。定期排查每半年应不少于1次。

第十五条　生产经营单位应指定专门机构负责本单位安全生产隐患治理工作，定期检查本单位的安全生产状况，及时组织排查隐患，提出改进安全生产管理的建议。

第十六条　从业人员发现隐患，应当立即向现场安全生产管理人员或者本单位负责人报告；接到报告的人员应当及时予以处理。

第十七条　生产经营单位应认真填写隐患排查记录，形成隐患排查工作台账，包括排查对象或范围、时间、人员、安全技术状况、处理意见等内容，经隐患排查直接责任人签字后妥善保存。

第十八条　生产经营单位对发现或排查出的隐患，应当按照隐患分级判定指南，确定隐患等级，形成隐患清单。

第十九条　生产经营单位应对排查出的隐患立即组织整改，隐患整改情况应当依法如实记录，并向从业人员通报。

第二十条　一般隐患整改完成后，应由生产经营单位组织验收，出具整改验收结论，并由验收主要负责人签字确认。

第二十一条　生产经营单位在隐患整改过程中，应当采取相应的安全防范措施，防范发生安全生产事故。

第二十二条　重大隐患整改应制定专项方案，包括以下内容：

（一）整改的目标和任务；

（二）整改技术方案和整改期的安全保障措施；

（三）经费和物资保障措施；

（四）整改责任部门和人员；

（五）整改时限及节点要求；

（六）应急处置措施；

（七）跟踪督办及验收部门和人员。

第二十三条 重大隐患整改完成后，生产经营单位应委托第三方服务机构或成立隐患整改验收组进行专项验收。生产经营单位成立的隐患整改验收组成员应包括生产经营单位负责人、安全管理部门负责人、相关业务部门负责人和2名以上相关专业领域具有一定从业经历的专业技术人员。整改验收应根据隐患暴露出的问题，全面评估，出具整改验收结论，并由组长签字确认。

第二十四条 重大隐患整改验收通过的，生产经营单位应将验收结论向属地负有安全生产监督管理职责的交通运输管理部门报备，并申请销号。报备申请材料包括：

（一）重大隐患基本情况及整改方案；

（二）重大隐患整改过程；

（三）验收机构或验收组基本情况；

（四）验收报告及结论；

（五）下一步改进措施。

第二十五条 重大隐患整改验收完成后，生产经营单位应对隐患形成原因及整改工作进行分析评估，及时完善相关制度和措施，依据有关规定和制度对相关责任人进行处理，并开展有针对性的培训教育。

第二十六条 生产经营单位应当根据生产经营活动特点，定期组织对本单位隐患治理情况进行统计分析，及时梳理、发现安全生产苗头性问题和规律，形成统计分析报告，改进安全生产工作。

第二十七条 生产经营单位应当建立隐患治理表彰、激励机制，鼓励从业人员主动参与排查和消除隐患，并将隐患治理责任落实情况作为重要内容纳入员工岗位绩效考核。

第二十八条 生产经营单位应当建立隐患治理全员参与机制，畅通投诉、举报渠道，鼓励从业人员对生产经营活动中隐患治理责任不落实,危及生产经营安全的行为和状态进行投诉或举报,并切实保障投诉或举报人合法权益。

第二十九条 工会发现生产经营单位存在隐患时,有权提出解决的建议,生产经营单位应当及时研究答复;对危及从业人员生命安全的隐患,有权向生产经营单位建议组织从业人员撤离危险场所,生产经营单位必须立即作出处理。

第三十条 生产经营单位在生产经营活动中存在项目发包、场地或设施设备出租的,应当对承包单位、承租单位的安全生产条件或者相应资质进行审查,并签订专门的安全生产管理协议,或者在承包合同、租赁合同中约定有关安全生产管理事项,明确双方隐患治理责任。

第三十一条 生产经营单位不得向不具备安全生产条件或者相应资质的单位发包项目或出租场地。

第三十二条 生产经营单位应对具备安全生产条件或者相应资质承包、承租单位的安全生产工作统一协调、管理,定期进行安全生产检查,发现隐患的,应当及时督促整改。

第三十三条 生产经营单位应加大安全投入,积极应用信息化、智能化技术手段和安全性能水平高的新工艺、新材料、新技术和新装备,减少和消除隐患。

第四章 重大隐患报备

第三十四条 生产经营单位应按照"及时报备、动态更新、真实准确"的原则,通过公路水路行业安全生产隐患治理信息系统向属地负有安全生产监督管理职责的管理部门及时报备重大隐患信息,负有直接监督管理责任的交通运输管理部门应审查报备信息的完整性。

第三十五条 重大隐患报备信息应包括以下内容:

(一)隐患名称、类型类别、所属生产经营单位及所在行政区划、属地负有安全生产监督管理职责的管理部门;

（二）隐患现状描述及产生原因；

（三）可能导致发生的安全生产事故及后果；

（四）整改方案或已经采取的治理措施，治理效果和可能存在的遗留问题；

（五）隐患整改验收情况、责任人处理结果；

（六）整改期间发生安全生产事故的，还应报送事故及处理结果等信息。

上述第（四）（五）（六）款信息在相关工作完成后报备。

第三十六条 重大隐患报备包括首次报备、定期报备和不定期报备三种方式。

（一）首次报备：应在重大隐患确定后进行报备。

（二）定期报备：报送重大隐患整改的进展情况。

（三）不定期报备：当重大隐患状态发生新的重大变化时，应及时报备相关情况。

第三十七条 生产经营单位的安全生产管理人员在检查中发现重大隐患，应向本单位有关负责人报告，有关负责人不及时处理的，安全生产管理人员应向属地负有安全生产监督管理职责的交通运输管理部门报告。

第三十八条 重大隐患首次报备应在重大隐患确定后 5 个工作日内报备，定期报备应在每季度结束后次月前 10 个工作日内报备，不定期报备应在重大隐患状态发生重大变化后 5 个工作日内进行报备。

第三十九条 生产经营单位应建立重大隐患专项档案，并规范管理。

第五章 隐患治理督查督办

第四十条 属地负有安全生产监督管理职责的交通运输管理部门应建立健全重大隐患治理督办制度，并将重大隐患整改情况纳入年度安全生产监督检查计划内容，明确督促检查责任部门、检查范围。

第四十一条 属地负有安全生产监督管理职责的交通运输管理部门对生产经营单位隐患治理工作督促检查的主要内容应当包括：

（一）贯彻落实管理部门关于隐患治理工作部署和要求的情况；

（二）隐患治理责任体系、岗位制度、工作程序、档案台账等建立、执行情况；

（三）重大隐患报备及统计分析情况；

（四）隐患整改措施落实情况；

（五）隐患告知和警示教育、责任追究情况。

第四十二条 交通运输管理部门对安全生产检查中发现的隐患，应及时告知被检查单位，并督促按照有关要求整改。

第四十三条 交通运输管理部门依法履行安全生产督促检查职责时，生产经营单位应当积极配合，不得拒绝和阻挠。

第四十四条 属地负有安全生产监督管理职责的交通运输管理部门对督促检查、社会举报核实发现的未按要求有效开展隐患排查或整改的生产经营单位，应当下达督促整改通知书，明确存在问题和整改要求，责令限期整改。

第四十五条 属地负有安全生产监督管理职责的交通运输管理部门应当按照管辖权限，对管辖范围内发现存在重大隐患的生产经营单位实行挂牌督办。上级交通运输管理部门发现的重大隐患，应当对下一级交通运输管理部门挂牌督办，要求属地负有安全生产监督管理职责的交通运输管理部门督促生产经营单位按要求进行整改。

第四十六条 属地负有安全生产监督管理职责的交通运输管理部门在接到生产经营单位重大隐患销号申请后，应在 5 个工作日内对验收结论及验收程序予以形式确认，并对形式确认通过的予以销号，不通过的应责令继续整改。

第四十七条 交通运输管理部门可通过购买服务方式委托第

三方服务机构承担隐患治理监督抽查、检测和技术咨询服务。

第六章 监督管理

第四十八条 交通运输管理部门应依据管辖权限,将不按要求开展安全生产隐患排查、治理和报备重大隐患等不良行为记入相关生产经营单位及主要相关责任人的安全生产信用记录。

第四十九条 交通运输管理部门应充分运用信息化、智能化和大数据等技术手段,提升安全隐患治理能力。

第五十条 属地负有安全生产监督管理职责的交通运输管理部门对隐患排查治理不力满足法律法规规定处罚条件,或未按督办要求整改重大隐患,或存在重大隐患不能保证安全的生产经营单位,应依据《中华人民共和国安全生产法》等相关法律法规进行处理。

第五十一条 受交通运输管理部门或生产经营单位委托承担隐患治理相关工作的第三方服务机构,应对其承担工作的合规性、准确性负责。生产经营单位委托第三方专业服务机构提供隐患治理相关支持工作,不改变生产经营单位隐患治理主体责任。

第五十二条 对发现的重大隐患未履行督办责任,导致发生安全生产事故的交通运输管理部门和责任人员,应依法依规追究其法律责任。

第七章 附则

第五十三条 属地负有安全生产监督管理职责的交通运输管理部门是依据相关法律法规或有关规定,直接对生产经营单位相关业务安全生产工作负有监督管理责任的单位或部门。

第五十四条 本办法自 2018 年 1 月 1 日起实施,有效期 3 年。

交通运输部关于印发《深入开展平安交通专项整治行动方案》的通知

交安监发〔2017〕76 号　2017.05.17

各省、自治区、直辖市、新疆生产建设兵团交通运输厅(局、委),中国远洋海运、招商局、中国交通建设集团,长江、珠江航务管理局,各直属海事局:

《深入开展平安交通专项整治行动方案》已经部务会审议通过,现印发你们,请认真贯彻执行。

深入开展平安交通专项整治行动方案

为认真贯彻落实党中央国务院关于加强安全生产工作的一系列重要决策部署和习近平总书记等中央领导同志关于安全生产工作的重要指示批示精神,坚持问题导向,深刻汲取交通运输安全生产重大事故教训,全面整治交通运输安全生产领域存在的突出问题,有效防范和坚决遏制重特大事故,部决定深入开展平安交通专项整治行动。具体方案如下:

一、总体要求

认真贯彻落实《中共中央　国务院关于推进安全生产领域改革发展的意见》,牢固树立安全生产红线意识,突出交通运输行业安全生产重点领域,采取有力整治措施,深化平安交通建设,切实增强交通运输安全生产治理能力,着力提升安全生产管理水平。

坚持问题导向、压实责任。全面查找存在的突出问题和薄弱环节,严格落实安全生产监管责任和企业安全生产主体责任;坚持突出重点、标本兼治。针对道路水路客运、危险货物运输等重点领域,完善安全管理长效机制,集中有效整治安全生产存在的顽症痼疾;坚持依法治理、改革创新。严格规范公正文明执法,提高监管执法效能,创新方式方法,增强安全发展内生动力;坚持人民利益至上、促进社会和谐。认真贯彻以人民为中心的发展思想,把保障人民的生命财产安全放在首位,全力保障交通运输安全生产形势稳定,为经济社会和谐发展创造有利条件。

通过深入开展平安交通专项整治行动,对安全生产风险和隐患要实施动态管理、持续跟踪,有效管控重大风险、切实消除重大隐患,大幅减少一般和较大事故,坚决防范和有效遏制重特大事故,努力实现事故总数、死亡人数和重特大事故数“三个下降”,促进交通运输安全生产形势总体稳定。

二、整治内容

(一)道路客运。

继续推进 2017 年“道路运输平安年”活动,重点抓好以下专项整治工作。

1. 开展安全隐患排查治理。迅速全面开展道路客运安全隐患排查整治,对于发现的隐患要按照“四不放过”的原则坚决整改。各地要加强跟踪督办和抽查督查,特别是要把发生较大以上事故的道路客运企业作为重点抽查对象,对排查出的重大隐患挂牌督办;对隐患整治不力的,要依法依规严肃问责;对存在严重问题的企业,要依法停产停业整顿、上限处罚。

2. 严格营运驾驶员管理。突出营运驾驶员应急处置知识、处置方法和处置能力的要求,严格营运驾驶员从业资格考试;督促指导客运企业加强驾驶员管理,加大营运驾驶员继续教育和案例警示教育,提升驾驶员突发事件的应急处置能力和技能,严肃查处超载超员超速和疲劳驾驶的驾驶员,对导致事故的驾驶员进行再教育,情节严重的调离驾驶岗位或解除劳动合同。

3. 严格道路客运许可管理。暂停审批新的 800 公里以上长途客运线路,不再审批新的卧铺客车;新开通农村客运班线,必须符合《农村客运班线安全通行条件审核规则》要求的通行条件;组织客运企业自行或委托第三方评估机构对夜间通行山区公路的客运线路进行全面安全评估,对存在较大安全隐患的要调整班线运营时间,避免夜间运行。

4. 严格汽车客运站安全管理。督促客运企业严格落实“三不进站、六不出站”规定,严格执行客车安全例检和出站检查制度,安全例检不合格的客车不得排班发车,“六不出站”要求不满足的客车不得放行出站;严格落实安全告知制度,监督指导入站客运车辆发车前,循环播放《道路客运安全告知》《安全带——生命带》宣传片,确保乘客出站前系好安全带、熟悉应急装备器材使用方法。

5. 开展道路客运市场秩序整治。各地交通运输部门要积极会同有关部门,加大对汽车客运站及周边、旅游景区等客流集中地的执法检查力度，严厉打击站外揽客、超范围经营、旅游包车无证经营等违法违规行为；严格旅游包车证管理，必须通过旅游包车管理信息系统申领派发包车证。

6. 严格落实道路客运实名制管理。组织开展省际、市际客运班线实名制管理全面排查工作。切实履行《反恐怖主义法》有关要求，督促相关经营者和售票单位、客运站，严格执行实名售票和实名查验要求，明确售票、查验等相关环节操作流程。

7. 切实加强动态监控系统应用。各地要充分利用联网联控系统监管平台加强重点营运车辆动态监管，做好事前预防、事中事后监管工作；要结合工作实际，定期抽查一定数量“两客一危”车辆运行情况，重点检查车辆上线率、轨迹完整率、超速报警、疲劳驾驶报警等指标，抽查结果要及时向各有关部门通报，并督促企业调查整改处理，监管部门要依法处罚，形成闭环管理长效机制；要督促企业严格落实动态监控主体责任，对拆除或屏蔽动态监控设备的车辆和驾驶员，严格依法依规处理。

（二）道路危险货物运输。

8. 严格落实道路危险货物运输企业安全生产主体责任。督促危险货物道路运输企业按照《危险化学品安全管理条例》《道路运输条例》等法律、法规要求，切实强化企业经理人、企业安全生产管理岗位及其他人员工作职责，完善并严格落实各项安全生产管理制度，有效履行对企业所属人员、运输车辆及设施设备的安全管理责任。

9. 严格道路危险货物运输驾驶人从业资格管理。根据《道路运输条例》和《道路危险货物运输管理规定》要求，严格道路危险货物运输从业人员考试与证件发放管理制度，杜绝考试和发证过程中弄虚作假、徇私舞弊等行为，督促道路危险货物运输企业加强对所属驾驶员的日常教育培训，提高安全驾驶和应急处置能力。

10. 加强道路危险货物运输企业停车场地安全管理。根据《道路危险货物运输管理规定》要求，加强道路危险货物运输企业停车场的监督检查。道路危险货物运输企业停车场应当封闭并设立明显标志,不得妨碍居民生活和威胁公共安全,必须配备相应的安全防护、环境防护和消防防护设备,对于不符合以上要求的,要立即责令整改。

（三）城市公交和城市轨道交通运营。

11. 严格落实城市公共汽电车安全管理制度。指导、督促企业建立健全企业安全生产管理制度,设置安全生产管理机构,配备专职安全生产管理人员,明确相关从业人员安全操作规程。定期开展安全素质教育、安全应急训练和考核,强化驾驶员安全意识、防御性驾驶能力和突发情况应急处置能力。

12. 确保城市客运服务设施设备安全运行。督促城市公共汽电车企业开展运营车辆及附属设备、应急设备全面检查,确保车辆及灭火器、应急锤等应急设备配置齐全、状态良好。坚决杜绝将存在安全隐患、应急设备配置不达规定要求的车辆投入运营。要指导城市公共汽电车企业落实在公共汽电车主要站点醒目位置、车辆等公布禁止携带的违禁物品目录、设置安全警示标志、安全疏散示意图等相关要求。

13. 强化城市轨道交通运营安全和应急管理。有关城市交通运输管理部门要积极指导城市轨道交通运营单位按照我部部署的运营安全检查要求,对照督查中发现的问题及时整改,明确责任人、整改措施、整改期限和整改要求。要督促城市轨道交通运营单位进一步提高城市轨道交通应急处置能力,完善城市轨道交通突发事件应急预案,细化岗位操作手册,提高应急预案可操作性;健全专业应急救援队伍力量建设,完善应急装备和物资储备;强化实战型应急演练,对演练发现的问题及时进行分析和总结,并整改到位。

（四）水路客运。

14. 严把客运船舶市场准入。严格客运船舶公司安全管理体系审核,严格执行客船强制报废标准,淘汰更新老旧客船。严格客运船舶检验质量,对船舶稳性、乘客定额、重要设备、水密、风雨密和重大改建情况进行核查。继续推进水路旅客运输实名制。

15. 加强琼州海峡、渤海湾、台湾海峡、长江干线客(滚)运输和港澳高速客运安全监管。严禁客船超载、超员、超速航行,严格遵守客船抗风等级要求和恶劣天气条件下禁限航规定,强化客滚船车辆系固绑扎,坚决打击船舶非法夹带危险品运输行为。

16. 加强中韩客货班轮监管。严禁营运船舶委托管理,加大港口国监督检查力度,船龄超过25年船舶按特别定期检验标准实施检验。

17. 加强渡口渡船和岛际旅客运输安全管理。督促县、乡人民政府落实安全管理责任,坚决取缔未经审批、非法渡运的渡口,深入推进渡船标准化,加快渡船更新,做到渡船100%配齐应急、消防、救生设施设备。

(五)水路危险货物运输。

继续推进船舶载运危险货物安全综合治理行动,重点抓好以下专项整治工作。

18. 严格水路危险货物运输企业和危险货物运输船舶准入。严肃查处船舶管理公司"代而不管"和航运公司接受船舶挂靠等违法违规行为,加强企业安全管理体系和制度建设。加强危险货物运输船舶检验质量控制,禁止违规检验发证。

19. 禁止内河单壳化学品船舶和600载重吨以上的单壳油轮进入"两横一纵两网十八线"水域航行。禁止通过内河封闭水域运输剧毒化学品;禁止通过内河运输国家规定禁止的剧毒化学品以及其他危险化学品。

20. 严格船舶载运危险货物申报管理。提高对高危化学品集装箱开箱抽检比例,规范危险货物申报员和集装箱装箱现场检查员从业资格和从业行为管理,严厉查处未按规定申报或将危险货物瞒报、谎报为普通货物的违法行为,并将责任人纳入黑名单。

(六)港口危险货物储存作业。

继续推进危险货物港口作业安全治理专项行动和加强港口危险货物储罐安全管理,重点抓好以下专项整治工作。

21. 继续整治内河重点水域危险货物码头“未批先建”和港口建设项目超期试运行。对逾期未完成竣工验收的危险货物港口建设项目，港口行政管理部门要责令其停止经营，严厉打击无证、超许可范围经营和超量存储行为。

22. 开展在役储罐安全专项整治。督促港口危险货物经营人深入开展自查，强化隐患排查治理。对罐龄长、基础资料缺失、缺乏有效监测记录的高危储罐集中开展定期检测。

23. 开展危险货物集中区域安全风险评估。所在地港口行政管理部门组织专业机构对港口储罐区等危险货物作业集中区域开展一次全面安全风险评估，及时研究制定和采取措施，消除区域系统性风险，加强应急能力建设。

（七）公路安保和治超。

继续推进公路安全生命防护工程，扎实开展公路货车违法超限超载、车辆运输车治理专项整治行动，重点抓好以下专项整治工作。

24. 加强公路安全生命防护工程建设和桥隧安全管理。2017 年底，完成急弯陡坡、临水临崖重点路段 6.5 万公里农村公路安全隐患治理。严格落实桥梁安全运行“十项制度”，强化公路桥梁、隧道的日常巡查和安全运行监管，加强危桥和隐患隧道整治。

25. 深入开展车辆运输车治理工作。各地道路运输管理机构要根据企业申报信息对本辖区车辆运输挂车信息及退出计划逐一进行核查，强化对不合规车辆运输车的执法检查，督促汽车整车物流企业尽快按计划淘汰退出不合规车辆运输车，2017 年 12 月底，完成 60% 不合规车辆运输车的更新改造。

26. 积极稳妥推进超限超载治理工作。全面落实交警、路政联合派驻和处罚记分制度，严格规范执法、文明执法，按照职责分工、规定流程和超限超载认定标准进行处罚、记分，集中查处三轴及以上货运车辆车货总质量超过限载标准的违法行为，切实做到不消除违法行为不放行。

（八）公路水运建设工程。

继续推进公路水运建设工程质量安全隐患大排查大整治专项行动，重点抓好以下专项整治工作。

27. 严格按照规定编制和审查隧道、桥梁围堰、支架等专项施工方案。严禁没有专项施工方案的工程进行施工，严禁未开展超前地质预报、监控测量和采取支护措施的隧道开挖。严禁深基坑防护措施不足、不满足安全施工条件的桥梁围堰施工建设。

28. 全面开展施工驻地设置和作业现场安全评估。坚决杜绝在陡坡、临崖、危岩以及易发生泥石流、滑坡、洪水、落石等灾害影响地点选址建设。施工现场、生产区、生活区、办公区等防火或临时用电必须满足规范要求。

29. 开展施工风险评估和重大事故隐患清单管理。在建高速公路、长大桥隧等大型构造物工程以及重点水运建设项目，要全面开展施工风险评估。列入今年国家和地方基本建设的公路、水运重点工程，要全面实施重大事故隐患清单管理，严格督促企业认真开展隐患排查建档和整改销号，对发现整改不力的企业，一律依法上限处罚。

三、行动安排

专项整治行动从 2017 年 5 月 18 日开始至 2017 年 12 月 31 日结束，分三个阶段进行。

（一）部署阶段（2017 年 5 月）。各单位根据本方案要求，结合工作实际，制定具体实施方案，明确责任，细化措施，认真做好前期准备和动员部署。5 月 31 日前，各单位将专项行动方案报部安委办。

（二）整治阶段（2017 年 6 月—11 月）。各单位按照具体实施方案精心组织实施，并认真开展督导检查，及时解决专项整治行动过程中发现的问题，确保各项工作有序推进，取得实效。

（三）总结阶段（2017 年 12 月）。各单位对本次平安交通专项整治行动认真总结，发现不足，找出亮点，研究提出相关建议。12 月 20 日前，各单位将工作总结报部安委办。

四、组织措施

（一）加强组织领导。部成立深入开展平安交通专项整治行动领导小组，部长、部安委会主任李小鹏同志任组长，部安委会副主任和执行副主任任副组长，部办公厅、政研室、公路局、水运局、运输服务司、安全质量司、公安局、搜救中心、海事局、长江航务管理局、珠江航务管理局的主要负责同志为成员。领导小组办公室设在部安委办。各单位也要成立领导小组，主要领导任组长，明确分工、落实责任，切实加强专项整治行动的组织领导。

（二）精心组织实施。各地交通运输管理部门要高度重视，结合各自实际，突出重点，制定针对性的专项整治行动实施方案，细化任务措施，并将本次专项整治与今年正在开展的其他整治行动有机结合，保持好工作的连续性。督促交通运输企业要严格按照本次专项整治行动的要求，落实具体整改措施，切实履行安全生产主体责任。部相关司局要按照职能分工加强对八个重点领域专项整治行动的指导和督促，注重协调解决整治行动中存在的问题，确保专项整治取得实效。

（三）全面督促检查。部将组织10个督查组，由部领导、部内有关司局领导和行业专家组成，对各单位专项整治行动开展情况进行督查，督查时间贯穿整治行动始终，督查范围覆盖所有省份。各单位也要采取明察暗访、“四不两直”等形式，深入基层、深入现场，开展督促检查，加大对违法违规企业信息公开曝光力度，利用信用管理加强企业自我约束。对督查中发现的问题和隐患，要及时督促整改；对专项整治行动不力的要开展约谈、挂牌督办，情节严重的单位要通报批评、追责问责，问题突出的企业和从业人员要列入黑名单、上限处罚。

（四）强化应急响应。要科学安排应急力量和物资，保证应急设施设备处于良好状态，遇有突发事件，要迅速赶赴现场，确保突发事件得到快速有效处置，避免险情扩大和次生、衍生事故发生。要加强应急值守，畅通信息渠道，按规定快速准确核实、上报突发事件信息，严禁漏报、谎报、瞒报、迟报。

(五)注重舆论引导。要充分发挥新闻媒体的舆论引导作用，全面宣传报道专项整治行动，既要注重总结好的经验，又要曝光反面典型，要及时发布权威信息，及时有效应对舆情，营造大力开展专项整治工作的良好氛围。

请国家铁路局、中国民用航空局和国家邮政局结合各自安全监管职责和安全生产的实际，自行开展本领域专项整治行动。

交通运输部办公厅关于加强公路水运工程质量安全监督管理工作的指导意见

交办安监〔2017〕162号　2017.11.13

公路水运工程质量监督管理制度是保证工程质量的重要保障，强化工程质量安全监督管理是各级交通运输主管部门的法定职责。近年来，各级交通运输主管部门高度重视并持续加强工程质量安全监督管理，不断完善工程项目质量保证体系和政府监督管理机制，工程质量管理水平不断提高，安全形势总体稳定。但也要看到，当前公路水运工程质量安全事故时有发生，工程建设市场管理仍有待加强，部分参建单位重经营、轻质量现象仍较为突出，违法违规行为仍屡禁不止；随着投资模式的多元化，利益格局日趋复杂，违法违规行为更加隐蔽，监管难度不断增大；部分地区存在麻痹松懈思想，对工程质量安全监管工作重视程度有所下降，监督管理条件不能有效保障，工程质量安全监督管理力度有弱化趋势。为贯彻落实党的十九大提出的交通强国、质量强国精神，以及《中共中央　国务院关于开展质量提升行动的指导意见》（中发〔2017〕24号）、《国务院办公厅关于促进建筑业持续健康发展的意见》（国办发〔2017〕19号）、《公路水运工程安全生产监督管理办法》（交通运输部令2017年第25号）、《公路水运工程质量监督管理规定》（交通运输部令2017年第28号）等要求，全面加强公路水运工程质量安全监督管理工作，提升质量监督工作保障能力，建立完善专业化、职业化的专家型质量监督队伍，确保工程质量安全。经交通运输部同意，提出以下意见：

一、落实质量监督管理工作责任

(一)落实行业质量监督管理责任。

各级交通运输主管部门要依法履行公路水运工程质量监督管理责任,认真贯彻国家有关工程质量监督管理的方针政策和法规制度。地方各级交通运输主管部门要规范基本建设程序,坚持科学论证、科学决策,保证合理的设计周期和施工工期,为工程质量提供基本保障。要健全工程质量监督管理机制,强化工程建设全过程质量监督管理工作。对于按照法律法规规定授权或委托质量监督机构开展工程质量监督工作的,要保障质量监督机构依法独立公正行使监督权,依法依规完善质量监督管理工作责任清单和权力清单,对质量监督机构履职情况开展绩效考核。

(二)强化工程项目质量监督管理责任。

地方各级交通运输主管部门应确保公路水运工程项目质量监督工作全覆盖。地方各级质量监督机构在建设期内要根据项目特点和实际,每年至少对所有监督的在建项目开展一次监督检查。强化建设单位首要责任和勘察、设计、施工等单位主体责任的落实,切实落实工程质量终身责任制。

二、完善法规制度和标准规范

(三)健全质量安全监督管理法规制度。

各级交通运输主管部门要严格落实国家和行业有关工程质量安全监督管理法律法规和规章制度,制定完善配套管理制度。建立健全工程质量安全监督管理制度体系,积极推进工程建设质量安全监督管理的地方立法工作,为切实做好工程建设质量安全监督管理工作提供法规和政策依据。制定本地区的质量发展纲要,明确质量发展目标,健全公路水运工程项目企业负责、政府监管、社会监督的工程质量安全保障体系。完善行政处罚自由裁量权基准,落实行政执法听证和复议制度,规范行政执法行为。

(四)制修订工程质量安全标准规范。

各级交通运输主管部门要结合地方特色和发展实际加快完善公路水运工程质量安全技术标准规范体系,及时总结、推广保证工程质量安全成效明显的新技术、新材料、新设备、新工艺，积极制定地方标准，鼓励制定高于推荐性标准的团体标准或企业标准，为工程质量安全提供强有力的技术支撑。对有利于加强行业管理的技术和工艺等，要尽快纳入行业技术标准体系。

三、加强工程质量监督工作

（五）推行工程项目监督组制度。

各级交通运输主管部门或其所属的质量监督机构对工程项目开展监督检查，实行工程项目监督组责任制。质量监督机构应结合实际，设立工程项目监督组，建立健全项目监督工作责任制度，落实监督管理职责。公路水运工程质量监督管理受理通知书中应当明确工程项目监督负责人和工程项目监督组组成人员，工程项目监督组一般不少于2名质量监督机构专业技术人员，可聘请行业技术专家提供专业技术支撑。制定工程项目质量安全监督工作计划，确定检查内容、方式、频次以及工作要求等。施工现场应公告监督单位、监督负责人和联系方式，接受社会举报和投诉建议。

（六）强化工程项目质量监督检查。

各级交通运输主管部门应当制定本地区年度质量监督工作计划。其所属的质量监督机构应当制定质量监督工作规则，规范质量监督工作。结合工程特点、专业属性、质量安全风险领域，采取暗查暗访、突击检查、专项督查、信息化监督、双随机等多种监督检查方式，重点加强工程质量保证体系运行、影响结构安全及耐久性的关键部位和工序、合同履约、工地试验室标准化建设等的抽查抽检工作。健全工程质量违法违规行为记录及公布制度，加大行政处罚等政府信息公开力度。通过通报、约谈、处罚等多种形式，加大对参建单位和人员违法违规行为的处罚力度。

（七）加强工程项目信用管理。

各级交通运输主管部门按照行业公路水运工程信用管理体系，完善工程信用管理相关制度。规范参建单位信用评价信息征集、更新、发布、管理等工作，完善工程项目信用档案，推动信用信息共享，按规定将有关信用信息纳入交通运输信用信息共享平台。

四、加强工程质量和施工安全管理工作

（八）推进品质工程建设。

各级交通运输主管部门应督促和引导公路水运工程项目按照“品质工程”创建活动的总体要求，大力推广性能可靠、先进适用的“四新”技术，着力提高工程结构安全性和耐久性。加强施工班组规范化、标准化建设，建立班组人员实名制和班组质量责任制。研究制定落后淘汰工艺工法目录，不断提升工程建设技术水平。

（九）深化平安工地建设。

各级交通运输主管部门应督促公路水运工程项目认真落实安全生产管理责任，督促从业单位落实安全生产专项经费，实施施工安全风险评估制度，强化工程项目全过程风险防控，严格执行风险等级告知制度，在重点部位设置风险告知牌，强化全员风险意识，加强施工过程安全风险监控。深入推行施工安全标准化管理，认真组织开展平安工地达标考核工作。树立“隐患就是事故”理念，完善事故隐患判定标准，提高隐患排查针对性，落实重大隐患挂牌督办制度，强化事故隐患排查治理闭合管理，落实责任，巩固治理成效。工程项目施工单位要建立兼职的应急队伍，开展各类应急演练。

五、推动工程监管机制创新

（十）创新工程质量监督方式。

各级交通运输主管部门及其所属质量监督机构要针对质量安全薄弱环节实行差别化监督管理，对工程管理薄弱的项目、合同段和信用较差的市场主体应加大监督检查频率，增强监管针对性。选择特许经营等 PPP 项目开展工程项目监理单位向质量监督机构报告工程质量安全情况的试点工作。各地可结合实际视情况，通过政府购买服务方式，委托具备条件的社会专业力量配合开展工程质量安全监督检查、工程检测。

（十一）探索特许经营项目的监管方式。

针对特许经营等 PPP 项目的项目公司与施工单位存在特定关系的特点，细化 PPP 项目管理要求，交通运输主管部门或有关单位可以接受政府授权作为项目实施机构,可以采取对项目监理单位或中心试验室试验检测服务进行直接招标等措施,对工程质量进行监控,明确界定监理单位、中心试验室与项目公司、施工单位在项目中的管理关系和管理职责。加大监督管理力度,强化与安监、财政、审计、环保等部门的协同监管机制,确保工程质量安全。

(十二)加强监督管理信息化建设。

地方各级交通运输主管部门推行"互联网+监管",建立质量安全监督管理信息系统,提高质量安全监督管理信息化水平。推进工程项目"智慧工地"建设,推动工程项目应用建筑信息模型(BIM)技术。积极推广工程监测、安全预警、机械设备监测、隐蔽工程数据采集、远程视频监控等信息化设施设备在施工管理中的应用。

六、提升监督保障能力

(十三)强化质量监督体系建设。

各地交通运输主管部门应积极争取地方人民政府和相关部门支持,依法完善省、市、县三级公路水运工程质量监督管理体系建设,明确监督管理范围和监督管理职责,根据工程投资额、建设规模等配足监督力量。结合实际,采取属地监管、分级监管、协同联合监管等方式,切实履行质量监督工作职责。建立完善质量监督机构工作考核机制,强化对基层监督工作尤其是县级质量监督工作的指导力度,加强业务指导与技术交流。

(十四)提升质量监督管理能力。

地方各级质量监督机构从事监督管理工作的专业技术人员数量应不少于本单位职工总数的70%,且专业结构配置合理,满足监督管理工作专业需要。应采取有效措施保持质量监督队伍的稳定。鼓励和提倡上下级质量监督机构人员交流,促进质量监督人员业务水平提高。制定质量监督人员年度培训计划,开展质量监督人员业务培训和继续教育,原则上每3年对质量监督人员轮训一次,提高质量监督人员综合素质和执法水平。推进监督工作标准化、执法检查规范化,提高质量监督工作水平。

(十五)强化质量监督工作保障。

各级交通运输主管部门应按照国家有关规定,协调有关部门解决质量监督管理工作经费和工作条件,质量监督管理工作经费应纳入同级财政预算予以保障,并落实工程质量安全监督抽检和信息化以及聘请行业技术专家等专项经费。保障特种专业技术用车和质量监督执法用车,配备手持执法仪、笔录室等执法装备和设施。加强对质量监督机构经费和车辆使用情况等的检查,规范经费使用管理,严禁经费摊派或挪作他用,发现违法违规行为,应依法依规严肃处理。

海 事 管 理

交通运输部关于修改《中华人民共和国海船船员适任考试和发证规则》的决定

交通运输部令2017年第8号　2017.03.28

交通运输部决定对《中华人民共和国海船船员适任考试和发证规则》(交通运输部令2013年第18号)作如下修改：

一、在第三十五条增加："航运公司应当及时为当事船舶安排持相应适任证书的人员补充空缺职位。"

二、在第六十一条增加一款作为第二款："持有有效适任证书的内河船舶船员，经过相应的培训、考试，并经航线签注，可以在特定航线江海直达船舶上担任相应职务，具体办法由交通运输部海事局制定。"

三、对附件《申请海船船员适任证书的培训、海上任职资历和适任考试要求》部分内容作如下修改：

(一)在值班水手、值班机工一栏中，删去基本安全和专业技能适任培训栏"精通救生艇筏和救助艇培训"；在船上见习栏内容的最后增加"或者按照见习计划和见习记录簿的要求，完成3个月的船上见习"；删去特别规定栏"未满500总吨或者750千瓦的船舶(特殊类型船舶除外)，免除精通救生艇筏和救助艇培训"。

(二)在高级值班水手、高级值班机工一栏中，将基本安全和专业技能适任培训栏内容修改为"完成基本安全培训、精通救生艇筏和救助艇培训、保安意识培训和负有指定保安职责船员的培训"。删去岗位适任培训栏"完成相应的高级值班水手、高级值班机工岗位适任培训"。在船上见习栏增加"担任值班水手、值班机工满12个月，其中后6个月中按照见习计划和见习记录簿的要求，完成不少于3个月的船上见习"。

（三）在三副、三管轮一栏中，将船上见习栏内容修改为“申请未满500总吨或者750千瓦适任证书者在相应等级船舶上；其他适任证书申请者在500总吨或者750千瓦及以上的船舶上，在船长或者合格的高级船员的指导下履行了不少于6个月的驾驶台或者机舱值班职责”。

（四）在大副、大管轮一栏中，将船上见习栏内容修改为“在相应航区相应等级的船舶上完成不少于3个月的船上见习”。

四、对附件表注部分内容作如下修改：

（一）在表注1最后增加“但申请总吨或者功率提高至3000总吨或者功率3000千瓦及以上适任证书的船长和管理级高级船员在适任考试所有科目和项目全部通过后，应当在相应航区的3000总吨或者功率3000千瓦及以上见习相应的船长或者管理级高级船员职务3个月，并在船上见习记录簿中记载。”

（二）将表注4（4）第二款中“相应航区相应等级或者低一航区或者低一等级的船舶”修改为“500总吨或者750千瓦及以上的船舶”；将“相应等级的船舶”修改为“相应航区750千瓦及以上的船舶”。

（三）增加一项作为表注4第（5）项“经国家海事管理机构确认课程、培训质量体系运行及培训质量和社会声誉良好的培训机构，学员培训期间在船培训、见习的资历可以计入支持级和操作级职务的见习资历”。

本决定自2017年4月15日起施行。

《中华人民共和国海船船员适任考试和发证规则》根据本决定作相应修正，重新发布。

中华人民共和国海船船员适任考试和发证规则

(2011年12月27日交通运输部发布,根据2013年12月24日交通运输部《关于修改〈中华人民共和国海船船员适任考试和发证规则〉的决定》第一次修正,根据2017年3月28日交通运输部《关于修改〈中华人民共和国海船船员适任考试和发证规则〉的决定》第二次修正)

第一章 总 则

第一条 为了提高海船船员素质,保障海上人命和财产安全,保护海洋环境,根据《中华人民共和国海上交通安全法》《中华人民共和国船员条例》以及我国缔结或者加入的有关国际公约,制定本规则。

第二条 本规则适用于为取得中华人民共和国海船船员适任证书(以下简称适任证书)而进行的考试以及适任证书、适任证书特免证明和外国适任证书承认签证的签发与管理。

第三条 国务院交通运输主管部门主管全国海船船员适任考试和发证工作。

国家海事管理机构在国务院交通运输主管部门的领导下,对海船船员适任考试和发证工作进行统一管理。

国家海事管理机构所属的各级海事管理机构按照国家海事管理机构确定的职责范围具体负责海船船员适任考试和发证工作。

第四条 海船船员适任考试和发证应当遵循公平、公正、公开、便民的原则。

第二章　适任证书

第一节　适任证书基本信息

第五条　适任证书包含以下基本内容：

（一）持证人姓名、性别、出生日期、国籍、持证人签名及照片；

（二）证书等级、编号；

（三）有关国际公约的适用条款；

（四）持证人适任的航区、职务、职能；

（五）持证人适任的船舶种类、主推进动力装置、特殊设备操作等项目；

（六）发证日期和有效期截止日期；

（七）签发机关名称和签发官员署名；

（八）规定需要载明的其他内容。

第六条　持证人适任的航区分为无限航区和沿海航区，但无线电操作人员适任的航区分为 A1、A2、A3 和 A4 海区。

第七条　适任证书等级分为：

（一）船长、驾驶员、轮机长和轮机员适任证书等级分为：

1. 无限航区适任证书分为二个等级：

（1）一等适任证书：适用于 3000 总吨及以上或者主推进动力装置 3000 千瓦及以上的船舶；

（2）二等适任证书：适用于 500 总吨及以上至 3000 总吨或者主推进动力装置 750 千瓦及以上至 3000 千瓦的船舶。

2. 沿海航区适任证书分为三个等级：

（1）一等适任证书：适用于 3000 总吨及以上或者主推进动力装置 3000 千瓦及以上的船舶；

（2）二等适任证书：适用于 500 总吨及以上至 3000 总吨或者主推进动力装置 750 千瓦及以上至 3000 千瓦的船舶；

（3）三等适任证书：适用于未满 500 总吨或者主推进动力装

置未满750千瓦的船舶。

（二）高级值班水手、高级值班机工适任证书适用于500总吨及以上或者主推进动力装置750千瓦及以上的船舶。

（三）值班水手、值班机工适任证书等级分为：

1. 无限航区适任证书适用于500总吨及以上或者主推进动力装置750千瓦及以上的船舶；

2. 沿海航区适任证书分为二个等级：

（1）一等适任证书：适用于500总吨及以上或者主推进动力装置750千瓦及以上的船舶；

（2）二等适任证书：适用于未满500总吨或者主推进动力装置未满750千瓦的船舶。

（四）电子电气员和电子技工适任证书适用于主推进动力装置750千瓦及以上的船舶。

在拖轮上任职的船长和甲板部船员所持适任证书等级与该拖轮的主推进动力装置功率的等级相对应。

第八条 船员职务根据服务部门分为：

（一）船长；

（二）甲板部船员：大副、二副、三副、高级值班水手、值班水手，其中大副、二副、三副统称为驾驶员；

（三）轮机部船员：轮机长、大管轮、二管轮、三管轮、电子电气员、高级值班机工、值班机工、电子技工，其中大管轮、二管轮、三管轮统称为轮机员；

（四）无线电操作人员：一级无线电电子员、二级无线电电子员、通用操作员、限用操作员。

第九条 船员职能根据分工分为：

（一）航行；

（二）货物操作和积载；

（三）船舶作业和人员管理；

（四）轮机工程；

（五）电气、电子和控制工程；

（六）维护和修理；

（七）无线电通信。

船员职能根据技术要求分为：

（一）管理级；

（二）操作级；

（三）支持级。

第十条 适任证书持有人应当在适任证书适用范围内担任职务或者担任低于适任证书适用范围的职务。但担任值班水手职务的船员必须持有值班水手或者高级值班水手适任证书，担任值班机工职务的船员必须持有值班机工或者高级值班机工适任证书。

第二节 适任证书的签发

第十一条 取得适任证书，应当具备下列条件：

（一）持有有效的船员服务簿；

（二）符合国家海事管理机构规定的海船船员任职岗位健康标准；

（三）完成本规则附件规定的适任培训；

（四）具备本规则附件规定的海上任职资历，并且任职表现和安全记录良好；

（五）通过相应的适任考试。

拟在油船、化学品船、液化气船、客船、高速船等特殊类型船舶上任职的船员，还应当具备本章第三节规定的培训、资历等特殊要求。

第十二条 申请海船船员适任证书的，应当提交下列材料：

（一）海船船员适任证书申请表；

（二）船员服务簿；

（三）海船船员健康证书；

（四）身份证件；

（五）符合海事管理机构要求的照片；

（六）岗位适任培训证明或者航海教育毕业证书；

（七）船上见习记录簿；

（八）现持有的适任证书；

（九）专业技能适任培训合格证；

（十）适任考试的合格证明。

持有三副、三管轮适任证书申请二副、二管轮适任证书者，免于向海事管理机构提交本条第一款第（六）（七）（九）（十）项规定的材料；

按照本规则规定免于船上见习者，免于向海事管理机构提交本条第一款第（七）项规定的材料；

初次申请海船船员适任证书者，免于向海事管理机构提交本条第一款第（八）项规定的材料。

按照第二十条规定拟在特殊类型船舶上任职的，还应当提供相应的特殊培训合格证。

申请适任证书再有效的，还应当提交经过相应知识更新的材料，但按照第十五条规定申请适任证书再有效的，免于提交本条第一款（六）（七）（九）（十）项规定的材料，按照第十六条规定申请适任证书再有效的，免于提交本条第一款（六）（九）项规定的材料。

第十三条　海事管理机构对于发证申请，经审核符合本规则规定条件的，应当按照《行政许可法》《交通行政许可实施程序规定》的要求签发相应的适任证书。

第十四条　适任证书有效期不超过 5 年，有效期截止日期不超过持证人 65 周岁生日。

第十五条　持有船长和高级船员适任证书者在证书有效期内，满足下列条件之一，并经过与其职务相适应的知识更新培训，可以在适任证书有效期届满前 12 个月内向有相应管理权限的海事管理机构申请适任证书再有效：

（一）从申请之日起向前计算 5 年内具有与其适任证书所记载范围相应的不少于 12 个月的海上服务资历，且任职表现和安全记录良好；

（二）从申请之日起向前计算6个月内具有与其适任证书所记载范围相应的累计不少于3个月的海上服务资历，且任职表现和安全记录良好。

第十六条 未满足本规则第十五条规定的船长和高级船员，申请适任证书再有效的，应当符合下列规定：

（一）未满足第十五条（一）（二）项规定，或者适任证书过期5年以内的，应当参加模拟器培训和知识更新培训，并通过相应的抽查项目的评估；

（二）适任证书过期5年及以上10年以下的，应当参加模拟器培训和知识更新培训，并通过相应的抽查科目的理论考试和项目的评估；

（三）适任证书过期10年及以上的，应当参加模拟器培训和知识更新培训，通过相应的抽查科目的理论考试和项目的评估，并在适任证书记载的相应航区、等级范围内按照《船上见习记录簿》规定完成不少于3个月的船上见习。

第十七条 适任证书损坏或者遗失时，持证人除应当向原证书签发的海事管理机构提交补发申请及本规则第十二条第（一）（四）（五）项要求的材料外，还应当满足下列要求：

（一）适任证书损坏的，应当缴回被损坏的证书原件；

（二）适任证书遗失的，应当在发行范围覆盖全国的报纸上登载适任证书遗失公告，或者提交原证书签发海事管理机构所在地公证机关出具的公证书；登载适任证书遗失公告的，自公告之日起满30日后方可申请。

补发的适任证书的有效期截止日期与原适任证书的有效期截止日期相同。

第十八条 因违反海事行政管理规定被吊销适任证书者，自证书被吊销之日起2年后，通过低一职务的适任考试，可以按照本规则第十二条的规定提交相应材料，向原签发适任证书的海事管理机构申请低一职务的适任证书。

海事管理机构对通过适任考试，且安全记录良好的，应当签发其相应的适任证书。

第十九条 曾在内河船舶、海洋渔业船舶或者军事船舶上任职的人员，具备下列条件的，可以按照国家海事管理机构的规定申请相应的适任证书：

（一）拟申请证书的等级和职务不高于其在内河船舶、海洋渔业船舶或者军事船舶上相应的证书等级和职务，其中可以申请的职务最高为大副或者大管轮；

（二）在内河船舶、海洋渔业船舶或者军事船舶上的水上服务资历能够与本规则规定的海上服务资历相适应，且任职表现和安全记录良好；

（三）参加相应的岗位适任培训，并通过与申请职务相应的理论考试和评估。

第三节　特殊类型船舶船员的特殊要求

第二十条 拟在油船、化学品船、液化气船、客船、高速船等特殊类型船舶上任职的，还应当完成相应的特殊培训，并取得培训合格证。

第二十一条 在两港间航程50海里及以上的客船上服务的船长和高级船员应当持有适用于相应航区3000总吨及以上或者3000千瓦及以上船舶的适任证书。

第二十二条 申请适用于两港间航程50海里及以上客船驾驶员、船长适任证书的，应当具备下列条件：

（一）申请适用于客船三副适任证书者，应当在其他种类的3000总吨及以上海船上担任三副满12个月，任职表现和安全记录良好，并至少在客船上任见习三副3个月；或者通过三副适任考试，在客船上完成18个月的船上见习，任职表现和安全记录良好；

（二）申请适用于客船二副适任证书者，应当在其他种类的3000总吨及以上海船上担任二副满12个月，任职表现和安全记录良好，并至少在客船上任见习二副3个月；或者持有客船三副适任证书并在相应航区、船舶等级的海船上担任三副不少于18个月，任职表现和安全记录良好，其中曾经担任客船三副至少 6 个月；

（三）申请适用于客船大副适任证书者，应当在其他种类的 3000 总吨及以上海船上担任大副满 24 个月，任职表现和安全记录良好，并至少在客船上任见习大副 3 个月；或者持有客船二副适任证书并在相应航区、船舶等级的海船上担任二副不少于 12 个月，其中曾经担任客船二副至少 6 个月，通过大副考试，至少在客船上任见习大副 3 个月，任职表现和安全记录良好；

（四）申请适用于客船船长适任证书者，应当在其他种类的 3000 总吨及以上海船上担任船长满 24 个月，任职表现和安全记录良好，并至少在客船上任见习船长 3 个月；或者持有客船大副适任证书并在相应航区、船舶等级的海船上担任大副不少于 18 个月，任职表现和安全记录良好，其中曾经担任客船大副至少 6 个月，通过船长考试，且至少在客船上任见习船长 3 个月。

第二十三条　初次申请适用于两港间航程 50 海里及以上客船轮机长、轮机员适任证书者，应当在其他种类的 3000 千瓦及以上海船上担任相应职务满 12 个月，任职表现和安全记录良好，并在客船上任相应见习职务 3 个月。

通过三管轮适任考试者，在客船上完成规定的 18 个月船上见习，任职表现和安全记录良好，可以申请适用于客船的三管轮适任证书。

第三章　适任考试

第二十四条　海船船员的适任考试包括理论考试和评估。

理论考试以理论知识为主要考试内容，重点对海船船员专业知识的掌握和理解程度进行测试。

评估通过对相应船舶、模拟器或者其他设备的操作，国际通用语言听力测验与口试等方式，重点对海船船员专业知识综合运用、操作及应急等能力进行技能测评。

第二十五条 适任考试科目、大纲由国家海事管理机构统一制定并公布。相关海事管理机构应当在职责范围内制定并公布适任考试具体计划,明确适任考试的时间、地点、申请程序等相关信息。

第二十六条 申请参加适任考试的,应当按照公布的申请程序向有相应权限的海事管理机构提供下列信息:

(一)身份证件;

(二)所申请考试的适任证书航区、等级、职务;

(三)符合海事管理机构要求的照片。

第二十七条 海事管理机构应当于适任考试开始5日前向申请人发放准考证,并告知申请人查询适任考试成绩的途径等事项。

第二十八条 适任考试有科目或者项目不及格的,可以在初次适任考试准考证签发之日起3年内申请5次补考。逾期不能通过全部适任考试的,所有适任考试成绩失效。

第二十九条 海事管理机构应当在考试结束后30日内公布成绩。适任考试成绩自全部理论考试和评估成绩均合格之日起5年内有效。

第四章 特免证明

第三十条 中国籍船舶在境外遇有不可抗力或者其他导致持证船员不能履行职务的特殊情况,无法满足船舶最低安全配员要求,需要由本船下一级船员临时担任上一级职务时,应当向签发该船员适任证书的海事管理机构申请出具特免证明。

第三十一条 申请船长、驾驶员、轮机长、轮机员特免证明的,应当符合下列条件:

(一)申请船长、轮机长特免证明的,应当持有大副或者大管轮适任证书,并在自申请之日起前5年内,具有不少于12个月的不低于其适任证书所记载船舶、航区、职务的任职资历,任职表现和安全记录良好,且船长、轮机长不能履行职务的情况是因不可抗力原因造成;

（二）申请大副、大管轮特免证明的，应当持有二副、二管轮适任证书，并在自申请之日起前5年内，具有不少于12个月的不低于其适任证书所记载船舶、航区、职务的任职资历，且任职表现和安全记录良好；

（三）申请二副、二管轮特免证明的，应当持有三副、三管轮适任证书，并在自申请之日起前5年内，具有不少于12个月的不低于其适任证书所记载船舶、航区、职务的任职资历，且任职表现和安全记录良好；

（四）申请三副、三管轮特免证明的，应当持有高级值班水手、值班水手或者高级值班机工、值班机工适任证书，并在自申请之日起前5年内，具有不少于12个月的不低于其适任证书所记载船舶、航区、职务的任职资历，任职表现和安全记录良好。

本条第一款规定的船员以外的其他船员，不予出具特免证明。

第三十二条 申请特免证明的，应当向海事管理机构提交包含下列内容的申请报告：

（一）申请理由；

（二）船舶名称、航行区域、停泊港口；

（三）拟申请签发对象的资历情况；

（四）相关证明材料。

第三十三条 收到申请的海事管理机构应当核实有关情况，对符合第三十一条规定条件的，应当在3日内出具有效期不超过6个月的特免证明，但船长或者轮机长特免证明的有效期不超过3个月。不符合条件的，应当在3日内告知申请人不予出具特免证明的理由。

第三十四条 一艘船舶上同时持特免证明的船长和高级船员总共不得超过3名。

第三十五条 当事船舶抵达中国第一个港口后，特免证明自动失效。失效的特免证明应当及时缴回原出具的海事管理机构。航运公司应当及时为当事船舶安排持相应适任证书的人员补充空缺职位。

第五章　承认签证

第三十六条　持有经修正的《1978年海员培训、发证和值班标准国际公约》(以下简称STCW公约)缔约国签发的外国适任证书的船员在中国籍船舶上任职的,应当取得由国家海事管理机构签发的外国适任证书的承认签证。

第三十七条　申请承认签证的,应当向国家海事管理机构提交下列材料:

(一)所属缔约国签发的适任证书原件;

(二)表明申请人符合STCW公约和所属缔约国有关船员管理规定的证明文件;

(三)申请人的海船船员身份证件。

第三十八条　国家海事管理机构应当按照STCW公约和本规则规定的标准、条件等内容,对申请承认签证船员所属缔约国的有关船员管理制度从下列方面进行评价:

(一)有关船员适任培训、考试及发证制度是否符合STCW公约要求;

(二)是否按照STCW公约要求建立了有效的船员质量标准控制体系;

(三)船员适任条件等相关要求是否低于本规则规定的相关标准。

按照本条第一款进行评价的结果应当作为签发承认签证的依据,对于评价结果表明该缔约国的有关船员管理制度不低于STCW公约及本规则相关要求,且申请人按照第三十七条提供的材料真实、全面的,国家海事管理机构应当签发相应的承认签证。其中,签发船长、大副、轮机长、大管轮适任证书承认签证前,申请人还应当参加与申请职务相应的海上交通安全、环境保护等方面的培训,并经海事管理机构考核合格。

第三十九条　承认签证的有效期不得超过被承认适任证书的

有效期,且最长不得超过5年。当被承认适任证书失效时,相应的承认签证自动失效。

第六章　航运公司及相关机构的责任

第四十条　航运公司及相关机构应当保证被指派任职的船员满足下列要求:

(一)持有适当、有效的适任证书,熟悉自身岗位职责;

(二)熟悉船舶的布置、装置、设备、工作程序、特性和局限性等相关情况;

(三)具有良好工作语言运用及沟通能力,确保在紧急情况下和执行安全、防污染和保安职能时,能够有效履行职责。

第四十一条　航运公司及相关机构应当建立并完善船员培训制度,按照以下要求加强对本公司、机构船员的培训:

(一)按照国家海事管理机构的规定制定并执行有关培训、见习等方面的培训计划,并在培训、见习记录簿内如实填写或者记载;

(二)采取有效措施,确保应当由本公司、机构负责的其他各类船员培训有效实施。

第四十二条　航运公司及相关机构应当备有完整、最新的船员管理法规和相关国际公约。

航运公司及相关机构应当建立船员档案,对船员录用、培训、资历、健康状况以及有关船员考试、证书持有情况等信息进行连续有效的记录和管理,并确保可以供随时查询。

第七章　监督管理

第四十三条　海事管理机构应当对船员履行职责、安全记录等情况进行监督检查,加强对船员适任能力的监管。

第四十四条　有下列情形之一的,海事管理机构可以组织对船员适任能力进行考核:

（一）船舶发生碰撞、搁浅或者触礁的；

（二）在航行、锚泊或者靠泊时，从船上非法排放物质的；

（三）违反航行规则的；

（四）以其他危及海上人命、财产安全和海洋环境的方式操作船舶的。

按照本条第一款对船员进行适任能力考核的，应当根据本规则规定的船员适任要求通过抽考、现场考核等方式进行。对于考核结果表明船员不再符合适任条件的，海事管理机构应当注销其适任证书或者承认签证。

第四十五条 按照第四十四条被注销适任证书的船员，可以按照海事管理机构的要求参加低等级、职务或者航区的评估，海事管理机构签发与其考核结果相适应的适任证书。

第四十六条 负责船员适任考试和发证的海事管理机构应当配备满足适任考试、发证要求的人员、设备、场地和资料，建立相关的质量管理体系并通过国家海事管理机构的审核。

第四十七条 海事管理机构应当加强对从事船员适任考试、发证工作人员岗位培训和考核。不符合上岗条件的，不得从事船员适任考试、发证工作。

第四十八条 海事管理机构应当建立船员信息数据库、船员证书电子登记系统等船员档案，并按照国家海事管理机构的规定具备相应信息的查询功能。

第四十九条 海事管理机构应当公开海船船员适任考试和发证管理的事项、办事程序、举报电话等信息，自觉接受社会的监督。

第五十条 除海事管理机构依法实施外，任何机构和个人不得以任何理由扣留或者吊销船员适任证书。

第八章 法律责任

第五十一条 隐瞒有关情况或者提供虚假材料申请适任证书、特免证明、承认签证的，海事管理机构不予受理或者不予签发适任证书、特免证明、承认签证，并给予警告；申请人在1年内不得再次申请与前次申请等级、职务资格、航区相同的适任证书、特免证明、承认签证。

第五十二条 以欺骗、贿赂等不正当手段取得适任证书、特免证明、承认签证的，由签发证书的海事管理机构或者其上级海事管理机构吊销有关证书，并处2000元以上2万元以下罚款。

第五十三条 伪造、变造或者买卖适任证书、特免证明、承认签证的，由海事管理机构收缴有关证书，处2万元以上10万元以下罚款，有违法所得的，还应当没收违法所得。

第五十四条 船员未在培训、见习记录簿内作出如实填写或者记载的，由海事管理机构处1000元以上1万元以下罚款；情节严重的，并给予暂扣船员服务簿、船员适任证书6个月以上2年以下直至吊销船员服务簿、船员适任证书的处罚。

第五十五条 船长未在船员服务簿内如实记载船员的服务资历和任职表现，由海事管理机构处2000元以上2万元以下罚款；情节严重的，并给予暂扣适任证书6个月以上2年以下直至吊销适任证书的处罚。

第五十六条 因违反本规则或者其他水上交通安全法规的规定，被海事管理机构吊销适任证书的，自被吊销之日起2年内，不得申请适任证书。

第五十七条 海事管理机构有下列情形之一的，由国家海事管理机构责令改正；情节严重的，限制或者取消其开展适任考试和发证的权限：

（一）违反行政许可法规规定的程序开展适任考试和发证工作的；

（二）超越权限开展适任考试或者签发适任证书的；

（三）对不具备条件的申请人签发适任证书的。

第九章　附　　则

第五十八条 适任证书、特免证明、承认签证由国家海事管理机构统一印制。

船上培训、见习记录簿的具体格式和内容由国家海事管理机构统一规定。

第五十九条 本规则下列用语的含义：

（一）海船，是指航行于海上以及江海直达的各类船舶，但不包括军事船舶、渔业船舶、体育运动船舶和非营业性游艇；

（二）无限航区，是指海上任何通航水域，包括世界各国的开放港口和国际通航运河及河流；

（三）沿海航区，是指我国沿海的港口、内水和领海以及国家管辖的一切其他通航海域；

（四）A1 海区，是指至少由一个具有连续数字选择呼叫（即 DSC）报警能力的甚高频（VHF）岸台的无线电话所覆盖的区域；

（五）A2 海区，是指除 A1 海区以外，至少由一个具有连续 DSC 报警能力的中频（MF）岸台的无线电话所覆盖的区域；

（六）A3 海区，是指除 A1 和 A2 海区以外，由具有连续报警能力的国际海事卫星组织（INMARSAT）静止卫星所覆盖的区域；

（七）A4 海区，是指除 A1、A2 和 A3 海区以外的海区；

（八）非运输船，是指工程船舶、拖轮等不从事货物（或者旅客）运输的机动船舶；

（九）安全记录良好，是指自申请之日起向前计算 5 年内未发生负有主要责任的大事故及以上等级事故；

（十）实践教学，是指航海类院校或者培训机构组织实施的实验教学、工厂实习教学和船上实习；

（十一）航运公司，是指船舶所有人、经营人、管理人或者光船承租人；

（十二）相关机构，是指海船船员服务机构和海员外派机构。

第六十条 下列船舶船员的适任考试和发证不适用本规则，按照国家海事管理机构的相关规定执行：

（一）在两港间航程不足 50 海里的客船或者滚装客船上任职的船长和高级船员；

(二)在未满100总吨船舶上任职的船长和甲板部船员;

(三)在主推进动力装置未满220千瓦船舶上任职的轮机部船员;

(四)仅在船籍港和船籍港附近水域航行和作业的船舶上任职的船员;

(五)在公务船、水上飞机、地效翼船、非营业性游艇、摩托艇、非自航船上任职的船员。

第六十一条 海船在内河行驶,其船长、驾驶员应当按照国家海事管理机构规定取得相应航线的《海船船员内河航线行驶资格证明》证书,但申请引航的除外。

持有有效适任证书的内河船舶船员,经过相应的培训、考试,并经航线签注,可以在特定航线江海直达船舶上担任相应职务,具体办法由交通运输部海事局制定。

第六十二条 我国缔结或者加入的国际公约对普通船员适任证书有效期有特别规定的,按照其规定执行。

第六十三条 本规则施行前已经取得海船船员适任证书和正在接受海船船员教育、培训的人员的考试和发证工作,由国家海事管理机构在相关国际公约规定的时间内,采取相应的过渡措施,逐步进行规范。

第六十四条 本规则自2012年3月1日起施行。2004年8月1日由原交通部颁布的《中华人民共和国海船船员适任考试、评估和发证规则》(交通部令2004年第6号)同时废止。

附件

申请海船船员适任证书的培训、海上任职资历和适任考试要求

申请职务	培训		海上任职资历		适任考试	特别规定
	基本安全和专业技能适任培训	岗位适任培训	海上服务资历	船上见习		
值班水手、值班机工	完成基本安全培训、保安意识培训和负有指定保安职责船员的培训	完成相应的值班水手、值班机工岗位适任培训		具有相应等级的船舶的不少于6个月的海上服务资历，其中至少应有3个月是在船上合格的高级船员或者合格的支持级船员的直接监督之下履行了值班职责，或者按照见习计划和见习记录薄的要求，完成3个月的船上见习	通过相应的值班水手、值班机工适任考试	

续上表

申请职务	培训		海上任职资历		适任考试	特别规定
	基本安全和专业技能适任培训	岗位适任培训	海上服务资历	船上见习		
高级值班水手、高级值班机工	完成基本安全培训、精通救生艇筏和救助艇培训、保安意识培训和负有指定保安职责船员的培训		担任值班水手、值班机工满18个月		通过相应的高级值班水手、高级值班机工适任考试	
				担任值班水手、值班机工满12个月，其中后6个月中按照见习计划和见习记录薄的要求，完成不少于3个月的船上见习		

续上表

申请职务	培训		海上任职资历		适任考试	特别规定
	基本安全和专业技能适任培训	岗位适任培训	海上服务资历	船上见习		
二副、三管轮	完成基本安全培训、精通救生艇筏和救助艇培训、高级消防培训、精通急救培训、保安意识培训和负有指定保安职责船员的培训	完成相应的三副、三管轮岗位适任培训	担任值班水手、值班机工或者高级值班水手、高级值班机工合计不少于18个月	申请未满500总吨或者750千瓦适任证书者在相应等级船舶上；其他适任证书申请者在500总吨或者750千瓦及以上的船舶上，在船长或者合格的高级船员的指导下履行了不少于6个月的驾驶台或者机舱值班职责	通过三副、三管轮适任考试	未满500总吨或者750千瓦的船舶（特殊类型船舶除外），免除精通救生艇筏和救助艇培训、高级消防培训、精通急救培训

续上表

申请职务	培训		海上任职资历		适任考试	特别规定
	基本安全和专业技能适任培训	岗位适任培训	海上服务资历	船上见习		
二副、二管轮	完成基本安全培训、精通救生艇筏和救助艇培训、高级消防培训、精通急救培训、保安意识培训和负有指定保安职责船员的培训	免除	担任三副、三管轮满18个月	免除	免除	未满500总吨或者750千瓦的船舶（特殊类型船舶除外），免除精通救生艇筏和救助艇培训、高级消防培训、精通急救培训

续上表

申请职务	培训		海上任职资历		适任考试	特别规定
	基本安全和专业技能适任培训	岗位适任培训	海上服务资历	船上见习		
大副、大管轮	完成基本安全培训、精通救生艇筏和救助艇培训、高级消防培训、精通急救培训、船上医护培训（仅限500总吨及以上大副）、保安意识培训和负有指定保安职责船员的培训	完成相应的大副、大管轮岗位适任培训	担任二副、二管轮满12个月	在相应航区相应等级的船舶上完成不少于3个月的船上见习	通过大副、大管轮适任考试	未满500总吨或者750千瓦的船舶（特殊类型船舶除外），免除精通救生艇筏和救助艇培训、高级消防培训、精通急救培训

续上表

申请职务	培训		海上任职资历		适任考试	特别规定
	基本安全和专业技能适任培训	岗位适任培训	海上服务资历	船上见习		
船长、轮机长	完成基本安全培训、精通救生艇筏和救助艇培训、高级消防培训、精通急救培训、船上医护培训（仅限500总吨及以上船长）、保安意识培训和负有指定保安职责船员的培训	完成相应的船长、轮机长岗位适任培训	担任大副、大管轮满18个月	在相应航区相应等级的船舶上完成不少于3个月的船上见习	通过船长、轮机长适任考试	未满500总吨或者750千瓦的船舶（特殊类型船舶除外），免除精通救生艇筏和救助艇培训、高级消防培训、精通急救培训

续上表

申请职务	培训		海上任职资历		适任考试	特别规定
	基本安全和专业技能适任培训	岗位适任培训	海上服务资历	船上见习		
电子技工	完成基本安全培训、精通救生艇筏和救助艇培训、保安意识培训和负有指定保安职责船员的培训	完成相应的电子技工岗位适任培训		具有不少于6个月的海上服务资历，其中至少应有3个月是在船上合格的高级船员或者合格的支持级船员的直接监督之下履行了职责	通过电子技工适任考试	
电子电气员	完成基本安全培训、精通救生艇筏和救助艇培训、高级消防培训、精通急救培训、保安意识培训和负有指定保安职责船员的培训	完成相应的电子电气员岗位适任培训	担任电子技工满18个月	在相应等级的船舶上完成不少于6个月的船上见习	通过电子电气员适任考试	

续上表

申请职务	培训		海上任职资历		适任考试	特别规定
	基本安全和专业技能适任培训	岗位适任培训	海上服务资历	船上见习		
GMDSS 限用操作员	完成基本安全培洲、保安意识培训和负有指定保安职责船员的培训	完成GMDSS 限用操作员岗位适任培训			通过 GMDSS 限用操作员适任考试	特殊类型船舶上任职,还须完成精通救生艇筏和救助艇培训、精通急救培训
GMDSS 通用操作员	完成基本安全培训、精通救生艇筏和救助艇培训、精通急救培训、保安意识培训和负有指定保安职责船员的培训	完成GMDSS 通用操作员岗位适任培训			通过 GMDSS 通用操作员适任考试	

续上表

申请职务	培训		海上任职资历		适任考试	特别规定
	基本安全和专业技能适任培训	岗位适任培训	海上服务资历	船上见习		
GMDSS 二级无线电电子员	同上	完成 GMDSS 二级无线电电子员岗位适任培训	担任 GMDSS 通用操作员满 12 个月		通过 GMDSS 二级无线电电子员适任考试	
GMDSS 一级无线电电子员	同上	完成 GMDSS 一级无线电电子员岗位适任培训	担任 GMDSS 二级无线电电子员满 18 个月		通过 GMDSS 一级无线电电子员适任考试	

注：

1. 表中“海上服务资历”一列中规定的海上服务资历须在参加岗位适任培训前取得，其中申请无限航区适任证书职务晋升所要求的海上服务资历至少有 6 个月是在无限航区的船舶上任职，其余时间可以在沿海航区的船舶上任职；船长和高级船员船上见习需在适任考试所有科目和项目全部通过后进行，并在船上见习记录簿中记载；申请适任证书的航区扩大、吨位或者功率提高的，可以免予船上见习。但申请总吨或者功率提高至 3000 总吨或者功率 3000 千瓦及以上适任证书的船长和管理级高级船员在适任考试所有科目和项目全部通过后，应当在相应航区的 3000 总吨或者功率 3000 千瓦及以上见习相应的船长或者管理级高级船员职务 3 个月，并在船上见习记录簿中记载。
2. 已持有适用于货物运输船舶适任证书的船员在各类非运输船舶上的海上服务资历可以视为在货物运输船舶的海上服务资历；在

两港间航程 50 海里及以上的客船上服务的船长和高级船员的海上服务资历按照所持适任证书适用的航区、船舶等级确定。

3. 申请适任证书航区扩大者,应当持有有效的沿海航区相同船舶等级和职务的适任证书,并实际担任其职务不少于 12 个月,并完成相应的岗位适任培训;申请适任证书吨位或者功率提高者,应当持有有效的与所申请的吨位或者功率较低一级但航区和职务相同的适任证书,并实际担任其职务满 12 个月,并完成相应的岗位适任培训。

4. 接受航海类教育和岗位适任培训的学员,可以按照以下情形参加适任考试:

(1)接受不少于 2 年的全日制航海类中职/中专及以上教育的学生或者接受不少于 2 年三副、三管轮、电子电气员岗位适任培训的学员,完成全部理论和实践教学内容后,可以相应地申请沿海航区三副、三管轮、电子电气员的适任考试;或者具有不少于 12 个月的海上服务资历后,可以相应地申请无限航区三副、三管轮、电子电气员适任考试。

(2)接受全日制航海类高职/高专及以上教育的学生,或者完成全日制非航海类大专及以上教育并接受不少于 18 个月三副、三管轮、电子电气员岗位适任培训的学员,完成全部理论和实践教学内容后,可以相应地申请无限航区三副、三管轮、电子电气员的适任考试。

(3)经国家海事管理机构认可,教育培训质量良好的航海院校的全日制航海类本科教育学生,完成全部理论和实践教学内容后,可以相应地申请无限航区二副、二管轮的适任考试。

(4)正在接受航海类教育的学生和三副、三管轮、电子电气员岗位适任培训的学员,可以在毕业或者结业前 6 个月内相应地申请参加值班水手、值班机工、电子技工适任考试,免于参加相应的值班水手、值班机工、电子技工岗位适任培训。

接受航海类教育或者岗位适任培训的学员通过三副、二副、三管轮、二管轮适任考试后,应当在 500 总吨或者 750 千瓦及以上的船舶上完成不少于 12 个月的船上见习,其中至少应当有 6 个月是在船长或者高级船员的指导下履行了驾驶台或者机舱值班职责;接受电子电气员航海类教育和适任培训的学员通过适任考试后,应当在相应航区 750 千瓦及以上的船舶上完成不少于 12 个月的船上见习。

(5)经国家海事管理机构确认课程、培训质量体系运行及培训质量和社会声誉良好的培训机构,学员培训期间在船培训、见习的资历可以计入支持级和操作级职务的见习资历。

5. 国家海事管理机构可以认可教育质量管理体系运行良好的航海类教育机构按照本规则开展的海船船员适任考试。

交通运输部关于修改《中华人民共和国船员培训管理规则》的决定

交通运输部令2017年第9号　2017.03.31

交通运输部决定对《中华人民共和国船员培训管理规则》(交通运输部令2013年第15号)作如下修改：

一、删去第九条第二款第(八)项、第(九)项、第(十六)项；将"(十)普通值班机工"修改为"(八)值班机工"，将"(十一)普通值班水手"修改为"(九)值班水手"。

二、在第十条第一款第(十)项后增加："(十一)使用气体或者其他低闪点燃料船舶船员基本培训；(十二)使用气体或者其他低闪点燃料船舶船员高级培训；(十三)极地水域船舶操作船员基本培训；(十四)极地水域船舶操作船员高级培训；(十五)水上飞机驾驶员特殊培训。"在第十条第二款中增加"(九)水上飞机驾驶员特殊培训。"

三、将第十一条第四款修改为："除为本单位自有的公务船船员开展培训外，任何国家机关以及船员培训和考试的主管部门均不得举办或者参与举办船员培训。"

四、将第十三条第一款第(二)项修改为"统一社会信用代码证"。

五、增加一条作为第三十五条："开展船上培训的航运公司和相关机构，应当将船上培训计划、学员名单，负责指导和训练学员的船长及高级船员的名单、资历等信息报送海事管理机构。

开展船上培训的航运公司和船舶，在保证船舶正常操作以及航行、作业安全的情况下，应当按照《船上培训记录簿》所载培训项目的目标和要求开展培训，并保证承担教学和指导任务的船长、高级船员有适当的时间和精力从事相应的船上培训工作。”

六、增加一条作为第三十六条：“采用远程教学和电子教学方式对船员进行培训的培训机构，应当保证提供安全的学习环境并且使学员有充足的时间进行学习，远程教学和电子教学课程适合于选定的目标和训练任务。”

七、将第三十七条修改为：“海事管理机构应当对培训机构的船员培训情况开展随机抽查，但对经评估确认质量体系运行、培训质量和社会声誉良好的培训机构，可以降低随机抽查比例。抽查应当包括以下重点内容：

(一)教学计划的执行情况；

(二)承担本期培训教学任务的教员情况和授课情况；

(三)培训设施、设备、教材的使用、补充情况；

(四)培训规模与师资配备要求的符合情况；

(五)学员的出勤情况。”

八、在第四十七条第一款“三管轮”后增加“电子电气员”。

九、增加一条作为第五十一条：“下列情形的船员培训项目可以由交通运输部直属海事管理机构或者省级地方海事管理机构，依照本规则制定培训管理规定并公布实施：

(一)在未满100总吨海船船舶上任职的船长和甲板部船员；或者在主推进动力装置未满220千瓦海船船舶上任职的轮机部船员；

(二)仅在船籍港和船籍港附近水域航行和作业的海船船舶上任职的船员；

(三)在未满100总吨内河船舶上任职的船员。”

条文序号作相应调整。

本决定自2017年4月15日起施行。

《中华人民共和国船员培训管理规则》根据本决定作相应修正，重新发布。

中华人民共和国船员培训管理规则

（2009年6月26日交通运输部发布，根据2013年12月24日交通运输部《关于修改〈中华人民共和国船员培训管理规则〉的决定》第一次修正，根据2017年3月31日交通运输部《关于修改〈中华人民共和国船员培训管理规则〉的决定》第二次修正）

第一章　总　　则

第一条　为加强船员培训管理，保证船员培训质量，提高船员素质，依据《中华人民共和国船员条例》以及中华人民共和国缔结或者加入的有关国际公约，制定本规则。

第二条　在中华人民共和国境内从事船员培训业务的，适用本规则。

第三条　船员培训实行社会化，从事船员培训业务应当依法经营，诚实信用，公平竞争。

船员培训管理应当公平、公正、公开和便民。

第四条　交通运输部主管全国船员培训工作。

中华人民共和国海事局负责统一实施船员培训管理工作。

各级海事管理机构依照各自职责具体负责船员培训的监督管理工作。

第五条　交通运输部应当按照国家有关法律、行政法规和我国缔结或者加入的有关国际公约的规定，确定船员培训的具体项目，制定相应的培训大纲，并向社会公布。

第六条　航运公司及相关机构应当为船员参加船员培训提供便利，组织开展船员船上培训和知识更新培训。

第二章　船员培训的种类和项目

第七条　船员培训按照培训内容分为船员基本安全培训、船员适任培训和特殊培训三类。

船员培训按照培训对象分为海船船员培训和内河船舶船员培训两类。

第八条　船员基本安全培训，指船员在上船任职前接受的个人求生技能、消防、基本急救以及个人安全和社会责任等方面的培训，包含以下培训项目：

（一）海船船员基本安全；

（二）内河船舶船员基本安全。

第九条　船员适任培训，指船员在取得适任证书前接受的使船员适应拟任岗位所需的专业技术知识和专业技能的培训，包括船员岗位适任培训和船员专业技能适任培训。

船员岗位适任培训分为海船船员岗位适任培训和内河船舶船员岗位适任培训。其中，海船船员岗位适任培训包含以下培训项目：

（一）船长；

（二）轮机长；

（三）大副；

（四）大管轮；

（五）三副；

（六）三管轮；

（七）电子电气员；

（八）值班机工；

（九）值班水手；

（十）电子技工；

（十一）全球海上遇险和安全系统（GMDSS）操作员；

（十二）引航员；

(十三)非自航船舶船员;
(十四)地效翼船船员;
(十五)游艇操作人员;
(十六)摩托艇驾驶员。
内河船舶船员岗位适任培训包含以下培训项目:
(一)驾驶岗位;
(二)轮机岗位。
船员专业技能适任培训仅针对海船船员,包含以下培训项目:
(一)精通救生艇筏和救助艇;
(二)精通快速救助艇;
(三)高级消防;
(四)精通急救;
(五)船上医护;
(六)保安意识;
(七)负有指定保安职责船员;
(八)船舶保安员。

第十条 特殊培训,指针对在危险品船、客船、大型船舶等特殊船舶上工作的船员所进行的培训,分为海船船员特殊培训和内河船舶船员特殊培训。其中,海船船员特殊培训包含以下培训项目:
(一)油船和化学品船货物操作基本培训;
(二)油船货物操作高级培训;
(三)化学品船货物操作高级培训;
(四)液化气船货物操作基本培训;
(五)液化气船货物操作高级培训;
(六)客船船员特殊培训;
(七)大型船舶操纵特殊培训;
(八)高速船船员特殊培训;
(九)船舶装载散装固体危险和有害物质作业特殊培训;
(十)船舶装载包装危险和有害物质作业特殊培训;

(十一)使用气体或者其他低闪点燃料船舶船员基本培训;
(十二)使用气体或者其他低闪点燃料船舶船员高级培训;
(十三)极地水域船舶操作船员基本培训;
(十四)极地水域船舶操作船员高级培训;
(十五)水上飞机驾驶员特殊培训。

内河船舶船员特殊培训包含以下培训项目:
(一)油船;
(二)散装化学品船;
(三)液化气船;
(四)客船;
(五)高速船;
(六)滚装船;
(七)载运包装危险货物船舶;
(八)液化气燃料动力装置船;
(九)水上飞机驾驶员特殊培训。

第三章　船员培训的许可

第十一条　船员培训实行许可制度。

培训机构应当按照本规则的规定,针对不同的船员培训项目,申请并取得特定的船员培训许可,方可开展相应的船员培训业务。

前款培训机构指依法成立的院校、企事业单位或者社会团体。

除为本单位自有的公务船船员开展培训外,任何国家机关以及船员培训和考试的主管部门均不得举办或者参与举办船员培训。

第十二条　培训机构从事船员培训业务,根据其开展培训的类别和项目,应当符合下列许可条件:

(一)有符合交通运输部按照国际公约规定的与培训类别和项目相匹配的具体技术要求的场地、设施和设备。

(二)有符合交通运输部按照国际公约规定的与培训类别和

项目相匹配的具体技术要求的教学人员，教学人员的80%应当通过中华人民共和国海事局组织的考试，并取得相应证明。

（三）有与船员培训项目相适应的管理人员：

1. 配备专职教学管理人员、教学设施设备管理人员、培训发证管理人员和档案管理人员；

2. 教学管理人员至少2人，具有航海类中专以上学历或者其他专业大专以上学历，熟悉相关法规，熟悉所管理的培训项目；

3. 教学设施设备管理人员至少1人，具有中专以上学历，能够熟练操作所管理的设施、设备。

（四）有健全的船员培训管理制度，具体包括学员管理制度、教学人员管理制度、培训课程设置制度、培训证明发放制度、教学设施设备管理制度和档案管理制度。

（五）有健全的安全防护制度，具体包括人身安全防护制度和突发事件应急制度等。

（六）有符合交通运输部规定的船员培训质量控制体系。

第十三条 培训机构申请从事船员培训业务，应当向中华人民共和国海事局提出申请，并提交下列申请材料：

（一）开展船员培训申请；

（二）统一社会信用代码证；

（三）培训场地、设施、设备的情况说明；

（四）教学人员的情况说明及证明材料；

（五）管理人员的情况说明及证明材料；

（六）法规、技术资料的配备情况说明；

（七）船员培训管理制度和安全防护制度文本；

（八）船员培训质量控制体系文件。

培训机构申请从事海船船员培训业务的，还应当同时将申请材料抄送注册地交通运输部直属海事管理机构。

培训机构申请从事内河船舶船员培训业务的，还应当同时将申请材料抄送注册地交通运输部直属海事管理机构或者省级地方海事管理机构。

第十四条 船员培训申请的受理工作应当按照《交通行政许可实施程序规定》的有关要求办理。

第十五条 中华人民共和国海事局应当自受理申请之日起30日内,做出批准或者不予批准的决定。予以批准的,发给《中华人民共和国船员培训许可证》(以下简称《船员培训许可证》);不予批准的,书面通知申请人并说明理由。

中华人民共和国海事局在受理船员培训申请之后,可以委托交通运输部直属海事管理机构或者省级地方海事管理机构对培训机构进行现场核验。

现场核验是对培训机构是否具备许可条件所进行的全面、客观评价。现场核验的工作时间应当计入许可期限。

第十六条 《船员培训许可证》应当载明培训机构的名称、地址、法定代表人、准予开展的船员培训项目、地点、有效期及其他有关事项。

《船员培训许可证》的有效期为5年。

第十七条 《船员培训许可证》记载事项发生变更的,培训机构应当向中华人民共和国海事局申请办理变更手续。

增加培训项目的,应当按照本规则的规定重新提出申请。

第十八条 《船员培训许可证》实施中期核查制度。

中华人民共和国海事局应当自《船员培训许可证》发证之日起第二周年至第三周年之间对船员培训机构开展中期核查。

第十九条 中华人民共和国海事局在中期核查过程中,可以要求船员培训机构提交下列材料:

(一)船员培训机构符合培训许可条件的说明材料;

(二)开展船员培训活动的情况说明;

(三)其他相关材料。

中期核查合格的,中华人民共和国海事局应当在《船员培训许可证》上进行签注;中期核查不合格的,中华人民共和国海事局应当责令限期改正。培训机构在规定期限内未能改正的,中华人民共和国海事局应当依法撤销相应的《船员培训许可证》。

第二十条　船员培训机构应当在《船员培训许可证》有效期届满之日 30 日以前,向中华人民共和国海事局申请办理《船员培训许可证》延续手续。中华人民共和国海事局应当自受理延续申请之日起 30 日内,做出批准或者不予批准的决定。

申请办理《船员培训许可证》延续手续,应当提交下列材料:

(一)《船员培训许可证》延续申请;

(二)本规则第十三条第一款第(二)项至第(八)项规定的材料。

第二十一条　有下列情形之一的,中华人民共和国海事局应当办理《船员培训许可证》注销手续:

(一)培训机构自行申请注销的;

(二)法人依法终止的;

(三)《船员培训许可证》被依法撤销或者吊销的。

第四章　船员培训的实施

第二十二条　培训机构应当按照《船员培训许可证》载明的培训项目、地点和海事管理机构确定的培训规模开展船员培训。

船员应当在取得《船员培训许可证》的培训机构,完成规定项目的船员培训。

第二十三条　培训机构应当按照交通运输部规定的船员培训大纲和水上交通安全、防治船舶污染等要求设置培训课程、制定培训计划并开展培训。

培训机构开展培训的课程应当经过海事管理机构确认。

第二十四条　培训机构所有的培训场地、设施、设备应当处于良好的使用状态,并应当具备足够的备用品,培训的易耗品应当得到及时补充,以保障培训的正常进行。

第二十五条　从事船员培训的教员不得在两个以上的培训机构担任自有教员。

前款所称"自有教员"指与培训机构所订立劳动合同的期限

在1年以上的教员。

第二十六条 培训机构应当将《船员培训许可证》悬挂在经营场所的醒目位置,公示其培训项目、收费项目、收费标准以及师资等情况。

培训机构不得采取欺骗学员等不正当竞争手段开展培训、经营活动。

第二十七条 培训机构在招生时应当向学员告知中华人民共和国海事局规定的有关培训项目中对船员年龄、持证情况、船上服务资历、见习资历、安全任职记录、身体健康状况等方面的要求。

第二十八条 培训机构应当按照中华人民共和国海事局的规定对培训活动如实做好记录。

第二十九条 培训机构应当在每期培训班开班3日前以书面或者电子方式将培训计划报海事管理机构备案,备案内容应当包括培训规模、教学计划和日程安排、承担本期培训教学的教员情况及培训设施、设备、教材等准备情况。

培训机构应当在每期培训班开班之日起3日内将学员名册向海事管理机构备案。

第三十条 培训机构应当保持船员培训质量控制体系的有效运行。

第三十一条 培训机构应当为在本机构参加培训的学员建立培训档案,并在培训结束后出具相应的《船员培训证明》。

对培训出勤率低于规定培训课时90%的学员,培训机构不得出具培训证明。

第三十二条 学员完成培训并取得培训证明后,可以向海事管理机构申请相应培训项目的考试、评估。

第三十三条 对已按照规定完成培训并且考试、评估合格的学员,由海事管理机构依据相关规定签发相应的考试、评估合格证明。

第三十四条 培训机构使用模拟器进行培训的,所使用的模拟器应当符合经修正的《1978年海员培训、发证和值班标准国际公约》以及模拟器功能和性能标准的要求。模拟器模拟功能和性能标准由中华人民共和国海事局制定。

使用模拟器培训前，培训机构应当充分进行测试以确保其与培训目标相适应。

第三十五条 开展船上培训的航运公司和相关机构，应当将船上培训计划、学员名单，负责指导和训练学员的船长及高级船员的名单、资历等信息报送海事管理机构。

开展船上培训的航运公司和船舶，在保证船舶正常操作以及航行、作业安全的情况下，应当按照《船上培训记录簿》所载培训项目的目标和要求开展培训，并保证承担教学和指导任务的船长、高级船员有适当的时间和精力从事相应的船上培训工作。

第三十六条 采用远程教学和电子教学方式对船员进行培训的培训机构，应当保证提供安全的学习环境并且使学员有充足的时间进行学习，远程教学和电子教学课程适合于选定的目标和训练任务。

第五章　监督检查

第三十七条 海事管理机构应当建立健全船员培训监督检查制度，督促培训机构落实船员培训管理制度和安全防护制度。

第三十八条 海事管理机构应当配备中华人民共和国海事局规定的符合培训管理、考试、评估、发证要求的设备、资料，建立辖区内培训机构档案，对培训机构实施日常监督管理和业务指导。

第三十九条 海事管理机构应当对培训机构的船员培训情况开展随机抽查，但对经评估确认质量体系运行、培训质量和社会声誉良好的培训机构，可以降低随机抽查比例。抽查应当包括以下重点内容：

（一）教学计划的执行情况；

（二）承担本期培训教学任务的教员情况和授课情况；

（三）培训设施、设备、教材的使用、补充情况；

（四）培训规模与师资配备要求的符合情况；

（五）学员的出勤情况。

第四十条 海事管理机构实施监督检查时，应当有2名以上执法人员参加，并出示有效的执法证件。

第四十一条 海事管理机构实施监督检查，可以询问当事人，向有关培训机构或者个人了解情况，查阅、复制有关资料，并保守被调查培训机构的商业秘密或者个人隐私。

海事管理机构实施监督检查应当做好相关记录并予以保存。

第四十二条 接受海事管理机构监督检查的培训机构或者个人，应当如实反映情况和提供资料。

第四十三条 海事管理机构实施监督检查发现培训机构不再具备许可条件的，由海事管理机构责令限期改正。

培训机构在规定期限内未能改正的，中华人民共和国海事局应当依法撤销相应的《船员培训许可证》。

第四十四条 海事管理机构应当公开船员培训的管理事项、办事程序、举报电话、通信地址、电子邮件信箱等信息，自觉接受社会监督。

第六章 法律责任

第四十五条 违反本规则的规定，未取得《船员培训许可证》擅自从事船员培训的，由海事管理机构处5万元以上25万元以下罚款，有违法所得的，还应当没收违法所得。

前款"未取得《船员培训许可证》擅自从事船员培训"包括下列情形：

（一）无《船员培训许可证》擅自从事船员培训的；

（二）以欺骗、贿赂等非法手段取得《船员培训许可证》的；

（三）未按照《船员培训许可证》载明的事项从事船员培训的。

第四十六条 违反本规则的规定，船员培训机构未按照交通运输部规定的培训大纲和水上交通安全、防治船舶污染等要求进行培训的，由海事管理机构责令改正，可以处2万元以上10万元以下罚款；情节严重的，给予暂扣《船员培训许可证》6个月以上2年以下直至吊销《船员培训许可证》的处罚。

第四十七条 海事管理机构工作人员有下列情形之一的，依法给予行政处分：

（一）违反规定给予船员培训许可；

（二）不依法履行监督检查职责；

（三）不依法实施行政强制或者行政处罚；

（四）滥用职权、玩忽职守的其他行为。

第四十八条 违反本规则的规定，情节严重，构成犯罪的，依法追究刑事责任。

第七章 附 则

第四十九条 具有开展全日制航海中专、专科及以上学历教育资格的院校，经中华人民共和国海事局同意后，招收的全日制航海专业学生完成学校规定的教程并取得毕业证书，等同完成本规则规定的三副、三管轮、电子电气员岗位适任培训。

中华人民共和国海事局应当定期公布前款所述的院校名单。

第五十条 持有经修正的《1978年海员培训、发证和值班标准国际公约》其他缔约国签发的船员培训合格证的中国籍船员，经中华人民共和国海事局确认符合《1978年海员培训、发证和值班标准国际公约》规定的有关最低适任标准后，可按规定申请换发相应的合格证明。

第五十一条 下列情形的船员培训项目可以由交通运输部直属海事管理机构或者省级地方海事管理机构，依照本规则制定培训管理规定并公布实施：

（一）在未满100总吨海船船舶上任职的船长和甲板部船员；或者在主推进动力装置未满220千瓦海船船舶上任职的轮机部船员；

（二）仅在船籍港和船籍港附近水域航行和作业的海船船舶上任职的船员；

（三）在未满100总吨内河船舶上任职的船员。

第五十二条 《船员培训许可证》由中华人民共和国海事局统一印制。

第五十三条 本规则自2009年10月1日起施行。1997年颁布的《中华人民共和国船员培训管理规则》（交通部1997年第十三号令）同时废止。

中华人民共和国船舶安全监督规则

交通运输部令2017年第14号　2017.05.23

第一章　总　　则

第一条　为了保障水上人命、财产安全，防止船舶造成水域污染，规范船舶安全监督工作，根据《中华人民共和国海上交通安全法》《中华人民共和国海洋环境保护法》《中华人民共和国港口法》《中华人民共和国内河交通安全管理条例》《中华人民共和国船员条例》等法律法规和我国缔结或者加入的有关国际公约的规定，制定本规则。

第二条　本规则适用于对中国籍船舶和水上设施以及航行、停泊、作业于我国管辖水域的外国籍船舶实施的安全监督工作。

本规则不适用于军事船舶、渔业船舶和体育运动船艇。

第三条　船舶安全监督管理遵循依法、公正、诚信、便民的原则。

第四条　交通运输部主管全国船舶安全监督工作。

国家海事管理机构统一负责全国船舶安全监督工作。

各级海事管理机构按照职责和授权开展船舶安全监督工作。

第五条　本规则所称船舶安全监督，是指海事管理机构依法对船舶及其从事的相关活动是否符合法律、法规、规章以及有关国际公约和港口国监督区域性合作组织的规定而实施的安全监督管理活动。船舶安全监督分为船舶现场监督和船舶安全检查。

船舶现场监督，是指海事管理机构对船舶实施的日常安全监督抽查活动。

船舶安全检查,是指海事管理机构按照一定的时间间隔对船舶的安全和防污染技术状况、船员配备及适任状况、海事劳工条件实施的安全监督检查活动,包括船旗国监督检查和港口国监督检查。

第六条 海事管理机构应当配备必要的人员、装备、资料等,以满足船舶安全监督管理工作的需要。

第七条 船舶现场监督应当由具备相应职责的海事行政执法人员实施。

第八条 从事船舶安全检查的海事行政执法人员应当取得相应等级的资格证书,并不断更新知识。

第九条 海事管理机构应当建立对船舶安全状况的社会监督机制,公布举报、投诉渠道,完善举报和投诉处理机制。

海事管理机构应当为举报人、投诉人保守秘密。

第二章 船舶进出港报告

第十条 中国籍船舶在我国管辖水域内航行应当按照规定实施船舶进出港报告。

第十一条 船舶应当在预计离港或者抵港4小时前向将要离泊或者抵达港口的海事管理机构报告进出港信息。航程不足4小时的,在驶离上一港口时报告。

船舶在固定航线航行且单次航程不超过2小时的,可以每天至少报告一次进出港信息。

船舶应当对报告的完整性和真实性负责。

第十二条 船舶报告的进出港信息应当包括航次动态、在船人员信息、客货载运信息、拟抵离时间和地点等。

第十三条 船舶可以通过互联网、传真、短信等方式报告船舶进出港信息,并在船舶航海或者航行日志内作相应的记载。

第十四条 海事管理机构与水路运输管理部门应当建立信息平台,共享船舶进出港信息。

第三章　船舶综合质量管理

第十五条　海事管理机构应当建立统一的船舶综合质量管理信息平台，收集、处理船舶相关信息，建立船舶综合质量档案。

第十六条　船舶综合质量管理信息平台应当包括下列信息：

（一）船舶基本信息；

（二）船舶安全与防污染管理相关规定落实情况；

（三）水上交通事故情况和污染事故情况；

（四）水上交通安全违法行为被海事管理机构行政处罚情况；

（五）船舶接受安全监督的情况；

（六）航运公司和船舶的安全诚信情况；

（七）船舶进出港报告或者办理进出港手续情况；

（八）按照相关规定缴纳相关费税情况；

（九）船舶检验技术状况。

第十七条　海事管理机构应当按照第十六条所述信息开展船舶综合质量评定，综合质量评定结果应当向社会公开。

第四章　船舶安全监督

第一节　安全监督目标船舶的选择

第十八条　海事管理机构对船舶实施安全监督，应当减少对船舶正常生产作业造成的不必要影响。

第十九条　国家海事管理机构应当制定安全监督目标船舶选择标准。

海事管理机构应当结合辖区实际情况，按照全面覆盖、重点突出、公开便利的原则，依据我国加入的港口国监督区域性合作组织和国家海事管理机构规定的目标船舶选择标准，综合考虑船舶类型、船龄、以往接受船舶安全监督的缺陷、航运公司安全管理情况等，按照规定的时间间隔，选择船舶实施船舶安全监督。

第二十条 按照目标船舶选择标准未列入选船目标的船舶，海事管理机构原则上不登轮实施船舶安全监督，但按照第二十一条规定开展专项检查的除外。

第二十一条 国家重要节假日、重大活动期间，或者针对特定水域、特定安全事项、特定船舶需要进行检查的，海事管理机构可以综合运用船舶安全检查和船舶现场监督等形式，开展专项检查。

第二节 船舶安全监督

第二十二条 船舶现场监督的内容包括：

（一）中国籍船舶自查情况；

（二）法定证书文书配备及记录情况；

（三）船员配备情况；

（四）客货载运及货物系固绑扎情况；

（五）船舶防污染措施落实情况；

（六）船舶航行、停泊、作业情况；

（七）船舶进出港报告或者办理进出港手续情况；

（八）按照相关规定缴纳相关费税情况。

第二十三条 船舶安全检查的内容包括：

（一）船舶配员情况；

（二）船舶、船员配备和持有有关法定证书文书及相关资料情况；

（三）船舶结构、设施和设备情况；

（四）客货载运及货物系固绑扎情况；

（五）船舶保安相关情况；

（六）船员履行其岗位职责的情况，包括对其岗位职责相关的设施、设备的维护保养和实际操作能力等；

（七）海事劳工条件；

（八）船舶安全管理体系运行情况；

（九）法律、法规、规章以及我国缔结、加入的有关国际公约要求的其他检查内容。

第二十四条 海事管理机构应当按照船舶安全监督的内容，制定相应的工作程序，规范船舶安全监督活动。

第二十五条 海事管理机构完成船舶安全监督后应当签发相应的《船舶现场监督报告》《船旗国监督检查报告》或者《港口国监督检查报告》，由船长或者履行船长职责的船员签名。

《船舶现场监督报告》《船旗国监督检查报告》《港口国监督检查报告》一式两份，一份由海事管理机构存档，一份留船备查。

第二十六条 船舶现场监督中发现船舶存在危及航行安全、船员健康、水域环境的缺陷或者水上交通安全违法行为的，应当按照规定进行处置。

发现存在需要进一步进行安全检查的船舶安全缺陷的，应当启动船舶安全检查程序。

第三节　船舶安全缺陷处理

第二十七条 海事行政执法人员在船舶安全监督过程中发现船舶存在缺陷的，应当按照相关法律、法规、规章和公约的规定，提出下列处理意见：

(一)警示教育；

(二)开航前纠正缺陷；

(三)在开航后限定的期限内纠正缺陷；

(四)滞留；

(五)禁止船舶进港；

(六)限制船舶操作；

(七)责令船舶驶向指定区域；

(八)责令船舶离港。

第二十八条 安全检查发现的船舶缺陷不能在检查港纠正时，海事管理机构可以允许该船驶往最近的可以修理的港口，并及时通知修理港口的海事管理机构。

修理港口超出本港海事管理机构管辖范围的，本港海事管理机构应当通知修理港口海事管理机构进行跟踪检查。

修理港口海事管理机构在收到跟踪检查通知后，应当对船舶缺陷的纠正情况进行验证，并及时将验证结果反馈至发出通知的海事管理机构。

第二十九条 海事管理机构采取本规则第二十七条第（四）、（五）、（八）项措施的，应当将采取措施的情况及时通知中国籍船舶的船籍港海事管理机构，或者外国籍船舶的船旗国政府。

第三十条 由于存在缺陷，被采取本规则第二十七条第（四）、（五）、（六）、（八）项措施的船舶，应当在相应的缺陷纠正后向海事管理机构申请复查。被采取其他措施的船舶，可以在相应缺陷纠正后向海事管理机构申请复查，不申请复查的，在下次船舶安全检查时由海事管理机构进行复查。海事管理机构收到复查申请后，决定不予本港复查的，应当及时通知申请人在下次船舶安全检查时接受复查。

复查合格的，海事管理机构应当及时解除相应的处理措施。

第三十一条 船舶有权对海事行政执法人员提出的缺陷和处理意见进行陈述和申辩。船舶对于缺陷和处理意见有异议的，海事行政执法人员应当告知船舶申诉的途径和程序。

第三十二条 海事管理机构在实施船舶安全监督中，发现航运公司安全管理存在问题的，应当要求航运公司改正，并将相关情况通报航运公司注册地海事管理机构。

第三十三条 海事管理机构应当将影响安全的重大船舶缺陷以及导致船舶被滞留的缺陷，通知航运公司、相关船舶检验机构或者组织。

船舶存在缺陷或者隐患，以及船舶安全管理存在较为严重问题，可能影响其运输资质条件的，海事管理机构应当将有关情况通知相关水路运输管理部门，水路运输管理部门应当将处理情况反馈相应的海事管理机构。

水路运输管理部门在市场监管中，发现可能影响到船舶安全的问题，应当将有关情况通知相应海事管理机构，海事管理机构应当将处理情况反馈相应水路运输管理部门。

第三十四条 船舶以及相关人员，应当按照海事管理机构签发的《船舶现场监督报告》《船旗国监督检查报告》《港口国监督检查报告》等的要求，对存在的缺陷进行纠正。

航运公司应当督促船舶按时纠正缺陷，并将纠正情况及时反馈实施检查的海事管理机构。

船舶检验机构应当核实有关缺陷纠正情况，需要进行临时检验的，应当将检验报告及时反馈实施检查的海事管理机构。

第三十五条 中国籍船舶的船长应当对缺陷纠正情况进行检查，并在航行或者航海日志中进行记录。

第三十六条 船舶应当妥善保管《船舶现场监督报告》《船旗国监督检查报告》《港口国监督检查报告》，在船上保存至少 2 年。

第三十七条 除海事管理机构外，任何单位和个人不得扣留、收缴《船舶现场监督报告》《船旗国监督检查报告》《港口国监督检查报告》，或者在上述报告中进行签注。

第三十八条 任何单位和个人，不得擅自涂改、故意损毁、伪造、变造、租借、骗取和冒用《船舶现场监督报告》《船旗国监督检查报告》《港口国监督检查报告》。

第三十九条 《船舶现场监督报告》《船旗国监督检查报告》《港口国监督检查报告》的格式由国家海事管理机构统一制定。

第四十条 中国籍船舶在境外发生水上交通事故，或者被滞留、禁止进港、禁止入境、驱逐出港（境）的，航运公司应当及时将相关情况向船籍港海事管理机构报告，海事管理机构应当做好相应的沟通协调和给予必要的协助。

第五章 船舶安全责任

第四十一条 航运公司应当履行安全管理与防止污染的主体责任，建立、健全船舶安全与防污染制度，对船舶及其设备进行有效维护和保养，确保船舶处于良好状态，保障船舶安全，防止船舶污染环境,为船舶配备满足最低安全配员要求的适任船员。

第四十二条 中国籍船舶应当建立开航前自查制度。船舶在离泊前应当对船舶安全技术状况和货物装载情况进行自查,按照国家海事管理机构规定的格式填写《船舶开航前安全自查清单》,并在开航前由船长签字确认。

船舶在固定航线航行且单次航程不超过2小时的,无须每次开航前均进行自查,但一天内应当至少自查一次。

《船舶开航前安全自查清单》应当在船上保存至少2年。

第四十三条 船长应当妥善安排船舶值班,遵守船舶航行、停泊、作业的安全规定。

第四十四条 船舶应当遵守港口所在地有关管理机构关于恶劣天气限制开航的规定。

航行于内河水域的船舶应当遵守海事管理机构发布的关于枯水季节通航限制的通告。

第四十五条 船舶检验机构应当确保检验的全面性、客观性、准确性和有效性,保证检验合格的船舶具备安全航行、安全作业的技术条件,并对出具的检验证书负责。

第四十六条 配备自动识别系统等通信、导助航设备的船舶应当始终保持相关设备处于正常工作状态,准确完整显示本船信息,并及时更新抵、离港名称和时间等相关信息。相关设备发生故障的,应当及时向抵达港海事管理机构报告。

第四十七条 任何单位和个人不得阻挠、妨碍海事行政执法人员对船舶进行船舶安全监督。

第四十八条 海事行政执法人员在开展船舶安全监督时,船长应当指派人员配合。指派的配合人员应当如实回答询问,并按照要求测试和操纵船舶设施、设备。

第四十九条 海事管理机构通过抽查实施船舶安全监督,不能代替或者免除航运公司、船舶、船员、船舶检验机构及其他相关单位和个人在船舶安全、防污染、海事劳工条件和保安等方面应当履行的法律责任和义务。

第六章　法律责任

第五十条　违反本规则，有下列行为之一的，由海事管理机构对违法船舶所有人或者船舶经营人处1000元以上1万元以下罚款；情节严重的，处1万元以上3万元以下罚款。对船长或者其他责任人员处100元以上1000元以下罚款；情节严重的，处1000元以上3000元以下罚款，并可扣留船员适任证书6个月至12个月：

（一）拒绝或者阻挠船舶安全监督的；

（二）弄虚作假欺骗海事行政执法人员的；

（三）未按照《船舶现场监督报告》《船旗国监督检查报告》《港口国监督检查报告》的处理意见纠正缺陷或者采取措施的；

（四）按照第三十条第一款规定应当申请复查而未申请的；

（五）涂改、故意损毁、伪造、变造、租借、骗取和冒用《船舶现场监督报告》《船旗国监督检查报告》《港口国监督检查报告》的。

第五十一条　船舶未按照规定开展自查或者未随船保存船舶自查记录的，对船舶所有人或者船舶经营人处1000元以上1万元以下罚款。

第五十二条　船舶未按照规定随船携带或者保存《船舶现场监督报告》《船旗国监督检查报告》《港口国监督检查报告》的，海事管理机构应当责令其改正，并对违法船舶所有人或者船舶经营人处1000元以上1万元以下罚款。

第五十三条　船舶进出内河港口，未按照规定向海事管理机构报告船舶进出港信息的，对船舶所有人或者船舶经营人处5000元以上5万元以下罚款。

船舶进出沿海港口，未按照规定向海事管理机构报告船舶进出港信息的，对船舶所有人或者船舶经营人处5000元以上3万元以下罚款。

第五十四条　实施船舶安全检查中发现船舶存在的缺陷与船舶检验机构有关的，海事管理机构应当按照相关规定进行处罚。

因船舶检验机构人员滥用职权、徇私舞弊、玩忽职守、严重失职,造成已签发检验证书的船舶存在严重缺陷或者发生重大事故的,海事管理机构应当撤销其检验资格。

第五十五条 海事管理机构工作人员不依法履行职责进行监督检查,有滥用职权、徇私舞弊、玩忽职守等行为的,由其所在机构或者上级机构依法给予行政处分;构成犯罪的,由司法机关依法追究刑事责任。

第七章 附 则

第五十六条 本规则所称船舶和相关设施的含义,与《中华人民共和国海上交通安全法》《中华人民共和国内河交通安全管理条例》中的船舶、水上设施含义相同。

本规则所称法定证书文书,是指船舶国籍证书、船舶配员证书、船舶检验证书、船舶营运证件、航海或者航行日志以及其他按照法律法规、技术规范及公约要求必须配备的证书文书。

本规则所称航运公司,是指船舶的所有人、经营人和管理人。

第五十七条 本规则自 2017 年 7 月 1 日起施行。2009 年 11 月 30 日以交通运输部令 2009 年第 15 号公布的《中华人民共和国船舶安全检查规则》同时废止。

交通运输部关于修改《中华人民共和国船舶及其有关作业活动污染海洋环境防治管理规定》的决定

交通运输部令 2017 年第 15 号　2017.05.23

交通运输部决定对《中华人民共和国船舶及其有关作业活动污染海洋环境防治管理规定》(交通运输部令 2016 年第 83 号)作如下修改:

一、将第一条修改为:"为了防治船舶及其有关作业活动污染海洋环境,根据《中华人民共和国海洋环境保护法》《中华人民共和国大气污染防治法》《中华人民共和国防治船舶污染海洋环境管理条例》和中华人民共和国缔结或者加入的国际条约,制定本规定。"

二、将第九条修改为:"船舶从事下列作业活动,应当遵守有关法律法规、标准和相关操作规程,落实安全和防治污染措施,并在作业前将作业种类、作业时间、作业地点、作业单位和船舶名称等信息向海事管理机构报告;作业信息变更的,应当及时补报:

(一)在沿海港口进行舷外拷铲、油漆作业或者使用焚烧炉的;

(二)在港区水域内洗舱、清舱、驱气以及排放垃圾、生活污水、残油、含油污水、含有毒有害物质污水等污染物和压载水的;

(三)冲洗沾有污染物、有毒有害物质的甲板的;

(四)进行船舶水上拆解、打捞、修造和其他水上、水下船舶施工作业的;

(五)进行船舶油料供受作业的。"

三、将第十条修改为:"从事 3 万载重吨以上油轮的货舱清舱、1 万吨以上散装液体污染危害性货物过驳以及沉船打捞、油轮拆解等存在较大污染风险的作业活动的，作业方应当进行作业方案可行性研究，并在作业活动中接受海事管理机构的检查。”

四、在第十二条增加一款，作为第二款：“船舶在船舶排放控制区内航行、停泊、作业还应当遵守船舶排放控制区大气污染防治控制要求。船舶应当使用低硫燃油或者采取使用岸电、清洁能源、尾气后处理装置等替代措施满足船舶大气排放控制要求。”

五、将第十五条修改为：“船舶污染物接收单位进行船舶垃圾、残油、含油污水、含有毒有害物质污水等污染物接收作业，应当在作业前将作业时间、作业地点、作业单位、作业船舶、污染物种类和数量以及拟处置的方式及去向等情况向海事管理机构报告。接收处理情况发生变更的，应当及时补报。

港口建立船舶污染物接收、转运、处置监管联单制度的，船舶与船舶污染物接收单位应当按照联单制度的要求将船舶污染物接收、转运和处置情况报告有关主管部门。”

六、将第十六条中的“应当遵守国家有关标准、规程”修改为“应当编制作业方案，遵守国家有关标准、规程”。

七、将第十七条修改为：“船舶污染物接收单位应当在污染物接收作业完毕后，向船舶出具污染物接收单证，经双方签字确认并留存至少 2 年。污染物接收单证上应当注明作业单位名称，作业双方船名，作业开始和结束的时间、地点，以及污染物种类、数量等内容。

船舶应当将污染物接收单证保存在相应的记录簿中。”

八、将第二十四条第二款中的“船舶方可进出港口、过境停留或者进行装卸作业”修改为“船舶方可进出港口或者过境停留”。

九、增加一条，作为第四十条：“船舶应当在出港前将上一航次消耗的燃料种类和数量，主机、辅机和锅炉功率以及运行工况时间等信息按照规定报告海事管理机构。

船舶按照船舶排放控制区要求转换低硫燃油或者采取使用岸电、清洁能源、尾气后处理装置等替代措施满足船舶大气排放控制要求的，应当按照规定如实记录。”

十、将第四十五条第一款中的“污染物接收证明”修改为“污染物接收单证”。将第二款修改为：“船舶燃油舱、货油舱中的存油需要通过过驳方式交付储存的，应当遵守本规定关于散装液体污染危害性货物过驳作业的要求。”增加一款，作为第三款：“修造船厂应当建立防治船舶污染海洋环境管理制度，采取必要防护措施，防止船舶修造期间造成海洋环境污染。”

十一、增加一条，作为第五十二条：“违反本规定第九条、第四十条规定，船舶未按照规定将有关情况向海事管理机构报告的，由海事管理机构予以警告；情节严重的，处2万元以下的罚款。”

十二、将第五十四条修改为：“违反本规定，船舶污染物接收单位进行船舶垃圾、残油、含油污水、含有毒有害物质污水等污染物接收作业，未编制作业方案、遵守相关操作规程、采取必要的防污染措施的，由海事管理机构处1万元以上5万元以下的罚款；造成海洋环境污染的，处5万元以上25万元以下的罚款。”

十三、将第五十五条第二项修改为：“（二）船舶污染物接收单位未按照规定向海事管理机构报告船舶污染物接收情况，或者未按照规定向船舶出具污染物接收单证的”。

十四、删去第五十六条中的“进行装卸”。

十五、将第五十八条第一项中的“污染物接收证明”修改为“污染物接收单证”。增加一款，作为第二款：“船舶油料供给单位未按照有关安全和防治污染规范要求从事供受油作业，或者所提供的船舶油料超标的，由海事管理机构要求整改，并通报有关主管部门。”

条文序号作相应调整。

本决定自2017年5月23日起施行。

《中华人民共和国船舶及其有关作业活动污染海洋环境防治管理规定》根据本决定作相应修正，重新发布。

中华人民共和国船舶及其有关作业活动污染海洋环境防治管理规定

（2010年11月16日交通运输部发布，根据2013年8月31日交通运输部《关于修改〈中华人民共和国船舶及其有关作业活动污染海洋环境防治管理规定〉的决定》第一次修正，根据2013年12月24日交通运输部《关于修改〈中华人民共和国船舶及其有关作业活动污染海洋环境防治管理规定〉的决定》第二次修正，根据2016年12月13日交通运输部《关于修改〈中华人民共和国船舶及其有关作业活动污染海洋环境防治管理规定〉的决定》第三次修正，根据2017年5月23日交通运输部《关于修改〈中华人民共和国船舶及其有关作业活动污染海洋环境防治管理规定〉的决定》第四次修正）

第一章　总　　则

第一条　为了防治船舶及其有关作业活动污染海洋环境，根据《中华人民共和国海洋环境保护法》《中华人民共和国大气污染防治法》《中华人民共和国防治船舶污染海洋环境管理条例》和中华人民共和国缔结或者加入的国际条约，制定本规定。

第二条　防治船舶及其有关作业活动污染中华人民共和国管辖海域适用本规定。

本规定所称有关作业活动，是指船舶装卸、过驳、清舱、洗舱、油料供受、修造、打捞、拆解、污染危害性货物装箱、充罐、污染清除以及其他水上水下船舶施工作业等活动。

第三条　国务院交通运输主管部门主管全国船舶及其有关作业活动污染海洋环境的防治工作。

国家海事管理机构负责监督管理全国船舶及其有关作业活动污染海洋环境的防治工作。

各级海事管理机构根据职责权限,具体负责监督管理本辖区船舶及其有关作业活动污染海洋环境的防治工作。

第二章 一般规定

第四条 船舶的结构、设备、器材应当符合国家有关防治船舶污染海洋环境的船舶检验规范以及中华人民共和国缔结或者加入的国际条约的要求,并按照国家规定取得相应的合格证书。

第五条 船舶应当依照法律、行政法规、国务院交通运输主管部门的规定以及中华人民共和国缔结或者加入的国际条约的要求,取得并随船携带相应的防治船舶污染海洋环境的证书、文书。

海事管理机构应当向社会公布本条第一款规定的证书、文书目录,并及时更新。

第六条 中国籍船舶持有的防治船舶污染海洋环境的证书、文书由国家海事管理机构或者其认可的机构签发;外国籍船舶持有的防治船舶污染海洋环境的证书、文书应当符合中华人民共和国缔结或者加入的国际条约的要求。

第七条 船员应当具有相应的防治船舶污染海洋环境的专业知识和技能,并按照有关法律、行政法规、规章的规定参加相应的培训、考试,持有有效的适任证书或者相应的培训合格证明。

从事有关作业活动的单位应当组织本单位作业人员进行操作技能、设备使用、作业程序、安全防护和应急反应等专业培训,确保作业人员具备相关安全和防治污染的专业知识和技能。

第八条 港口、码头、装卸站和从事船舶修造作业的单位应当按照国家有关标准配备相应的污染监视设施和污染物接收设施。

港口、码头、装卸站以及从事船舶修造、打捞、拆解等有关作业活动的其他单位应当按照国家有关标准配备相应的防治污染设备和器材。

第九条 船舶从事下列作业活动，应当遵守有关法律法规、标准和相关操作规程，落实安全和防治污染措施，并在作业前将作业种类、作业时间、作业地点、作业单位和船舶名称等信息向海事管理机构报告；作业信息变更的，应当及时补报：

（一）在沿海港口进行舷外拷铲、油漆作业或者使用焚烧炉的；

（二）在港区水域内洗舱、清舱、驱气以及排放垃圾、生活污水、残油、含油污水、含有毒有害物质污水等污染物和压载水的；

（三）冲洗沾有污染物、有毒有害物质的甲板的；

（四）进行船舶水上拆解、打捞、修造和其他水上、水下船舶施工作业的；

（五）进行船舶油料供受作业的。

第十条 从事3万载重吨以上油轮的货舱清舱、1万吨以上散装液体污染危害性货物过驳以及沉船打捞、油轮拆解等存在较大污染风险的作业活动的，作业方应当进行作业方案可行性研究，并在作业活动中接受海事管理机构的检查。

第十一条 任何单位和个人发现船舶及其有关作业活动造成或者可能造成海洋环境污染的，应当立即就近向海事管理机构报告。

第三章 船舶污染物的排放与接收

第十二条 在中华人民共和国管辖海域航行、停泊、作业的船舶排放船舶垃圾、生活污水、含油污水、含有毒有害物质污水、废气等污染物以及压载水，应当符合法律、行政法规、有关标准以及中华人民共和国缔结或者加入的国际条约的规定。

船舶在船舶排放控制区内航行、停泊、作业还应当遵守船舶排放控制区大气污染防治控制要求。船舶应当使用低硫燃油或者采取使用岸电、清洁能源、尾气后处理装置等替代措施满足船舶大气排放控制要求。

第十三条　船舶不得向依法划定的海洋自然保护区、海洋特别保护区、海滨风景名胜区、重要渔业水域以及其他需要特别保护的海域排放污染物。

依法设立本条第一款规定的需要特别保护的海域的，应当在适当的区域配套设置船舶污染物接收设施和应急设备器材。

第十四条　船舶应当将不符合第十二条规定排放要求以及依法禁止向海域排放的污染物，排入具备相应接收能力的港口接收设施或者委托具备相应接收能力的船舶污染物接收单位接收。

船舶委托船舶污染物接收单位进行污染物接收作业的，其船舶经营人应当在作业前明确指定所委托的船舶污染物接收单位。

第十五条　船舶污染物接收单位进行船舶垃圾、残油、含油污水、含有毒有害物质污水等污染物接收作业，应当在作业前将作业时间、作业地点、作业单位、作业船舶、污染物种类和数量以及拟处置的方式及去向等情况向海事管理机构报告。接收处理情况发生变更的，应当及时补报。

港口建立船舶污染物接收、转运、处置监管联单制度的，船舶与船舶污染物接收单位应当按照联单制度的要求将船舶污染物接收、转运和处置情况报告有关主管部门。

第十六条　船舶污染物接收作业单位应当落实安全与防污染管理制度。进行污染物接收作业的，应当编制作业方案，遵守国家有关标准、规程，并采取有效的防污染措施，防止污染物溢漏。

第十七条　船舶污染物接收单位应当在污染物接收作业完毕后，向船舶出具污染物接收单证，经双方签字确认并留存至少2年。污染物接收单证上应当注明作业单位名称，作业双方船名，作业开始和结束的时间、地点，以及污染物种类、数量等内容。

船舶应当将污染物接收单证保存在相应的记录簿中。

第十八条　船舶进行涉及污染物处置的作业，应当在相应的记录簿内规范填写、如实记录，真实反映船舶运行过程中产生的污染物数量、处置过程和去向。按照法律、行政法规、国务院交通运输主管部门的规定以及中华人民共和国缔结或者加入的国际条约的要求,不需要配备记录簿的,应当将有关情况在作业当日的航海日志或者轮机日志中如实记载。

船舶应当将使用完毕的船舶垃圾记录簿在船舶上保留 2 年;将使用完毕的含油污水、含有毒有害物质污水记录簿在船舶上保留 3 年。

第十九条 船舶污染物接收单位应当将接收的污染物交由具有国家规定资质的污染物处理单位进行处理,并每月将船舶污染物的接收和处理情况报海事管理机构备案。

第二十条 接收处理含有有毒有害物质或者其他危险成分的船舶污染物的,应当符合国家有关危险废物的管理规定。来自疫区船舶产生的污染物,应当经有关检疫部门检疫处理后方可进行接收和处理。

第二十一条 船舶应当配备有盖、不渗漏、不外溢的垃圾储存容器,或者对垃圾实行袋装。

船舶应当对垃圾进行分类收集和存放,对含有有毒有害物质或者其他危险成分的垃圾应当单独存放。

船舶将含有有毒有害物质或者其他危险成分的垃圾排入港口接收设施或者委托船舶污染物接收单位接收的,应当向对方说明此类垃圾所含物质的名称、性质和数量等情况。

第二十二条 船舶应当按照国家有关规定以及中华人民共和国缔结或者加入的国际条约的要求,设置与生活污水产生量相适应的处理装置或者储存容器。

第四章 船舶载运污染危害性货物及其有关作业

第二十三条 本规定所称污染危害性货物,是指直接或者间接进入水体,会损害水体质量和环境质量,从而产生损害生物资源、危害人体健康等有害影响的货物。

国家海事管理机构应当向社会公布污染危害性货物的名录,

并根据需要及时更新。

第二十四条 船舶载运污染危害性货物进出港口,承运人或者代理人应当在进出港24小时前(航程不足24小时的,在驶离上一港口时)向海事管理机构办理船舶适载申报手续;货物所有人或者代理人应当在船舶适载申报之前向海事管理机构办理货物适运申报手续。

货物适运申报和船舶适载申报经海事管理机构审核同意后,船舶方可进出港口或者过境停留。

第二十五条 交付运输的污染危害性货物的特性、包装以及针对货物采取的风险防范和应急措施等应当符合国家有关标准、规定以及中华人民共和国缔结或者加入的国际条约的要求;需要经国家有关主管部门依法批准后方可载运的,还需要取得有关主管部门的批准。

船舶适载的条件按照《中华人民共和国海事行政许可条件规定》关于船舶载运危险货物的适载条件执行。

第二十六条 货物所有人或者代理人办理货物适运申报手续的,应当向海事管理机构提交下列材料:

(一)货物适运申报单,包括货物所有人或者代理人有关情况以及货物名称、种类、特性等基本信息;

(二)由代理人办理货物适运申报手续的,应当提供货物所有人出具的有效授权证明;

(三)相应的污染危害性货物安全技术说明书,安全作业注意事项、防范和应急措施等有关材料;

(四)需要经国家有关主管部门依法批准后方可载运的污染危害性货物,应当持有有效的批准文件;

(五)交付运输下列污染危害性货物的,还应当提交下列材料:

1. 载运包装污染危害性货物的,应当提供包装和中型散装容器检验合格证明或者压力容器检验合格证明;

2. 使用可移动罐柜装载污染危害性货物的,应当提供罐柜检验合格证明；

3. 载运放射性污染危害性货物的，应当提交放射性剂量证明；

4. 货物中添加抑止剂或者稳定剂的，应当提交抑止剂或者稳定剂的名称、数量、温度、有效期以及超过有效期时应当采取的措施；

5. 载运限量污染危害性货物的，应当提交限量危险货物证明；

6. 载运污染危害性不明货物的，应当提交符合第三十条规定的污染危害性评估报告。

第二十七条 承运人或者代理人办理船舶适载申报手续的，应当向海事管理机构提交下列材料：

（一）船舶载运污染危害性货物申报单，包括承运人或者代理人有关情况以及货物名称、种类、特性等基本信息；

（二）海事管理机构批准的货物适运证明；

（三）由代理人办理船舶适载申报手续的，应当提供承运人出具的有效授权证明；

（四）防止油污证书、船舶适载证书、船舶油污损害民事责任保险或者其他财务保证证书；

（五）载运污染危害性货物的船舶在运输途中发生过意外情况的，还应当在船舶载运污染危害性货物申报单内扼要说明所发生意外情况的原因、已采取的控制措施和目前状况等有关情况，并于抵港后送交详细报告；

（六）列明实际装载情况的清单、舱单或者积载图；

（七）拟进行装卸作业的港口、码头、装卸站。

定船舶、定航线、定货种的船舶可以办理不超过一个月期限的船舶定期适载申报手续。办理船舶定期适载申报手续的，除应当提交本条第一款规定的材料外，还应当提交能够证明固定船舶在固定航线上运输固定污染危害性货物的有关材料。

第二十八条 海事管理机构收到货物适运申报、船舶适载申报后，应当根据第二十五条规定的条件在24小时内作出批准或者不批准的决定；办理船舶定期适载申报的，应当在7日内作出批准或者不批准的决定。

第二十九条 货物所有人或者代理人交付船舶载运污染危害性货物,应当采取有效的防治污染措施,确保货物的包装与标志的规格、比例、色度、持久性等符合国家有关安全与防治污染的要求,并在运输单证上如实注明该货物的技术名称、数量、类别、性质、预防和应急措施等内容。

第三十条 货物所有人或者代理人交付船舶载运污染危害性不明的货物,应当委托具备相应资质的技术机构对货物的污染危害性质和船舶载运技术条件进行评估。

第三十一条 曾经载运污染危害性货物的空容器和运输组件,应当彻底清洗并消除危害,取得由具有国家规定资质的检测机构出具的清洁证明后,方可按照普通货物交付船舶运输。在未彻底清洗并消除危害之前,应当按照原所装货物的要求进行运输。

第三十二条 海事管理机构认为交付船舶载运的货物应当按照污染危害性货物申报而未申报的,或者申报的内容不符合实际情况的,经海事管理机构负责人批准,可以采取开箱等方式查验。

海事管理机构在实施开箱查验时,货物所有人或者代理人应当到场,并负责搬移货物,开拆和重封货物的包装。海事管理机构认为必要时,可以径行开验、复验或者提取货样。有关单位和个人应当配合。

第三十三条 船舶不符合污染危害性货物适载要求的,不得载运污染危害性货物,码头、装卸站不得为其进行装卸作业。

发现船舶及其有关作业活动可能对海洋环境造成污染危害的,码头、装卸站、船舶应当立即采取相应的应急措施,并向海事管理机构报告。

第三十四条 从事污染危害性货物装卸作业的码头、装卸站,应当符合安全装卸和污染物处理的相关标准,并向海事管理机构提交安全装卸和污染物处理能力情况的有关材料。海事管理机构应当将具有相应安全装卸和污染物处理能力的码头、装卸站向社会公布。

载运污染危害性货物的船舶应当在海事管理机构公布的具有相应安全装卸和污染物处理能力的码头、装卸站进行装卸作业。

第三十五条 船舶进行散装液体污染危害性货物过驳作业的,应当符合国家海上交通安全和防治船舶污染海洋环境的管理规定和技术规范,选择缓流、避风、水深、底质等条件较好的水域,远离人口密集区、船舶通航密集区、航道、重要的民用目标或者设施、军用水域,制定安全和防治污染的措施和应急计划并保证有效实施。

第三十六条 进行散装液体污染危害性货物过驳作业的船舶,其承运人、货物所有人或者代理人应当向海事管理机构提交下列申请材料:

(一)船舶作业申请书,内容包括作业船舶资料、联系人、联系方式、作业时间、作业地点、过驳种类和数量等基本情况;

(二)船舶作业方案、拟采取的监护和防治污染措施;

(三)船舶作业应急预案;

(四)对船舶作业水域通航安全和污染风险的分析报告;

(五)与具有相应能力的污染清除作业单位签订的污染清除作业协议。

海事管理机构应当自受理申请之日起2日内根据第三十五条规定的条件作出批准或者不予批准的决定。2日内无法作出决定的,经海事管理机构负责人批准,可以延长5日。

第三十七条 从事船舶油料供受作业的单位应当向海事管理机构备案,并提交下列备案材料:

(一)工商营业执照;

(二)安全与防治污染制度文件、应急预案、应急设备物资清单、输油软管耐压检测证明以及作业人员参加培训情况;

(三)通过船舶进行油料供受作业的,还应当提交船舶相关证书、船上油污应急计划、作业船舶油污责任保险凭证以及船员适任证书;

(四)燃油质量承诺书;从事成品油供受作业的单位应当同时

提交有关部门依法批准的成品油批发或者零售经营的证书。

第三十八条 进行船舶油料供受作业的,作业双方应当采取满足安全和防治污染要求的供受油作业管理措施,同时应当遵守下列规定:

(一)作业前,应当做到:

1.检查管路、阀门,做好准备工作,堵好甲板排水孔,关好有关通海阀;

2.检查油类作业的有关设备,使其处于良好状态;

3.对可能发生溢漏的地方,设置集油容器;

4.供受油双方以受方为主商定联系信号,双方均应切实执行。

(二)作业中,要有足够人员值班,当班人员要坚守岗位,严格执行操作规程,掌握作业进度,防止跑油、漏油;

(三)停止作业时,必须有效关闭有关阀门;

(四)收解输油软管时,必须事先用盲板将软管有效封闭,或者采取其他有效措施,防止软管存油倒流入海。

海事管理机构应当对船舶油料供受作业进行监督检查,发现不符合安全和防治污染要求的,应当予以制止。

第三十九条 船舶燃油供给单位应当如实填写燃油供受单证,并向船舶提供燃油供受单证和燃油样品。燃油供受单证应当包括受油船船名,船舶识别号或国际海事组织编号,作业时间、地点,燃油供应商的名称、地址和联系方式以及燃油种类、数量、密度和含硫量等内容。船舶和燃油供给单位应当将燃油供受单证保存3年,将燃油样品妥善保存1年。

燃油供给单位应当确保所供燃油的质量符合相关标准要求,并将所供燃油送交取得国家规定资质的燃油检测单位检测。燃油质量的检测报告应当留存在作业船舶上备查。

第四十条 船舶应当在出港前将上一航次消耗的燃料种类和数量,主机、辅机和锅炉功率以及运行工况时间等信息按照规定报告海事管理机构。

船舶按照船舶排放控制区要求转换低硫燃油或者采取使用岸

电、清洁能源、尾气后处理装置等替代措施满足船舶大气排放控制要求的，应当按照规定如实记录。

第四十一条 船舶进行下列作业，且作业量超过300吨时，应当采取包括布设围油栏在内的防污染措施，其中过驳作业由过驳作业经营人负责：

（一）散装持久性油类的装卸和过驳作业，但船舶燃油供应作业除外；

（二）比重小于1（相对于水）、溶解度小于0.1%的散装有毒液体物质的装卸和过驳作业；

（三）其他可能造成水域严重污染的作业。

因自然条件等原因，不适合布设围油栏的，应当采取有效替代措施。

第四十二条 载运污染危害性货物的船舶进出港口和通过桥区、交通管制区、通航密集区以及航行条件受限制的区域，或者载运剧毒、爆炸、放射性货物的船舶进出港口，应当遵守海事管理机构的特别规定，并采取必要的安全和防治污染保障措施。

第四十三条 船舶载运散发有毒有害气体或者粉尘物质等货物的，应当采取密闭或者其他防护措施。对有封闭作业要求的污染危害性货物，在运输和作业过程中应当采取措施回收有毒有害气体。

第五章 船舶拆解、打捞、修造和其他水上水下船舶施工作业

第四十四条 禁止采取冲滩方式进行船舶拆解作业。

第四十五条 进行船舶拆解、打捞、修造和其他水上水下船舶施工作业的，应当遵守相关操作规程，并采取必要的安全和防治污染措施。

第四十六条 在进行船舶拆解和船舶油舱修理作业前，作业单位应当将船舶上的残余物和废弃物进行有效处置，将燃油舱、货

油舱中的存油驳出，进行洗舱、清舱、测爆等工作，并按照规定取得船舶污染物接收单证和有效的测爆证书。

船舶燃油舱、货油舱中的存油需要通过过驳方式交付储存的，应当遵守本规定关于散装液体污染危害性货物过驳作业的要求。

修造船厂应当建立防治船舶污染海洋环境管理制度，采取必要防护措施，防止船舶修造期间造成海洋环境污染。

第四十七条 在船坞内进行船舶修造作业的，修造船厂应当将坞内污染物清理完毕，确认不会造成水域污染后，方可沉起浮船坞或者开启坞门。

第四十八条 船舶拆解、打捞、修造或者其他水上水下船舶施工作业结束后，应当及时清除污染物，并将作业全过程产生的污染物的清除处理情况一并向海事管理机构报告，海事管理机构可以视情况进行现场核实。

第六章 法律责任

第四十九条 海事管理机构发现船舶、有关作业单位存在违反本规定行为的，应当责令改正；拒不改正的，海事管理机构可以责令停止作业、强制卸载，禁止船舶进出港口、靠泊、过境停留，或者责令停航、改航、离境、驶向指定地点。

第五十条 违反本规定，船舶的结构不符合国家有关防治船舶污染海洋环境的船舶检验规范或者有关国际条约要求的，由海事管理机构处10万元以上30万元以下的罚款。

第五十一条 违反本规定，船舶、港口、码头和装卸站未配备防治污染设施、设备、器材，有下列情形之一的，由海事管理机构予以警告，或者处2万元以上10万元以下的罚款：

（一）配备的防治污染设施、设备、器材数量不能满足法律、行政法规、规章、有关标准以及我国缔结或者参加的国际条约要求的；

（二）配备的防治污染设施、设备、器材技术性能不能满足法律、行政法规、规章、有关标准以及我国缔结或者参加的国际条约要求的。

第五十二条 违反本规定第九条、第四十条规定,船舶未按照规定将有关情况向海事管理机构报告的,由海事管理机构予以警告;情节严重的,处 2 万元以下的罚款。

第五十三条 违反本规定,船舶未持有防治船舶污染海洋环境的证书、文书的,由海事管理机构予以警告,或者处 2 万元以下的罚款。

第五十四条 违反本规定,船舶向海域排放本规定禁止排放的污染物的,由海事管理机构处 3 万元以上 20 万元以下的罚款。

第五十五条 违反本规定,船舶排放或者处置污染物,有下列情形之一的,由海事管理机构处 2 万元以上 10 万元以下的罚款:

(一)超过标准向海域排放污染物的;

(二)未按照规定在船上留存船舶污染物排放或者处置记录的;

(三)船舶污染物处置记录与船舶运行过程中产生的污染物数量不符合的。

第五十六条 违反本规定,船舶污染物接收单位进行船舶垃圾、残油、含油污水、含有毒有害物质污水等污染物接收作业,未编制作业方案、遵守相关操作规程、采取必要的防污染措施的,由海事管理机构处 1 万元以上 5 万元以下的罚款;造成海洋环境污染的,处 5 万元以上 25 万元以下的罚款。

第五十七条 违反本规定,船舶、船舶污染物接收单位接收处理污染物,有下列第(一)项情形的,由海事管理机构予以警告,或者处 2 万元以下的罚款;有下列第(二)项、第(三)项情形的,由海事管理机构处 2 万元以下的罚款:

(一)船舶未如实记录污染物处置情况的;

(二)船舶污染物接收单位未按照规定向海事管理机构报告船舶污染物接收情况,或者未按照规定向船舶出具污染物接收单证的;

（三）船舶污染物接收单位未按照规定将船舶污染物的接收和处理情况报海事管理机构备案的。

第五十八条 违反本规定，未经海事管理机构批准，船舶载运污染危害性货物进出港口、过境停留的，由海事管理机构对其承运人、货物所有人或者代理人处1万元以上5万元以下的罚款；未经海事管理机构批准，船舶进行散装液体污染危害性货物过驳作业的，由海事管理机构对船舶处1万元以上5万元以下的罚款。

第五十九条 违反本规定，有下列第（一）项情形的，由海事管理机构予以警告，或者处2万元以上10万元以下的罚款；有下列第（二）项、第（三）项、第（四）项情形的，由海事管理机构处2万元以上10万元以下的罚款：

（一）船舶载运的污染危害性货物不具备适运条件的；

（二）载运污染危害性货物的船舶不符合污染危害性货物适载要求的；

（三）载运污染危害性货物的船舶未在具有相应安全装卸和污染物处理能力的码头、装卸站进行装卸作业的；

（四）货物所有人或者代理人未按照规定对污染危害性不明的货物进行污染危害性评估的。

第六十条 违反本规定，有下列情形之一的，由海事管理机构处2000元以上1万元以下的罚款：

（一）船舶未按照规定保存污染物接收单证的；

（二）船舶油料供受单位未如实填写燃油供受单证的；

（三）船舶油料供受单位未按照规定向船舶提供燃油供受单证和燃油样品的；

（四）船舶和船舶油料供受单位未按照规定保存燃油供受单证和燃油样品的。

船舶油料供给单位未按照有关安全和防治污染规范要求从事供受油作业，或者所提供的船舶油料超标的，由海事管理机构要求整改，并通报有关主管部门。

第六十一条 违反本规定，进行船舶水上拆解、旧船改装、打捞和其他水上水下船舶施工作业，造成海洋环境污染损害的，由海事管理机构予以警告，或者处5万元以上20万元以下的罚款。

第七章　附　　则

第六十二条　军事船舶以及国务院交通运输主管部门所辖港区水域外渔业船舶污染海洋环境的防治工作，不适用本规定。

第六十三条　本规定自2011年2月1日起施行。

交通运输部关于修改《中华人民共和国高速客船安全管理规则》的决定

交通运输部令 2017 年第 17 号　2017.05.23

交通运输部决定对《中华人民共和国高速客船安全管理规则》(交通部令 2006 年第 4 号)作如下修改:

一、将第四条中的"《国内船舶运输经营资质管理规定》"修改为"《国内水路运输管理规定》"。

二、将第二十六条第一款修改为:"高速客船应当按规定办理进出港口手续。国内航行的高速客船应当按规定办理进出港报告手续。国际航行的高速客船可申请不超过 7 天的定期进出口岸许可证。"

三、将第二十八条中的"交通部"修改为"交通运输部"。

四、删去第三十四条。

条文序号作相应调整。

本决定自 2017 年 5 月 23 日起施行。

《中华人民共和国高速客船安全管理规则》根据本决定作相应修正,重新发布。

中华人民共和国高速客船安全管理规则

(2006年2月24日交通部发布,根据2017年5月23日交通运输部《关于修改〈中华人民共和国高速客船安全管理规则〉的决定》修正)。

第一章　总　　则

第一条　为加强对高速客船的安全监督管理,维护水上交通秩序,保障人命财产安全,依据《中华人民共和国海上交通安全法》《中华人民共和国内河交通安全管理条例》等有关法律和行政法规,制定本规则。

第二条　本规则适用于在中华人民共和国通航水域航行、停泊和从事相关活动的高速客船及船舶所有人、经营人和相关人员。

第三条　中华人民共和国海事局是实施本规则的主管机关。

各海事管理机构负责在本辖区内实施本规则。

第二章　船　公　司

第四条　经营高速客船的船公司应满足《国内水路运输管理规定》的要求,取得相应的经营资质。

第五条　船公司从境外购置或光租的二手外国籍高速客船应满足《老旧运输船舶管理规定》的要求。

第六条　船公司在高速客船开始营运前,应以手册形式编制下列资料和指南:

(一)航线运行手册;

(二)船舶操作手册;

(三)船舶维修及保养手册；

(四)培训手册。

上述各项手册所应包含的内容由主管机关确定。

第七条 经营高速客船的船公司应当建立适合高速客船营运特点的安全管理制度,包括为防止船员疲劳的船员休息制度。

第三章 船 舶

第八条 高速客船须经船舶检验合格,并办理船舶登记手续,持有有效的船舶证书。

第九条 高速客船投入营运前,应向主要营运地的海事管理机构申请办理《高速客船操作安全证书》。

申请办理《高速客船操作安全证书》,应提交下列资料：

(一)船舶检验证书；

(二)船舶所有权证书和船舶国籍证书；

(三)船员适任证书和特殊培训合格证；

(四)航线运行手册；

(五)船舶操作手册；

(六)船舶维修及保养手册；

(七)培训手册；

(八)法律、法规规定的其他资料。

海事管理机构对经审核符合要求的,予以签发《高速客船操作安全证书》。高速客船取得该证书后方可投入营运。

高速客船应随船携带最新的适合于本船的航线运行手册、船舶操作手册、船舶维修及保养手册和培训手册。

第十条 高速客船必须按规定要求配备号灯、号型、声响信号、无线电通信设备、消防设备、救生设备和应急设备等。高速客船上所有的设备和设施均应处于完好备用状态。

第四章 船 员

第十一条 在高速客船任职的船员应符合下列要求：

（一）经主管机关认可的基本安全培训并取得培训合格证，其中船长、驾驶员、轮机长、轮机员以及被指定为负有安全操作和旅客安全职责的普通船员还必须通过主管机关认可的特殊培训并取得特殊培训合格证。

（二）船长、驾驶员、轮机长、轮机员按规定持有相应的职务适任证书。

（三）取得高速客船船员职务适任证书者，在正式任职前见习航行时间不少于10小时和20个单航次。

（四）男性船长、驾驶员的年龄不超过60周岁，女性船长、驾驶员的年龄不超过55周岁。

在非高速客船上任职的船员申请高速客船船长、大副、轮机长职务适任证书时的年龄不超过45周岁。

（五）船长、驾驶员的健康状况，尤其是视力、听力和口语表达能力应符合相应的要求。

第十二条 主管机关授权的海事管理机构负责高速客船船员的培训管理和考试、发证工作。有关培训、考试、发证的规定由主管机关颁布实施。

第十三条 高速客船应向办理船舶登记手续的海事管理机构申领最低安全配员证书。高速客船的最低配员标准应满足本规则附录的要求。

第十四条 高速客船驾驶人员连续驾驶值班时间不得超过两个小时，两次驾驶值班之间应有足够的间隔休息时间，具体由当地海事管理机构确定。

第五章 航行安全

第十五条 高速客船航行时应使用安全航速，以防止发生碰撞和浪损。高速客船进出港口及航经特殊航段时，应遵守当地海事管理机构有关航速的规定。

高速客船在航时，须显示黄色闪光灯。

第十六条　高速客船在航时,值班船员必须在各自岗位上严格按职责要求做好安全航行工作。驾驶台负责了望的人员必须保持正规的了望。无关人员禁止进入驾驶台。

第十七条　高速客船在港口及内河通航水域航行时,应主动让清所有非高速船舶。高速客船在海上航行及高速客船与其他高速船舶之间避让时,应按避碰规则的规定采取措施。高速客船在特殊航段航行时,应遵守海事管理机构公布的特别航行规定。

第十八条　海事管理机构认为必要时可为高速客船推荐或指定航路。高速客船必须遵守海事管理机构有关航路的规定。

第十九条　遇有恶劣天气或能见度不良时,海事管理机构可建议高速客船停航。

第二十条　高速客船应按规定的乘客定额载客,禁止超载。高速客船禁止在未经批准的站、点上下旅客。

第六章　安全保障

第二十一条　高速客船应在专用的码头上下旅客,如需使用非专用码头时,应经海事管理机构审核同意。

第二十二条　高速客船应靠泊符合下列条件的码头:

(一)满足船舶安全靠泊的基本要求;

(二)高速客船靠泊时不易对他船造成浪损;

(三)避开港口通航密集区和狭窄航段;

(四)上下旅客设施符合安全条件;

(五)夜间有足够的照明;

(六)冬季有采取防冻防滑的安全保护措施。

第二十三条　高速客船对旅客携带物品应有尺度和数量限制,旅客的行李物品不得堵塞通道。严禁高速客船载运或旅客携带危险物品。

第二十四条　高速客船应每周进行一次应急消防演习和应急撤离演习,并做好演习记录;每次开航前,应向旅客讲解有关安全须知。

第二十五条 高速客船应建立开航前安全自查制度，制定开航前安全自查表并进行对照检查，海事管理机构可对开航前安全自查表进行监督抽查。

第二十六条 高速客船应当按规定办理进出港口手续。国内航行的高速客船应当按规定办理进出港报告手续。国际航行的高速客船可申请不超过7天的定期进出口岸许可证。

高速客船不得夜航。但航行特殊水域的高速客船确需夜航的，应当向当地海事管理机构申请船舶进出港口许可，经批准后方可夜航。

第二十七条 高速客船发生交通事故、遇险或人员落水，应采取措施积极自救，并立即向就近海事管理机构报告。

第七章 法律责任

第二十八条 违反本规定的，由海事管理机构依照有关法律、行政法规以及交通运输部的有关规定进行处罚。

第二十九条 高速客船违反本规则经海事管理机构处罚仍不改正的，海事管理机构可责令其停航。

第三十条 海事管理机构工作人员违反规定，滥用职权，玩忽职守，给人民生命财产造成损失的，由所在单位或上级主管机关给予行政处分；构成犯罪的，依法追究其刑事责任。

第八章 附则

第三十一条 本规则所述“高速客船”系指载客12人以上，最大航速(米/秒)等于或大于以下数值的船舶：$3.7\nabla^{0.1667}$，式中“▽”系指对应设计水线的排水体积(米^3)。但不包括在非排水状态下船体由地效应产生的气动升力完全支承在水面上的船舶。

本规则所述“船公司”系指船舶所有人、经营人或者管理人以及其他已从船舶所有人处接受船舶的营运责任并承担船舶安全与防污染管理的所有义务和责任的组织。

第三十二条 外国籍高速客船不适用本规则第二、三、四章的规定,但应满足船旗国主管当局的要求。

第三十三条 本规则未尽事宜,按国家其他有关法规和我国加入的国际公约执行。

第三十四条 本规则自 2006 年 6 月 1 日起施行。交通部 1996 年 12 月 24 日发布的《中华人民共和国高速客船安全管理规则》(交通部令 1996 年第 13 号)同时废止。

附录

高速客船最低安全配员

一、沿海及国际航线

安全配员	$P<200$ 人	$P\geqslant200$ 人
$T<2H$	船长 1 人　轮机长 1 人 驾驶员 1 人　轮机员 1 人 普通船员 1 人	船长 1 人　轮机长 1 人 驾驶员 1 人　轮机员 1 人 普通船员 2 人
$2H\leqslant T<4H$	船长 1 人　轮机长 1 人 驾驶员 1 人　轮机员 1 人 普通船员 2 人	船长 1 人　轮机长 1 人 驾驶员 1 人　轮机员 1 人 普通船员 3 人
$T\geqslant4H$	船长 1 人　轮机长 1 人 驾驶员 2 人　轮机员 1 人 普通船员 2 人	船长 1 人　轮机长 1 人 驾驶员 2 人　轮机员 1 人 普通船员 3 人

注:1. 普通船员中应至少有 1 人为水手。

2. 客运部和无线电人员的配员参照《中华人民共和国船舶最低安全配员规则》的海船最低安全配员表进行核定。

3. T——单航次航行时间　P——载客定额　H——小时

二、内河航线

安全配员	$P<200$ 人	$P\geqslant200$ 人
$T<2H$	船长 1 人　轮机员 1 人 驾驶员 1 人	船长 1 人　轮机长 1 人 驾驶员 1 人　普通船员 1 人
$2H\leqslant T<4H$	船长 1 人　轮机员 1 人 驾驶员 1 人　普通船员 1 人	船长 1 人　轮机长 1 人 驾驶员 1 人　普通船员 2 人
$T\geqslant4H$	船长 1 人　轮机长 1 人 驾驶员 2 人　轮机员 1 人 普通船员 2 人	船长 1 人　轮机长 1 人 驾驶员 2 人　轮机员 1 人 普通船员 2 人

注:1. 普通船员中应至少有 1 人为水手。

2. 客运部的配员参照《中华人民共和国船舶最低安全配员规则》的内河船舶最低安全配员表进行核定。

3. T——单航次航行时间　P——载客定额　H——小时

交通运输部关于修改《海上滚装船舶安全监督管理规定》的决定

交通运输部令 2017 年第 18 号　2017.05.23

交通运输部决定对《海上滚装船舶安全监督管理规定》(交通部令 2002 年第 1 号)作如下修改：

一、将第二十六条第二款修改为："滚装船舶按本条前款规定完成检查并确认符合有关安全要求时，由船长签署《船长开航前声明》(见附件二)，《船长开航前声明》与《滚装船舶车辆安全装载记录》应当在船上至少保存 2 年。"

二、删去第四十七条第二款、第三款。新增一款作为第二款："海事管理机构应当在滚装船舶开航前进行现场监督检查，短途固定航线的滚装船舶每天至少进行一次现场监督检查。"

三、将第四十八条修改为："滚装船舶有下列情形之一的，海事管理机构应当责令立即纠正或者开航前纠正，并按照相关法律、行政法规和规章的规定予以处罚：

(一)不符合安全适航条件；

(二)船员不符合本规定第三章的有关要求；

(三)滚装货船载客不符合要求的；

(四)没有按照安全管理体系进行有效运转；

(五)未按《中华人民共和国海船船员值班规则》实施值班。"

四、将条文中所有的"交通部"统一修改为"交通运输部"，"交通主管部门"统一修改为"交通运输主管部门"。

本决定自 2017 年 5 月 23 日起施行。

《海上滚装船舶安全监督管理规定》根据本决定作相应修正，重新发布。

海上滚装船舶安全监督管理规定

（2002 年 5 月 30 日交通部发布，根据 2017 年 5 月 23 日交通运输部《关于修改〈海上滚装船舶安全监督管理规定〉的决定》修正）

第一章　总　　则

第一条　为了加强海上滚装船舶安全监督管理，保障海上人命和财产安全，根据有关法律和行政法规，制定本规定。

第二条　本规定适用于中华人民共和国管辖海域内滚装船舶（以下简称“滚装船舶”）的安全监督管理活动。

第三条　本规定下列用语的含义是：

（一）“滚装船舶”，是指具有滚装装货处所或者装车处所的船舶，包括滚装客船和滚装货船。

（二）“滚装客船”，是指具有乘客定额证书且核定乘客定额（包括车辆驾驶员）12 人以上的滚装船舶。

（三）“滚装货船”，是指滚装客船以外的、且核定乘客定额（包括车辆驾驶员）11 人以下的其他滚装船舶。

（四）“装货处所”，是指滚装船舶内可供滚装方式装载货物的处所，以及通往该处所的围壁通道。

（五）“装车处所”，是指滚装船舶的有隔离舱壁的甲板以上或者甲板以下用作装载机动车、非机动车并可以让车辆进出的围蔽处所。

第四条　各级海事管理机构依据有关法律、行政法规和本规定具体负责滚装船舶安全监督管理工作。

第二章　滚装船舶运输经营人

第五条　从事滚装船舶运输的经营人（以下简称“滚装船舶经营人”）及其他从业人员，应当根据国家有关规定，取得相应的从业资质。

第六条　滚装客船经营人应当加强对滚装船舶的安全管理，根据国家有关规定建立和不断完善安全管理体系，并经海事管理机构审核认可，取得安全管理体系符合证明。

第七条　滚装船舶经营人应当综合考虑滚装船舶的技术状况、航区自然环境、航行时间和航线特点等因素，提出滚装船舶安全开航限制条件，申请国家海事管理机构认可的船舶检验机构核准，并报船籍港、船舶服务航线的始发港和目的港海事管理机构备案。

滚装船舶经营人应当严格执行滚装船舶安全开航限制条件，合理调度和使用滚装船舶。

第八条　滚装船舶经营人应当综合考虑滚装船舶车辆舱的承载能力、系固能力，确定承运车辆的最大重量和尺度，以及可以承运的车载货物品种，并报国家海事管理机构认可的船舶检验机构核定。

第九条　滚装船舶经营人应当制定滚装船舶系固手册，明确滚装船舶系固的具体方案和要求，并报滚装船舶经营人所在地、船籍港所在地的海事管理机构和港口主管部门备案。

第十条　滚装船舶经营人应当制定滚装船舶艏部、艉部及侧面水密门安全操作程序，并指定专人负责滚装船舶艏部、艉部及侧面水密门的开启和关闭。

第十一条　滚装船舶经营人应当在经营滚装船舶的公共场所用明显标志标明消防、救生演示图，滚装船舶应急通道及有关应急措施，并为滚装船舶配备适量的消防、救生手册，供司机、旅客阅览。

第十二条 滚装船舶经营人应当制定航行、停泊和作业巡检制度，明确巡检范围、巡检程序、安全隐患报告程序和处理应急情况措施以及巡检人员的岗位责任。

第十三条 滚装船舶经营人应当定期组织滚装船舶进行应急演习。其中滚装客船每月不得少于 2 次，滚装货船每月不得少于 1 次。

第十四条 滚装船舶经营人应当根据国家有关规定，配备足够的并持有有效适任证书或者证件的船员，不得使用不合格的船员。

第十五条 滚装船舶经营人应当加强对船员的技术培训和安全教育，不得指使、强令船员违规作业。

第十六条 滚装船舶经营人应当确保船长在滚装船舶安全与防污染方面有独立决策的权力。

第三章 滚装船舶、船员

第十七条 滚装客船应当持有安全管理证书和本规定第六条规定的安全管理体系符合证明副本，并配备航行数据记录仪。

滚装船舶应当按照《船舶与海上设施法定检验技术规则》《船舶消防管理和检验技术要求》等有关技术标准，配备足够的消防设备和救生设备。

第十八条 滚装船舶应当经常检查、维护和保养船舶疏排水系统、电路系统、应急系统、救生系统和消防系统等，确保其处于良好的技术状态。

第十九条 滚装船舶应当对装车处所进行有效通风和通风控制，并根据具体情况对特种处所规定每小时换气次数。

第二十条 滚装船舶的装车处所应当用明显标志标明车辆装载位置，并对车辆装载位置进行编号。

滚装船舶应当严格控制货载分布，保持装载平衡。

第二十一条 滚装船舶不得承运不具备安全运输条件的

车辆。

滚装船舶积载车辆应当符合船舶检验机构核定的车辆舱的承载能力、装载尺度,并按滚装船舶系固手册系固车辆。

滚装船舶进行水路滚装运输,吃水不得超过核定的载重线。

第二十二条 滚装船舶装载车辆,应当指定专人对车辆装载的安全状况进行检查,填写《滚装船舶车辆安全装载记录》(见附件一),并随船保留,以备查验。

第二十三条 滚装船舶不得承运下列货物:

(一)不符合国家有关规定的货物;

(二)不符合滚装船舶经营人制定的车辆积载和系固手册的货物。

第二十四条 滚装船舶载运危险货物或者装载危险货物的车辆,应当按照有关规定向海事管理机构等部门申报。

禁止滚装客船载运任何危险货物。

第二十五条 滚装客船应当在明显位置标明乘客定额和客舱处所。

严禁滚装客船超额出售客票。

禁止在滚装船舶的船员起居处、车辆舱、安全通道及其他非客舱处所载运旅客。

第二十六条 滚装船舶开航前,应当按照《海上运输船舶安全开航技术要求》和滚装船舶艏部、艉部及侧面水密门安全操作程序,对所装载的旅客、货物、车辆情况及滚装船舶的安全设备、艏部、艉部、侧面水密门等情况进行全面检查,并如实记录。

滚装船舶按本条前款规定完成检查并确认符合有关安全要求时,由船长签署《船长开航前声明》(见附件二),《船长开航前声明》与《滚装船舶车辆安全装载记录》应当在船上至少保存2年。

第二十七条 滚装船舶开航后,应当立即向司机、旅客说明消防、救生手册所处位置和滚装船舶应急通道及有关应急措施。

滚装船舶在航行中应当加强巡检。如发现安全隐患,应当及时采取有效措施予以消除;不能及时消除的,应当向滚装船舶经营人报告。必要时,还应当向海事管理机构报告。

第二十八条 遇有不符合滚装船舶安全开航限制条件的大风、大浪等恶劣天气和海况,滚装船舶不得开航。

滚装船舶在航行中遭遇大风浪等恶劣气候和海况时,应当谨慎操纵和作业,加强巡查,加固货物、车辆,防止货物、车辆位移或者碰撞,并及时向滚装船舶经营人和海事管理机构报告有关情况。

第二十九条 滚装客船的船员应当按照《中华人民共和国客船、滚装客船船员特殊培训、考试和发证办法》及其他有关规定,经过相应的专门培训,并经海事管理机构考试合格,取得相应的适任证书或者证件的签注后,方可上船任职。滚装客船的高级船员还应当符合下列相应条件:

(一)滚装客船的船长、大副,具备在相应等级的滚装船舶实际担任船长、大副不少于12个月,或者在相应等级的海船实际担任船长、大副不少于24个月;

(二)滚装客船的轮机长、轮机员和其他驾驶员,具备在相应等级的海船实际担任相应职务不少于12个月。

第三十条 滚装船舶的船员,应当熟悉滚装船舶安全管理体系,掌握相关的安全操作程序。

滚装船舶的船员,应当熟悉滚装船舶的救生和消防设备配备情况和使用方法,熟悉滚装船舶应急反应程序和应急措施。

滚装船舶的船员值班,应当严格遵守《中华人民共和国海船船员值班规则》。

第四章 滚装船舶检验

第三十一条 建造或者改建滚装船舶,应当遵守国家有关规定,并向国家海事管理机构认可的船舶检验机构申请建造检验。

第三十二条 购买外国籍滚装船舶或者以光船租赁条件租赁外国籍滚装船舶改为中国籍滚装船舶从事滚装运输,应当符合国家有关规定和交通运输部关于老旧船舶的管理规定,并向国家海事管理机构认可的船舶检验机构申请初次检验。

第三十三条 滚装船舶投入使用后,应当按照国家有关规定向国家海事管理机构认可的船舶检验机构申请定期检验。

第三十四条 滚装船舶达到国家规定的特别定期检验的船龄,继续从事滚装运输的,应当向国家海事管理机构认可的船舶检验机构申请特别定期检验。

第三十五条 滚装船舶有下列情形之一的,应当及时申请临时检验:

(一)发生水上交通事故,影响适航性能的;

(二)改变船舶检验证书所限定的用途或航区的;

(三)原有船舶检验证书失效的;

(四)涉及船舶安全的修理或者改装;

(五)法律、行政法规和交通运输部规章规定的其他情形。

海事管理机构发现滚装船舶技术状况可能影响海上交通安全,应当责成滚装船舶所有人或者经营人向国家海事管理机构认可的船舶检验机构申请临时检验。

第三十六条 滚装船舶使用的有关海上交通安全的重要设备、部件和材料,应当向国家海事管理机构认可的船舶检验机构申请检验。

第三十七条 船舶检验机构实施滚装船舶有关检验时,应当注重对下列事项予以测定或者核定:

(一)滚装船舶船艏、船艉和侧面水密门的性能;

(二)滚装船舶车辆舱的承载能力,包括最大重量和尺度;

(三)滚装船舶装车处所、客舱等重要部位的消防系统和电路系统;

(四)滚装船舶系索、地铃、天铃及其他系固附属设备的最大系固负荷;

(五)滚装船舶车辆和货物系固手册;

(六)滚装船舶安全开航限制条件;

(七)滚装船舶救生系统和应急系统;

（八）法律、行政法规和交通运输部规章规定的其他应当重点检验的事项。

第三十八条 滚装船舶经检验合格后，由船舶检验机构签发相应的船舶检验证书。

未按规定申请检验或者经检验不合格的滚装船舶，不得继续从事滚装运输。

第三十九条 禁止使用已经报废的滚装船舶从事滚装旅客、货物运输。

第五章 车辆、货物和乘客

第四十条 车辆搭乘滚装船舶，应当出示车辆行驶证和驾驶证，并填写滚装船舶车辆安全装载记录，如实申报车辆及其装载货物的名称、性质、重量和体积等情况。

第四十一条 搭乘滚装船舶的车辆，应当处于良好技术状态。

制动、转向系统不良或者有其他影响安全行驶故障的车辆不得搭乘滚装船舶。

第四十二条 搭乘滚装船舶的车辆，应当对所载货物绑扎牢固，适合水路滚装运输。

第四十三条 搭乘滚装船舶的车辆，应当按指定的区域、类型和抵达港口先后次序排队停放，等候装船。

第四十四条 车辆驶上或者驶离船舶时，应当听从港口管理人员、滚装船舶船员的指挥，采用安全速度按顺序行驶。

车辆进入船舱指定的车位后，司机应当关闭发动机，使车辆处于制动状态。

第四十五条 客车搭乘滚装客船，应当让乘客先下车后，方可驶上滚装客船。

滚装客船到达目的港，应当让乘客先下滚装客船，待客车驶离滚装客船后，乘客方可上车。

第四十六条 滚装船舶在航行中，司机和旅客不得留在车内，也不得在装货处所和装车处所走动、停留。

第六章　监督检查

第四十七条　海事管理机构应当依法履行职责，加强对滚装船舶安全的日常监督检查和定期监督检查。

海事管理机构应当在滚装船舶开航前进行现场监督检查，短途固定航线的滚装船舶每天至少进行一次现场监督检查。

第四十八条　滚装船舶有下列情形之一的，海事管理机构应当责令立即纠正或者开航前纠正，并按照相关法律、行政法规和规章的规定予以处罚：

（一）不符合安全适航条件；

（二）船员不符合本规定第三章的有关要求；

（三）滚装货船载客不符合要求的；

（四）没有按照安全管理体系进行有效运转；

（五）未按《中华人民共和国海船船员值班规则》实施值班；

第四十九条　海事管理机构对滚装船舶安全情况实施定期监督检查，至少每3个月进行一次。

第五十条　海事管理机构对滚装船舶实施定期监督检查，应当进入滚装船舶和经营场所，重点检查以下内容：

（一）滚装船舶重要安全设备的技术状态；

（二）滚装船舶配员情况；

（三）滚装船舶装载情况；

（四）滚装船舶经营人及其船舶安全管理体系运转情况；

（五）滚装船舶安全应急措施；

（六）滚装船舶船长、船员的应急应变能力。

第五十一条　海事管理机构发现滚装船舶有安全隐患，应当责令滚装船舶经营人立即消除或者限期消除；不立即消除或者逾期不消除的，应当依法采取责令临时停航、改航、禁止离港等强制性措施。

海事管理机构发现滚装船舶船长、船员的任职资格和安全操作技能不符合国家有关规定，应当责令滚装船舶经营人调换船长、船员。

第五十二条 县级以上人民政府交通运输主管部门对滚装船舶旅客售票情况和车辆办理情况等进行检查，不符合国家有关规定的，应当责令其改正。

第五十三条 海事管理机构和县级以上人民政府交通运输主管部门依法对滚装船舶监督检查和安全管理，任何单位和个人不得拒绝、阻挠或者隐瞒有关情况。

第七章 罚 则

第五十四条 违反本规定有关海上交通安全管理的规定，由海事管理机构按照有关法律、行政法规和交通运输部规章给予行政处罚。

第五十五条 违反本规定，超额出售客票的，由交通运输主管部门处以30000元以下的罚款。

第五十六条 违反本规定，车辆搭乘滚装船舶不按规定办理有关手续，或者采取欺骗方式使不适于滚装船舶装载的车辆、货物搭乘滚装船舶，或者不听从港口管理人员指挥的，由交通运输主管部门处以30000元以下的罚款。

第五十七条 海事管理机构、交通运输主管部门的工作人员滥用职权、徇私舞弊、玩忽职守等严重失职的，由所在单位或者上级机关给予行政处分；构成犯罪的，依法追究刑事责任。

第八章 附 则

第五十八条 本规定自2002年7月1日起施行。

附件1

滚装船舶车辆安全装载记录

<table>
<tr><td rowspan="7">托运人</td><td>姓名或名称</td><td></td><td>住址</td><td></td><td>电话</td><td></td></tr>
<tr><td colspan="2">车辆行驶证号</td><td colspan="2"></td><td>驾驶证号码</td><td></td></tr>
<tr><td colspan="2">车号</td><td colspan="2"></td><td>车辆类型</td><td></td></tr>
<tr><td colspan="2">装载货物后总尺度</td><td colspan="2">长： 宽： 高：</td><td>车辆总重</td><td></td></tr>
<tr><td colspan="2">货物名称</td><td colspan="2"></td><td>货物性质</td><td></td></tr>
<tr><td colspan="2">拟乘船名称</td><td colspan="2"></td><td>拟离港时间</td><td></td></tr>
<tr><td colspan="6">兹声明：
上述内容已经按规则准确填写，车载货物中无经营人公告不予承运的货物，未装载危险货物或夹带危险品，车辆及车载货物绑扎牢固，以上申报准确无误。

申报人：
年 月 日</td></tr>
<tr><td>港口验收情况</td><td colspan="6">验收时间： 验收员：</td></tr>
<tr><td>经营人验收情况</td><td colspan="6">验收时间： 验收员：</td></tr>
<tr><td>其他情况</td><td colspan="6"></td></tr>
</table>

注：1. 此申报单随车辆运转，最后由船方保存，并随时接受管理部门检查。

2. 此申报单应向船舶始发港或车辆装船港的海事管理机构备案。

附件2

船长开航前声明

__________海事局:

本轮________航次于______年____月____日在________港________码头/泊位装载________车辆________辆,载客________名,载货________吨,船员______名,开往________港。

兹声明如下:

依据________气象预报和/或________气象传真分析,预报风力未超过本轮核定的安全适航风级;

船舶未超载且未装载危险货物或夹带危险品;

车辆符合公安部门的装载规定和经营人公布的安全装载要求;

船上救生、消防设备业经检查、测试,处于有效和良好状态;

所载车辆均安全积载和系固;

本轮已制定了在紧急情况下的反应计划和措施。

________轮(印章)

船长(签名)________

______年____月____日

交通运输部关于修改《中华人民共和国海事行政许可条件规定》的决定

交通运输部令2017年第19号　2017.05.23

交通运输部决定对《中华人民共和国海事行政许可条件规定》(交通运输部令2016年第73号)作如下修改:

一、删去第十六条、第二十条、第二十一条。

二、删去第二十七条中的"引航员"。

条文序号作相应调整。

本决定自2017年5月23日起施行。

《中华人民共和国海事行政许可条件规定》根据本决定作相应修正,重新发布。

中华人民共和国海事行政许可条件规定

（2015年5月29日交通运输部发布，根据2016年9月2日交通运输部《关于修改〈中华人民共和国海事行政许可条件规定〉的决定》第一次修正，根据2017年5月23日交通运输部《关于修改〈中华人民共和国海事行政许可条件规定〉的决定》第二次修正）

第一章　总　　则

第一条　为依法实施海事行政许可，维护海事行政许可各方当事人的合法权益，根据《中华人民共和国行政许可法》和有关海事管理的法律、行政法规以及中华人民共和国缔结或者加入的有关国际海事公约，制定本规定。

第二条　申请及受理、审查、决定海事行政许可所依照的海事行政许可条件，应当遵守本规定。

本规定所称海事行政许可，是指依据有关水上交通安全、防治船舶污染水域等海事管理的法律、行政法规、国务院决定设定的，由海事管理机构实施，或者由交通运输部实施、海事管理机构具体办理的行政许可。

第三条　海事管理机构在审查、决定海事行政许可时，不得擅自增加、减少或者变更海事行政许可条件。不符合本规定相应条件的，不得做出准予的海事行政许可决定。

第四条　海事行政许可条件应当按照《交通行政许可实施程序规定》予以公示。申请人要求对海事行政许可条件予以说明的，海事管理机构应当予以说明。

第五条　国家海事管理机构应当根据海事行政许可条件，统一明确申请人应当提交的材料。有关海事管理机构应当将材料目录予以公示。

申请人申请海事行政许可时,应当按照规定提交申请书和相关的材料,并对所提交材料的真实性和有效性负责。

申请变更海事行政许可、延续海事行政许可期限的,申请人可以仅就发生变更的事项或者情况提交相关的材料;已提交过的材料情况未发生变化的可以不再提交。

第二章　海事行政许可条件

第六条　通航水域岸线安全使用许可的条件:

(一)涉及使用岸线的工程、作业、活动已完成可行性研究;

(二)已经岸线安全使用的技术评估,符合水上交通安全的技术规范和要求;

(三)对影响水上交通安全的因素,已制定足以消除影响的措施。

第七条　通航水域水上水下活动许可的条件:

(一)水上水下活动已依法办理了其他相关手续;

(二)水上水下活动的单位、人员、船舶、设施符合安全航行、停泊和作业的要求;

(三)已制定水上水下活动的方案,包括起止时间、地点和范围、进度安排等;

(四)对安全和防污染有重大影响的,已通过通航安全评估;

(五)已建立安全、防污染的责任制,并已制定符合水上交通安全和防污染要求的保障措施和应急预案。

第八条　打捞或者拆除沿海水域内沉船沉物审批的条件:

(一)参与打捞或者拆除的单位、人员具备相应能力;

(二)已依法签订沉船沉物打捞或者拆除协议;

(三)从事打捞或者拆除作业的船舶、设施符合安全航行、停泊和作业的要求;

(四)已制定打捞或者拆除作业计划和方案,包括起止时间、地点和范围、进度安排等；

（五）对安全和防污染有重大影响的，已通过通航安全评估；

（六）已建立安全和防污染责任制，并已制定符合水上交通安全和防污染要求的措施和应急预案。

第九条 沿海水域划定禁航区和安全作业区审批的条件：

（一）就划定水域的需求，有明确的事实和必要的理由；

（二）符合附近军用或者重要民用目标的保护要求；

（三）对水上交通安全和防污染有重大影响的，已通过通航安全和环境影响技术评估；

（四）用于设置航路和锚地的水域已进行勘测或者测量，水域的底质、水文、气象等要素满足通航安全的要求；

（五）符合水上交通安全与防污染要求，并已制定安全、防污染措施。

第十条 船舶进入或者穿越禁航区许可的条件：

（一）有因人命安全、防污染、保安等特殊需要进入和穿越禁航区的明确事实和必要理由；

（二）禁航区的安全和防污染条件适合船舶进入或者穿越；

（三）船舶满足禁航区水上交通安全和防污染的特殊要求，并已制定保障安全、防治污染和保护禁航区的措施和应急预案；

（四）进入或者穿越军事禁航区的，已经军事主管部门同意。

第十一条 大型设施、移动式平台、超限物体水上拖带审批的条件：

（一）确有拖带的需求和必要的理由；

（二）拖轮适航、适拖，船员适任；

（三）海上拖带已经拖航检验，在内河拖带超限物体的，已通过安全技术评估；

（四）已制定拖带计划和方案，有明确的拖带预计起止时间和地点及航经的水域；

（五）满足水上交通安全和防污染要求，并已制定保障水上交通安全、防污染的措施以及应急预案。

第十二条 外国籍船舶或飞机入境从事海上搜救审批的条件：

（一）入境是出于海上人命搜寻救助的目的；

（二）有明确的搜救计划、方案，包括时间、地点、范围以及投入搜救的船舶与飞机的基本情况；

（三）派遣的搜救飞机和船舶如为军用的，已经军事主管部门批准。

第十三条 专用航标的设置、撤除、位移和其他状况改变审批的条件：

（一）拟设置、撤除、位移和其他状况改变的航标属于依法由公民、法人或者其他组织自行设置且属于海事管理机构管理职责范围内的专用航标；

（二）航标的设置、撤除、位移和其他状况改变符合航行安全、经济、便利等要求及航标正常使用的要求；

（三）航标及其配布符合国家有关技术规范和标准；

（四）航标设计、施工方案，已经专门的技术评估或者专家论证；

（五）申请设置航标的，已制定航标维护方案，方案中确定的维护单位已建立航标维护质量保证体系。

第十四条 外国籍船舶进入或者临时进入非对外开放水域许可的条件：

（一）外国籍船舶临时进入非对外开放水域已经当地口岸检查机关、军事主管部门、地方人民政府同意；

（二）拟临时对外开放水域适合外国籍船舶进入，具备船舶航行、停泊、作业的安全、防污染和保安条件；

（三）船舶状况满足拟进入水域的水上交通安全、防污染和保安要求；

（四）船舶已制定保障水上交通安全、防污染和保安的措施以及应急预案。

第十五条 国际航行船舶进出口岸审批的条件：

国际航行船舶进口岸审批的条件：

（一）船舶具有齐备、有效的证书、文书与资料；

（二）船舶配员符合最低安全配员的要求，船员具备适任资格；

（三）船舶状况符合航行、停泊、作业的安全、防污染和保安等要求，并已制定各项安全、防污染和保安措施与应急预案。需要护航的，已经向海事管理机构申请；

（四）船舶拟进入、通过的水域为对国际航行船舶开放水域，停靠的码头、泊位、港外装卸点满足安全、防污染和保安要求；

（五）载运货物的船舶，符合安全积载和系固的要求，并且没有国家禁止入境的货物或者物品；载运危险货物的船舶按规定已办理船舶载运危险货物申报手续；

（六）核动力船舶或者其他特定的船舶，符合我国法律、行政法规、规章的相关规定。

国际航行船舶出口岸审批的条件：

（一）船舶具有齐备、有效的证书、文书与资料；

（二）船舶配员符合最低安全配员的要求，船员具备适任资格；

（三）船舶状况符合航行、停泊、作业的安全、防污染和保安等要求，并已制定各项安全、防污染和保安措施与应急预案。需要护航的，已经向海事管理机构申请；

（四）载运危险货物的船舶，已办妥适装许可，载运情况符合船舶载运危险货物的安全、防污染和保安管理要求；

（五）船舶船旗国或者港口国对船舶的安全检查情况和缺陷纠正情况符合规定的要求，对海事管理机构的警示，已经采取有效的措施；

（六）已依法缴纳税、费和其他应当在开航前交付的费用，或者已提供适当的担保；

（七）违反海事行政管理的行为已经依法予以处理；

（八）禁止船舶航行的司法或者行政强制措施已经依法解除；

（九）核动力船舶或者其他特定的船舶，符合我国法律、行政法规、规章的相关规定；

（十）已经其他口岸检查机关同意。

第十六条 船舶国籍证书核发的条件：

船舶国籍证书签发的条件：

（一）船舶已依法办理船舶所有权登记；

（二）船舶具备适航技术条件，并经船舶检验机构检验合格；

（三）船舶不具有造成双重国籍或者两个及以上船籍港的情形；

（四）船舶国籍的登记人为船舶所有人、经营人。

船舶临时国籍证书签发的条件：

（一）申请签发临时国籍证书的船舶属于下列情形之一：

1. 向境外出售的船舶，或者由境外公民、法人、其他组织在中华人民共和国境内订造的新船，属于境外到岸交船的；

2. 中华人民共和国公民、法人、政府或其他组织从境外购买或者订造的船舶，属于境外离岸交船的；

3. 中华人民共和国公民、法人、政府或者其他组织以光船条件租赁的境外登记的船舶；

4. 需要办理临时国籍登记的境内新造船舶；

5. 境内新造船舶试航的。

（二）已取得船舶所有权或者签订了生效的光船租赁合同；

（三）船舶国籍的登记人为船舶所有人或者以光船租赁形式经营境外登记船舶的承租人；

（四）船舶具备相应的适航技术条件，并经船舶检验机构检验合格；

（五）船舶不具有造成双重国籍或者两个及以上船籍港的情形；

（六）船舶已取得经海事管理机构核定的船名和船舶识别号。

第十七条 国际船舶保安证书核发的条件：

船舶保安计划批准的条件：

（一）船舶已通过船舶保安评估；

（二）船舶保安计划由船公司或者规定的保安组织编制；

（三）船舶保安计划符合相应的编制规范和船舶的保安要求；

（四）已对船舶保安评估发现的缺陷予以纠正或者作出妥善的安排。

国际船舶保安证书的条件：

（一）船舶具备有效的船舶国籍证书和《连续概要记录》；

（二）船舶按照规定标注了永久识别号，并按规定配备了满足《1974年国际海上人命安全公约》要求的船舶保安报警系统；

（三）船舶按照规定配备了合格的船舶保安员；

（四）船舶具有经批准的《船舶保安计划》；

（五）船舶已通过保安核验。

临时国际船舶保安证书的条件：

（一）符合下列情形之一：

1. 船舶在交船时或者在投入营运、重新投入营运之前，尚未取得《国际船舶保安证书》；

2. 船舶的国籍从非中国籍变更为中国籍；

3. 船舶由以前未经营过这类船舶的公民、法人或者其他组织承担了经营责任。

（二）船舶已通过船舶保安评估；

（三）船上配有符合要求且已提交审核、报批并已付诸实施的《船舶保安计划》副本；

（四）船舶按照规定标注了永久识别号，并按规定配备了满足《1974年国际海上人命安全公约》要求的船舶保安报警系统；

（五）公司保安员对船舶保安核验工作已作计划与安排，并承诺船舶将在6个月内通过保安核验；

（六）船舶已配备符合保安要求的船舶保安员；

（七）船长、船舶保安员和承担具体保安职责的其他船舶人员熟悉保安职责和责任，熟悉《船舶保安计划》的有关规定。

第十八条 船舶油污损害民事责任保险或其他财务保证证书

核发的条件：

（一）船舶为海事管理机构登记的本船籍港船舶；

（二）其所持的油污保险或其他财务保证证书，为具有相应赔偿能力的金融机构或者互助性保险机构办理；

（三）其保险金额不得低于《中华人民共和国船舶油污损害民事责任保险实施办法》的规定。

第十九条 载运危险货物和污染危害性货物进出港口审批的条件：

（一）船舶具有齐备、有效的证书、文书与资料；

（二）申报的危险货物、污染危害性货物符合船舶的适装要求，且不属于国家规定禁止通过水路运输的货物；

（三）船舶的设施、装备满足载运危险货物、污染危害性货物的要求，船舶的装载符合载运危险货物和污染危害性货物安全、防污染和保安的管理规定和技术规范；

（四）拟进行危险货物和污染危害性货物装卸作业的港口、码头、泊位，具备危险货物和污染危害性货物作业的法定资质，符合危险货物和污染危害性货物作业的安全和防污染要求；

（五）需要办理货物进出口手续的已按有关规定办理；船舶载运的污染危害性货物同时属于危险货物的，其货物所有人、承运人或者代理人可将污染危害性货物申报和危险货物申报合并办理。

对于过境停留的污染危害性货物，免予办理货物适运申报。

第二十条 船舶进行散装液体危险货物水上过驳作业审批的条件：

（一）拟进行过驳作业的船舶或者浮动设施满足水上交通安全与防污染的要求；

（二）拟作业的货物适合过驳；

（三）参加过驳的人员具备从事过驳作业的能力；

（四）作业水域及其底质和周边环境适宜过驳作业的正常进行；

（五）过驳作业对水域环境、资源以及附近的军事目标、重要民用目标不构成威胁；

（六）已制定过驳作业方案、保障措施和应急预案，并符合水上交通安全与防污染的要求。

第二十一条 危险化学品水路运输人员资格注册认可的条件：

申报人员资格注册认可的条件：

（一）具有中华人民共和国国籍；

（二）年满18周岁，具有完全民事行为能力；

（三）已接受过能够满足《国际海运危险货物运输规则》第1.3章要求的培训，并通过危险货物申报人员资格考试，持有有效的合格证明；

（四）已与具有船舶代理、货运代理资格的申报单位签订合法有效的劳动合同关系。首次申请危险货物申报人员资格注册的，应当经过在同一个危险货物申报单位连续3个月的危险货物申报业务实习；

（五）无《危险货物申报员/装箱检查员资格证书》被停止使用的情形。

集装箱装箱现场检查员资格注册认可的条件：

（一）具有中华人民共和国国籍；

（二）年满18周岁，具有完全民事行为能力；

（三）具有正常辨色力：无红、绿、蓝色盲；

（四）已接受过能够满足《国际海运危险货物运输规则》第1.3章要求的培训，并通过危险货物装箱检查人员资格考试，持有有效的合格证明；

（五）已与装箱单位签订合法有效的劳动合同关系；首次申请危险货物装箱检查人员资格注册的，应当经过在同一个装箱单位连续3个月的危险货物装箱业务实习；

（六）无《危险货物申报员/装箱检查员资格证书》被停止使用的情形。

第二十二条 船舶所有人、经营人或者管理人防治船舶有关作业活动污染海洋环境应急预案审批的条件：

（一）应急预案审批的申请主体为船舶所有人、经营人或者管理人；

（二）船舶系150总吨及以上的油船或者400总吨及以上的非油船；

（三）应急预案内容符合防治污染海洋环境和船上油污应急计划编制的相关要求。

第二十三条 船员服务簿签发的条件：

（一）满足规定的年龄要求；

（二）经体检符合交通运输部公布的船员体检标准；

（三）已完成规定的船员基本安全培训，并通过海事管理机构的考试或者考核。

第二十四条 船员适任证书核发的条件：

（一）已取得船员服务簿；

（二）满足规定的年龄要求，符合船员体检标准，海船船员需持有相应的健康证明；

（三）完成规定的适任培训并通过适任考试和评估以及已完成规定的船上培训或见（实）习，持有相应的培训合格证、特殊培训合格证；

（四）满足规定的服务资历，适任状况和安全记录良好。

第二十五条 海员证核发的条件：

（一）年满18周岁并具有中华人民共和国国籍的公民；

（二）已依法取得船员服务簿；

（三）符合规定的船员体检标准；

（四）有确定的海员出境任务；

（五）无法律、行政法规规定的禁止出境的情形。

第二十六条 从事海船船员服务业务审批的条件：

从事甲级海船船员服务业务的机构的条件：

（一）在中华人民共和国境内依法设立的法人；

（二）有不少于300平方米的固定办公场所；

（三）有2名以上具有海船无限航区高级船员任职资历的专职管理人员和5名以上专职业务人员；

（四）从事乙级海船船员服务业务3年以上，并且最近3年来为国内沿海船舶提供配员500人以上；

（五）按照中华人民共和国海事局的规定，建立船员服务质量管理制度、人员和资源保障制度、教育培训制度、应急处理制度和服务业务报告制度等海船船员服务管理制度。

从事乙级海船船员服务业务的机构的条件：

（一）在中华人民共和国境内依法设立的法人；

（二）有不少于150平方米的固定办公场所；

（三）有2名以上具有海船无限航区或者沿海航区高级船员任职资历的专职管理人员和2名以上专职业务人员；

（四）按照中华人民共和国海事局的规定，建立船员服务质量管理制度、人员和资源保障制度、教育培训制度、应急处理制度和服务业务报告制度等海船船员服务管理制度。

第二十七条 培训机构从事船员（引航员）培训业务审批的条件：

培训机构从事海船船员培训业务的条件：

（一）有符合船员培训项目要求的场地、设施和设备；

（二）有符合要求的与船员培训项目相适应的教学人员，教学人员总数的80%应当通过国家海事管理机构组织的考试，并取得相应证明；

（三）有与船员培训项目相适应的管理人员：

1. 配备专职教学管理人员、教学设施设备管理人员、培训发证管理人员和档案管理人员；

2. 教学管理人员至少2人，具有航海类中专以上学历或者其他专业大专以上学历，熟悉相关法规，熟悉所管理的培训项目；

3. 教学设施设备管理人员至少1人，具有中专以上学历，能够熟练操作所管理的设施、设备；

（四）有健全的船员培训管理制度，具体包括学员管理制度、教学人员管理制度、培训证明发放制度、教学设施设备管理制度和档案管理制度；

（五）有健全的安全防护制度，具体包括人身安全防护制度和突发事件应急制度等；

（六）有符合交通运输部规定的船员培训质量控制体系。

培训机构从事内河船舶船员培训业务的条件：

（一）有符合船员培训项目要求的场地、设施和设备；

（二）有符合要求的与船员培训项目相适应的教学人员，教学人员总数的80%应当通过国家海事管理机构组织的考试，并取得相应证明；

（三）有与船员培训项目相适应的管理人员：

1. 配备专职教学管理人员、教学设施设备管理人员、培训发证管理人员和档案管理人员；

2. 教学管理人员至少2人，具有水运类中专以上学历或者其他专业大专以上学历，熟悉相关国内法规，熟悉所管理的培训项目；

3. 教学设施设备管理人员至少1人，具有中专以上学历，能够熟练操作所管理的设施、设备；

（四）有健全的船员培训管理制度，具体包括学员管理制度、教学人员管理制度、培训证明发放制度、教学设施设备管理制度、档案管理制度；

（五）有健全的安全防护制度，具体包括人身安全防护制度和突发事件应急制度等；

（六）有符合交通运输部规定的船员培训质量控制体系。

第二十八条　从事海员外派业务审批的条件：

（一）在中华人民共和国境内依法设立的法人；

（二）有与外派规模相适应的固定办公场所；

（三）有至少2名具有国际航行海船管理级船员任职资历的专职管理人员和至少3名具有两年以上海员外派相关从业经历的管理人员；

（四）具有进行外派海员任职前培训和岗位技能训练及处理海员外派相关法律事务的能力；

（五）按照国家海事管理机构的规定，建立船员服务质量管理制度、人员和资源保障制度、教育培训制度、应急处理制度和服务业务报告制度等海员外派管理制度；

（六）具有自有外派海员 100 人以上；

（七）注册资本不低于 600 万元人民币；

（八）具有足额交纳 100 万元人民币海员外派备用金的能力；

（九）机构及其法定代表人具有良好的商业信誉，最近 3 年内没有重大违约行为和重大违法记录。

第二十九条 航运公司安全营运与防污染能力符合证明核发的条件：

公司《临时符合证明》签发的条件：

（一）具有法人资格；

（二）新建立或者重新运行安全管理体系，或者在公司《临时符合证明》或者《符合证明》上增加新的船舶种类；

（三）已作出在取得《临时符合证明》后 6 个月内运行安全管理体系的计划安排；

（四）已通过海事管理机构对公司的安全管理体系审核；

（五）申请人如是《符合证明》或者《临时符合证明》失效的公司，还应当满足距前一《符合证明》或者《临时符合证明》失效日已超过 6 个月。

公司《符合证明》签发的条件：

（一）具有法人资格；

（二）安全管理体系已在岸基和每一船种至少 1 艘船上运行 3 个月；

（三）持有有效的《临时符合证明》；

（四）已通过海事管理机构对公司的安全管理体系审核。

船舶《临时安全管理证书》签发的条件：

(一)新纳入或者重新纳入公司安全管理体系进行管理;

(二)已配备公司制定的适用于本船的安全管理体系文件;

(三)公司已取得适用于该船舶种类的《临时符合证明》或《符合证明》;

(四)在船舶所有人未变更的情况下,前两次未连续持有《临时安全管理证书》;

(五)船舶委托管理的,负责管理船舶的公司与船舶所有人或者经营人签订了船舶管理书面协议;

(六)已通过海事管理机构对船舶的安全管理体系审核。

船舶《安全管理证书》签发的条件:

(一)已配备公司制定的适用于本船的安全管理体系文件;

(二)安全管理体系已在本船运行至少3个月;

(三)公司已取得适用于该船种的《符合证明》;

(四)持有有效的《临时安全管理证书》;

(五)已通过海事管理机构对船舶的安全管理体系审核。

第三十条 设立验船机构审批的条件:

(一)具有与拟从事的船舶检验业务相适应的检验场所、设备、仪器、资料;

(二)具有拟从事的船舶检验业务的验船能力和责任能力;

(三)具有与拟从事的船舶检验业务相适应的执业验船人员;

(四)具有相应的检验工作制度和保证船舶检验质量的管理体系;

(五)拟从事的船舶检验业务范围符合交通运输部的规定;

(六)需要设立分支机构的,设置方案和管理制度符合船舶检验管理的要求;

(七)外国船舶检验机构在我国设立验船公司的,除满足上述条件外,验船公司雇佣的外国公民应当符合相应国家机关规定的资格和符合我国关于外国人从业的规定,并持有船旗国政府允许在华从事法定船舶检验业务的授权文件。

第三章　附　　则

第三十一条　本规定自 2015 年 7 月 1 日起施行。2006 年 1 月 9 日以交通部令 2006 年第 1 号公布的《中华人民共和国海事行政许可条件规定》同时废止。

交通运输部关于修改《中华人民共和国内河海事行政处罚规定》的决定

交通运输部令2017年第20号　2017.05.23

交通运输部决定对《中华人民共和国内河海事行政处罚规定》(交通运输部令2015年第9号)作如下修改：

一、将第十六条第三项修改为："(三)国内航行船舶进出港口未按照规定向海事管理机构报告船舶的航次计划、适航状态、船员配备和载货载客等情况,国际航行船舶未按照规定办理进出口岸手续"。

二、删去第二十一条、第三十八条、第三十九条。

条文序号作相应调整。

本决定自2017年5月23日起施行。

《中华人民共和国内河海事行政处罚规定》根据本决定作相应修正,重新发布。

中华人民共和国内河海事行政处罚规定

(2015 年 5 月 29 日交通运输部发布,根据 2017 年 5 月 23 日交通运输部《关于修改〈中华人民共和国内河海事行政处罚规定〉的决定》修正)

第一章　总　　则

第一条　为规范海事行政处罚行为,保护当事人的合法权益,保障和监督水上海事行政管理,维护水上交通秩序,防止船舶污染水域,根据《内河交通安全管理条例》《行政处罚法》及其他有关法律、行政法规,制定本规定。

第二条　对在中华人民共和国(简称中国)内河水域及相关陆域发生的违反海事行政管理秩序的行为实施海事行政处罚,适用本规定。

第三条　实施海事行政处罚,应当遵循合法、公开、公正,处罚与教育相结合的原则。

第四条　海事行政处罚,由海事管理机构依法实施。

第二章　内河海事违法行为和行政处罚

第一节　违反船舶、浮动设施所有人、经营人安全管理秩序

第五条　违反船舶所有人、经营人安全营运管理秩序,有下列行为之一的,对船舶所有人或者船舶经营人处以 5000 元以上 3 万元以下罚款:

(一)未按规定取得安全营运与防污染管理体系符合证明或者临时符合证明从事航行或者其他有关活动;

(二)隐瞒事实真相或者提供虚假材料或者以其他不正当手段骗取安全营运与防污染管理体系符合证明或者临时符合证明;

(三)伪造、变造安全营运与防污染管理体系审核的符合证明或者临时符合证明;

(四)转让、买卖、租借、冒用安全营运与防污染管理体系审核的符合证明或者临时符合证明。

第六条 违反船舶安全营运管理秩序,有下列行为之一的,对船舶所有人或者船舶经营人处以5000元以上3万元以下罚款;对船长处以2000元以上2万元以下的罚款;情节严重的,并给予扣留船员适任证书6个月至24个月直至吊销船员适任证书的处罚。

(一)未按规定取得船舶安全管理证书或者临时船舶安全管理证书从事航行或者其他有关活动;

(二)隐瞒事实真相或者提供虚假材料或以其他不正当手段骗取船舶安全管理证书或者临时船舶安全管理证书;

(三)伪造、变造船舶安全管理证书或者临时船舶安全管理证书;

(四)转让、买卖、租借、冒用船舶安全管理证书或者临时船舶安全管理证书。

第七条 违反安全营运管理秩序,有下列情形之一,造成严重后果的,按以欺骗手段取得安全营运与防污染管理体系符合证明或者临时符合证明,对船舶所有人或者船舶经营人取得的安全营运与防污染管理体系符合证明或者临时符合证明予以撤销:

(一)不掌控船舶安全配员;

(二)不掌握船舶动态;

(三)不掌握船舶装载情况;

(四)船舶管理人不实际履行安全管理义务;

(五)安全管理体系运行存在其他重大问题。

第二节　违反船舶、浮动设施检验和登记管理秩序

第八条　违反《内河交通安全管理条例》第六条第(一)项、第七条第(一)项的规定,船舶、浮动设施未持有合格的检验证书擅自航行或者作业的,依照《内河交通安全管理条例》第六十四条的规定,责令停止航行或者作业;拒不停止航行或者作业的,暂扣船舶、浮动设施;情节严重的,予以没收。

本条前款所称未持有合格的检验证书,包括下列情形:

(一)没有取得相应的检验证书;

(二)持有的检验证书属于伪造、变造、转让、买卖或者租借的;

(三)持失效的检验证书;

(四)检验证书损毁、遗失但不按照规定补办;

(五)其他不符合法律、行政法规和规章规定情形的检验证书。

第九条　船舶检验机构的检验人员违反《船舶和海上设施检验条例》的规定,滥用职权、徇私舞弊、玩忽职守、严重失职,有下列行为之一的,依照《船舶和海上设施检验条例》第二十八条的规定,按其情节给予警告、暂停检验资格或者注销验船人员注册证书的处罚:

(一)超越职权范围进行船舶、设施检验;

(二)擅自降低规范要求进行船舶、设施检验;

(三)未按照规定的检验项目进行船舶、设施检验;

(四)未按照规定的检验程序进行船舶、设施检验;

(五)所签发的船舶检验证书或者检验报告与船舶、设施的实际情况不符。

第三节　违反内河船员管理秩序

第十条　违反《内河交通安全管理条例》第九条的规定,未经考试合格并取得适任证书或者其他适任证件的人员擅自从事船舶

航行或者操作的，依照《内河交通安全管理条例》第六十六条和《船员条例》第六十条的规定，责令其立即离岗，对直接责任人员处以 2000 元以上 2 万元以下罚款，并对聘用单位处以 3 万元以上 15 万元以下罚款。

本条前款所称未经考试合格并取得适任证书或者其他适任证件，包括下列情形：

（一）未经水上交通安全培训并取得相应合格证明；

（二）未持有船员适任证书或者其他适任证件；

（三）持采取弄虚作假的方式取得的船员职务证书；

（四）持伪造、变造的船员职务证书；

（五）持转让、买卖或租借的船员职务证书；

（六）所服务的船舶的航区、种类和等级或者所任职务超越所持船员职务证书限定的范围；

（七）持已经超过有效期限的船员职务证书；

（八）未按照规定持有船员服务簿。

第十一条 违反《船员条例》第二十条的规定，船员有下列情形之一的，依照《船员条例》第五十七条的规定，处以 1000 元以上 1 万元以下罚款；情节严重的，并给予扣留船员服务簿、船员适任证书 6 个月至 24 个月直至吊销船员服务簿、船员适任证书的处罚：

（一）在船在岗期间饮酒，体内酒精含量超过规定标准；

（二）在船在岗期间，服用国家管制的麻醉药品或者精神药品。

第十二条 违反《船员条例》第十二条、第十九条、第二十七条的规定，船员用人单位、船舶所有人有下列未按照规定招用外国籍船员在中国籍船舶上任职情形的，依照《船员条例》第六十条的规定，责令改正，处以 3 万元以上 15 万元以下罚款：

（一）未依照法律、行政法规和国家其他规定取得就业许可；

（二）未持有合格的且签发国与我国签订了船员证书认可协议的船员证书；

（三）雇佣外国籍船员的航运公司未承诺承担船员权益维护的责任。

第十三条 船员服务机构和船员用人单位未将其招用或者管理的船员的有关情况定期向海事管理机构备案的，按照《船员条例》第六十四条的规定，对责任单位处以 5000 元以上 2 万元以下罚款。

前款所称船员服务机构包括海员外派机构。

本条第一款所称船员服务机构和船员用人单位未定期向海事管理机构备案，包括下列情形：

（一）未按规定进行备案，或者备案内容不全面、不真实；

（二）未按照规定时间备案；

（三）未按照规定的形式备案。

第四节 违反航行、停泊和作业管理秩序

第十四条 船舶、浮动设施的所有人或者经营人违反《内河交通安全管理条例》第六条第（三）项、第七条第（三）项的规定，船舶未按照国务院交通运输主管部门的规定配备船员擅自航行的，或者浮动设施未按照国务院交通运输主管部门的规定配备掌握水上交通安全技能的船员擅自作业的，依照《内河交通安全管理条例》第六十五条的规定，责令限期改正，并处以 1 万元以上 10 万元以下罚款；逾期不改正的，责令停航或者停止作业。

本条前款所称船舶未按照国务院交通运输主管部门的规定配备船员擅自航行，包括下列情形：

（一）船舶所配船员的数量低于船舶最低安全配员证书规定的定额要求；

（二）船舶未持有有效的船舶最低安全配员证书。

第十五条 违反《内河交通安全管理条例》第十四条的规定，应当报废的船舶、浮动设施在内河航行或者作业的，依照《内河交通安全管理条例》第六十三条的规定，责令停航或者停止作业，并予以没收。

本条前款所称应当报废的船舶，是指达到国家强制报废年限或者以废钢船名义购买的船舶。

第十六条 违反《内河交通安全管理条例》第十四条、第十八条、第十九条、第二十条、第二十二条的规定，船舶在内河航行有下列行为之一的，依照《内河交通安全管理条例》第六十八条的规定，责令改正，处以5000元以上5万元以下罚款；情节严重的，禁止船舶进出港口或者责令停航，并可以对责任船员给予扣留船员适任证书或者其他适任证件3个月至6个月的处罚：

（一）未按照规定悬挂国旗；

（二）未按照规定标明船名、船籍港、载重线，或者遮挡船名、船籍港、载重线；

（三）国内航行船舶进出港口未按照规定向海事管理机构报告船舶的航次计划、适航状态、船员配备和载货载客等情况，国际航行船舶未按照规定办理进出口岸手续；

（四）未按照规定申请引航；

（五）船舶进出港口和通过交通管制区、通航密集区、航行条件受到限制区域，未遵守海事管理机构发布的特别规定；

（六）船舶无正当理由进入或者穿越禁航区；

（七）载运或者拖带超重、超长、超高、超宽、半潜的物体，未申请核定航路、航行时间或者未按照核定的航路、时间航行。

第十七条 违反《内河交通安全管理条例》的有关规定，船舶在内河航行、停泊或者作业，不遵守航行、避让和信号显示规则，依照《内河交通安全管理条例》第八十一条的规定，处以1000元以上1万元以下罚款；情节严重的，还应当对责任船员给予扣留船员适任证书或者其他适任证件3个月至6个月直至吊销船员适任证书或者其他适任证件的处罚。

本条前款所称不遵守航行、避让和信号显示规则，包括以下情形：

（一）未采用安全航速航行；

（二）未按照要求保持正规了望；

（三）未按照规定的航路或者航行规则航行；

（四）未按照规定倒车、调头、追越；

（五）未按照规定显示号灯、号型或者鸣放声号；

（六）未按照规定擅自夜航；

（七）在规定必须报告船位的地点，未报告船位；

（八）在禁止横穿航道的航段，穿越航道；

（九）在限制航速的区域和汛期高水位期间未按照海事管理机构规定的航速航行；

（十）不遵守海事管理机构发布的在能见度不良时的航行规定；

（十一）不遵守海事管理机构发布的有关航行、避让和信号规则规定；

（十二）不遵守海事管理机构发布的航行通告、航行警告规定；

（十三）船舶装卸、载运危险货物或者空舱内有可燃气体时，未按照规定悬挂或者显示信号；

（十四）不按照规定保持船舶自动识别系统处于正常工作状态，或者不按照规定在船舶自动识别设备中输入准确信息，或者船舶自动识别系统发生故障未及时向海事机构报告；

（十五）未在规定的甚高频通信频道上守听；

（十六）未按照规定进行无线电遇险设备测试；

（十七）船舶停泊未按照规定留足值班人员；

（十八）未按照规定采取保障人员上、下船舶、设施安全的措施；

（十九）不遵守航行、避让和信号显示规则的其他情形。

第十八条 违反《内河交通安全管理条例》第八条、第二十一条的规定，船舶不具备安全技术条件从事货物、旅客运输，或者超载运输货物、超定额运输旅客，依照《内河交通安全管理条例》第八十二条的规定，责令改正，处以 2 万元以上 10 万元以下罚款，并可以对责任船员给予扣留船员适任证书或者其他适任证件 6 个月以上直至吊销船员适任证书或者其他适任证件的处罚，并对超载运输的船舶强制卸载，因卸载而发生的卸货费、存货费、旅客安置费和船舶监管费由船舶所有人或者经营人承担。

本条前款所称船舶不具备安全技术条件从事货物、旅客运输，包括以下情形：

（一）不遵守船舶、设施的配载和系固安全技术规范；

（二）不按照规定载运易流态化货物，或者不按照规定向海事管理机构备案；

（三）遇有不符合安全开航条件的情况而冒险开航；

（四）超过核定航区航行；

（五）船舶违规使用低闪点燃油；

（六）未按照规定拖带或者非拖船从事拖带作业；

（七）未经核准从事大型设施或者移动式平台的水上拖带；

（八）未持有《乘客定额证书》；

（九）未按照规定配备救生设施；

（十）船舶不具备安全技术条件从事货物、旅客运输的其他情形。

本条第一款所称超载运输货物、超定额运输旅客，包括以下情形：

（一）超核定载重线载运货物；

（二）集装箱船装载超过核定箱数；

（三）集装箱载运货物超过集装箱装载限额；

（四）滚装船装载超出检验证书核定的车辆数量；

（五）未经核准乘客定额载客航行；

（六）超乘客定额载运旅客。

第十九条 违反《内河交通安全管理条例》第二十八条的规定，在内河通航水域进行有关作业，不按照规定备案的，依照《内河交通安全管理条例》第七十条的规定，责令改正，处以5000元以上5万元以下罚款。

本条前款所称有关作业，包括以下作业：

（一）气象观测、测量、地质调查；

（二）大面积清除水面垃圾；

（三）可能影响内河通航水域交通安全的其他行为。

本条第二款第（三）项所称可能影响内河通航水域交通安全的其他行为，包括下列行为：

（一）检修影响船舶适航性能设备；

（二）检修通信设备和消防、救生设备；

（三）船舶烧焊或者明火作业；

（四）在非锚地、非停泊区进行编、解队作业；

（五）船舶试航、试车；

（六）船舶悬挂彩灯；

（七）船舶放艇（筏）进行救生演习。

第二十条 违反《港口建设费征收使用管理办法》，不按规定缴纳或者少缴纳港口建设费的，依照《财政违法行为处罚处分条例》第十三条规定，责令改正，并处未缴纳或者少缴纳的港口建设费的10%以上30%以下的罚款；对直接负责的主管人员和其他责任人处以3000元以上5万元以下罚款。

对于未缴清港口建设费的国内外进出口货物，港口经营人、船舶代理公司或者货物承运人违规办理了装船或者提离港口手续的，禁止船舶离港、责令停航、改航、责令停止作业，并可对直接负责的主管人员和其他责任人处以3000元以上3万元以下罚款。

第五节 违反危险货物载运安全监督管理秩序

第二十一条 违反《内河交通安全管理条例》第三十条第二款和《危险化学品安全管理条例》第五十四条的规定，有下列情形之一的，依照《危险化学品安全管理条例》第八十七条规定，责令改正，对船舶所有人或者经营人处以10万元以上20万元以下的罚款，有违法所得的，没收违法所得；拒不改正的，责令停航整顿：

（一）通过内河封闭水域运输剧毒化学品以及国家规定禁止通过内河运输的其他危险化学品的；

（二）通过内河运输国家规定禁止通过内河运输的剧毒化学品以及其他危险化学品的。

第二十二条 违反《内河交通安全管理条例》第三十二条、第三十四条的规定，从事危险货物作业，有下列情形之一的，依照《内河交通安全管理条例》第七十一条的规定，责令停止作业或者航行，对负有责任的主管人员或者其他直接责任人员处以 2 万元以上 10 万元以下的罚款；属于船员的，并给予扣留船员适任证书或者其他适任证件 6 个月以上直至吊销船员适任证书或者其他适任证件的处罚：

（一）从事危险货物运输的船舶，未编制危险货物事故应急预案或者未配备相应的应急救援设备和器材的；

（二）船舶载运危险货物进出港或者在港口外装卸、过驳危险货物未经海事管理机构同意的。

第二十三条 违反《危险化学品安全管理条例》第四十四条的规定，有下列情形之一的，依照《危险化学品安全管理条例》第八十六条的规定，由海事管理机构责令改正，处以 5 万元以上 10 万元以下的罚款；拒不改正的，责令停航、停业整顿。

（一）从事危险化学品运输的船员未取得相应的船员适任证书和培训合格证明；

（二）危险化学品运输申报人员、集装箱装箱现场检查员未取得从业资格。

第二十四条 违反《内河交通安全管理条例》第三十一条、《危险化学品安全管理条例》第十八条的规定，运输危险化学品的船舶及其配载的容器未经检验合格而投入使用的，依照《危险化学品安全管理条例》第七十九条的规定，责令改正，对船舶所有人或者经营人处以 10 万元以上 20 万元以下的罚款，有违法所得的，没收违法所得；拒不改正的，责令停航整顿。

第二十五条 违反《内河交通安全管理条例》和《危险化学品安全管理条例》第四十五条的规定，船舶配载和运输危险货物不符合国家有关法律、法规、规章的规定和国家标准，或者未按照危险化学品的特性采取必要安全防护措施的，依照《危险化学品安全管理条例》第八十六条的规定，责令改正，对船舶所有人或者经营人处以5万元以上10万元以下的罚款；拒不改正的，责令停航整顿。

本条前款所称不符合国家有关法律、法规、规章的规定和国家标准，并按照危险化学品的特性采取必要安全防护措施的，包括下列情形：

（一）船舶未按照规定进行积载和隔离；

（二）船舶载运不符合规定的集装箱危险货物；

（三）装载危险货物的集装箱进出口或者中转未持有《集装箱装箱证明书》或者等效的证明文件；

（四）船舶装载危险货物违反限量、衬垫、紧固规定；

（五）船舶擅自装运未经评估核定危害性的新化学品；

（六）使用不符合要求的船舶装卸设备、机具装卸危险货物，或者违反安全操作规程进行作业，或者影响装卸作业安全的设备出现故障、存在缺陷，不及时纠正而继续进行装卸作业；

（七）船舶装卸危险货物时，未经批准，在装卸作业现场进行明火作业；

（八）船舶在装卸爆炸品、闪点23°C以下的易燃液体，或者散化、液化气体船在装卸易燃易爆货物过程中，检修或者使用雷达、无线电发射机和易产生火花的工（机）具拷铲，或者进行加油、允许他船并靠加水作业；

（九）装载易燃液体、挥发性易燃易爆散装化学品和液化气体的船舶在修理前不按照规定通风测爆；

（十）液货船未按照规定进行驱气或者洗舱作业；

（十一）液货船在装卸作业时不按照规定采取安全措施；

（十二）在液货船上随身携带易燃物品或者在甲板上放置、使用聚焦物品；

（十三）在禁止吸烟、明火的船舶处所吸烟或者使用明火；

（十四）在装卸、载运易燃易爆货物或者空舱内仍有可燃气体的船舶作业现场穿带钉的鞋靴或者穿着、更换化纤服装；

（十五）在海事管理机构公布的水域以外擅自从事过驳作业；

（十六）在进行液货船水上过驳作业时违反安全与防污染管理规定，或者违反安全操作规程；

（十七）船舶进行供油作业时，不按照规定填写《供受油作业安全检查表》，或者不按照《供受油作业安全检查表》采取安全和防污染措施；

（十八）船舶载运危险货物，向海事管理机构申报时隐瞒、谎报危险货物性质或者提交涂改、伪造、变造的危险货物单证；

（十九）在航行、装卸或者停泊时，未按照规定显示信号。

第二十六条 违反《危险化学品安全管理条例》第六十三条的规定，通过船舶载运危险化学品，托运人不向承运人说明所托运的危险化学品的种类、数量、危险特性以及发生危险情况的应急处置措施，或者未按照国家有关规定对所托运的危险化学品妥善包装并在外包装上设置相应标志的，依照《危险化学品安全管理条例》第八十六条的规定，由海事管理机构责令改正，对托运人处以5万元以上10万元以下的罚款；拒不改正的，责令停航整顿。

第二十七条 违反《危险化学品安全管理条例》第六十四条的规定，通过船舶载运危险化学品，在托运的普通货物中夹带危险化学品，或者将危险化学品谎报或者匿报为普通货物托运的，依照《危险化学品安全管理条例》第八十七条的规定，由海事管理机构责令改正，对托运人处以10万元以上20万元以下的罚款，有违法所得的，没收违法所得；拒不改正的，责令停航整顿。

第六节 违反通航安全保障管理秩序

第二十八条 违反《内河交通安全管理条例》第四十五条，有下列行为或者情形之一的，责令改正，并可以处以2000元以下的罚款；拒不改正的，责令施工作业单位、施工作业的船舶和设施停止作业：

（一）未按照有关规定申请发布航行警告、航行通告即行实施

水上水下活动的;

(二)水上水下活动与航行警告、航行通告中公告的内容不符的。

第二十九条 违反《内河交通安全管理条例》第二十九条的规定,在内河通航水域进行可能影响通航安全的作业或者活动,未按照规定设置标志、显示信号的,依照《内河交通安全管理条例》第七十条的规定,处以5000元以上5万元以下罚款。

本条前款所称可能影响通航安全的作业或者活动,包括《内河交通安全管理条例》第二十五条、第二十八条规定的作业或者活动。

第七节 违反船舶、浮动设施遇险救助管理秩序

第三十条 违反《内河交通安全管理条例》第四十六条、第四十七条的规定,遇险后未履行报告义务,或者不积极施救的,依照《内河交通安全管理条例》第七十六条的规定,对船舶、浮动设施或者责任人员给予警告,并对责任船员给予扣留船员适任证书或者其他适任证件3个月至6个月直至吊销船员适任证书或者其他适任证件的处罚。

本条前款所称遇险后未履行报告义务,包括下列情形:

(一)船舶、浮动设施遇险后,未按照规定迅速向遇险地海事管理机构以及船舶、浮动设施所有人、经营人报告;

(二)船舶、浮动设施遇险后,未按照规定报告遇险的时间、地点、遇险状况、遇险原因、救助要求;

(三)发现其他船舶、浮动设施遇险,或者收到求救信号,船舶、浮动设施上的船员或者其他人员未将有关情况及时向遇险地海事管理机构报告。

本条第一款所称不积极施救,包括下列情形:

(一)船舶、浮动设施遇险后,不积极采取有效措施进行自救;

(二)船舶、浮动设施发生碰撞等事故后,在不严重危及自身安全的情况下,不积极救助遇险他方;

(三)附近船舶、浮动设施遇险,或者收到求救信号后,船舶、浮动设施上的船员或者其他人员未尽力救助遇险人员。

第三十一条 违反《内河交通安全管理条例》第四十九条第二款的规定,遇险现场和附近的船舶、船员不服从海事管理机构的统一调度和指挥的,依照《内河交通安全管理条例》第七十八条的规定,对船舶、浮动设施或者责任人员给予警告,并对责任船员给予扣留船员适任证书或者其他适任证件3个月至6个月直至吊销船员适任证书或者其他适任证件的处罚。

第八节 违反内河交通事故调查处理秩序

第三十二条 违反《内河交通安全管理条例》第五十条、第五十二条的规定,船舶、浮动设施发生水上交通事故,阻碍、妨碍内河交通事故调查取证,或者谎报、匿报、毁灭证据的,依照《内河交通安全管理条例》第八十四条的规定,给予警告,并对直接责任人员处以1000元以上1万元以下的罚款;属于船员的,并给予扣留船员适任证书或者其他适任证件12个月以上直至吊销船员适任证书或者其他适任证件的处罚。

本条前款所称阻碍、妨碍内河交通事故调查取证,包括下列情形:

(一)未按照规定立即报告事故;

(二)事故报告内容不真实,不符合规定要求;

(三)事故发生后,未做好现场保护,影响事故调查进行;

(四)在未出现危及船舶安全的情况下,未经海事管理机构的同意擅自驶离指定地点;

(五)未按照海事管理机构的要求驶往指定地点影响事故调查工作;

(六)拒绝接受事故调查或者阻碍、妨碍进行事故调查取证;

(七)因水上交通事故致使船舶、设施发生损害,未按照规定进行检验或者鉴定,或者不向海事管理机构提交检验或者鉴定报告副本,影响事故调查;

（八）其他阻碍、妨碍内河交通事故调查取证的情形。

本条第一款所称谎报、匿报、毁灭证据，包括下列情形：

（一）隐瞒事实或者提供虚假证明、证词；

（二）故意涂改航海日志等法定文书、文件；

（三）其他谎报、匿报、毁灭证据的情形。

第三十三条 违反《内河交通安全管理条例》的有关规定，船舶、浮动设施造成内河交通事故的，除依法承担相应的法律责任外，依照《内河交通安全管理条例》第七十七条的规定，对责任船员给予下列处罚：

（一）造成特别重大事故的，对负有全部责任、主要责任的船员吊销船员适任证书或者其他适任证件，对负有次要责任的船员扣留船员适任证书或者其他适任证件 12 个月直至吊销船员适任证书或者其他适任证件；责任相当的，对责任船员扣留船员适任证书或者其他适任证件 24 个月或者吊销船员适任证书或者其他适任证件。

（二）造成重大事故的，对负有全部责任、主要责任的船员吊销船员适任证书或者其他适任证件；对负有次要责任的船员扣留船员适任证书或者其他适任证件 12 个月至 24 个月；责任相当的，对责任船员扣留船员适任证书或者其他适任证件 18 个月或者吊销船员适任证书或者其他适任证件。

（三）造成较大事故的，对负有全部责任、主要责任的船员扣留船员适任证书或者其他适任证件 12 个月至 24 个月或者吊销船员适任证书或者其他适任证件，对负有次要责任的船员扣留船员适任证书或者其他适任证件 6 个月；责任相当的，对责任船员扣留船员适任证书或者其他适任证件 12 个月。

（四）造成一般事故的，对负有全部责任、主要责任的船员扣留船员适任证书或者其他适任证件 9 个月至 12 个月，对负有次要责任的船员扣留船员适任证书或者其他适任证件 6 个月至 9 个月；责任相当的，对责任船员扣留船员适任证书或者其他适任证件 9 个月。

第九节 违反防治船舶污染水域监督管理秩序

第三十四条 本节中所称水污染、污染物与《水污染防治法》中的同一用语的含义相同。

第三十五条 违反《水污染防治法》规定，有下列行为之一的，依照《水污染防治法》第八十条的规定，责令停止违法行为，处以5000元以上5万元以下的罚款：

（一）向水体倾倒船舶垃圾或者排放船舶的残油、废油的；

（二）未经作业地海事管理机构批准，船舶进行残油、含油污水、污染危害性货物残留物的接收作业，或者进行散装液体污染危害性货物的过驳作业的；

（三）进行装载油类、污染危害性货物船舱的清洗作业，未向海事管理机构报告的；

（四）进行船舶水上拆解，未事先向海事管理机构报告的；

（五）进行船舶水上拆解、打捞或者其他水上、水下船舶施工作业，未采取防污染措施的。

有前款第（一）项、第（二）项、第（三）项行为之一的，处以5000元以上5万元以下的罚款；有前款第（四）项、第（五）项行为之一的，处以1万元以上10万元以下的罚款。

违反《水污染防治法》的规定，船舶造成水污染事故的，依照《水污染防治法》第八十三条的规定，造成一般或者较大水污染事故的，处以直接损失的20%的罚款；造成重大或者特大水污染事故的，处以直接损失的30%的罚款。

第三十六条 违反《水污染防治法》第二十七条的规定，拒绝海事管理机构现场检查，或者弄虚作假的，依照《水污染防治法》第七十条的规定，责令改正，处以1万元以上10万元以下的罚款。

第三十七条 违反《环境噪声污染防治法》第三十四条的规定，船舶在城市市区的内河航道航行时，未按照规定使用声响装置的，依照《环境噪声污染防治法》第五十七条的规定，对其给予警告或者处以1万元以下的罚款。

第三十八条 拆船单位违反《防止拆船污染环境管理条例》的规定,有下列情形之一的,依照《防止拆船污染环境管理条例》第十七条的规定,除责令限期纠正外,还可以根据不同情节,处以1万元以上10万元以下的罚款:

(一)未持有经批准的环境影响报告书(表),擅自设置拆船厂进行拆船的;

(二)发生污染损害事故,不向监督拆船污染的海事管理机构报告,也不采取消除或者控制污染措施的;

(三)废油船未经洗舱、排污、清舱和测爆即进行拆解的;

(四)任意排放或者丢弃污染物造成严重污染的。

第三十九条 拆船单位违反《防止拆船污染环境管理条例》第七条、第十条、第十五条、第十六条的规定,有下列行为之一的,依照《防止拆船污染环境管理条例》第十八条的规定,除责令其限期纠正外,还可以根据不同情节,处以警告或者处以1万元以下的罚款:

(一)拒绝或者阻挠海事管理机构进行拆船现场检查或者在被检查时弄虚作假的;

(二)未按照规定要求配备和使用防污设施、设备和器材,造成水域污染的;

(三)发生污染事故,虽采取消除或者控制污染措施,但不向海事管理机构报告的;

(四)拆船单位关闭、搬迁后,原厂址的现场清理不合格的。

第三章 附 则

第四十条 内河海事行政处罚的适用和程序适用《海上海事行政处罚规定》中的相关规定。

第四十一条 海事管理机构办理海事行政处罚案件,应当使用交通运输部制订的统一格式的海事行政处罚文书。

第四十二条 本规定自2015年7月1日起施行。2004年12月7日以交通部令2004年第13号公布的《中华人民共和国内河海事行政处罚规定》同时废止。

交通运输部关于修改《中华人民共和国海上海事行政处罚规定》的决定

交通运输部令2017年第21号　2017.05.23

交通运输部决定对《中华人民共和国海上海事行政处罚规定》(交通运输部令2015年第8号)作如下修改：

一、将第三十三条中的“中国籍国内航行船舶进出港口不按照规定办理进出港签证的”修改为“中国籍国内航行船舶进出港口不按照规定向海事管理机构报告船舶的航次计划、适航状态、船员配备和载货载客等情况的”。

二、删去第三十五条、第五十九条。

条文序号作相应调整。

本决定自2017年5月23日起施行。

《中华人民共和国海上海事行政处罚规定》根据本决定作相应修正，重新发布。

中华人民共和国海上海事行政处罚规定

(2015年5月29日交通运输部发布,根据2017年5月23日交通运输部《关于修改〈中华人民共和国海上海事行政处罚规定〉的决定》修正)

第一章 总 则

第一条 为规范海上海事行政处罚行为,保护当事人的合法权益,保障和监督海上海事行政管理,维护海上交通秩序,防止船舶污染水域,根据《海上交通安全法》《海洋环境保护法》《行政处罚法》及其他有关法律、行政法规,制定本规定。

第二条 对在中华人民共和国(简称中国)管辖沿海水域及相关陆域发生的,或者在中国管辖沿海水域及相关陆域外但属于中国籍的海船发生的违反海事行政管理秩序的行为实施海事行政处罚,适用本规定。

中国籍船员在中国管辖沿海水域及相关陆域外违反海事行政管理秩序,并且按照中国有关法律、行政法规应当处以行政处罚的行为实施海事行政处罚,适用本规定。

第三条 实施海事行政处罚,应当遵循合法、公开、公正,处罚与教育相结合的原则。

第四条 海事行政处罚,由海事管理机构依法实施。

第二章 海事行政处罚的适用

第五条 海事管理机构实施海事行政处罚时,应当责令当事人改正或者限期改正海事行政违法行为。

第六条 对有两个或者两个以上海事行政违法行为的同一当事人,应当分别处以海事行政处罚,合并执行。

对有共同海事行政违法行为的当事人,应当分别处以海事行政处罚。

第七条 实施海事行政处罚,应当与海事行政违法行为的事实、性质、情节以及社会危害程度相适应。

第八条 海事行政违法行为的当事人有下列情形之一的,应当依照《行政处罚法》第二十七条的规定,从轻或者减轻给予海事行政处罚:

(一)主动消除或者减轻海事行政违法行为危害后果的;

(二)受他人胁迫实施海事行政违法行为的;

(三)配合海事管理机构查处海事行政违法行为有立功表现的;

(四)法律、行政法规规定应当依法从轻或者减轻行政处罚的情形。

海事行政违法行为轻微并及时得到纠正,没有造成危害后果的,不予海事行政处罚。

本条第一款所称依法从轻给予海事行政处罚,是指在法定的海事行政处罚种类、幅度范围内给予较轻的海事行政处罚。

本条第一款所称依法减轻给予海事行政处罚,是指在法定的海事行政处罚种类、幅度最低限以下给予海事行政处罚。

有海事行政违法行为的中国籍船舶和船员在境外已经受到处罚的,不得重复给予海事行政处罚。

第九条 海事行政违法行为的当事人有下列情形之一的,应当从重处以海事行政处罚:

(一)造成较为严重后果或者情节恶劣;

(二)一年内因同一海事行政违法行为受过海事行政处罚;

(三)胁迫、诱骗他人实施海事行政违法行为;

(四)伪造、隐匿、销毁海事行政违法行为证据;

(五)拒绝接受或者阻挠海事管理机构实施监督管理;

（六）法律、行政法规规定应当从重处以海事行政处罚的其他情形。

本条第一款所称从重给予海事行政处罚，是指在法定的海事行政处罚种类、幅度范围内给予较重的海事行政处罚。

本条第一款第（二）项所称的一年内是指自该违法行为发生日之前12个月内。

第十条 对当事人的同一个海事行政违法行为，不得给予两次以上海事行政处罚。

当事人未按照海事管理机构规定的期限和要求改正海事行政违法行为的，属于新的海事行政违法行为。

第三章 海事行政违法行为和行政处罚

第一节 违反安全营运管理秩序

第十一条 违反船舶安全营运管理秩序，有下列行为之一的，对船舶所有人或者船舶经营人处以5000元以上3万元以下罚款：

（一）未按规定取得安全营运与防污染管理体系符合证明或者临时符合证明从事航行或者其他有关活动；

（二）隐瞒事实真相或者提供虚假材料或者以其他不正当手段骗取安全营运与防污染管理体系符合证明或者临时符合证明；

（三）伪造、变造安全营运与防污染管理体系审核的符合证明或者临时符合证明；

（四）转让、买卖、租借、冒用安全营运与防污染管理体系审核的符合证明或者临时符合证明。

第十二条 违反船舶安全营运管理秩序，有下列行为之一的，对船舶所有人或者船舶经营人处以5000元以上3万元以下罚款；对船长处以2000元以上2万元以下的罚款，情节严重的，并给予扣留船员适任证书6个月至24个月直至吊销船员适任证书的处罚：

（一）未按规定取得船舶安全管理证书或者临时船舶安全管理证书从事航行或者其他有关活动；

（二）隐瞒事实真相或者提供虚假材料或者以其他不正当手段骗取船舶安全管理证书或者临时船舶安全管理证书；

（三）伪造、变造船舶安全管理证书或者临时船舶安全管理证书；

（四）转让、买卖、租借、冒用船舶安全管理证书或者临时船舶安全管理证书。

第十三条　违反安全营运管理秩序，有下列情形之一，造成严重后果的，对船舶所有人或者船舶经营人吊销安全营运与防污染管理体系（临时）符合证明：

（一）不掌控船舶安全配员；

（二）不掌握船舶动态；

（三）不掌握船舶装载情况；

（四）船舶管理人不实际履行安全管理义务；

（五）安全管理体系运行存在重大问题。

第二节　违反船舶、海上设施检验和登记管理秩序

第十四条　违反《海上交通安全法》第四条的规定，船舶和船舶上有关航行安全、防治污染等重要设备无相应的有效的检验证书的，依照《海上交通安全法》第四十四条的规定，对船舶所有人或者船舶经营人处以2000元以上3万元以下罚款。

本条前款所称船舶和船舶上有关重要设备无相应的有效的检验证书，包括下列情形：

（一）没有取得相应的检验证书；

（二）持有的检验证书属于伪造、变造、转让、买卖或者租借的；

（三）持有的检验证书失效；

（四）检验证书损毁、遗失但不按照规定补办。

第十五条 违反《海上交通安全法》第十六条规定，大型设施和移动式平台的海上拖带，未经船舶检验机构进行拖航检验，并报海事管理机构核准，依照《海上交通安全法》第四十四条的规定，对船舶、设施所有人或者经营人处以2000元以上2万元以下罚款，对船长处以1000元以上1万元以下罚款，并扣留船员适任证书6个月至12个月，对设施主要负责人处以1000元以上1万元以下罚款。

第十六条 违反《海上交通安全法》第十七条规定，船舶的实际状况同船舶检验证书所载不相符合，船舶未按照海事管理机构的要求申请重新检验或者采取有效的安全措施，依照《海上交通安全法》第四十四条的规定，对船舶所有人或者船舶经营人处以2000元以上3万元以下罚款；对船长处以1000元以上1万元以下罚款，并扣留船员适任证书6个月至12个月。

第十七条 船舶检验机构的检验人员违反《船舶和海上设施检验条例》的规定，有下列行为之一的，依照《船舶和海上设施检验条例》第二十八条的规定，按其情节给予警告、吊销验船人员注册证书的处罚：

(一)超越职权范围进行船舶、设施检验；

(二)未按照规定的检验规范进行船舶、设施检验；

(三)未按照规定的检验项目进行船舶、设施检验；

(四)未按照规定的检验程序进行船舶、设施检验；

(五)所签发的船舶检验证书或者检验报告与船舶、设施的实际情况不符。

第十八条 违反《海上交通安全法》第五条的规定，船舶未持有有效的船舶国籍证书航行的，依照《海上交通安全法》第四十四条的规定，对船舶所有人或者船舶经营人处以3000元以上2万元以下罚款；对船长处以2000元以上2万元以下的罚款，情节严重的，并给予扣留船员适任证书6个月至24个月直至吊销船员适任证书的处罚。

第三节 违反船员管理秩序

第十九条 违反《海上交通安全法》第七条的规定，未取得合格的船员职务证书或者未通过船员培训，擅自上船服务的，依照《海上交通安全法》第四十四条和《船员条例》第六十条的规定，责令其立即离岗，处以2000元以上2万元以下罚款，并对聘用单位处以3万元以上15万元以下罚款。

前款所称未取得合格的船员职务证书，包括下列情形：

（一）未经水上交通安全培训并取得相应合格证明；

（二）未持有船员适任证书或者其他适任证件；

（三）持采取弄虚作假的方式取得的船员职务证书；

（四）持伪造、变造的船员职务证书；

（五）持转让、买卖或者租借的船员职务证书；

（六）所服务的船舶的航区、种类和等级或者所任职务超越所持船员职务证书限定的范围；

（七）持已经超过有效期限的船员职务证书；

（八）未按照规定持有船员服务簿。

对本条第二款第（三）项、第（五）项规定的违法行为，除处以罚款外，并处吊销船员职务证书。对本条第二款第（五）项规定的持租借船员职务证书的情形，还应对船员职务证书出借人处以2000元以上2万元以下罚款。

对本条第二款第（四）项规定的违法行为，除处以罚款外，并收缴相关证书。

对本条第二款第（六）项规定的违法行为，除处以罚款外，并处扣留船员职务证书3个月至12个月。

第二十条 船员用人单位、船舶所有人有下列未按照规定招用外国籍船员在中国籍船舶上任职情形的，依照《船员条例》第六十条的规定，责令改正，并处以3万元以上15万元以下罚款：

（一）未依照法律、行政法规和国家其他有关规定取得就业许可；

（二）未持有合格的且签发国与我国签订了船员证书认可协议的船员证书；

（三）雇佣外国籍船员的航运公司未承诺承担船员权益维护的责任。

第二十一条 船员服务机构和船员用人单位未将其招用或者管理的船员的有关情况定期向海事管理机构备案的，按照《船员条例》第六十四条的规定，对责任单位处以5000元以上2万元以下罚款。

前款所称船员服务机构包括海员外派机构。

本条第一款所称船员服务机构和船员用人单位未定期向海事管理机构备案，包括下列情形：

（一）未按规定进行备案，或者备案内容不全面、不真实；

（二）未按照规定时间备案；

（三）未按照规定的形式备案。

第二十二条 违反《海上交通安全法》第八条的规定，设施未按照国家规定配备掌握避碰、信号、通信、消防、救生等专业技能的人员，依照《海上交通安全法》第四十四条的规定，对设施所有人或者设施经营人处以1000元以上1万元以下罚款；对设施主要负责人和直接责任人员处以1000元以上8000元以下罚款。

第四节 违反航行、停泊和作业管理秩序

第二十三条 违反《海上交通安全法》第六条的规定，船舶未按照标准定额配备足以保证船舶安全的合格船员，依照《海上交通安全法》第四十四条的规定，对船舶所有人或者船舶经营人处以3000元以上2万元以下罚款；对船长处以2000元以上2万元以下罚款；情节严重的，并给予扣留船员适任证书3个月至12个月的处罚。

本条第一款所称未按照标准定额配备足以保证船舶安全的合格船员，包括下列情形：

（一）船舶所配船员的数量低于船舶最低安全配员证书规定

的定额要求；

（二）船舶未持有有效的船舶最低安全配员证书。

第二十四条　违反《海上交通安全法》第九条的规定，船舶、设施上的人员不遵守有关海上交通安全的规章制度和操作规程，依照《海上交通安全法》第四十四条和《船员条例》第五十七条的规定，处以1000元以上1万元以下罚款；情节严重的，并给予扣留船员适任证书6个月至24个月直至吊销船员适任证书的处罚。发生事故的，按照第二十五条的规定给予扣留或者吊销船员适任证书的处罚。

本条前款所称不遵守有关海上交通安全的规章制度，包括下列情形：

（一）在船上履行船员职务，未按照船员值班规则实施值班；

（二）未获得必要的休息上岗操作；

（三）在船上值班期间，体内酒精含量超过规定标准；

（四）在船上履行船员职务，服食影响安全值班的违禁药物；

（五）不采用安全速度航行；

（六）不按照规定的航路航行；

（七）未按照要求保持正规了望；

（八）不遵守避碰规则；

（九）不按照规定停泊、倒车、调头、追越；

（十）不按照规定显示信号；

（十一）不按照规定守听航行通信；

（十二）不按照规定保持船舶自动识别系统处于正常工作状态，或者不按照规定在船舶自动识别设备中输入准确信息，或者船舶自动识别系统发生故障未及时向海事管理机构报告；

（十三）不按照规定进行试车、试航、测速、辨校方向；

（十四）不按照规定测试、检修船舶设备；

（十五）不按照规定保持船舱良好通风或者清洁；

（十六）不按照规定使用明火；

（十七）不按照规定填写航海日志；

（十八）不按照规定采取保障人员上、下船舶、设施安全的措施；

（十九）不按照规定载运易流态化货物，或者不按照规定向海事管理机构备案。

第二十五条 违反《海上交通安全法》第九条的规定，船舶、设施上的人员不遵守有关海上交通安全的规章制度和操作规程，造成海上交通事故的，还应当按照下列规定给予处罚：

（一）造成特别重大事故的，对负有全部责任、主要责任的船员吊销适任证书或者其他适任证件，对负有次要责任的船员扣留适任证书或者其他适任证件 12 个月直至吊销适任证书或者其他适任证件；责任相当的，对责任船员扣留适任证书或者其他适任证件 24 个月或者吊销适任证书或者其他适任证件。

（二）造成重大事故的，对负有全部责任、主要责任的船员吊销适任证书或者其他适任证件；对负有次要责任的船员扣留适任证书或者其他适任证件 12 个月至 24 个月；责任相当的，对责任船员扣留适任证书或者其他适任证件 18 个月或者吊销适任证书或者其他适任证件。

（三）造成较大事故的，对负有全部责任、主要责任的船员扣留船员适任证书 12 个月至 24 个月或者吊销船员适任证书，对负有次要责任的船员扣留船员适任证书 6 个月；责任相当的，对责任船员扣留船员适任证书 12 个月。

（四）造成一般事故的，对负有全部责任、主要责任的船员扣留船员适任证书 9 个月至 12 个月，对负有次要责任的船员扣留船员适任证书 6 个月至 9 个月；责任相当的，对责任船员扣留船员适任证书 9 个月。

第二十六条 违反《海上交通安全法》第十条的规定，船舶、设施不遵守有关法律、行政法规和规章，依照《海上交通安全法》第四十四条的规定，对船舶、设施所有人或经营人处以 3000 元以上 1 万元以下罚款；对船长或设施主要负责人处以 2000 元以上 1 万元以下罚款并对其他直接责任人员处以 1000 元以上 1 万元以下罚款；情节严重的，并给予扣留船员适任证书6个月至24个月直至吊销船员适任证书的处罚：

本条前款所称船舶、设施不遵守有关法律、行政法规和规章，包括下列情形：

(一)不按照规定检修、检测影响船舶适航性能的设备；

(二)不按照规定检修、检测通信设备和消防设备；

(三)不按照规定载运旅客、车辆；

(四)超过核定载重线载运货物；

(五)不符合安全航行条件而开航；

(六)不符合安全作业条件而作业；

(七)未按照规定进行夜航；

(八)强令船员违规操作；

(九)强令船员疲劳上岗操作；

(十)未按照船员值班规则安排船员值班；

(十一)超过核定航区航行；

(十二)未按照规定的航路行驶；

(十三)不遵守避碰规则；

(十四)不采用安全速度航行；

(十五)不按照规定停泊、倒车、调头、追越；

(十六)不按照规定进行试车、试航、测速、辨校方向；

(十七)不遵守航行、停泊和作业信号规定；

(十八)不遵守强制引航规定；

(十九)不遵守航行通信和无线电通信管理规定；

(二十)不按照规定保持船舱良好通风或者清洁；

(二十一)不按照规定采取保障人员上、下船舶、设施安全的措施；

(二十二)不遵守有关明火作业安全操作规程；

(二十三)未按照规定拖带或者非拖带船从事拖带作业；

(二十四)违反船舶并靠或者过驳有关规定；

(二十五)不按照规定填写航海日志；

（二十六）未按照规定报告船位、船舶动态；

（二十七）未按照规定标记船名、船舶识别号；

（二十八）未按照规定配备航海图书资料。

第二十七条 违反《海上交通安全法》第十一条规定，外国籍非军用船舶未经中国海事管理机构批准进入中国的内水和港口或者未按规定办理进出口岸手续，依照《海上交通安全法》第四十四条的规定，对船舶所有人或者船舶经营人处以3万元罚款，对船长处以1万元罚款。

第二十八条 违反《海上交通安全法》第十一条规定，外国籍非军用船舶进入中国的内水和港口不听从海事管理机构指挥，依照《海上交通安全法》第四十四条的规定，对船舶所有人或者船舶经营人处以警告或者2000元以上2万元以下罚款，对船长处以警告或者1000元以上1万元以下罚款。

第二十九条 违反《海上交通安全法》第十三条规定，外国籍船舶进出中国港口或者在港内航行、移泊以及靠离港外系泊点、装卸站等，不按照规定申请指派引航员引航，或者不使用按照规定指派的引航员引航的，依照《海上交通安全法》第四十四条的规定，对船舶所有人或者船舶经营人处以警告或者2000元以上1万元以下罚款，对船长处以警告或者1000元以上1万元以下罚款。

第三十条 违反《海上交通安全法》第十四条规定，船舶进出港口或者通过交通管制区、通航密集区和航行条件受到限制的区域时，不遵守中国政府或者海事管理机构公布的特别规定的，依照《海上交通安全法》第四十四条的规定，对船舶所有人或者船舶经营人处以警告或者1000元以上1万元以下罚款，对船长处以警告或者500元以上1万元以下罚款，并可扣留船员适任证书3个月至12个月。

第三十一条 违反《海上交通安全法》第十五条规定，船舶无正当理由进入或者穿越禁航区，依照《海上交通安全法》第四十四条的规定，对船舶所有人或者船舶经营人处以警告或者2000元以上1万元以下罚款，对船长处以警告或者1000元以上1万元以下罚款,并扣留船员适任证书3个月至12个月。

第三十二条 违反《海上交通安全法》第十二条规定,国际航行船舶进出中国港口,拒不接受海事管理机构的检查,依照《海上交通安全法》第四十四条的规定,对船舶所有人或者船舶经营人处以1000元以上1万元以下的罚款;情节严重的,处以1万元以上3万元以下的罚款。对船长或者其他责任人员处以100元以上1000元以下的罚款;情节严重的,处以1000元以上3000元以下的罚款,并可扣留船员适任证书6个月至12个月:

本条前款所称拒不接受海事管理机构的检查,包括下列情形:

(一)拒绝或者阻挠海事管理机构实施安全检查;

(二)中国籍船舶接受海事管理机构实施安全检查时不提交《船旗国安全检查记录簿》;

(三)在接受海事管理机构实施安全检查时弄虚作假;

(四)未按照海事管理机构的安全检查处理意见进行整改。

第三十三条 违反《海上交通安全法》第十二条的规定,中国籍国内航行船舶进出港口不按照规定向海事管理机构报告船舶的航次计划、适航状态、船员配备和载货载客等情况的,依照《海上交通安全法》第四十四条的规定,对船舶所有人或者船舶经营人处以2000元以上1万元以下罚款;对船长处以1000元以上1万元以下罚款,并可扣留船员适任证书6个月至24个月。

第三十四条 违反《港口建设费征收使用管理办法》,不按规定缴纳或少缴纳港口建设费的,依照《财政违法行为处罚处分条例》第十三条规定,责令改正,并处未缴纳或者少缴纳的港口建设费的10%以上30%以下的罚款;对直接负责的主管人员和其他责任人处以3000元以上5万元以下罚款。

对于未缴清港口建设费的国内外进出口货物,港口经营人、船舶代理公司或者货物承运人违规办理了装船或者提离港口手续的,禁止船舶离港、责令停航、改航、责令停止作业,并可对直接负责的主管人员和其他责任人处以3000元以上3万元以下罚款。

第三十五条 违反《海上航行警告和航行通告管理规定》第

八条规定，海上航行警告、航行通告发布后，申请人未在国家主管机关或者区域主管机关核准的时间和区域内进行活动，或者需要变更活动时间或者改换活动区域的，未按规定重新申请发布海上航行警告、航行通告，依照《海上航行警告和航行通告管理规定》第十七条的规定，责令其停止活动，并可以处2000元以下罚款。

第三十六条 违反《海上航行警告和航行通告管理规定》，造成海上交通事故的，依照《海上航行警告和航行通告管理规定》第二十条，对船舶、设施所有人或者经营人处以3000元以上1万元以下罚款；对船长或者设施主要负责人处以2000元以上1万元以下罚款并对其他直接责任人员处以1000元以上1万元以下罚款；情节严重的，并给予扣留船员适任证书6个月至24个月直至吊销船员适任证书的处罚。

第五节 违反危险货物载运安全监督管理秩序

第三十七条 违反《危险化学品安全管理条例》第四十四条的规定，有下列情形之一的，依照《危险化学品安全管理条例》第八十六条的规定，由海事管理机构责令改正，处5万元以上10万元以下的罚款；拒不改正的，责令停航、停业整顿。

(一)从事危险化学品运输的船员未取得相应的船员适任证书和培训合格证明；

(二)危险化学品运输申报人员、集装箱装箱现场检查员未取得从业资格。

第三十八条 违反《危险化学品安全管理条例》第十八条的规定，运输危险化学品的船舶及其配载的容器未经检验合格而投入使用的，依照《危险化学品安全管理条例》第七十九条的规定，由海事管理机构责令改正，对船舶所有人或者经营人处以10万元以上20万元以下的罚款；有违法所得的，没收违法所得；拒不改正的，责令停航整顿。

第三十九条 违反《危险化学品安全管理条例》第四十五条的规定，船舶运输危险化学品，未根据危险化学品的危险特性采取相应的安全防护措施,或者未配备必要的防护用品和应急救援器材的,依照《危险化学品安全管理条例》第八十六条的规定,由海事管理机构责令改正,对船舶所有人或者经营人处以5万元以上10万元以下的罚款;拒不改正的,责令停航整顿。

本条前款所称未根据危险化学品的危险特性采取相应的安全防护措施,或者未配备必要的防护用品和应急救援器材,包括下列情形:

(一)拟交付船舶运输的化学品的相关安全运输条件不明确,货物所有人或者代理人不委托相关技术机构进行评估,或者未经海事管理机构确认,交付船舶运输的;

(二)装运危险化学品的船舶未按照有关规定编制应急预案和配备相应防护用品、应急救援器材;

(三)船舶装运危险化学品,不按照规定进行积载或者隔离;

(四)装运危险化学品的船舶擅自在非停泊危险化学品船舶的锚地、码头或者其他水域停泊;

(五)船舶所装运的危险化学品的包装标志不符合有关规定;

(六)船舶装运危险化学品发生泄漏或者意外事故,不及时采取措施或者不向海事管理机构报告。

第四十条 装运危险化学品的船舶进出港口,不依法向海事管理机构办理申报手续的,对船舶所有人或者经营人处1万元以上3万元以下的罚款。

第四十一条 违反《危险化学品安全管理条例》第五十三条、第六十三条的规定,通过船舶载运危险化学品,托运人不向承运人说明所托运的危险化学品的种类、数量、危险特性以及发生危险情况的应急处置措施,或者未按照国家有关规定对所托运的危险化学品妥善包装并在外包装上设置相应标志的,依照《危险化学品安全管理条例》第八十六条的规定,由海事管理机构责令改正,对托运人处5万元以上10万元以下的罚款;拒不改正的,责令停航整顿。

第四十二条 违反《危险化学品安全管理条例》第六十四条

的规定，通过船舶载运危险化学品，在托运的普通货物中夹带危险化学品，或者将危险化学品谎报或者匿报为普通货物托运的，依照《危险化学品安全管理条例》第八十七条的规定，由海事管理机构责令改正，对托运人处以 10 万元以上 20 万元以下的罚款，有违法所得的，没收违法所得；拒不改正的，责令停航整顿。

第四十三条　违反《海上交通安全法》第三十二条规定，船舶、浮动设施储存、装卸、运输危险化学品以外的危险货物，不具备安全可靠的设备和条件，或者不遵守国家关于危险化学品以外的危险货物管理和运输的规定的，依照《海上交通安全法》第四十四条的规定，对船舶、设施所有人或者经营人处以 1 万元以上 2 万元以下罚款；对船长或者设施主要负责人和其他直接责任人员处以 2000 元以上 1 万元以下罚款，并扣留船员适任证书 6 个月至 24 个月。

本条款所称不具备安全可靠的设备和条件，包括下列情形：

（一）装运危险化学品以外的危险货物的船舶未按有关规定编制应急预案和配备相应防护用品、应急救援器材的；

（二）装运危险化学品以外的危险货物的船舶及其配载的容器，未按照国家有关规范进行检验合格；

（三）船舶装运危险化学品以外的危险货物，所使用包装的材质、型式、规格、方法和单件质量（重量）与所包装的危险货物的性质和用途不相适应；

（四）船舶装运危险化学品以外的危险货物的包装标志不符合有关规定；

（五）装运危险化学品以外的危险货物的船舶，未按规定配备足够的取得相应的特殊培训合格证书的船员。

本条款所称不遵守国家关于危险化学品以外的危险货物管理和运输的规定，包括下列行为：

（一）使用未经检验合格的包装物、容器包装、盛装、运输；

（二）重复使用的包装物、容器在使用前，不进行检查；

（三）未按照规定显示装载危险货物的信号；

（四）未按照危险货物的特性采取必要安全防护措施；

（五）未按照有关规定对载运中的危险货物进行检查；

（六）装运危险货物的船舶擅自在非停泊危险货物船舶的锚地、码头或者其他水域停泊；

（七）船舶装运危险货物发生泄漏或者意外事故，不及时采取措施或者不向海事管理机构报告。

第四十四条　违反《海上交通安全法》第三十三条规定，船舶装运危险化学品以外的危险货物进出港口，不向海事管理机构办理申报手续，依照《海上交通安全法》第四十四条的规定，对船舶、设施所有人或者经营人处以300元以上1万元以下罚款；对船长或者设施主要负责人和其他直接责任人员处以200元以上1万元以下罚款，并扣留船员适任证书6个月至24个月。

第六节　违反海难救助管理秩序

第四十五条　违反《海上交通安全法》第三十四条规定，船舶、设施或者飞机遇难时，不及时向海事管理机构报告出事时间、地点、受损情况、救助要求以及发生事故的原因的，依照《海上交通安全法》第四十四条规定，对船舶、设施所有人或者经营人处以2000元以上1万元以下罚款；对船长、设施主要负责人处以1000元以上8000元以下罚款，并可扣留船员适任证书6个月至12个月。

第四十六条　违反《海上交通安全法》第三十六条规定，事故现场附近的船舶、设施，收到求救信号或者发现有人遭遇生命危险时，在不严重危及自身安全的情况下，不救助遇难人员，或者不迅速向海事管理机构报告现场情况和本船舶、设施的名称、呼号和位置，依照《海上交通安全法》第四十四条规定，对船舶、设施所有人或者经营人处以200元以上1万元以下罚款；对船长、设施主要负责人处以1000元以上1万元以下罚款，情节严重的，并扣留船员适任证书6个月至24个月直至吊销船员适任证书。

第四十七条　违反《海上交通安全法》第三十七条规定，发生海上交通事故的船舶、设施有下列行为之一，依照《海上交通安全法》第四十四条规定,对船舶、设施所有人或者经营人处以 200 元以上 1 万元以下罚款;对船长、设施主要负责人处以 1000 元以上 1 万元以下罚款,情节严重的,并扣留船员适任证书 6 个月至 24 个月直至吊销船员适任证书:

(一)不互通名称、国籍和登记港;

(二)不救助遇难人员;

(三)在不严重危及自身安全的情况下,擅自离开事故现场或者逃逸。

第四十八条 违反《海上交通安全法》第三十八条规定,有关单位和在事故现场附近的船舶、设施,不听从海事管理机构统一指挥实施救助,依照《海上交通安全法》第四十四条规定,对船舶、设施所有人或者经营人处以 200 元以上 1 万元以下罚款;对船长、设施主要负责人处以 100 元以上 8000 元以下罚款,并可扣留船员适任证书 6 个月至 12 个月。

第七节 违反海上打捞管理秩序

第四十九条 违反《海上交通安全法》第四十条规定,对影响安全航行、航道整治以及有潜在爆炸危险的沉没物、漂浮物,其所有人、经营人不按照海事管理机构限定期限打捞清除,依照《海上交通安全法》第四十四条规定,对法人或者其他组织处以 1 万元罚款;对自然人处以 5000 元罚款。

第五十条 违反《海上交通安全法》第四十一条规定,未经海事管理机构批准,擅自打捞或者拆除沿海水域内的沉船沉物,依照《海上交通安全法》第四十四条规定,处以 5000 元以上 3 万元以下罚款。

第八节 违反海上船舶污染沿海水域环境管理秩序

第五十一条 本节所称水上拆船、海港、船舶,其含义分别与《防止拆船污染环境管理条例》使用的同一用语的含义相同。

本节所称内水、海洋环境污染损害、排放、倾倒,其含义分别与

《海洋环境保护法》使用的同一用语的含义相同。

第五十二条 违反《防止拆船污染环境管理条例》规定，有下列情形之一的，依照《防止拆船污染环境管理条例》第十七条的规定，除责令其限期纠正外，还可以根据不同情节，处以 1 万元以上 10 万元以下的罚款：

（一）未持有经批准的环境影响报告书（表），擅自设置拆船厂进行拆船的；

（二）发生污染损害事故，不向监督拆船污染的海事管理机构报告也不采取消除或控制污染措施的；

（三）废油船未经洗舱、排污、清舱和测爆即行拆解的；

（四）任意排放或者丢弃污染物造成严重污染的。

第五十三条 违反《防止拆船污染环境管理条例》规定，有下列情形之一的，依照《防止拆船污染环境管理条例》第十八条的规定，除责令其限期纠正外，还可以根据不同情节，处以警告或者处以 1 万元以下的罚款：

（一）拒绝或阻挠海事管理机构进行现场检查或在被检查时弄虚作假的；

（二）未按规定要求配备和使用防污设施、设备和器材，造成环境污染的；

（三）发生污染损害事故，虽采取消除或控制污染措施，但不向监督拆船污染的海事管理机构报告的；

（四）拆船单位关闭、搬迁后，原厂址的现场清理不合格的。

第五十四条 违反《海洋环境保护法》有关规定，船舶有下列行为之一的，依照《海洋环境保护法》第七十三条的规定，责令限期改正，并对船舶所有人或者经营人处以罚款：

（一）向沿海水域排放《海洋环境保护法》禁止排放的污染物或其他物质的；

（二）不按照《海洋环境保护法》规定向海洋排放污染物，或超过标准排放污染物的；

（三）未取得海洋倾倒许可证，向海洋倾倒废弃物的；

（四）因发生事故或其他突发性事件，造成海洋环境污染事故，不立即采取处理措施的。

有前款第（一）项、第（三）项行为之一的，处以 3 万元以上 20 万元以下的罚款；有前款第（二）项、第（四）项行为之一的，处以 2 万元以上 10 万元以下的罚款。

第五十五条 违反《海洋环境保护法》规定，船舶在港口区域内造成珊瑚礁、红树林等海洋生态系统及海洋水产资源、海洋保护区破坏的，依照《海洋环境保护法》第七十六条的规定，责令限期改正和采取补救措施，并对船舶所有人或者经营人处以 1 万元以上 10 万元以下的罚款；有违法所得的，没收其违法所得。

第五十六条 违反《海洋环境保护法》规定，有下列行为之一的，依照《海洋环境保护法》第八十七条的规定，予以警告，或者处以罚款：

（一）船舶、港口、码头、装卸站未按规定配备防污设施、器材的；

（二）船舶未取得并随船携带防污证书、防污文书的；

（三）船舶未如实记录污染物处置情况；

（四）从事水上和港区水域拆船、旧船改装、打捞和其他水上、水下施工作业，造成海洋环境污染损害的；

（五）船舶载运的货物不具备防污适运条件的。

有前款第（一）项、第（五）项行为之一的，处以 2 万元以上 10 万元以下的罚款；有前款第（二）项、第（三）项行为的，处以 2 万元以下的罚款；有前款第（四）项行为的，处以 5 万元以上 20 万元以下的罚款。

第五十七条 违反《海洋环境保护法》规定，船舶不编制溢油应急计划的，依照《海洋环境保护法》第八十八条的规定，对船舶所有人或者经营人予以警告，并责令限期改正。

第九节 违反交通事故调查处理秩序

第五十八条 本规定所称海上交通事故，其含义与《海上交通事故调查处理条例》使用的同一用语的含义相同。

第五十九条 违反《海上交通事故调查处理条例》规定，有下列行为之一的，依照《海上交通事故调查处理条例》第二十九条和《船员条例》第五十七条的规定予以处罚：

（一）发生海上交通事故，未按规定的时间向海事管理机构报告或提交《海上交通事故报告书》；

（二）中国籍船舶在中华人民共和国管辖水域以外发生海上交通事故，船舶所有人或经营人未按《海上交通事故调查处理条例》第三十二条规定向船籍港海事管理机构报告，或者将判决书、裁决书或调解书的副本或影印件报船籍港的海事管理机构备案；

（三）发生海上交通事故，未按海事管理机构的要求驶往指定地点，或者在未发现危及船舶安全的情况下未经海事管理机构同意擅自驶离指定地点；

（四）发生海上交通事故，报告的内容或《海上交通事故报告书》的内容不符合《海上交通事故调查处理条例》第五条、第七条规定的要求，或者不真实，影响事故调查或者给有关部门造成损失；

（五）发生海上交通事故，不按《海上交通事故调查处理条例》第九条的规定，向当地或者船舶第一到达港的船舶检验机构、公安消防监督机关申请检验、鉴定，并将检验报告副本送交海事管理机构备案，影响事故调查；

（六）拒绝接受事故调查或无理阻挠、干扰海事管理机构进行事故调查的；

（七）在接受事故调查时故意隐瞒事实或者提供虚假证明。

存在前款第（一）项行为的，对船员处以警告或者 1000 元以上 1 万元以下罚款，情节严重的，并给予扣留船员服务簿、船员适任证书 6 个月至 24 个月直至吊销船员服务簿、船员适任证书的处罚；对船舶所有人或者经营人处以警告或者 5000 元以下罚款。存在前款第（二）项至第（七）项情形的，对船员处以警告或者 200 元以下罚款；对船舶所有人或者经营人处以警告或者 5000 元以下罚款。

第六十条 违反《海上交通事故调查处理条例》第三十三条，派往外国籍船舶任职的持有中华人民共和国船员适任证书的中国籍船员对海上交通事故的发生负有责任，其外派服务机构未按照规定报告事故的，依照《海上交通安全法》第四十四条规定，对船员外派服务机构处以1000元以上1万元以下罚款。

第四章 海事行政处罚程序

第一节 管 辖

第六十一条 海事行政处罚案件由海事行政违法行为发生地的海事管理机构管辖，法律、行政法规和本规定另有规定的除外。

本条前款所称海事行政违法行为发生地，包括海事行政违法行为的初始发生地、过程经过地、结果发生地。

第六十二条 各级海事局所属的海事处管辖本辖区内的下列海事行政处罚案件：

（一）对自然人处以警告、1万元以下罚款、扣留船员适任证书3个月至6个月的海事行政处罚；

（二）对法人或者其他组织处以警告、3万元以下罚款的海事行政处罚。

各级海事局管辖本辖区内的所有海事行政处罚案件。

第六十三条 对海事行政处罚案件管辖发生争议的，报请共同的上一级海事管理机构指定管辖。

下级海事管理机构对其管辖的海事行政处罚案件，认为需要由上级海事管理机构办理的，可以报请上级海事管理机构决定。

第六十四条 海事管理机构对不属其管辖的海事行政处罚案件，应当移送有管辖权的海事管理机构；受移送的海事管理机构如果认为移送不当，应当报请共同的上一级海事管理机构指定管辖。

第六十五条 上级海事管理机构自收到解决海事行政处罚案

件管辖争议或者报请移送海事行政处罚案件管辖的请示之日起 7 日内作出管辖决定。

第六十六条 受移送的海事管理机构应当将接受案件或者明确案件由其管辖之日作为第七十三条规定的违法行为发现之日，并按照本章第三节的规定实施行政处罚。移送案件的海事管理机构所取得的证据，经受移送的海事管理机构审查合格的，可以直接作为受移送的海事管理机构实施行政处罚的证据。

第二节 简 易 程 序

第六十七条 海事行政违法事实确凿，并有法定依据的，对自然人处以警告或者处以 50 元以下罚款，对法人或其他组织处以警告或者 1000 元以下罚款的海事行政处罚的，可以当场作出海事行政处罚决定。

第六十八条 海事行政执法人员依法当场作出海事行政处罚决定，应当遵守下列程序：

（一）向当事人出示海事行政执法证件；

（二）告知当事人作出海事行政处罚决定的事实、理由和依据以及当事人依法享有的权利；

（三）听取当事人的意见；

（四）复核当事人提出的事实、理由和证据；

（五）填写预定格式、统一编号的海事行政处罚决定书；

（六）将海事行政处罚决定书当场交付当事人；

（七）当事人在海事行政处罚决定书副本上签字。

第六十九条 海事行政执法人员依法当场作出海事行政处罚决定的，应当在 3 日内将海事行政处罚决定书副本报所属海事管理机构备案。

第三节 一 般 程 序

第七十条 实施海事行政处罚，除适用简易程序的，应当适用一般程序。

第七十一条　除依法可以当场作出的海事行政处罚外，海事管理机构发现自然人、法人或者其他组织有依法应当处以海事行政处罚的海事行政违法行为，应当自发现之日起7日内填写海事行政处罚立案审批表，报本海事管理机构负责人批准。

发生水上交通事故应当处以海事行政处罚的，应当自水上交通事故调查结束之日起7日内填写海事行政处罚立案审批表，报本海事管理机构负责人批准。

第七十二条　海事管理机构发现自然人、法人或者其他组织涉嫌海事行政违法行为的，应当立即依法进行调查，收集相关证据。

海事管理机构对海事行政处罚案件，应当全面、客观、公正地进行调查并收集证据。

第七十三条　能够证明海事行政处罚案件真实情况的事实，都是证据。

海事行政处罚案件的证据种类如下：

(一)书证；

(二)物证；

(三)视听资料；

(四)电子数据；

(五)证人证言；

(六)当事人的陈述；

(七)鉴定意见；

(八)勘验笔录、现场笔录。

第七十四条　进行海事行政处罚案件的调查或者检查，应当由2名以上海事行政执法人员担任调查人员。

调查人员与本案有直接利害关系的，应当回避。

第七十五条　调查人员询问或者检查，应当出示海事行政执法证件，并制作询问笔录、现场笔录或者勘验笔录。

询问笔录、现场笔录或者勘验笔录经被询问人、被检查人确认无误后，由被询问人、被检查人签名或者盖章。拒绝签名或者盖章的，调查人员应当在笔录上注明情况。

对涉及国家机密、商业秘密和个人隐私的，海事管理机构和调查人员、检查人员应当为其保守秘密。

第七十六条 收集海事行政处罚案件的书证、物证和视听资料，应当是原件、原物。收集原件、原物确有困难的，可由提交证据的自然人、法人或者其他组织在复制品、照片等物件上签名或者盖章，并注明“与原件一致”字样。

海事管理机构可以使用照相、录音、录像以及法律允许的其他调查手段。

第七十七条 调查人员、检查人员查阅、调取与海事行政处罚案件有关资料，可以对有关内容进行摘录或者复制，并注明来源。

第七十八条 调查人员、检查人员对与案件有关物品或者场所进行勘验或者检查，应当通知当事人到场，制作勘验笔录或者现场笔录。当事人不到场或者暂时难以确定当事人的，可以请在场的其他人作证。

勘验笔录或者现场笔录应当由当事人或者见证人签名或者盖章；拒绝签名或者盖章的，调查人员应当在勘验笔录或者检查笔录上注明情况。

第七十九条 对需要抽样取证的，应当通知当事人到场，并制作抽样取证清单。当事人不到场或者暂时难以确定当事人的，可以请在场的其他人作证。

抽样取证清单，应当由调查人员、当事人或者证人签名或者盖章。

海事管理机构应当妥善保管抽样取证物品；需要退还的，应当及时退还。

第八十条 为查明海事行政处罚案件事实需要进行技术鉴定的专门性问题，海事管理机构应当请有关技术鉴定机构或者具有专门技术的人员进行鉴定，并制作鉴定意见，由技术鉴定机构和人员签名或者盖章。

第八十一条 海事行政处罚案件的证据可能灭失或者以后难

以取得的,经海事管理机构负责人批准,可以通知当事人或者有关人员到场,先行登记保存证据,并制作证据登记保存清单。当事人或者有关人员不到场或者暂时难以确定当事人、有关人员的,可以请在场的其他人作证。

证据登记保存清单,应当由调查人员、检查人员、当事人或者有关人员、证人签名或者盖章。拒绝签名、盖章的,调查人员应当在证据登记保存清单上注明情况。

海事管理机构对登记保存的物品,应当在 7 日内作出下列处理决定:

(一)需要进行技术鉴定的,依照本规定第八十条的规定送交鉴定;

(二)对不应当处以海事行政处罚的,应当解除先行登记保存,并将先行登记保存的物品及时退还;

(三)法律、法规、规章规定应当作其他处理的,依法作其他处理。

第八十二条 海事行政处罚案件调查结束后,应当制作海事行政处罚案件调查报告,连同证据材料和经批准的海事行政违法案件立案审批表,移送本海事管理机构负责法制工作的内设机构进行预审。

第八十三条 海事管理机构负责法制工作的内设机构预审海事行政处罚案件采取书面形式进行,主要内容包括:

(一)案件是否属于本海事管理机构管辖;

(二)当事人的基本情况是否清楚;

(三)案件事实是否清楚,证据是否确实、充分;

(四)定性是否准确;

(五)适用法律、法规、规章是否准确;

(六)行政处罚是否适当;

(七)办案程序是否合法。

第八十四条 海事管理机构负责法制工作的内设机构预审完毕后,应当根据下列规定提出书面意见,报本海事管理机构负责人审查：

（一）违法事实清楚，证据确实、充分，行政处罚适当、办案程序合法，按规定不需要听证或者当事人放弃听证的，同意负责行政执法调查的内设机构的意见，建议报批后告知当事人；

（二）违法事实清楚，证据确实、充分，行政处罚适当、办案程序合法，按照规定应当听证的，同意调查人员意见，建议报批后举行听证，并告知当事人；

（三）违法事实清楚，证据确实、充分，但定性不准、适用法律不当、行政处罚不当的，建议调查人员修改；

（四）违法事实不清，证据不足的，建议调查人员补正；

（五）办案程序不合法的，建议调查人员纠正；

（六）不属于本海事管理机构管辖的，建议移送其他有管辖权的机关处理。

第八十五条 海事管理机构负责人审查完毕后，应当根据《行政处罚法》第三十八条的规定作出行政处罚决定、不予行政处罚决定、移送其他有关机关处理的决定。

对自然人罚款或者没收非法所得数额超过 1 万元，对法人或者其他组织罚款或者没收非法所得数额超过 3 万元，以及撤销船舶检验资格、没收船舶、没收或者吊销船舶登记证书、吊销船员职务证书、吊销海员证的海事行政处罚，海事管理机构的负责人应当集体讨论决定。

第八十六条 海事管理机构负责人对海事违法行为调查报告审查后，认为应当处以行政处罚的，海事管理机构应当制作海事违法行为通知书送达当事人，告知拟处以的行政处罚的事实、理由和证据，并告知当事人有权在收到该通知书之日起 3 日内进行陈述和申辩，对依法应当听证的告知当事人有权在收到该通知书之日起 3 日内提出听证要求。

当事人不在场的，应当依法采取其他送达方式将海事违法行为通知书送达当事人。

第八十七条 当事人提出陈述和申辩的，海事管理机构应当充分听取,并对当事人提出的事实、理由和证据进行复核;当事人提出的事实、理由或者证据成立的,海事管理机构应当采纳。

当事人要求组织听证的,海事管理机构应当按照本章第四节的规定组织听证。

当事人逾期未提出陈述、申辩或者逾期未要求组织听证的,视为放弃有关权利。

第八十八条 海事管理机构作出海事行政处罚决定,应当制作海事行政处罚决定书,并加盖本海事管理机构的印章。

第八十九条 海事行政处罚决定书应当在海事管理机构宣告后当场交付当事人,并将告知情况记入送达回证,由当事人在送达回证上签名或者盖章;当事人不在场的,应当在7日内依法采取其他送达方式送达当事人。

第九十条 海事行政处罚案件应当自立案之日起2个月内办理完毕。因特殊需要,经海事管理机构负责人批准可以延长办案期至3个月。如3个月内仍不能办理完毕,经上一级海事管理机构批准可再延长办案期间,但最长不得超过6个月。

第四节 听证程序

第九十一条 在作出较大数额罚款、吊销证书的海事行政处罚决定之前,海事管理机构应当告知当事人有要求举行听证的权利;当事人要求听证的,海事管理机构应当组织听证。

本条前款所称"较大数额罚款",是指对自然人处以1万元以上罚款,对法人或者其他组织处以10万元以上罚款。

第九十二条 海事行政处罚听证依照《行政处罚法》第四十二条的规定组织。

第九十三条 海事管理机构的听证人员包括听证主持人、听证员和书记员。

听证主持人由海事管理机构负责人指定本海事管理机构负责法制工作的机构的非本案调查人员担任。

听证员由海事管理机构负责人指定1至2名本海事管理机构

的非本案调查人员担任，协助听证主持人组织听证。

书记员由海事管理机构负责人指定1名非本案调查人员担任，负责听证笔录的制作和其他事务。

第九十四条 当事人委托代理人参加听证会的，应当向海事管理机构提交当事人签署的授权委托书。

第九十五条 当事人有正当理由要求延期举行听证的，经海事管理机构批准，可以延期一次。

第九十六条 海事行政处罚听证，按照以下程序进行：

（一）宣布案由和听证纪律；

（二）核对当事人或者其代理人、本案调查人员、证人及其他有关人员是否到场，并核实听证参加人的身份；

（三）宣读并出示海事管理机构负责人签署的听证决定，宣布听证人员名单，告知当事人有申请主持人回避、申辩和质证的权利；

（四）宣布听证开始；

（五）案件调查人员提出当事人违法的事实、证据，说明拟作出行政处罚的建议和法律依据；

（六）当事人或者其委托代理人对案件的事实、证据，适用法律，行政处罚裁量等进行申辩和质证；

（七）主持人就案件的有关问题向当事人或者其委托代理人、案件调查人员、证人询问；

（八）经主持人允许，当事人、调查人员就案件的有关问题可以向到场的证人发问；

（九）本案调查人员、当事人或者其委托代理人按顺序就案件所涉及的事实、各自出示的证据的合法性、真实性及有关的问题进行辩论；

（十）辩论终结，听证主持人可以再就本案的事实、证据及有关问题向当事人或者其代理人、本案调查人员征求意见；

（十一）中止听证的，主持人应当时宣布再次进行听证的有关事宜；

（十二）当事人或者其委托代理人做最后陈述；

（十三）主持人宣布听证结束，听证笔录交当事人或者其委托代理人核对无误后签字或者盖章。认为有错误的，有权要求补充或者改正。当事人拒绝的，由听证主持人在听证笔录上说明情况。

第九十七条　有下列情形之一的，主持人可以决定延期举行听证：

（一）当事人因不可抗拒的事由无法到场的；

（二）当事人临时申请回避的；

（三）其他应当延期的情形。

第九十八条　有下列情形之一的，主持人可以宣布中止听证：

（一）证据需要重新鉴定、勘验的；

（二）当事人或者其代理人提出新的事实、理由和证据，需要由本案调查人员调查核实的；

（三）作为听证申请人的法人或者其他组织突然解散，尚未确定权利、义务承受人的；

（四）当事人因不可抗拒的事由，不能继续参加听证的；

（五）听证过程中，当事人或者其代理人违反听证纪律致使听证无法进行的；

（六）其他应当中止听证的情形。

中止听证，应当在听证笔录中写明情况，由主持人签名。

第九十九条　延期、中止听证的情形消失后，由主持人决定恢复听证并将听证的时间、地点通知听证参加人。

第一百条　有下列情形之一的，应当终止听证：

（一）当事人或者其代理人撤回听证要求的；

（二）当事人或者其代理人接到参加听证的通知，无正当理由不参加听证的；

（三）当事人或者其代理人未经听证主持人允许，中途退出听证的；

（四）其他应当终止听证的情形。

听证终止，应当在听证笔录中写明情况，由主持人签名。

第一百零一条 听证结束后，主持人应当依据听证情况制作海事行政处罚听证报告书，连同听证笔录报海事管理机构负责人审查后，依照本规定第八十五条的规定作出决定。

第五节 执行程序

第一百零二条 有《行政处罚法》第四十七条规定第(一)项、第(二)项规定情形之一，或者有《行政处罚法》第四十八条规定的情形的，海事管理机构及其海事行政执法人员可以当场收缴罚款。

罚款以人民币计算，并向当事人出具符合法定要求的罚款收据。

当事人无正当理由逾期不缴纳罚款的，海事管理机构依法每日按罚款数额的3%加处罚款。

第一百零三条 被处以扣留证书的，当事人应当及时将被扣留证书送交作出处罚决定的海事管理机构。扣留证书期满后，海事管理机构应当将所扣证书发还当事人，也可以通知当事人领取被扣证书。

被处以扣留、吊销证书，当事人拒不送交被扣留、被吊销的证书的，海事管理机构应当公告该证书作废，并通知核发证书的海事管理机构注销。

第一百零四条 海事管理机构对船员处以海事行政处罚后，应当予以记载。

第一百零五条 对当事人处以没收船舶处罚的，海事管理机构应当依法处理所没收的船舶。

第一百零六条 当事人在法定期限内不申请复议或提起诉讼，又不履行海事行政处罚决定的，海事管理机构依法申请人民法院强制执行。

第一百零七条 海事行政处罚案件执行完毕后，应当填写海事行政处罚结案表，将全部案件材料立卷后交海事管理机构负责法制工作的内设机构进行登记，并按档案管理要求进行归档。

第六节　监督程序

第一百零八条　自然人、法人或者其他组织对海事管理机构作出的行政处罚有权申诉或者检举。

自然人、法人或者其他组织的申诉或检举,由海事管理机构负责法制工作的内设机构受理和审查,认为海事行政处罚有下列情形之一的,经海事管理机构负责人同意后,予以改正:

(一)主要事实不清、证据不足的;

(二)适用依据错误的;

(三)违反法定程序的;

(四)超越或滥用职权的;

(五)具体行政行为明显不当的。

第一百零九条　海事管理机构负责法制工作的内设机构发现本海事管理机构作出的海事行政处罚有第一百零八条第二款规定的情形之一的,应当向海事管理机构负责人提出建议,予以改正。

第一百一十条　上级海事管理机构发现下级海事管理机构作出的海事行政处罚有第一百零八条第二款规定的情形之一的,应当责令其改正。

第一百一十一条　海事管理机构和海事行政执法人员违法实施行政处罚的,按照《行政处罚法》有关规定追究法律责任。

第五章　附　　则

第一百一十二条　本规定所称沿海水域、船舶、设施、作业,其含义与《海上交通安全法》使用的同一用语的含义相同,但有关法律、行政法规和本规定另有规定的除外。

本规定所称船舶经营人,包括船舶管理人。

本规定所称设施经营人,包括设施管理人。

本规定所称当事人,包括自然人和法人以及其他组织,可以与有海事行政违法行为的船舶所有人、经营人互相替换。

本规定所称船员职务证书，包括船员培训合格证、船员服务簿、船员适任证书及其他适任证件。

本规定所称的船舶登记证书，包括船舶国籍证书、船舶所有权登记证书、船舶抵押权登记证书、光船租赁登记证书。

本规定所称船员，包括船长、轮机长、驾驶员、轮机员、无线电人员、引航员和水上飞机、潜水器的相应人员以及其他船员。

本规定所称“危险货物”，系指具有爆炸、易燃、毒害、腐蚀、放射性、污染危害性等特性，在船舶载运过程中，容易造成人身伤害、财产损失或者环境污染而需要特别防护的物品，包括危险化学品。

第一百一十三条 本规定所称的以上、以内包括本数，所称的以下不包括本数，本规定另有规定的除外。

第一百一十四条 本规定所称日，是指工作日。

本规定所称月，按自然月计算。

本规定所称其他送达方式，是指委托送达、邮寄送达、留置送达、公告送达等《民事诉讼法》规定的方式。

第一百一十五条 海事管理机构办理海事行政处罚案件，应当使用交通运输部制订的统一格式的海事行政处罚文书。

第一百一十六条 本规定自 2015 年 7 月 1 日起施行。2003 年 7 月 10 日以交通部令 2003 年第 8 号公布的《中华人民共和国海上海事行政处罚规定》同时废止。

长江干线水上交通安全管理特别规定

交通运输部令2017年第32号　2017.11.04

第一章　总　　则

第一条　为了加强长江干线水上交通安全管理,维护通航秩序,保障人民群众生命、财产安全,根据《内河交通安全管理条例》,制定本规定。

第二条　在长江干线通航水域从事航行、停泊、作业以及其他与水上交通安全有关的活动,应当遵守本规定。

第三条　交通运输部主管长江干线水上交通安全管理工作。

交通运输部长江航务管理局受部委托组织落实长江干线水上交通安全综合管理工作。

交通运输部海事局对长江干线水上交通安全监督管理工作实行业务领导。

交通运输部在长江干线设立的直属海事管理机构及其分支海事管理机构(以下统称"海事管理机构")依据各自的职责权限,对所辖水域水上交通安全实施监督管理。

第二章　船舶航行

第四条　船舶应当按照规定安装自动识别系统(AIS)船载设备,并保持正常运行。自动识别系统(AIS)船载设备的相关信息应当准确并及时更新。

第五条　船舶不得涂改船名、船籍港、船舶载重线标识。

第六条 船舶应当按照长江航道管理部门公布的维护水深控制吃水,遵守海事管理机构公布的富余水深要求。

第七条 客运企业和散装危险化学品运输企业应当建立岸基监控制度,运用自动识别系统(AIS)等信息化手段,对所属客船和散装危险化学品船实施动态监控,掌握船舶航行、停泊、作业情况,并督促船舶遵守水上交通安全管理规定,及时纠正船舶违法行为。

第八条 跨越长江干线通航水域的桥梁、缆线、管道、索道的建设单位、经营单位或者管理单位应当保障对航行安全有影响的墩柱、塔架的防撞能力符合相关安全标准,设置助航标志和安全警示标志,建设监控设施设备,保证处于适用状态。

新建、改建、扩建跨越长江干线通航水域的桥梁、缆线、管道、索道的,建设单位、经营单位或者管理单位在竣工验收后应当及时将通航净空尺度向交通运输部长江航务管理局备案,由交通运输部长江航务管理局向社会公布。

第九条 船舶在长江干线通航水域从事拖带活动,应当综合考虑以下因素确定拖带量、拖带方式:

(一)拖船船型、吨位、主机功率、操纵性能以及技术状况等;

(二)航区、水文、气象、航道维护尺度;

(三)通航建筑物、跨越、穿越长江干线航道和临河的建筑物、构筑物以及其他有关设施的通航尺度。

第十条 船舶的拖带量、拖带驳船总数或者船队总长不得超过限制标准。限制标准由直属海事管理机构根据长江干线通航环境制定并发布。

第三章　水上交通管制

第十一条 水上交通管制是指海事管理机构在特定时间内划定水上交通管制区,对特定水域、特定船舶采取的下列限制、疏导交通的措施:

(一)封航、禁止停泊;

（二）单向通航；

（三）限制航行，包括限制通过船舶的时间、种类、尺度、航速等。

第十二条 遇有下列情形之一的，海事管理机构可以根据实际情况实施水上交通管制：

（一）发生强对流天气、台风、寒潮大风、能见度不良等恶劣天气；

（二）发生山体滑坡、堤岸坍塌、泥石流、洪水等灾害；

（三）航道损坏或者阻塞，航道水深变浅、宽度变窄等航道实际尺度达不到维护尺度标准；

（四）船舶密度短时间内急剧增大，通航秩序明显恶化；

（五）水位陡涨陡落；

（六）水上交通事故；

（七）应急抢险；

（八）水上水下活动；

（九）搜救、消防、演习等活动。

第十三条 海事管理机构实施水上交通管制，应当通过航行通告、航行警告、甚高频（VHF）电话或者其他有效途径提前对外公告，公告内容应当包括：

（一）管制事由；

（二）管制时间和水域范围；

（三）管制对象；

（四）管制要求。

因发生第十二条第（一）项至第（七）项等紧急情况而实施水上交通管制的，可以边实施、边公告。

第十四条 水上交通管制变更或者取消的，海事管理机构应当及时通过航行通告、航行警告、甚高频（VHF）电话或者其他有效途径对外公告。

水上交通管制取消的，海事管理机构还应当根据需要进行现场维护直至通航秩序恢复正常。

第十五条 船舶应当通过接收航行通告、航行警告或者守听甚高频(VHF)电话等一切有效方式及时获取水上交通管制信息。船舶航经水上交通管制区时,应当遵守交通管制有关要求,服从海事管理机构的统一指挥。

第十六条 长江干线通航水域持续封航 12 小时以内的,由直属海事管理机构核准,报交通运输部长江航务管理局和交通运输部海事局备案;持续封航 12 至 24 小时的,由交通运输部长江航务管理局商交通运输部海事局核准,并报交通运输部备案;持续封航 24 小时以上的,由交通运输部长江航务管理局会同交通运输部海事局报交通运输部核准。

第十七条 能见度不良时,船舶应当按照规定发出声响信号,加强与周围船舶联系,采取备车、备锚、控制航速等安全措施,必要时选择安全水域停泊,并遵守以下规定:

(一)客船(不包括客渡船、车客渡船):出发港能见度不足 1000 米时,不得出港航行;航行途中下行能见度不足 1500 米或者上行能见度不足 1000 米,应当就近选择安全水域停泊;

(二)客渡船、车渡船、车客渡船:江阴大桥以上,江面宽度 1000 米以上的水域能见度不足 1000 米,或者江面宽度 1000 米以下的水域能见度不足江面宽度时,不得航行;江阴大桥以下,江面宽度 1500 米以上的水域能见度不足 1500 米,或者江面宽度 1500 米以下的水域能见度不足江面宽度时,不得航行;

(三)其他船舶:宜昌以上水域,能见度不足 500 米时不得上行,能见度不足 1000 米时不得下行;宜昌以下水域,能见度不足 1000 米时不得上行,能见度不足 1500 米时不得下行。

第十八条 船舶应当在气象部门预报风力等级不超过船舶检验证书载明的抗风等级的情况下航行,并根据风力变化情况采取相应的避风、抗风措施,必要时就近选择安全水域停泊。

船舶检验证书未载明抗风等级的,应当遵守以下规定:

(一)客船:气象部门预报风力达到 7 级及以上时不得航行;气象部门预报船舶航经水域风力达到 7 级及以上时,应当及早采取相应的避风措施，不得航经该水域；

（二）其他船舶：应当充分考虑航经水域的风力情况，综合船舶稳性、抗风能力等因素安全航行，并根据风力变化及时采取有效的避风、抗风措施。

第十九条 客渡船、车渡船、车客渡船每日22时至次日5时禁止航行。但县级以上人民政府另有规定的，从其规定。

第二十条 长江干线预报水位（长江下游感潮河段除外）出现下列情形之一的，船舶应当遵守以下规定：

（一）所有船舶：预报水位24小时以内上涨或者下落超过6米，不得航行。支流水位陡涨致使其主流冲过长江干流江面宽度一半以上时，不得通过该干支交汇水域；

（二）客船（不包括客渡船、车客渡船）、载运危险货物的船舶、滚装船、船队以及600总吨以下船舶：预报水位24小时以内上涨或者下落超过3米，在20时至次日5时期间禁止航行；预报水位24小时以内上涨或者下落超过5米，不得航行；

（三）客渡船、车渡船、车客渡船：预报水位达到停航封渡水位时，不得航行。

第二十一条 禁止单壳化学品船和600载重吨以上单壳油船进入长江干线航行。但对从事植物油运输的600载重吨以上的单壳油船，由交通运输部另行规定。

载运污染危害性严重危险化学品的600总吨以下双壳化学品船以及600载重吨以下单壳油船22时至次日5时禁止在长江干线航行。具体实施办法由交通运输部长江航务管理局另行制定。

第二十二条 在三峡—葛洲坝枢纽河段航行的船舶，应当遵守以下规定：

（一）当葛洲坝枢纽流量大于35000立方米/秒，禁止船舶通过葛洲坝一号船闸及大江航道；

（二）当葛洲坝枢纽流量大于60000立方米/秒，禁止船舶通过葛洲坝二、三号船闸及三江航道；

（三）当黄柏河流量大于等于7000立方米/秒或者葛洲坝三江冲沙闸参与泄洪时，禁止船舶通过葛洲坝三江航道；

（四）当三峡枢纽入库超过56700立方米/秒或者三峡枢纽下泄超过45000立方米/秒，禁止船舶通过三峡船闸、升船机及引航道；

（五）当三峡枢纽下泄流量在25000至45000立方米/秒时，按照国家有关规定和标准对两坝间船舶实行限制性通航。

第四章　锚地安全管理

第二十三条　锚地管理单位应当落实锚地安全管理责任，建立健全安全管理制度，保证锚地锚泊安全。

第二十四条　锚地管理单位应当建设系泊设施，设置专用航标，配备必要的应急设施，定期公布锚地水深，保证锚泊条件。

第二十五条　船舶应当按照锚地类别和海事管理机构公布的锚地范围锚泊，服从锚地管理单位的统一调度。

船舶遇有紧急情况需要在其他水域临时锚泊的，应当及时向海事管理机构报告。

第二十六条　船舶锚泊期间，应当遵守以下规定：

（一）留足安全距离，按照规定显示或者悬挂相应的号灯、号型；

（二）留足值班人员，严格执行值班制度；

（三）值班人员应当守听甚高频（VHF）电话，密切关注气象、水位、潮汐变化以及锚地周边环境动态，防止断链、走锚；发现存在危及船舶和货物安全情况时，及时采取防范措施并报告锚地管理单位。

第二十七条　船舶进出锚地水域时，应当及时发布船舶动态，密切关注周边船舶情况和水流情况，保持安全距离，确保航行安全。

第五章　船舶试航管理

第二十八条　船舶修造企业是其修造船舶试航航行安全的责任主体。

船舶修理后自行组织试航的,其船舶所有人、经营人、管理人是船舶试航航行安全的责任主体。

第二十九条　船舶试航前,负责试航航行安全的责任主体应当制定试航方案,并将试航方案报始发地海事管理机构备案。始发地至试航水域由多个海事管理机构管辖的,始发地海事管理机构应当将试航有关情况及时通报其他有管辖权的海事管理机构。

试航船舶未到达试航水域之前不得开展船舶试航活动。

第三十条　禁止在渡运水域、桥区、狭水道、通航密集区等重要通航水域及饮用水水源保护区、水下电缆等区域进行船舶试航。对可以通过系泊试验完成的测试项目,应当避免航行试验。

第三十一条　船舶试航应当严格控制随船人员,配备足够的救生设备;计划随船人员(船员除外)超过 12 人时,负责试航航行安全的责任主体应当制定相应的应急预案,并开展安全与应急管理培训。

第三十二条　试航期间,试航船舶应当按照规定显示试航信号、守听甚高频(VHF)电话等,遵守水上交通管制有关要求,服从海事管理机构的统一指挥,不得妨碍其他船舶的正常行驶。

试航船舶发生突发事件的,应当及时向海事管理机构报告。

第六章　法 律 责 任

第三十三条　对违反本规定的行为,《内河交通安全管理条例》及其他相关法规已有处罚规定的,从其规定。

第三十四条　船舶有下列情形之一的,由海事管理机构责令改正,并处 3000 元以上 3 万元以下的罚款:

（一）擅自涂改船名、船籍港的；

（二）未遵守海事管理机构公布的富余水深要求的；

（三）违反直属海事管理机构发布的拖带限制标准的。

第三十五条 客运企业、散装危险化学品运输企业未建立岸基监控制度，或者未运用自动识别系统（AIS）等信息化手段对所属客船和散装危险化学品船实施动态监控的，由海事管理机构责令限期改正；逾期不改正的，处3000元以上3万元以下的罚款。

第三十六条 船舶有下列情形之一的，由海事管理机构责令改正，并处1000元以上1万元以下的罚款：

（一）不遵守水上交通管制措施的；

（二）未按照规定锚泊或者在其他水域临时锚泊未及时报告的。

第三十七条 船舶违反本规定第十七条、第十八条、第十九条、第二十条、第二十一条、第二十二条规定的，由海事管理机构处1000元以上1万元以下的罚款。

第三十八条 负责锚地建设、维护和管理的港航企业等未落实本规定第二十三条、第二十四条规定的，由海事管理机构责令限期整改；逾期不改正的，处3000元以上3万元以下的罚款。

第三十九条 船舶试航航行安全责任主体有下列情形之一的，由海事管理机构责令改正，并处5000元以上3万元以下的罚款：

（一）未按照规定将试航方案向海事管理机构备案的；

（二）未在备案的试航水域试航的；

（三）未落实试航安全措施的；

（四）未按照规定显示试航信号的。

第七章 附 则

第四十条 本规定下列用语的含义：

（一）长江干线通航水域，是指成贵铁路宜宾金沙江公铁两用桥下沿线(左岸:高庄桥,右岸:三关碛)至江苏浏河口下游的浏黑屋与崇明岛施翘河下游的施信杆的连线间由海事管理机构认定的可供船舶航行的水域。

(二)停航封渡水位,是指县级以上人民政府规定并对外发布的、禁止渡船航行的水位。

(三)锚地管理单位,是指负责锚地建设、维护和管理的港口行政管理部门、港航企业等。

(四)船舶试航,是指修造船舶时为测试船体、设备设施以及其他船舶操纵性能是否满足船舶设计要求和法律法规规定所进行的航行试验。

(五)单壳油船,是指未设有符合国内船舶检验规范规定的双层底舱和双层边舱的油船(含油驳)。

(六)单壳化学品船:包括《船舶与海上设施法定检验规则》规定的3型化学品船(2G舱型除外)。

(七)双壳化学品船:包括《船舶与海上设施法定检验规则》规定的1型、2型以及2G舱型的3型化学品船。

(八)客运企业:包括普通、旅游、滚装客船公司。

第四十一条 本规定自2018年1月1日起施行,《长江干线水上交通安全管理若干办法(暂行)》(交安监字〔1991〕781号)同时废止。

交通运输部关于修订《京杭运河通航管理办法(试行)》的通知

交海发〔2017〕73 号　2017.05.12

山东、江苏、浙江、安徽、江西、湖南、湖北、四川、云南、河南、福建省交通运输厅,上海市、重庆市交通运输委员会:

根据京杭运河现有标准船型主尺度系列标准实际情况,结合航道、港口(码头)、桥梁、船闸、装卸工具等设施的现状,交通运输部决定对《关于印发〈京杭运河通航管理办法(试行)〉的通知》(交海发〔2006〕292 号)作如下修订:

将《京杭运河通航管理办法(试行)》第五条修订为:"在京杭运河航行的集装箱船舶、滚装船舶和江海直达特定航线船舶,进入四级航段的船舶总长不得大于 65 米,总宽不得大于 12.7 米;进入三级航段的船舶总长不得大于 80 米,总宽不得大于 12.7 米;进入二级航段的船舶总长不得大于 90 米,总宽不得大于 17.8 米。

除本条第一款外的其他船舶,进入四级和三级航段的船舶总长不得大于 45 米,总宽不得大于 10.8 米;进入二级航段的船舶总长不得大于 67.6 米,总宽不得大于 15.4 米。

船舶吃水应按照航道部门提供的航道实际水深控制。"

现将修改后的《京杭运河通航管理办法(试行)》重新发布,本决定自 2017 年 5 月 12 日起施行。

京杭运河通航管理办法(试行)

第一章　总　　则

第一条　为维护京杭运河通航秩序,提高通航效率,保障航行安全,根据《中华人民共和国内河交通安全管理条例》等法规规定,制定本办法。

第二条　在京杭运河从事航行、停泊、作业以及其他与水上交通安全有关的活动,应当遵守本办法。

第三条　京杭运河沿线各级海事管理机构具体实施所辖航段通航监督管理。

第二章　特别规定

第四条　进入京杭运河的船舶,应当与航道的通航条件相适应。

第五条　在京杭运河航行的集装箱船舶、滚装船舶和江海直达特定航线船舶,进入四级航段的船舶总长不得大于65米,总宽不得大于12.7米;进入三级航段的船舶总长不得大于80米,总宽不得大于12.7米;进入二级航段的船舶总长不得大于90米,总宽不得大于17.8米。

除本条第一款外的其他船舶,进入四级和三级航段的船舶总长不得大于45米,总宽不得大于10.8米;进入二级航段的船舶总长不得大于67.6米,总宽不得大于15.4米。

船舶吃水应按照航道部门提供的航道实际水深控制。

第六条　进入京杭运河的船队,静水航速不得低于每小时6

公里。

船队航行，应当采用单排一列式，且船队长度不得超过400米。

第七条　航行于京杭运河的机动船舶应当配备甚高频等通信设备，其基本技术要求和安装应满足《内河船舶法定技术检验技术规则》等规范要求。

第三章　航行、停泊、作业

第八条　船舶进入京杭运河，应当尽可能沿本船右舷一侧航道航行。船舶对遇或接近对遇，除特殊情况外，应当互以左舷会船。

在三级及以下航道内，船舶不得追越正在追越的船舶。京杭运河沿线的渡船渡运时应当避让过往船舶，不得抢航或者强行横越，在遇有洪水或者大风、大雾、大雪等恶劣天气时，渡船应当停止渡运。

第九条　船舶由高等级进入低等级京杭运河航段前，应当通过甚高频等有效通信方式，向当地海事管理机构报告船名、主尺度、起讫港、编队方式等信息。

遇有洪水、枯水、水上交通事故等特殊情况，船舶应当采取减载、分批拖带等适当措施，以满足拟经航段通航条件。

第十条　船舶进入弯窄航段、船闸引航道、桥区等特殊水域时，禁止追越、偏缆拖带、并列行驶。

第十一条　设停泊标志的航段，船舶因自身紧急情况确需停泊时，不得影响他船正常航行、交会。

船舶由于雾、履、雨、雪、堵航或其他原因不能正常航行时，应当选择适当水域或支流有序停泊。

载运危险货物船舶应当在划定的水域停泊；发生堵航时，应当选择符合安全要求的航段停泊，并顾及在附近航行、停泊、作业的其他船舶以及港口和近岸设施的安全。

第十二条 船舶在待闸、待港期间,船长与大副(驾驶员)、轮机长与大管轮(轮机员)不得同时离船,在船船员不得少于最低安全配员的三分之二。

第十三条 船舶在京杭运河航行、停泊、作业时,应当在规定的频道守听,并按规定的频道进行联络。

第十四条 在京杭运河修建码头、闸坝,架设桥梁,铺设、撤除跨河电缆或管道等水上水下施工作业的,应当按规定在作业前报海事管理机构批准,发布航行通告。

在京杭运河沿线新建码头、船舶修造厂应当进行通航安全论证,保证船舶进行装卸、停泊、调头时不占用通航水域。

第四章 通 航 保 障

第十五条 京杭运河沿线海事管理机构应当建立统一信息平台,及时发布与通航有关的安全信息。

第十六条 航道管理部门应当加强航道的日常养护,定期发布航道公报,在航道通航条件变化时,及时发布航道信息。

船闸管理部门应当合理安排船闸维修保养计划,科学、合理编制船舶过闸方案,保障船舶安全、快捷、有序过闸。

第十七条 京杭运河沿线应当规范设置内河交通安全标志和内河助航标志。

第十八条 海事管理机构在办理船舶进出港签证时,对不符合拟经京杭运河航段通航条件的船舶,应当提出改进要求;在未达到通航条件前不予办理船舶签证。

第十九条 遇有恶劣天气、特殊水情、水上交通事故、交通堵塞或其他对航行安全畅通有较大影响的特殊情形,海事管理机构可以根据情况,采取限时航行、单向通行、封航等临时管制措施,并予以公告。

第二十条 海事管理机构应当在京杭运河沿线合理设置执勤点,落实巡航制度,加强现场监督,及时排堵保畅。

第二十一条 京杭运河沿线海事管理机构应当建立通航管理协调联动机制,制定排堵保畅应急预案,及时交流信息,履行联动职责。

第二十二条 发生堵航险情时,海事管理机构视情启动京杭运河排堵保畅应急预案,并按规定上报。

发生重大堵航时,依据《中华人民共和国内河交通安全管理条例》的规定,由县以上人民政府负责对堵航工作的领导和协调,并调动各方力量抢险。

第二十三条 京杭运河水域因沉船、搁浅等原因发生断航险情时,海事管理机构可以采取强制打捞清除等措施。必要时,航道管理部门可以采取疏浚、改道等应急措施。上述经费由当事船舶所有人或经营人承担。

第五章 附 则

第二十四条 本办法所称京杭运河是指山东济宁至浙江杭州的京杭运河通航航段。

第二十五条 违反本办法规定的,海事管理机构依照国家有关法律、法规、规章规定进行处罚或采取强制措施。构成犯罪的,移交司法机关追究刑事责任。

第二十六条 与京杭运河相通的四级以上限制性航道可参照本办法执行。

第二十七条 本办法未及事项,依照有关法律、法规和规章执行。

第二十八条 本办法自2006年8月1日起施行。

交通运输部关于印发《船舶载运危险货物安全综合治理行动方案（2017—2018年）》的通知

交海函〔2017〕241号　2017.07.19

各省、自治区、直辖市、新疆生产建设兵团交通运输厅（局、委），长江航务管理局、珠江航务管理局，各直属海事局：

现将《船舶载运危险货物安全综合治理行动方案（2017—2018年）》印发给你们，请各单位结合实际，抓好落实。

船舶载运危险货物安全综合治理行动方案

为深入贯彻落实党中央、国务院关于加强安全生产工作的一系列重要决策部署，全面加强水路危险货物运输安全综合治理工作，有效防范遏制船舶载运危险货物重特大事故发生，保障人民生命财产安全，交通运输部决定开展船舶载运危险货物安全综合治理行动，特制定本行动方案。

一、总体要求

认真落实《国务院办公厅关于印发危险化学品安全综合治理方案的通知》(国办发〔2016〕88号)要求，深刻吸取近年来发生的交通运输特别重大事故教训，坚持“安全第一、预防为主、综合治理”的方针，牢固树立以人为本、安全发展的理念，切实落实企业主体责任和部门监管责任，深入治理船舶载运危险货物安全隐患和突出问题，持续推进“平安交通”建设，巩固“平安船舶”活动成果。

二、活动目标

(一)总体目标。

进一步贯彻落实《安全生产法》，切实落实企业安全生产主体责任，安全生产条件显著改善，从业人员素质显著提高；进一步厘清监管职责，提高监管能力，落实监管责任，完善监管机制；进一步加强部门间沟通合作，实现联防联控，形成监管合力。遏制船舶载运危险货物重特大事故发生，促进水上交通安全形势持续稳定。

(二)具体目标。

集中修订、制定一批有关船舶载运危险货物安全管理的法规、规范性文件和标准，形成较完善的船舶载运危险货物安全监管法规体系；集中实施对公司安全管理、船检质量、船舶作业、船员素质等方面的监督检查，形成源头管理和现场检查有效结合的监管模式;集中查处瞒报谎报危险货物、违法排放洗舱水、不适航船舶承载危险货物等行为,形成打击船载危险货物违法行为的高压态势,实现船载危险货物安全形势持续稳定好转的目标。

通过整治活动,实现"三个100%",即活动期间载运危险货物船舶专项安全检查覆盖率100%,负责危险货物船舶安全管理的航运公司安全管理体系或制度专项检查率100%,水路危险货物运输企业经营资质核查率100%。

三、时间进度和工作安排

2017年4月1日开始至2018年5月31日结束,分三个阶段进行。

(一)部署自查阶段(2017年4月1日至6月30日)。各单位要按照综合治理行动方案总体要求,制定具体实施方案,认真开展船舶载运危险货物安全综合治理动员部署。从事水上危险货物运输的企业和船舶应当全面开展自查,建立隐患排查治理清单。

(二)整治阶段(2017年7月1日至2018年4月30日)。各单位根据职责分工深入开展整治工作,及时解决船载危险货物安全综合治理过程中发现的问题,确保各项工作按期完成。

(三)评估总结阶段(2018年5月1日至5月31日)。各单位认真总结经验成果,研究成果的应用转化,逐步建立长效机制,巩固综合治理成果。

四、主要任务

(一)严格落实企业安全主体责任。

1. 强化企业安全生产责任意识。相关企业要认真吸取近年来发生的一系列重特大事故血的教训,举一反三,进一步强化安全生产责任意识,落实安全生产主体责任,大力开展安全风险分级管控和隐患排查治理工作,加大安全投入和人员培训力度,落实好责任要求。(2017—2018年持续实施)

2. 严格落实航运公司经营资质和安全管理要求。从事水路危险货物船舶运输的航运公司要严格遵守经营资质管理要求,杜绝船舶管理公司"代而不管"和接受船舶挂靠等违法违规行为。要加强安全管理体系和制度建设，确保体系有效运行和制度有效落实，确保岸基支持、风险管控、隐患排查、事故应急等要求落实到位，进一步提高公司安全管理能力和水平，坚决杜绝“两张皮”现象。（2017—2018 年持续实施）

3. 推广实施危险货物船舶选船机制。充分发挥市场在资源配置中的决定性作用，鼓励有条件的企业建立实施危险货物船舶选船机制，通过市场的优胜劣汰，促使航运企业由“要我安全”向“我要安全”转变，进一步降低水路危险货物运输安全风险。海事管理机构要给予积极支持和帮助，实现市场与安全监管的良性互动。（2017—2018 年持续实施）

（二）加强水路危险货物运输安全源头管理。

1. 严把航运公司经营资质准入关。交通运输主管部门（含水路运输管理部门，下同）应当依据职责加强对从事水路危险货物运输的航运公司的经营资质的日常监督检查，做到活动期间对从事水路危险货物运输的航运公司经营资质核查率达到 100%。对于检查中发现经营资质不达标的航运公司要责令限期整改，经整改仍达不到要求的，应依法撤销其经营资质。（2018 年 4 月底前完成）

2. 严格航运公司安全管理。海事管理机构应当加强对航运公司安全管理体系的审核和日常监督检查工作，做到活动期间航运公司安全管理体系或制度专项检查率达到 100%。对于检查中发现的问题，应当依法严肃处理。（2018 年 3 月底前完成）

3. 加强危险货物船舶检验质量控制。船舶检验机构应当严格危险货物船舶适装和适航条件的检验和发证，严格按照船舶检验技术法规控制危险货物船舶的改建和改造，不得为达不到检验规范要求的危险货物船舶签发检验证书，已经签发的，证书签发机构应当依法予以撤销。海事管理机构在执法过程中发现船舶检验存在问题的，应当按规定及时通报相应的船舶检验管理部门。（2017—2018 年持续实施）

4. 加强内河危险货物运输管理。加强对内河载运危险货物船舶的动态监控，规范航行、停泊、锚泊和作业行为。禁止内河单壳化学品船舶和600载重吨以上的单壳油轮进入“两横一纵两网十八线”水域航行。禁止通过内河封闭水域运输剧毒化学品以及《内河禁运危险化学品目录》中列出的禁运危险化学品。开展长江危险品锚地排查评估，对于存在安全隐患的，依法责令相关单位整改，直至消除安全隐患。(2017—2018年持续实施)

5.加强危险货物船舶船员管理。严格危险货物船舶船员培训、考试、发证管理，加大船舶配员和船员值班的监督检查。(2017—2018年持续实施)

(三)加强船载危险货物申报管理。

1.加强危险货物申报员和集装箱装箱现场检查员管理。贯彻落实《危险货物水路运输从业人员考核和从业资格管理规定》，明确考核发证及日常管理要求，妥善做好现有从业人员的过渡衔接，规范危险货物申报员和集装箱装箱现场检查员从业资格和从业行为的管理。(2017—2018年持续实施)

2.进一步明确船载危险货物申报要求。结合相关法律法规的修订，进一步调整船载危险货物申报管理模式，明确船载危险货物的申报要求和审批程序。(2017—2018年持续实施)

3.进一步完善船载货物安全适运评估要求。按照相关国际公约、国内法律法规要求，进一步完善船载货物安全适运评估程序和要求，解决性质不明货物的安全适运性评估问题。(2018年3月底前完成)

4.严把船载危险货物进出港申报审批关。海事管理机构要加强船载危险货物进出港申报监督管理，严格按照《海事执法业务流程》办理船载危险货物申报审批。对于存在欺骗、造假、提供虚假证明材料等违法行为的，严格按照相关法律法规予以处理。(2017—2018年持续实施)

(四)加强船载危险货物现场监督检查。

1.开展载运危险货物船舶的专项安全检查。海事管理机构应当对危险货物船舶实施专项安全检查，重点检查危险货物船舶的结构、货物控制与操作系统、体系运行、应急处置等项目；重点核实载运危险货物船舶的相关文书单证、货物适运、积载隔离、船/岸检查制度落实、关键性设备运行、船员值守和人员防护等情况。对发现存在影响安全和环境的缺陷，应要求及时整改。（2018 年 3 月底前完成）

2. 加强危险货物集装箱监督检查。海事管理机构应当完善危险货物集装箱开箱检查工作机制，建立危险货物托运人货物信息抽查制度，完善检查标准和程序。加强危险货物集装箱开箱检查工作，逐步提高对高安全风险和高污染风险危险货物集装箱的开箱检查比例，重点检查装箱现场检查员的履职情况是否符合相关要求，是否存在危险货物谎报瞒报的违法行为。（2017—2018 年持续实施）

3. 加大危险货物谎报瞒报行为查处力度。海事管理机构对于监督检查中发现的危险货物瞒报谎报违法行为，应当严格按照相关法律法规予以处理，将责任人纳入黑名单。通过监督检查逐步建立健全信息通报制度、举报奖励制度和刑事移送制度。（2017—2018 年持续实施）

（五）提高水上危险化学品应急能力。

1. 建立健全水上危险化学品应急预案体系。研究制定国家水上危险化学品事故应急预案，配合地方政府开展相关水上危险化学品事故应急预案的制修订工作。（2017—2018 年持续实施）

2. 开展船舶载运危险货物安全风险评估。推动船舶、船公司开展船舶载运危险货物安全风险评估工作，按照评估结果健全完善船舶、船公司危险货物应急预案。（2017—2018 年持续实施）

（六）深化安全监管长效机制建设。

1. 加强水路危险货物运输法制建设。结合实际推进《海上交通安全法》《船舶载运危险货物和固体散装货物安全监督管理规定》等法律法规规章的修订工作，推动《国际海运危险货物规则》《国际海运固体散装货物规则》等国际规则的国内化进程，研究水上运输危险化学品强制保险和基金制度。（2017—2018 年持续

实施）

2. 加强水路危险货物运输规范标准建设。梳理现有水路危险货物运输相关标准规范，提出立、改、废意见和建议，并组织实施好制修订工作。开展货物运输组件装载规则的国内化研究，加快推进《海运危险货物集装箱装箱安全技术要求》等的制订工作。（2017—2018 年持续实施）

3. 加强水路危险货物运输安全监管信息化建设。按照“智慧海事”的统一部署和“船舶监管相关应用系统建设与改造工程”“共享数据库建设工程”的要求，完成船舶载运危险货物监管信息系统升级改造，完善船舶载运危险货物数据库和长江危险化学品运输动态监控信息系统，推动口岸“单一窗口”建设。（2018 年 3 月底前完成）

4. 加强执法队伍建设。结合执法模式改革，进一步加大执法队伍培养力度，编制培训示范教程，持续开展船舶载运危险货物现场执法人员业务培训，为依法、全面、准确履职提供可靠保障。（2017—2018 年持续实施）

5. 完善督导机制，加强业务督导。各级海事管理机构要建立、完善内部督导机制，发挥职能部门业务指导、监督、检查作用，定期对基层海事管理机构进行执法检查和业务督导，全面了解基层履职情况，及时查纠存在的问题和不足，提高执法规范化、精细化水平。（2017—2018 年持续实施）

五、工作要求

（一）高度重视，精心组织。各单位对当前船舶载运危险货物安全管理工作面临的严峻形势应当有充分的思想认识，要高度重视本次综合治理行动，加强组织领导，周密部署，结合本单位实际制定细化行动方案，明确任务分工，确保行动取得实效。

（二）明确权责，强化监管。各单位要按照“法定职责必须为、法无授权不可为”的要求，进一步梳理水路危险货物运输安全监管职责，明晰监管责任边界，明确职能定位，规范执法流程，确保现场监管不越位、不缺位。

（三）加强合作，联防联控。各单位要进一步落实国务院关于“信息互换、监管互认、执法互助”的“三互”要求，推进与海关、检验检疫、安监等部门的信息共享、执法合作试点工作，实现部门间的联防联控。海事管理机构要建立健全和港口行政管理部门关于船载危险货物进出港和港口危险货物装卸作业信息的通报制度，探索相关数据的信息系统联网试点。

（四）加强宣传，做好总结评估。各单位要充分发挥传统媒体和新媒体的平台作用，加大对综合治理行动的宣传力度，营造良好的舆论氛围。同时，各单位要注意思考解决当前存在困难和问题的途径和办法，做好综合治理行动开展情况的总结评估工作。

综合治理工作实行季度报告制，各单位应当于每季度首月10日前将上季度综合治理工作情况书面报部。部将定期通报综合治理行动开展情况，并适时组织开展综合治理行动的巡查和督查工作。

交通运输部等十三个部门关于加强船用低硫燃油供应保障和联合监管的指导意见

交海发〔2017〕163 号　2017.11.06

近年来,我国局部地区大气污染形势仍然严峻,控制船舶大气污染物排放势在必行。《中华人民共和国大气污染防治法》明确要求,内河和江海直达船舶应当使用符合标准的普通柴油,远洋船舶靠港后应当使用符合大气污染物控制要求的船舶用燃油;进入排放控制区的船舶应当符合船舶相关排放要求。随着珠三角、长三角、环渤海(京津冀)水域船舶排放控制区实施方案的推进,以及国际公约提出的 2020 年船舶使用低硫燃油时限的逼近,保障合规的船用低硫燃油供应已成为当前和今后一段时期控制船舶大气污染的关键。为落实绿色发展理念,推进供给侧结构性改革,维护船用燃油流通市场秩序,保障船用低硫燃油供应,现提出以下意见。

一、总体要求

(一)指导思想。

全面贯彻党的十八大和十八届三中、四中、五中、六中全会精神,深入贯彻习近平总书记系列重要讲话精神和治国理政新理念新思想新战略,认真落实党中央、国务院决策部署,统筹推进“五位一体”总体布局和协调推进“四个全面”战略布局,按照“加快推进生态文明建设”决策部署和“坚决打好蓝天保卫战”工作要求,坚持以推进供给侧结构性改革为主线,通过政策引导、行业自律、强化监管,维护公平、有序、健康的船用燃油流通市场秩序,提升我国船用低硫燃油供应能力和质量,促进绿色交通发展。

（二）基本原则。

坚持政策引导。健全配套支持政策，加大社会宣传力度，通过激励和约束机制，积极引导企业生产、销售、使用合规的船用低硫燃油。

坚持突出重点。紧抓船用低硫燃油供需不平衡这一突出矛盾，集中力量、重点突破，着力解决合规燃油供应不足、市场秩序混乱等突出问题，保障防治船舶大气污染政策依法、有序推进实施。

坚持建管并重。按照"立好规则、管住市场"的要求，同步推进制度建设和联合监管工作，实现二者相互优化、同步促进，保障合规船用燃油的供应，打造良好的市场秩序。

（三）总体目标。

通过政策引导，保障船用低硫燃油供应，提升船用低硫燃油供应与航运市场需求的适应性。通过强化监管，打击不合规船用燃油进入流通市场的违法行为，促进船用燃油流通市场公平、有序、健康发展。

二、重点任务

（一）建立船用低硫燃油基本供应制度。

引导国内炼化企业生产合规船用低硫燃油，疏通生产、销售和使用企业间的信息渠道，建立和完善相关制度，保障合规船用低硫燃油的供应。（交通运输部、国家能源局牵头，国家发展改革委、工业和信息化部、商务部、税务总局、工商总局参与。2018 年完成政策制定，长期实施。）

取消船舶供油企业港口经营许可，打破供油区域限制，允许供油企业跨区域经营。（交通运输部牵头，商务部、工商总局、税务总局参与。2018 年前完成政策制定，长期实施。）

（二）加快船用燃油标准制修订。

研究修订《船用燃料油》（GB 17411—2015）、《普通柴油》（GB 252—2015）和《船舶供受燃油程序及检测方法》（GB/T 25346—2010）等相关标准规范，优化燃油质量指标，以适应船舶安全绿色航行要求，为船用燃油监管提供技术依据。（交通运输部、国家能源局、国家标准委牵头，环境保护部、工业和信息化部、税务总局、工商总局、质检总局参与。2019 年完成标准制修订，长期实施。）

（三）加大船用燃油监管力度。

全面加强船用燃油生产、流通和使用环节的事中事后监管，提高“双随机”抽检比例。（交通运输部、工商总局、质检总局、商务部、国家能源局、海关总署按职责分工负责。2018 年起实施。）

提升船用燃油监管能力，为一线执法人员配备检测装备，建立完善执法监管信息系统，加强执法人员培训，提高执法检查效能。（交通运输部、工商总局、质检总局、环境保护部、海关总署按职责分工负责。2018 年起逐步实施。）

（四）加强船用燃油监管部门协作。

建立船用燃油生产、流通和使用环节的多部门联合执法制度，组织专项治理行动，开展联合执法。（交通运输部牵头，工商总局、质检总局、公安部、环境保护部、商务部、税务总局、安全监管总局、国家能源局、海关总署参与。2018 年完成制度建设，长期实施。）

建立船用燃油监管信息通报制度，打通各环节监管部门之间的信息沟通渠道，并定期向社会公开监管信息。（交通运输部牵头，工商总局、质检总局、公安部、环境保护部、商务部、税务总局、安全监管总局、国家能源局、海关总署参与。2018 年完成制度建设，长期实施。）

三、保障措施

（一）加强组织领导。各省、自治区、直辖市有关部门要加强对贯彻实施本意见的组织领导，按照本意见的要求，制定具体实施方案，有条件的地方可先行先试，确保各项工作任务和要求得到落实。

（二）建立信用制度。建立船用燃油生产、销售、使用主体信用记录，纳入全国信用信息共享平台，建立低硫燃油“产销用”主体信用约束机制和对严重失信主体的联合惩戒机制，通过国家企业信用信息公示系统、“信用中国”网站公示有关企业信用信息，促进“产销用”主体守法经营。

（三）加强科技支撑。鼓励油品质量提升与低成本化生产、油品流量计量和跟踪检测等先进工艺、技术和装备的研发与应用，推动船用燃油产销用创新发展，为船用燃油市场监管提供技术支撑。

（四）开展督查考核。加强船用燃油监管工作的督查考核，对督查发现的问题，各有关部门应依职责督促整改落实，并依法依规实施责任追究。

（五）加强宣传引导。各省、自治区、直辖市有关部门要通过多种方式加强政策宣传，并充分发挥行业协会作用，引导行业自律、自治，有序发展。

法 治 建 设

交通运输部关于全面推行“双随机、一公开”监管工作的实施意见

交法发〔2017〕120号　2017.08.14

为深入推进交通运输“放管服”改革，提升交通运输治理能力和治理水平，推动交通运输供给侧结构性改革取得更大成效，现就在交通运输领域全面推行“双随机、一公开”监管工作，提出如下实施意见。

一、全面扩大“双随机”抽查适用范围

1. 扩大在行政执法事项中的随机抽查范围。对照交通运输部权力和责任清单，结合日常监管需要，将法律法规规章规定的由交通运输部开展的行政许可、行政检查等市场监管执法事项和其他行政执法事项，原则上都纳入“双随机”抽查范围。

2. 扩大在对市场主体的监督检查事项中的随机抽查范围。对于法律法规规章没有明确规定，但是依据《国务院办公厅关于印发交通运输部主要职责内设机构和人员编制规定的通知》(国办发〔2009〕18号)和《中央编办关于交通运输部有关职责和机构编制调整的通知》(中央编办发〔2013〕133号)规定中交通运输部的监管职责，组织开展的面向企业、个人、项目、产品等市场主体的重点工作督查、集中整治、专项整治等监管活动和监管事项，也要尽可能采取“双随机”抽查方式组织开展。

3. 层级监督检查事项不纳入随机抽查范围。交通运输部对下级交通运输管理部门的监督检查事项，属于交通运输系统内部层级监督工作，不纳入“双随机”抽查事项进行管理。

二、完善“双随机”抽查“一单两库一细则”

4. 明确“双随机”抽查事项清单。按照本实施意见确定的“双

随机”抽查适用范围，根据法律法规规章和部“三定方案”的规定，在《交通运输部办公厅关于印发推广随机抽查规范事中事后监管的实施方案的通知》（交办法〔2015〕151 号）公布的“随机抽查清单”的基础上，全面扩大“双随机”抽查事项，将 40 项事项纳入《交通运输部“双随机”抽查事项清单》（见附件）。同时，明确每个抽查事项的名称、抽查主体、抽查依据、抽查内容、抽查方式。

5. 完善市场主体名录库和检查人员名录库。各相关单位要根据监管和执法职责，摸清监管底数，对照《交通运输部“双随机”抽查事项清单》，对每个抽查事项建立一个市场主体名录库（包括工程项目、产品等）。检查人员名录库主要由正式在编人员、提供专业技术支持等辅助工作的检测人员、行业内外专家等组成。

6. 对“一单两库”实行动态管理。根据法律法规规章的制修订和监管职责调整等情况，及时对“双随机”抽查事项清单进行更新，并向社会公布。各相关单位要结合工作实际，及时更新市场主体名录库和执法人员名录库，及时录入、更新相关信息，确保监管对象齐全、检查人员合格、抽查事项合法。

7. 制定随机抽查工作细则。各相关单位可以根据本实施意见，针对每一项抽查事项，结合抽查事项实际特点和实际监管情况，制定具体的随机抽查工作细则或实施规范，明确抽查比例和频次、抽查标准、抽查流程、抽查结果公示和运用等内容。

三、规范优化“双随机”抽查方式和程序

8. 合理确定抽查比例和频次。各相关单位要根据监管领域实际情况和执法力量、条件等，合理确定年度随机抽查比例和频次，既要保证必要的抽查覆盖面，又要防止检查过多和执法扰民。对涉及重大安全、社会关注度高的领域和区域，以及投诉举报多、列入经营异常名录、有严重违法违规记录等情况的市场主体，要纳入重点抽查范畴，增加抽查比例和频次，加大检查力度。对守法经营、信用良好的检查对象，可降低抽查比例和频次。

9. 完善双随机抽取方式。结合检查对象性质、重要性、代表性和工作实际，通过摇号、抽签等方式，从市场主体名录库中随机抽取检查对象,从检查人员名录库中随机选派检查人员。检查人员如果存在应予回避的情形,应当重新选派。按照年度监督检查计划和国务院关于组织开展集中检查、专项整治等工作要求,需要对特定领域市场主体进行全覆盖检查的,要视情况随机确定检查人员。需要专家随同检查的,从相关专家库中随机抽取。

10. 规范随机抽查流程。抽查可以采取实地检查、书面检查、网络监测等方式进行。开展实地检查,检查人员不得少于两人。开展行政检查,应当通过制作检查记录或者录取音视频的方式,如实记录检查情况。对于检查过程中涉及的证据材料,应当依法及时采集和保存。检查人员在检查过程中发现涉嫌违法违规行为,可以当场纠正的,应当依法提出整改要求,并做好记录。发现存在依法应当给予行政处罚的违法行为的,依法立案调查处理。属于其他行政机关管辖的,依法移交具有管辖权的机关处理。涉嫌犯罪的,依法移交司法机关处理。

11. 及时准确公开抽查结果。各相关单位要在交通运输部门户网站上的"双随机"抽查专栏中,及时将抽查结果的基本信息向社会公布,接受社会监督。对涉及国家秘密、商业机密和个人隐私的检查事项和检查结果,按照《保守国家秘密法》和《政府信息公开条例》的规定,调整抽查结果公示的方式和范围。

12. 加强抽查结果的运用。各相关单位对随机抽查中发现的重大隐患和突出问题要实行专项督办,强化跟踪指导。对于发现的普遍性问题,要及时向地方人民政府和相关部门通报反馈。建立健全市场主体诚信档案,将抽查结果纳入市场主体的社会信用记录,强化市场主体自律和社会监督。

四、健全"双随机"抽查工作体制机制

13. 推行联合抽查工作机制。建立健全跨部门、跨司局、跨处室联合抽查工作模式和工作机制。对于同一市场主体的多个检查事项,部门间、司局间、处室间要积极探索采取集中抽查、联合抽查等方式,制定并实施联合抽查计划,争取一次性完成检查,避免多头重复抽查,提高抽查效率。

14. 建立与常规监管方式的衔接机制。将随机抽查与全面普查、专项检查、集中整治、重点督查等常规监管方式进行有机结合，防止出现监管真空。对于涉及安全监管等事项，可对相关市场主体适时采取全面普查、重点督查等方式，确保监管效果。对于法律法规规章规定开展普查的事项以及暂不宜通过“双随机”抽查开展的监管活动，要贯彻“双随机、一公开”监管工作的理念，提升监管的规范性、公平性和有效性。

15. 探索实施分类分级风险监管机制。建立抽查数据的保存、归类、档案制度，整合检查抽查、违法失信、投诉举报、现场检测等相关信息，加强对抽查数据的分析和运用，强化对建设市场和运输市场的风险监测。探索推进对市场主体实施分类分级风险监管，对不同风险层级的市场主体采取不同抽查频率与抽查方式。对市场主体的风险层级分类实行动态调整，在保障风险可控、有效监管的前提下，可以主动降低风险层级、检查比例、抽查频率。

16. 积极推进信息化监管工作机制。以各相关单位现有的专业监管信息系统为基础，完善电子“摇号”功能和程序，对“双随机”抽查过程做到全程留痕、责任可追溯。加快推进部门间、区域间监管信息的互联互通，形成监管合力。探索推进网络监测、视频监控等非现场检查和监管方式，对重点监管对象逐步实现在线可回溯监管。

17. 创新监管工作体制。各相关单位要创新监管体制，实现检查人员和监管力量的合理配置，做到职责明确、分工合理、决策和执行相协调。要加强对“双随机”监管工作的经费保障力度，加强专用检查设备的配备。

五、工作要求

18. 加强组织领导。各单位要进一步深化对“双随机、一公开”监管工作重要性的认识，切实加强组织领导，细化“施工图”，全力以赴抓好落实，扎扎实实把“双随机、一公开”监管工作推向深入。

19. 明确责任分工。部法制司要加强统筹协调，制定并及时更新随机抽查清单,及时总结和推广“双随机、一公开”工作开展情况、典型经验和创新做法。部内其他司局、长航局、珠航局、直属海事机构要按照随机抽查清单,尽快制定和完善每项抽查事项的“两库一细则”,合理确定抽查比例和频次,完善“双随机”抽取方式,规范随机抽查程序,及时准确公开抽查结果,强化抽查结果的运用,形成“双随机”抽查长效工作机制。

20. 加强督查考核。将部内相关单位“双随机、一公开”监管工作任务落实情况纳入部年度督查计划,统筹开展督查,部海事局负责对直属海事系统“双随机、一公开”监管工作开展考核和督查,长航局、珠航局也要完善相关督查考核机制,确保按期完成各项任务。

国家铁路局、中国民用航空局、国家邮政局要按照党中央、国务院部署要求,结合自身实际情况,研究制定各自领域“双随机、一公开”监管实施意见,抓好政策配套和督促落实。

地方各级交通运输部门应当参照本实施意见,按照地方人民政府的要求,抓紧制定“双随机、一公开”监管实施细则,完善“双随机”抽查事项清单,认真组织开展“双随机、一公开”监管工作,今年年底实现“双随机”抽查事项在市场监管执法事项和其他行政执法事项的全覆盖,切实提升事中事后监管能力和水平。

附件

交通运输部“双随机”抽查事项清单

序号	抽查事项名称	抽查依据	抽查主体	抽查内容	抽查方式	备　　注
1	公路建设市场检查	《公路法》《公路建设监督管理办法》《公路建设市场管理办法》《公路建设市场督查工作规则》	部公路局	对公路建设项目执行国家有关公路建设工作方针、政策和法律、法规、规章、技术标准情况,基本建设程序、市场准入、招标投标、信用体系建设、合同履约情况,及其他有关情况进行检查	现场检查	
2	国家重点公路建设项目设计检查	《公路法》《公路建设监督管理办法》《公路建设市场管理办法》《公路建设市场督查工作规则》	部公路局	对是否符合建设程序,建设内容和规模是否符合可研报告批复要求进行检查	现场检查	并入“公路建设市场督查”中联合开展

续上表

序号	抽查事项名称	抽查依据	抽查主体	抽查内容	抽查方式	备注
3	国家重点公路工程施工检查	《公路法》《公路建设监督管理办法》《公路建设市场管理办法》《公路建设市场督查工作规则》	部公路局	对是否依法办理施工许可进行检查	现场检查	并入“公路建设市场督查”中联合开展
4	道路运输车辆燃料消耗量检测检查	《中华人民共和国节约能源法》 《道路运输车辆燃料消耗量检测和监督管理办法》	部运输服务司	对道路运输车辆燃料消耗量检测机构检测结果与报告是否准确、有效进行抽查	现场检查	
5	省际客船、危险品船水路运输企业检查	《国内水路运输管理条例》《国内水路运输管理规定》	部水运局、长航局、珠航局（长航局负责长江干线，珠航局负责珠江干线和琼州海峡）	对国内省际客船、危险品船水路运输企业取得许可后的经营资质保持情况进行检查	现场抽查或书面抽查	

续上表

序号	抽查事项名称	抽查依据	抽查主体	抽查内容	抽查方式	备　　注
6	新增客船、危险品船投入营运检查	《国内水路运输管理条例》《国内水路运输管理规定》	部水运局	对国内省际客船、危险品船营运资质情况进行检查	现场抽查或书面抽查	并入“省际客船、危险品船水路运输企业检查”中联合开展
7	外资企业、中外合资经营企业、中外合作经营企业经营中华人民共和国沿海、江河、湖泊及其他通航水域水路运输检查	《国内水路运输管理条例》《国内水路运输管理规定》	部水运局	对外资企业、中外合资经营企业、中外合作经营企业经营中华人民共和国沿海、江河、湖泊及其他通航水域的省际客船、危险品船水路运输情况进行检查	现场抽查或书面抽查	并入“省际客船、危险品船水路运输企业检查”中联合开展

续上表

序号	抽查事项名称	抽查依据	抽查主体	抽查内容	抽查方式	备　注
8	水运工程建设市场监督检查	《水运建设市场监督管理办法》	部水运局	对水运建设项目及部属单位建设项目的从业主体执行国家有关政策和法律法规规章、技术标准情况，包括基本建设程序、市场准入、招标投标、信用体系建设、合同履约情况等进行检查	现场检查、查阅资料、询问核查等方式	
9	国际集装箱班轮运价备案检查	《国际海运条例》	部水运局	对国际班轮运输企业履行运价备案手续以及实际执行运价的情况进行检查	查阅、复制有关单证、协议、合同文本、会计账簿、业务函电、电子数据等资料	

续上表

序号	抽查事项名称	抽查依据	抽查主体	抽查内容	抽查方式	备注
10	国际港口设施保安证书核发检查	《港口设施保安规则》	部水运局	对港口设施保安计划的履行情况进行检查	现场抽查	
11	经营港口理货业务检查	《港口经营管理规定》	部水运局	对港口理货经营行为及收费情况进行检查	现场抽查	
12	产品质量行业监督检查	《产品质量法》《交通运输产品质量行业监督抽查管理办法(试行)》	部科技司	依据标准对行业重点产品质量情况进行检查	对重点监管产品进行市场抽样、检测和判定	
13	企业安全生产标准化建设检查	《交通运输企业安全生产标准化建设评价管理办法》	部安全与质量监督管理司	对交通运输企业安全生产标准化一级评价机构备案条件、内部管理体系、档案管理、评审员管理、评价流程与质量控制、现场评价开展以及机构能力保持和建设情况等进行检查	查看现场、查阅资料、询问核查等方式	

续上表

序号	抽查事项名称	抽查依据	抽查主体	抽查内容	抽查方式	备　　注
14	公路水运工程试验检测机构检查	《建设工程质量管理条例》《公路水运工程试验检测管理办法》《公路水运工程试验检测机构等级标准》	部安全与质量监督管理司	对试验检测机构标准规范执行、工作规范性、内部运行管理等情况进行检查	现场查看、查阅资料、询问核查、试验操作等方式	
15	船舶污染港区水域作业监督检查	《中华人民共和国船舶及其有关作业活动污染海洋环境防治管理规定》	海事处或分支海事局	对船舶及有关作业单位落实企业安全生产责任，严格按照有关法律法规和标准的要求从事相关船舶污染港区水域作业情况进行检查	日常巡查	

续上表

序号	抽查事项名称	抽查依据	抽查主体	抽查内容	抽查方式	备　注
16	船舶载运危险货物和污染危害性货物进出港口检查	《中华人民共和国海上交通安全法》《中华人民共和国海洋环境保护法》	海事处或分支海事局	对承运人、托运人或其代理人递交的申报资料实施网上受理审批，并在船舶靠港期间实施现场检查，内容包括船舶文书资料是否齐备，船舶设施、装备是否符合要求，货物积载隔离是否符合相关要求，必要时开箱查验以核实危险货物装箱情况是否符合要求等	日常巡查	
17	从事海员外派业务检查	《船员条例》	省级海事管理机构	对企业是否取得从事海员外派业务许可以及取得许可后的资质保持、履行船员派遣和管理职责、信息报送等情况进行检查	现场检查	

续上表

序号	抽查事项名称	抽查依据	抽查主体	抽查内容	抽查方式	备注
18	从事海船船员服务业务检查	《船员条例》	各级海事管理机构	对企业是否取得从事海员服务业务许可以及取得许可后的资质保持、履行船员派遣和管理职责、信息报送等情况进行检查	现场检查	
19	培训机构从事船员、引航员培训业务检查	《船员条例》	省级海事管理机构	对培训机构是否取得从事船员、引航员培训业务许可以及许可后的资质保持和培训质量管理情况进行检查	现场检查	
20	船舶污染物接收单位从事船舶垃圾、残油、含油污水、含有毒有害物质污水接收作业监督检查	《中华人民共和国船舶及其有关作业活动污染海洋环境防治管理规定》	海事处或分支海事局	对船舶污染物接收单位落实企业安全生产责任，严格按照有关法律法规和标准的要求从事船舶污染物接收作业情况进行检查	日常巡查	

续上表

序号	抽查事项名称	抽查依据	抽查主体	抽查内容	抽查方式	备　注
21	船舶进行散装液体污染危害性货物水上过驳作业检查	《中华人民共和国船舶及其有关作业活动污染海洋环境防治管理规定》	海事处或分支海事局	对船舶及有关作业单位落实企业安全生产责任，严格按照有关法律法规和标准的要求从事过驳作业，作业方是否落实相关防污染措施，人员是否经过相应培训，是否按照作业方案进行作业等情况进行检查	日常巡查	
22	通航水域岸线安全使用和水上水下活动检查	《中华人民共和国水上水下活动通航安全管理规定》	海事处或分支海事局	对施工单位和参与施工船舶是否按许可条件和要求落实安全生产责任制开展水上水下活动进行检查	现场检查	

续上表

序号	抽查事项名称	抽查依据	抽查主体	抽查内容	抽查方式	备　注
23	大型设施、移动式平台、超限物体水上拖带活动检查	《海上交通安全法》	海事处或分支海事局	对拖带活动组织单位和参与拖带的船舶是否按许可条件和要求落实安全生产责任制开展水上水下活动进行检查	现场检查	并入“通航水域岸线安全使用和水上水下活动许可”抽查中联合开展
24	从事内河船舶船员服务业务监督检查	《中华人民共和国船员服务管理规定》	省级及以下海事管理机构	对已经备案的从事内河船舶船员服务业务的服务机构是否符合《中华人民共和国船员服务管理规定》第六条规定的条件进行检查	现场检查	

续上表

序号	抽查事项名称	抽查依据	抽查主体	抽查内容	抽查方式	备注
25	港口、码头、装卸站以及从事船舶修造、打捞、拆解等作业活动的单位防治船舶污染能力专项验收监督检查	《中华人民共和国船舶污染海洋环境应急防备和应急处置管理规定》	海事处或分支海事局	对港口、码头、装卸站以及从事船舶修造、打捞、拆解等作业活动的单位保持相应的船舶污染防治能力,配备与其装卸货物种类和吞吐能力或者修造船舶能力相适应的污染监视设施、污染物接收设施及必要的防污染设备和器材,并处于良好状态等情况进行检查	日常巡查	
26	设立验船机构检查	《船舶检验机构资质认可与管理规则》	部海事局	对船检机构是否取得许可以及取得许可后的资质保持情况和船检质量情况进行检查	现场检查	

续上表

序号	抽查事项名称	抽查依据	抽查主体	抽查内容	抽查方式	备注
27	外国籍船舶或飞机从事海上搜救检查	《中华人民共和国海事行政许可条件规定》	部海事局	对外国籍船舶或飞机从事海上搜救情况进行检查	现场检查	
28	船舶进出港口检查	《海上交通安全法》《内河交通安全管理条例》《国际航行船舶进出中华人民共和国口岸检查办法》	分支海事局	对国际航行船舶进出口岸的许可办理手续情况进行检查；对国内航行船舶进出港口履行报告情况进行检查	信息系统监控、日常巡查	
29	沿海水域划定禁航区和安全作业区检查	《中华人民共和国海上交通安全法》	省级海事管理机构	对船舶浮动设施是否按禁航区和安全作业区许可要求进行航行、停泊、作业等情况进行检查	现场检查	

续上表

序号	抽查事项名称	抽查依据	抽查主体	抽查内容	抽查方式	备注
30	船舶安全检验证书核发检查	《船舶检验质量监督管理工作程序》	海事处或分支海事局	对船舶检验证书核发的正确性、准确性进行检查	结合船舶安全检查开展现场检查	
31	船舶国籍证书核发检查	《中华人民共和国船舶登记条例》	分支海事局	对已核发国籍证书的有效期是否正确、相关信息系统中国籍信息是否与档案材料一致等情况进行检查	日常巡查	
32	船舶所有人、经营人或者管理人防止船舶及其有关作业活动污染海洋环境应急预案检查	《中华人民共和国防治船舶污染海洋环境管理条例》	海事处或分支海事局	对船舶所有人、经营人或者管理人防止船舶及其有关作业活动污染海洋环境应急预案是否与船舶实际情况相一致、是否按照预案要求开展演习和培训等情况进行检查	日常巡查	

续上表

序号	抽查事项名称	抽查依据	抽查主体	抽查内容	抽查方式	备　注
33	船舶油污损害民事责任保险证书或者财务保证证书核发检查	《中华人民共和国海洋环境保护法》	海事处或分支海事局	对于国际航行船舶，通过船舶进出口岸申报审批进行核查，并通过船舶现场监督检查进行抽查；对于国内沿海航行船舶，通过现场监督检查进行事中事后抽查，检查内容包括船舶是否随船携带证书，证书是否处于有效期内等	日常巡查	
34	危险化学品水路运输人员资质检查	《危险化学品安全管理条例》《危险货物水路运输从业人员考核和从业资格管理规定》	海事处或分支海事局	对取得危险化学品水路运输资质的申报人员申报是否符合规定、是否如实申报、装箱检查员装箱质量等从业行为进行检查	现场检查、开箱查验、登轮抽查	

续上表

序号	抽查事项名称	抽查依据	抽查主体	抽查内容	抽查方式	备　注
35	引航员注册检查	《船员条例》	海事处或分支海事局	对引航员注册是否合规，材料是否完整进行检查	现场或远程检查	
36	港口深水岸线使用检查	《港口岸线使用审批管理办法》 《港口建设管理规定》	部综合规划司	对取得港口深水岸线使用许可后的执行情况等进行检查	现场查看、查阅资源、询问核查等	并入“水运工程建设市场监督检查”（部水运局）和“通航水域岸线安全使用和水上水下活动许可”（部海事局）抽查中联合开展
37	公路、水运投资项目立项检查（西藏公路和部分国边防公路项目检查）	《公路法》《关于印发国家发展改革委核报国务院核准或审批的固定资产投资项目目录（试行）的通知》	部综合规划司	对公路建设项目立项批复执行、项目实施、运行效果及其他有关情况进行检查	现场查看、查阅资源、询问核查等	并入“公路建设市场督查”（部公路局）中联合开展

续上表

序号	抽查事项名称	抽查依据	抽查主体	抽查内容	抽查方式	备　注
38	公路、水运投资项目立项检查（界河航道建设及维护船舶装备项目检查）	《中央政府投资项目后评价管理办法》《航道建设管理规定》《交通运输部部属单位船舶建造管理办法》	部综合规划司	对界河航道建设及维护船舶装备项目的立项批复执行、项目实施、运行效果及其他有关情况进行检查	现场查看、查阅资料、调研座谈以及开展后评价等	并入“水运工程建设市场监督检查”（部水运局）中联合开展
39	交通系统无线电台检查	《国际电信联盟无线电规则》《海上交通安全法》《无线电管理条例》《交通运输部水上无线电通信规则》《工信部卫星移动通信系统终端地球站管理办法》及相关技术标准等	部海事局、通信信息中心	对是否取得无线频率、电台呼号、船舶电台许可以及许可后的使用情况进行检查	现场设备、资料检查、统计报表核查、无线电信号监测	

续上表

序号	抽查事项名称	抽查依据	抽查主体	抽查内容	抽查方式	备　注
40	水上无线电通信秩序监督检查	《海上交通安全法》《无线电管理条例》《交通运输部水上无线电通信规则》《工信部卫星移动通信系统终端地球站管理办法》及相关技术标准等	部海事局、通信信息中心	对无线频率、电台呼号、船舶电台等水上无线电使用情况进行检查	现场设备、资料检查、无线电信号监测	

交通运输部关于全面清理规范交通运输领域行政处罚、行政检查和涉企收费的通知

交法函〔2017〕648号　2017.08.23

各省、自治区、直辖市、新疆生产建设兵团交通运输厅(局、委),国家铁路局、中国民用航空局、国家邮政局,长江航务管理局,珠江航务管理局,部管各社团,部内各司局:

为深入贯彻落实习近平总书记在中央财经领导小组第十六次会议上关于清理并减少各类检查和罚款,建立涉企收费目录清单制度,严禁越权收费、超标准收费、自设收费项目、重复收费,杜绝中介机构利用政府影响违规收费,行业协会不得强制企业入会或违规收费的重要指示要求,部决定组织对交通运输领域各类行政处罚、行政检查和涉企收费开展全面清理规范工作。现将有关事项通知如下:

一、提高对清理规范交通运输领域行政处罚、行政检查和涉企收费工作重要性和紧迫性的认识

习近平总书记在中央财经领导小组第十六次会议上的重要讲话,是党中央深刻把握经济社会发展大局,从营造稳定公平透明的营商环境、推动经济持续健康发展的高度,在新形势下对包括交通运输在内的经济工作作出的部署要求。各级交通运输部门要深刻认识习近平总书记重要讲话的重大意义,认真理解和把握全面清理规范交通运输领域行政处罚、行政检查和涉企收费是推进交通运输供给侧结构性改革的重要举措,是深化简政放权放管结合优化服务改革的关键内容,是促进物流业"降本增效"、优化实体经济发展环境的迫切需求。

各部门、各单位要坚决贯彻落实党中央、国务院的重要决策部

署，要从深化供给侧结构性改革的大局出发，抓好“降成本”这个关键环节，通过清理规范交通运输领域各类行政处罚、行政检查和涉企收费工作，更大程度释放市场主体发展活力和创造力，切实优化交通运输领域营商环境；要从增强“四个意识”、狠抓作风建设的高度出发，坚决治理和杜绝交通运输领域乱罚款、滥收费、任性检查问题，坚决斩断“向企业乱伸的手”，形成减轻企业负担的长效工作机制，让人民群众在交通运输发展中有更多获得感；要从进一步推进交通运输政府部门职能转变的角度出发，通过严格规范行政处罚、行政检查和涉企收费行为，加强事中事后监管，提升交通运输治理能力和治理水平，切实解决职能缺位、越位、错位的问题。

二、清理规范范围和重点

此次清理规范的范围是各级交通运输主管部门及所属管理机构在行使公路路政、道路运政、航道管理、港口管理、水路运政、海事管理、工程质量监督、安全管理等职责过程和组织社团活动过程中，对公民、法人或其他组织实施的各类行政处罚、行政检查和涉企收费。

行政处罚。主要包括罚款、没收违法所得、没收非法财物、责令停产停业、暂扣或吊销许可证、暂扣或吊销执照等。重点清理无法律、法规、规章依据，设定、实施行政处罚；违反法定程序实施行政处罚；无法定授权、委托或超越法定权限实施行政处罚；不按照法定种类和幅度实施罚款；违反法律法规规定将行政处罚权委托给其他组织行使；下达或变相下达罚没指标；不严格执行罚款收缴分离规定；罚款、没收财物不使用财政部门监制的罚款收据；将罚款截留、挪用、私分或变相私分等。

行政检查。主要包括路面水面巡查、设备设施检查、经营场所实地检查等。重点清理无法律、法规、规章依据设定、实施行政检查；超越检查范围和权限实施检查；违反规定，随意拦截行驶中的车辆或截停在航船舶登临检查；检查与监管活动无关的场所和物品等。

涉企收费。主要包括行政事业性收费、政府性基金、政府定价（含指导价）经营服务性收费、行政审批前置中介服务收费、行业协会商会收费。重点清理没有纳入行政事业性收费、政府性基金目录的收费，或擅自提高标准收费；没有政府定价经营服务性收费定价权限的收费；所属单位利用行政权力收费；行业协会商会利用主管单位影响强制入会，利用行业影响以评比表彰、评审达标等方式违规收费。

三、制定公布清单

对行政处罚、行政检查、行政事业性收费和政府定价经营服务性收费分类编制清单。交通运输部于2017年8月31日前制定并通过部电子政务外网公布部机关和部直属系统行政处罚和行政检查事项清单，并在财政、价格部门公布的行政事业性收费、政府定价的经营服务性收费目录清单基础上，公布交通运输领域中央收费目录清单。各省级交通运输主管部门于2017年9月30日前通过电子政务外网公布地方交通运输部门行政处罚和行政检查事项清单，并在财政、价格部门公布的行政事业性收费、政府定价的经营服务性收费目录清单基础上，公布交通运输领域地方收费目录清单。

清单要明确每个事项的名称、实施主体、实施对象、法律依据等内容。要加强对清单的监督管理，建立清单动态管理机制，根据法律、法规、规章等的调整，及时对清单事项进行调整和完善。

四、认真排查整治

各省级交通运输主管部门、部海事局、长江航务管理局、珠江航务管理局要对照清单和清理重点，通过自查自纠、明察暗访、专项督查等方式，组织对本地区、本系统实施的行政处罚、行政检查、涉企收费事项和行为进行全面排查和整治。要严格排查主体资格，对不具备行政处罚、行政检查、收费主体资格的部门和单位进行全面清理。严格行政处罚、行政检查和收费行为，全面摸排和清理纠正各种违反法定权限、法定程序滥处罚、重复检查、违规收费行为。

各省级交通运输主管部门、部海事局、长江航务管理局、珠江航务管理局要于10月底前将排查整治的具体情况和成效形成书面报告报部。

五、建立长效机制

各级交通运输部门要结合在本次清理规范工作中发现的突出问题,量化标准、细化规定,抓好建章立制,完善配套政策,形成长效机制。

(一)建立并完善行政处罚裁量基准制度。各省级交通运输主管部门、部海事局要按照合法、公正、公开、合理的原则,综合考虑违法行为的事实、性质、情节、社会危害程度等因素,结合本地区、本系统实际情况,细化、量化行政处罚裁量标准,公开裁量范围、种类和幅度,严格限定和合理规范裁量权的行使。

(二)建立并落实"双随机"抽查工作机制。各级交通运输主管部门及所属管理机构要全力推进"双随机、一公开"监管改革,建立随机抽取被检查对象、随机选派检查人员的抽查机制,健全随机抽查对象和执法检查人员名录库,合理确定抽查比例和抽查频次,切实提高监管的公平性、规范性和有效性。

(三)建立并落实联合执法常态工作机制。各级交通运输主管部门及所属管理机构要深入推进部门内部和部门间联合执法,建立应急配合机制,完善案件移送制,强化信息、数据的互联和共享。对同一市场主体的多个检查事项,要采取集中检查、联合执法方式,切实避免多头检查、重复执法。

(四)建立并落实行政执法"三项制度"。各级交通运输主管部门及所属管理机构要按照国务院的要求,落实行政执法公示制、执法全过程记录制、重大执法决定法制审核制,完善执法程序,规范执法行为,强化执法监督,提升执法能力和水平。

(五)大力推进非现场执法工作机制。各级交通运输主管部门及所属管理机构要加强交通运输行政执法信息化建设,大力推进网络监测、视频监控等非现场执法方式,实现监管对象的信息自动查验、涉嫌违法信息自动采集和违法线索智能甄别、证据材料电子化采集和管理、执法案件电子化办理。

六、工作要求

（一）加强组织领导。各部门、各单位要高度重视清理规范交通运输领域行政处罚、行政检查和涉企收费工作，主要领导亲自抓，分管领导直接抓，认真研究部署，制定工作方案，细化分解任务，确保按时保质完成本通知安排的各项清理规范任务。

（二）突出工作重点。要坚持问题导向，把与企业生产经营活动和人民群众生活密切相关的行政处罚、行政检查、涉企收费事项，作为清理规范的关键，着力解决人民群众反映强烈的突出问题，让企业和群众切身感受到清理规范工作带来的变化和实惠。

（三）强化监督检查。要充分发挥12328全国交通运输服务监督平台作用，主动接受社会监督，及时发现查处典型违规案件。要加大督查力度，创新督查方式，对落实到位、积极作为的好典型通报表扬、及时推广；对发现的问题，要动真格整改；对敷衍塞责、整改不力的，要严肃问责。要主动宣传清理规范工作取得的成效，及时解答和回应社会关注的热点问题，营造良好舆论氛围。

国家铁路局、中国民用航空局、国家邮政局要认真贯彻落实中央财经领导小组第十六次会议精神，结合自身工作实际，组织开展各自领域行政处罚、行政检查和涉企收费清理规范工作，确保此项工作取得实效。

交通运输部关于公布交通运输部行政处罚、行政检查事项清单和收费目录清单的公告

交通运输部公告第34号　2017.08.31

为贯彻落实中央财经领导小组第十六次会议精神，按照《国家发展改革委、财政部、工业和信息化部、民政部关于清理规范涉企经营服务性收费的通知》(发改价格〔2017〕790号)和《交通运输部关于全面清理规范交通运输领域行政处罚、行政检查和涉企收费的通知》(交法函〔2017〕648号)安排，交通运输部组织对部级行政处罚、行政检查和涉企收费事项进行了清理，制定了交通运输部行政处罚事项清单、交通运输部行政检查事项清单、交通运输领域(公路水路行业)全国性及中央级行政事业性收费、政府性基金目录清单及交通运输领域(水路行业)中央定价经营服务性收费目录清单。现将清单向社会予以公告：

一、交通运输部行政处罚事项清单

本清单共包含部机关和部直属系统实施的行政处罚事项22项，由事项名称、处罚种类、实施主体、处罚对象和设定依据五项内容构成。详细内容见附件1。

二、交通运输部行政检查事项清单

本清单共包含部机关和部直属系统实施的行政检查事项共23项，由事项名称、检查内容、实施主体、检查对象和设定依据五项内容构成。详细内容见附件2。

三、交通运输部收费目录清单

(一)交通运输领域(公路水路行业)全国性及中央级行政事业性收费、政府性基金目录清单。本清单公布财政部批准并公布的2项政府性基金和3项行政事业性收费，包括项目名称、政策依

据。详细内容见附件3。

(二)交通运输领域(水路行业)中央定价经营服务性收费目录清单。本清单公布国家发展改革委批准并公布的8项政府定价经营服务性收费,包括项目名称、收费依据。详细内容见附件4。

四、后续清理规范工作安排

一是各省级交通运输主管部门于2017年9月30日前公布地方交通运输部门实施的行政处罚、行政检查和收费事项清单。同时,对照清单开展排查整治,严格行政处罚、行政检查和涉企收费行为,全面摸排和清理纠正各种超越法定权限、违反法定程序滥处罚、重复检查、违规收费行为。

二是各级交通运输部门要加强对清单的监督管理,建立清单动态管理机制,根据法律、法规、规章等的调整,及时对清单事项进行调整和完善。

三是结合在本次清理规范工作中发现的突出问题,各级交通运输部门要建立健全行政处罚基准裁量制度、联合执法常态工作机制,大力推进非现场执法,形成清理规范交通运输领域行政处罚、行政检查和行政事业性收费长效工作机制。

特此公告。

附件:1. 交通运输部行政处罚事项清单

2. 交通运输部行政检查事项清单

3. 交通运输领域(公路水路行业)全国性及中央级行政事业性收费、政府性基金目录清单

4. 交通运输领域(水路行业)中央定价经营服务性收费目录清单

附件1

交通运输部行政处罚事项清单

序号	事项名称		处罚种类	实施主体	处罚对象	设定依据	备注
1	对违反收费公路管理行为的处罚	对违反规定擅自在公路上设立收费站(卡)收取车辆通行费或者应当终止收费而不终止的处罚	没收违法所得;罚款	交通运输部	违法收费的单位或个人	《公路法》第七十四条;《收费公路管理条例》第四十九条	部和地方分级实施

续上表

序号	事项名称		处罚种类	实施主体	处罚对象	设定依据	备注
1	对违反收费公路管理行为的处罚	对收费站的设置不符合标准或者擅自变更收费站位置的;未按照国家规定的标准和规范对收费公路及沿线设施进行日常检查、维护的;未按照国家有关规定合理设置交通标志、标线的;道口设置不符合车辆行驶安全要求或者道路数量不符合车辆快速通过需要的;遇有公路损坏、施工或者发生交通事故等影响车辆正常安全行驶的情形;未按照规定设置安全防护设施或者未进行提示、公告,或者遇有交通堵塞不及时疏导交通的;应当公布有关限速通行或者关闭收费公路的信息而未及时公布的处罚	罚款	交通运输部	收费公路经营管理者	《收费公路管理条例》第五十条	部和地方分级实施

续上表

序号	事项名称		处罚种类	实施主体	处罚对象	设定依据	备注
2	对公路建设、勘察、设计、施工及监理单位违法行为的处罚	对公路建设从业单位隐瞒有关情况或者提供虚假材料；被许可人以欺骗、贿赂等不正当手段取得从业许可的违法行为的处罚	警告；法律法规规定的其他处罚	交通运输部	公路建设从业单位	《建设工程质量管理条例》第四十三条；《公路建设市场管理办法》（交通部令2004年第14号）第四十八条	部和地方分级实施
		在公路建设从业单位忽视工程质量和安全管理，造成质量或安全事故时，对勘察、设计、施工和监理等单位的处罚	警告；取消投标资格；责令停业整顿；降低资质等级；吊销资质证书		公路勘察、设计、施工及监理等单位	《建设工程质量管理条例》第四十三条；《公路建设监督管理办法》（交通部令2006年第6号）第四十五条	

续上表

序号	事项名称		处罚种类	实施主体	处罚对象	设定依据	备注
3	对国内水路运输业经营者和国内水路运输辅助业务经营者违法行为的处罚	对情节严重的出租、出借、倒卖国内沿海省际客船、危险品船运输行政许可证件或者以其他方式非法转让相关行政许可的处罚	吊销许可证件	交通运输部	国内水路运输业务经营者或国内水路运输辅助业务经营者	《国内水路运输管理条例》第三十七条	
		对未经批准，擅自从事两岸航运业务的处罚	警告；没收违法所得；罚款；取消相关服务资格		擅自从事两岸航运业务经营者	《国内水路运输管理条例》第三十三条、第三十四条、第三十五条；《台湾海峡两岸间航运管理办法》（交通部令1996年第6号）第五条、第十一条、第十二条、第十三条、第十四条	

续上表

序号	事项名称		处罚种类	实施主体	处罚对象	设定依据	备注
3	对国内水路运输业经营者和国内水路运输辅助业务经营者违法行为的处罚	对未按规定执行国内水路运输旅客实名制且造成严重后果的处罚	吊销许可证件	交通运输部	国内水路旅客运输业务经营者	《反恐怖主义法》第八十五条第(一)项;《水路旅客运输实名制管理规定》(交通运输部令2016年第77号)第十四条	部和地方分级实施
		对国内沿海省际水路旅客运输业务经营者未为其经营的客船投保承运人责任保险或者取得相应的财务担保且逾期不改正的处罚	吊销许可证件		国内沿海省际水路旅客运输业务经营者	《国内水路运输管理条例》第三十九条	

续上表

序号	事项名称		处罚种类	实施主体	处罚对象	设定依据	备注
4	对国际海运业务经营者及海运辅助业务经营者违法行为的处罚	对未取得《国际船舶运输经营许可》，擅自经营国际船舶运输业务的处罚	责令停止经营；罚款；没收违法所得	交通运输部	擅自从事国际船舶运输业务经营者	《国际海运条例》第三十八条	部及其授权的地方交通运输主管部门实施
		对未办理提单登记、缴纳保证金，擅自经营无船承运业务的处罚	责令停止经营；罚款；没收违法所得		擅自经营无船承运业务者	《国际海运条例》第三十九条	
		对外国国际船舶运输经营者经营中国港口之间的船舶运输业务，或者利用租用的中国籍船舶和舱位以及用互换舱位等方式经营中国港口之间的船舶运输业务的处罚	责令停止经营；罚款；没收违法所得；撤销经营资格		外国国际船舶运输业务经营者	《国际海运条例》第四十一条	

续上表

序号	事项名称		处罚种类	实施主体	处罚对象	设定依据	备注
4	对国际海运业务经营者及海运辅助业务经营者违法行为的处罚	对未取得国际班轮运输经营资格，擅自经营国际班轮运输的处罚	责令停止经营;罚款;没收违法所得	交通运输部	擅自经营国际班轮运输业务者	《国际海运条例》第四十二条	部及其授权的地方交通运输主管部门实施
		对国际船舶运输经营者、无船承运业务经营者和国际船舶管理经营者将其依法取得的经营资格提供给他人使用的处罚	撤销经营资格		国际船舶运输经营者、无船承运业务经营者及国际船舶管理经营者	《国际海运条例》第四十三条	
		对未履行《国际海运条例》规定的备案手续的处罚	罚款；撤销相应资格		国际船舶运输经营者	《国际海运条例》第二十条、第二十一条、第四十四条;《国际海运条例实施细则》（交通运输部令2017年第4号）第五十四条	

续上表

序号	事项名称		处罚种类	实施主体	处罚对象	设定依据	备注
4	对国际海运业务经营者及海运辅助业务经营者违法行为的处罚	对未履行《国际海运条例》规定的运价备案手续或者未执行备案运价的处罚	罚款	交通运输部	国际船舶运输经营者和无船承运业务经营者	《国际海运条例》第四十五条	部及其授权的地方交通运输主管部门实施
		对国际船舶运输经营者与未办理提单登记并交纳保证金的无船承运业务经营者订立协议运价的处罚	警告;罚款		国际船舶运输经营者	《国际海运条例》第四十七条	
		对拒绝调查机关及其工作人员依法实施调查,或者隐匿、谎报有关情况和资料的处罚	罚款		国际海运业务经营者和国际海运辅助业务经营者	《国际海运条例》第四十九条	

续上表

序号	事项名称		处罚种类	实施主体	处罚对象	设定依据	备注
5	对违反航道通航条件影响评价审核相关规定的行为的处罚	对未依法报送航道通航条件影响评价材料而开工建设；材料未通过审核而开工建设；违反规定建设导致航道通航条件严重下降的处罚	责令停止建设；罚款	交通运输部	危害航道通航条件的建设单位	《航道法》第三十九条	部和地方分级实施
6	对水运建设市场违规行为的处罚	对违反基建程序违法违规行为、招投标违法违规行为、无资质或超出资质范围从业违法违规行为、违法分包转包行为的处罚	罚款；没收违法所得	交通运输部	水运建设项目单位和从业单位及个人	《港口法》第四十七条；《招标投标法》第四十九条、第五十一条、第五十三条、第五十四条、第五十八条、第六十条；《招标投标实施条例》第六十四、六十七条；《建设工程质量管理条例》第五十四条、第五十五条、	部和地方分级实施

续上表

序号	事项名称		处罚种类	实施主体	处罚对象	设定依据	备注
6	对水运建设市场违规行为的处罚	对违反基建程序违法违规行为、招投标违法违规行为、无资质或超出资质范围从业违法违规行为、违法分包转包行为的处罚	罚款；没收违法所得	交通运输部	水运建设项目单位和从业单位及个人	第五十六条、第五十七条、第五十八条、第六十条、第六十一条、第六十二条、第六十三条、第六十四条、第六十六条、第六十七条、第六十八条；《水运建设市场监督管理办法》(交通运输部令2016年第74号)第三十六条、第三十七条、第三十八条、第三十九条	部和地方分级实施

续上表

序号	事项名称		处罚种类	实施主体	处罚对象	设定依据	备注
7	对公路水运建设工程安全生产违规行为的处罚	对从业单位未全面履行安全生产责任，导致重大事故隐患的；未按规定开展设计、施工安全风险评估，或者风险评估结论与实际情况严重不符，导致重大事故隐患未被及时发现的；未按照批准的专项施工方案进行施工，导致重大事故隐患的；在已发现的泥石流影响区、滑坡体等危险区域设置施工驻地，导致重大事故隐患的；对未按照规定设置安全生产管理机构或者配备安全生产管理人员的；主要负责人和安全生产管理人员未按照规定经考核合格的处罚	罚款；责令停产停业整顿；吊销资质证书	交通运输部	公路水运建设项目从业单位、主要负责人及安全生产管理人员	《安全生产法》第九十三条、第九十四条、第九十八条；《建设工程安全生产管理条例》第四十条、第五十四条、第五十五条、第五十六条、第六十条、第六十一条；《公路水运工程安全生产监督管理办法（交通运输部令2017年第25号）第五十五、五十六条	部和地方分级实施

续上表

序号	事项名称		处罚种类	实施主体	处罚对象	设定依据	备注
8	对公路水运建设工程质量违法违规行为的处罚	对建设单位未办理工程质量监督手续的;建设单位未经工程质量检测或者质量检测不合格的工程,按照合格工程组织交工验收的;勘察、设计单位未按照工程建设强制性标准进行勘察、设计的处罚	罚款;责令停业整顿;吊销资质证书;没收违法所得	交通运输部	公路水运建设项目从业单位及相关责任人员	《建设工程质量管理条例》第四十三条、第五十六条、第五十八条、第六十四条、第六十五条、第六十七条、第七十二条、第七十三条;《公路工程质量监督规定》(交通部令2005年第4号)第三十、三十一、三十二条;《水运工程质量监督规定》(交通部令2000年第3号)第五十条	部和地方分级实施

续上表

序号	事项名称		处罚种类	实施主体	处罚对象	设定依据	备注
9	对违反安全营运管理秩序的处罚	对违反船舶安全营运管理秩序，未按规定取得安全营运与防污染管理体系符合证明或者临时符合证明从事航行或者其他有关活动；隐瞒事实真相或者提供虚假材料或者以其他不正当手段骗取安全营运与防污染管理体系符合证明或者临时符合证明；伪造、变造安全营运与防污染管理体系审核的符合证明或者临时符合证明；转让、买卖、租借、冒用安全营运与防污染管理体系审核的符合证明或者临时符合证明的处罚	罚款	交通运输部直属海事管理机构	船舶所有人或者经营人	《防治船舶污染海洋环境管理条例》第十一条；《海上海事行政处罚规定》（交通运输部令2017年第21号）第十一条；《内河海事行政处罚规定》（交通运输部令2017年第20号）第五条	

续上表

序号	事项名称		处罚种类	实施主体	处罚对象	设定依据	备注
9	对违反安全营运管理秩序的处罚	对违反船舶安全营运管理秩序，未按规定取得船舶安全管理证书或者临时船舶安全管理证书从事航行或者其他有关活动；隐瞒事实真相或者提供虚假材料或者以其他不正当手段骗取船舶安全管理证书或者临时船舶安全管理证书；伪造、变造船舶安全管理证书或者临时船舶安全管理证书；转让、买卖、租借、冒用船舶安全管理证书或者临时船舶安全管理证书的处罚	罚款；暂扣或者吊销船员适任证书	交通运输部直属海事管理机构	船舶所有人或者经营人；船长	《防治船舶污染海洋环境管理条例》第十一条；《海上海事行政处罚规定》（交通运输部令2017年第21号）第十二条；《内河海事行政处罚规定》（交通运输部令2017年第20号）第六条	

续上表

序号	事项名称		处罚种类	实施主体	处罚对象	设定依据	备注
9	对违反安全营运管理秩序的处罚	对违反安全营运管理秩序，不掌控船舶安全配员；不掌握船舶动态；不掌握船舶装载情况；船舶管理人不实际履行安全管理义务；安全管理体系运行存在重大问题的处罚	吊销（临时）符合证明	交通运输部直属海事管理机构	船舶所有人或者经营人	《防治船舶污染海洋环境管理条例》第十一条；《海上海事行政处罚规定》（交通运输部令2017年第21号）第十三条；《内河海事行政处罚规定》（交通运输部令2017年第20号）第七条	
		对航运公司未履行安全与防污染管理责任的处罚	罚款		航运公司	《防治船舶污染海洋环境管理条例》第十一条；《航运公司安全与防污染管理规定》（交通部令2007年第6号）第三十五条、第三十六条	

续上表

序号	事项名称		处罚种类	实施主体	处罚对象	设定依据	备注
10	对违反船舶、海上设施、浮动设施检验和登记管理秩序的处罚	对违反《海上交通安全法》第四条的规定，船舶和船舶上有关航行安全、防治污染等重要设备无相应的有效的检验证书的处罚	罚款	交通运输部直属海事管理机构	船舶所有人或者经营人	《海上交通安全法》第四十四条；《海上海事行政处罚规定》（交通运输部令2017年第21号）第十四条	
		对违反《海上交通安全法》第十六条规定，大型设施和移动式平台的海上拖带，未经船舶检验机构进行拖航检验的处罚	罚款；暂扣船员适任证书		船舶、设施所有人或者经营人；船长；设施主要负责人	《海上交通安全法》第四十四条；《海上海事行政处罚规定》（交通运输部令2017年第21号）第十五条	
		对违反《海上交通安全法》第十七条规定，船舶的实际状况同船舶检验证书所载不相符合，船舶未按照海事管理机构的要求申请重新检验或者采取有效的安全措施的处罚	罚款；暂扣船员适任证书		船舶所有人或者经营人；船长	《海上交通安全法》第四十四条；《海上海事行政处罚规定》（交通运输部令2017年第21号）第十六条	

续上表

序号	事项名称		处罚种类	实施主体	处罚对象	设定依据	备注
10	对违反船舶、海上设施、浮动设施检验和登记管理秩序的处罚	对船舶检验机构的检验人员违反《船舶和海上设施检验条例》的规定，超越职权范围进行船舶、设施检验；未按照规定的检验规范进行船舶、设施检验；未按照规定的检验项目进行船舶、设施检验；未按照规定的检验程序进行船舶、设施检验；所签发的船舶检验证书或者检验报告与船舶、设施的实际情况不符；发生重大检验质量责任问题；不配合事故调查或者在调查过程中提供虚假证明的处罚	警告；暂停检验资格；吊销验船人员注册证书	交通运输部直属海事管理机构	船舶检验人员	《船舶和海上设施检验条例》第二十八条；《船舶检验管理规定》（交通运输部令2016年第2号）第五十七条；《海上海事行政处罚规定》（交通运输部令2017年第21号）第十七条；《内河海事行政处罚规定》（交通运输部令2017年第20号）第九条	

续上表

序号	事项名称		处罚种类	实施主体	处罚对象	设定依据	备注
10	对违反船舶、海上设施、浮动设施检验和登记管理秩序的处罚	对违反《船舶检验管理规定》(交通运输部令2016年第2号)第五十五条、第五十六条规定,船舶检验机构未按规定开展检验业务、开展培训、向交通运输部海事局报告及建立档案的处罚	警告;责令停止检验	交通运输部直属海事管理机构	船舶检验机构	《船舶和海上设施检验条例》第五条;《船舶检验管理规定》(交通运输部令2016年第2号)第五十五条、第五十六条	
		对违反《海上交通安全法》第五条的规定,船舶未持有有效的船舶国籍证书航行的处罚	罚款;暂扣或者吊销船员适任证书		船舶所有人或者经营人;船长	《海上交通安全法》第四十四条;《海上海事行政处罚规定》(交通运输部令2017年第21号)第十八条	

续上表

序号	事项名称		处罚种类	实施主体	处罚对象	设定依据	备注
10	对违反船舶、海上设施、浮动设施检验和登记管理秩序的处罚	对违反《内河交通安全管理条例》第六条第(一)项、第七条第(一)项的规定,船舶、浮动设施未持有合格的检验证书擅自航行或者作业的处罚	责令停止航行或作业;暂扣船舶、浮动设施;没收船舶、浮动设施	交通运输部直属海事管理机构	船舶、浮动设施所有人或者经营人	《内河交通安全管理条例》第六十四条;《内河海事行政处罚规定》(交通运输部令2017年第20号)第八条	
		对申请人以欺骗或者其他不正当手段取得船舶识别号的处罚	罚款		违法单位或个人	《船舶登记条例》第五十一条;《船舶识别号管理规定》(交通运输部令2010年第4号)第十三条、第十四条	

续上表

序号	事项名称		处罚种类	实施主体	处罚对象	设定依据	备注
11	对违反船员管理秩序的处罚	对违反《海上交通安全法》第七条的规定,未取得合格的船员职务证书或者未通过船员培训,擅自上船服务的处罚	罚款;暂扣或者吊销船员职务证书	交通运输部直属海事管理机构	违法个人;聘用单位;船员;船员职务证书出借人	《海上交通安全法》第四十四条;《船员条例》第六条;《海上海事行政处罚规定》(交通运输部令2017年第21号)第十九条	
		对未按照下列规定招用外国籍船员在中国籍船舶上任职情形的处罚:未依照法律、行政法规和国家其他规定取得就业许可;未持有合格的且签发国与我国签订了船员证书认可协议的船员证书;雇佣外国籍船员的航运公司未承诺承担船员权益维护的责任处罚	罚款		船员用人单位;船舶所有人	《船员条例》第六十条;《海上海事行政处罚规定》(交通运输部令2017年第21号)第二十条;《内河海事行政处罚规定》(交通运输部令2017年第20号)第十二条	

续上表

序号	事项名称		处罚种类	实施主体	处罚对象	设定依据	备注
11	对违反船员管理秩序的处罚	对未取得船员培训许可证擅自从事船员培训的；船员培训机构不按照国务院交通主管部门规定的培训大纲和水上交通安全、防治船舶污染等要求，进行培训的；未经批准擅自从事海洋船舶船员服务的；船员服务机构和船员用人单位未将其招用或者管理的船员的有关情况定期报海事管理机构备案的；船员服务机构在提供船员服务时，提供虚假信息，欺诈船员的处罚	罚款	交通运输部直属海事管理机构	船员服务机构；海员外派机构；船员用人单位	《船员条例》第六十一条至第六十六条；《海上海事行政处罚规定》（交通运输部令2017年第21号）第二十一条；《内河海事行政处罚规定》（交通运输部令2017年第20号）第十三条	

续上表

序号	事项名称		处罚种类	实施主体	处罚对象	设定依据	备注
11	对违反船员管理秩序的处罚	对违反《海上交通安全法》第八条的规定，设施未按照国家规定配备掌握避碰、信号、通信、消防、救生等专业技能的人员的处罚	罚款	交通运输部直属海事管理机构	设施所有人或者经营人；设施主要负责人和直接责任人员	《海上交通安全法》第四十四条；《海上海事行政处罚规定》（交通运输部令2017年第21号）第二十二条	
		对违反《内河交通安全管理条例》第九条的规定，未经考试合格并取得适任证书或者其他适任证件的人员擅自从事船舶航行或者操作的处罚	罚款		擅自从事船舶航行或者操作的人员；聘用单位	《内河交通安全管理条例》第六十六条；《船员条例》第六十条；《内河海事行政处罚规定》（交通运输部令2017年第20号）第十条	

续上表

序号	事项名称		处罚种类	实施主体	处罚对象	设定依据	备注
11	对违反船员管理秩序的处罚	对违反《船员条例》第二十条的规定，在船在岗期间饮酒，体内酒精含量超过规定标准；在船在岗期间，服用国家管制的麻醉药品或者精神药品的处罚	罚款；暂扣或者吊销船员服务簿、船员适任证书	交通运输部直属海事管理机构	船员	《船员条例》第五十七条；《内河海事行政处罚规定》（交通运输部令2017年第20号）第十一条	
		对船员值班期间，不遵守值班规定的处罚	罚款；暂扣或者吊销船员服务簿、船员适任证书		船员	《船员条例》第五十七条、第五十八条；《海船船员值班规则》（交通运输部令2012年第10号）第一百二十八条、第一百二十九条；《内河船员值班规则》（交通运输部令2015年第20号）第八十九条、第九十条	

续上表

序号	事项名称		处罚种类	实施主体	处罚对象	设定依据	备注
11	对违反船员管理秩序的处罚	对以欺骗、贿赂等不正当手段取得船员服务簿、船员适任证书、船员培训合格证书、中华人民共和国海员证的；伪造、变造或者买卖船员服务簿、船员适任证书、船员培训合格证书、中华人民共和国海员证的；船员服务簿记载的事项发生变更，船员未办理变更手续的；船员在船工作期间未携带有效证件的处罚	吊销证件；罚款	交通运输部直属海事管理机构	船员	《船员条例》第五十三至第五十六条	
		对引航机构不如实记载引航员的培训、适任证书、引航资历、安全记录以及健康状况等信息并保持连续有效的处罚	吊销证件；罚款		引航管理机构	《船员条例》第七十条；《引航员注册与任职资格管理规定》（交通运输部令2013年第20号）第四十一条至第四十五条	

续上表

序号	事项名称		处罚种类	实施主体	处罚对象	设定依据	备注
11	对违反船员管理秩序的处罚	对超越权限签发海员出境批件的;对海员脱离原工作单位不按规定交回海员证的;海员遗失或损坏海员证的;伪造、涂改、转让海员证的处罚	警告;取消批件资格;吊销海员证;罚款	交通运输部直属海事管理机构	海员、审批机构	《出境入境管理法》第九条;《海员证管理办法》(交通部令1989年第7号)第二十二条至第二十六条	
12	对违反航行、停泊和作业管理秩序的处罚	对违反《海上交通安全法》第六条的规定,船舶未按照标准定额配备足以保证船舶安全的合格船员的处罚	罚款;暂扣船员适任证书	交通运输部直属海事管理机构	船舶所有人或者经营人;船长	《海上交通安全法》第四十四条;《海上海事行政处罚规定》(交通运输部令2017年第21号)第二十三条	
		对违反《海上交通安全法》第九条的规定,船舶、设施上的人员不遵守有关海上交通安全的规章制度和操作规程的处罚	罚款;暂扣或者吊销船员适任证书		船舶、设施上的人员	《海上交通安全法》第四十四条;《船员条例》第五十七条;《海上海事行政处罚规定》(交通运输部令2017年第21号)第二十四条	

续上表

序号	事项名称		处罚种类	实施主体	处罚对象	设定依据	备注
12	对违反航行、停泊和作业管理秩序的处罚	对违反《海上交通安全法》第九条的规定，船舶、设施上的人员不遵守有关海上交通安全的规章制度和操作规程，造成海上交通事故的处罚	暂扣或者吊销船员适任证书或其他适任证件	交通运输部直属海事管理机构	船舶、设施上的人员	《海上交通安全法》第四十四条；《海上海事行政处罚规定》（交通运输部令2017年第21号）第二十五条	
		对违反《海上交通安全法》第十条的规定，船舶、设施不遵守有关法律、行政法规和规章，不按照规定检修、检测影响船舶适航性能的设备等的处罚	罚款；暂扣或者吊销船员适任证书		船舶、设施所有人或经营人；船长或设施主要负责人；其他直接责任人员	《海上交通安全法》第四十四条；《海上海事行政处罚规定》（交通运输部令2017年第21号）第二十六条	

续上表

序号	事项名称		处罚种类	实施主体	处罚对象	设定依据	备注
12	对违反航行、停泊和作业管理秩序的处罚	对违反《海上交通安全法》第十一条规定，外国籍非军用船舶未经中国海事管理机构批准进入中国的内水和港口或者未按规定办理进出口岸手续的处罚	罚款	交通运输部直属海事管理机构	船舶所有人或者船舶经营人；船长	《海上交通安全法》第四十四条；《海上海事行政处罚规定》（交通运输部令2017年第21号）第二十七条	
		对违反《海上交通安全法》第十一条规定，外国籍非军用船舶进入中国的内水和港口不听从海事管理机构指挥的处罚	警告；罚款		船舶所有人或者船舶经营人；船长	《海上交通安全法》第四十四条；《海上海事行政处罚规定》（交通运输部令2015年8号）第二十八条	

续上表

序号	事项名称		处罚种类	实施主体	处罚对象	设定依据	备注
12	对违反航行、停泊和作业管理秩序的处罚	对违反《海上交通安全法》第十三条规定，外国籍船舶进出中国港口或者在港内航行、移泊以及靠离港外系泊点、装卸站等，不按照规定申请指派引航员引航，或者不使用按照规定指派的引航员引航的处罚	警告；罚款	交通运输部直属海事管理机构	船舶所有人或者船舶经营人；船长	《海上交通安全法》第四十四条；《海上海事行政处罚规定》（交通运输部令2015年8号）第二十九条	
		对违反《海上交通安全法》第十四条规定，船舶进出港口或者通过交通管制区、通航密集区和航行条件受到限制的区域时，不遵守中国政府或者海事管理机构公布的特别规定的处罚	警告；罚款；暂扣船员适任证书		船舶所有人或者船舶经营人；船长	《海上交通安全法》第四十四条；《海上海事行政处罚规定》（交通运输部令2017年第21号）第三十条	

续上表

序号	事项名称		处罚种类	实施主体	处罚对象	设定依据	备注
12	对违反航行、停泊和作业管理秩序的处罚	对违反《海上交通安全法》第十五条规定，船舶无正当理由进入或者穿越禁航区的处罚	警告；罚款；暂扣船员适任证书	交通运输部直属海事管理机构	船舶所有人或者船舶经营人；船长	《海上交通安全法》第四十四条；《海上海事行政处罚规定》（交通运输部令2017年第21号）第三十一条	
		对违反《海上交通安全法》第十二条规定，国际航行船舶进出中国港口，拒不接受海事管理机构的检查的处罚	罚款；暂扣船员适任证书		船舶所有人或者船舶经营人；船长	《海上交通安全法》第四十四条；《海上海事行政处罚规定》（交通运输部令2017年第21号）第三十二条	

续上表

序号	事项名称		处罚种类	实施主体	处罚对象	设定依据	备注
12	对违反航行、停泊和作业管理秩序的处罚	对违反《海上交通安全法》第十二条的规定，中国籍国内航行船舶进出港口不按照规定向海事管理机构报告船舶的航次计划、适航状态、船员配备和载货载客等情况的处罚	罚款；暂扣船员适任证书	交通运输部直属海事管理机构	船舶所有人或者船舶经营人；船长	《海上交通安全法》第四十四条；《海上海事行政处罚规定》（交通运输部令2017年第21号）第三十三条	
		对违反《港口建设费征收使用管理办法》（财综〔2011〕29号，不按规定缴纳或少缴纳港口建设费的处罚	罚款；责令停航或者停止作业		违法单位或个人；直接负责的主管人员和其他责任人	《财政违法行为处罚处分条例》第十三条；《海上海事行政处罚规定》（交通运输部令2017年第21号）第三十四条；《内河海事行政处罚规定》（交通运输部令2017年第20号）第二十条	

续上表

序号	事项名称		处罚种类	实施主体	处罚对象	设定依据	备注
12	对违反航行、停泊和作业管理秩序的处罚	对违反《海上航行警告和航行通告管理规定》(交通部令1993年第44号)第八条规定,海上航行警告、航行通告发布后,申请人未在国家主管机关或者区域主管机关核准的时间和区域内进行活动,或者需要变更活动时间或者改换活动区域的,未按规定重新申请发布海上航行警告、航行通告的处罚	责令停止活动;罚款	交通运输部直属海事管理机构	海上航行警告、航行通告申请人	《海上交通安全法》第四十四条;《海上海事行政处罚规定》(交通运输部令2017年第21号)第三十五条	
		对违反《海上航行警告和航行通告管理规定》(交通部令1993年第44号),造成海上交通事故的处罚	罚款;暂扣或者吊销船员适任证书		船舶、设施所有人或经营人;船长或设施主要负责人;船员	《海上交通安全法》第四十四条;《海上海事行政处罚规定》(交通运输部令2017年第21号)第三十六条	

续上表

序号	事项名称		处罚种类	实施主体	处罚对象	设定依据	备注
12	对违反航行、停泊和作业管理秩序的处罚	对违反《内河交通安全管理条例》第六条第(三)项、第七条第(三)项的规定,船舶未按照国务院交通运输主管部门的规定配备船员擅自航行的,或者浮动设施未按照国务院交通运输主管部门的规定配备掌握水上交通安全技能的船员擅自作业的处罚	罚款;责令停航或者停止作业	交通运输部直属海事管理机构	船舶、浮动设施所有人或者经营人	《内河交通安全管理条例》第六十五条;《内河海事行政处罚规定》(交通运输部令2017年第20号)第十四条	
		对违反《内河交通安全管理条例》第十四条的规定,应当报废的船舶、浮动设施在内河航行或者作业的处罚	责令停航或者停止作业;没收船舶、浮动设施		船舶、浮动设施所有人或者经营人	《内河交通安全管理条例》第六十三条;《内河海事行政处罚规定》(交通运输部令2017年第20号)第十五条	

续上表

序号	事项名称		处罚种类	实施主体	处罚对象	设定依据	备注
12	对违反航行、停泊和作业管理秩序的处罚	对违反《内河交通安全管理条例》第十四条、第十八条、第十九条、第二十条、第二十二条的规定，船舶在内河航行未按照规定悬挂国旗等的处罚	罚款；责令停航；暂扣船员适任证书或者其他适任证件	交通运输部直属海事管理机构	责任船员	《内河交通安全管理条例》第六十八条；《内河海事行政处罚规定》(交通运输部令2017年第20号)第十六条	
		对违反《内河交通安全管理条例》的有关规定，船舶在内河航行、停泊或者作业，不遵守航行、避让和信号显示规则的处罚	罚款；暂扣或者吊销船员适任证书或者其他适任证件		船舶所有人或者经营人；责任船员	《内河交通安全管理条例》第八十一条；《内河海事行政处罚规定》(交通运输部令2017年第20号)第十七条	

续上表

序号	事项名称		处罚种类	实施主体	处罚对象	设定依据	备注
12	对违反航行、停泊和作业管理秩序的处罚	对违反《内河交通安全管理条例》第八条、第二十一条的规定，船舶不具备安全技术条件从事货物、旅客运输，或者超载运输货物、超定额运输旅客的处罚	罚款；暂扣或者吊销船员适任证书或者其他适任证件	交通运输部直属海事管理机构	船舶所有人或者经营人；责任船员	《内河交通安全管理条例》第八十二条；《内河海事行政处罚规定》（交通运输部令2017年第20号）第十八条	
		对违反《内河交通安全管理条例》第二十八条的规定，在内河通航水域进行有关作业，不按照规定备案的处罚	罚款		违法单位或个人	《内河交通安全管理条例》第七十条；《内河海事行政处罚规定》（交通运输部令2017年第20号）第十九条	

续上表

序号	事项名称		处罚种类	实施主体	处罚对象	设定依据	备注
13	对违反危险货物载运安全监督管理秩序的处罚	对违反《危险化学品安全管理条例》第四十四条的规定，从事危险化学品运输的船员未取得相应的船员适任证书和培训合格证明或危险化学品运输申报人员、集装箱装箱现场检查员未取得从业资格的处罚	罚款；责令停航、停业整顿	交通运输部直属海事管理机构	从事危险化学品运输的船员；危险化学品运输申报人员、集装箱装箱现场检查员	《危险化学品安全管理条例》第八十六条；《海上海事行政处罚规定》（交通运输部令2017年第21号）第三十七条；《内河海事行政处罚规定》（交通运输部令2017年第20号）第二十三条	
		对违反《危险化学品安全管理条例》第十八条的规定，运输危险化学品的船舶及其配载的容器未经检验合格而投入使用的处罚	罚款；没收违法所得；责令停航整顿		船舶所有人或者经营人	《危险化学品安全管理条例》第七十九条；《海上海事行政处罚规定》（交通运输部令2017年第21号）第三十八条	

续上表

序号	事项名称		处罚种类	实施主体	处罚对象	设定依据	备注
13	对违反危险货物载运安全监督管理秩序的处罚	对违反《危险化学品安全管理条例》第四十五条的规定，船舶运输危险化学品，未根据危险化学品的危险特性采取相应的安全防护措施，或者未配备必要的防护用品和应急救援器材的处罚	罚款；责令停航整顿	交通运输部直属海事管理机构	船舶所有人或者经营人	《危险化学品安全管理条例》第八十六条；《海上海事行政处罚规定》（交通运输部令2017年第21号）第三十九条	
		对装运危险化学品的船舶进出港口，不依法向海事管理机构办理申报手续的处罚	罚款		船舶所有人或者经营人	《危险化学品安全管理条例》第八十六条；《海上海事行政处罚规定》（交通运输部令2017年第21号）第四十条	

续上表

序号	事项名称		处罚种类	实施主体	处罚对象	设定依据	备注
13	对违反危险货物载运安全监督管理秩序的处罚	对违反《危险化学品安全管理条例》第五十三条、第六十三条的规定，通过船舶载运危险化学品，托运人不向承运人说明所托运的危险化学品的种类、数量、危险特性以及发生危险情况的应急处置措施，或者未按照国家有关规定对所托运的危险化学品妥善包装并在外包装上设置相应标志的处罚	罚款；责令停航整顿	交通运输部直属海事管理机构	托运人；船舶	《危险化学品安全管理条例》第八十六条；《海上海事行政处罚规定》（交通运输部令2017年第21号）第四十一条；《内河海事行政处罚规定》（交通运输部令2017年第20号）第二十六条	
		对违反《危险化学品安全管理条例》第六十四条的规定，通过船舶载运危险化学品，在托运的普通货物中夹带危险化学品，或者将危险化学品谎报或者匿报为普通货物托运的处罚	罚款；没收违法所得；责令停航整顿		托运人；船舶	《危险化学品安全管理条例》第八十七条；《海上海事行政处罚规定》（交通运输部令2017年第21号）第四十二条；《内河海事行政处罚规定》（交通运输部令2017年第20号）第二十七条	

续上表

序号	事项名称		处罚种类	实施主体	处罚对象	设定依据	备注
13	对违反危险货物载运安全监督管理秩序的处罚	对违反《海上交通安全法》第三十二条规定，船舶、浮动设施储存、装卸、运输危险化学品以外的危险货物，不具备安全可靠的设备和条件，或者不遵守国家关于危险化学品以外的危险货物管理和运输的规定的处罚	罚款；暂扣船员适任证书	交通运输部直属海事管理机构	船舶、设施所有人或者经营人；船长或者设施主要负责人和其他直接责任人员	《海上交通安全法》第四十四条；《海上海事行政处罚规定》（交通运输部令2017年第21号）第四十三条	
		对违反《海上交通安全法》第三十三条规定，船舶装运危险化学品以外的危险货物进出港口的处罚	罚款；暂扣或者吊销船员适任证书或者其他适任证件		船舶、设施所有人或者经营人；船长或者设施主要负责人和其他直接责任人员	《海上交通安全法》第四十四条；《海上海事行政处罚规定》（交通运输部令2017年第21号）第四十四条	

续上表

序号	事项名称		处罚种类	实施主体	处罚对象	设定依据	备注
13	对违反危险货物载运安全监督管理秩序的处罚	对违反《内河交通安全管理条例》第三十条第二款和《危险化学品安全管理条例》第五十四条的规定，通过内河封闭水域运输剧毒化学品以及国家规定禁止通过内河运输的其他危险化学品的；通过内河其他水域运输国家规定禁止通过内河运输的剧毒化学品以及其他危险化学品的处罚	罚款；没收违法所得；责令停航整顿	交通运输部直属海事管理机构	船舶所有人或者经营人	《危险化学品安全管理条例》第八十七条；内河海事行政处罚规定》（交通运输部令2017年第20号）第二十一条	
		对违反《内河交通安全管理条例》第三十二条、第三十四条的规定，从事危险货物运输的船舶，未编制危险货物事故应急预案或者未配备相应的应急救援设备和器材的；船舶载运危险货物进出港或者在港口外装卸、过驳危险货物未经海事管理机构同意的处罚	责令停止作业或者航行；罚款；暂扣或者吊销船员适任证书或者其他适任证件		负有责任的主管人员或者其他直接责任人员；责任船员	《内河交通安全管理条例》第七十一条；《内河海事行政处罚规定》（交通运输部令2017年第20号）第二十二条	

续上表

序号	事项名称		处罚种类	实施主体	处罚对象	设定依据	备注
13	对违反危险货物载运安全监督管理秩序的处罚	对违反《内河交通安全管理条例》第三十一条、《危险化学品安全管理条例》第十八条的规定，运输危险化学品的船舶及其配载的容器未经检验合格而投入使用的处罚	罚款；没收违法所得；责令停航整顿	交通运输部直属海事管理机构	船舶所有人或者经营人	《危险化学品安全管理条例》第七十九条；《内河海事行政处罚规定》（交通运输部令 2017 年第 20 号）第二十四条	
		对违反《内河交通安全管理条例》和《危险化学品安全管理条例》第四十五条的规定，船舶配载和运输危险货物不符合国家有关法律、法规、规章的规定和国家标准，或者未按照危险化学品的特性采取必要安全防护措施的处罚	罚款；责令停航整顿		船舶所有人或者经营人	《危险化学品安全管理条例》第八十六条；《内河海事行政处罚规定》（交通运输部令 2017 年第 20 号）第二十五条	

续上表

序号	事项名称		处罚种类	实施主体	处罚对象	设定依据	备注
14	对违反海难救助管理秩序的处罚	对违反《海上交通安全法》第三十四条规定，船舶、设施或者飞机遇难时，不及时向海事管理机构报告出事时间、地点、受损情况、救助要求以及发生事故的原因的处罚	罚款；暂扣船员适任证书	交通运输部直属海事管理机构	船舶、设施所有人或者经营人；船长、设施主要负责人	《海上交通安全法》第四十四条；《海上海事行政处罚规定》（交通运输部令2015年第8号）第四十五条	
		对违反《海上交通安全法》第三十六条规定，事故现场附近的船舶、设施，收到求救信号或者发现有人遭遇生命危险时，在不严重危及自身安全的情况下，不救助遇难人员，或者不迅速向海事管理机构报告现场情况和本船舶、设施的名称、呼号和位置的处罚	罚款；暂扣或者吊销船员适任证书		船舶、设施所有人或者经营人；船长、设施主要负责人	《海上交通安全法》第四十四条；《海上海事行政处罚规定》（交通运输部令2017年第21号）第四十六条	

续上表

序号	事项名称		处罚种类	实施主体	处罚对象	设定依据	备注
14	对违反海难救助管理秩序的处罚	对违反《海上交通安全法》第三十七条规定，发生海上交通事故的船舶、设施不互通名称、国籍和登记港；不救助遇难人员；在不严重危及自身安全的情况下，擅自离开事故现场或者逃逸的处罚	罚款；暂扣或者吊销船员适任证书	交通运输部直属海事管理机构	船舶、设施所有人或者经营人；船长、设施主要负责人	《海上交通安全法》第四十四条；《海上海事行政处罚规定》（交通运输部令2017年第21号）第四十七条	
		对违反《海上交通安全法》第三十八条规定，有关单位和在事故现场附近的船舶、设施，不听从海事管理机构统一指挥实施救助的处罚	罚款		船舶、设施所有人或者经营人；船长、设施主要负责人	《海上交通安全法》第四十四条；《海上海事行政处罚规定》（交通运输部令2017年第21号）第四十八条	

续上表

序号	事项名称		处罚种类	实施主体	处罚对象	设定依据	备注
15	对违反海上打捞管理秩序的处罚	对违反《海上交通安全法》第四十条规定,对影响安全航行、航道整治以及有潜在爆炸危险的沉没物、漂浮物,其所有人、经营人不按照海事管理机构限定期限打捞清除的处罚	罚款	交通运输部直属海事管理机构	沉没物、漂浮物所有人或经营人	《海上交通安全法》第四十四条;《海上海事行政处罚规定》(交通运输部令2017年第21号)第四十九条	
		对违反《海上交通安全法》第四十一条规定,未经海事管理机构批准,擅自打捞或者拆除沿海水域内的沉船沉物的处罚	罚款		擅自打捞沉船沉物的人员	《海上交通安全法》第四十四条;《海上海事行政处罚规定》(交通运输部令2017年第21号)第五十条	

续上表

序号	事项名称		处罚种类	实施主体	处罚对象	设定依据	备注
16	对违反海上船舶污染沿海水域环境管理秩序的处罚	对违反《防止拆船污染环境管理条例》规定，未持有经批准的环境影响报告书（表），擅自设置拆船厂进行拆船的；发生污染损害事故，不向监督拆船污染的海事管理机构报告也不采取消除或控制污染措施的；废油船未经洗舱、排污、清舱和测爆即行拆解的；任意排放或者丢弃污染物造成严重污染的处罚	罚款	交通运输部直属海事管理机构	擅自设置拆船厂的单位；拆船单位；废油船所有人	《防止拆船污染环境管理条例》第十七条；《海上海事行政处罚规定》（交通运输部令2015年第8号）第五十二条	
		对违反《防止拆船污染环境管理条例》规定，拒绝或阻挠海事管理机构进行现场检查或在被检查时弄虚作假的；未按规定要求配备和使用防污设施、设备和器材，造成环境污染的；发生污染损害事故，虽采取消除或控制污染措施，但不向监督拆船污染的海事管理机构报告的；拆船单位关闭、搬迁后，原厂址的现场清理不合格的处罚	警告；罚款		拆船单位	《防止拆船污染环境管理条例》第十八条；《海上海事行政处罚规定》（交通运输部令2017年第21号）第五十三条	

续上表

序号	事项名称		处罚种类	实施主体	处罚对象	设定依据	备注
16	对违反海上船舶污染沿海水域环境管理秩序的处罚	对违反《海洋环境保护法》有关规定，船舶向沿海水域排放《海洋环境保护法》禁止排放的污染物或其他物质的；不按照《海洋环境保护法》规定向海洋排放污染物，或超过标准排放污染物的；未取得海洋倾倒许可证，向海洋倾倒废弃物的；因发生事故或其他突发性事件，造成海洋环境污染事故，不立即采取处理措施的处罚	罚款	交通运输部直属海事管理机构	船舶所有人或者经营人	《海洋环境保护法》第七十三条；《海上海事行政处罚规定》（交通运输部令2017年第21号）第五十四条	
		对违反《海洋环境保护法》规定，船舶在港口区域内造成珊瑚礁、红树林等海洋生态系统及海洋水产资源、海洋保护区破坏的处罚	罚款；没收违法所得		船舶所有人或者经营人	《海洋环境保护法》第七十六条；《海上海事行政处罚规定》（交通运输部令2017年第21号）第五十五条	

续上表

序号	事项名称		处罚种类	实施主体	处罚对象	设定依据	备注
16	对违反海上船舶污染沿海水域环境管理秩序的处罚	对违反《海洋环境保护法》规定，船舶、港口、码头、装卸站未按规定配备防污设施、器材的；船舶未取得并随船携带防污证书、防污文书的；船舶未如实记录污染物处置情况；从事水上和港区水域拆船、旧船改装、打捞和其他水上、水下施工作业，造成海洋环境污染损害的；船舶载运的货物不具备防污适运条件的处罚	警告；罚款	交通运输部直属海事管理机构	船舶所有人或者经营人；港口、码头、装卸站经营人	《海洋环境保护法》第八十七条；《海上海事行政处罚规定》（交通运输部令2017年第21号）第五十六条	
		对违反《海洋环境保护法》规定，船舶不编制溢油应急计划的处罚	警告		船舶所有人或者经营人	《海洋环境保护法》第八十八条；《海上海事行政处罚规定》（交通运输部令2017年第21号）第五十七条	

续上表

序号	事项名称		处罚种类	实施主体	处罚对象	设定依据	备注
16	对违反海上船舶污染沿海水域环境管理秩序的处罚	对违反《船舶油污损害民事责任保险实施办法》(交通运输部令2013年第11号)的规定,在我国管辖海域内航行的船舶,其所有人未按照规定投保船舶油污损害民事责任保险或者取得其他财务保证的;船舶所有人投保油污损害民事责任保险或者取得其他财务保证的额度低于规定的处罚	罚款;责令停航	交通运输部直属海事管理机构	船舶所有人	《防治船舶污染海洋环境管理条例》第五十二条、第五十三条;《船舶油污损害民事责任保险实施办法》(交通运输部令2013年第11号)第十五条	
		对船舶未制定防治船舶及其有关作业活动污染海洋环境应急预案,或者应急预案未报海事管理机构批准的;船舶和有关作业单位未配备防污设施、设备、器材的,或者配备的防污设施、设备、器材不符合国家有关规定和标准等的处罚	警告;罚款;暂扣或者吊销船员适任证书或者其他适任证件		船舶所有人或经营人;有关作业单位	《防治船舶污染海洋环境管理条例》第六条;《船舶污染海洋环境应急防备和应急处置管理规定》(交通运输部令2016年第84号)第三十二条至第三十七条	

续上表

序号	事项名称		处罚种类	实施主体	处罚对象	设定依据	备注
17	对违反交通事故调查处理秩序、海上污染事故调查处理秩序的处罚	对违反《海上交通事故调查处理条例》规定，发生海上交通事故，未按规定的时间向海事管理机构报告或提交《海上交通事故报告书》；中国籍船舶在《中华人民共和国管辖水域以外发生海上交通事故，船舶所有人或经营人未按《海上交通事故调查处理条例》第三十二条规定向船籍港海事管理机构报告，或者将判决书、裁决书或调解书的副本或影印件报船籍港的海事管理机构备案；发生海上交通事故，未按海事管理机构的要求驶往指定地点，或者在未发现危及船舶安全的情况下未经海事管理机构同意擅自驶离指定地点；发生海上交通事故，	警告；暂扣或者吊销船员服务簿、船员适任证书	交通运输部直属海事管理机构	船员；船舶所有人或者经营人	《海上交通事故调查处理条例》第二十九条；《船员条例》第五十七条；《海上海事行政处罚规定》（交通运输部令2017年第21号）第五十九条	

续上表

序号	事项名称		处罚种类	实施主体	处罚对象	设定依据	备注
17	对违反交通事故调查处理秩序、海上污染事故调查处理秩序的处罚	报告的内容或《海上交通事故报告书》的内容不符合《海上交通事故调查处理条例》第五条、第七条规定的要求，或者不真实，影响事故调查或者给有关部门造成损失；发生海上交通事故，不按《海上交通事故调查处理条例》第九条的规定，向当地或者船舶第一到达港的船舶检验机构、公安消防监督机关申请检验、鉴定，并将检验报告副本送交海事管理机构备案，影响事故调查；拒绝接受事故调查或无理阻挠、干扰海事管理机构进行事故调查的；在接受事故调查时故意隐瞒事实或者提供虚假证明的处罚	警告；暂扣或者吊销船员服务簿、船员适任证书	交通运输部直属海事管理机构	船员；船舶所有人或者经营人	《海上交通事故调查处理条例》第二十九条；《船员条例》第五十七条；《海上海事行政处罚规定》（交通运输部令2017年第21号）第五十九条	

续上表

序号	事项名称		处罚种类	实施主体	处罚对象	设定依据	备注
17	对违反交通事故调查处理秩序、海上污染事故调查处理秩序的处罚	对违反《海上交通事故调查处理条例》第三十三条，派往外国籍船舶任职的持有《中华人民共和国船员适任证书》的中国籍船员对海上交通事故的发生负有责任，其外派服务机构未按照规定报告事故的处罚	罚款	交通运输部直属海事管理机构	船员外派服务机构	《海上交通安全法》第四十四条；《海上海事行政处罚规定》（交通运输部令2017年第21号）第六十条	
		对违反《内河交通安全管理条例》第五十条、第五十二条的规定，船舶、浮动设施发生水上交通事故，阻碍、妨碍内河交通事故调查取证，或者谎报、匿报、毁灭证据的处罚	警告；罚款；暂扣或者吊销船员适任证书或者其他适任证件		船舶所有人或经营人；责任船员	《内河交通安全管理条例》第八十四条；《内河海事行政处罚规定》（交通运输部令2017年第20号）第三十二条	

续上表

序号	事项名称		处罚种类	实施主体	处罚对象	设定依据	备注
17	对违反交通事故调查处理秩序、海上污染事故调查处理秩序的处罚	对违反《内河交通安全管理条例》的有关规定，船舶、浮动设施造成内河交通事故的处罚	暂扣或者吊销船员适任证书或者其他适任证件	交通运输部直属海事管理机构	责任船员	《内河交通安全管理条例》第七十七条；《内河海事行政处罚规定》（交通运输部令2017年第20号）第三十三条	
18	对违反内河通航安全保障管理秩序的处罚	对未按照有关规定申请发布航行警告、航行通告即行实施水上水下活动的；水上水下活动与航行警告、航行通告中公告的内容不符的处罚	罚款；责令停止作业	交通运输部直属海事管理机构	水上水下施工作业单位；船舶和设施	《内河交通安全管理条例》第四十五条；《内河海事行政处罚规定》（交通运输部令2017年第20号）第二十八条	

续上表

序号	事项名称		处罚种类	实施主体	处罚对象	设定依据	备注
18	对违反内河通航安全保障管理秩序的处罚	对违反《内河交通安全管理条例》第二十九条的规定，在内河通航水域进行可能影响通航安全的作业或者活动，未按照规定设置标志、显示信号的处罚	罚款	交通运输部直属海事管理机构	通航水域进行作业或活动的单位	《内河交通安全管理条例》第七十条；《内河海事行政处罚规定》（交通运输部令2017年第20号）第二十九条	
19	对违反内河水域中船舶、浮动设施遇险救助管理秩序的处罚	对违反《内河交通安全管理条例》第四十六条、第四十七条的规定，遇险后未履行报告义务，或者不积极施救的处罚	警告；暂扣或者吊销船员适任证书或者其他适任证件	交通运输部直属海事管理机构	船舶、浮动设施所有人或经营人；责任人员	《内河交通安全管理条例》第七十六条；《内河海事行政处罚规定》（交通运输部令2017年第20号）第三十条	

续上表

序号	事项名称		处罚种类	实施主体	处罚对象	设定依据	备注
19	对违反内河水域中船舶、浮动设施遇险救助管理秩序的处罚	对违反《内河交通安全管理条例》第四十九条第二款的规定,遇险现场和附近的船舶、船员不服从海事管理机构的统一调度和指挥的处罚	警告;暂扣或者吊销船员适任证书或者其他适任证件	交通运输部直属海事管理机构	船舶、浮动设施所有人或经营人;责任人员	《内河交通安全管理条例》第七十八条;《内河海事行政处罚规定》(交通运输部令2017年第20号)第三十一条	
20	对违反防治船舶污染内河水域监督管理秩序的处罚	对违反《水污染防治法》规定,向水体倾倒船舶垃圾或者排放船舶的残油、废油等行为的处罚	罚款	交通运输部直属海事管理机构	船舶所有人或者经营人	《水污染防治法》第八十条;《内河海事行政处罚规定》(交通运输部令2017年第20号)第三十五条	

续上表

序号	事项名称		处罚种类	实施主体	处罚对象	设定依据	备注
20	对违反防治船舶污染内河水域监督管理秩序的处罚	对违反《水污染防治法》规定，船舶造成水污染事故的处罚	罚款	交通运输部直属海事管理机构	船舶所有人或者经营人	《水污染防治法》第八十三条；《内河海事行政处罚规定》（交通运输部令2017年第20号）第三十五条	
		对违反《水污染防治法》第二十七条的规定，拒绝海事管理机构现场检查或者弄虚作假的处罚	罚款		船舶所有人或者经营人	《水污染防治法》第七十条；《内河海事行政处罚规定》（交通运输部令2017年第20号）第三十六条	

续上表

序号	事项名称		处罚种类	实施主体	处罚对象	设定依据	备注
20	对违反防治船舶污染内河水域监督管理秩序的处罚	对违反《环境噪声污染防治法》第三十四条的规定，船舶在城市市区的内河航道航行时，未按照规定使用声响装置的处罚	警告；罚款	交通运输部直属海事管理机构	船舶所有人或者经营人	《环境噪声污染防治法》第五十七条；《内河海事行政处罚规定》（交通运输部令2017年第20号）第三十七条	
		对违反《防止拆船污染环境管理条例》规定，未持有经批准的环境影响报告书（表），擅自设置拆船厂进行拆船的；发生污染损害事故，不向监督拆船污染的海事管理机构报告也不采取消除或控制污染措施的；废油船未经洗舱、排污、清舱和测爆即行拆解的；任意排放或者丢弃污染物造成严重污染的处罚	罚款		擅自设置拆船厂的单位；拆船单位；废油船所有人	《防止拆船污染环境管理条例》第十七条；《内河海事行政处罚规定》（交通运输部令2017年第20号）第三十八条	

续上表

序号	事项名称		处罚种类	实施主体	处罚对象	设定依据	备注
20	对违反防治船舶污染内河水域监督管理秩序的处罚	对违反《防止拆船污染环境管理条例》规定，拒绝或阻挠海事管理机构进行现场检查或在被检查时弄虚作假的；未按规定要求配备和使用防污设施、设备和器材，造成环境污染的；发生污染损害事故，虽采取消除或控制污染措施，但不向监督拆船污染的海事管理机构报告的；拆船单位关闭、搬迁后，原厂址的现场清理不合格的处罚	警告；罚款	交通运输部直属海事管理机构	拆船单位	《防止拆船污染环境管理条例》第十八条；《内河海事行政处罚规定》（交通运输部令2017年第20号）第三十九条	
21	对危害航道通航条件和通航安全违法行为的处罚	对未依法报送航道通航条件影响评价材料而开工建设的；逾期不补办手续材料继续建设的；违反航道通航条件影响评价规定建成的项目导致航道通航条件严重下降的；逾期未采取补救措施或拆除的处罚	罚款；责令停止建设	长江海事局	危害航道通航条件的建设单位	《航道法》第三十九条	

续上表

序号	事项名称		处罚种类	实施主体	处罚对象	设定依据	备注
21	对危害航道通航条件和通航安全违法行为的处罚	与航道有关的工程的建设单位违反本法规定，对未及时清除影响航道通航条件的临时设施及其残留物的处罚	罚款	长江海事局	危害航道通航条件的建设单位	《航道法》第四十条	
		对在通航水域上建设桥梁等建筑物未按照规定设置航标等设施的处罚	罚款		危害航道通航条件的建设单位	《航道法》第四十一条	
		对在航道内设置渔具或者水产养殖设施的；对在航道和航道保护范围内倾倒砂石、泥土、垃圾以及其他废弃物的；对在通航建筑物及其引航道和船舶调度区内从事货物装卸、水上加油、船舶维修、捕鱼等，影响通航建筑物正常运行的；对危害航道设施安全及其他危害航道通航安全的行为的处罚	罚款		危害航道通航安全的单位或个人	《航道法》第四十二条	

续上表

序号	事项名称		处罚种类	实施主体	处罚对象	设定依据	备注
21	对危害航道通航条件和通航安全违法行为的处罚	对在河道采砂禁区采砂、无证采砂、未按批准的范围和作业方式采砂等非法采砂的；在航道和航道保护范围内采砂，损害航道通航条件的处罚	罚款；没收违法所得	长江海事局	危害航道通航条件的采砂单位或个人	《航道法》第四十三条	
		对触碰航标不报告的；危害航标的；破坏航标辅助设施的；影响航标工作效能的处罚	罚款		危害航标、破坏航标辅助设施、影响航标工作效能的单位或个人	《航标条例》第二十一条、第二十二条	

续上表

序号	事项名称		处罚种类	实施主体	处罚对象	设定依据	备注
22	对违反长江干线航道工程安全生产要求违法行为的处罚	对从业单位未全面履行安全生产责任,导致重大事故隐患的;未按规定开展设计、施工安全风险评估,或者风险评估结论与实际情况严重不符,导致重大事故隐患未被及时发现的;未按照批准的专项施工方案进行施工,导致重大事故隐患的;在已发现的泥石流影响区、滑坡体等危险区域设置施工驻地,导致重大事故隐患的处罚	罚款	长江航务管理局	长江干线航道工程建设项目从业单位及相关责任人	《公路水运工程安全生产监督管理办法》(交通运输部令2016年第9号)五十五条	
		对未按照规定设置安全生产管理机构或者配备安全生产管理人员的;主要负责人和安全生产管理人员未按照规定经考核合格的处罚	罚款;责令停产停业整顿		长江干线航道工程建设项目施工单位及相关责任人	《公路水运工程安全生产监督管理办法》(交通运输部令2016年第9号)第五十六条	

附件 2

交通运输部行政检查事项清单

序号	事项名称	检查内容	实施主体	检查对象	设定依据
1	公路养护、绿化、水土保持检查	对公路养护、绿化、水土保持情况的监督检查	交通运输部	收费公路经营管理者	《收费公路管理条例》第四十三条
2	公路建设市场检查	对公路建设项目从业主体执行国家有关公路建设工作方针、政策和法律、法规、规章、技术标准情况，基本建设程序、市场准入、招标投标、信用体系建设、合同履约情况，及其他有关情况进行检查	交通运输部	公路建设项目从业单位及主要人员	《公路法》第六十九条；《公路建设监督管理办法》（交通部令 2006 年第 6 号）第三条、第五条、第六条；《公路建设市场管理办法》（交通部令 2004 年第 14 号）第七条、第四十二条、第四十三条；《公路建设市场督查工作规则》（交公路发〔2015〕59 号）全文

续上表

序号	事项名称	检查内容	实施主体	检查对象	设定依据
3	国内水路运输市场检查	对国内水路运输业务经营者的《国内水路运输经营许可证》和《船舶营业运输证》及经营资质条件保持情况进行检查，对国内水路运输辅助业务经营者的经营资质进行检查	交通运输部	国内水路运输业经营者、国内水路运输辅助业经营者	《反恐怖主义法》第八条；《国内水路运输管理条例》第五条；《国内水路运输管理规定》第三十九条、第四十条；《国内水路运输辅助业管理规定》（交通运输部令2014年第3号）第二十七条、第二十八条
4	国际海运市场检查	对可能损害国际海运市场公平竞争行为情形的调查	交通运输部	国际海运业经营者、国际海运辅助业经营者	《国际海运条例》第三十一、三十二、三十六条；《国际海运条例实施细则》（交通运输部令2017年第4号）第四十一条、第四十二条、第四十四条
5	水运工程建设市场检查	对水运建设项目从业主体执行国家有关政策和法律法规规章、技术标准情况，包括基本建设程序、市场准入、招标投标、信用体系建设、合同履约情况等情况进行检查	交通运输部	水运建设项目从业单位及主要人员	《航道法》第五条；《航道建设管理规定》第三条、第四条；《港口建设管理规定》第三条；《招标投标法实施条例》第四条第一款；《水运工程建设项目招投标管理办法》第五条；《水运建设市场监督管理办法》（交通运输部令2016年第74号）第二十六条、二十七条、二十八条、二十九条、三十条

续上表

序号	事项名称	检 查 内 容	实施主体	检查对象	设 定 依 据
6	企业安全生产标准化建设检查	对交通运输企业安全生产标准化一级评价机构备案条件、内部管理体系、档案管理、评审员管理、评价流程与质量控制、现场评价开展以及机构能力保持和建设情况等进行检查	交通运输部	一级评价机构	《安全生产法》第八条、第九条;《交通运输企业安全生产标准化建设评价管理办法》(交安监发〔2016〕133 号)第三条
7	公路水运工程试验检测机构检查	对试验检测机构标准规范执行、工作规范性、内部运行管理等情况进行检查	交通运输部	试验检测机构	《建设工程质量管理条例》第四十四条;《公路水运工程试验检测管理办法》(交通运输部令 2016 年第 80 号)第五条;《公路水运工程试验检测机构等级标准》全文
8	公路水运建设工程质量和安全生产检查	根据国家统一部署、行业监管工作需要或者突出的质量问题和安全隐患,对部分列入国家基本建设计划的公路水运工程建设项目建设、设计、监理、施工等主要参建单位工作质量、安全管理行为、施工工艺以及现场安全生产状况、工程实体质量情况及质量安全专项活动开展情况等进行抽查检查	交通运输部	公路水运工程建设项目参建单位	《安全生产法》第八条、第九条;《建设工程质量管理条例》第四十四条;《公路水运工程安全生产监督管理办法》(交通运输部令 2017 年第 25 号)第四十四、四十五、四十七、四十八、五十条

续上表

序号	事项名称	检查内容	实施主体	检查对象	设定依据
9	安全生产检查	对行业中央企业落实国家有关安全生产法律法规和国务院及我部有关安全生产规章制度、政策、标准规范等情况的检查。根据国务院有关工作部署,开展专项行动或综合安全生产督查检查	交通运输部	行业企业	《安全生产法》第八条、第九条
10	公路水运工程施工安全生产事故和工程建设质量事故调查	按照国务院要求组织或参与特别重大事故调查工作;按照部领导批示要求组织协调涉及部内多个部门的重大事故调查工作;负责按部规定组织协调有关事故调查处理;对事故暴露出的问题和隐患,进行督促整改	交通运输部	事故发生项目相关单位	《安全生产法》第八十三条第二款;《生产安全事故报告和调查处理条例》第二十二条第二款;《建设工程质量管理条例》第五十二条
11	道路运输车辆燃料消耗量检测检查	对道路运输车辆燃料消耗量检测机构检测结果与报告是否准确、有效进行抽查	交通运输部	检测机构	《节约能源法》第四十六条第二款;《道路运输车辆燃料消耗量检测和监督管理办法》(交通运输部令2009年第11号)第二十六条、第二十七条、第二十八条

续上表

序号	事项名称	检查内容	实施主体	检查对象	设定依据
12	产品质量行业监督抽查	对交通运输行业重点产品质量与有关标准的符合情况进行抽查	交通运输部	交通运输行业重点产品	《产品质量法》第十五条、十七条；《交通运输产品质量行业监督抽查管理办法（试行）》（交科技发〔2012〕32号）全文
13	船舶监督行政检查	对船舶法定文书配备及记录情况检查	交通运输部直属海事管理机构	船舶	《海上交通安全法》第三条、第四条、第五条；《内河交通安全管理条例》第四条、第六条、第七条；《海洋环境保护法》第六十三条；《水污染防治法》第六十条；《船舶安全监督规则》（交通运输部令2017年第14号）第四条
		对船舶配员情况检查		船舶	《海上交通安全法》第三条、第六条、第七条、第八条；《内河交通安全管理条例》第四条、第六条、第七条；《船舶安全监督规则》（交通运输部令2017年第14号）第四条

续上表

序号	事项名称	检查内容	实施主体	检查对象	设定依据
13	船舶监督行政检查	对客货载运及货物系固绑扎情况检查	交通运输部直属海事管理机构	船舶	《海上交通安全法》第三条;《内河交通安全管理条例》第四条、第八条;《船舶安全监督规则》(交通运输部令2017年第14号)第四条
		对船舶结构、设施和设备情况检查		船舶	《海上交通安全法》第三条、第十七条;《内河交通安全管理条例》第四条;《船舶安全监督规则》(交通运输部令2017年第14号)第四条
		对船舶航行、停泊、作业情况检查		船舶	《海上交通安全法》第三条、第十条、第十二条、第十三条、第十四条;《内河交通安全管理条例》第四条、第十四条、第十五条、第十六条、第十七条、第十九条、第二十条;《船舶安全监督规则》(交通运输部令2017年第14号)第四条

续上表

序号	事项名称	检查内容	实施主体	检查对象	设定依据
13	船舶监督行政检查	对船舶防污染措施落实情况检查	交通运输部直属海事管理机构	船舶	《海洋环境保护法》第六十二条;《防治船舶污染海洋环境管理条例》第十五条第一款、第二款;《内河交通安全管理条例》第四条;《防治船舶污染内河水域环境管理规定》(交通运输部令2015年第25号)第十三条;《船舶安全监督规则》(交通运输部令2017年第14号)第四条
		对船载危险货物和污染危害性货物申报审批情况及积载隔离情况检查		船舶	《海洋环境保护法》第六十七条;《海上交通安全法》第三十三条;《内河交通安全条例》第三十二条;《船舶载运危险货物安全监督管理规定》(交通运输部令2012年第4号)第三条、第二十一条、第二十三条、第三十三条
		对集装箱开箱查验		集装箱	《防治船舶污染海洋环境管理条例》第二十五条;《危险化学品安全管理条例》第四十一条

续上表

序号	事项名称	检查内容	实施主体	检查对象	设定依据
13	船舶监督行政检查	对船舶进出港报告或办理进出港手续情况检查	交通运输部直属海事管理机构	船舶	《海上交通安全法》第十二条;《内河交通安全管理条例》第十八条;《船舶安全监督规则》(交通运输部令2017年第14号)第四条
		对船舶安全管理体系运行情况检查		船舶	《航运公司安全与防污染管理规定》(交通部令2007年第6号)第十九条;《船舶安全监督规则》(交通运输部令2017年第14号)第四条
		对船舶保安和海事劳工条件检查		船舶	《国际船舶保安规则》(交通部令2007年第2号)第三条
		对中国籍船舶自查情况检查		船舶	《船舶安全监督规则》(交通运输部令2017年第14号)第四十二条
		对船检质量检查		船舶	《船舶和海上设施检验条例》第三条;《船舶检验管理规定》(交通运输部令2016年第2号)第三条、第四十七条

续上表

序号	事项名称	检查内容	实施主体	检查对象	设定依据
14	海事规费行政检查	对港口建设费缴纳情况检查	交通运输部直属海事管理机构	义务缴费人、港口经营人、船舶代理人及货物承运人	《港口建设费征收使用管理办法》(财综〔2011〕29号)第七条第一款、第二款、第十三条、第二十六条;《财政部、交通运输部关于完善港口建设费征收政策有关问题的通知》(财税〔2015〕131号)第五条
		对船舶油污损害赔偿基金缴纳情况检查		义务缴费人、船舶	《船舶油污损害赔偿基金征收使用管理办法》(财综〔2012〕33号)第七条、第二十八条

续上表

序号	事项名称	检查内容	实施主体	检查对象	设定依据
15	船员管理行政检查	对船员持证情况检查	交通运输部直属海事管理机构	船员	《海上交通安全法》第七条、第八条;《内河交通安全管理条例》第九条第一款;《船员条例》第三条
		对船员履职情况检查		船员	《海上交通安全法》第九条;《内河交通安全管理条例》第九条第二款;《船员条例》第三条、第二十条、第四十五条
		对船员培训机构监督检查		船员培训机构	《船员培训管理规则》(交通运输部令2017年第9号)第四条
		对船员服务机构监督检查		船员服务机构	《船员服务管理规定》(交通运输部令2013年第10号)第三条、第二十四条
		对海员外派机构监督检查		海员外派机构	《海员外派管理规定》(交通运输部令2016年第33号)第三条、第四十条

续上表

序号	事项名称	检查内容	实施主体	检查对象	设定依据
16	通航管理行政检查	对助航标志、警示标志、专用标志检查	交通运输部直属海事管理机构	标志	《海上交通安全法》第二十四条、第二十五条、第二十六条;《内河交通安全管理条例》第四十四条;《航道法》第三十四条;《航标条例》第三条
		对通航环境状况检查		通航水域	《海上交通安全法》第二十四条、第二十六条;《内河交通安全管理条例》第四十一条、第四十二条、第四十四条;《航道法》第十八条;《水上水下活动通航安全管理规定》(交通运输部令2011年第5号)第四条

续上表

序号	事项名称	检查内容	实施主体	检查对象	设定依据
17	防污染行政检查	对船舶防污染作业检查	交通运输部直属海事管理机构	船舶	《海洋环境保护法》第五条第三款、第七十条;《水污染防治法》第九条第二款;《防治船舶污染海洋环境管理条例》第四条第二款;《船舶及其有关作业活动污染海洋环境防治管理规定》(交通运输部令2017年第15号)第三十八条、第三十九条
		对防污染作业单位监督检查		防污染作业单位	《防治船舶污染海洋环境管理条例》第二十条、第三十三条;《船舶及其有关作业活动污染海洋环境防治管理规定》(交通运输部令2017年第15号)第八条、第三十七条

续上表

序号	事项名称	检查内容	实施主体	检查对象	设定依据
18	航运公司与船检、引航机构行政检查	对航运公司安全与防污染活动监督检查	交通运输部直属海事管理机构	航运公司	《航运公司安全与防污染管理规定》(交通部令2007年第6号)第三条
		对船检机构监督检查		船检机构	《船舶和海上设施检验条例》第三条;《船舶检验管理规定》(交通运输部令2016年第2号)第三条、第四十七条
		对引航机构监督检查		引航机构	《海上交通安全法》第十三条;《船舶引航管理规定》(交通部令2001年第10号)第四条
19	航道通航安全检查	对航道现场及通航条件行政检查	长江海事局	航道设施	《航道法》第五条;《交通运输部关于长江海事局主要职责机构设置和人员编制规定的通知》(交人教〔2016〕141号)
		对水上无线电通信现场行政检查		船舶	《长江机动船舶安全通信管理规定》(交通部令1998年第5号)第三条;《交通运输部关于长江海事局主要职责机构设置和人员编制规定的通知》(交人教〔2016〕141号)

续上表

序号	事项名称	检查内容	实施主体	检查对象	设定依据
20	长江干线水运航道工程质量及安全生产检查	对长江干线水运工程质量的行政检查	长江航务管理局	水运工程参建单位	《水运工程质量监督规定》(交通部令2000年第3号)第八条
		对长江干线航道工程安全生产的行政检查		航道工程从业单位	《公路水运工程安全生产监督管理办法》(交通运输部令2017年第25号)第五条
21	长江干线水路运输市场检查	对长江干线国内水路运输企业的《国内水路运输经营许可证》和《船舶营业运输证》及经营资质条件保持情况进行检查,对国内水路运输辅助业经营者的经营资质进行核查	长江航务管理局	国内水路运输业经营者、国内水路运输辅助业经营者	《国内水路运输管理条例》第十四条;《国内水路运输管理条例》第三十九条;《交通运输部关于实施国内水路运输及辅助业管理规定有关事项的通知》(交水发〔2014〕141号)第三条

续上表

序号	事项名称	检查内容	实施主体	检查对象	设定依据
22	珠江水系航运相关检查	对珠江水系省际客船、危险品货物水路运输市场的监督检查	珠江航务管理局	珠江水系省际客船、危险品货物水路运输企业	《国内水路运输管理条例》第五条；《交通运输部关于实施国内水路运输及辅助业管理规定有关事项的通知》(交水发〔2014〕141号)第三条
		对珠江水系省际客船、危险品货物水路运输企业安全生产标准化工作检查和监督		珠江水系省际客船、危险品货物水路运输企业和评价机构	《交通运输部关于印发〈交通运输企业安全生产标准化建设评价管理办法〉的通知》(交安监发〔2016〕133号)第三条、第六十二条
		对珠江水系水运工程建设情况的监督检查		水运工程项目建设单位	《关于交通运输部珠江航务管理局主要职责机构设置和人员编制的通知》(交人劳发〔2011〕766号)主要职责第三款

续上表

序号	事项名称	检查内容	实施主体	检查对象	设定依据
23	琼州海峡航运相关检查	对琼州海峡水路运输旅客实名制的监督检查	珠江航务管理局	琼州海峡水路旅客运输的港口和航运企业	《水路旅客运输实名制管理规定》(2016年第77号令)第四条
		对琼州海峡客滚运输模式监督检查		琼州海峡水路旅客运输的港口和航运企业	《关于加强琼州海峡客滚运输市场管理的意见》(交水发〔2013〕351号)第六条
		对琼州海峡客滚运输文明服务工作的指导和监督		琼州海峡水路旅客运输的港口和航运企业	《关于加快推进琼州海峡客滚运输文明服务的通知》(水运国内函〔2015〕165号)全文

附件3

交通运输领域(公路水路行业)全国性及中央级行政事业性收费、政府性基金目录清单

序号	项目名称	政策依据	备注
一、政府性基金			
1	港口建设费	财综〔2011〕29号,财综〔2011〕100号,财综〔2012〕40号,财税〔2015〕131号	
2	船舶油污损害赔偿基金	《环境保护法》,《防治船舶污染海洋环境管理条例》,财综〔2012〕33号,交财审发〔2014〕96号	
二、行政事业性收费			
1	车辆通行费(限于政府还贷)	《公路法》,《收费公路条例》,交公路发〔1994〕686号	地方征收
2	长江干线船舶引航收费	发改价格〔2013〕1494号,发改价格〔2011〕1536号,财综〔2007〕60号,财办税〔2015〕14号	
3	考试考务费		
(1)	引航员考试	价费字〔1992〕191号,发改价格〔2015〕1217号	
(2)	注册验船师考试	财综〔2010〕13号,发改价格〔2015〕1217号	
(3)	船员(含海船及内河船员)考试	价费字〔1992〕191号,发改价格〔2015〕1217号	
(4)	机动车检测维修专业技术人员职业水平考试	财综〔2011〕10号,发改价格〔2015〕1217号	

续上表

序号	项目名称	政策依据	备注
(5)	注册土木工程师(港口与航道工程)执业资格专业考试	财综〔2007〕23号,发改价格〔2015〕1217号	
(6)	交通行业特有职业技能资格鉴定考试(考核)	财综〔2006〕36号,发改价格〔2015〕1217号	
(7)	经营性道路客货运输驾驶员从业资格考试	财综〔2010〕39号,发改价格〔2015〕1217号	

附件4

交通运输领域(水路行业)中央定价经营服务性收费目录清单

序号	项 目 名 称	收 费 依 据
1	货物港务费	《中央定价目录》《港口收费计费办法》
2	港口设施保安费	《中央定价目录》《港口收费计费办法》
3	引航(移泊)费	《中央定价目录》《港口收费计费办法》
4	拖轮费	《中央定价目录》《港口收费计费办法》
5	停泊费	《中央定价目录》《港口收费计费办法》
6	围油栏使用费	《中央定价目录》《港口收费计费办法》
7	驳船取送费	《中央定价目录》《港口收费计费办法》
8	特殊平舱费	《中央定价目录》《港口收费计费办法》

注:1.《中央定价目录》由国家发展改革委制定公布。

2.以上收费项目适用范围为我国沿海、长江干线主要港口及其他所有对外开放港口。

3.国家有关部门正在研究将货物港务费并入港口建设费政策调整问题。

交通运输部关于公布四项交通运输行政许可事项取消后的事中事后监管措施的公告

交通运输部公告第41号　2017.10.11

《国务院关于取消一批行政许可事项的决定》(国发〔2017〕46号)取消了涉及交通运输部门的4项行政许可事项。其中,交通运输部(含直属系统)实施行政许可事项3项:“从事海船船员服务业务审批”“船舶所有人经营人或者管理人防治船舶及其有关作业活动污染海洋环境应急预案审批”“船舶污染物接收单位从事船舶垃圾、残油、含油污水、含有毒有害物质污水接收作业审批”;地方交通运输部门实施的行政许可事项1项:“经营国际船舶管理业务许可(中资)”。为切实加强取消行政许可事项后的事中事后监管,交通运输部针对上述事项研究制定了事中事后监管措施,现公告如下:

一、取消“从事海船船员服务业务审批15012”后的事中事后监管措施

交通运输部门不再进行该项业务的审批,相关事项纳入人力资源和社会保障部门负责实施的“劳务派遣许可”中。交通运输部门从以下两个方面协助人力资源和社会保障部门加强事中事后监管,做好船员管理和服务工作:

1. 在日常监管中加强对船员劳务派遣的监督检查,发现问题及时向人力资源和社会保障部门反馈。

2. 对从事代理海洋船舶船员在申请培训、考试、申领证书(包括外国海洋船舶船员证书)时,进行严格规范,切实加强管理。

二、取消"船舶所有人、经营人或者管理人防治船舶及其有关作业活动污染海洋环境应急预案审批15017"后的事中事后监管措施

1. 完善法律法规衔接。修改交通运输部规章《船舶污染海洋环境应急防备和应急处置管理规定》(交通运输部令2016年第84号),对防治船舶及其有关作业活动污染海洋环境应急预案实施备案管理,确保其与地方政府应急预案有效衔接。

2. 加强预案编制指导。出台防治船舶及其有关作业活动污染海洋环境应急预案编制指南,指导船舶所有人、经营人或者管理人编制应急预案。

3. 建立"双随机"抽查机制。海事管理机构通过日常的船舶安全检查,督促船舶及有关作业单位加强应急防备和应急演练,加强对船舶污染应急预案执行情况的事中监管。

4. 加强后续跟踪管理。落实船舶污染事故后应急处置效果评估制度,督促船舶所有人、经营人或者管理人不断完善应急预案。

5. 严格实施船舶污染清除协议制度。督促高事故风险的船舶在进出港口或作业前与具备相应能力的船舶污染清除单位签订船舶污染事故防备和处置协议,通过岸基的支持补充船舶应急能力不足。

6. 推进船舶污染应急预案体系建设。做好各级船舶污染事故应急预案的衔接,应对船舶发生重特大污染事故。

7. 加强船舶污染事故应急处置能力建设。督促相关部门落实船舶污染应急能力建设规划,不断提高船舶污染应急处置能力。

三、取消"船舶污染物接收单位从事船舶垃圾、残油、含油污水、含有毒有害物质污水接收作业审批15018"后的事中事后监管措施

1. 完善法律法规衔接。修改交通运输部规章《船舶及其有关作业活动污染海洋环境防治管理规定》(交通运输部令2017年第15号),要求船舶污染物接收单位从事船舶垃圾、残油、含油污水、含有毒有害物质污水接收作业实施报告制。

2. 强化标准监管。修订完善《船舶污染物接收和船舶清舱作业单位接收处理能力要求》等交通运输行业标准，明确船舶污染物接收单位的安全和防污染能力要求。

3. 建立“双随机”抽查机制。海事管理机构通过日常的船舶安全检查，督促船舶污染物接收单位落实污染物接收作业安全和防污染措施，严格按照有关法律法规和标准的要求从事船舶污染物接收作业。通过海事巡逻船舶、飞机和卫星遥感，对船舶从事相关作业实施立体监视，防止船舶污染物接收单位在不具备相关能力、不遵守作业规程等情况下作业。对于现场抽查发现船舶污染物接收单位从事船舶垃圾、残油、含油污水、含有毒有害物质污水接收作业存在污染风险或者造成污染的，依法及时处理。

4. 加强联合监管。推行船舶污染物接收、转运和处置联单制度，加强海事管理部门与港航、环保、城建等相关部门的信息互通，防止船舶污染物接收单位不按照规定接收和处置船舶污染物，造成二次污染。

5. 做好事后监管。对船舶污染物接收单位在污染物接收过程中发生的污染事故依法调查处理。

四、取消“经营国际船舶管理业务许可（中资）D15005”后的事中事后监管措施

地方交通运输主管部门加强国际船舶管理企业备案管理，做好市场跟踪分析和动态管理。

健全有奖举报和舆情监测制度。加快完善举报激励机制，调动公众监督积极性，对举报反映的问题，相关管理部门认真核实依法处理。

加强对从事船舶安全与防污染管理的国际船舶管理公司的安全监管。海事管理机构根据《防治船舶污染海洋环境管理条例》（国务院令第561号）、《船运公司安全与防污染管理规定》（交通部令2007年第6号）等规定要求，对从事船舶安全与防污染管理并建立安全管理体系的企业进行审核，严格对企业的安全监管。

交通运输部办公厅关于印发推行交通运输行政执法公示制度、执法全过程记录制度、重大执法决定法制审核制度试点工作方案的通知

交办法〔2017〕96号　2017.07.06

经交通运输部同意，现将《推行交通运输行政执法公示制度、执法全过程记录制度、重大执法决定法制审核制度试点工作方案》印发给你们，请认真贯彻执行。

推行交通运输行政执法公示制度、执法全过程记录制度、重大执法决定法制审核制度试点工作方案

推行行政执法公示制度、执法全过程记录制度、重大执法决定法制审核制度(以下简称“三项制度”)是党的十八届四中全会部署的重要改革任务,为深入贯彻落实党的十八届四中全会这一部署和要求,促进交通运输部门严格规范公正文明执法,提升执法水平,保障监督交通运输部门有效履行职责,维护人民群众合法权益,根据《国务院办公厅关于印发推行行政执法公示制度执法全过程记录制度重大执法决定法制审核制度试点工作方案的通知》(国办发〔2017〕14 号)要求,制定本方案。

一、基本要求

认真贯彻落实《中共中央关于全面推进依法治国若干重大问题的决定》《法治政府建设实施纲要(2015—2020)》《交通运输部关于全面深化交通运输法治政府部门建设的意见》,坚持依法有序、科学规范、便捷高效、因地制宜、统筹协调的原则,紧密联系行业实际,突出问题导向,探索总结可复制可推广的经验做法,促进交通运输行政执法公开透明、合法规范,加快交通运输法治政府部门建设,优化交通运输行业发展环境。

二、试点目标

到 2017 年年底,试点单位全面落实“三项制度”试点任务,实现执法信息公开透明,执法程序文明正当,执法结果公正合法。形成可在全系统推广的经验。

三、主要任务

从全系统选取基础较好,积极性较高的 30 个执法单位(见附

件1)，在行政检查、行政许可、行政处罚、行政强制四类执法活动中开展三项制度试点工作。(试点单位及试点任务分工表见附件)

(一)推进执法公示制度。

试点单位开展行政检查、行政许可、行政处罚、行政强制四类执法活动中，探索推行执法公示制度。

1. 梳理公示内容，制定公示事项清单。除法定不予公示、公开内容外，其他执法信息一律公示、公开。试点单位要将执法主体、人员、职责、权限、依据、程序、监督方式、救济途径、执法案件当事人、违法行为、处罚结果等信息纳入清单管理。

要进一步落实表明身份制度，规范亮证执法和服务窗口明示工作人员岗位工作信息，交通运输行政执法人员在上路巡查、航道巡查、登船检查、入企检查时必须随身携带执法证件，进行询问、检查、勘验、扣车(船)、强拆等执法活动，要主动出示执法证件，向行政相对人表明身份，公示自己的姓名、单位、执法证号以及监督途径。行政审批大厅、超限运输办证点、海事政务服务窗口等交通运输行业窗口执法单位必须在窗口明显位置公示执法人员的身份信息、岗位信息、监督途径。

要进一步推进超限运输、非法营运、非法占用公路用地、在公路建筑控制区修建违法建筑、违反船舶安全营运管理秩序、违反防止船舶污染监管秩序等重点多发行政处罚案件的处罚决定书、强制扣押车船、强制拆除违建的强制措施决定书等文书信息以及对装载企业、运输企业、矿山石场、港口等场所进行行政检查、执法查处的结果向社会公开。

2. 规范公示程序，健全公示工作机制。试点单位要建立执法公示工作机制，明确责任部门及人员、工作职责、公示时限、纠错机制、监督措施等。建立完善公示程序，规范公示行为，提高公示效率。

3. 创新公示方式，拓宽执法公示渠道。试点单位要以行政相对人和社会公众便捷获取信息为目的，在用好传统公示方式、公示平台的同时,要积极探索符合交通运输行业点多面广、流动性强特点的信息化手段公示方式,依托"互联网+"思路,将执法公示制度和执法信息化建设统筹推进,充分利用交通运输行政执法综合管理信息系统、行政许可网上审批平台、门户网站、可变情报板等信息化工具和微信、微博、手机APP等移动信息载体,改进执法公示工作。

4. 做好统筹衔接,强化公示结果应用。试点单位要探索将执法公示制度与行政执法其他制度相衔接,注重发挥公示结果在其他交通运输执法制度、行业形象宣传和社会信用体系建设中的作用。

(二)推进执法全过程记录制度。

试点单位开展行政检查、行政许可、行政处罚、行政强制四类执法活动中,探索推行执法全过程记录制度。

1. 规范执法文书制作。要把执法文书作为全过程记录的基本形式,注重执法文书制作的规范化、准确化、便捷化。推进执法文书电子化。

2. 推行执法过程音像记录。试点单位要加强执法装备配备,保证执法场所、巡查车船、执法人员配备必要的录音录像设备。对现场检查、随机抽查、调查取证、证据保全、听证、行政强制、送达等容易引发争议的行政执法过程,要进行录音录像。对扣押车船、强拆违法设施等直接涉及生命健康、重大财产权益的现场执法活动要进行全过程音像记录。

3. 创新记录手段和方式。要积极利用可移动信息技术,结合办公自动化系统建设,探索成本低、效果好、易保存、便传输、不能删改的记录方式。

4. 强化结果应用。要建立健全执法全过程记录信息收集、保存、管理、使用工作制度,加强数据统计分析,充分发挥全过程记录信息在案卷评查、执法监督、评议考核、舆情应对、行政决策、行政复议、行政诉讼中的作用。

(三)推行重大执法决定法制审核制度。

试点单位开展行政处罚、行政强制两类执法活动中,探索推行重大执法决定法制审核制度。

1. 落实审核主体。执法单位的法制工作部门负责本单位的法制审核工作。没有条件单独设立法制工作部门的交通运输行政执法单位,要设立专门的法制审核岗位,配备具有法律专业背景并与法制审核工作任务相适应的法制审核人员。要为法制审核工作人员提升法律素养和业务能力提供便利条件,定期组织法制审核工作人员参加业务培训。注重发挥政府法律顾问在法制审核工作中的作用。

2. 确定审核范围和审核内容。试点单位要结合执法行为的类别、涉案金额、处罚数额、违法情节、危害后果、社会影响以及对当事人的影响等因素,合理确定重大执法决定的范围(具体范围参照附件2),探索建立重大执法决定目录清单。审核内容重点包括执法主体、管辖权限、执法程序、事实认定、法律适用、自由裁量权运用等。

3. 细化审核流程。要编制审核工作流程,明确法制审核送审材料种类、交接方式。优化审核流转程序,合理设定审核时限。针对交通运输流动性执法的特点,要注重应用执法信息系统、手持执法终端等信息化、网络化、移动化的传输方式,提高审核工作效率。健全审核结果处理机制,明确审核意见反馈途径、审核发现问题的整改办法、责任追究等事项确保审核发挥实际效用。

四、实施步骤

1. 启动部署阶段(2017年5月)。部选取试点单位、制定试点方案,部署试点任务。试点单位结合自身特点根据部试点方案制定自己的试点实施方案,细化试点任务,明确工作举措、时间安排、配套措施、预期成果等内容。

2. 全面实施阶段(2017年6月—10月)。各试点单位按照试点方案的要求,认真部署,精心组织,抓好落实。部有关司局要加强对试点单位的指导和督促,把握试点进度,确保试点工作取得实效。

3. 总结评估阶段(2017年11月—12月)。对试点单位的试点工作进行全面评估和总结。提炼有价值、可复制的试点经验,形成制度成果,适时在系统内推广试点经验。

推行行政执法“三项制度”是贯彻落实党的十八届四中全会决策部署的重要举措,是建设交通运输法治政府部门的重要内容,是提升交通运输执法能力和水平的重要手段。试点单位要按照本方案要求,切实加强组织领导,抓紧制定实施方案,落实机构、人员及信息系统、装备、经费等保障措施。要结合工作实际,积极探索创新,稳妥有序推进试点任务落实。试点过程中要边探索、边总结、办调整、边提高,同时要注重与行政执法体制改革、行政执法信息化建设、规范行政执法程序、推进“双随机、一公开”监管、编制权利和责任清单等改革任务统筹协调推进。

负责组织实施的省级交通运输主管部门要高度重视试点工作,加强对试点工作的指导和监督,组织协助试点单位及时研究解决遇到的问题,定期总结固定取得的成果,确保试点工作取得实效。

附件:1. 试点单位名单及任务分工表

2. 重大执法决定事项标准清单

附件1

试点单位及任务分工表

序号	试 点 单 位	试 点 任 务	组织实施单位
1	河北省交通运输厅	行政执法公示制度	河北省交通运输厅
2	内蒙古自治区呼和浩特市交通运输局		内蒙古自治区交通运输厅
3	江苏省徐州市邳州市交通运输局		江苏省交通运输厅
4	贵州省高速公路管理局铜仁高速公路管理处铜仁路政执法大队		贵州省交通运输厅
5	四川省交通运输厅高速公路交通执法第一支队八大队		四川省交通运输厅
6	新疆伊犁路政(海事)局		新疆维吾尔自治区交通运输厅
7	湖南省长沙市道路运输管理处		湖南省交通运输厅
8	重庆市合川区公路路政执法支队		重庆市交通委员会
9	甘肃省张掖市临泽县公路运输管理所		甘肃省交通运输厅
10	浙江海事局		部海事局

续上表

序号	试　点　单　位	试点任务	组织实施单位
11	河北省交通运输厅	行政执法全过程记录制度	河北省交通运输厅
12	内蒙古自治区呼和浩特市交通运输局		内蒙古自治区交通运输厅
13	安徽省阜阳市交通运输局		安徽省交通运输厅
14	杭州市交通运输局		浙江省交通运输厅
15	江苏省扬州市城区地方海事处		江苏省交通运输厅
16	北京市交通执法总队首都机场执法大队		北京市交通委员会
17	贵州省公路管理局贵阳公路管理局乌当公路管理段		贵州省交通运输厅
18	武汉海事局港区海事处		长江航务管理局
19	云南省西双版纳高速公路路政管理大队		云南省交通运输厅
20	中山海事局		部海事局

续上表

序号	试点单位	试点任务	组织实施单位
21	河北省交通运输厅	重大行政执法决定法制审核制度	河北省交通运输厅
22	安徽省交通运输厅		安徽省交通运输厅
23	甘肃省交通运输厅		甘肃省交通运输厅
24	杭州市交通运输局		浙江省交通运输厅
25	江苏省扬州公路管理站		江苏省交通运输厅
26	四川省交通运输厅高速公路交通执法第一支队八大队		四川省交通运输厅
27	新疆巴音郭楞路政(海事)局		新疆维吾尔自治区交通运输厅
28	云南省公路路政管理总队		云南省交通运输厅
29	重庆市合川区公路路政执法支队		重庆市交通委员会
30	珠海海事局		部海事局

附件2

重大执法决定事项标准清单

一、重大行政处罚决定标准

各试点单位可参考本标准，结合执法实际，确定重大行政处罚决定范围。

1. 罚款、没收违法所得、非法财物的，应当综合考虑罚款数额、没收财物的价值、当事人的承受能力等因素，确定重大执法决定的范围。

2. 责令停产停业的，应当综合考虑责令停产停业的对象、期限、范围、对当时人的影响、对社会的影响等因素，确定重大执法决定的范围。

3. 暂扣或者吊销许可证、执照的，暂扣的，应综合考虑暂扣期限、对当事人的影响等因素确定重大执法决定范围；吊销的，原则上全部属于重大执法决定。

4. 涉及重大安全、应急处置的执法决定可不纳入试点范围。

二、重大行政强制决定标准

各试点单位确定重大行政强制决定时，应当参考以下标准：

1. 扣押财物、查封场所、设施、财物的，应当综合考虑当事人的违法情节、危害后果、社会影响以及扣押、查封标的物的价值、特征、属性、对当事人重要性等因素，确定重大执法决定的范围。

2. 拆除违法建筑物、构筑物、设施、设备的，应当综合考虑当事人的违法情节、危害后果、社会影响以及拆除标的物的属性、特征、价值、拆除难易程度、对道路、水路、交通的危害程度、对当事人的重要性、涉及的第三人利益和社会公共利益等因素，确定重大执法决定的范围。

3. 强制卸载的，应当综合考虑事人的违法情节、危害后果、社会影响以及卸载标的物的价值、特征、属性、大小、数量、重量、超限超载程度、卸载难易程度、存放保管条件等因素，确定重大执法决定的范围。

4. 涉及重大安全、应急处置以及立即清除道路、河道、航道遗撒物、障碍物、污染物的执法决定可不纳入试点范围。

科技、教育与审计

交通运输部　国家标准化管理委员会
关于印发《交通运输标准化体系》的通知

交科技发〔2017〕48 号　2017.04.05

各省、自治区、直辖市、新疆生产建设兵团交通运输厅(局、委)、质量技术监督部门(市场监督管理部门),部属各单位,部内各司局,各专业标准化技术委员会:

为贯彻落实国务院《深化标准化工作改革方案》《国家标准化体系建设规划(2016—2020 年)》和《"十三五"现代综合交通运输体系发展规划》,加强和改进交通运输标准化工作,推进现代综合交通运输体系建设,促进铁路、公路、水运、民航、邮政等各种运输方式深度融合和协调发展,交通运输部、国家标准化管理委员会编制了《交通运输标准化体系》。现印发给你们,请认真贯彻执行,做好交通运输标准化各项工作。

交通运输标准化体系

前言

为贯彻党的十八大和十八届三中、四中、五中、六中全会精神，按照“四个全面”战略布局，坚持“创新、协调、绿色、开放、共享”发展理念，落实国务院《深化标准化工作改革方案》《国家标准化体系建设规划(2016—2020 年)》《“十三五”现代综合交通运输体系发展规划》，加强标准化体系建设的要求，支撑综合交通运输体系建设，统筹推进综合交通运输标准化工作，制定交通运输标准化体系。

交通运输标准化体系是行业标准化工作的顶层设计，是按照交通运输行业发展需求，围绕标准化工作的全要素、全过程及其内在联系构建而成的科学有机整体。标准化体系是统筹协调铁路、公路、水运、民航和邮政标准化工作的基础，内容包括政策制度体系、技术标准体系、标准国际化体系、实施监督体系和支撑保障体系 5 个方面。

加强交通运输标准化体系建设，有助于促进各种交通运输方式标准化工作协调衔接和融合发展，对于实现交通运输治理体系和治理能力现代化，构建现代综合交通运输体系，推动交通运输行业转型升级、提质增效具有重要意义。

一、概述

(一)内涵特征。

交通运输标准化体系是按照交通运输行业发展需求，围绕标准化工作的全要素、全过程及其内在联系构建而成的科学有机整体，包括政策制度、标准研究、制修订、国际化、实施监督、支撑保障等内容，涵盖铁路、公路、水运、民航和邮政各领域。

交通运输标准化体系具有以下特征：

——系统性。在范围上覆盖各种交通运输方式，在层次上涵盖标准化工作全过程，在内容上包含综合交通运输、安全应急、运输服务、工程建设与养护、信息化、节能环保等重点领域，层次清晰，框架合理，内容全面。

——协调性。按照国家深化标准化工作改革要求，在国家标准化体系框架下，理清强制性标准、推荐性标准边界，明晰国家标准、行业标准、地方标准、团体标准、企业标准范围，实现政府主导制定的标准与市场自主制定的标准协同发展、协调配套。

——前瞻性。着眼于实现交通运输现代化和建设交通运输强国的战略目标，对今后一段时期行业标准化工作进行整体设计和总体布局，强化标准化工作在交通运输行业发展中的地位和作用，促进科技创新与产业发展。积极与国际接轨，统筹“引进来”与“走出去”，提高交通运输标准国际化程度。

（二）总体定位。

交通运输标准化体系是行业标准化工作的顶层设计，是对今后一段时期标准化政策制度建设、标准制修订、标准国际化活动、标准实施监督及支撑保障工作的宏观布局，是统筹协调铁路、公路、水运、民航和邮政标准化工作的基本依据。加强交通运输标准化体系建设，促进各种交通运输方式标准协调衔接和融合发展，对于实现交通运输治理体系和治理能力现代化，构建现代综合交通运输体系，推动交通运输行业转型升级、提质增效具有重要意义。

标准化体系与规划均是对交通运输标准化工作的全面布置。标准化体系定位于宏观布局，是对较长一段时期标准化工作的整体设计，标准化规划是按照标准化体系框架和发展方向，立足交通运输阶段性发展要求，制定的具有一定时效和范围的工作计划，提出阶段性发展目标和重点任务。标准化体系是标准化规划编制的依据，标准化规划是标准化体系建设的保障。交通运输标准化体系依靠制定和实施不同阶段、不同范围的行业标准化规划实现。

交通运输行业按照不同领域、不同专业已形成比较完善的技术标准体系，如《综合交通运输标准体系》《铁路行业技术标准体系》《公路工程标准体系》《水运工程标准体系》《民用航空标准体系》《邮政业标准体系》等，以及各专业标准化技术委员会编制的技术标准体系。交通运输标准化体系是构建各领域、各专业技术标准体系的基础，覆盖各领域、各专业技术标准体系的标准需求。各领域技术标准体系根据行业重点任务需求编制，确定一定时期内标准制修订任务。各专业技术标准体系根据专业发展方向编制，指导本专业标准制修订等工作。

（三）体系框架。

交通运输标准化体系包括标准化政策制度体系、技术标准体系、标准国际化体系、实施监督体系和支撑保障体系 5 个部分，覆盖交通运输各领域标准化工作全过程。

政策制度体系是交通运输标准化体系的基础，是规范标准化工作，实现科学管理的重要依据，包括标准化法律法规、部门规章、规范性文件等内容，主要规定了标准化全过程管理要求，涵盖标准立项、制修订、审查、发布、出版、复审、标委会管理、经费管理、实施评价和统计等方面。

技术标准体系是交通运输标准化体系的核心，是开展标准制修订工作的重要依据。根据标准体系编制原则和要求，按照综合交通运输、铁路、公路、水运、民航、邮政不同运输方式，围绕综合运输、安全应急、运输服务、工程建设与养护、信息化、节能环保等重点领域，构建技术标准体系框架，包含现行有效的国家标准、行业标准和标准制修订需求。

标准国际化体系是交通运输标准化体系的窗口，是加强交通运输国际合作，提升交通运输行业国际影响力和话语权的重要途径。包括国际标准制修订、参与国际标准化活动和国内外标准翻译等。

标准实施监督体系是交通运输标准化体系的重点，是强化标准化意识，落实标准应用，加强标准监督管理，提升标准化工作基础能力的重要保障。实施监督体系包括标准宣贯、工程和产品质量监督、标准实施效果评价，以及计量、检验检测、认证等工作。

标准支撑保障体系是交通运输标准化体系的保证，包括标准化组织保障、人才队伍、经费支持等内容。

交通运输标准化体系框架见图 1。

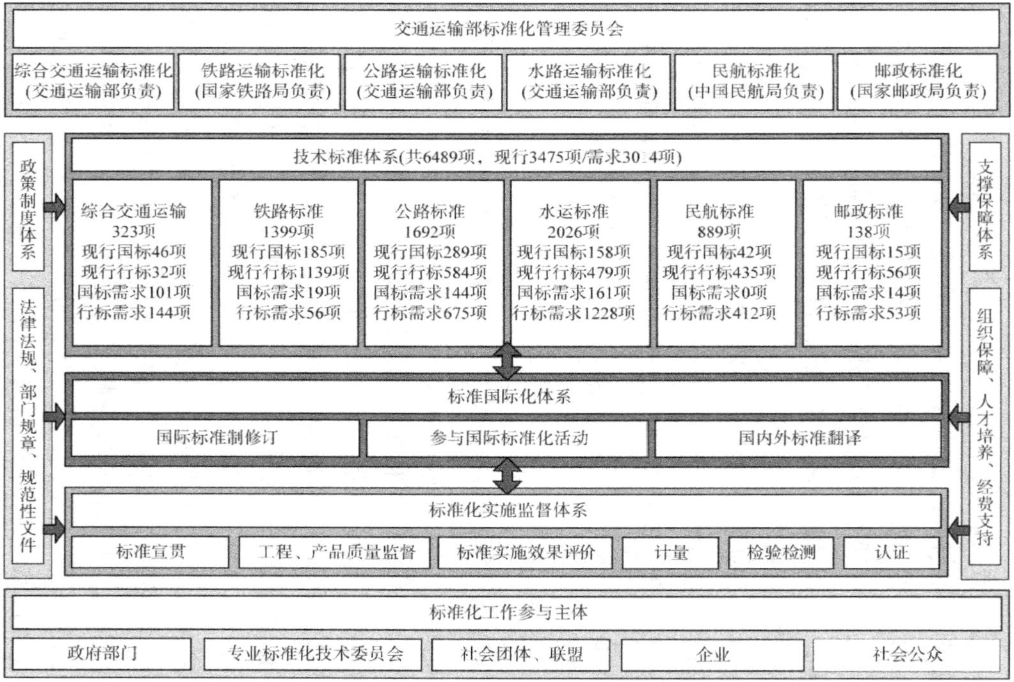

图1　交通运输标准化体系结构图

二、政策制度体系

政策制度体系是标准化工作合理有序开展的依据。交通运输标准化政策制度体系包括《中华人民共和国标准化法》《中华人民共和国标准化法实施条例》等法律法规、部门规章及规范性文件。其中,法律法规是标准化工作的基本遵循,部门规章是行业标准化工作的基础制度,规定了行业标准化工作的基本原则、职责分工和标准化全过程管理的基本要求。规范性文件明确了标准立项、制修订、审查、发布、出版、复审、标委会管理、经费管理、实施评价和统计等方面的具体要求和任务。

交通运输行业高度重视标准化政策制度体系建设。交通运输部及国家铁路局、中国民用航空局、国家邮政局,结合行业需求以及本领域标准化工作特点,发布了部门规章 2 项,规范性文件 15 项,在规范行业标准化管理工作,提高标准的质量和水平等方面发挥了重要作用。

(一)部门规章。

国家发布了《国家标准管理办法》《行业标准管理办法》《采用国际标准管理办法》等部门规章,规定了国家标准、行业标准、地方标准和企业标准管理及采用国际标准的要求。交通运输部发布了《民用航空标准化管理规定》《邮政业标准化管理办法》2 项部门规章,规定了民航和邮政领域标准的制定和修订、实施、监督等管理要求。

目前,国家正在深化标准化工作改革,修订《中华人民共和国标准化法》,整合精简强制性标准,优化完善推荐性标准,逐步健全统一协调、运行高效、政府与市场共治的标准化管理体制,形成政府引导、市场驱动、社会参与、协同推进的标准化工作格局。交通运输行业适应大部制改革要求,提出了综合交通运输体系的建设目标,促进铁路、公路、水运、民航和邮政融合发展。为适应深化标准化工作改革需要,满足现代综合交通运输体系建设和发展要求,统筹推进各领域标准化工作,需制定《交通运输标准化管理办法》,建立交通运输行业统一的标准化管理制度,明确行业标准化工作的基本原则、职责分工和全过程管理的基本要求,统筹推进铁路、公路、水运、民航和邮政标准化工作。

(二)规范性文件。

国家发布了《全国专业标准化技术委员会管理规定》《国家标准制修订经费管理办法》《标准出版管理办法》等规范性文件,规定了全国专业标委会管理、国家标准经费管理、标准出版、档案管理、标准复审、英文版翻译和创新奖励等方面的要求。

交通运输行业发布了《交通标准化工作规则》《铁道行业技术标准管理办法》《公路工程行业标准外文版编译工作管理办法》《水运工程建设标准管理办法》《民航工程建设行业标准管理办法》及《交通运输标准化"十三五"发展规划》等15项规范性文件,规定了标准制修订、标委会管理、标准翻译出版等方面的要求。

交通运输行业标准化管理,一般参照国家标准化有关规定执行。结合行业特色和实际需求,在标准制修订方面需制定标准审查管理规定,在实施监督方面需制定标准实施评价管理办法和统计制度,在支撑保障方面需制定交通运输标准化专业技术委员会管理办法、项目管理办法、信息平台管理办法等。与此同时,随着国家标准化改革的逐步深入,结合交通运输行业标准化发展需求,应适时加强对标准国际化以及团体标准、企业标准等方面的指导,进一步完善行业标准化政策制度体系。

政策制度体系结构见图2。

三、技术标准体系

技术标准体系是一定范围内的标准按其内在联系形成的有机整体,主要通过编制标准体系结构图、标准明细表、标准统计表等内容,构建一定范围内现有、应有和预计制定标准的蓝图,是编制标准制修订计划的依据。技术标准体系的构建应目标明确、全面成套、层次适当、划分清楚,按行业、专业等标准化活动性质的同一性划分。交通运输技术标准体系是按照国家深化标准化工作改革精神,根据交通运输标准制修订管理的实际情况,充分吸收以往各领域、各专业技术标准体系建设成果,构建的包含综合交通运输、铁路、公路、水运、民航、邮政标准的集合。

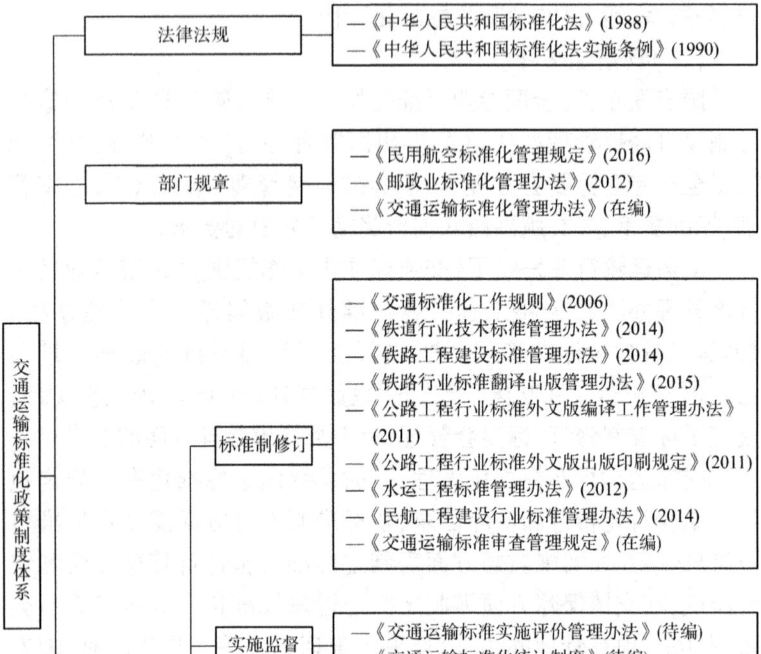

图2　交通运输标准化政策制度体系结构图

---

❶ 该办法包含交通运输标准化工作经费管理的相关规定。

❷ 该办法包含交通运输标准化项目管理的相关规定。

技术标准体系是交通运输标准化体系建设的核心,是合理规划和有效管理标准制修订工作的重要手段,有助于明确交通运输行业不同类型标准的边界,减少标准间的重复、交叉、矛盾等问题,理清政府与市场标准制修订范围,规范标准的制修订管理,提高标准的整体质量和水平,对于完善各领域、各标准化技术委员会标准体系布局,具有指导作用。

交通运输标准按照性质分为强制性标准、推荐性标准两类;按照发布主体划分为国家标准、行业标准、地方标准、团体标准、企业标准五类;按专业领域分为综合交通运输、铁路、公路、水运、民航、邮政标准等。根据国务院深化标准化工作改革方案,政府主导制定的交通运输标准分为强制性国家标准、推荐性国家标准、推荐性行业标准、推荐性地方标准,工程建设标准按现有模式管理。

交通运输强制性标准严格限定在保障人身健康和生命财产安全、生态环境安全和满足社会经济管理基本要求的范围内,具有充分的法律法规依据,技术内容与安全、健康和环保直接相关,具有可操作性和可验证性,能够保证强制执行效果,主要涉及标志标识、安全生产、安全产品、职业健康与劳动保护、运输工具能源消耗限值和工程建设标准等方面。推荐性标准包括基础通用,与强制性标准相配套的国家标准,能够满足行业重要产品、工程技术、服务和管理需求的行业标准,以及满足地方自然条件、先进管理能力和技术水平的特殊技术要求的地方标准。

政府主导制定的国家标准、行业标准、地方标准与市场自主制定的团体标准、企业标准协同发展、协调配套。政府主导制定的标准侧重于保基本,市场自主制定的标准侧重于提高竞争力。交通运输行业管理部门推动团体标准、企业标准的培育和发展,引导团体组织在市场化程度高、技术创新活跃、产品类标准较多的领域,按照国家相关规范制定团体标准,鼓励企业制定高于国家标准、行业标准、地方标准的企业标准。

交通运输技术标准体系以《综合交通运输标准体系》《铁路行业技术标准体系》《公路工程标准体系》《水运工程建设标准体系》

《民用航空标准体系》《邮政业标准体系》等技术标准体系为基础构建，包括6489项标准[1]，其中现行有效3475项，需求计划3014项。按照标准性质分类，强制性标准785项，推荐性标准5704项；按照标准层次分类，国家标准1174项，行业标准5315项；按照专业领域分类，综合交通运输标准323项，铁路标准1399项，公路标准1692项，水运标准2026项，民航标准889项，邮政标准138项，其他标准22项。

技术标准体系应建立动态管理机制，将随着技术和业务需求的发展而不断更新。交通运输技术标准体系结构见图3，标准统计表见表1。

交通运输技术标准体系标准统计表[2] 表1

代码	分　类	已发布项目数		拟制定项目数		合计
		国标	行标	国标	行标	
100	**综合交通标准**	**46**	**32**	**101**	**144**	**323**
101	基础	6	2	9	8	25
102	运输服务	4	1	18	25	48
103	运输装备与产品	20	3	36	26	85
104	工程设施	1	2	4	14	21
105	安全应急	1	0	8	9	18
106	信息化	13	24	25	40	102
107	节能环保	0	0	1	13	14
108	统计评价	1	0	0	9	10
200	**铁路标准**	**185**	**1139**	**19**	**56**	**1399**
201	铁路装备	165	964	19	40	1188
202	工程建设	7	115	0	12	134

[1] 技术标准体系包含的标准统计数字截止时间为2016年底。

[2] 表中的标准统计数字截止时间为2016年底。

续上表

代码	分　　类	已发布项目数		拟制定项目数		合计
		国标	行标	国标	行标	
203	运营与服务	13	60	0	4	77
300	**公路标准**	**289**	**584**	**144**	**675**	**1692**
301	基础	35	16	13	7	71
302	安全应急	26	28	28	47	129
303	运输服务	54	75	35	72	236
304	公路建设	5	81	0	37	123
305	公路养护	0	16	0	30	46
306	公路管理	0	0	0	41	41
307	公路运营	0	1	0	42	43
308	信息化	62	84	41	85	272
309	节能环保	8	23	7	67	105
3010	设施装备	99	260	20	247	626
400	**水运标准**	**158**	**479**	**161**	**1228**	**2026**
401	基础	11	19	15	47	92
402	安全应急	62	63	38	148	311
403	运输服务	17	91	31	151	290
404	工程建设	3	139	0	388	530
405	信息化	15	35	13	66	129
406	节能环保	16	37	29	144	226
407	设施设备	34	95	35	284	448

续上表

代码	分　　类	已发布项目数		拟制定项目数		合计
		国标	行标	国标	行标	
500	**民航标准**	**42**	**435**	**0**	**412**	**889**
501	信息化	0	46	0	135	181
502	航空运输	9	37	0	20	66
503	通用航空	2	20	0	52	74
504	航空安全	1	4	0	6	11
505	航空器维修工程	0	103	0	16	119
506	机场工程建设	0	32	0	64	96
507	民用机场地面保障与服务	18	46	0	11	75
508	航油航化	6	66	0	55	127
509	空中交通管理	0	63	0	30	93
5010	航空安保	0	4	0	5	9
5011	航空医学	1	7	0	15	23
5012	其他	5	7	0	3	15
600	**邮政标准**	**15**	**56**	**14**	**53**	**138**
601	基础	4	9	2	4	19
602	安全	1	5	0	3	9
603	设施设备与用品	8	32	1	11	52
604	服务与管理	2	5	4	15	26
605	信息化	0	5	7	20	32
700	**其他标准**	**0**	**15**	**0**	**7**	**22**
总计		735	2740	439	2575	6489

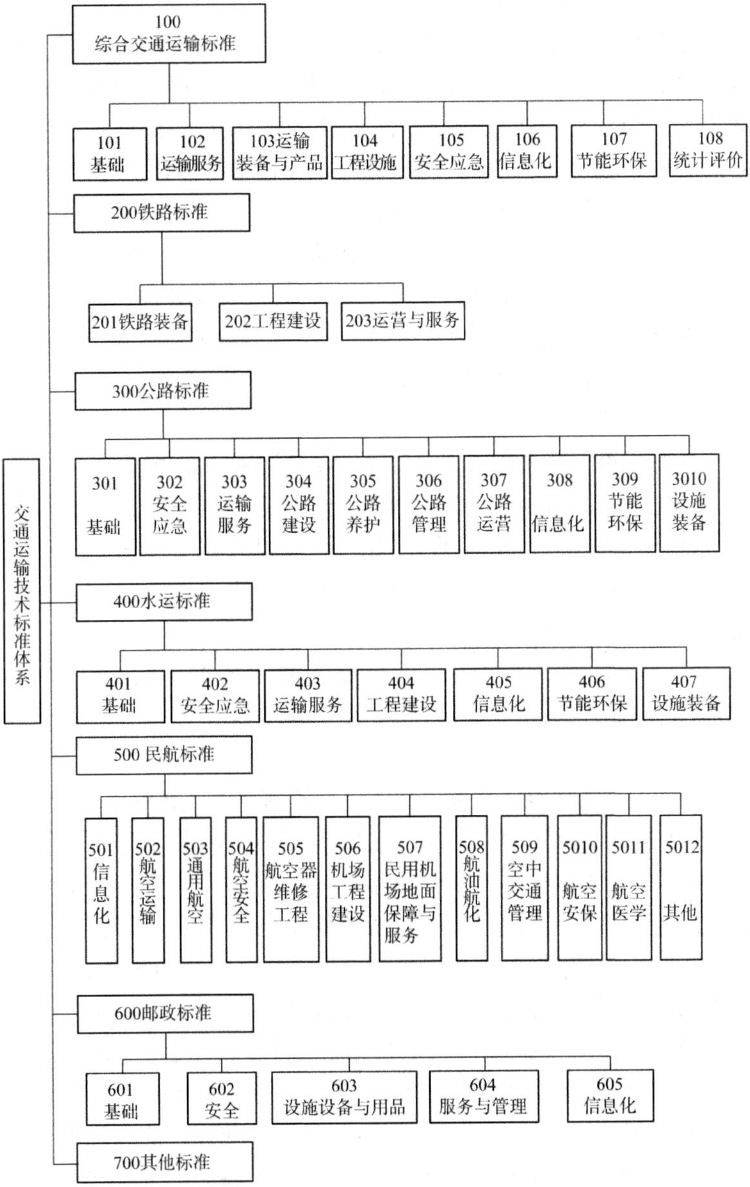

图3　交通运输技术标准体系结构图

（一）综合交通运输标准。

综合交通运输标准包括涉及两种及两种以上交通运输方式协调衔接的相关标准，各运输方式单独使用和单一服务所涉及的标准不纳入综合交通运输标准体系范畴，对于促进不同运输方式之间的有效衔接与协同发展，提高综合交通运输一体化服务水平，促进综合交通运输体系建设具有重要作用。

综合交通运输标准分为基础、运输服务、运输装备与产品、工程设施、安全应急、信息化、节能环保、统计评价等 8 类，详见图 4。

综合交通运输标准合计 323 项。已发布国家标准 46 项，行业标准 32 项，拟制定国家标准 101 项，行业标准 144 项。

（二）铁路标准。

铁路标准分为铁路装备、工程建设和运营与服务等 3 类，详见图 5。铁路装备标准包括通用与综合、机车车辆、工务工程、通信信号、牵引供电等；工程建设标准包括基础、综合、勘察、设计、施工、验收等；运输服务标准包括基础通用、行车组织、客运与服务、货运与服务、治安防控等。

铁路标准合计 1399 项，已发布国家标准 185 项，行业标准 1139 项，拟制定国家标准 19 项，行业标准 56 项。

（三）公路标准。

公路标准分为基础、安全应急、运输服务、公路建设、公路养护、公路管理、公路运营、信息化、节能环保、设施装备等 10 类，详见图 6。基础标准包含术语、符号与标识、分类与编码等；安全应急标准包含道路工程建设安全、道路运输与作业安全、安全管理、应急救助等；运输服务标准包含道路运输作业条件与规范、汽车维修、服务质量与评价等；公路建设标准包括勘测、设计、施工、监理、改扩建、造价等；公路养护标准包括养护管理、评定、设计与施工等；公路管理标准包括收费公路、公路执法等；公路运营标准包括运行评估与组织协调、出行服务等；信息化标准包含信息采集与格式、数据交换与共享等；节能环保标准包含生态保护、污染防治等；设施装备标准包含运输车辆、交通工程设施产品等标准。

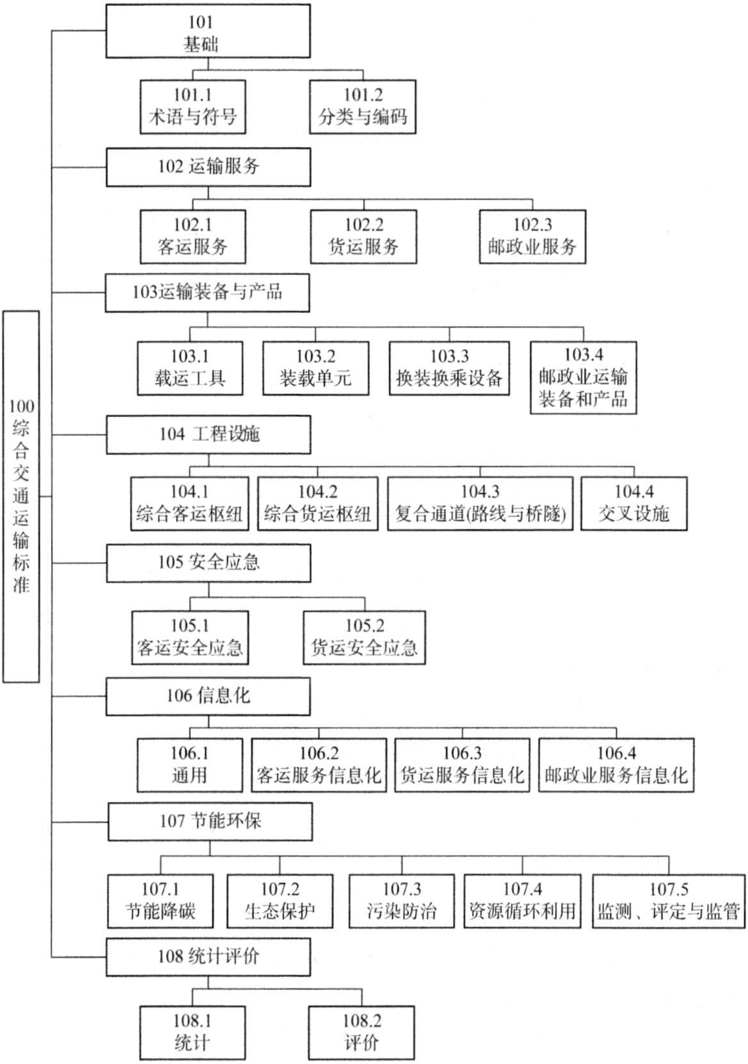

图 4　综合交通运输技术标准体系结构图

公路标准合计 1692 项，已发布国家标准 289 项，行业标准 584 项，拟制定国家标准 144 项，行业标准 675 项。

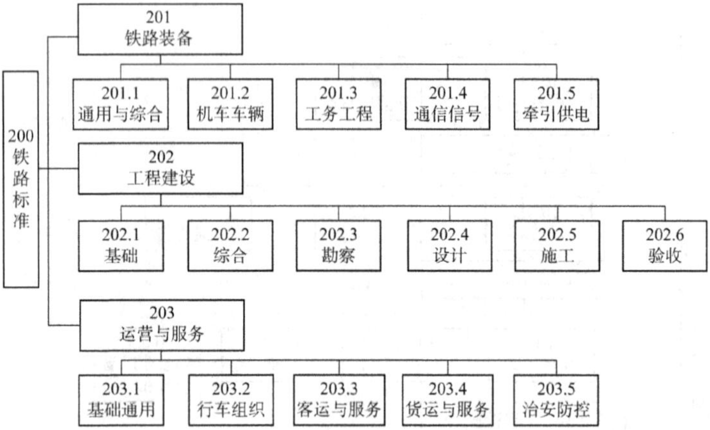

图5　铁路技术标准体系结构图

(四)水运标准。

水运标准分为基础、安全应急、运输服务、工程建设、信息化、节能环保、设施设备等7类,详见图7。基础标准包含术语、符号与标识、分类与编码等;安全应急标准包含水路运输与作业安全、航海安全、救助打捞、事故应急等;运输服务标准包含水路运输作业条件与规范、测绘服务、服务质量与评价等;工程建设标准包括综合、规划、勘测、设计、施工、试验、检测与监测、监理、安全、工程造价、环保、工程信息等;信息化标准包含信息采集与格式、数据交换与共享等;节能环保标准包含生态保护、污染防治等;设施装备标准包含运输船舶、港口设施设备、疏浚装备等标准。

水运标准合计2026项,已发布国家标准158项,行业标准479项,拟制定国家标准161项,行业标准1228项。

(五)民航标准。

民航标准包括民用航空领域的各类标准,分为信息化、航空运输、通用航空、航空安全、航空器维修工程、机场工程建设、民用机场地面保障与服务、航油航化、空中交通管理、航空安保、航空医学和其他等12类,详见图8。

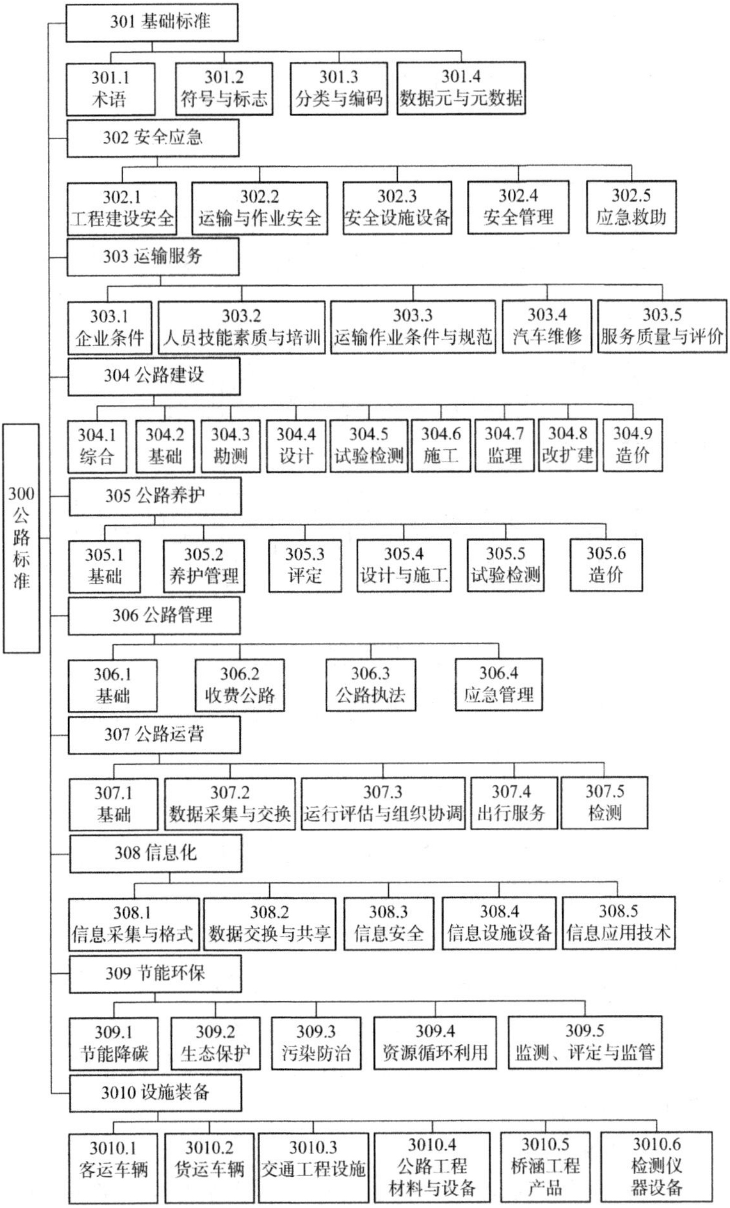

图6　公路技术标准体系结构图

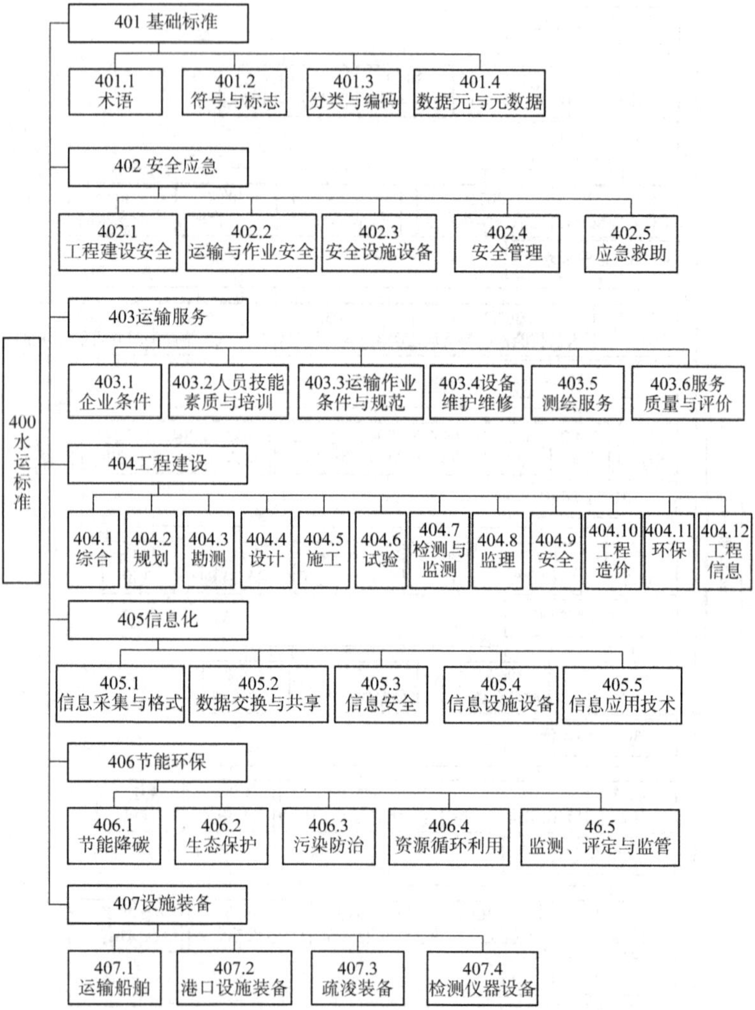

图 7　水运技术标准体系结构图

民航标准合计 889 项，已发布国家标准 42 项，行业标准 435 项，拟制定行业标准 412 项。

（六）邮政标准。

邮政标准分为基础、安全、设施设备与用品、服务与管理、信息化等 5 类，详见图 9。

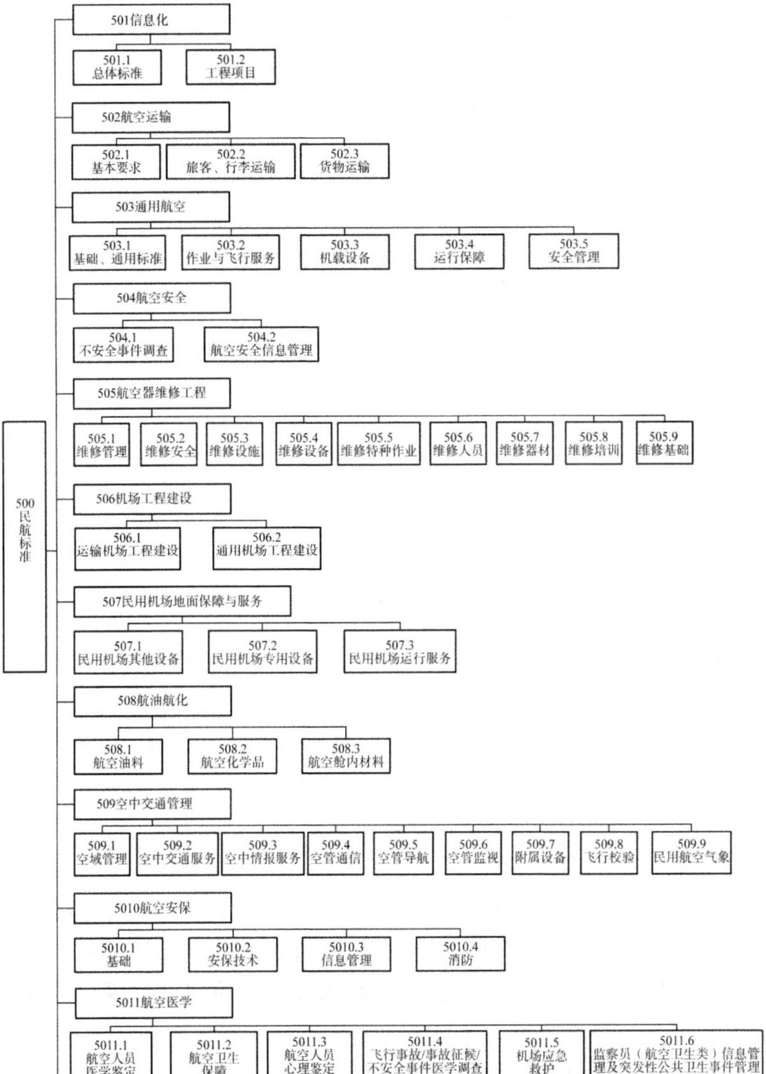

图8　民航技术标准体系结构图

邮政标准合计138项,已发布国家标准15项,行业标准56项,拟制定国家标准14项,行业标准53项。

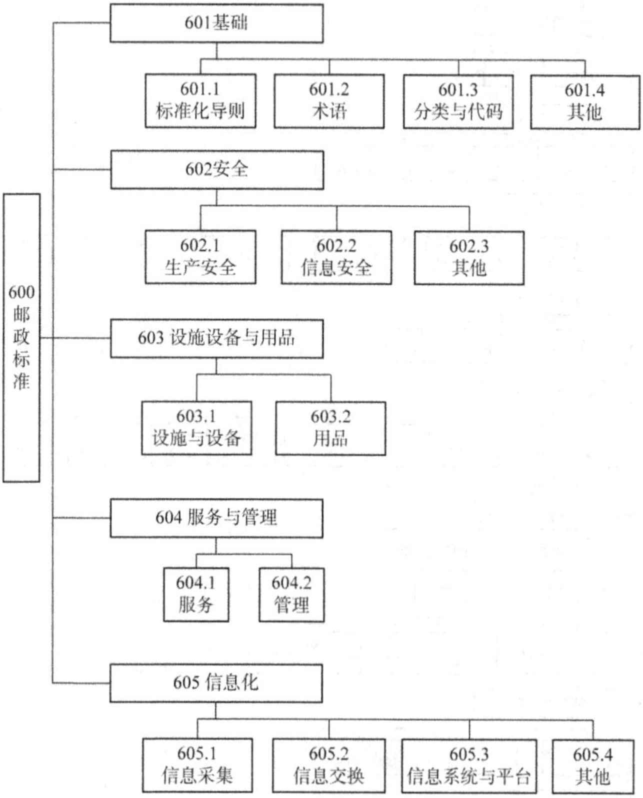

图 9　邮政技术标准体系结构图

（七）其他标准。

其他标准包括交通运输标准化工作管理、科技信息和报告管理、政府网站管理、行政执法、反恐怖防范要求、信用管理等。

其他标准合计 22 项，已发布行业标准 15 项，拟制定行业标准 7 项。

四、标准国际化体系

标准是构建国际竞争优势的"制高点"，是促进互联互通的"通行证"。构建交通运输标准国际化体系对于提升行业国际影响力和话语权，支撑我国交通运输产品、技术、装备、服务"走出去"，助力"一带一路"建设具有重要作用。标准国际化体系主要包括国际标准制修订、参与国际标准化活动和国内外标准翻译等内容。

（一）国际标准制修订。

交通运输行业积极参与国际标准的制修订工作，累计主持和参与96项国际标准的制修订项目，其中铁路86项，公路水运10项。包括国际标准化组织（ISO）标准14项，国际电工组织（IEC）标准81项，以及国际航标协会（IALA）标准1项。

为提高交通运输标准国际化水平，应进一步加大国际标准制修订工作力度，重点在高速铁路、港口机械、集装箱、疏浚装备、智能运输、工程建设等领域，加强国际标准跟踪评估，重视人才培养，深入了解国际标准制定需求，研究国际标准制定程序和规则，培育和推动行业优势特色技术标准成为国际标准。

（二）参与国际标准化活动。

交通运输行业积极参与国际标准化活动。通过承担国际标准化组织领导职务，可以增强在国际组织中的话语权，提高我国在国际标准化工作中的地位。中国铁路技术专家担任国际标准化组织铁路应用技术委员会（ISO/TC269）机车车辆分委员会、国际铁路联盟（UIC）高速与城际委员会副主席职务，负责ISO/TC269 SC1基础设施分技术委员会联合秘书处工作，将具有中国特色的高铁技术标准推向世界。在轨道交通电气设备与系统国际标准化领域，我国在IEC/TC9的贡献率排名已上升至第5位，主持编制的国际标准项目累计10个。公路水运领域积极参与国际标准化组织相关活动，承担国际标准化组织集装箱技术委员会（ISO/TC104）工作组召集人职务，承办标准化国际会议，开展标准投票及有关技术交流。

交通运输行业要充分利用国家标准国际化合作机制与平台，全面谋划和参与国际标准化战略、政策和规则的制定修改，提升我国对国际标准化活动的贡献度和影响力。积极与各国，特别是“一带一路”沿线国家建立联系，深化交通运输行业的标准互认、标准体系对接、国际标准共同制定等工作。完善与相关国际标准化技术组织的对接机制,争取担任国际标准化组织领导职务,承担秘书处管理工作。实施国际标准化人才培育计划,培养懂技术、懂规则的国际标准化专业人才。依托国际交流和对外援助,开展面向发展中国家的标准化人才培训与交流项目,互利互助共同推动标准化发展。

(三)国内外标准翻译。

结合海外工程承包、设备出口和对外援建,交通运输行业加快标准外文翻译工作,推动交通运输标准"走出去"。已发布和计划开展153项标准翻译工作,其中已发布铁路标准64项,包括铁路工程建设、铁路装备等方面;已发布和计划翻译公路标准58项,包括公路工程建设、智能运输等方面;已发布和计划翻译水运标准31项,包括水运工程建设、港口装卸设备等方面。翻译语言主要为英语、法语、俄语。

应积极推动建立交通运输行业标准的中外文同步出版工作机制,加快铁路、公路、水运等领域重要标准的外文翻译出版,加强高速铁路、长大桥隧、深水筑港等先进技术标准的国际应用。开展面向"一带一路"沿线国家标准"走出去"需求调研,优先组织开展服务设施联通、贸易畅通等急需领域的国家、行业标准外文版翻译及出版工作,推进"一带一路"建设。

五、实施监督体系

标准实施监督是贯彻执行标准和保障标准得到有效应用的重要手段,是提高交通运输服务、工程建设和产品质量的重要技术支撑,是标准化体系的重要组成部分。交通运输标准化实施监督体系主要包括标准宣贯、工程与产品质量监督、标准实施效果评价,以及计量、检验检测、认证等内容。工程与产品质量监督是标准实施监督的重要方式,计量、检验检测和认证是保证标准实施监督的重要技术基础。

(一)工程和产品质量监督。

交通运输行业主管部门根据有关法律法规和技术标准规范,对重点工程和产品开展质量监督,有效促进了标准实施应用。在工程质量监督方面，发布了《铁路建设工程质量监督管理规定》《铁路建设工程质量安全监管暂行办法》《民航专业工程质量监督管理规定》《公路水运建设工程质量安全督查办法》，为依法加强工程质量监管提供了制度保障。在产品质量监督抽查方面，发布了《交通运输产品质量行业监督抽查管理办法（试行）》《交通运输行业重点监督管理产品目录》《铁路产品质量监督抽查管理办法》，以及56项产品质量监督抽查实施规范和实施细则，涵盖铁路、公路和水运领域的重点产品。国家邮政局依据相关标准开展了住宅信报箱建设规范检查和邮政业安全生产设备配置检查工作，促进了标准的实施。

为进一步完善工程与产品质量监督制度体系，应修订《交通运输产品质量行业监督抽查管理办法》，规范公路水运产品质量监督抽查工作。修订《交通运输行业重点监督管理产品目录》，加快编制产品质量监督抽查实施规范，为产品质量监督抽查提供依据。按照“双随机”的要求，健全工程与产品质量监督工作机制，扩大质量监督覆盖面，增强监督力度。

（二）计量。

计量是实现单位统一、保障量值准确可靠的活动，通过对检验检测设备进行计量检定、校准，为检测数据的准确可靠提供技术保障。交通运输行业十分重视计量工作。在机构设置方面，成立了国家轨道衡计量站、国家铁路罐车容积计量站、国家道路与桥梁工程检测设备计量站、国家水运工程检测设备计量站和国家船舶舱容积计量站，组建了全国铁路专用计量器具计量技术委员会、全国公路专用计量器具计量技术委员会。在管理制度方面，制定了铁路、民航领域计量管理办法和计量人员管理办法，发布了铁路、公路工程和水运工程试验检测仪器设备计量管理目录。

为满足交通运输发展和标准化发展对计量的紧迫需求，需着力提升交通运输计量技术创新能力，加快交通运输专用计量测试技术的基础研究工作，系统开展计量标准体系建设，完善专业量传溯源体系。重点研究与动态测量、远程测试、无损检测、多参数集成测试等相关的量传溯源方法,加强专业计量校准服务能力建设,加快计量技术规范的制修订。构建行业计量服务网络,成立全国水运专用计量器具计量技术委员会。完善交通运输试验检测仪器设备计量管理目录,加强对贸易结算、安全防护、环境监测、行政执法等领域计量器具的监管,提升行业重点计量器具质量。

交通运输行业计量技术规范合计 364 项,已发布 264 项,在编和待编 100 项。其中已发布铁路 129 项,公路 49 项,水运 21 项,民航 65 项。在编和待编公路 54 项,水运 34 项,民航 12 项。

(三)检验检测。

检验检测是依据方法标准,对工程和产品进行质量判定,并出具判定结果的行为,是标准实施的重要技术基础。交通运输行业制定了《公路水运工程试验检测管理办法》和《道路运输车辆技术管理规定》,设立了涵盖公路水运工程检验检测、汽车综合性能检测两类业务领域的检验检测机构。公路工程和水运工程等级试验检测机构共计 2193 家,以及汽车综合性能检测机构 2061 家;通过国家计量认证交通评审组评审并获得国家级实验室资质认定的检测机构 34 家。

为进一步提升检验检测机构服务质量,根据国家和行业关于整合检验检测认证机构相关意见精神,指导和推动检验检测机构立足行业实际,科学确定功能定位,优化布局结构,转变发展方式,着力构建运行有效的试验检测诚信体系,开展行为规范、流程标准、技术先进的检验检测工作,逐步发展为具有较强综合能力的社会第三方检验检测服务机构,提升综合实力和市场竞争力,更好地服务于交通运输事业发展。

(四)认证。

认证是由认证机构证明产品、服务、管理体系符合相关标准或技术规范强制性要求的合格评定活动,是标准实施的有效途径之一。认证对象包括体系、产品和服务。交通运输产品认证工作围绕行业重点监督管理产品目录开展,覆盖交通工程建设和运输各个领域,已制定交通运输产品认证规则 128 项,涵盖道路用沥青、公路桥梁支座、波形梁钢护栏等交通运输产品,对推动行业产品标准实施,从源头强化交通建设质量和交通运输安全管理具有重要作用。

要进一步加强市场自愿性产品认证,提高自愿性产品认证在设计、招投标、工程建设等活动中的采信度。加快公路工程构件、交通工程、船舶及用品、港口产品、道路运输产品、汽车维修检测设备等方面产品认证规则的制定。拓展产品认证范围,开展节能减排产品等的认证工作。探索服务认证方法及模式,开展运输服务、物流、邮政速递服务、汽车租赁或出租服务、汽车船舶保养和修理等服务认证工作。

六、支撑保障体系

标准化支撑保障体系,为标准化工作的开展提供了基本条件,包括标准化组织机构、人才队伍和经费保障。现已形成涵盖交通运输各专业领域的标准化技术组织体系,建设了一支1500余人的标准化管理人员和专业技术人员队伍,拥有稳定的标准化工作资金来源。

(一)组织保障。

交通运输部成立了交通运输部标准化管理委员会,统筹协调综合交通运输、铁路、公路、水运、民航和邮政领域标准化工作。部科学研究院成立部标准化管理工作支撑机构,负责标准化政策制度研究、交通运输技术标准审查和信息平台维护等工作。行业现有标准化研究单位、专业标准化技术委员会和标准技术归口管理单位40余家,组织开展交通运输各领域标准制修订、技术审查、宣贯、复审等工作。

要进一步加强标准化科研及技术支撑机构能力建设,改善科研基础条件,加大人才培养力度,激发科研人员创新活力,支持其承担标准化科研项目,提高标准化工作支撑能力。优化专业标委会布局,减少专业交叉,强化标委会管理,形成覆盖全面、范围清晰、责任明确、布局合理的组织体系。加强跨领域、综合性联合工作组建设,提高标准化技术委员会成员构成的广泛性、代表性。支持标准化科研机构、标准化技术委员会及标准出版发行机构等发展,加强标准化服务能力建设。

(二)人才队伍。

交通运输行业建立了一支1500余人的标准化队伍,含铁路、公路、水运、民航和邮政各领域标准化管理人员和专业技术人员,在加快推进标准化工作、提升行业标准化总体水平方面,发挥着重要作用,有力保障了行业标准化工作的开展。随着对标准重要性认识的提高,越来越多的专业人员加入到标准化队伍中,参与标准研究、制修订及论证咨询等工作。

要进一步加强标准化人才队伍建设,实施标准化人才培养计划,加强标准化人员保障,重点加强标准化专业人才、管理人才和企业标准化人员培养,加强行业计量、检验检测、认证人才队伍建设。加强行业急需的国际型、复合型标准化领军人才培养,提高行业实质性参与国际标准化活动的能力。培养既掌握标准化专业知识,又熟悉专业技术、精通外语、了解国际规则、懂得国家政策和行业发展规划的标准化专家人才,建立行业标准化专家库。将从事标准化工作的业绩与技术职称评定、个人荣誉与待遇挂钩,吸引优秀专业人才从事标准化工作。

(三)经费支持。

经费保障是标准化工作发展的基础。标准化经费的来源,包括交通运输行业的标准化项目经费、国家标准制修订经费和工程与产品质量监督工作经费,主要用于开展标准研究、制修订、翻译、复审、实施监督等工作。

在保障现有标准化经费投入的基础上,需进一步加大对基础性、公益性标准研究制定的支持力度,集中优势资源,保障重要标准研究制定和推广实施,加大对标准实施工作的投入。拓展标准化经费来源渠道,逐步建立标准化工作社会多元化投入机制,引导鼓励企业、团体和社会加大标准化活动投入,形成政府资助、多方投入、共同支持的标准化经费保障格局。建立经费统筹管理机制,统筹用好标准化资金,加强项目管理,合理有效使用资金,形成健全的经费保障机制。

交通运输部促进科技成果转化暂行办法

交科技发〔2017〕55号　2017.04.24

第一章　总　　则

第一条　为促进交通运输行业科技成果转化，依据《中华人民共和国促进科技成果转化法》《国务院关于印发实施〈中华人民共和国促进科技成果转化法〉若干规定的通知》(国发〔2016〕16号)、《中共中央办公厅、国务院办公厅印发〈关于实行以增加知识价值为导向分配政策的若干意见〉》(厅字〔2016〕35号)，制定本办法。

第二条　交通运输部所属研究开发机构、高等院校及具有研究开发能力的单位(以下简称“单位”)开展科技成果转化适用本办法。

第三条　本办法所称科技成果为职务科技成果，是指科技人员执行单位工作任务或主要利用单位的物质技术条件，开展科学研究、技术开发和设备设施建设所产生的具有实用价值的成果。

第四条　本办法所称科技成果转化，是指为提高生产力水平而对科技成果进行后续试验、开发、应用、推广直至形成新技术、新工艺、新材料、新产品，发展新产业，以及面向企业或其他社会组织委托所开展的技术开发、技术咨询、技术服务、技术转让、技术培训等活动。依法向社会提供开放共享服务的基础性、公益性资料和数据等，不属于科技成果转化范畴。

第五条　单位应优先保证科技人员履行科研、教学等公益职能;科技人员承担由企业或其他社会组织委托所开展的技术开发、技术咨询、技术服务、技术转让、技术培训等活动,不得影响其履行岗位职责、完成本职工作。

第六条 落实科技成果报告汇交制度,向社会公布科技成果和相关知识产权信息,提供科技成果信息查询、筛选等公益服务,公布有关信息不得泄露国家秘密和商业秘密。

单位要加大科技成果公开共享力度,完善建立面向企业的技术服务机制。

第二章 转 化 方 式

第七条 科技成果持有单位可以采用下列方式进行科技成果转化:

(一)自行投资实施转化;

(二)向他人转让科技成果;

(三)许可他人使用科技成果;

(四)以科技成果作为合作条件,与他人共同实施转化;

(五)以科技成果作价投资,折算股份或者出资比例;

(六)其他协商确定的方式。第八条鼓励采取转让、许可、作价投资等方式,向企业或者其他组织转移科技成果,除涉及国家秘密、国家安全外,不需审批或者备案。

第八条 鼓励采取转让、许可、作价投资等方式,向企业或者其他组织转移科技成果,除涉及国家秘密、国家安全外,不需审批或者备案。

第九条 单位对其持有的科技成果,可以自主决定转让、许可或者作价投资,但应当通过协议定价、在技术交易市场挂牌交易、拍卖等方式确定价格。通过协议定价的,应当在本单位公示科技成果名称、交易对象和拟交易价格,并就公示方式、公示范围和公示异议处理程序等具体事项做出明确规定,公示时间不少于15日。

第十条 单位有权依法以持有的科技成果作价入股确认股权和出资比例,并通过发起人协议、投资协议或公司章程等形式明确约定科技成果的权属、作价、折股数量或者出资比例等事项,明晰产权。以科技成果作价入股作为对科技人员的奖励涉及股权注册登记及变更的,无须报部审批。

第三章 技术权益

第十一条 单位所取得的科技成果,成果完成人和参加人在不变更权属的前提下,可与单位签署协议转化成果,并享有协议规定的权益,单位应予支持。成果完成人不得阻碍科技成果转化,不得将科技成果及其资料数据占为己有,侵犯单位的合法权益,职工不得将职务成果擅自转让或变相转让。

第十二条 实施科技成果转化合作各方,应当遵守自愿、互利、公平、诚信的原则,依法签订合同(协议),约定合作的组织形式、任务分工、资金投入、知识产权归属、权益分配、风险分担和违约责任等事项。

第十三条 科技成果完成单位与其他单位合作进行科技成果转化的,应当依法由合同约定该科技成果有关权益的归属。合同未作约定的,按照下列原则办理:

(一)在合作转化中无新的发明创造的,该科技成果的权益,归该科技成果完成单位;

(二)在合作转化中产生新的发明创造的,该新发明创造的权益归合作各方共有;

(三)对合作转化中产生的科技成果,各方都有实施该项科技成果的权利,转让该科技成果应经合作各方同意。

第四章 机制建设

第十四条 支持企业联合有关科研院所、高等院校、具有研究开发能力的单位建立协同创新平台、技术转移机制和产业技术创新战略联盟，共同开展研究开发、成果应用与推广、标准研究与制定等活动。积极培育和发展交通运输技术市场，为技术交易提供交易场所、信息平台以及信息检索、加工与分析、评估、经纪等服务。继续通过发布科技成果推广目录，出版交通科技丛书，组织实施科技示范工程等加快科技成果推广与应用。

第十五条 单位要建立健全科技成果转化工作机制，加强对科技成果转化的管理、组织和协调，建立科技成果转化重大事项领导班子集体决策制度；建立成果转化管理平台，统筹成果管理、技术转移、资产经营管理、法律等事务；明确科技成果转化管理机构和职能，落实科技成果报告、知识产权保护、资产经营管理等工作的责任主体，优化科技成果转化工作流程，开列权利清单，明确议事规则。

第十六条 单位要加强科技成果转化能力建设，鼓励在不增加编制的前提下建立负责科技成果转化工作的专业化机构或者委托独立的科技成果转化服务机构开展科技成果转化。通过培训、市场聘任等多种方式建立成果转化职业经理人队伍。鼓励各单位从企业聘请有科技成果转化经验的人员到本单位从事科技成果转化工作，通过特聘岗位等形式落实聘请人员薪酬等待遇。

第十七条 单位要建立科技成果转化工作公示制度及异议处理办法，公示内容包括科技成果转移转化的各项制度、工作流程、重要人事岗位设置以及领导干部取得科技成果转化奖励和收益等情况。

第五章 收益分配

第十八条 转化科技成果所获得的收入全部留归本单位，纳入单位预算，不上缴国库，扣除对完成和转化科技成果作出重要贡献人员的奖励和报酬后，应当主要用于单位科学技术研发、成果转化等相关工作，并对技术转移专业化机构的运行和发展给予保障。

单位应在充分听取本单位职工意见的基础上,制定相关制度。

第十九条　科技成果完成单位可以规定或者与科技人员约定奖励和报酬的方式、数额和时限。单位制定相关规定时,应充分听取单位科技人员的意见,并在单位公开相关制度。

第二十条　科技成果完成单位未规定、也未与科技人员约定奖励和报酬的方式和数额的,按照下列标准对完成、转化科技成果作出重要贡献的人员给予奖励和报酬:

(一)将该项科技成果转让、许可给他人实施的,从该项科技成果转让净收入或者许可净收入中提取比例不低于50%;

(二)利用该项科技成果作价投资的,从该项科技成果形成的股份或者出资比例中提取比例不低于50%;

(三)在研究开发和科技成果转化中作出主要贡献的人员(一般不超过3人),获得奖励的份额不低于奖励总额的50%;

(四)将该项科技成果自行实施或者与他人合作实施的,应当在实施转化成功投产后连续3至5年,每年从实施该项科技成果的营业利润中提取比例不低于5%。

第二十一条　科技人员面向企业或其他社会组织委托所开展的技术开发、技术咨询、技术服务、技术转让、技术培训等合作活动,应依据合同法和科技成果转化法管理,经费支出按照合同或协议约定执行,净收入中提取不低于50%的比例,按照单位制定的科技成果转化奖励和收益分配办法对完成项目的科技人员给予奖励和报酬。对科技人员承担企业或其他社会组织委托的科研项目与承担政府科技计划项目,在业绩考核中同等对待。

第二十二条　科技成果转化的奖励和报酬的支出,计入单位当年工资总额,不受单位当年工资总额限制,不纳入单位工资总额基数。科技人员依法取得的科技成果转化奖励和报酬收入,不纳入绩效工资。对符合条件的股票期权、股权期权、限制性股票、股票奖励以及科技成果投资入股等实施递延纳税优惠政策。

第二十三条　科技成果转化给予科技人员的奖励和报酬在成

果完成人和为成果转化作出重要贡献的其他人员之间的分配,由其内部协商确定。

第六章　转化激励

第二十四条　对于担任领导职务的科技人员,获得科技成果转化奖励,按照分类管理的原则执行:

(一)单位正职领导以及各单位所属具有独立法人资格单位的正职领导,是科技成果的主要完成人或者对科技成果转化作出重要贡献的,可以获得现金奖励,原则上不得获取股权激励。

(二)其他担任领导职务的科技人员,是科技成果的主要完成人或者对科技成果转化作出重要贡献的,可以获得现金、股份或出资比例等奖励和报酬,但获得股权激励的领导人员不得利用职权为所持股权的企业谋取利益。

(三)对担任领导职务的科技人员的科技成果转化收益分配实行公开公示制度,不得利用职权侵占他人科技成果转化收益。

第二十五条　单位正职在担任现职前因科技成果转化获得的股权,任现职后应及时予以转让,转让股权的完成时间原则上不超过3个月;股权非特殊原因逾期未转让的,应在任现职期间限制交易;限制股权交易的,不得利用职权为所持股权的企业谋取利益,在本人不担任上述职务1年后解除限制。

第二十六条　科技成果转化过程中,通过技术交易市场挂牌交易、拍卖等方式确定价格的,或者通过协议定价并在本单位公示拟交易价格的,单位领导在履行勤勉尽责义务、没有牟取非法利益的前提下,免除其在科技成果定价中因科技成果转化后续价值变化产生的决策责任。

第二十七条　单位在符合国家相关法律法规规章的前提下,可根据发展需求,经部批准,参照执行所在地省级党委、政府出台的相关科技成果转化的激励政策。

第七章 经费投入

第二十八条 鼓励以知识产权作价入股等形式引入社会资金参与交通运输科技成果转化。积极向各类基金会等社会团体推介交通运输科技成果，吸引其以自有资金支持科技成果转化工作。

第二十九条 发挥财政资金引导作用，加强单位内部资源整合，鼓励强强联合，与相关单位共同争取国家科技成果转化引导基金以及各级政府财政设立的技术创新引导专项（基金）、成果转化基地、知识产权运营和人才专项等的专项资金（基金）的支持。

第三十条 鼓励有条件的单位建立科技成果转化基金，用好事业发展基金和成果转化净收入。盘活闲置的仪器设备、装备、办公用房等资源，为科技成果转化提供便利条件。

第八章 绩效评价

第三十一条 建立科技成果转化年度报告制度，单位应当于每年3月底前向部科技主管部门报送上一年度科技成果转化情况的年度报告，内容主要包括：

（一）科技成果转化总体成效和面临问题；

（二）依法取得科技成果数量及有关情况；

（三）科技成果转让、许可和作价投资情况；

（四）科技成果转化绩效和奖惩情况等，包括转化取得收入及分配情况，对科技成果转化人员的奖励和报酬等；

（五）推进产学研合作情况，包括自（共）建研究开发机构、技术转移机构、科技成果转化服务平台情况，签订技术开发合同、技术咨询合同、技术服务合同情况，人才培养和人员流动情况等。

第三十二条 单位要制定激励制度，将科技成果转化业绩纳入绩效考评体系，作为科技人员职称评定、岗位管理等重要依据，对科技成果转化业绩突出的专业化技术转移机构给予奖励。

第九章　人员兼职

第三十三条　单位应出台科技人员兼职分类管理办法，规范科技人员兼职取酬、成果作价持股等事项，明确审核审批和公开公示等要求，并报部备案。

第三十四条　单位领导班子成员按干部管理权限经批准，可在本单位出资的企业或参与合作举办的民办非企业单位兼职，兼职数量一般不超过1个，并不得在兼职单位领取薪酬。

第三十五条　单位中层领导人员在民办非企业单位或企业兼职的，根据工作需要和实际情况，按干部管理权限由所在单位审批；个人按照有关规定在兼职单位获得的报酬，应当全额上缴本单位，由单位根据实际情况给予适当奖励。

第三十六条　担任领导职务人员兼职及因科技成果转化获取奖励、股权激励等情况，应在个人有关事项报告和年度述职报告中予以说明。

第三十七条　未担任领导职务的科技人员在履行岗位职责、完成本职工作的前提下，经单位批准可以兼职和兼薪，兼职收入不受本单位绩效工资总量限制，但须如实将兼职收入报单位备案，按规定缴纳个人所得税。

第三十八条　鼓励单位设立一定比例的流动岗位，聘请有创新实践经验的企业家和企业科技人才从事科研和教学工作。

第十章　离岗创业

第三十九条　单位要研究制定科技人员离岗创业管理办法，科技人员经征得单位同意，可以离岗创业，原则上在不超过3年时间内保留人事关系。

第四十条　离岗创业期间，所在单位与离岗创业人员签订离岗协议或变更聘用合同，约定离岗创业时限、工资待遇、社会保险、知识产权、技术秘密保护、研究生培养、返回所在单位工作相关事宜、违约责任处理、发生争议处理方式等。

第四十一条 离岗创业期内,由原单位代缴社会保险,所需费用由离岗创业人员和新单位共同承担,缴费基数按照原单位同类人员确定;认定原单位连续工龄。离岗创业收入不受原单位绩效工资总量限制,但须如实将收入报原单位备案,按规定缴纳个人所得税。

第四十二条 离岗创业期间,科技人员所承担的国家和省部级科技计划和基金项目原则上不得中止,确需中止的应当按照有关管理办法办理手续。

第十一章 法律责任

第四十三条 对违反相关规定,在科技成果转化活动中弄虚作假,采取欺骗手段,骗取奖励和荣誉称号、非法牟利的,由有关部门依法依照管理职责责令改正,取消该奖励和荣誉称号,没收违法所得,并给予相应处罚;给他人造成经济损失的,依法承担民事赔偿责任;构成犯罪的,依法追究刑事责任。

第十二章 附 则

第四十四条 本办法自 2017 年 5 月 1 日起施行,有效期 5 年,由交通运输部科技主管部门负责解释。

交通运输政务信息资源共享管理办法(试行)

交科技发〔2017〕58号　2017.04.27

第一章　总　　则

第一条　为充分发挥交通运输政务信息资源共享在深化改革、转变职能、创新管理、提升服务中的重要作用,促进交通运输行业提质增效与转型升级,依据《国务院关于印发政务信息资源共享管理暂行办法的通知》(国发〔2016〕51号)等文件,制定本办法。

第二条　本办法所称交通运输政务信息资源(以下简称信息资源),是指交通运输政务部门在履行职责过程中直接或通过第三方依法采集、产生或者获取的,以电子形式记录、保存的各类非涉密数据、文件、资料和图表等。

本办法所称交通运输政务部门(以下简称政务部门),是指交通运输主管部门及法律、法规授权行使交通运输行政管理职能的事业单位和社会组织。

本办法所称使用部门,是指因履行职责需要使用共享信息资源的部门。本办法所称提供部门,是指共享信息资源的产生和提供部门。

第三条　本办法用于规范交通运输部及部省、部际、省际相关政务部门因履行职责需要使用和提供信息资源的行为。

第四条　部科技主管部门负责管理、评价和监督信息资源共享工作,组织交通运输政务信息资源目录(以下简称信息资源目录)的编制、发布和著录,组织相关标准规范的制修订和宣贯实施,监督部级信息资源共享交换平台(以下简称部级共享平台)的运行。

综合交通运输大数据应用技术支持部门(以下简称技术支持部门)负责信息资源目录的维护管理、部级共享平台的建设和运维、部级信息资源对外共享交换的联络、共享工作的监测分析等工作,并为信息资源共享工作提供技术支持。

省级交通运输主管部门负责省级共享平台建设、信息资源目录著录和维护、共享信息资源,以及与部级共享平台联通。

第五条 信息资源共享应遵循以下原则:

(一)以共享为原则、不共享为例外。各类信息资源原则上均应予共享,涉及国家秘密和安全的,按相关法律法规执行。

(二)需求导向,无偿使用。使用部门提出明确的共享需求和信息资源使用用途,提供部门应及时响应并无偿提供共享服务。

(三)统一标准,平台交换。按照国家及交通运输行业信息资源相关标准进行信息资源的编目、采集、存储、交换和共享工作。政务部门应基于部、省两级共享平台开展信息资源共享。

(四)建立机制,保障安全。统筹建立信息资源共享管理机制和信息共享工作评价机制。政务部门和部、省两级共享平台建设运行管理单位应加强对共享信息采集、共享、使用全过程的身份鉴别、授权管理和安全保障,确保共享信息安全。

第二章 分类与要求

第六条 信息资源按共享类型分为无条件共享、有条件共享、不予共享等三种类型。

可提供给所有政务部门共享使用的信息资源属于无条件共享类。

可提供给部分政务部门共享使用或仅部分内容能够提供给政务部门共享使用的信息资源属于有条件共享类。

不宜提供给其他政务部门共享使用的信息资源属于不予共享类。

第七条 信息资源共享类型划分应遵循以下要求：

(一)凡列入不予共享类的信息资源，提供部门应出具法律、行政法规或党中央、国务院政策依据。

(二)经脱密处理的交通运输基础设施空间和属性信息、运载工具基本信息、从业企业基本信息、从业人员基本信息、行政许可信息、执法案件结果信息等基础信息资源是政务部门履行职责的共同需要，必须接入部级共享平台实现基础数据集中汇聚、统筹管理、及时更新，供政务部门无条件共享。

(三)对列入有条件共享类的信息资源，提供部门应明确共享范围、数据内容和使用用途。

第三章 目录编制与管理

第八条 信息资源目录是实现信息资源共享和业务协同的基础，是政务部门间信息资源共享的依据。

信息资源目录应包括信息资源的分类、名称、提供部门、格式、属性、更新时限、共享类型、共享范围、共享方式、使用要求、来源系统等内容。

第九条 部科技主管部门负责组织编制《交通运输政务信息资源目录编制指南》，统筹组织信息资源目录编制工作。

已汇聚到部级共享平台的信息资源，由部科技主管部门组织编制信息资源目录；未汇聚到部级共享平台的信息资源，由省级交通运输主管部门依据《交通运输政务信息资源目录编制指南》编制信息资源目录。

部科技主管部门汇总形成部级信息资源目录，经专家咨询并报部审定后，统一在部级共享平台著录并发布。省级交通运输主管部门编制的信息资源目录，应在部级共享平台著录并发布。

信息资源目录一经发布，不得随意更改；如需更改，由部科技主管部门统一组织更新。

第十条 技术支持部门定期组织开展对政务部门业务信息系统与信息资源目录的一致性检测，并及时向部科技主管部门提出信息资源目录更新建议。

第四章 提供与使用

第十一条 部级共享平台提供信息资源目录管理，支撑涉及交通运输部的信息资源共享等功能。

凡涉及交通运输部的信息资源共享均应通过部级共享平台实施。部级共享平台应与国家共享平台对接以实现部际共享。

第十二条 凡新建的部本级业务信息系统、部省联网运行的业务信息系统，如需跨部门、跨层级共享信息资源，须通过部级共享平台实施信息资源共享；原有跨部门、跨层级的交通运输行业信息资源共享交换系统在升级改造时，须迁移到部级共享平台。

省级共享平台应满足省级、省际共享交换信息资源的需要，并实现与部级共享平台的对接。

第十三条 部级、省级共享平台应提供联机查询、联机对比、批量下载等共享服务方式。

第十四条 属于无条件共享类的信息资源，提供部门应通过共享平台提供共享服务，使用部门在共享平台上可直接获取共享服务。

属于有条件共享类的信息资源，使用部门通过共享平台向提供部门提出申请，明确使用用途，提供部门应在10个工作日内予以答复，使用部门按答复意见使用共享信息资源，对拒绝共享的，提供部门应说明理由，且不得再另设线下审批程序。

属于不予共享类的信息资源，以及属于有条件共享类但提供部门拒绝共享的信息资源，使用部门因履行职责确需使用的，由使用部门与提供部门协商解决，协商未果报部协调解决。

对于涉及重要敏感时期、重大节假日等时效性较高的信息资源共享，可由使用部门和提供部门根据实际协商确定共享方式，依托共享平台共享信息资源。

第十五条 提供部门应保障所提供信息资源的完整性、准确性、时效性和可用性，并确保与本部门实际掌握信息资源的一致性。委托其他单位提供信息资源的政务部门，对其委托单位提供的信息资源质量负责。

第十六条 使用部门应根据履职需要依法依规使用共享信息资源，并加强共享信息资源使用全过程管理，切实维护提供部门的合法权益。

使用部门从共享平台获取的信息资源，应按照明确的使用用途用于本部门履职需要，不得直接或以改变数据形式等方式提供给第三方，也不得用于或变相用于其他目的。如需提供第三方或用于其他目的的，应与提供部门协商。

使用部门应当加强共享信息资源的安全管理，不得滥用、非授权使用、未经许可扩散或泄露所获取的共享信息资源，因使用不当造成安全问题或不良影响的，根据相关法律法规追究使用部门及相关人员的责任。

第十七条 使用部门对获取的共享信息资源有疑义或发现有明显错误的，提供部门应及时予以校核。对多源异义信息资源，提供部门应通过协商进行信息资源质量校核和业务规则修订，并明确信息资源的唯一来源。

第五章 监督与保障

第十八条 部科技主管部门负责组织建立信息资源共享评价体系，会同有关部门定期组织开展共享评价工作并通报评价结果。

第十九条 信息资源共享应遵循《网络安全法》等国家和交通运输行业网络安全管理法规、政策和制度。

共享平台建设和运维单位应加强共享平台的安全防护，切实保障信息资源共享交换时的信息安全。提供部门和使用部门要加强信息资源采集、共享、使用时的安全保障工作,落实本部门对接系统的网络安全防护措施。

第二十条 部级政务信息化项目立项申请前应预编信息资源目录,作为项目审批要件。申请部补助资金的政务信息化项目,应按照部印发的建设指南、标准规范等指导性文件,落实信息资源共享要求。

项目建成的信息系统上线试运行前应将信息资源目录在共享平台著录,并接受信息资源目录合规性检测,检测合格的方可通过验收。

信息资源共享工作情况将作为信息化项目建设经费安排和运维经费分配的重要参考。

第二十一条 政务部门应合理保障信息资源共享工作经费,将信息资源目录编制与著录、共享平台建设及运行维护等工作经费纳入本部门年度预算。

第二十二条 政务部门应落实本办法要求,明确本部门工作目标、责任和实施机构。政务部门主要负责人是本部门信息资源共享工作的第一责任人。

第二十三条 政务部门及其工作人员有下列情形之一的,由部科技主管部门通知整改;未在规定时限内完成整改的,部科技主管部门将有关情况向政务部门通报。

(一)未按要求编制和更新维护信息资源目录的;

(二)未向共享平台及时提供、更新共享信息资源的;

(三)向共享平台提供的信息资源和本部门所实际掌握的信息资源不一致的,或提供的信息资源不符合有关规范、无法使用的;

(四)不共享其他部门信息资源,重复采集信息资源或随意扩大信息资源采集范围的;

(五)对已发现不一致或有明显错误的信息资源,不及时校核的;

(六)对共享获得的信息资源管理失控,致使出现滥用、非授权使用、未经许可的扩散以及泄漏的；

（七）未经提供部门授权，擅自将共享信息资源转让给第三方或用于其他目的的；

（八）违反本办法规定的其他行为。

第六章　附　　则

第二十四条　本办法由部科技主管部门负责解释。

第二十五条　本办法自 2017 年 5 月 1 日起施行，有效期 3 年。涉及政务内网信息资源共享有关规定另行制定。

交通运输部关于推进大连海事大学建设世界一流海事大学的实施意见

交人教发〔2017〕77号　2017.05.25

部属各单位,部内各司局:

海洋战略是实现中华民族伟大复兴中国梦的重大战略,建设海运强国是实现海洋强国的重要前提,海事教育和海事科技是建设海运强国的基本支撑。为贯彻落实党中央、国务院建设“世界一流大学和世界一流学科”的战略部署,进一步提高我国海事教育和海事科技发展水平,根据《国务院关于印发统筹推进世界一流大学和一流学科建设总体方案的通知》(国发〔2015〕64号)、《国务院关于促进海运业健康发展的若干意见》(国发〔2014〕32号)精神,现就推进大连海事大学建设世界一流海事大学提出以下意见。

一、总体要求

(一)指导思想。

全面贯彻落实党的十八大和十八届三中、四中、五中、六中全会精神,深入学习贯彻习近平总书记系列重要讲话精神和治国理政新理念新思想新战略,紧紧围绕统筹推进“五位一体”总体布局和协调推进“四个全面”战略布局,牢固树立创新、协调、绿色、开放、共享的发展理念,按照“建设世界一流大学和一流学科”的总体要求,以立德树人为根本,以服务国家战略为导向,以海事特色、世界一流为核心,推进大连海事大学加快建设世界一流海事大学,提升中国海事教育和海事科技的综合实力与国际竞争力,更好地服务国家海运强国和海洋强国建设,为实现“两个一百年”奋斗目标和中华民族伟大复兴的中国梦提供海事人才和智力支撑。

（二）基本原则。

——服务国家战略。服务和融入国家战略，引领世界海事教育发展，推动海事科技与文化进步，在国家战略实施中发挥重要作用。

——聚焦海事特色。坚持有所为有所不为，紧紧围绕海事特色优化学科专业布局，打造海事学科专业高峰，形成国际领先的海事学科专业优势。

——对标世界一流。瞄准世界一流海事学科专业，坚持对标发展，加大资源投入，按照世界一流标准强化目标管理，注重绩效考核，加快实现世界一流海事大学建设目标。

——深化改革创新。始终坚定不移地走改革创新之路，加快构建充满活力、富有效率、更加开放、有利于科学发展的体制机制，形成建设世界一流海事大学的强大动力。

（三）总体目标。

大连海事大学在人才培养、科学研究、社会服务、文化传承创新和国际交流合作等方面的水平整体跃升，成为培养海事拔尖创新人才的主要基地、海事科技创新的骨干力量、海事文化传承创新的重要源泉、国际海事交流合作的重要桥梁、提升海事领域国际话语权的国家智库，在服务国家战略和行业发展等方面发挥重要作用。

——到2020年，大连海事大学进入世界一流海事大学行列，2～3个具有海事特色的优先发展学科进入国内一流前列，若干学科方向进入世界一流行列；综合改革成效显著，治理能力与治理体系现代化全面推进；在国内海事教育领域的引领地位进一步巩固和强化，在世界海事教育领域的影响力进一步提升。

——到2030年，大连海事大学进入世界一流海事大学前列，2～3个具有海事特色的优先发展学科进入世界一流行列，且在世界海事院校中居于领先地位；3～5个重点培育学科进入国内一流前列，且进入世界海事院校前列；3～4个航海类专业居于世界领先地位；5～7个海事类专业进入世界一流前列。

——到本世纪中叶,大连海事大学成为具有海事特色的世界一流大学,拥有若干世界一流学科和一流专业,在世界海事教育领域发挥引领作用。

二、主要任务

(一)坚定办学政治方向,建设具有中国特色的世界一流海事大学。加强和改进党的领导,牢牢把握中国特色社会主义办学方向,切实增强"四个意识"。按照社会主义政治家、教育家的要求选好配强大连海事大学领导班子,不断提高班子办学治校的能力与水平。坚持党委领导下的校长负责制,充分发挥党委的领导核心作用。把全面从严治党的要求落实到世界一流海事大学建设全过程,加强党的思想建设、组织建设、作风建设、制度建设和反腐倡廉建设,充分发挥基层党组织战斗堡垒作用和党员先锋模范作用,为学校发展建设提供坚强政治保证。

(二)对标现代化大学治理体系,提升学校治理能力。进一步深化落实大连海事大学综合改革,激发内生动力和办学活力。充分借鉴世界一流大学管理模式,构建具有中国特色的现代大学制度。推进依法治校,完善以章程为统领的制度体系。提高管理效率,降低决策重心,推进院为实体的管理体制。加强学术组织建设,完善学术权力运行机制,健全以学术委员会为核心的学术治理体系。

(三)培养高素质海事人才,支撑海运业软实力建设。以立德树人为根本,强化人才培养的核心地位,树立以学生为中心的育人理念,深化教育教学改革,完善全过程全方位的协同育人体系,着力培养具有国际视野与民族精神、海洋意识与社会责任、广博知识与发展潜质、创新精神与实践能力、健全人格与健康体魄的高素质海事人才。深入实施"人才强交"战略,充分发挥大连海事大学人才支撑作用,实现海事人才培养与行业发展的结构性协同与时序性协同。聚焦海事人才培养目标,加强海事特色教材建设,建立具有示范性的专业课程体系。推进科教融合、产教融合,主动服务国家"大众创业、万众创新"战略,深化创新创业教育改革,构建有利于创新创业的政策环境和教育体系。

（四）提高科学研究水平，推动海事科技进步。科学判断世界科技发展趋势，准确把握国家和行业重大战略需求，整合创新资源和创新要素，致力于产生一批具有原创性的基础研究成果，形成一批具有标志性的应用研究成果，在行业重点建设和关键发展领域中发挥重要作用。依托大连海事大学打造具有海事特色和世界影响的新型智库，加强战略性、全局性、前瞻性问题的政策研究，为服务国家和行业科学决策、提升国家在世界海事领域的影响力提供智力支持。加快推进科研体制机制改革，支持大连海事大学在科研运行保障、组织模式、绩效评价等方面探索创新。遵循科研活动规律，赋予创新领军人才更宽松的创新环境、更大的学术决策权和人财物支配自主权，在政策上支持并鼓励科技人才勇于创新，服务海运业发展。

（五）建设世界领先的海事学科，汇聚优质海事人才与科技资源。以国家和行业重大发展战略为导向，瞄准国际学术前沿，加强顶层设计和战略规划，对标世界一流学科发展模式，进一步凝练学科方向、强化特色优势，建设若干世界一流的海事特色学科。优先发展交通运输工程、船舶与海洋工程等学科，重点培育法学、管理科学与工程、环境科学与工程、信息与通信工程、控制科学与工程等学科。面向未来发展，围绕智能船舶、航运金融保险等海运科技和海运经济发展的新趋势，培育新的特色学科方向。重点建设海事特色学科平台，促进学科建设与产业转型升级全面对接。建立学科分类评价和跟踪评估机制，强化动态管理和绩效考核，形成良好的学科生态，在海事领域创新体系建设中发挥重要作用。

（六）建设一流的师资队伍，构筑海事领域的人才高地。深入实施人才强校战略，以学科专业战略布局引领人才队伍建设，加快培养和引进一批海事领军人才和创新团队，建立一支以海事高层次专家学者为领军、以国家急需的海事高级专业技术人才为骨干、以中青年学术新秀为中坚、以优秀青年人才为生力军的高水平人才队伍，使大连海事大学成为海事领域的人才高地。坚持以重大建设工程、重点科研项目、重点科研基地为依托，采取倾斜政策，支持大连海事大学领军人才潜心开展基础研究和科技攻关，下大力气推动以院士、“千人计划”、“长江学者”为代表的领军人才队伍建设。加强师德师风建设，培养和造就一支有理想信念、有道德情操、有扎实学识、有仁爱之心的优秀教师队伍。充分利用社会优质资源，加强兼职教师队伍建设，建立灵活高效的用人机制。加快推进人事制度改革，完善编制总量管理、动态调整机制，实施师资队伍“阶梯双轨”制，完善人才发展配套支撑政策，增强人才队伍发展活力。

（七）加快国际化办学进程，提高中国海事教育的国际影响力。坚持“引进来”和“走出去”相结合的工作方针，强化国际化办学理念，加快大连海事大学的国际化发展进程。支持大连海事大学加强与世界一流大学和学术机构的实质性合作，支持学校专家学者积极参与国际学术交流活动，将国外优质教育资源有效融合到教学科研全过程。充分发挥大连海事大学人才优势，积极培养优秀人才到海事领域国际组织任职。服务“一带一路”战略，支持大连海事大学面向沿线国家开展海事教育与培训项目。支持大连海事大学深度参与国际交流和相关国际事务，参与制定国际海事公约和海事教育标准，参与国际海事重点热点问题研究，切实提高中国海事教育在国际领域的竞争力和话语权，提高对国家建设海运强国和参与全球治理的技术支撑能力。

（八）打造中国特色海洋文化传承创新平台，引领和传播蓝色海洋文化。坚持社会主义道路自信、理论自信、制度自信、文化自信，传承发扬大连海事大学百年名校、航海家摇篮的文化底蕴和办学传统，建设具有中国特色、海大风格的大学文化。坚持用价值观引领知识教育，将社会主义核心价值观融入教育教学全过程，引导广大教师和青年学生践行社会主义核心价值观，不断丰富和发展航海文化内涵，引领航海文化的前进方向。充分发挥大连海事大学在蓝色海洋文化传承创新中的辐射作用，打造中国特色海洋文化传承创新平台。

（九）推进科技成果转化，提升行业服务能力和水平。落实国家关于促进高校科技成果转化的有关规定，完善促进科技成果转化的支持政策，赋予大连海事大学科技成果使用、处置和收益管理自主权，进一步激发创新活力。整合海事科技创新资源，推进政产学研用协同创新，增强创新资源对经济社会和行业发展的驱动力。支持大连海事大学加强与行业企业的战略合作，实现互利共赢。推动海事科技军民融合发展，支持大连海事大学建立军民融合发展新模式。深入推进大连海事大学科技园建设，使其成为催化产业技术变革、加速创新驱动的策源地，提升对海事产业升级的贡献度。

（十）构建多方共建的长效机制，树立行业特色大学发展典范。进一步推动教育部等国家部委、辽宁省等地方政府以及企业实质性共建大连海事大学，建立有效的共建协调机制。推进大连海事大学建立理事会制度，充分发挥理事会在学校改革发展的咨询、协商、审议、监督等功能，引导社会各界共同支持海事教育与海事科技发展。充分发挥行业特色优势，推进建立统筹协调的大学与社会新型关系，鼓励相关企业积极参与世界一流海事大学建设。

（十一）强化政策和资金保障，提升学校的办学条件和发展环境。加大政策支持力度，进一步扩大大连海事大学的办学自主权，支持学校在核定的机构限额内自主设置教学科研机构，在国家政策框架内探索建立与世界一流海事大学目标相适应、激励与约束相结合的内部分配机制。加大资金投入力度，“十三五”期间多渠道筹集经费支持世界一流海事大学建设。加强资金统筹，强化人才队伍和海事特色学科平台建设。支持学校不断拓宽筹资渠道，积极吸引社会捐赠，多渠道汇聚资源，增强自我发展能力。

三、组织实施

（一）提高认识。各单位要切实将思想和行动统一到党中央、国务院决策部署上来，充分认识建设世界一流海事大学在服务国家战略中的重要作用，将其作为当前和今后一段时间的重点工作，科学谋划、精准发力、主动作为，切实推进提升我国海事教育与海事科技发展水平。

（二）统筹协调。各单位要按照职责分工，明确责任，积极配合，落实好建设世界一流海事大学的各项任务，在推进任务过程中要把握好整体推进和重点突破的关系，做到眼前与长远相统筹，局部与全局相配套，突破与渐进相衔接。

（三）强化落实。大连海事大学要切实履行主体责任，按照本意见要求，结合自身办学基础、学科特色、发展优势等，研究制定具体建设方案，强化担当意识，精心组织实施，层层分解任务，确保建设工作如期完成。

交通运输部关于印发《交通运输行业重点实验室管理办法》的通知

交科技发〔2017〕174 号　2017.11.15

各省、自治区、直辖市、新疆生产建设兵团交通运输厅(局、委),部属各单位,部内各司局:

现将《交通运输行业重点实验室管理办法》印发给你们,请遵照执行。

交通运输行业重点实验室管理办法

第一章　总　　则

第一条　为规范和加强交通运输行业重点实验室(以下简称重点实验室)的申报、建设与管理,依据《国家重点实验室建设与运行管理办法》,制定本办法。

第二条　重点实验室是交通运输行业科技创新体系的重要组成部分,是开展高水平研发活动、聚集和培养优秀科技人才、进行高层次学术交流和促进科技成果转化的重要基地。

第三条　重点实验室的主要任务是立足国家重大战略实施和现代综合交通运输体系发展,围绕安全、便捷、高效、绿色、经济的主导方向,开展基础研究、应用基础研究、前瞻性技术以及相关公益性技术研究,解决交通运输现代化建设中的技术难题,为提高综合交通供给能力、服务管理能力和可持续发展能力,建设交通强国提供支撑。

第四条　重点实验室主要依托科研院所、高等院校、骨干企业进行建设与运行,是具有相对独立性的科研实体,在人、财、物上实行相对独立的管理。

第二章　管 理 职 责

第五条　交通运输部科技主管部门是重点实验室的归口管理部门,主要职责是:

(一)组织拟订重点实验室发展政策及相关管理规定,指导重点实验室的建设与运行。

（二）以部名义发布重点实验室认定指南，组织申报认定工作。

（三）组织开展重点实验室评估工作，依据评估结果对重点实验室进行调整。

第六条 省级交通运输主管部门、部属单位、共建高校、中央管理的大型交通运输企业是重点实验室的协助管理机构（以下简称协助管理机构），承担其所辖单位（包括本单位）重点实验室的建设和运行管理，主要职责是：

（一）推进重点实验室建设，落实相关配套支持政策，协调解决重点实验室建设与发展中的重大问题。

（二）依据本办法，指导和监督重点实验室的运行和管理。

（三）协助交通运输部审核重点实验室有关重大事项，配合做好重点实验室的考核、评估、检查等工作。

第七条 重点实验室依托单位（以下简称依托单位）是重点实验室运行与管理的主体，主要职责是：

（一）确定重点实验室的发展目标、任务和研究重点，指导重点实验室的建设与管理。

（二）聘任重点实验室主任、学术委员会主任，经协助管理机构审核后报交通运输部备案；聘任重点实验室副主任和学术委员会副主任、委员。

（三）为重点实验室提供后勤保障以及运行经费等条件。

（四）配合交通运输部做好评估、检查等工作。

（五）根据学术委员会建议，提出重点实验室研究方向、发展目标等重大事项的调整申请。

第三章　申报与认定

第八条 重点实验室采用认定方式确定，由交通运输部发布认定指南，组织开展认定工作。认定指南由交通运输部科技主管部门商有关业务主管部门研究确定。

第九条　重点实验室须具备的基本条件：

（一）研究方向符合交通运输发展现实和长远需求，规划清晰、目标明确，在本领域有重要影响；有承担国家、部（省）重大科研任务的能力；学术水平和科研能力在国内或行业内领先，取得过高水平的科研成果，有培养高层次人才的能力。

（二）拥有学术水平高，在本研究领域有一定知名度的学术带头人；有一支科研能力强、年龄与知识结构较为合理的研究队伍。

（三）具有良好的实验条件和充足的研究场所，拥有国内先进水平的科学研究试验设备、仪器装备及配套设施等。依托单位能为重点实验室提供必要的后勤保障和运行经费。

（四）已连续运行 2 年以上，具有较完善的管理制度和基础条件。

第十条　符合认定基本条件的实验室，其依托单位可按规定格式填写《交通运输行业重点实验室认定申请书》《交通运输行业重点实验室认定指标测评表》，经协助管理机构审核后报交通运输部。认定主要对实验室基础条件与认定要求的匹配程度进行综合评估，认定程序分为初审和现场评审二个阶段。

第十一条　初审。交通运输部组织专家对重点实验室申报材料进行初审。初审包括形式审查、会评等。通过初审的，进入现场评审。

第十二条　现场评审。交通运输部组织专家对重点实验室进行现场评审，形成评审意见。

第十三条　交通运输部根据初审和现场评审意见，研究确定重点实验室认定结果，经公示无异议后予以公布。

第四章　运行与管理

第十四条　重点实验室实行“开放、共享、合作、竞争”的运行机制。

第十五条　重点实验室实行主任负责制，重点实验室主任应具有较高的学术水平、较强的组织能力和管理能力，负责重点实验室的全面工作。

第十六条 重点实验室主任任期5年，可以连任。任期内每年在重点实验室工作时间一般不少于8个月。

第十七条 学术委员会是重点实验室的学术指导组织，职责是审议重点实验室的目标、研究方向、重大学术活动、年度工作计划和总结。

学术委员会会议每年至少召开1次，每次实到人数不少于总人数的2/3。

第十八条 学术委员会由相同或相关专业领域的专家组成，人数不低于9人，其中依托单位的学术委员会委员不得超过总人数的1/2。学术委员会主任一般应由非依托单位人员担任。学术委员会委员每届任期5年，每次换届一般应更换1/3以上委员，原则上2次不出席学术委员会会议的委员应予以更换。

第十九条 重点实验室人员由固定人员和流动人员组成。固定人员应是依托单位聘用的全职人员，包括研究人员、技术人员和管理人员。流动人员包括留学人员、访问学者、进修人员等。

第二十条 鼓励重点实验室要加大对外开放力度，加强国际国内学术交流，积极承办、参加国际国内学术活动；设立开放课题，吸引优秀人才开展合作研究。

第二十一条 重点实验室的科研设施和仪器设备、科学数据等科技资源，符合条件的，应建立开放共享机制，依托有关平台面向社会开放运行；重点实验室应强化社会责任，面向社会开展科学知识传播与普及。

第二十二条 重点实验室应加强知识产权的规范管理。在重点实验室完成的专著、论文、软件、数据库等研究成果均应标注实验室名称；专利申请、成果转让、奖励申报等按国家和部有关规定执行。

第二十三条 重点实验室应建立健全各项规章制度，严格遵守国家有关保密、安全等管理规定。

第二十四条 重点实验室的日常运行费用由实验室、依托单位自筹,重点实验室应建立多渠道筹措研究与管理经费的机制,鼓励重点实验室与相关企业或机构合作开展技术研发、成果转化等活动,吸引社会力量投资重点实验室建设。

第二十五条 重点实验室应重视科学道德和诚信建设,坚持严谨治学,维护良好学术风气,营造宽松民主、潜心研究的科研环境。

第二十六条 重点实验室研究方向、发展目标变更等重大事项,须由依托单位提出书面报告,经学术委员会论证,协助管理机构审核后报交通运输部批准。

第五章 考核与评估

第二十七条 重点实验室实行年度考核与报告制度。依托单位每年组织对重点实验室进行年度考核,考核内容包括实验室研究水平与贡献、实验条件建设、队伍建设与人才培养、开放交流与运行管理等。年度考核报告应在下一年度 3 月底前经协助管理机构审核后,报交通运输部备案。

第二十八条 根据年度考核情况,交通运输部会同协助管理机构,每年对部分重点实验室进行现场检查,发现、研究和解决重点实验室存在的问题。

第二十九条 重点实验室实行定期评估制度。交通运输部负责重点实验室定期评估的组织实施,包括:制定评估规则,确定参评重点实验室名单,委托和指导有关机构开展具体评估工作,确定和发布评估结果,受理并处理异议等。

第三十条 定期评估周期为 3 ~5 年。定期评估主要对实验室近 3 ~5 年的整体运行状况进行综合评估,评估程序分为自评、现场评估和综合评议三个阶段。

第三十一条 自评。参加评估的重点实验室,应填写《交通运输行业重点实验室评估报表》《交通运输行业重点实验室评估指标测评表》,并形成自评工作总结报告,经协助管理机构审核后,报交通运输部。

第三十二条 现场评估。交通运输部对自评工作符合要求的重点实验室,组织专家进行现场评估并形成评估意见。

第三十三条 综合评议。交通运输部根据自评和现场评估情况进行综合评议,确定评估结果并予以公布。评估结果分优秀、合格、不合格。

第三十四条 交通运输部根据评估结果,对重点实验室进行动态调整。评估结果为优秀的优先推荐申报国家级重点实验室。评估结果为不合格的,限期整改;整改不通过的,不再列入重点实验室序列。

第六章 附 则

第三十五条 重点实验室统一命名为“××交通运输行业重点实验室(依托单位)”,英文名称为“Key Laboratory of Transport Industry of ××(依托单位)”。

第三十六条 在重点实验室建设与运行管理中,凡是属于国家科学技术涉密范围的相关情形和内容,应按照《国家科学技术保密规定》等相关法规执行。

第三十七条 铁路、民航和邮政领域可参照本办法制定或修订本领域重点实验室管理办法。

第三十八条 协助管理机构可依据本办法制定本单位重点实验室管理细则。

第三十九条 本办法自2017年11月15日起实施,有效期5年。《交通行业重点实验室管理办法》(交科教发〔2005〕317号)、《交通行业重点实验室认定与评估工作实施细则(试行)》(厅科教字〔2005〕298号)同时废止。

第四十条 本办法由交通运输部科技主管部门负责解释。

交通运输部关于印发《公路水运基本建设项目内部审计管理办法》的通知

交财审发〔2017〕196号　2017.12.07

各省、自治区、直辖市、新疆生产建设兵团交通运输厅(局、委)，部属各单位，部内各司局：

现将《公路水运基本建设项目内部审计管理办法》印发给你们，请遵照执行。

公路水运基本建设项目内部审计管理办法

第一章　总　　则

第一条　为规范公路水运基本建设项目审计监督工作，保障建设资金合法合规使用，提高资金使用效益，促进基本建设项目管理，根据《中华人民共和国审计法》和《基本建设财务规则》等有关法律法规，结合交通运输实际，制定本办法。

第二条　本办法适用于交通运输部及所属行政和企事业单位的基本建设项目内部审计，地方各级交通运输主管部门及所属行政和企事业单位的公路、水运基本建设项目内部审计。

第三条　本办法所称基本建设项目，是指以新增工程效益或者扩大生产能力为主要目的的新建、续建、改扩建、迁建和大型维修改造工程。

第四条　本办法所称基本建设项目内部审计，是指各级交通运输主管部门及所属行政和企事业单位（以下简称交通运输单位）履行内部审计职责的机构（以下简称内审机构）依据国家有关法律法规，对基本建设项目组织开展审计监督的行为。

第五条　内审机构负责基本建设项目审计组织实施，可自行组织实施，也可根据工作需要委托社会审计机构实施。

委托社会审计机构实施，应按照《中华人民共和国政府采购法》《中华人民共和国政府采购法实施条例》等有关法律法规选择社会审计机构。

第六条　基本建设项目内部审计包括竣工决算审计、跟踪审计以及专项审计。

本办法所称竣工决算审计是指基本建设项目竣工验收前，对竣工决算的真实性、合规性进行的审计；跟踪审计是指对基本建设项目从开工建设到竣工验收全过程进行监督和评价的审计；专项审计是指对基本建设项目建设过程中的某一环节或某一事项进行的审计。

基本建设项目应依法开展竣工决算审计，根据管理需要，可开展跟踪审计、专项审计。

第七条 被审计单位应配合基本建设项目审计工作，提供审计所需的纸质及电子资料，并对所提供资料的真实性和完整性负责，同时提供必要的审计工作条件。

第八条 基本建设项目内部审计经费纳入交通运输单位年度预算，按规定使用管理。

第二章 职责分工

第九条 交通运输单位按照行政管理关系和职责分级负责基本建设项目内部审计工作。基本建设项目建设单位是本单位基本建设项目内部审计的责任主体。

基本建设项目内部审计工作应接受审计机关、上级单位或主管部门的业务指导和监督。

第十条 基本建设项目审计实行计划管理。内审机构应根据基本建设项目预算（投资计划）、工期安排、投资规模等情况，制定年度审计计划。审计计划可以根据实际情况进行调整。

审计计划应与审计机关、上级单位或主管部门的审计安排相衔接，避免重复审计。

第三章 审计内容

第十一条 审计内容按照财务管理与业务管理两个部分划分。内审机构实施审计时，根据管理需要和审计类型确定审计具体内容。

第十二条 财务管理审计主要内容：

（一）基本建设项目（建设单位）内部控制制度是否建立健全，是否得到有效执行，是否满足建设管理要求，是否有利于质量、造价、进度、环保、安全控制。

财务管理机构设置及人员配备是否符合规定，职责权限是否明晰。财务制度是否建立健全并有效执行。科目设置、会计核算是否符合相关财务规定。

（二）资金来源是否合法合规，是否按计划及时到位，能否满足项目建设进度需要。资金管理、使用是否符合财务规定，结余财政资金是否按规定上缴。

（三）前期工作经费、征地拆迁工作经费使用是否真实合理合法。征地拆迁及安置补偿资金是否按规定专项核算，及时拨付。

（四）预付工程款是否按合同约定支付和扣回。保证金预留是否符合有关规定，是否符合合同约定。保证金预留比例和金额计算是否准确，使用和退回是否合法合规。

（五）工程价款结算（决算）是否真实、准确、合法，是否严格执行合同约定的计价规定、结算方式和时间。预备费的使用是否规范。

（六）是否按照国家规定及时、足额计提和缴纳税费。

（七）项目建设管理费支出是否合法合规，手续是否完备。

（八）财务费用支出是否真实合法合规，贷款形成的资本化利息计算是否合理准确。

（九）形成资产是否全面、准确，是否及时入账并账实相符。资产分类是否满足相关要求。资产计价、使用和处置是否符合规定。

（十）竣工财务决算编报是否及时，报表数据是否完整、准确。成本是否严格按照概算口径及有关财务制度正确归集。

（十一）基本建设项目建设全过程资金筹集、使用及核算是否规范、有效。基本建设项目投入运营效果，是否达到设定的绩效目标。

（十二）其他需要审计的内容。

第十三条 业务管理审计的主要内容：

（一）基本建设项目立项、可行性研究、初步设计、施工图设计、用地（用海）、环保、施工及消防等事项是否经有关部门审查批准或备案。

（二）征地拆迁范围是否合规，补偿标准是否合法合规，补偿金额计算是否准确。委托地方政府承担征地拆迁工作的，是否签订协议并有效执行。

（三）勘察、设计、咨询、招标代理、施工、监理、材料及设备采购等事项是否按规定签订合同，合同形式是否符合要求，内容是否完备。合同是否得到全面履行。价格、质量、进度等是否符合合同条款规定。有无转包或违法分包行为。

（四）依法需进行招标的勘察、设计、咨询、招标代理、施工、监理、材料及设备采购等事项是否进行了招标投标，招标投标程序是否合法合规。涉及政府采购事项是否按规定程序组织采购。有无规避招标投标和政府采购的行为。

（五）材料、设备等是否按设计要求和合同规定进行采购，验收、保管、使用、维护和结余处理等是否合规、有效。

（六）工程计量是否真实合理。工程价款支付是否严格按合同条款办理，有无超计量支付。工程结算手续是否齐全。

（七）项目原合同外新增工程是否合规。

（八）材料价格调整是否符合规定和合同约定，是否履行相关程序。调整材料数量、价格是否准确。

（九）是否按照批准的概（预）算内容实施，有无超标准、超规模、超概（预）算建设现象。概算调整是否履行规定程序。

（十）工程质量是否验收合格。有无因设计失误、监理履职不到位、施工管理控制不严等造成损失浪费、进度滞后、质量隐患等问题。工程进度是否按计划完成。

（十一）设计变更、建设内容变更等事项，变更理由是否真实合理，变更内容是否符合相关要求，是否履行规定程序。

（十二）尾工工程内容是否真实，依据是否充分，是否控制在概算规定的范围内，是否按照规定办理相关手续。

（十三）档案管理是否合法合规。

（十四）其他需要审计的内容。

第四章　审计结果和整改

第十四条　基本建设项目审计完结，由内审机构自行实施的审计，所在单位应出具书面审计报告或下达审计决定；委托社会审计机构实施的审计，由社会审计机构或内审机构所在单位出具书面审计报告，内审机构所在单位可下达审计决定。

被审计单位对审计报告或审计决定有异议，可在规定时间内向内审机构所在单位申请审计复核。

第十五条　被审计单位应在审计报告或审计决定规定时间内完成审计揭示问题的整改工作，按时报送整改情况。审计报告或审计决定揭示的重大问题，内审机构应对整改情况进行核查。

第五章　罚　　则

第十六条　交通运输单位未按本办法规定履行审计职责的，其上一级单位或主管部门可以通过约谈、通报等方式责成其改正。

内审机构审计人员滥用职权、徇私舞弊、玩忽职守、泄露秘密的，由所在单位依照有关规定予以处理；构成犯罪的，移交司法机关追究刑事责任。

第十七条　被审计单位不配合审计工作、拒绝审计或者提供资料、提供虚假资料、拒不执行审计结论或者报复陷害审计人员的，被审计单位主要负责人或者有关部门应当及时予以处理，构成犯罪的，移交司法机关追究刑事责任。拒不处理的，内审机构所在单位或被审计单位上级单位可以采取约谈被审计单位领导、通报等形式责成被审计单位改正。

第十八条 发现被审计单位或个人存在重大违法违规问题，内审机构应及时报告本单位主要负责人;按规定需要移送的事项，应及时向有关部门移送,由有关部门依法依规处理。

第十九条 基本建设项目勘察、设计、施工、监理、材料及设备供应、咨询等参建单位,不配合审计工作、拒绝提供资料、提供虚假资料的,内审机构所在单位应将有关情况书面报告交通运输主管部门。交通运输主管部门应对报告内容予以核实,情况属实的,依法依规处理。

第二十条 社会审计机构出具的审计报告违反法律法规或者审计人员违反执业准则的,委托审计单位应将问题移送有关主管机关依法处理,并将有关情况报告交通运输主管部门。交通运输主管部门应以适当方式在一定范围内通报情况。

第六章 附 则

第二十一条 其他单位的公路、水运基本建设项目内部审计，可以参照本办法执行。

第二十二条 交通运输单位可结合实际制定本辖区、本单位实施细则。

第二十三条 本办法由交通运输部负责解释。

第二十四条 本办法自 2018 年 1 月 1 日起施行,有效期 5 年。《交通建设项目审计实施办法》(交审发〔2000〕64 号)同时废止。

交通运输行业质量提升行动实施方案

交科技发〔2017〕199 号　2017.12.12

为贯彻落实《中共中央　国务院关于开展质量提升行动的指导意见》(中发〔2017〕24 号,以下简称《意见》)精神,推动现代综合交通运输体系建设,深化交通运输行业供给侧结构性改革,推进交通强国、质量强国建设,现就开展交通运输行业质量提升行动提出如下实施方案:

一、总体要求

以习近平新时代中国特色社会主义思想为指导,深入贯彻党的十九大精神,认真落实《中共中央　国务院关于开展质量提升行动的指导意见》和国务院《质量发展纲要(2011—2020 年)》要求,以提高交通运输发展质量和效益为中心,深化质量发展改革,夯实质量发展基础,充分释放计量、标准、检验检测、认证认可效能,到 2020 年实现交通运输供给质量明显改善,工程、产品和服务质量全面提升,更好满足人民群众不断升级的交通运输需求,为建设交通强国、质量强国奠定坚实的基础。

二、重点任务

(一)大力推进工程、产品和服务质量提升。

1. 提升工程建设质量。

全面开展公路水运建设工程质量提升行动,坚持管理和技术的传承与创新,健全建设工程质量安全管理体系,深化现代工程管理,强化工程全寿命周期设计、标准化设计和人性化设计,鼓励构件设计标准化和通用化,提升工程安全保障水平和绿色环保水平,推动工程建设协调发展和转型升级,努力打造品质工程。全面落实工程建设各方质量责任,深化建设单位首要责任和勘察、设计、施工、监理单位主体责任。开展“平安工地”建设，进一步强化施工现场风险管理和隐患排查治理，大力推进施工现场安全生产标准化建设。推进高速公路、水运工程施工标准化活动，指导各地建立施工标准化长效机制，积极推广施工标准化技术指南、图册等成果，提升公路水运工程建设质量水平。加强综合交通枢纽场站的集约化建设，实现各种运输方式场站设施“无缝衔接”。推行“智慧工地”建设，积极推广工艺监测、安全预警、隐蔽工程数据采集、远程视频监控等技术在施工管理中的集成应用，提升工程管理信息化水平。（规划司、公路局、水运局、安质司等按职责分工）

2. 推动重点产品质量升级。

深入推进运输装备标准化工程，提升货物多式联运换装设备、运载单元和装卸机械标准化水平。推进道路货运车型标准化专项行动，推动营运货车厢式化、轻量化、清洁化发展。推进内河运输船型标准化工作，完善过闸船舶主尺度系列标准，大力发展江海直达船舶。坚持技术创新、工艺改进，推动交通运输工程材料、运输装备、安全应急设备等重点产品质量提升。推广应用城市轨道交通自主化全自动运行系统，鼓励全自动集装箱码头系统建设，提升交通运输产品智能化水平。（水运局、运输服务司、科技司、海事局等按职责分工）

3. 促进运输服务提质增效。

加强运输安全保障能力建设，推进铁路、公路、水路、民航等多式联运发展，以多式联运示范工程为依托，推动运输服务设施改善，组织模式创新，服务规则制定，提升服务质量。加强交通运输物流标准化建设，推进国家交通运输物流公共信息平台建设，服务物流业“降本增效”。充分发挥交通运输在冷链物流中的基础性作用，提升设施设备技术水平，健全全程温控体系，优化运输组织模式，强化企业运营监管，完善冷链物流服务体系，提升冷链物流服务品质。全面推进甩挂运输、城乡配送集约高效发展，鼓励航运企业规模化、集约化、专业化经营，深入推进无车承运人和无船承运人发展。

推动旅客联程运输和重点水域客运联网售票，提高城际、城乡、城市客运服务质量。推进具备条件建制村通客车工作，完善农村客运网络体系。建立完善邮轮港口服务、客滚运输服务标准，进一步提升水路客运服务水平。（规划司、水运局、运输服务司、科技司等按职责分工）

4. 提升国际化水平。

鼓励交通运输“走出去”，加强对外合作，参与海外交通基础设施建设与运营。按照“互利互通、便利畅行”要求，深化与“一带一路”沿线国家对口部门交流合作，优先推进重点通道项目建设，畅通国际运输走廊。加大参与交通运输领域国际组织事务力度，努力提升在制定相关规则和标准中的话语权。积极主导和参与制定国际标准，帮助“一带一路”沿线国家制定属地化标准，组织重要公路水运工程技术标准规范外文版翻译，推广使用中国标准。（规划司、公路局、水运局、运输服务司、科技司、国际司、海事局等按职责分工）

（二）全面深化质量发展改革。

5. 完善质量发展政策和制度。

完善交通运输质量发展政策制度体系，制定交通运输标准化管理办法，修订交通运输行业重点监督管理产品目录和交通运输产品质量行业监督抽查管理办法。贯彻落实公路水运工程建设质量监督规定，强化公路水运工程试验检测管理办法实施，提高公路水运工程检测技术水平和检测数据质量。健全检验检测认证采信机制，研究建立严重危及公路水运工程和交通运输安全生产的工艺、设备和材料淘汰目录管理制度。顺应中央科技改革要求，创新科技管理模式，建立实施科技项目清单管理机制，建立重大科技创新成果库，引导全行业科技资源开展协同创新。推动科技成果转化，完善交通运输科技成果推广目录，引导新产品、新技术的推广应用。（科技司、运输服务司、安质司等按职责分工）

6. 加强全面质量管理。

深化“放管服”改革，强化事中事后监管，维护市场秩序。督促企业严格落实工程质量终身责任制,加强监督检查,完善守信联合激励和失信联合惩治机制,保障工程建设和运输安全。加强工程项目过程精益化质量控制,严格执行检测程序,加强设计符合性核查,强化质量形成全过程闭环可追溯。推行"双随机、一公开"的监管方式,加强重点产品质量监督抽查,形成质量监管长效机制。充分运用大数据、云计算等现代信息技术,创新监管方式,突出抓好运输服务安全稳控综合治理,依法开展国际集装箱班轮和无船承运人运价备案管理工作,推进国际海运业及其辅助业行政许可网上办理。大力推进智慧海事、智慧港口建设,整合应用海事、水运信息资源,增强海事跨区域业务协同和行业联合监管。(水运局、运输服务司、安质司、科技司、海事局等按职责分工)

7. 实施交通运输"品牌战略"。

发挥工程建设、运输服务和科技成果推广等品牌的引领作用,建设一批交通运输质量品牌示范工程。努力打造公路水运品质工程,制定公路水运品质工程评价办法,引导行业积极参与创建,充分发挥示范引领作用,形成可复制、可推广成果。深入开展公交都市品牌建设,重点支持地市级以上城市全面推进公交都市创建工作,进一步提升公交引领城市发展的能力。深入推进城乡交通一体化示范县创建工作,切实为人民群众生产生活提供运输便利。持续实施科技示范工程,推广应用先进适用可靠的科技成果,为工程建设和运输服务等提供有力支撑。(运输服务司、安质司、科技司等按职责分工)

(三)着力夯实质量发展基础。

8. 加强标准有效供给。

完善交通运输技术标准体系。以货物多式联运、旅客联程运输、综合交通枢纽和综合运输通道建设等方面为重点,加快制定综合交通运输标准,强化各种运输方式标准协调衔接。完善公路工程、水运工程建设标准体系,研究健全危险货物运输、冷链运输等专业标准体系,深入开展智能驾驶和车路协同等新领域技术标准研究。加快推进安全应急、工程建设与养护、运输服务、信息化、节能环保等重点领域标准制修订工作。加强专业标准化技术委员会管理,优化专业方向设置,推动建立水路运输标准化技术委员会。推进标准实施效果评估工作,优化实施信息反馈和评估机制,及时开展标准复审和维护更新。(公路局、水运局、科技司等按职责分工负责,部内有关司局配合)

9. 加快标准提档升级。

构建交通运输军民通用标准体系,推动军民标准通用化建设,建立标准化军民融合长效机制。发挥社会中介机构、产业技术联盟的作用,推进团体标准建设,积极开展团体标准试点工作。开展重点标准国内外对比研究,加快转化先进适用国际标准,提升国内外标准一致性程度,推动疏浚装备、集装箱、智能运输系统等领域优势、特色技术标准成为国际标准。鼓励和引领企业制定高于国家标准、行业标准的企业标准,提升企业竞争力。(科技司、规划司等按职责分工)

10. 提升计量基础能力。

研究构建交通运输计量体系,完善交通运输试验检测仪器设备计量管理目录,推进重要计量检定规程的研究制定。重点支持道路与桥梁、水运工程、船舶舱容积、城市交通能源等领域计量检定新设备、新技术的研发应用,系统开展动态测量、远程测试、无损检测、多参数集成测试等量传溯源方法研究。构建交通运输计量检定服务网络,完善计量检定机构实验室设施和模拟实验条件。鼓励采用信息化技术提高计量检定服务质量和效率,推动计量检定校准数据共享平台建设。(科技司)

11. 提升检验检测服务能力。

稳步推进检验检测机构整合,立足行业实际,科学确定功能定位,优化布局结构,转变发展方式,创新经营服务模式,逐步发展为具有较强综合能力的第三方服务机构。加强检验检测机构等级管理和能力建设,规范检验检测机构行为,开展信用评价、严厉打击出具虚假报告等行动,提升检验检测机构服务质量。(政研室、财审司、人教司、安质司、科技司等按职责分工)

12. 完善产品和服务认证制度。

加强交通运输领域市场自愿性产品认证,逐步提高自愿性产品认证在工程设计、招投标等活动中的采信度。加快重点产品认证规则的制定,拓展产品认证范围,开展节能减排产品等认证工作。探索服务认证方法及模式。引导行业认证机构向规模化方向发展,提升认证机构服务质量。(科技司)

三、保障要求

(一)加强组织领导。

各部门、各单位要加强对交通运输质量工作的领导,健全质量工作体制机制,加强对质量发展的统筹规划,认真落实质量工作责任,强化各项任务的监督落实。创新质量治理模式,推进质量全民共治。

(二)强化基本保障。

加强交通运输质量人才培训教育,深入开展交通运输计量、标准、检验检测、认证认可专家型人才和国际化人才的培养。强化质量管理和队伍能力建设,加强与国内外质量管理先进机构交流合作,保障稳定的经费投入。

(三)加强宣传动员。

加强质量文化建设,积极宣传交通运输行业质量提升行动的政策举措,依托"质量月"等活动开展政策宣传和解读,引导交通运输从业者积极参与。加强交通运输行业重大品质工程的宣传报道,充分利用传统媒体和"两微一端"等新媒体,讲好交通运输行业质量提升的故事,强化质量意识。大力弘扬"工匠精神",倡导"质量第一"的价值导向,积极推选宣传先进典型,营造质量提升的良好氛围。

部管理的国家局要认真落实《意见》精神,参照本方案制定本领域质量提升具体措施,抓好任务落实。

铁路、民航与邮政管理

交通运输部关于修改《小型航空器商业运输运营人运行合格审定规则》的决定

交通运输部令 2017 年第 2 号　2017.01.23

（正文略）

公共航空旅客运输飞行中安全保卫工作规则

交通运输部令2017年第3号　2017.02.07

（正文略）

《外商投资民用航空业规定》的补充规定(六)

交通运输部令2017年第6号　2017.04.01

(正文略)

民航企业安全保障财务考核办法

交通运输部令2017年第7号　2017.03.27

（正文略）

交通运输部关于修改《正常类旋翼航空器适航规定》的决定

交通运输部令 2017 年第 10 号　2017.04.01

(正文略)

交通运输部关于修改《运输类旋翼航空器适航规定》的决定

交通运输部令2017年第11号　2017.04.01

（正文略）

交通运输部关于修改《民用机场专用设备管理规定》的决定

交通运输部令2017年第12号　2017.04.01

（正文略）

交通运输部关于修改《民用航空人员体检合格证管理规则》的决定

交通运输部令2017年第13号　2017.04.24

（正文略）

民用航空产品和零部件合格审定规定

交通运输部令 2017 年第 23 号　2017.05.24

（正文略）

定期国际航空运输管理规定

交通运输部令2017年第24号　2017.05.26

（正文略）

民用航空适航委任代表和委任单位代表管理规定

交通运输部令2017年第26号　2017.08.01

（正文略）

大型飞机公共航空运输承运人运行合格审定规则

交通运输部令2017年第29号　2017.09.29

（正文略）

民用航空空中交通管理规则

交通运输部令2017年第30号　2017.09.29

（正文略）

交通运输部关于修改《铁路运输企业准入许可办法》的决定

交通运输部令2017年第31号　2017.09.29

交通运输部决定对《铁路运输企业准入许可办法》(交通运输部令2014年第19号)作如下修改：

一、将第六条第(二)项修改为"拥有符合国家标准、行业标准以及满足运输规模需要数量的机车车辆的所有权或者使用权"。

二、将第八条修改为："拥有铁路基础设施所有权的企业采取委托经营方式的，受托企业应当取得铁路运输许可证。"

本决定自2017年9月29日起施行。

《铁路运输企业准入许可办法》根据本决定作相应修正，重新发布。

铁路运输企业准入许可办法

(2014年12月8日交通运输部发布,根据2017年9月29日《交通运输部关于修改〈铁路运输企业准入许可办法〉的决定》修正)

第一章　总　　则

第一条　为维护社会资本投资建设经营铁路的合法权益,规范铁路运输市场秩序,保障公众生命财产安全,依据《中华人民共和国行政许可法》《铁路安全管理条例》等法律、行政法规和国家有关规定,制定本办法。

第二条　在中华人民共和国境内依法登记注册的企业法人,从事铁路旅客、货物公共运输营业的,应当向国家铁路局提出申请,经审查合格取得铁路运输许可证。

涉及地方铁路运营事项的,国家铁路局应当邀请申请企业所在地省、自治区、直辖市人民政府有关部门参与审查。

第三条　本办法所称铁路运输许可的范围分别为高速铁路旅客运输、城际铁路旅客运输、普通铁路旅客运输、铁路货物运输。

第四条　拥有铁路基础设施所有权的企业,有权自主决定铁路运输经营方式,包括独立、合作、委托以及其他合法经营方式。

第五条　铁路运输企业应当落实安全生产主体责任,承担铁路公益性运输义务。鼓励铁路运输企业之间开放合作,公平竞争,共同维护运输市场秩序,保障铁路网畅通和铁路运输安全。

第二章　许 可 条 件

第六条　申请企业应当具备下列条件:

（一）拥有符合规划和国家标准的铁路基础设施的所有权或者使用权；

（二）拥有符合国家标准、行业标准以及满足运输规模需要数量的机车车辆的所有权或者使用权；

（三）生产作业和管理人员符合铁路运输岗位标准、具备相应从业资格，且其数量满足运输规模需要；

（四）具有符合法律法规规定的安全生产管理机构或者安全管理人员，以及安全生产管理制度和应急预案；

（五）具有铁路运输相关的组织管理办法、服务质量标准、生产作业规范；

（六）法律法规和规章规定的其他条件。

第七条 拟从事高速铁路旅客运输的申请企业，铁路运输相关业务的负责人应当具有铁路运输管理工作 10 年以上经历，专业技术管理的负责人应当具有铁路运输本专业工作 8 年以上经历。

拟从事城际铁路旅客运输和普通铁路旅客运输的申请企业，铁路运输相关业务的负责人应当具有铁路运输管理工作 8 年以上经历，专业技术管理的负责人应当具有铁路运输本专业工作 5 年以上经历。

拟从事铁路货物运输的申请企业，铁路运输相关业务的负责人应当具有铁路运输管理工作 5 年以上经历，专业技术管理的负责人应当具有铁路运输本专业工作 3 年以上经历。办理危险货物或者特种货物运输的，相关设备设施应当符合相应货物运输的安全要求，相关生产作业和管理人员应当符合相应岗位标准和岗位培训要求。

在最近 2 年内因生产安全事故受到行政处分的，不得担任铁路运输相关业务的负责人和专业技术管理的负责人。

第八条 拥有铁路基础设施所有权的企业采取委托经营方式的，受托企业应当取得铁路运输许可证。

第三章　许可程序

第九条　申请企业应当按照本办法第三条、第六条、第七条、第八条规定的许可范围和许可条件提出申请。一次申请多项许可范围的，可以合并申请。

第十条　申请企业应当提交以下材料，并对材料的真实性、有效性和合法性负责：

（一）国家铁路局行政许可申请书；

（二）企业法人营业执照副本及复印件；

（三）申请企业基本情况；

（四）企业法定代表人的身份证明及履历表；

（五）铁路运输相关业务的负责人、专业技术管理的负责人的身份证明及履历表；

（六）主要生产作业人员的配备情况、资格情况；

（七）安全生产管理机构设置情况、安全生产管理人员配备情况、安全生产管理制度和应急预案情况；

（八）铁路运输相关的组织管理办法、服务质量标准、生产作业规范情况；

（九）铁路建设项目立项的批准（核准、备案）文件、铁路竣工验收（初步验收）和运营安全评估合格的报告复印件；

（十）机车车辆数量满足运输规模需要的测算依据；

（十一）相关所有权、使用权以及合作协议等证明材料；

（十二）法律法规和规章规定的其他材料。

国家铁路局应当明确铁路运输许可申请材料的具体要求，并提供相应的文本格式。

第十一条　国家铁路局对申请企业提出的行政许可申请，应当根据下列情况分别作出处理：

（一）申请材料存在可以当场更正的错误的，应当允许申请企业当场更正；

（二）申请材料不齐全或者不符合法定形式的，应当当场或者自收到申请材料之日起5个工作日内一次告知申请企业需要补正的全部内容，逾期不告知的，自收到申请材料之日起即为受理；

（三）申请材料齐全、符合法定形式，或者申请企业按照要求提交全部补正申请材料的，应当受理行政许可申请。

受理或者不予受理行政许可申请，应当出具加盖国家铁路局行政许可专用章和注明日期的书面凭证。

第十二条 国家铁路局应当审查申请企业提交的材料，必要时对申请企业进行实地核查及组织鉴定、专家评审。

审查合格的，作出准予行政许可的书面决定；审查不合格的，作出不予行政许可的书面决定，说明理由并告知申请企业享有依法申请行政复议或者提起行政诉讼的权利。

第十三条 国家铁路局自受理申请之日起20个工作日内作出行政许可决定。20个工作日内不能作出决定的，经国家铁路局负责人批准，可以延长10个工作日，并将延长期限的理由告知申请企业。组织鉴定、专家评审所需时间不计算在上述期限之内。

作出准予行政许可决定的，应当自作出决定之日起10个工作日内向申请企业颁发铁路运输许可证。

第十四条 铁路运输许可证应当载明被许可企业名称、住所、证书编号、许可范围、发证日期、有效起始日期、有效期等内容。

第十五条 铁路运输许可证有效期为20年，被许可企业应当于有效期届满前60日，向国家铁路局提出延续申请。

申请材料包括国家铁路局行政许可申请书、近3年许可条件保持情况的报告。

国家铁路局应当根据被许可企业的申请，在铁路运输许可证有效期届满前作出是否准予延续的决定；逾期未做决定的，视为准予延续。

第十六条 被许可企业的名称、住所发生变化的，被许可企业应当于变化事项发生后20个工作日内，向国家铁路局提出变更申请。

申请材料包括国家铁路局行政许可申请书、变更事项说明、新的企业法人营业执照副本及复印件。

第十七条　被许可企业合并、分立或者变更经营方式、许可范围，导致许可条件发生重大变化的，应当于相关法律文书生效之日起20个工作日内向国家铁路局重新申请许可。

企业合并、分立的，申请材料除本办法第十条规定的材料外，还应当提交企业合并、分立的协议复印件或者有关批准文件复印件。

第十八条　被许可企业应当自取得铁路运输许可之日起1年内开展相应的铁路运输营业，并于开业后20个工作日内书面告知国家铁路局。因特殊情况需延期开业的，应当向国家铁路局提出书面说明，经同意可延期1年。

被许可企业在取得铁路运输许可证1年内未开业且未延期，或者延期期限内仍未开业的，已取得的铁路运输许可证自动失效。

第十九条　被许可企业应当按照许可范围开展铁路运输营业，并保证其运输条件持续符合许可条件。

第二十条　被许可企业未经国家铁路局批准，不得擅自停业、歇业。

被许可企业因特殊情况需停业、歇业的，应当提前90日向国家铁路局提出书面申请，并提前60日向社会公告，按有关规定妥善处理相关运输业务。

第二十一条　铁路运输许可证遗失、损毁或者灭失的，被许可企业应当及时在公共媒体上发布公告、声明作废，并向国家铁路局申请补办许可证。

申请材料包括国家铁路局行政许可申请书、公共媒体上发布公告的证明、企业法人营业执照副本及复印件。

第四章　监督管理

第二十二条　国家铁路局依据职责和权限，依法对被许可企业从事许可事项活动情况、许可条件保持情况以及遵守铁路行业管理相关规定等实施监督检查,受理相关投诉举报,查处违法违规行为。

国家铁路局实施许可监督检查,不得妨碍被许可企业正常的生产活动,不得谋取非法利益,不得泄露被许可企业的商业秘密。

被许可企业应当接受和配合监督检查,提供有关资料,不得隐瞒情况或者提供虚假情况。

第二十三条 监督检查可以采取下列措施:

(一)进入被许可企业有关部门、生产营业场所;

(二)询问被许可企业有关工作人员,要求其对检查事项作出说明;

(三)查阅、复制有关文件、资料;

(四)纠正违反法律、法规、规章及有关标准、规范的行为。

第二十四条 被许可企业应当于每年 3 月 31 日前,将上一年度企业运输年度报告报国家铁路局备案。运输年度报告备案内容主要包括本企业运输业务及公益性运输完成情况、运输安全状况及其他许可条件保持情况等。

第二十五条 被许可企业不得涂改、倒卖、出租、出借或者以其他形式非法转让铁路运输许可证。

第二十六条 申请企业隐瞒有关情况或者提供虚假材料申请铁路运输许可的,国家铁路局不予受理或者不予许可,并给予警告,申请企业在 1 年内不得再次申请铁路运输许可。

第二十七条 铁路运输许可的撤销、注销,由国家铁路局按照法律、行政法规的规定办理。

被许可企业以欺骗、贿赂等不正当手段取得行政许可的,应当予以撤销,申请企业在 3 年内不得再次申请铁路运输许可。

第二十八条 国家铁路局工作人员办理行政许可、实施监督检查过程中滥用职权、玩忽职守、徇私舞弊、收受贿赂,构成犯罪的,依法追究刑事责任;尚不构成犯罪的,依法给予行政处分。

第二十九条 被许可企业违反法律法规和本办法规定的,国家铁路局应当责令限期改正,依法给予行政处罚;构成犯罪的,依法追究刑事责任。

第五章　附　　则

第三十条　本办法中下列用语的含义:

(一)铁路基础设施是指场站设施、线桥隧涵、牵引供电、通信信号、信息系统等铁路设备设施的总称;

(二)铁路运输相关业务、专业,包括安全管理、调度指挥、行车组织、客运组织、货运组织,机车、车辆、线桥隧涵、牵引供电、通信信号、信息系统的运用以及维修养护。

第三十一条　本办法自 2015 年 1 月 1 日起施行。在本办法施行前已经审批设立并开展运输经营的铁路企业,参照本办法执行。中国铁路总公司及所属企业按照《国务院关于组建中国铁路总公司有关问题的批复》(国函〔2013〕47 号)的规定执行。

航空器型号和适航合格审定噪声规定

交通运输部令2017年第33号　2017.12.12

（正文略）

国内投资民用航空业规定

交通运输部令2017年第34号　2017.12.18

（正文略）

外国公共航空运输承运人运行合格审定规则

交通运输部令2017年第35号　2017.12.18

（正文略）

其　　他

中华人民共和国民法总则

中华人民共和国主席令(第六十六号)　2017.03.15

第一章　基 本 规 定

第一条　为了保护民事主体的合法权益,调整民事关系,维护社会和经济秩序,适应中国特色社会主义发展要求,弘扬社会主义核心价值观,根据宪法,制定本法。

第二条　民法调整平等主体的自然人、法人和非法人组织之间的人身关系和财产关系。

第三条　民事主体的人身权利、财产权利以及其他合法权益受法律保护,任何组织或者个人不得侵犯。

第四条　民事主体在民事活动中的法律地位一律平等。

第五条　民事主体从事民事活动,应当遵循自愿原则,按照自己的意思设立、变更、终止民事法律关系。

第六条　民事主体从事民事活动,应当遵循公平原则,合理确定各方的权利和义务。

第七条　民事主体从事民事活动,应当遵循诚信原则,秉持诚实,恪守承诺。

第八条　民事主体从事民事活动,不得违反法律,不得违背公序良俗。

第九条　民事主体从事民事活动,应当有利于节约资源、保护生态环境。

第十条　处理民事纠纷,应当依照法律;法律没有规定的,可以适用习惯,但是不得违背公序良俗。

第十一条 其他法律对民事关系有特别规定的,依照其规定。

第十二条 中华人民共和国领域内的民事活动,适用中华人民共和国法律。法律另有规定的,依照其规定。

第二章 自 然 人

第一节 民事权利能力和民事行为能力

第十三条 自然人从出生时起到死亡时止,具有民事权利能力,依法享有民事权利,承担民事义务。

第十四条 自然人的民事权利能力一律平等。

第十五条 自然人的出生时间和死亡时间,以出生证明、死亡证明记载的时间为准;没有出生证明、死亡证明的,以户籍登记或者其他有效身份登记记载的时间为准。有其他证据足以推翻以上记载时间的,以该证据证明的时间为准。

第十六条 涉及遗产继承、接受赠予等胎儿利益保护的,胎儿视为具有民事权利能力。但是胎儿娩出时为死体的,其民事权利能力自始不存在。

第十七条 十八周岁以上的自然人为成年人。不满十八周岁的自然人为未成年人。

第十八条 成年人为完全民事行为能力人,可以独立实施民事法律行为。

十六周岁以上的未成年人,以自己的劳动收入为主要生活来源的,视为完全民事行为能力人。

第十九条 八周岁以上的未成年人为限制民事行为能力人,实施民事法律行为由其法定代理人代理或者经其法定代理人同意、追认,但是可以独立实施纯获利益的民事法律行为或者与其年龄、智力相适应的民事法律行为。

第二十条 不满八周岁的未成年人为无民事行为能力人,由其法定代理人代理实施民事法律行为。

第二十一条　不能辨认自己行为的成年人为无民事行为能力人，由其法定代理人代理实施民事法律行为。

八周岁以上的未成年人不能辨认自己行为的，适用前款规定。

第二十二条　不能完全辨认自己行为的成年人为限制民事行为能力人，实施民事法律行为由其法定代理人代理或者经其法定代理人同意、追认，但是可以独立实施纯获利益的民事法律行为或者与其智力、精神健康状况相适应的民事法律行为。

第二十三条　无民事行为能力人、限制民事行为能力人的监护人是其法定代理人。

第二十四条　不能辨认或者不能完全辨认自己行为的成年人，其利害关系人或者有关组织，可以向人民法院申请认定该成年人为无民事行为能力人或者限制民事行为能力人。

被人民法院认定为无民事行为能力人或者限制民事行为能力人的，经本人、利害关系人或者有关组织申请，人民法院可以根据其智力、精神健康恢复的状况，认定该成年人恢复为限制民事行为能力人或者完全民事行为能力人。

本条规定的有关组织包括：居民委员会、村民委员会、学校、医疗机构、妇女联合会、残疾人联合会、依法设立的老年人组织、民政部门等。

第二十五条　自然人以户籍登记或者其他有效身份登记记载的居所为住所；经常居所与住所不一致的，经常居所视为住所。

第二节　监　　护

第二十六条　父母对未成年子女负有抚养、教育和保护的义务。

成年子女对父母负有赡养、扶助和保护的义务。

第二十七条　父母是未成年子女的监护人。

未成年人的父母已经死亡或者没有监护能力的，由下列有监护能力的人按顺序担任监护人：

（一）祖父母、外祖父母；

（二）兄、姐；

（三）其他愿意担任监护人的个人或者组织，但是须经未成年人住所地的居民委员会、村民委员会或者民政部门同意。

第二十八条 无民事行为能力或者限制民事行为能力的成年人，由下列有监护能力的人按顺序担任监护人：

（一）配偶；

（二）父母、子女；

（三）其他近亲属；

（四）其他愿意担任监护人的个人或者组织，但是须经被监护人住所地的居民委员会、村民委员会或者民政部门同意。

第二十九条 被监护人的父母担任监护人的，可以通过遗嘱指定监护人。

第三十条 依法具有监护资格的人之间可以协议确定监护人。协议确定监护人应当尊重被监护人的真实意愿。

第三十一条 对监护人的确定有争议的，由被监护人住所地的居民委员会、村民委员会或者民政部门指定监护人，有关当事人对指定不服的，可以向人民法院申请指定监护人；有关当事人也可以直接向人民法院申请指定监护人。

居民委员会、村民委员会、民政部门或者人民法院应当尊重被监护人的真实意愿，按照最有利于被监护人的原则在依法具有监护资格的人中指定监护人。

依照本条第一款规定指定监护人前，被监护人的人身权利、财产权利以及其他合法权益处于无人保护状态的，由被监护人住所地的居民委员会、村民委员会、法律规定的有关组织或者民政部门担任临时监护人。

监护人被指定后，不得擅自变更；擅自变更的，不免除被指定的监护人的责任。

第三十二条 没有依法具有监护资格的人的，监护人由民政部门担任，也可以由具备履行监护职责条件的被监护人住所地的居民委员会、村民委员会担任。

第三十三条　具有完全民事行为能力的成年人,可以与其近亲属、其他愿意担任监护人的个人或者组织事先协商,以书面形式确定自己的监护人。协商确定的监护人在该成年人丧失或者部分丧失民事行为能力时,履行监护职责。

第三十四条　监护人的职责是代理被监护人实施民事法律行为,保护被监护人的人身权利、财产权利以及其他合法权益等。

监护人依法履行监护职责产生的权利,受法律保护。

监护人不履行监护职责或者侵害被监护人合法权益的,应当承担法律责任。

第三十五条　监护人应当按照最有利于被监护人的原则履行监护职责。监护人除为维护被监护人利益外,不得处分被监护人的财产。

未成年人的监护人履行监护职责,在作出与被监护人利益有关的决定时,应当根据被监护人的年龄和智力状况,尊重被监护人的真实意愿。

成年人的监护人履行监护职责,应当最大程度地尊重被监护人的真实意愿,保障并协助被监护人实施与其智力、精神健康状况相适应的民事法律行为。对被监护人有能力独立处理的事务,监护人不得干涉。

第三十六条　监护人有下列情形之一的,人民法院根据有关个人或者组织的申请,撤销其监护人资格,安排必要的临时监护措施,并按照最有利于被监护人的原则依法指定监护人:

(一)实施严重损害被监护人身心健康行为的;

(二)怠于履行监护职责,或者无法履行监护职责并且拒绝将监护职责部分或者全部委托给他人,导致被监护人处于危困状态的;

(三)实施严重侵害被监护人合法权益的其他行为的。

本条规定的有关个人和组织包括:其他依法具有监护资格的人,居民委员会、村民委员会、学校、医疗机构、妇女联合会、残疾人联合会、未成年人保护组织、依法设立的老年人组织、民政部门等。

前款规定的个人和民政部门以外的组织未及时向人民法院申请撤销监护人资格的，民政部门应当向人民法院申请。

第三十七条　依法负担被监护人抚养费、赡养费、扶养费的父母、子女、配偶等，被人民法院撤销监护人资格后，应当继续履行负担的义务。

第三十八条　被监护人的父母或者子女被人民法院撤销监护人资格后，除对被监护人实施故意犯罪的外，确有悔改表现的，经其申请，人民法院可以在尊重被监护人真实意愿的前提下，视情况恢复其监护人资格，人民法院指定的监护人与被监护人的监护关系同时终止。

第三十九条　有下列情形之一的，监护关系终止：

(一)被监护人取得或者恢复完全民事行为能力；

(二)监护人丧失监护能力；

(三)被监护人或者监护人死亡；

(四)人民法院认定监护关系终止的其他情形。

监护关系终止后，被监护人仍然需要监护的，应当依法另行确定监护人。

第三节　宣告失踪和宣告死亡

第四十条　自然人下落不明满二年的，利害关系人可以向人民法院申请宣告该自然人为失踪人。

第四十一条　自然人下落不明的时间从其失去音讯之日起计算。战争期间下落不明的，下落不明的时间自战争结束之日或者有关机关确定的下落不明之日起计算。

第四十二条　失踪人的财产由其配偶、成年子女、父母或者其他愿意担任财产代管人的人代管。

代管有争议，没有前款规定的人，或者前款规定的人无代管能力的，由人民法院指定的人代管。

第四十三条　财产代管人应当妥善管理失踪人的财产，维护其财产权益。

失踪人所欠税款、债务和应付的其他费用，由财产代管人从失踪人的财产中支付。

财产代管人因故意或者重大过失造成失踪人财产损失的，应当承担赔偿责任。

第四十四条 财产代管人不履行代管职责、侵害失踪人财产权益或者丧失代管能力的，失踪人的利害关系人可以向人民法院申请变更财产代管人。

财产代管人有正当理由的，可以向人民法院申请变更财产代管人。

人民法院变更财产代管人的，变更后的财产代管人有权要求原财产代管人及时移交有关财产并报告财产代管情况。

第四十五条 失踪人重新出现，经本人或者利害关系人申请，人民法院应当撤销失踪宣告。

失踪人重新出现，有权要求财产代管人及时移交有关财产并报告财产代管情况。

第四十六条 自然人有下列情形之一的，利害关系人可以向人民法院申请宣告该自然人死亡：

（一）下落不明满四年；

（二）因意外事件，下落不明满二年。

因意外事件下落不明，经有关机关证明该自然人不可能生存的，申请宣告死亡不受二年时间的限制。

第四十七条 对同一自然人，有的利害关系人申请宣告死亡，有的利害关系人申请宣告失踪，符合本法规定的宣告死亡条件的，人民法院应当宣告死亡。

第四十八条 被宣告死亡的人，人民法院宣告死亡的判决作出之日视为其死亡的日期；因意外事件下落不明宣告死亡的，意外事件发生之日视为其死亡的日期。

第四十九条 自然人被宣告死亡但是并未死亡的，不影响该自然人在被宣告死亡期间实施的民事法律行为的效力。

第五十条 被宣告死亡的人重新出现，经本人或者利害关系人人申请，人民法院应当撤销死亡宣告。

第五十一条 被宣告死亡的人的婚姻关系，自死亡宣告之日起消灭。死亡宣告被撤销的，婚姻关系自撤销死亡宣告之日起自行恢复，但是其配偶再婚或者向婚姻登记机关书面声明不愿意恢复的除外。

第五十二条 被宣告死亡的人在被宣告死亡期间，其子女被他人依法收养的，在死亡宣告被撤销后，不得以未经本人同意为由主张收养关系无效。

第五十三条 被撤销死亡宣告的人有权请求依照继承法取得其财产的民事主体返还财产。无法返还的，应当给予适当补偿。

利害关系人隐瞒真实情况，致使他人被宣告死亡取得其财产的，除应当返还财产外，还应当对由此造成的损失承担赔偿责任。

第四节 个体工商户和农村承包经营户

第五十四条 自然人从事工商业经营，经依法登记，为个体工商户。个体工商户可以起字号。

第五十五条 农村集体经济组织的成员，依法取得农村土地承包经营权，从事家庭承包经营的，为农村承包经营户。

第五十六条 个体工商户的债务，个人经营的，以个人财产承担；家庭经营的，以家庭财产承担；无法区分的，以家庭财产承担。

农村承包经营户的债务，以从事农村土地承包经营的农户财产承担；事实上由农户部分成员经营的，以该部分成员的财产承担。

第三章 法 人

第一节 一般规定

第五十七条 法人是具有民事权利能力和民事行为能力，依法独立享有民事权利和承担民事义务的组织。

第五十八条　法人应当依法成立。

法人应当有自己的名称、组织机构、住所、财产或者经费。法人成立的具体条件和程序,依照法律、行政法规的规定。

设立法人,法律、行政法规规定须经有关机关批准的,依照其规定。

第五十九条　法人的民事权利能力和民事行为能力,从法人成立时产生,到法人终止时消灭。

第六十条　法人以其全部财产独立承担民事责任。

第六十一条　依照法律或者法人章程的规定,代表法人从事民事活动的负责人,为法人的法定代表人。

法定代表人以法人名义从事的民事活动,其法律后果由法人承受。

法人章程或者法人权力机构对法定代表人代表权的限制,不得对抗善意相对人。

第六十二条　法定代表人因执行职务造成他人损害的,由法人承担民事责任。

法人承担民事责任后,依照法律或者法人章程的规定,可以向有过错的法定代表人追偿。

第六十三条　法人以其主要办事机构所在地为住所。依法需要办理法人登记的,应当将主要办事机构所在地登记为住所。

第六十四条　法人存续期间登记事项发生变化的,应当依法向登记机关申请变更登记。

第六十五条　法人的实际情况与登记的事项不一致的,不得对抗善意相对人。

第六十六条　登记机关应当依法及时公示法人登记的有关信息。

第六十七条　法人合并的,其权利和义务由合并后的法人享有和承担。

法人分立的,其权利和义务由分立后的法人享有连带债权,承担连带债务,但是债权人和债务人另有约定的除外。

第六十八条 有下列原因之一并依法完成清算、注销登记的，法人终止：

（一）法人解散；

（二）法人被宣告破产；

（三）法律规定的其他原因。

法人终止，法律、行政法规规定须经有关机关批准的，依照其规定。

第六十九条 有下列情形之一的，法人解散：

（一）法人章程规定的存续期间届满或者法人章程规定的其他解散事由出现；

（二）法人的权力机构决议解散；

（三）因法人合并或者分立需要解散；

（四）法人依法被吊销营业执照、登记证书，被责令关闭或者被撤销；

（五）法律规定的其他情形。

第七十条 法人解散的，除合并或者分立的情形外，清算义务人应当及时组成清算组进行清算。

法人的董事、理事等执行机构或者决策机构的成员为清算义务人。法律、行政法规另有规定的，依照其规定。

清算义务人未及时履行清算义务，造成损害的，应当承担民事责任；主管机关或者利害关系人可以申请人民法院指定有关人员组成清算组进行清算。

第七十一条 法人的清算程序和清算组职权，依照有关法律的规定；没有规定的，参照适用公司法的有关规定。

第七十二条 清算期间法人存续，但是不得从事与清算无关的活动。

法人清算后的剩余财产，根据法人章程的规定或者法人权力机构的决议处理。法律另有规定的，依照其规定。

清算结束并完成法人注销登记时，法人终止；依法不需要办理法人登记的，清算结束时，法人终止。

第七十三条　法人被宣告破产的，依法进行破产清算并完成法人注销登记时，法人终止。

第七十四条　法人可以依法设立分支机构。法律、行政法规规定分支机构应当登记的，依照其规定。

分支机构以自己的名义从事民事活动，产生的民事责任由法人承担；也可以先以该分支机构管理的财产承担，不足以承担的，由法人承担。

第七十五条　设立人为设立法人从事的民事活动，其法律后果由法人承受；法人未成立的，其法律后果由设立人承受，设立人为二人以上的，享有连带债权，承担连带债务。

设立人为设立法人以自己的名义从事民事活动产生的民事责任，第三人有权选择请求法人或者设立人承担。

第二节　营利法人

第七十六条　以取得利润并分配给股东等出资人为目的成立的法人，为营利法人。

营利法人包括有限责任公司、股份有限公司和其他企业法人等。

第七十七条　营利法人经依法登记成立。

第七十八条　依法设立的营利法人，由登记机关发给营利法人营业执照。营业执照签发日期为营利法人的成立日期。

第七十九条　设立营利法人应当依法制定法人章程。

第八十条　营利法人应当设权力机构。

权力机构行使修改法人章程，选举或者更换执行机构、监督机构成员，以及法人章程规定的其他职权。

第八十一条　营利法人应当设执行机构。

执行机构行使召集权力机构会议，决定法人的经营计划和投资方案，决定法人内部管理机构的设置，以及法人章程规定的其他职权。

执行机构为董事会或者执行董事的，董事长、执行董事或者经理按照法人章程的规定担任法定代表人;未设董事会或者执行董事的,法人章程规定的主要负责人为其执行机构和法定代表人。

第八十二条 营利法人设监事会或者监事等监督机构的,监督机构依法行使检查法人财务,监督执行机构成员、高级管理人员执行法人职务的行为,以及法人章程规定的其他职权。

第八十三条 营利法人的出资人不得滥用出资人权利损害法人或者其他出资人的利益。滥用出资人权利给法人或者其他出资人造成损失的,应当依法承担民事责任。

营利法人的出资人不得滥用法人独立地位和出资人有限责任损害法人的债权人利益。滥用法人独立地位和出资人有限责任,逃避债务,严重损害法人的债权人利益的,应当对法人债务承担连带责任。

第八十四条 营利法人的控股出资人、实际控制人、董事、监事、高级管理人员不得利用其关联关系损害法人的利益。利用关联关系给法人造成损失的,应当承担赔偿责任。

第八十五条 营利法人的权力机构、执行机构作出决议的会议召集程序、表决方式违反法律、行政法规、法人章程,或者决议内容违反法人章程的,营利法人的出资人可以请求人民法院撤销该决议,但是营利法人依据该决议与善意相对人形成的民事法律关系不受影响。

第八十六条 营利法人从事经营活动,应当遵守商业道德,维护交易安全,接受政府和社会的监督,承担社会责任。

第三节 非营利法人

第八十七条 为公益目的或者其他非营利目的成立,不向出资人、设立人或者会员分配所取得利润的法人,为非营利法人。

非营利法人包括事业单位、社会团体、基金会、社会服务机构等。

第八十八条 具备法人条件,为适应经济社会发展需要,提供公益服务设立的事业单位,经依法登记成立,取得事业单位法人资格；依法不需要办理法人登记的，从成立之日起，具有事业单位法人资格。

第八十九条 事业单位法人设理事会的，除法律另有规定外，理事会为其决策机构。事业单位法人的法定代表人依照法律、行政法规或者法人章程的规定产生。

第九十条 具备法人条件，基于会员共同意愿，为公益目的或者会员共同利益等非营利目的设立的社会团体，经依法登记成立，取得社会团体法人资格；依法不需要办理法人登记的，从成立之日起，具有社会团体法人资格。

第九十一条 设立社会团体法人应当依法制定法人章程。

社会团体法人应当设会员大会或者会员代表大会等权力机构。

社会团体法人应当设理事会等执行机构。理事长或者会长等负责人按照法人章程的规定担任法定代表人。

第九十二条 具备法人条件，为公益目的以捐助财产设立的基金会、社会服务机构等，经依法登记成立，取得捐助法人资格。

依法设立的宗教活动场所，具备法人条件的，可以申请法人登记，取得捐助法人资格。法律、行政法规对宗教活动场所有规定的，依照其规定。

第九十三条 设立捐助法人应当依法制定法人章程。

捐助法人应当设理事会、民主管理组织等决策机构，并设执行机构。理事长等负责人按照法人章程的规定担任法定代表人。

捐助法人应当设监事会等监督机构。

第九十四条 捐助人有权向捐助法人查询捐助财产的使用、管理情况，并提出意见和建议，捐助法人应当及时、如实答复。

捐助法人的决策机构、执行机构或者法定代表人作出决定的程序违反法律、行政法规、法人章程，或者决定内容违反法人章程的，捐助人等利害关系人或者主管机关可以请求人民法院撤销该决定，但是捐助法人依据该决定与善意相对人形成的民事法律关系不受影响。

第九十五条 为公益目的成立的非营利法人终止时,不得向出资人、设立人或者会员分配剩余财产。剩余财产应当按照法人章程的规定或者权力机构的决议用于公益目的;无法按照法人章程的规定或者权力机构的决议处理的,由主管机关主持转给宗旨相同或者相近的法人,并向社会公告。

第四节 特别法人

第九十六条 本节规定的机关法人、农村集体经济组织法人、城镇农村的合作经济组织法人、基层群众性自治组织法人,为特别法人。

第九十七条 有独立经费的机关和承担行政职能的法定机构从成立之日起,具有机关法人资格,可以从事为履行职能所需要的民事活动。

第九十八条 机关法人被撤销的,法人终止,其民事权利和义务由继任的机关法人享有和承担;没有继任的机关法人的,由作出撤销决定的机关法人享有和承担。

第九十九条 农村集体经济组织依法取得法人资格。

法律、行政法规对农村集体经济组织有规定的,依照其规定。

第一百条 城镇农村的合作经济组织依法取得法人资格。

法律、行政法规对城镇农村的合作经济组织有规定的,依照其规定。

第一百零一条 居民委员会、村民委员会具有基层群众性自治组织法人资格,可以从事为履行职能所需要的民事活动。

未设立村集体经济组织的,村民委员会可以依法代行村集体经济组织的职能。

第四章 非法人组织

第一百零二条 非法人组织是不具有法人资格,但是能够依法以自己的名义从事民事活动的组织。

非法人组织包括个人独资企业、合伙企业、不具有法人资格的专业服务机构等。

第一百零三条 非法人组织应当依照法律的规定登记。

设立非法人组织，法律、行政法规规定须经有关机关批准的，依照其规定。

第一百零四条 非法人组织的财产不足以清偿债务的，其出资人或者设立人承担无限责任。法律另有规定的，依照其规定。

第一百零五条 非法人组织可以确定一人或者数人代表该组织从事民事活动。

第一百零六条 有下列情形之一的，非法人组织解散：

（一）章程规定的存续期间届满或者章程规定的其他解散事由出现；

（二）出资人或者设立人决定解散；

（三）法律规定的其他情形。

第一百零七条 非法人组织解散的，应当依法进行清算。

第一百零八条 非法人组织除适用本章规定外，参照适用本法第三章第一节的有关规定。

第五章 民事权利

第一百零九条 自然人的人身自由、人格尊严受法律保护。

第一百一十条 自然人享有生命权、身体权、健康权、姓名权、肖像权、名誉权、荣誉权、隐私权、婚姻自主权等权利。

法人、非法人组织享有名称权、名誉权、荣誉权等权利。

第一百一十一条 自然人的个人信息受法律保护。任何组织和个人需要获取他人个人信息的，应当依法取得并确保信息安全，不得非法收集、使用、加工、传输他人个人信息，不得非法买卖、提供或者公开他人个人信息。

第一百一十二条 自然人因婚姻、家庭关系等产生的人身权利受法律保护。

第一百一十三条 民事主体的财产权利受法律平等保护。

第一百一十四条 民事主体依法享有物权。

物权是权利人依法对特定的物享有直接支配和排他的权利,包括所有权、用益物权和担保物权。

第一百一十五条 物包括不动产和动产。法律规定权利作为物权客体的,依照其规定。

第一百一十六条 物权的种类和内容,由法律规定。

第一百一十七条 为了公共利益的需要,依照法律规定的权限和程序征收、征用不动产或者动产的,应当给予公平、合理的补偿。

第一百一十八条 民事主体依法享有债权。

债权是因合同、侵权行为、无因管理、不当得利以及法律的其他规定,权利人请求特定义务人为或者不为一定行为的权利。

第一百一十九条 依法成立的合同,对当事人具有法律约束力。

第一百二十条 民事权益受到侵害的,被侵权人有权请求侵权人承担侵权责任。

第一百二十一条 没有法定的或者约定的义务,为避免他人利益受损失而进行管理的人,有权请求受益人偿还由此支出的必要费用。

第一百二十二条 因他人没有法律根据,取得不当利益,受损失的人有权请求其返还不当利益。

第一百二十三条 民事主体依法享有知识产权。

知识产权是权利人依法就下列客体享有的专有的权利:

(一)作品;

(二)发明、实用新型、外观设计;

(三)商标;

(四)地理标志;

(五)商业秘密;

(六)集成电路布图设计;

（七）植物新品种；

（八）法律规定的其他客体。

第一百二十四条 自然人依法享有继承权。

自然人合法的私有财产，可以依法继承。

第一百二十五条 民事主体依法享有股权和其他投资性权利。

第一百二十六条 民事主体享有法律规定的其他民事权利和利益。

第一百二十七条 法律对数据、网络虚拟财产的保护有规定的，依照其规定。

第一百二十八条 法律对未成年人、老年人、残疾人、妇女、消费者等的民事权利保护有特别规定的，依照其规定。

第一百二十九条 民事权利可以依据民事法律行为、事实行为、法律规定的事件或者法律规定的其他方式取得。

第一百三十条 民事主体按照自己的意愿依法行使民事权利，不受干涉。

第一百三十一条 民事主体行使权利时，应当履行法律规定的和当事人约定的义务。

第一百三十二条 民事主体不得滥用民事权利损害国家利益、社会公共利益或者他人合法权益。

第六章　民事法律行为

第一节　一般规定

第一百三十三条 民事法律行为是民事主体通过意思表示设立、变更、终止民事法律关系的行为。

第一百三十四条 民事法律行为可以基于双方或者多方的意思表示一致成立，也可以基于单方的意思表示成立。

法人、非法人组织依照法律或者章程规定的议事方式和表决程序作出决议的,该决议行为成立。

第一百三十五条 民事法律行为可以采用书面形式、口头形式或者其他形式;法律、行政法规规定或者当事人约定采用特定形式的,应当采用特定形式。

第一百三十六条 民事法律行为自成立时生效,但是法律另有规定或者当事人另有约定的除外。

行为人非依法律规定或者未经对方同意,不得擅自变更或者解除民事法律行为。

第二节 意思表示

第一百三十七条 以对话方式作出的意思表示,相对人知道其内容时生效。

以非对话方式作出的意思表示,到达相对人时生效。以非对话方式作出的采用数据电文形式的意思表示,相对人指定特定系统接收数据电文的,该数据电文进入该特定系统时生效;未指定特定系统的,相对人知道或者应当知道该数据电文进入其系统时生效。当事人对采用数据电文形式的意思表示的生效时间另有约定的,按照其约定。

第一百三十八条 无相对人的意思表示,表示完成时生效。法律另有规定的,依照其规定。

第一百三十九条 以公告方式作出的意思表示,公告发布时生效。

第一百四十条 行为人可以明示或者默示作出意思表示。

沉默只有在有法律规定、当事人约定或者符合当事人之间的交易习惯时,才可以视为意思表示。

第一百四十一条 行为人可以撤回意思表示。撤回意思表示的通知应当在意思表示到达相对人前或者与意思表示同时到达相对人。

第一百四十二条 有相对人的意思表示的解释,应当按照所使用的词句,结合相关条款、行为的性质和目的、习惯以及诚信原则，确定意思表示的含义。

无相对人的意思表示的解释，不能完全拘泥于所使用的词句，而应当结合相关条款、行为的性质和目的、习惯以及诚信原则，确定行为人的真实意思。

第三节　民事法律行为的效力

第一百四十三条　具备下列条件的民事法律行为有效：

（一）行为人具有相应的民事行为能力；

（二）意思表示真实；

（三）不违反法律、行政法规的强制性规定，不违背公序良俗。

第一百四十四条　无民事行为能力人实施的民事法律行为无效。

第一百四十五条　限制民事行为能力人实施的纯获利益的民事法律行为或者与其年龄、智力、精神健康状况相适应的民事法律行为有效；实施的其他民事法律行为经法定代理人同意或者追认后有效。

相对人可以催告法定代理人自收到通知之日起一个月内予以追认。法定代理人未作表示的，视为拒绝追认。民事法律行为被追认前，善意相对人有撤销的权利。撤销应当以通知的方式作出。

第一百四十六条　行为人与相对人以虚假的意思表示实施的民事法律行为无效。

以虚假的意思表示隐藏的民事法律行为的效力，依照有关法律规定处理。

第一百四十七条　基于重大误解实施的民事法律行为，行为人有权请求人民法院或者仲裁机构予以撤销。

第一百四十八条　一方以欺诈手段，使对方在违背真实意思的情况下实施的民事法律行为，受欺诈方有权请求人民法院或者仲裁机构予以撤销。

第一百四十九条　第三人实施欺诈行为，使一方在违背真实意思的情况下实施的民事法律行为，对方知道或者应当知道该欺诈行为的，受欺诈方有权请求人民法院或者仲裁机构予以撤销。

第一百五十条 一方或者第三人以胁迫手段，使对方在违背真实意思的情况下实施的民事法律行为，受胁迫方有权请求人民法院或者仲裁机构予以撤销。

第一百五十一条 一方利用对方处于危困状态、缺乏判断能力等情形，致使民事法律行为成立时显失公平的，受损害方有权请求人民法院或者仲裁机构予以撤销。

第一百五十二条 有下列情形之一的，撤销权消灭：

（一）当事人自知道或者应当知道撤销事由之日起一年内、重大误解的当事人自知道或者应当知道撤销事由之日起三个月内没有行使撤销权；

（二）当事人受胁迫，自胁迫行为终止之日起一年内没有行使撤销权；

（三）当事人知道撤销事由后明确表示或者以自己的行为表明放弃撤销权。

当事人自民事法律行为发生之日起五年内没有行使撤销权的，撤销权消灭。

第一百五十三条 违反法律、行政法规的强制性规定的民事法律行为无效，但是该强制性规定不导致该民事法律行为无效的除外。

违背公序良俗的民事法律行为无效。

第一百五十四条 行为人与相对人恶意串通，损害他人合法权益的民事法律行为无效。

第一百五十五条 无效的或者被撤销的民事法律行为自始没有法律约束力。

第一百五十六条 民事法律行为部分无效，不影响其他部分效力的，其他部分仍然有效。

第一百五十七条 民事法律行为无效、被撤销或者确定不发生效力后，行为人因该行为取得的财产，应当予以返还；不能返还或者没有必要返还的，应当折价补偿。有过错的一方应当赔偿对方由此所受到的损失；各方都有过错的，应当各自承担相应的责任。法律另有规定的，依照其规定。

第四节 民事法律行为的附条件和附期限

第一百五十八条 民事法律行为可以附条件，但是按照其性质不得附条件的除外。附生效条件的民事法律行为，自条件成就时生效。附解除条件的民事法律行为，自条件成就时失效。

第一百五十九条 附条件的民事法律行为，当事人为自己的利益不正当地阻止条件成就的，视为条件已成就；不正当地促成条件成就的，视为条件不成就。

第一百六十条 民事法律行为可以附期限，但是按照其性质不得附期限的除外。附生效期限的民事法律行为，自期限届至时生效。附终止期限的民事法律行为，自期限届满时失效。

第七章 代 理

第一节 一 般 规 定

第一百六十一条 民事主体可以通过代理人实施民事法律行为。

依照法律规定、当事人约定或者民事法律行为的性质，应当由本人亲自实施的民事法律行为，不得代理。

第一百六十二条 代理人在代理权限内，以被代理人名义实施的民事法律行为，对被代理人发生效力。

第一百六十三条 代理包括委托代理和法定代理。

委托代理人按照被代理人的委托行使代理权。法定代理人依照法律的规定行使代理权。

第一百六十四条 代理人不履行或者不完全履行职责，造成被代理人损害的，应当承担民事责任。

代理人和相对人恶意串通，损害被代理人合法权益的，代理人和相对人应当承担连带责任。

第二节　委托代理

第一百六十五条　委托代理授权采用书面形式的，授权委托书应当载明代理人的姓名或者名称、代理事项、权限和期间，并由被代理人签名或者盖章。

第一百六十六条　数人为同一代理事项的代理人的，应当共同行使代理权，但是当事人另有约定的除外。

第一百六十七条　代理人知道或者应当知道代理事项违法仍然实施代理行为，或者被代理人知道或者应当知道代理人的代理行为违法未作反对表示的，被代理人和代理人应当承担连带责任。

第一百六十八条　代理人不得以被代理人的名义与自己实施民事法律行为，但是被代理人同意或者追认的除外。

代理人不得以被代理人的名义与自己同时代理的其他人实施民事法律行为，但是被代理的双方同意或者追认的除外。

第一百六十九条　代理人需要转委托第三人代理的，应当取得被代理人的同意或者追认。

转委托代理经被代理人同意或者追认的，被代理人可以就代理事务直接指示转委托的第三人，代理人仅就第三人的选任以及对第三人的指示承担责任。

转委托代理未经被代理人同意或者追认的，代理人应当对转委托的第三人的行为承担责任，但是在紧急情况下代理人为了维护被代理人的利益需要转委托第三人代理的除外。

第一百七十条　执行法人或者非法人组织工作任务的人员，就其职权范围内的事项，以法人或者非法人组织的名义实施民事法律行为，对法人或者非法人组织发生效力。

法人或者非法人组织对执行其工作任务的人员职权范围的限制，不得对抗善意相对人。

第一百七十一条　行为人没有代理权、超越代理权或者代理权终止后，仍然实施代理行为，未经被代理人追认的，对被代理人不发生效力。

相对人可以催告被代理人自收到通知之日起一个月内予以追认。被代理人未作表示的,视为拒绝追认。行为人实施的行为被追认前,善意相对人有撤销的权利。撤销应当以通知的方式作出。

行为人实施的行为未被追认的,善意相对人有权请求行为人履行债务或者就其受到的损害请求行为人赔偿,但是赔偿的范围不得超过被代理人追认时相对人所能获得的利益。

相对人知道或者应当知道行为人无权代理的,相对人和行为人按照各自的过错承担责任。

第一百七十二条 行为人没有代理权、超越代理权或者代理权终止后,仍然实施代理行为,相对人有理由相信行为人有代理权的,代理行为有效。

第三节 代理终止

第一百七十三条 有下列情形之一的,委托代理终止:

(一)代理期间届满或者代理事务完成;

(二)被代理人取消委托或者代理人辞去委托;

(三)代理人丧失民事行为能力;

(四)代理人或者被代理人死亡;

(五)作为代理人或者被代理人的法人、非法人组织终止。

第一百七十四条 被代理人死亡后,有下列情形之一的,委托代理人实施的代理行为有效:

(一)代理人不知道并且不应当知道被代理人死亡;

(二)被代理人的继承人予以承认;

(三)授权中明确代理权在代理事务完成时终止;

(四)被代理人死亡前已经实施,为了被代理人的继承人的利益继续代理。

作为被代理人的法人、非法人组织终止的,参照适用前款规定。

第一百七十五条 有下列情形之一的,法定代理终止:

（一）被代理人取得或者恢复完全民事行为能力；
（二）代理人丧失民事行为能力；
（三）代理人或者被代理人死亡；
（四）法律规定的其他情形。

第八章 民事责任

第一百七十六条 民事主体依照法律规定和当事人约定，履行民事义务，承担民事责任。

第一百七十七条 二人以上依法承担按份责任，能够确定责任大小的，各自承担相应的责任；难以确定责任大小的，平均承担责任。

第一百七十八条 二人以上依法承担连带责任的，权利人有权请求部分或者全部连带责任人承担责任。

连带责任人的责任份额根据各自责任大小确定；难以确定责任大小的，平均承担责任。实际承担责任超过自己责任份额的连带责任人，有权向其他连带责任人追偿。

连带责任，由法律规定或者当事人约定。

第一百七十九条 承担民事责任的方式主要有：

（一）停止侵害；
（二）排除妨碍；
（三）消除危险；
（四）返还财产；
（五）恢复原状；
（六）修理、重作、更换；
（七）继续履行；
（八）赔偿损失；
（九）支付违约金；
（十）消除影响、恢复名誉；
（十一）赔礼道歉。

法律规定惩罚性赔偿的，依照其规定。

本条规定的承担民事责任的方式，可以单独适用，也可以合并适用。

第一百八十条 因不可抗力不能履行民事义务的，不承担民事责任。法律另有规定的，依照其规定。

不可抗力是指不能预见、不能避免且不能克服的客观情况。

第一百八十一条 因正当防卫造成损害的，不承担民事责任。

正当防卫超过必要的限度，造成不应有的损害的，正当防卫人应当承担适当的民事责任。

第一百八十二条 因紧急避险造成损害的，由引起险情发生的人承担民事责任。

危险由自然原因引起的，紧急避险人不承担民事责任，可以给予适当补偿。

紧急避险采取措施不当或者超过必要的限度，造成不应有的损害的，紧急避险人应当承担适当的民事责任。

第一百八十三条 因保护他人民事权益使自己受到损害的，由侵权人承担民事责任，受益人可以给予适当补偿。没有侵权人、侵权人逃逸或者无力承担民事责任，受害人请求补偿的，受益人应当给予适当补偿。

第一百八十四条 因自愿实施紧急救助行为造成受助人损害的，救助人不承担民事责任。

第一百八十五条 侵害英雄烈士等的姓名、肖像、名誉、荣誉，损害社会公共利益的，应当承担民事责任。

第一百八十六条 因当事人一方的违约行为，损害对方人身权益、财产权益的，受损害方有权选择请求其承担违约责任或者侵权责任。

第一百八十七条 民事主体因同一行为应当承担民事责任、行政责任和刑事责任的，承担行政责任或者刑事责任不影响承担民事责任；民事主体的财产不足以支付的，优先用于承担民事责任。

第九章　诉讼时效

第一百八十八条　向人民法院请求保护民事权利的诉讼时效期间为三年。法律另有规定的,依照其规定。

诉讼时效期间自权利人知道或者应当知道权利受到损害以及义务人之日起计算。法律另有规定的,依照其规定。但是自权利受到损害之日起超过二十年的,人民法院不予保护;有特殊情况的,人民法院可以根据权利人的申请决定延长。

第一百八十九条　当事人约定同一债务分期履行的,诉讼时效期间自最后一期履行期限届满之日起计算。

第一百九十条　无民事行为能力人或者限制民事行为能力人对其法定代理人的请求权的诉讼时效期间,自该法定代理终止之日起计算。

第一百九十一条　未成年人遭受性侵害的损害赔偿请求权的诉讼时效期间,自受害人年满十八周岁之日起计算。

第一百九十二条　诉讼时效期间届满的,义务人可以提出不履行义务的抗辩。

诉讼时效期间届满后,义务人同意履行的,不得以诉讼时效期间届满为由抗辩;义务人已自愿履行的,不得请求返还。

第一百九十三条　人民法院不得主动适用诉讼时效的规定。

第一百九十四条　在诉讼时效期间的最后六个月内,因下列障碍,不能行使请求权的,诉讼时效中止:

(一)不可抗力;

(二)无民事行为能力人或者限制民事行为能力人没有法定代理人,或者法定代理人死亡、丧失民事行为能力、丧失代理权;

(三)继承开始后未确定继承人或者遗产管理人;

(四)权利人被义务人或者其他人控制;

(五)其他导致权利人不能行使请求权的障碍。

自中止时效的原因消除之日起满六个月,诉讼时效期间届满。

第一百九十五条　有下列情形之一的，诉讼时效中断，从中断、有关程序终结时起，诉讼时效期间重新计算：

（一）权利人向义务人提出履行请求；

（二）义务人同意履行义务；

（三）权利人提起诉讼或者申请仲裁；

（四）与提起诉讼或者申请仲裁具有同等效力的其他情形。

第一百九十六条　下列请求权不适用诉讼时效的规定：

（一）请求停止侵害、排除妨碍、消除危险；

（二）不动产物权和登记的动产物权的权利人请求返还财产；

（三）请求支付抚养费、赡养费或者扶养费；

（四）依法不适用诉讼时效的其他请求权。

第一百九十七条　诉讼时效的期间、计算方法以及中止、中断的事由由法律规定，当事人约定无效。

当事人对诉讼时效利益的预先放弃无效。

第一百九十八条　法律对仲裁时效有规定的，依照其规定；没有规定的，适用诉讼时效的规定。

第一百九十九条　法律规定或者当事人约定的撤销权、解除权等权利的存续期间，除法律另有规定外，自权利人知道或者应当知道权利产生之日起计算，不适用有关诉讼时效中止、中断和延长的规定。存续期间届满，撤销权、解除权等权利消灭。

第十章　期间计算

第二百条　民法所称的期间按照公历年、月、日、小时计算。

第二百零一条　按照年、月、日计算期间的，开始的当日不计入，自下一日开始计算。

按照小时计算期间的，自法律规定或者当事人约定的时间开始计算。

第二百零二条　按照年、月计算期间的，到期月的对应日为期间的最后一日；没有对应日的，月末日为期间的最后一日。

第二百零三条 期间的最后一日是法定休假日的,以法定休假日结束的次日为期间的最后一日。

期间的最后一日的截止时间为二十四时;有业务时间的,停止业务活动的时间为截止时间。

第二百零四条 期间的计算方法依照本法的规定,但是法律另有规定或者当事人另有约定的除外。

第十一章 附　　则

第二百零五条 民法所称的"以上""以下""以内""届满",包括本数;所称的"不满""超过""以外",不包括本数。

第二百零六条 本法自 2017 年 10 月 1 日起施行。

中华人民共和国水污染防治法

(1984年5月11日第六届全国人民代表大会常务委员会第五次会议通过，根据1996年5月15日第八届全国人民代表大会常务委员会第十九次会议《关于修改〈中华人民共和国水污染防治法〉的决定》第一次修正，2008年2月28日第十届全国人民代表大会常务委员会第三十二次会议修订，根据2017年6月27日第十二届全国人民代表大会常务委员会第二十八次会议《关于修改〈中华人民共和国水污染防治法〉的决定》第二次修正)

第一章　总　　则

第一条　为了保护和改善环境，防治水污染，保护水生态，保障饮用水安全，维护公众健康，推进生态文明建设，促进经济社会可持续发展，制定本法。

第二条　本法适用于中华人民共和国领域内的江河、湖泊、运河、渠道、水库等地表水体以及地下水体的污染防治。

海洋污染防治适用《中华人民共和国海洋环境保护法》。

第三条　水污染防治应当坚持预防为主、防治结合、综合治理的原则，优先保护饮用水水源，严格控制工业污染、城镇生活污染，防治农业面源污染，积极推进生态治理工程建设，预防、控制和减少水环境污染和生态破坏。

第四条　县级以上人民政府应当将水环境保护工作纳入国民经济和社会发展规划。

地方各级人民政府对本行政区域的水环境质量负责，应当及时采取措施防治水污染。

第五条 省、市、县、乡建立河长制，分级分段组织领导本行政区域内江河、湖泊的水资源保护、水域岸线管理、水污染防治、水环境治理等工作。

第六条 国家实行水环境保护目标责任制和考核评价制度，将水环境保护目标完成情况作为对地方人民政府及其负责人考核评价的内容。

第七条 国家鼓励、支持水污染防治的科学技术研究和先进适用技术的推广应用，加强水环境保护的宣传教育。

第八条 国家通过财政转移支付等方式，建立健全对位于饮用水水源保护区区域和江河、湖泊、水库上游地区的水环境生态保护补偿机制。

第九条 县级以上人民政府环境保护主管部门对水污染防治实施统一监督管理。

交通主管部门的海事管理机构对船舶污染水域的防治实施监督管理。

县级以上人民政府水行政、国土资源、卫生、建设、农业、渔业等部门以及重要江河、湖泊的流域水资源保护机构，在各自的职责范围内，对有关水污染防治实施监督管理。

第十条 排放水污染物，不得超过国家或者地方规定的水污染物排放标准和重点水污染物排放总量控制指标。

第十一条 任何单位和个人都有义务保护水环境，并有权对污染损害水环境的行为进行检举。

县级以上人民政府及其有关主管部门对在水污染防治工作中做出显著成绩的单位和个人给予表彰和奖励。

第二章 水污染防治的标准和规划

第十二条 国务院环境保护主管部门制定国家水环境质量标准。

省、自治区、直辖市人民政府可以对国家水环境质量标准中未作规定的项目，制定地方标准，并报国务院环境保护主管部门备案。

第十三条 国务院环境保护主管部门会同国务院水行政主管部门和有关省、自治区、直辖市人民政府，可以根据国家确定的重要江河、湖泊流域水体的使用功能以及有关地区的经济、技术条件，确定该重要江河、湖泊流域的省界水体适用的水环境质量标准，报国务院批准后施行。

第十四条 国务院环境保护主管部门根据国家水环境质量标准和国家经济、技术条件，制定国家水污染物排放标准。

省、自治区、直辖市人民政府对国家水污染物排放标准中未作规定的项目，可以制定地方水污染物排放标准；对国家水污染物排放标准中已作规定的项目，可以制定严于国家水污染物排放标准的地方水污染物排放标准。地方水污染物排放标准须报国务院环境保护主管部门备案。

向已有地方水污染物排放标准的水体排放污染物的，应当执行地方水污染物排放标准。

第十五条 国务院环境保护主管部门和省、自治区、直辖市人民政府，应当根据水污染防治的要求和国家或者地方的经济、技术条件，适时修订水环境质量标准和水污染物排放标准。

第十六条 防治水污染应当按流域或者按区域进行统一规划。国家确定的重要江河、湖泊的流域水污染防治规划，由国务院环境保护主管部门会同国务院经济综合宏观调控、水行政等部门和有关省、自治区、直辖市人民政府编制，报国务院批准。

前款规定外的其他跨省、自治区、直辖市江河、湖泊的流域水污染防治规划，根据国家确定的重要江河、湖泊的流域水污染防治规划和本地实际情况，由有关省、自治区、直辖市人民政府环境保护主管部门会同同级水行政等部门和有关市、县人民政府编制，经有关省、自治区、直辖市人民政府审核，报国务院批准。

省、自治区、直辖市内跨县江河、湖泊的流域水污染防治规划，根据国家确定的重要江河、湖泊的流域水污染防治规划和本地实际情况，由省、自治区、直辖市人民政府环境保护主管部门会同同级水行政等部门编制，报省、自治区、直辖市人民政府批准，并报国务院备案。

经批准的水污染防治规划是防治水污染的基本依据，规划的修订须经原批准机关批准。

县级以上地方人民政府应当根据依法批准的江河、湖泊的流域水污染防治规划，组织制定本行政区域的水污染防治规划。

第十七条 有关市、县级人民政府应当按照水污染防治规划确定的水环境质量改善目标的要求，制定限期达标规划，采取措施按期达标。

有关市、县级人民政府应当将限期达标规划报上一级人民政府备案，并向社会公开。

第十八条 市、县级人民政府每年在向本级人民代表大会或者其常务委员会报告环境状况和环境保护目标完成情况时，应当报告水环境质量限期达标规划执行情况，并向社会公开。

第三章 水污染防治的监督管理

第十九条 新建、改建、扩建直接或者间接向水体排放污染物的建设项目和其他水上设施，应当依法进行环境影响评价。

建设单位在江河、湖泊新建、改建、扩建排污口的，应当取得水行政主管部门或者流域管理机构同意；涉及通航、渔业水域的，环境保护主管部门在审批环境影响评价文件时，应当征求交通、渔业主管部门的意见。

建设项目的水污染防治设施，应当与主体工程同时设计、同时施工、同时投入使用。水污染防治设施应当符合经批准或者备案的环境影响评价文件的要求。

第二十条 国家对重点水污染物排放实施总量控制制度。

重点水污染物排放总量控制指标，由国务院环境保护主管部门在征求国务院有关部门和各省、自治区、直辖市人民政府意见后，会同国务院经济综合宏观调控部门报国务院批准并下达实施。

省、自治区、直辖市人民政府应当按照国务院的规定削减和控制本行政区域的重点水污染物排放总量。具体办法由国务院环境保护主管部门会同国务院有关部门规定。

省、自治区、直辖市人民政府可以根据本行政区域水环境质量状况和水污染防治工作的需要，对国家重点水污染物之外的其他水污染物排放实行总量控制。

对超过重点水污染物排放总量控制指标或者未完成水环境质量改善目标的地区，省级以上人民政府环境保护主管部门应当会同有关部门约谈该地区人民政府的主要负责人，并暂停审批新增重点水污染物排放总量的建设项目的环境影响评价文件。约谈情况应当向社会公开。

第二十一条 直接或者间接向水体排放工业废水和医疗污水以及其他按照规定应当取得排污许可证方可排放的废水、污水的企业事业单位和其他生产经营者，应当取得排污许可证；城镇污水集中处理设施的运营单位，也应当取得排污许可证。排污许可证应当明确排放水污染物的种类、浓度、总量和排放去向等要求。排污许可的具体办法由国务院规定。

禁止企业事业单位和其他生产经营者无排污许可证或者违反排污许可证的规定向水体排放前款规定的废水、污水。

第二十二条 向水体排放污染物的企业事业单位和其他生产经营者，应当按照法律、行政法规和国务院环境保护主管部门的规定设置排污口；在江河、湖泊设置排污口的，还应当遵守国务院水行政主管部门的规定。

第二十三条 实行排污许可管理的企业事业单位和其他生产经营者应当按照国家有关规定和监测规范，对所排放的水污染物自行监测，并保存原始监测记录。重点排污单位还应当安装水污染物排放自动监测设备，与环境保护主管部门的监控设备联网，并保证监测设备正常运行。具体办法由国务院环境保护主管部门规定。

应当安装水污染物排放自动监测设备的重点排污单位名录，由设区的市级以上地方人民政府环境保护主管部门根据本行政区域的环境容量、重点水污染物排放总量控制指标的要求以及排污单位排放水污染物的种类、数量和浓度等因素，商同级有关部门确定。

第二十四条 实行排污许可管理的企业事业单位和其他生产经营者应当对监测数据的真实性和准确性负责。

环境保护主管部门发现重点排污单位的水污染物排放自动监测设备传输数据异常，应当及时进行调查。

第二十五条 国家建立水环境质量监测和水污染物排放监测制度。国务院环境保护主管部门负责制定水环境监测规范，统一发布国家水环境状况信息，会同国务院水行政等部门组织监测网络，统一规划国家水环境质量监测站（点）的设置，建立监测数据共享机制，加强对水环境监测的管理。

第二十六条 国家确定的重要江河、湖泊流域的水资源保护工作机构负责监测其所在流域的省界水体的水环境质量状况，并将监测结果及时报国务院环境保护主管部门和国务院水行政主管部门；有经国务院批准成立的流域水资源保护领导机构的，应当将监测结果及时报告流域水资源保护领导机构。

第二十七条 国务院有关部门和县级以上地方人民政府开发、利用和调节、调度水资源时，应当统筹兼顾，维持江河的合理流量和湖泊、水库以及地下水体的合理水位，保障基本生态用水，维护水体的生态功能。

第二十八条 国务院环境保护主管部门应当会同国务院水行政等部门和有关省、自治区、直辖市人民政府，建立重要江河、湖泊的流域水环境保护联合协调机制，实行统一规划、统一标准、统一监测、统一的防治措施。

第二十九条 国务院环境保护主管部门和省、自治区、直辖市人民政府环境保护主管部门应当会同同级有关部门根据流域生态环境功能需要，明确流域生态环境保护要求，组织开展流域环境资源承载能力监测、评价，实施流域环境资源承载能力预警。

县级以上地方人民政府应当根据流域生态环境功能需要，组织开展江河、湖泊、湿地保护与修复，因地制宜建设人工湿地、水源涵养林、沿河沿湖植被缓冲带和隔离带等生态环境治理与保护工程，整治黑臭水体，提高流域环境资源承载能力。

从事开发建设活动，应当采取有效措施，维护流域生态环境功能，严守生态保护红线。

第三十条 环境保护主管部门和其他依照本法规定行使监督管理权的部门，有权对管辖范围内的排污单位进行现场检查，被检查的单位应当如实反映情况，提供必要的资料。检查机关有义务为被检查的单位保守在检查中获取的商业秘密。

第三十一条 跨行政区域的水污染纠纷，由有关地方人民政府协商解决，或者由其共同的上级人民政府协调解决。

第四章 水污染防治措施

第一节 一般规定

第三十二条 国务院环境保护主管部门应当会同国务院卫生主管部门，根据对公众健康和生态环境的危害和影响程度，公布有毒有害水污染物名录，实行风险管理。

排放前款规定名录中所列有毒有害水污染物的企业事业单位和其他生产经营者，应当对排污口和周边环境进行监测，评估环境风险，排查环境安全隐患，并公开有毒有害水污染物信息，采取有效措施防范环境风险。

第三十三条 禁止向水体排放油类、酸液、碱液或者剧毒废液。

禁止在水体清洗装贮过油类或者有毒污染物的车辆和容器。

第三十四条 禁止向水体排放、倾倒放射性固体废物或者含有高放射性和中放射性物质的废水。

向水体排放含低放射性物质的废水，应当符合国家有关放射性污染防治的规定和标准。

第三十五条 向水体排放含热废水，应当采取措施，保证水体的水温符合水环境质量标准。

第三十六条 含病原体的污水应当经过消毒处理；符合国家有关标准后，方可排放。

第三十七条 禁止向水体排放、倾倒工业废渣、城镇垃圾和其他废弃物。

禁止将含有汞、镉、砷、铬、铅、氰化物、黄磷等的可溶性剧毒废渣向水体排放、倾倒或者直接埋入地下。

存放可溶性剧毒废渣的场所，应当采取防水、防渗漏、防流失的措施。

第三十八条 禁止在江河、湖泊、运河、渠道、水库最高水位线以下的滩地和岸坡堆放、存贮固体废弃物和其他污染物。

第三十九条 禁止利用渗井、渗坑、裂隙、溶洞，私设暗管，篡改、伪造监测数据，或者不正常运行水污染防治设施等逃避监管的方式排放水污染物。

第四十条 化学品生产企业以及工业集聚区、矿山开采区、尾矿库、危险废物处置场、垃圾填埋场等的运营、管理单位，应当采取防渗漏等措施，并建设地下水水质监测井进行监测，防止地下水污染。

加油站等的地下油罐应当使用双层罐或者采取建造防渗池等其他有效措施，并进行防渗漏监测，防止地下水污染。

禁止利用无防渗漏措施的沟渠、坑塘等输送或者存贮含有毒污染物的废水、含病原体的污水和其他废弃物。

第四十一条 多层地下水的含水层水质差异大的，应当分层开采；对已受污染的潜水和承压水，不得混合开采。

第四十二条 兴建地下工程设施或者进行地下勘探、采矿等活动，应当采取防护性措施，防止地下水污染。

报废矿井、钻井或者取水井等，应当实施封井或者回填。

第四十三条　人工回灌补给地下水，不得恶化地下水质。

第二节　工业水污染防治

第四十四条　国务院有关部门和县级以上地方人民政府应当合理规划工业布局，要求造成水污染的企业进行技术改造，采取综合防治措施，提高水的重复利用率，减少废水和污染物排放量。

第四十五条　排放工业废水的企业应当采取有效措施，收集和处理产生的全部废水，防止污染环境。含有毒有害水污染物的工业废水应当分类收集和处理，不得稀释排放。

工业集聚区应当配套建设相应的污水集中处理设施，安装自动监测设备，与环境保护主管部门的监控设备联网，并保证监测设备正常运行。

向污水集中处理设施排放工业废水的，应当按照国家有关规定进行预处理，达到集中处理设施处理工艺要求后方可排放。

第四十六条　国家对严重污染水环境的落后工艺和设备实行淘汰制度。

国务院经济综合宏观调控部门会同国务院有关部门，公布限期禁止采用的严重污染水环境的工艺名录和限期禁止生产、销售、进口、使用的严重污染水环境的设备名录。

生产者、销售者、进口者或者使用者应当在规定的期限内停止生产、销售、进口或者使用列入前款规定的设备名录中的设备。工艺的采用者应当在规定的期限内停止采用列入前款规定的工艺名录中的工艺。

依照本条第二款、第三款规定被淘汰的设备，不得转让给他人使用。

第四十七条　国家禁止新建不符合国家产业政策的小型造纸、制革、印染、染料、炼焦、炼硫、炼砷、炼汞、炼油、电镀、农药、石棉、水泥、玻璃、钢铁、火电以及其他严重污染水环境的生产项目。

第四十八条　企业应当采用原材料利用效率高、污染物排放量少的清洁工艺，并加强管理，减少水污染物的产生。

第三节　城镇水污染防治

第四十九条　城镇污水应当集中处理。

县级以上地方人民政府应当通过财政预算和其他渠道筹集资金，统筹安排建设城镇污水集中处理设施及配套管网，提高本行政区域城镇污水的收集率和处理率。

国务院建设主管部门应当会同国务院经济综合宏观调控、环境保护主管部门，根据城乡规划和水污染防治规划，组织编制全国城镇污水处理设施建设规划。县级以上地方人民政府组织建设、经济综合宏观调控、环境保护、水行政等部门编制本行政区域的城镇污水处理设施建设规划。县级以上地方人民政府建设主管部门应当按照城镇污水处理设施建设规划，组织建设城镇污水集中处理设施及配套管网，并加强对城镇污水集中处理设施运营的监督管理。

城镇污水集中处理设施的运营单位按照国家规定向排污者提供污水处理的有偿服务，收取污水处理费用，保证污水集中处理设施的正常运行。收取的污水处理费用应当用于城镇污水集中处理设施的建设运行和污泥处理处置，不得挪作他用。

城镇污水集中处理设施的污水处理收费、管理以及使用的具体办法，由国务院规定。

第五十条　向城镇污水集中处理设施排放水污染物，应当符合国家或者地方规定的水污染物排放标准。

城镇污水集中处理设施的运营单位，应当对城镇污水集中处理设施的出水水质负责。

环境保护主管部门应当对城镇污水集中处理设施的出水水质和水量进行监督检查。

第五十一条　城镇污水集中处理设施的运营单位或者污泥处理处置单位应当安全处理处置污泥，保证处理处置后的污泥符合国家标准，并对污泥的去向等进行记录。

第四节　农业和农村水污染防治

第五十二条　国家支持农村污水、垃圾处理设施的建设，推进农村污水、垃圾集中处理。

地方各级人民政府应当统筹规划建设农村污水、垃圾处理设施，并保障其正常运行。

第五十三条　制定化肥、农药等产品的质量标准和使用标准，应当适应水环境保护要求。

第五十四条　使用农药，应当符合国家有关农药安全使用的规定和标准。

运输、存贮农药和处置过期失效农药，应当加强管理，防止造成水污染。

第五十五条　县级以上地方人民政府农业主管部门和其他有关部门，应当采取措施，指导农业生产者科学、合理地施用化肥和农药，推广测土配方施肥技术和高效低毒低残留农药，控制化肥和农药的过量使用，防止造成水污染。

第五十六条　国家支持畜禽养殖场、养殖小区建设畜禽粪便、废水的综合利用或者无害化处理设施。

畜禽养殖场、养殖小区应当保证其畜禽粪便、废水的综合利用或者无害化处理设施正常运转，保证污水达标排放，防止污染水环境。

畜禽散养密集区所在地县、乡级人民政府应当组织对畜禽粪便污水进行分户收集、集中处理利用。

第五十七条　从事水产养殖应当保护水域生态环境，科学确定养殖密度，合理投饵和使用药物，防止污染水环境。

第五十八条　农田灌溉用水应当符合相应的水质标准，防止污染土壤、地下水和农产品。

禁止向农田灌溉渠道排放工业废水或者医疗污水。向农田灌溉渠道排放城镇污水以及未综合利用的畜禽养殖废水、农产品加工废水的，应当保证其下游最近的灌溉取水点的水质符合农田灌溉水质标准。

第五节　船舶水污染防治

第五十九条　船舶排放含油污水、生活污水，应当符合船舶污染物排放标准。从事海洋航运的船舶进入内河和港口的，应当遵守内河的船舶污染物排放标准。

船舶的残油、废油应当回收，禁止排入水体。

禁止向水体倾倒船舶垃圾。

船舶装载运输油类或者有毒货物，应当采取防止溢流和渗漏的措施，防止货物落水造成水污染。

进入中华人民共和国内河的国际航线船舶排放压载水的，应当采用压载水处理装置或者采取其他等效措施，对压载水进行灭活等处理。禁止排放不符合规定的船舶压载水。

第六十条　船舶应当按照国家有关规定配置相应的防污设备和器材，并持有合法有效的防止水域环境污染的证书与文书。

船舶进行涉及污染物排放的作业，应当严格遵守操作规程，并在相应的记录簿上如实记载。

第六十一条　港口、码头、装卸站和船舶修造厂所在地市、县级人民政府应当统筹规划建设船舶污染物、废弃物的接收、转运及处理处置设施。

港口、码头、装卸站和船舶修造厂应当备有足够的船舶污染物、废弃物的接收设施。从事船舶污染物、废弃物接收作业，或者从事装载油类、污染危害性货物船舱清洗作业的单位，应当具备与其运营规模相适应的接收处理能力。

第六十二条　船舶及有关作业单位从事有污染风险的作业活动，应当按照有关法律法规和标准，采取有效措施，防止造成水污染。海事管理机构、渔业主管部门应当加强对船舶及有关作业活动的监督管理。

船舶进行散装液体污染危害性货物的过驳作业，应当编制作业方案，采取有效的安全和污染防治措施，并报作业地海事管理机构批准。

禁止采取冲滩方式进行船舶拆解作业。

第五章　饮用水水源和其他特殊水体保护

第六十三条　国家建立饮用水水源保护区制度。饮用水水源保护区分为一级保护区和二级保护区;必要时,可以在饮用水水源保护区外围划定一定的区域作为准保护区。

饮用水水源保护区的划定,由有关市、县人民政府提出划定方案,报省、自治区、直辖市人民政府批准;跨市、县饮用水水源保护区的划定,由有关市、县人民政府协商提出划定方案,报省、自治区、直辖市人民政府批准;协商不成的,由省、自治区、直辖市人民政府环境保护主管部门会同同级水行政、国土资源、卫生、建设等部门提出划定方案,征求同级有关部门的意见后,报省、自治区、直辖市人民政府批准。

跨省、自治区、直辖市的饮用水水源保护区,由有关省、自治区、直辖市人民政府商有关流域管理机构划定;协商不成的,由国务院环境保护主管部门会同同级水行政、国土资源、卫生、建设等部门提出划定方案,征求国务院有关部门的意见后,报国务院批准。

国务院和省、自治区、直辖市人民政府可以根据保护饮用水水源的实际需要,调整饮用水水源保护区的范围,确保饮用水安全。有关地方人民政府应当在饮用水水源保护区的边界设立明确的地理界标和明显的警示标志。

第六十四条　在饮用水水源保护区内,禁止设置排污口。

第六十五条　禁止在饮用水水源一级保护区内新建、改建、扩建与供水设施和保护水源无关的建设项目;已建成的与供水设施和保护水源无关的建设项目,由县级以上人民政府责令拆除或者关闭。

禁止在饮用水水源一级保护区内从事网箱养殖、旅游、游泳、垂钓或者其他可能污染饮用水水体的活动。

第六十六条 禁止在饮用水水源二级保护区内新建、改建、扩建排放污染物的建设项目;已建成的排放污染物的建设项目,由县级以上人民政府责令拆除或者关闭。

在饮用水水源二级保护区内从事网箱养殖、旅游等活动的,应当按照规定采取措施,防止污染饮用水水体。

第六十七条 禁止在饮用水水源准保护区内新建、扩建对水体污染严重的建设项目;改建建设项目,不得增加排污量。

第六十八条 县级以上地方人民政府应当根据保护饮用水水源的实际需要,在准保护区内采取工程措施或者建造湿地、水源涵养林等生态保护措施,防止水污染物直接排入饮用水水体,确保饮用水安全。

第六十九条 县级以上地方人民政府应当组织环境保护等部门,对饮用水水源保护区、地下水型饮用水源的补给区及供水单位周边区域的环境状况和污染风险进行调查评估,筛查可能存在的污染风险因素,并采取相应的风险防范措施。

饮用水水源受到污染可能威胁供水安全的,环境保护主管部门应当责令有关企业事业单位和其他生产经营者采取停止排放水污染物等措施,并通报饮用水供水单位和供水、卫生、水行政等部门;跨行政区域的,还应当通报相关地方人民政府。

第七十条 单一水源供水城市的人民政府应当建设应急水源或者备用水源,有条件的地区可以开展区域联网供水。

县级以上地方人民政府应当合理安排、布局农村饮用水水源,有条件的地区可以采取城镇供水管网延伸或者建设跨村、跨乡镇联片集中供水工程等方式,发展规模集中供水。

第七十一条 饮用水供水单位应当做好取水口和出水口的水质检测工作。发现取水口水质不符合饮用水水源水质标准或者出水口水质不符合饮用水卫生标准的,应当及时采取相应措施,并向所在地市、县级人民政府供水主管部门报告。供水主管部门接到报告后,应当通报环境保护、卫生、水行政等部门。

饮用水供水单位应当对供水水质负责，确保供水设施安全可靠运行，保证供水水质符合国家有关标准。

第七十二条 县级以上地方人民政府应当组织有关部门监测、评估本行政区域内饮用水水源、供水单位供水和用户水龙头出水的水质等饮用水安全状况。

县级以上地方人民政府有关部门应当至少每季度向社会公开一次饮用水安全状况信息。

第七十三条 国务院和省、自治区、直辖市人民政府根据水环境保护的需要，可以规定在饮用水水源保护区内，采取禁止或者限制使用含磷洗涤剂、化肥、农药以及限制种植养殖等措施。

第七十四条 县级以上人民政府可以对风景名胜区水体、重要渔业水体和其他具有特殊经济文化价值的水体划定保护区，并采取措施，保证保护区的水质符合规定用途的水环境质量标准。

第七十五条 在风景名胜区水体、重要渔业水体和其他具有特殊经济文化价值的水体的保护区内，不得新建排污口。在保护区附近新建排污口，应当保证保护区水体不受污染。

第六章　水污染事故处置

第七十六条 各级人民政府及其有关部门，可能发生水污染事故的企业事业单位，应当依照《中华人民共和国突发事件应对法》的规定，做好突发水污染事故的应急准备、应急处置和事后恢复等工作。

第七十七条 可能发生水污染事故的企业事业单位，应当制定有关水污染事故的应急方案，做好应急准备，并定期进行演练。

生产、储存危险化学品的企业事业单位，应当采取措施，防止在处理安全生产事故过程中产生的可能严重污染水体的消防废水、废液直接排入水体。

第七十八条 企业事业单位发生事故或者其他突发性事件，造成或者可能造成水污染事故的，应当立即启动本单位的应急方案，采取隔离等应急措施，防止水污染物进入水体，并向事故发生地的县级以上地方人民政府或者环境保护主管部门报告。环境保护主管部门接到报告后，应当及时向本级人民政府报告，并抄送有关部门。

造成渔业污染事故或者渔业船舶造成水污染事故的，应当向事故发生地的渔业主管部门报告，接受调查处理。其他船舶造成水污染事故的，应当向事故发生地的海事管理机构报告，接受调查处理；给渔业造成损害的，海事管理机构应当通知渔业主管部门参与调查处理。

第七十九条 市、县级人民政府应当组织编制饮用水安全突发事件应急预案。

饮用水供水单位应当根据所在地饮用水安全突发事件应急预案，制定相应的突发事件应急方案，报所在地市、县级人民政府备案，并定期进行演练。

饮用水水源发生水污染事故，或者发生其他可能影响饮用水安全的突发性事件，饮用水供水单位应当采取应急处理措施，向所在地市、县级人民政府报告，并向社会公开。有关人民政府应当根据情况及时启动应急预案，采取有效措施，保障供水安全。

第七章　法律责任

第八十条 环境保护主管部门或者其他依照本法规定行使监督管理权的部门，不依法作出行政许可或者办理批准文件的，发现违法行为或者接到对违法行为的举报后不予查处的，或者有其他未依照本法规定履行职责的行为的，对直接负责的主管人员和其他直接责任人员依法给予处分。

第八十一条 以拖延、围堵、滞留执法人员等方式拒绝、阻挠环境保护主管部门或者其他依照本法规定行使监督管理权的部门的监督检查，或者在接受监督检查时弄虚作假的，由县级以上人民政府环境保护主管部门或者其他依照本法规定行使监督管理权的部门责令改正,处二万元以上二十万元以下的罚款。

第八十二条 违反本法规定,有下列行为之一的,由县级以上人民政府环境保护主管部门责令限期改正,处二万元以上二十万元以下的罚款;逾期不改正的,责令停产整治:

(一)未按照规定对所排放的水污染物自行监测,或者未保存原始监测记录的;

(二)未按照规定安装水污染物排放自动监测设备,未按照规定与环境保护主管部门的监控设备联网,或者未保证监测设备正常运行的;

(三)未按照规定对有毒有害水污染物的排污口和周边环境进行监测,或者未公开有毒有害水污染物信息的。

第八十三条 违反本法规定,有下列行为之一的,由县级以上人民政府环境保护主管部门责令改正或者责令限制生产、停产整治,并处十万元以上一百万元以下的罚款;情节严重的,报经有批准权的人民政府批准,责令停业、关闭:

(一)未依法取得排污许可证排放水污染物的;

(二)超过水污染物排放标准或者超过重点水污染物排放总量控制指标排放水污染物的;

(三)利用渗井、渗坑、裂隙、溶洞,私设暗管,篡改、伪造监测数据,或者不正常运行水污染防治设施等逃避监管的方式排放水污染物的;

(四)未按照规定进行预处理,向污水集中处理设施排放不符合处理工艺要求的工业废水的。

第八十四条 在饮用水水源保护区内设置排污口的,由县级以上地方人民政府责令限期拆除,处十万元以上五十万元以下的罚款;逾期不拆除的,强制拆除,所需费用由违法者承担,处五十万元以上一百万元以下的罚款,并可以责令停产整治。

除前款规定外,违反法律、行政法规和国务院环境保护主管部门的规定设置排污口的,由县级以上地方人民政府环境保护主管部门责令限期拆除,处二万元以上十万元以下的罚款;逾期不拆除的，强制拆除，所需费用由违法者承担，处十万元以上五十万元以下的罚款；情节严重的，可以责令停产整治。

未经水行政主管部门或者流域管理机构同意，在江河、湖泊新建、改建、扩建排污口的，由县级以上人民政府水行政主管部门或者流域管理机构依据职权，依照前款规定采取措施、给予处罚。

第八十五条 有下列行为之一的，由县级以上地方人民政府环境保护主管部门责令停止违法行为，限期采取治理措施，消除污染，处以罚款；逾期不采取治理措施的，环境保护主管部门可以指定有治理能力的单位代为治理，所需费用由违法者承担：

（一）向水体排放油类、酸液、碱液的；

（二）向水体排放剧毒废液，或者将含有汞、镉、砷、铬、铅、氰化物、黄磷等的可溶性剧毒废渣向水体排放、倾倒或者直接埋入地下的；

（三）在水体清洗装贮过油类、有毒污染物的车辆或者容器的；

（四）向水体排放、倾倒工业废渣、城镇垃圾或者其他废弃物，或者在江河、湖泊、运河、渠道、水库最高水位线以下的滩地、岸坡堆放、存贮固体废弃物或者其他污染物的；

（五）向水体排放、倾倒放射性固体废物或者含有高放射性、中放射性物质的废水的；

（六）违反国家有关规定或者标准，向水体排放含低放射性物质的废水、热废水或者含病原体的污水的；

（七）未采取防渗漏等措施，或者未建设地下水水质监测井进行监测的；

（八）加油站等的地下油罐未使用双层罐或者采取建造防渗池等其他有效措施，或者未进行防渗漏监测的；

（九）未按照规定采取防护性措施，或者利用无防渗漏措施的沟渠、坑塘等输送或者存贮含有毒污染物的废水、含病原体的污水或者其他废弃物的。

有前款第三项、第四项、第六项、第七项、第八项行为之一的，处二万元以上二十万元以下的罚款。有前款第一项、第二项、第五项、第九项行为之一的，处十万元以上一百万元以下的罚款；情节严重的，报经有批准权的人民政府批准，责令停业、关闭。

第八十六条 违反本法规定，生产、销售、进口或者使用列入禁止生产、销售、进口、使用的严重污染水环境的设备名录中的设备，或者采用列入禁止采用的严重污染水环境的工艺名录中的工艺的，由县级以上人民政府经济综合宏观调控部门责令改正，处五万元以上二十万元以下的罚款；情节严重的，由县级以上人民政府经济综合宏观调控部门提出意见，报请本级人民政府责令停业、关闭。

第八十七条 违反本法规定，建设不符合国家产业政策的小型造纸、制革、印染、染料、炼焦、炼硫、炼砷、炼汞、炼油、电镀、农药、石棉、水泥、玻璃、钢铁、火电以及其他严重污染水环境的生产项目的，由所在地的市、县人民政府责令关闭。

第八十八条 城镇污水集中处理设施的运营单位或者污泥处理处置单位，处理处置后的污泥不符合国家标准，或者对污泥去向等未进行记录的，由城镇排水主管部门责令限期采取治理措施，给予警告；造成严重后果的，处十万元以上二十万元以下的罚款；逾期不采取治理措施的，城镇排水主管部门可以指定有治理能力的单位代为治理，所需费用由违法者承担。

第八十九条 船舶未配置相应的防污染设备和器材，或者未持有合法有效的防止水域环境污染的证书与文书的，由海事管理机构、渔业主管部门按照职责分工责令限期改正，处二千元以上二万元以下的罚款；逾期不改正的，责令船舶临时停航。

船舶进行涉及污染物排放的作业，未遵守操作规程或者未在相应的记录簿上如实记载的，由海事管理机构、渔业主管部门按照职责分工责令改正，处二千元以上二万元以下的罚款。

第九十条 违反本法规定，有下列行为之一的，由海事管理机构、渔业主管部门按照职责分工责令停止违法行为，处一万元以上十万元以下的罚款；造成水污染的，责令限期采取治理措施，消除污染,处二万元以上二十万元以下的罚款;逾期不采取治理措施的,海事管理机构、渔业主管部门按照职责分工可以指定有治理能力的单位代为治理,所需费用由船舶承担:

(一)向水体倾倒船舶垃圾或者排放船舶的残油、废油的;

(二)未经作业地海事管理机构批准,船舶进行散装液体污染危害性货物的过驳作业的;

(三)船舶及有关作业单位从事有污染风险的作业活动,未按照规定采取污染防治措施的;

(四)以冲滩方式进行船舶拆解的;

(五)进入中华人民共和国内河的国际航线船舶,排放不符合规定的船舶压载水的。

第九十一条 有下列行为之一的,由县级以上地方人民政府环境保护主管部门责令停止违法行为,处十万元以上五十万元以下的罚款;并报经有批准权的人民政府批准,责令拆除或者关闭:

(一)在饮用水水源一级保护区内新建、改建、扩建与供水设施和保护水源无关的建设项目的;

(二)在饮用水水源二级保护区内新建、改建、扩建排放污染物的建设项目的;

(三)在饮用水水源准保护区内新建、扩建对水体污染严重的建设项目,或者改建建设项目增加排污量的。

在饮用水水源一级保护区内从事网箱养殖或者组织进行旅游、垂钓或者其他可能污染饮用水水体的活动的,由县级以上地方人民政府环境保护主管部门责令停止违法行为,处二万元以上十万元以下的罚款。个人在饮用水水源一级保护区内游泳、垂钓或者从事其他可能污染饮用水水体的活动的,由县级以上地方人民政府环境保护主管部门责令停止违法行为,可以处五百元以下的罚款。

第九十二条 饮用水供水单位供水水质不符合国家规定标准的,由所在地市、县级人民政府供水主管部门责令改正,处二万元以上二十万元以下的罚款;情节严重的,报经有批准权的人民政府批准，可以责令停业整顿；对直接负责的主管人员和其他直接责任人员依法给予处分。

第九十三条 企业事业单位有下列行为之一的，由县级以上人民政府环境保护主管部门责令改正；情节严重的，处二万元以上十万元以下的罚款：

（一）不按照规定制定水污染事故的应急方案的；

（二）水污染事故发生后，未及时启动水污染事故的应急方案，采取有关应急措施的。

第九十四条 企业事业单位违反本法规定，造成水污染事故的，除依法承担赔偿责任外，由县级以上人民政府环境保护主管部门依照本条第二款的规定处以罚款，责令限期采取治理措施，消除污染；未按照要求采取治理措施或者不具备治理能力的，由环境保护主管部门指定有治理能力的单位代为治理，所需费用由违法者承担；对造成重大或者特大水污染事故的，还可以报经有批准权的人民政府批准，责令关闭；对直接负责的主管人员和其他直接责任人员可以处上一年度从本单位取得的收入百分之五十以下的罚款；有《中华人民共和国环境保护法》第六十三条规定的违法排放水污染物等行为之一，尚不构成犯罪的，由公安机关对直接负责的主管人员和其他直接责任人员处十日以上十五日以下的拘留；情节较轻的，处五日以上十日以下的拘留。

对造成一般或者较大水污染事故的，按照水污染事故造成的直接损失的百分之二十计算罚款；对造成重大或者特大水污染事故的，按照水污染事故造成的直接损失的百分之三十计算罚款。

造成渔业污染事故或者渔业船舶造成水污染事故的，由渔业主管部门进行处罚；其他船舶造成水污染事故的，由海事管理机构进行处罚。

第九十五条 企业事业单位和其他生产经营者违法排放水污染物，受到罚款处罚，被责令改正的，依法作出处罚决定的行政机关应当组织复查，发现其继续违法排放水污染物或者拒绝、阻挠复查的，依照《中华人民共和国环境保护法》的规定按日连续处罚。

第九十六条 因水污染受到损害的当事人，有权要求排污方排除危害和赔偿损失。

由于不可抗力造成水污染损害的，排污方不承担赔偿责任；法律另有规定的除外。

水污染损害是由受害人故意造成的，排污方不承担赔偿责任。水污染损害是由受害人重大过失造成的，可以减轻排污方的赔偿责任。

水污染损害是由第三人造成的，排污方承担赔偿责任后，有权向第三人追偿。

第九十七条 因水污染引起的损害赔偿责任和赔偿金额的纠纷，可以根据当事人的请求，由环境保护主管部门或者海事管理机构、渔业主管部门按照职责分工调解处理；调解不成的，当事人可以向人民法院提起诉讼。当事人也可以直接向人民法院提起诉讼。

第九十八条 因水污染引起的损害赔偿诉讼，由排污方就法律规定的免责事由及其行为与损害结果之间不存在因果关系承担举证责任。

第九十九条 因水污染受到损害的当事人人数众多的，可以依法由当事人推选代表人进行共同诉讼。

环境保护主管部门和有关社会团体可以依法支持因水污染受到损害的当事人向人民法院提起诉讼。

国家鼓励法律服务机构和律师为水污染损害诉讼中的受害人提供法律援助。

第一百条 因水污染引起的损害赔偿责任和赔偿金额的纠纷，当事人可以委托环境监测机构提供监测数据。环境监测机构应当接受委托，如实提供有关监测数据。

第一百零一条 违反本法规定，构成犯罪的，依法追究刑事责任。

第八章　附　　则

第一百零二条　本法中下列用语的含义：

（一）水污染，是指水体因某种物质的介入，而导致其化学、物理、生物或者放射性等方面特性的改变，从而影响水的有效利用，危害人体健康或者破坏生态环境，造成水质恶化的现象。

（二）水污染物，是指直接或者间接向水体排放的，能导致水体污染的物质。

（三）有毒污染物，是指那些直接或者间接被生物摄入体内后，可能导致该生物或者其后代发病、行为反常、遗传异变、生理机能失常、机体变形或者死亡的污染物。

（四）污泥，是指污水处理过程中产生的半固态或者固态物质。

（五）渔业水体，是指划定的鱼虾类的产卵场、索饵场、越冬场、洄游通道和鱼虾贝藻类的养殖场的水体。

第一百零三条　本法自 2008 年 6 月 1 日起施行。

中华人民共和国反不正当竞争法

（1993 年 9 月 2 日第八届全国人民代表大会常务委员会第三次会议通过，2017 年 11 月 4 日第十二届全国人民代表大会常务委员会第三十次会议修订）

第一章　总　　则

第一条　为了促进社会主义市场经济健康发展，鼓励和保护公平竞争，制止不正当竞争行为，保护经营者和消费者的合法权益，制定本法。

第二条　经营者在生产经营活动中，应当遵循自愿、平等、公平、诚信的原则，遵守法律和商业道德。

本法所称的不正当竞争行为，是指经营者在生产经营活动中，违反本法规定，扰乱市场竞争秩序，损害其他经营者或者消费者的合法权益的行为。

本法所称的经营者，是指从事商品生产、经营或者提供服务（以下所称商品包括服务）的自然人、法人和非法人组织。

第三条　各级人民政府应当采取措施，制止不正当竞争行为，为公平竞争创造良好的环境和条件。

国务院建立反不正当竞争工作协调机制，研究决定反不正当竞争重大政策，协调处理维护市场竞争秩序的重大问题。

第四条　县级以上人民政府履行工商行政管理职责的部门对不正当竞争行为进行查处；法律、行政法规规定由其他部门查处的，依照其规定。

第五条　国家鼓励、支持和保护一切组织和个人对不正当竞争行为进行社会监督。

国家机关及其工作人员不得支持、包庇不正当竞争行为。

行业组织应当加强行业自律，引导、规范会员依法竞争，维护市场竞争秩序。

第二章　不正当竞争行为

第六条　经营者不得实施下列混淆行为，引人误认为是他人商品或者与他人存在特定联系：

（一）擅自使用他人有一定影响的商品名称、包装、装潢等相同或者近似的标识；

（二）擅自使用他人有一定影响的企业名称（包括简称、字号等）、社会组织名称（包括简称等）、姓名（包括笔名、艺名、译名等）；

（三）擅自使用他人有一定影响的域名主体部分、网站名称、网页等；

（四）其他足以引人误认为是他人商品或者与他人存在特定联系的混淆行为。

第七条　经营者不得采用财物或者其他手段贿赂下列单位或者个人，以谋取交易机会或者竞争优势：

（一）交易相对方的工作人员；

（二）受交易相对方委托办理相关事务的单位或者个人；

（三）利用职权或者影响力影响交易的单位或者个人。

经营者在交易活动中，可以以明示方式向交易相对方支付折扣，或者向中间人支付佣金。经营者向交易相对方支付折扣、向中间人支付佣金的，应当如实入账。接受折扣、佣金的经营者也应当如实入账。

经营者的工作人员进行贿赂的，应当认定为经营者的行为；但是，经营者有证据证明该工作人员的行为与为经营者谋取交易机会或者竞争优势无关的除外。

第八条 经营者不得对其商品的性能、功能、质量、销售状况、用户评价、曾获荣誉等作虚假或者引人误解的商业宣传,欺骗、误导消费者。

经营者不得通过组织虚假交易等方式,帮助其他经营者进行虚假或者引人误解的商业宣传。

第九条 经营者不得实施下列侵犯商业秘密的行为:

(一)以盗窃、贿赂、欺诈、胁迫或者其他不正当手段获取权利人的商业秘密;

(二)披露、使用或者允许他人使用以前项手段获取的权利人的商业秘密;

(三)违反约定或者违反权利人有关保守商业秘密的要求,披露、使用或者允许他人使用其所掌握的商业秘密。

第三人明知或者应知商业秘密权利人的员工、前员工或者其他单位、个人实施前款所列违法行为,仍获取、披露、使用或者允许他人使用该商业秘密的,视为侵犯商业秘密。

本法所称的商业秘密,是指不为公众所知悉、具有商业价值并经权利人采取相应保密措施的技术信息和经营信息。

第十条 经营者进行有奖销售不得存在下列情形:

(一)所设奖的种类、兑奖条件、奖金金额或者奖品等有奖销售信息不明确,影响兑奖;

(二)采用谎称有奖或者故意让内定人员中奖的欺骗方式进行有奖销售;

(三)抽奖式的有奖销售,最高奖的金额超过五万元。

第十一条 经营者不得编造、传播虚假信息或者误导性信息,损害竞争对手的商业信誉、商品声誉。

第十二条 经营者利用网络从事生产经营活动,应当遵守本法的各项规定。

经营者不得利用技术手段,通过影响用户选择或者其他方式,实施下列妨碍、破坏其他经营者合法提供的网络产品或者服务正常运行的行为:

（一）未经其他经营者同意，在其合法提供的网络产品或者服务中，插入链接、强制进行目标跳转；

（二）误导、欺骗、强迫用户修改、关闭、卸载其他经营者合法提供的网络产品或者服务；

（三）恶意对其他经营者合法提供的网络产品或者服务实施不兼容；

（四）其他妨碍、破坏其他经营者合法提供的网络产品或者服务正常运行的行为。

第三章　对涉嫌不正当竞争行为的调查

第十三条　监督检查部门调查涉嫌不正当竞争行为，可以采取下列措施：

（一）进入涉嫌不正当竞争行为的经营场所进行检查；

（二）询问被调查的经营者、利害关系人及其他有关单位、个人，要求其说明有关情况或者提供与被调查行为有关的其他资料；

（三）查询、复制与涉嫌不正当竞争行为有关的协议、账簿、单据、文件、记录、业务函电和其他资料；

（四）查封、扣押与涉嫌不正当竞争行为有关的财物；

（五）查询涉嫌不正当竞争行为的经营者的银行账户。

采取前款规定的措施，应当向监督检查部门主要负责人书面报告，并经批准。采取前款第四项、第五项规定的措施，应当向设区的市级以上人民政府监督检查部门主要负责人书面报告，并经批准。

监督检查部门调查涉嫌不正当竞争行为，应当遵守《中华人民共和国行政强制法》和其他有关法律、行政法规的规定，并应当将查处结果及时向社会公开。

第十四条　监督检查部门调查涉嫌不正当竞争行为，被调查的经营者、利害关系人及其他有关单位、个人应当如实提供有关资料或者情况。

第十五条 监督检查部门及其工作人员对调查过程中知悉的商业秘密负有保密义务。

第十六条 对涉嫌不正当竞争行为,任何单位和个人有权向监督检查部门举报,监督检查部门接到举报后应当依法及时处理。

监督检查部门应当向社会公开受理举报的电话、信箱或者电子邮件地址,并为举报人保密。对实名举报并提供相关事实和证据的,监督检查部门应当将处理结果告知举报人。

第四章 法律责任

第十七条 经营者违反本法规定,给他人造成损害的,应当依法承担民事责任。

经营者的合法权益受到不正当竞争行为损害的,可以向人民法院提起诉讼。

因不正当竞争行为受到损害的经营者的赔偿数额,按照其因被侵权所受到的实际损失确定;实际损失难以计算的,按照侵权人因侵权所获得的利益确定。赔偿数额还应当包括经营者为制止侵权行为所支付的合理开支。

经营者违反本法第六条、第九条规定,权利人因被侵权所受到的实际损失、侵权人因侵权所获得的利益难以确定的,由人民法院根据侵权行为的情节判决给予权利人三百万元以下的赔偿。

第十八条 经营者违反本法第六条规定实施混淆行为的,由监督检查部门责令停止违法行为,没收违法商品。违法经营额五万元以上的,可以并处违法经营额五倍以下的罚款;没有违法经营额或者违法经营额不足五万元的,可以并处二十五万元以下的罚款。情节严重的,吊销营业执照。

经营者登记的企业名称违反本法第六条规定的,应当及时办理名称变更登记;名称变更前,由原企业登记机关以统一社会信用代码代替其名称。

第十九条 经营者违反本法第七条规定贿赂他人的,由监督检查部门没收违法所得,处十万元以上三百万元以下的罚款。情节严重的,吊销营业执照。

第二十条 经营者违反本法第八条规定对其商品作虚假或者引人误解的商业宣传,或者通过组织虚假交易等方式帮助其他经营者进行虚假或者引人误解的商业宣传的,由监督检查部门责令停止违法行为,处二十万元以上一百万元以下的罚款;情节严重的,处一百万元以上二百万元以下的罚款,可以吊销营业执照。

经营者违反本法第八条规定,属于发布虚假广告的,依照《中华人民共和国广告法》的规定处罚。

第二十一条 经营者违反本法第九条规定侵犯商业秘密的,由监督检查部门责令停止违法行为,处十万元以上五十万元以下的罚款;情节严重的,处五十万元以上三百万元以下的罚款。

第二十二条 经营者违反本法第十条规定进行有奖销售的,由监督检查部门责令停止违法行为,处五万元以上五十万元以下的罚款。

第二十三条 经营者违反本法第十一条规定损害竞争对手商业信誉、商品声誉的,由监督检查部门责令停止违法行为、消除影响,处十万元以上五十万元以下的罚款;情节严重的,处五十万元以上三百万元以下的罚款。

第二十四条 经营者违反本法第十二条规定妨碍、破坏其他经营者合法提供的网络产品或者服务正常运行的,由监督检查部门责令停止违法行为,处十万元以上五十万元以下的罚款;情节严重的,处五十万元以上三百万元以下的罚款。

第二十五条 经营者违反本法规定从事不正当竞争,有主动消除或者减轻违法行为危害后果等法定情形的,依法从轻或者减轻行政处罚;违法行为轻微并及时纠正,没有造成危害后果的,不予行政处罚。

第二十六条 经营者违反本法规定从事不正当竞争,受到行政处罚的,由监督检查部门记入信用记录,并依照有关法律、行政法规的规定予以公示。

第二十七条 经营者违反本法规定,应当承担民事责任、行政责任和刑事责任,其财产不足以支付的,优先用于承担民事责任。

第二十八条 妨害监督检查部门依照本法履行职责,拒绝、阻碍调查的,由监督检查部门责令改正,对个人可以处五千元以下的罚款,对单位可以处五万元以下的罚款,并可以由公安机关依法给予治安管理处罚。

第二十九条 当事人对监督检查部门作出的决定不服的,可以依法申请行政复议或者提起行政诉讼。

第三十条 监督检查部门的工作人员滥用职权、玩忽职守、徇私舞弊或者泄露调查过程中知悉的商业秘密的,依法给予处分。

第三十一条 违反本法规定,构成犯罪的,依法追究刑事责任。

第五章 附 则

第三十二条 本法自 2018 年 1 月 1 日起施行。

中华人民共和国标准化法

（1988 年 12 月 29 日第七届全国人民代表大会常务委员会第五次会议通过，2017 年 11 月 4 日第十二届全国人民代表大会常务委员会第三十次会议修订）

第一章　总　　则

第一条　为了加强标准化工作，提升产品和服务质量，促进科学技术进步，保障人身健康和生命财产安全，维护国家安全、生态环境安全，提高经济社会发展水平，制定本法。

第二条　本法所称标准（含标准样品），是指农业、工业、服务业以及社会事业等领域需要统一的技术要求。

标准包括国家标准、行业标准、地方标准和团体标准、企业标准。国家标准分为强制性标准、推荐性标准，行业标准、地方标准是推荐性标准。

强制性标准必须执行。国家鼓励采用推荐性标准。

第三条　标准化工作的任务是制定标准、组织实施标准以及对标准的制定、实施进行监督。

县级以上人民政府应当将标准化工作纳入本级国民经济和社会发展规划，将标准化工作经费纳入本级预算。

第四条　制定标准应当在科学技术研究成果和社会实践经验的基础上，深入调查论证，广泛征求意见，保证标准的科学性、规范性、时效性，提高标准质量。

第五条　国务院标准化行政主管部门统一管理全国标准化工作。国务院有关行政主管部门分工管理本部门、本行业的标准化工作。

县级以上地方人民政府标准化行政主管部门统一管理本行政区域内的标准化工作。县级以上地方人民政府有关行政主管部门分工管理本行政区域内本部门、本行业的标准化工作。

第六条 国务院建立标准化协调机制,统筹推进标准化重大改革,研究标准化重大政策,对跨部门跨领域、存在重大争议标准的制定和实施进行协调。

设区的市级以上地方人民政府可以根据工作需要建立标准化协调机制,统筹协调本行政区域内标准化工作重大事项。

第七条 国家鼓励企业、社会团体和教育、科研机构等开展或者参与标准化工作。

第八条 国家积极推动参与国际标准化活动,开展标准化对外合作与交流,参与制定国际标准,结合国情采用国际标准,推进中国标准与国外标准之间的转化运用。

国家鼓励企业、社会团体和教育、科研机构等参与国际标准化活动。

第九条 对在标准化工作中做出显著成绩的单位和个人,按照国家有关规定给予表彰和奖励。

第二章 标准的制定

第十条 对保障人身健康和生命财产安全、国家安全、生态环境安全以及满足经济社会管理基本需要的技术要求,应当制定强制性国家标准。

国务院有关行政主管部门依据职责负责强制性国家标准的项目提出、组织起草、征求意见和技术审查。国务院标准化行政主管部门负责强制性国家标准的立项、编号和对外通报。国务院标准化行政主管部门应当对拟制定的强制性国家标准是否符合前款规定进行立项审查,对符合前款规定的予以立项。

省、自治区、直辖市人民政府标准化行政主管部门可以向国务院标准化行政主管部门提出强制性国家标准的立项建议，由国务院标准化行政主管部门会同国务院有关行政主管部门决定。社会团体、企业事业组织以及公民可以向国务院标准化行政主管部门提出强制性国家标准的立项建议，国务院标准化行政主管部门认为需要立项的，会同国务院有关行政主管部门决定。

强制性国家标准由国务院批准发布或者授权批准发布。

法律、行政法规和国务院决定对强制性标准的制定另有规定的，从其规定。

第十一条 对满足基础通用、与强制性国家标准配套、对各有关行业起引领作用等需要的技术要求，可以制定推荐性国家标准。

推荐性国家标准由国务院标准化行政主管部门制定。

第十二条 对没有推荐性国家标准、需要在全国某个行业范围内统一的技术要求，可以制定行业标准。

行业标准由国务院有关行政主管部门制定，报国务院标准化行政主管部门备案。

第十三条 为满足地方自然条件、风俗习惯等特殊技术要求，可以制定地方标准。

地方标准由省、自治区、直辖市人民政府标准化行政主管部门制定；设区的市级人民政府标准化行政主管部门根据本行政区域的特殊需要，经所在地省、自治区、直辖市人民政府标准化行政主管部门批准，可以制定本行政区域的地方标准。地方标准由省、自治区、直辖市人民政府标准化行政主管部门报国务院标准化行政主管部门备案，由国务院标准化行政主管部门通报国务院有关行政主管部门。

第十四条 对保障人身健康和生命财产安全、国家安全、生态环境安全以及经济社会发展所急需的标准项目，制定标准的行政主管部门应当优先立项并及时完成。

第十五条 制定强制性标准、推荐性标准，应当在立项时对有关行政主管部门、企业、社会团体、消费者和教育、科研机构等方面的实际需求进行调查，对制定标准的必要性、可行性进行论证评估;在制定过程中,应当按照便捷有效的原则采取多种方式征求意见,组织对标准相关事项进行调查分析、实验、论证,并做到有关标准之间的协调配套。

第十六条 制定推荐性标准,应当组织由相关方组成的标准化技术委员会,承担标准的起草、技术审查工作。制定强制性标准,可以委托相关标准化技术委员会承担标准的起草、技术审查工作。未组成标准化技术委员会的,应当成立专家组承担相关标准的起草、技术审查工作。标准化技术委员会和专家组的组成应当具有广泛代表性。

第十七条 强制性标准文本应当免费向社会公开。国家推动免费向社会公开推荐性标准文本。

第十八条 国家鼓励学会、协会、商会、联合会、产业技术联盟等社会团体协调相关市场主体共同制定满足市场和创新需要的团体标准,由本团体成员约定采用或者按照本团体的规定供社会自愿采用。

制定团体标准,应当遵循开放、透明、公平的原则,保证各参与主体获取相关信息,反映各参与主体的共同需求,并应当组织对标准相关事项进行调查分析、实验、论证。

国务院标准化行政主管部门会同国务院有关行政主管部门对团体标准的制定进行规范、引导和监督。

第十九条 企业可以根据需要自行制定企业标准,或者与其他企业联合制定企业标准。

第二十条 国家支持在重要行业、战略性新兴产业、关键共性技术等领域利用自主创新技术制定团体标准、企业标准。

第二十一条 推荐性国家标准、行业标准、地方标准、团体标准、企业标准的技术要求不得低于强制性国家标准的相关技术要求。

国家鼓励社会团体、企业制定高于推荐性标准相关技术要求的团体标准、企业标准。

第二十二条 制定标准应当有利于科学合理利用资源,推广科学技术成果,增强产品的安全性、通用性、可替换性,提高经济效益、社会效益、生态效益,做到技术上先进、经济上合理。

禁止利用标准实施妨碍商品、服务自由流通等排除、限制市场竞争的行为。

第二十三条 国家推进标准化军民融合和资源共享,提升军民标准通用化水平,积极推动在国防和军队建设中采用先进适用的民用标准,并将先进适用的军用标准转化为民用标准。

第二十四条 标准应当按照编号规则进行编号。标准的编号规则由国务院标准化行政主管部门制定并公布。

第三章 标准的实施

第二十五条 不符合强制性标准的产品、服务,不得生产、销售、进口或者提供。

第二十六条 出口产品、服务的技术要求,按照合同的约定执行。

第二十七条 国家实行团体标准、企业标准自我声明公开和监督制度。企业应当公开其执行的强制性标准、推荐性标准、团体标准或者企业标准的编号和名称;企业执行自行制定的企业标准的,还应当公开产品、服务的功能指标和产品的性能指标。国家鼓励团体标准、企业标准通过标准信息公共服务平台向社会公开。

企业应当按照标准组织生产经营活动,其生产的产品、提供的服务应当符合企业公开标准的技术要求。

第二十八条 企业研制新产品、改进产品,进行技术改造,应当符合本法规定的标准化要求。

第二十九条 国家建立强制性标准实施情况统计分析报告制度。

国务院标准化行政主管部门和国务院有关行政主管部门、设区的市级以上地方人民政府标准化行政主管部门应当建立标准实施信息反馈和评估机制,根据反馈和评估情况对其制定的标准进行复审。标准的复审周期一般不超过五年。经过复审，对不适应经济社会发展需要和技术进步的应当及时修订或者废止。

第三十条 国务院标准化行政主管部门根据标准实施信息反馈、评估、复审情况，对有关标准之间重复交叉或者不衔接配套的，应当会同国务院有关行政主管部门作出处理或者通过国务院标准化协调机制处理。

第三十一条 县级以上人民政府应当支持开展标准化试点示范和宣传工作，传播标准化理念，推广标准化经验，推动全社会运用标准化方式组织生产、经营、管理和服务，发挥标准对促进转型升级、引领创新驱动的支撑作用。

第四章 监督管理

第三十二条 县级以上人民政府标准化行政主管部门、有关行政主管部门依据法定职责，对标准的制定进行指导和监督，对标准的实施进行监督检查。

第三十三条 国务院有关行政主管部门在标准制定、实施过程中出现争议的，由国务院标准化行政主管部门组织协商；协商不成的，由国务院标准化协调机制解决。

第三十四条 国务院有关行政主管部门、设区的市级以上地方人民政府标准化行政主管部门未依照本法规定对标准进行编号、复审或者备案的，国务院标准化行政主管部门应当要求其说明情况，并限期改正。

第三十五条 任何单位或者个人有权向标准化行政主管部门、有关行政主管部门举报、投诉违反本法规定的行为。

标准化行政主管部门、有关行政主管部门应当向社会公开受理举报、投诉的电话、信箱或者电子邮件地址，并安排人员受理举报、投诉。对实名举报人或者投诉人，受理举报、投诉的行政主管部门应当告知处理结果，为举报人保密，并按照国家有关规定对举报人给予奖励。

第五章　法律责任

第三十六条　生产、销售、进口产品或者提供服务不符合强制性标准，或者企业生产的产品、提供的服务不符合其公开标准的技术要求的，依法承担民事责任。

第三十七条　生产、销售、进口产品或者提供服务不符合强制性标准的，依照《中华人民共和国产品质量法》《中华人民共和国进出口商品检验法》《中华人民共和国消费者权益保护法》等法律、行政法规的规定查处，记入信用记录，并依照有关法律、行政法规的规定予以公示；构成犯罪的，依法追究刑事责任。

第三十八条　企业未依照本法规定公开其执行的标准的，由标准化行政主管部门责令限期改正；逾期不改正的，在标准信息公共服务平台上公示。

第三十九条　国务院有关行政主管部门、设区的市级以上地方人民政府标准化行政主管部门制定的标准不符合本法第二十一条第一款、第二十二条第一款规定的，应当及时改正；拒不改正的，由国务院标准化行政主管部门公告废止相关标准；对负有责任的领导人员和直接责任人员依法给予处分。

社会团体、企业制定的标准不符合本法第二十一条第一款、第二十二条第一款规定的，由标准化行政主管部门责令限期改正；逾期不改正的，由省级以上人民政府标准化行政主管部门废止相关标准，并在标准信息公共服务平台上公示。

违反本法第二十二条第二款规定，利用标准实施排除、限制市场竞争行为的，依照《中华人民共和国反垄断法》等法律、行政法规的规定处理。

第四十条　国务院有关行政主管部门、设区的市级以上地方人民政府标准化行政主管部门未依照本法规定对标准进行编号或者备案，又未依照本法第三十四条的规定改正的，由国务院标准化行政主管部门撤销相关标准编号或者公告废止未备案标准；对负有责任的领导人员和直接责任人员依法给予处分。

国务院有关行政主管部门、设区的市级以上地方人民政府标准化行政主管部门未依照本法规定对其制定的标准进行复审，又未依照本法第三十四条的规定改正的，对负有责任的领导人员和直接责任人员依法给予处分。

第四十一条 国务院标准化行政主管部门未依照本法第十条第二款规定对制定强制性国家标准的项目予以立项，制定的标准不符合本法第二十一条第一款、第二十二条第一款规定，或者未依照本法规定对标准进行编号、复审或者予以备案的，应当及时改正；对负有责任的领导人员和直接责任人员可以依法给予处分。

第四十二条 社会团体、企业未依照本法规定对团体标准或者企业标准进行编号的，由标准化行政主管部门责令限期改正；逾期不改正的，由省级以上人民政府标准化行政主管部门撤销相关标准编号，并在标准信息公共服务平台上公示。

第四十三条 标准化工作的监督、管理人员滥用职权、玩忽职守、徇私舞弊的，依法给予处分；构成犯罪的，依法追究刑事责任。

第六章 附 则

第四十四条 军用标准的制定、实施和监督办法，由国务院、中央军事委员会另行制定。

第四十五条 本法自 2018 年 1 月 1 日起施行。

全国人民代表大会常务委员会关于修改《中华人民共和国会计法》等十一部法律的决定

中华人民共和国主席令(第八十一号)　2017.11.04

第十二届全国人民代表大会常务委员会第三十次会议决定:

一、对《中华人民共和国会计法》作出修改

(一)将第三十二条第一款第四项修改为:"(四)从事会计工作的人员是否具备专业能力、遵守职业道德"。

(二)将第三十八条修改为:"会计人员应当具备从事会计工作所需要的专业能力。

"担任单位会计机构负责人(会计主管人员)的,应当具备会计师以上专业技术职务资格或者从事会计工作三年以上经历。

"本法所称会计人员的范围由国务院财政部门规定。"

(三)将第四十条第一款中的"不得取得或者重新取得会计从业资格证书"修改为"不得再从事会计工作"。

删去第二款。

(四)将第四十二条第三款修改为:"会计人员有第一款所列行为之一,情节严重的,五年内不得从事会计工作。"

(五)将第四十三条第二款、第四十四条第二款中的"对其中的会计人员,并由县级以上人民政府财政部门吊销会计从业资格证书"修改为"其中的会计人员,五年内不得从事会计工作"。

二、对《中华人民共和国海洋环境保护法》作出修改

(一)将第三十条第一款修改为:"入海排污口位置的选择,应当根据海洋功能区划、海水动力条件和有关规定,经科学论证后,报设区的市级以上人民政府环境保护行政主管部门备案。"

第二款修改为:"环境保护行政主管部门应当在完成备案后十五个工作日内将入海排污口设置情况通报海洋、海事、渔业行政主管部门和军队环境保护部门。"

(二)第七十七条增加一款,作为第二款:"海洋、海事、渔业行政主管部门和军队环境保护部门发现入海排污口设置违反本法第三十条第一款、第三款规定的,应当通报环境保护行政主管部门依照前款规定予以处罚。"

三、对《中华人民共和国文物保护法》作出修改

(一)将第二十条第二款修改为:"实施原址保护的,建设单位应当事先确定保护措施,根据文物保护单位的级别报相应的文物行政部门批准;未经批准的,不得开工建设。"

(二)将第四十条第二款修改为:"国有文物收藏单位之间因举办展览、科学研究等需借用馆藏文物的,应当报主管的文物行政部门备案;借用馆藏一级文物的,应当同时报国务院文物行政部门备案。"

(三)将第五十六条第一款修改为:"文物商店不得销售、拍卖企业不得拍卖本法第五十一条规定的文物。"

(四)将第五十七条第一款修改为:"省、自治区、直辖市人民政府文物行政部门应当建立文物购销、拍卖信息与信用管理系统。文物商店购买、销售文物,拍卖企业拍卖文物,应当按照国家有关规定作出记录,并于销售、拍卖文物后三十日内报省、自治区、直辖市人民政府文物行政部门备案。"

(五)第七十一条增加一款,作为第二款:"文物商店、拍卖企业有前款规定的违法行为的,由县级以上人民政府文物主管部门没收违法所得、非法经营的文物,违法经营额五万元以上的,并处违法经营额一倍以上三倍以下的罚款;违法经营额不足五万元的,并处五千元以上五万元以下的罚款;情节严重的,由原发证机关吊销许可证书。"

(六)将第七十三条第三项修改为:"(三)拍卖企业拍卖的文物,未经审核的"。

四、对《中华人民共和国海关法》作出修改

将第三十三条第一款修改为："企业从事加工贸易，应当按照海关总署的规定向海关备案。加工贸易制成品单位耗料量由海关按照有关规定核定。"

第三款修改为："加工贸易保税进口料件或者制成品内销的，海关对保税的进口料件依法征税；属于国家对进口有限制性规定的，还应当向海关提交进口许可证件。"

五、对《中华人民共和国中外合作经营企业法》作出修改

（一）删去第十二条第二款中的"报审查批准机关批准"。

（二）删去第二十五条中的"第十二条第二款"。

六、对《中华人民共和国母婴保健法》作出修改

（一）将第二十二条修改为："不能住院分娩的孕妇应当由经过培训、具备相应接生能力的接生人员实行消毒接生。"

（二）删去第三十三条第二款中的"以及从事家庭接生的人员"。

七、对《中华人民共和国民用航空法》作出修改

删去第一百四十七条第二款中的"并依法办理工商登记；未取得经营许可证的，工商行政管理部门不得办理工商登记"。

八、对《中华人民共和国公路法》作出修改

（一）将第六十条第二款修改为："有偿转让公路收费权的公路，收费权转让后，由受让方收费经营。收费权的转让期限由出让、受让双方约定，最长不得超过国务院规定的年限。"

（二）将第六十一条第一款修改为："本法第五十九条第一款第一项规定的公路中的国道收费权的转让，应当在转让协议签订之日起三十个工作日内报国务院交通主管部门备案；国道以外的其他公路收费权的转让，应当在转让协议签订之日起三十个工作日内报省、自治区、直辖市人民政府备案。"

九、对《中华人民共和国港口法》作出修改

（一）将第十七条中的"经依法办理有关手续，并经港口行政管理部门批准后，方可建设"修改为"经依法办理有关手续后，方可建设"。

（二）将第四十六条修改为："在港口建设的危险货物作业场所、实施卫生除害处理的专用场所与人口密集区或者港口客运设施的距离不符合国务院有关部门的规定的，由港口行政管理部门责令停止建设或者使用，限期改正，可以处五万元以下罚款。"

（三）删去第五十六条第一项中的"违法批准建设港口危险货物作业场所或者实施卫生除害处理的专用场所"。

十、对《中华人民共和国职业病防治法》作出修改

（一）将第三十五条第三款修改为："职业健康检查应当由取得《医疗机构执业许可证》的医疗卫生机构承担。卫生行政部门应当加强对职业健康检查工作的规范管理，具体管理办法由国务院卫生行政部门制定。"

（二）删去第四十六条第三款。

第四款改为第三款，修改为："职业病诊断证明书应当由参与诊断的取得职业病诊断资格的执业医师签署，并经承担职业病诊断的医疗卫生机构审核盖章。"

（三）删去第七十九条、第八十条中的"职业健康检查"。

十一、对《中华人民共和国境外非政府组织境内活动管理法》作出修改

删去第二十四条中的"聘请具有中国会计从业资格的会计人员依法进行会计核算"。

本决定自2017年11月5日起施行。

《中华人民共和国会计法》《中华人民共和国海洋环境保护法》《中华人民共和国文物保护法》《中华人民共和国海关法》《中华人民共和国中外合作经营企业法》《中华人民共和国母婴保健法》《中华人民共和国民用航空法》《中华人民共和国公路法》《中华人民共和国港口法》《中华人民共和国职业病防治法》《中华人民共和国境外非政府组织境内活动管理法》根据本决定作相应修改，重新公布。

中华人民共和国船舶吨税法

中华人民共和国主席令(第八十五号)　2017.12.27

第一条　自中华人民共和国境外港口进入境内港口的船舶(以下称应税船舶),应当依照本法缴纳船舶吨税(以下简称吨税)。

第二条　吨税的税目、税率依照本法所附的《吨税税目税率表》执行。

第三条　吨税设置优惠税率和普通税率。

中华人民共和国籍的应税船舶,船籍国(地区)与中华人民共和国签订含有相互给予船舶税费最惠国待遇条款的条约或者协定的应税船舶,适用优惠税率。

其他应税船舶,适用普通税率。

第四条　吨税按照船舶净吨位和吨税执照期限征收。

应税船舶负责人在每次申报纳税时,可以按照《吨税税目税率表》选择申领一种期限的吨税执照。

第五条　吨税的应纳税额按照船舶净吨位乘以适用税率计算。

第六条　吨税由海关负责征收。海关征收吨税应当制发缴款凭证。

应税船舶负责人缴纳吨税或者提供担保后,海关按照其申领的执照期限填发吨税执照。

第七条　应税船舶在进入港口办理入境手续时,应当向海关申报纳税领取吨税执照,或者交验吨税执照(或者申请核验吨税执照电子信息)。应税船舶在离开港口办理出境手续时,应当交验吨税执照(或者申请核验吨税执照电子信息)。

应税船舶负责人申领吨税执照时，应当向海关提供下列文件：

（一）船舶国籍证书或者海事部门签发的船舶国籍证书收存证明；

（二）船舶吨位证明。

应税船舶因不可抗力在未设立海关地点停泊的，船舶负责人应当立即向附近海关报告，并在不可抗力原因消除后，依照本法规定向海关申报纳税。

第八条 吨税纳税义务发生时间为应税船舶进入港口的当日。

应税船舶在吨税执照期满后尚未离开港口的，应当申领新的吨税执照，自上一次执照期满的次日起续缴吨税。

第九条 下列船舶免征吨税：

（一）应纳税额在人民币五十元以下的船舶；

（二）自境外以购买、受赠、继承等方式取得船舶所有权的初次进口到港的空载船舶；

（三）吨税执照期满后二十四小时内不上下客货的船舶；

（四）非机动船舶（不包括非机动驳船）；

（五）捕捞、养殖渔船；

（六）避难、防疫隔离、修理、改造、终止运营或者拆解，并不上下客货的船舶；

（七）军队、武装警察部队专用或者征用的船舶；

（八）警用船舶；

（九）依照法律规定应当予以免税的外国驻华使领馆、国际组织驻华代表机构及其有关人员的船舶；

（十）国务院规定的其他船舶。

前款第十项免税规定，由国务院报全国人民代表大会常务委员会备案。

第十条 在吨税执照期限内，应税船舶发生下列情形之一的，海关按照实际发生的天数批注延长吨税执照期限：

（一）避难、防疫隔离、修理、改造，并不上下客货；

（二）军队、武装警察部队征用。

第十一条　符合本法第九条第一款第五项至第九项、第十条规定的船舶，应当提供海事部门、渔业船舶管理部门或者出入境检验检疫部门等部门、机构出具的具有法律效力的证明文件或者使用关系证明文件，申明免税或者延长吨税执照期限的依据和理由。

第十二条　应税船舶负责人应当自海关填发吨税缴款凭证之日起十五日内缴清税款。未按期缴清税款的，自滞纳税款之日起至缴清税款之日止，按日加收滞纳税款万分之五的税款滞纳金。

第十三条　应税船舶到达港口前，经海关核准先行申报并办结出入境手续的，应税船舶负责人应当向海关提供与其依法履行吨税缴纳义务相适应的担保；应税船舶到达港口后，依照本法规定向海关申报纳税。

下列财产、权利可以用于担保：

（一）人民币、可自由兑换货币；

（二）汇票、本票、支票、债券、存单；

（三）银行、非银行金融机构的保函；

（四）海关依法认可的其他财产、权利。

第十四条　应税船舶在吨税执照期限内，因修理、改造导致净吨位变化的，吨税执照继续有效。应税船舶办理出入境手续时，应当提供船舶经过修理、改造的证明文件。

第十五条　应税船舶在吨税执照期限内，因税目税率调整或者船籍改变而导致适用税率变化的，吨税执照继续有效。

因船籍改变而导致适用税率变化的，应税船舶在办理出入境手续时，应当提供船籍改变的证明文件。

第十六条　吨税执照在期满前毁损或者遗失的，应当向原发照海关书面申请核发吨税执照副本，不再补税。

第十七条　海关发现少征或者漏征税款的，应当自应税船舶应当缴纳税款之日起一年内，补征税款。但因应税船舶违反规定造成少征或者漏征税款的,海关可以自应当缴纳税款之日起三年内追征税款,并自应当缴纳税款之日起按日加征少征或者漏征税款万分之五的税款滞纳金。

海关发现多征税款的,应当在二十四小时内通知应税船舶办理退还手续,并加算银行同期活期存款利息。

应税船舶发现多缴税款的,可以自缴纳税款之日起三年内以书面形式要求海关退还多缴的税款并加算银行同期活期存款利息;海关应当自受理退税申请之日起三十日内查实并通知应税船舶办理退还手续。

应税船舶应当自收到本条第二款、第三款规定的通知之日起三个月内办理有关退还手续。

第十八条 应税船舶有下列行为之一的,由海关责令限期改正,处二千元以上三万元以下的罚款;不缴或者少缴应纳税款的,处不缴或者少缴税款百分之五十以上五倍以下的罚款,但罚款不得低于二千元:

(一)未按照规定申报纳税、领取吨税执照;

(二)未按照规定交验吨税执照(或者申请核验吨税执照电子信息)以及提供其他证明文件。

第十九条 吨税税款、税款滞纳金、罚款以人民币计算。

第二十条 吨税的征收,本法未作规定的,依照有关税收征收管理的法律、行政法规的规定执行。

第二十一条 本法及所附《吨税税目税率表》下列用语的含义:

净吨位,是指由船籍国(地区)政府签发或者授权签发的船舶吨位证明书上标明的净吨位。

非机动船舶,是指自身没有动力装置,依靠外力驱动的船舶。

非机动驳船,是指在船舶登记机关登记为驳船的非机动船舶。

捕捞、养殖渔船,是指在中华人民共和国渔业船舶管理部门登记为捕捞船或者养殖船的船舶。

拖船,是指专门用于拖(推)动运输船舶的专业作业船舶。

吨税执照期限，是指按照公历年、日计算的期间。

第二十二条 本法自2018年7月1日起施行。2011年12月5日国务院公布的《中华人民共和国船舶吨税暂行条例》同时废止。

附

吨税税目税率表

<table>
<tr><th rowspan="3">税目
（按船舶净吨位划分）</th><th colspan="6">税率（元/净吨）</th><th rowspan="3">备　注</th></tr>
<tr><th colspan="3">普通税率
（按执照期限划分）</th><th colspan="3">优惠税率
（按执照期限划分）</th></tr>
<tr><th>1年</th><th>90日</th><th>30日</th><th>1年</th><th>90日</th><th>30日</th></tr>
<tr><td>不超过2000净吨</td><td>12.6</td><td>4.2</td><td>2.1</td><td>9.0</td><td>3.0</td><td>1.5</td><td rowspan="4">1. 拖船按照发动机功率每千瓦折合净吨位0.67吨。
2. 无法提供净吨位证明文件的游艇，按照发动机功率每千瓦折合净吨位0.05吨。
3. 拖船和非机动驳船分别按相同净吨位船舶税率的50%计征税款。</td></tr>
<tr><td>超过2000净吨，但不超过10000净吨</td><td>24.0</td><td>8.0</td><td>4.0</td><td>17.4</td><td>5.8</td><td>2.9</td></tr>
<tr><td>超过10000净吨，但不超过50000净吨</td><td>27.6</td><td>9.2</td><td>4.6</td><td>19.8</td><td>6.6</td><td>3.3</td></tr>
<tr><td>超过50000净吨</td><td>31.8</td><td>10.6</td><td>5.3</td><td>22.8</td><td>7.6</td><td>3.8</td></tr>
</table>

国务院关于修改和废止部分行政法规的决定

中华人民共和国国务院令第676号　2017.03.01

为了依法推进简政放权、放管结合、优化服务改革，国务院对取消行政审批项目、中介服务事项、职业资格许可事项和企业投资项目核准前置审批改革涉及的行政法规，以及不利于稳增长、促改革、调结构、惠民生的行政法规，进行了清理。经过清理，国务院决定：

一、对36部行政法规的部分条款予以修改。（附件1）

二、对3部行政法规予以废止。（附件2）

本决定自公布之日起施行。

附件：1. 国务院决定修改的行政法规

2. 国务院决定废止的行政法规

附件1

国务院决定修改的行政法规

一、删去《城市绿化条例》第十一条第三款、第十六条。

第二十二条改为第二十一条,修改为:"在城市的公共绿地内开设商业、服务摊点的,应当持工商行政管理部门批准的营业执照,在公共绿地管理单位指定的地点从事经营活动,并遵守公共绿地和工商行政管理的规定。"

第二十四条改为第二十三条,修改为:"为保证管线的安全使用需要修剪树木时,应当按照兼顾管线安全使用和树木正常生长的原则进行修剪。承担修剪费用的办法,由城市人民政府规定。

"因不可抗力致使树木倾斜危及管线安全时,管线管理单位可以先行扶正或者砍伐树木,但是,应当及时报告城市人民政府城市绿化行政主管部门和绿地管理单位。"

第二十六条改为第二十五条,修改为:"工程建设项目的附属绿化工程设计方案,未经批准或者未按照批准的设计方案施工的,由城市人民政府城市绿化行政主管部门责令停止施工、限期改正或者采取其他补救措施。"

第二十七条改为第二十六条,第二项修改为:"(二)擅自砍伐城市树木的"。

第二十九条改为第二十八条,删去第一款。第二款修改为:"对不服从公共绿地管理单位管理的商业、服务摊点,由城市人民政府城市绿化行政主管部门或者其授权的单位给予警告,可以并处罚款;情节严重的,可以提请工商行政管理部门吊销营业执照。"

二、删去《中华人民共和国海洋倾废管理条例》第十二条第三款。

三、将《防止拆船污染环境管理条例》第十一条第二款修改为:“废油船在拆解前,必须进行洗舱、排污、清舱、测爆等工作。”

四、将《中华人民共和国河道管理条例》第十一条第一款修改为:“修建开发水利、防治水害、整治河道的各类工程和跨河、穿河、穿堤、临河的桥梁、码头、道路、渡口、管道、缆线等建筑物及设施,建设单位必须按照河道管理权限,将工程建设方案报送河道主管机关审查同意。未经河道主管机关审查同意的,建设单位不得开工建设。”

第二十九条修改为:“江河的故道、旧堤、原有工程设施等,不得擅自填堵、占用或者拆毁。”

五、删去《实验动物管理条例》第二十三条、第二十四条第一款、第二十七条。

六、将《放射性药品管理办法》第四条修改为:“国务院药品监督管理部门负责全国放射性药品监督管理工作。国务院国防科技工业主管部门依据职责负责与放射性药品有关的管理工作。国务院环境保护主管部门负责与放射性药品有关的辐射安全与防护的监督管理工作。”

删去第五条。

第六条改为第五条,第三款修改为:“放射性新药的分类,按国务院药品监督管理部门有关药品注册的规定办理。”

第七条改为第六条,修改为:“研制单位研制的放射性新药,在进行临床试验或者验证前,应当向国务院药品监督管理部门提出申请,按规定报送资料及样品,经国务院药品监督管理部门审批同意后,在国务院药品监督管理部门指定的药物临床试验机构进行临床研究。”

第八条改为第七条,将其中的“卫生部”修改为“国务院药品监督管理部门”,“能源部”修改为“国务院国防科技工业主管部门”。

第九条改为第八条,将其中的“卫生部”修改为“国务院药品监督管理部门”。

删去第十条。

第十一条改为第九条,修改为:“国家根据需要,对放射性药品的生产企业实行合理布局。”

第十二条改为第十条,修改为:“开办放射性药品生产、经营企业,必须具备《药品管理法》规定的条件,符合国家有关放射性同位素安全和防护的规定与标准,并履行环境影响评价文件的审批手续;开办放射性药品生产企业,经国务院国防科技工业主管部门审查同意,国务院药品监督管理部门审核批准后,由所在省、自治区、直辖市药品监督管理部门发给《放射性药品生产企业许可证》;开办放射性药品经营企业,经国务院药品监督管理部门审核并征求国务院国防科技工业主管部门意见后批准的,由所在省、自治区、直辖市药品监督管理部门发给《放射性药品经营企业许可证》。无许可证的生产、经营企业,一律不准生产、销售放射性药品。”

第十三条改为第十一条,将其中的“卫生行政”修改为“药品监督管理”,“第十二条”修改为“第十条”。

第十四条改为第十二条,修改为:“放射性药品生产企业生产已有国家标准的放射性药品,必须经国务院药品监督管理部门征求国务院国防科技工业主管部门意见后审核批准,并发给批准文号。凡是改变国务院药品监督管理部门已批准的生产工艺路线和药品标准的,生产单位必须按原报批程序提出补充申请,经国务院药品监督管理部门批准后方能生产。”

第十六条改为第十四条,第二款修改为:“经国务院药品监督管理部门审核批准的含有短半衰期放射性核素的药品,可以边检验边出厂,但发现质量不符合国家药品标准时,该药品的生产企业应当立即停止生产、销售,并立即通知使用单位停止使用,同时报告国务院药品监督管理、卫生行政、国防科技工业主管部门。”

第十七条改为第十五条,修改为:“放射性药品的生产、经营单位和医疗单位凭省、自治区、直辖市药品监督管理部门发给的《放射性药品生产企业许可证》《放射性药品经营企业许可证》,医疗单位凭省、自治区、直辖市药品监督管理部门发给的《放射性药品使用许可证》,开展放射性药品的购销活动。”

第十八条改为第十六条,修改为:“进口的放射性药品品种,必须符合我国的药品标准或者其他药用要求,并依照《药品管理法》的规定取得进口药品注册证书。

“进出口放射性药品,应当按照国家有关对外贸易、放射性同位素安全和防护的规定,办理进出口手续。”

第十九条改为第十七条,修改为:“进口放射性药品,必须经国务院药品监督管理部门指定的药品检验机构抽样检验;检验合格的,方准进口。

“对于经国务院药品监督管理部门审核批准的含有短半衰期放射性核素的药品,在保证安全使用的情况下,可以采取边进口检验,边投入使用的办法。进口检验单位发现药品质量不符合要求时,应当立即通知使用单位停止使用,并报告国务院药品监督管理、卫生行政、国防科技工业主管部门。”

第二十三条改为第二十一条,第一款修改为:“医疗单位使用放射性药品,必须符合国家有关放射性同位素安全和防护的规定。所在地的省、自治区、直辖市药品监督管理部门,应当根据医疗单位核医疗技术人员的水平、设备条件,核发相应等级的《放射性药品使用许可证》,无许可证的医疗单位不得临床使用放射性药品。”

第二十四条改为第二十二条,修改为:“医疗单位配制、使用放射性制剂,应当符合《药品管理法》及其实施条例的相关规定。”

第二十五条改为第二十三条,修改为:“持有《放射性药品使用许可证》的医疗单位,必须负责对使用的放射性药品进行临床质量检验,收集药品不良反应等项工作,并定期向所在地药品监督管理、卫生行政部门报告。由省、自治区、直辖市药品监督管理、卫生行政部门汇总后分别报国务院药品监督管理、卫生行政部门。”

第二十七条改为第二十五条,将其中的“卫生部”修改为“国务院药品监督管理部门”。

第二十八条改为第二十六条,修改为:“放射性药品的检验由国务院药品监督管理部门公布的药品检验机构承担。”

第二十九条改为第二十七条,修改为:“对违反本办法规定的单位或者个人,由县以上药品监督管理、卫生行政部门,按照《药品管理法》和有关法规的规定处罚。”

删去第三十条。

七、删去《学校体育工作条例》第十四条第二款。

八、将《中华人民共和国防治海岸工程建设项目污染损害海洋环境管理条例》第七条第一款修改为:“海岸工程建设项目的建设单位,应当依法编制环境影响报告书(表),报环境保护主管部门审批。”第二款修改为:“环境保护主管部门在批准海岸工程建设项目的环境影响报告书(表)之前,应当征求海洋、海事、渔业主管部门和军队环境保护部门的意见。”

九、删去《中华人民共和国档案法实施办法》第十七条。

十、将《中华人民共和国计量法实施细则》第二十九条第一款修改为:“国家法定计量检定机构的计量检定人员,必须经考核合格。”

第三十一条第一项修改为:“(一)被授权单位执行检定、测试任务的人员,必须经考核合格”。

第五十八条第五项修改为:“(五)未经考核合格执行计量检定的。”

十一、将《城市市容和环境卫生管理条例》第三十三条修改为:“按国家行政建制设立的市的市区内,禁止饲养鸡、鸭、鹅、兔、羊、猪等家畜家禽;因教学、科研以及其他特殊需要饲养的除外。”

删去第三十五条中的“未经批准擅自”。

十二、将《食盐加碘消除碘缺乏危害管理条例》第二十条第一款修改为:“为防治疾病,在碘盐中同时添加其他营养强化剂的,应当符合《中华人民共和国食品安全法》的相关规定,并标明销售范围。”

十三、将《中华人民共和国中外合作经营企业法实施细则》第四十四条第一款修改为:“中外合作者在合作企业合同中约定合作期限届满时,合作企业的全部固定资产无偿归中国合作者所有的,外国合作者在合作期限内,可以在按照投资或者提供合作条件进行分配的基础上,在合作企业合同中约定扩大外国合作者的收益分配比例,先行回收其投资。”

删去第四十五条第一款。

十四、将《城市道路管理条例》第十条第二款修改为:“单位投资建设城市道路的,应当符合城市道路发展规划。”

删去第三十二条第二款、第三款。

十五、将《广播电视管理条例》第十三条第一款修改为:“广播电台、电视台变更台名、节目设置范围或者节目套数,省级以上人民政府广播电视行政部门设立的广播电台、电视台或者省级以上人民政府教育行政部门设立的电视台变更台标的,应当经国务院广播电视行政部门批准。”

十六、将《饲料和饲料添加剂管理条例》第十二条第一款中的“应当委托中国境内代理机构向国务院农业行政主管部门申请登记”修改为“由出口方驻中国境内的办事机构或者其委托的中国境内代理机构向国务院农业行政主管部门申请登记”。

十七、删去《印刷业管理条例》第五条第一款中的“会同国务院公安部门”。

增加一条,作为第十三条:“出版行政部门应当按照国家社会信用信息平台建设的总体要求,与公安部门、工商行政管理部门或者其他有关部门实现对印刷企业信息的互联共享。”

第十四条改为第十五条,删去第一款中的“并按照国家有关规定向公安部门备案”。

第三十条改为第三十一条,第一款修改为:“印刷布告、通告、重大活动工作证、通行证、在社会上流通使用的票证的,委托印刷单位必须向印刷企业出具主管部门的证明。印刷企业必须验证主管部门的证明,并保存主管部门的证明副本 2 年,以备查验;并且不得再委托他人印刷上述印刷品。”

第三十八条改为第三十九条,第二款修改为:“单位内部设立印刷厂(所)违反本条例的规定,没有向所在地县级以上地方人民政府出版行政部门、保密工作部门办理登记手续的，由县级以上地方人民政府出版行政部门、保密工作部门依据法定职权责令改正，给予警告；情节严重的，责令停业整顿。”

第四十二条改为第四十三条，修改为：“有下列行为之一的，由出版行政部门给予警告，没收印刷品和违法所得，违法经营额1万元以上的，并处违法经营额5倍以上10倍以下的罚款；违法经营额不足1万元的，并处1万元以上5万元以下的罚款；情节严重的，责令停业整顿或者吊销印刷经营许可证；构成犯罪的，依法追究刑事责任：

“（一）印刷布告、通告、重大活动工作证、通行证、在社会上流通使用的票证，印刷企业没有验证主管部门的证明的，或者再委托他人印刷上述印刷品的；

“（二）印刷业经营者伪造、变造学位证书、学历证书等国家机关公文、证件或者企业事业单位、人民团体公文、证件的。

“印刷布告、通告、重大活动工作证、通行证、在社会上流通使用的票证，委托印刷单位没有取得主管部门证明的，由县级以上人民政府出版行政部门处以500元以上5000元以下的罚款。”

十八、删去《地震安全性评价管理条例》第十二条、第十三条、第十五条。

十九、删去《中国公民出国旅游管理办法》第十条第二款。第三款修改为：“领队在带团时，应当遵守本办法及国务院旅游行政部门的有关规定。”

第二十九条、第三十条、第三十一条、第三十二条中的“领队证”修改为“导游证”。

二十、将《地质资料管理条例》第十五条第二款修改为：“前款规定以外的地质资料，自汇交之日起90日内，由地质资料馆或者地质资料保管单位予以公开。需要保护的，由接收地质资料的单位按照国务院地质矿产主管部门的规定予以保护。”

二十一、将《中华人民共和国内河交通安全管理条例》第十八条修改为：“船舶进出内河港口，应当向海事管理机构报告船舶的航次计划、适航状态、船员配备和载货载客等情况。”

第六十八条第二项修改为:“(二)未按照规定向海事管理机构报告船舶的航次计划、适航状态、船员配备和载货载客等情况的”。

二十二、将《中华人民共和国文物保护法实施条例》第二十条第一项修改为:“(一)有4名以上接受过考古专业训练且主持过考古发掘项目的人员”。

第二十二条修改为:“考古发掘项目实行项目负责人负责制度。”

第三十五条修改为:“为制作出版物、音像制品等拍摄馆藏文物的,应当征得文物收藏单位同意,并签署拍摄协议,明确文物保护措施和责任。文物收藏单位应当自拍摄工作完成后10个工作日内,将拍摄情况向文物行政主管部门报告。”

第四十三条第一款中的“核准其销售、拍卖文物的文物行政主管部门”修改为“省、自治区、直辖市人民政府文物行政主管部门”。

第四十四条修改为:“国务院文物行政主管部门指定的文物进出境审核机构,应当有5名以上取得中级以上文物博物专业技术职务的文物进出境责任鉴定人员。”

第四十五条中的“文物进出境责任鉴定员”修改为“文物进出境责任鉴定人员”。

删去第五十八条中的“拍摄”。增加一款,作为第二款:“文物收藏单位违反本条例规定,未在规定期限内将文物拍摄情况向文物行政主管部门报告的,由文物行政主管部门责令限期改正;逾期不改正的,对负有责任的主管人员和其他直接责任人员依法给予行政处分。”

二十三、将《中华人民共和国进出口关税条例》第十六条第三项中的“暂准”修改为“暂时”。

删去第四十二条第一款中的“经海关批准”,将“经纳税义务人申请,海关可以根据海关总署的规定延长复运出境或者复运进境的期限”修改为“需要延长复运出境或者复运进境期限的,纳税义务人应当根据海关总署的规定向海关办理延期手续”。第二款、第三款中的“暂准”修改为“暂时”。

二十四、将《直销管理条例》第十一条修改为:“直销企业有关本条例第八条第一项、第二项、第三项、第五项、第六项、第七项所列内容发生重大变更的,应当依照本条例第九条第一款规定的程序报国务院商务主管部门批准。”

二十五、将《中华人民共和国进出口商品检验法实施条例》第六条第一款中的“暂准”修改为“暂时”。

二十六、删去《取水许可和水资源费征收管理条例》第十一条第二款中的“由具备建设项目水资源论证资质的单位编制的”。

第二十一条修改为:“取水申请经审批机关批准,申请人方可兴建取水工程或者设施。”

删去第四十七条第一款第四项。第二款中的“(六)”修改为“(五)”。

二十七、删去《防治海洋工程建设项目污染损害海洋环境管理条例》第十条第三款、第四款。

删去第十三条第二款。

二十八、将《期货交易管理条例》第二十二条修改为:“其他期货经营机构从事期货投资咨询业务,应当遵守国务院期货监督管理机构的规定。”

二十九、将《中华人民共和国船员条例》第七十条修改为:“引航员的培训依照本条例有关船员培训的规定执行。引航员管理的具体办法由国务院交通主管部门制订。”

三十、删去《中华人民共和国水文条例》第二十四条第二款第二项中的“并经考试合格”。

三十一、删去《对外承包工程管理条例》第二章。

删去第二十四条。

第二十五条改为第二十条,第二十六条改为第二十一条,均删去其中的“商务主管部门可以吊销其对外承包工程资格证书;对工程建设类单位”。

三十二、将《公共机构节能条例》第二十条第二款修改为:“国务院和县级以上地方各级人民政府负责审批固定资产投资项目的部门，应当严格控制公共机构建设项目的建设规模和标准，统筹兼顾节能投资和效益，对建设项目进行节能评估和审查，未通过节能评估和审查的项目，不得开工建设；政府投资项目未通过节能评估和审查的，依法负责项目审批的部门不得批准建设。”

删去第三十九条第一款中的“或者核准”。

三十三、将《旅行社条例》第三十一条修改为：“旅行社为接待旅游者委派的导游人员，应当持有国家规定的导游证。

“取得出境旅游业务经营许可的旅行社为组织旅游者出境旅游委派的领队，应当取得导游证，具有相应的学历、语言能力和旅游从业经历，并与委派其从事领队业务的旅行社订立劳动合同。旅行社应当将本单位领队名单报所在地设区的市级旅游行政管理部门备案。”

第五十七条修改为：“违反本条例的规定，旅行社委派的导游人员未持有国家规定的导游证或者委派的领队人员不具备规定的领队条件的，由旅游行政管理部门责令改正，对旅行社处 2 万元以上 10 万元以下的罚款。”

删去第五十九条中的“或者领队证”。

删去第六十三条中的“领队证”。

三十四、将《防治船舶污染海洋环境管理条例》第十七条修改为：“船舶污染物接收单位从事船舶垃圾、残油、含油污水、含有毒有害物质污水接收作业，应当编制作业方案，遵守相关操作规程，并采取必要的防污染措施。船舶污染物接收单位应当将船舶污染物接收情况按照规定向海事管理机构报告。”

第十八条修改为：“船舶污染物接收单位接收船舶污染物，应当向船舶出具污染物接收单证，经双方签字确认并留存至少 2 年。污染物接收单证应当注明作业双方名称，作业开始和结束的时间、地点，以及污染物种类、数量等内容。船舶应当将污染物接收单证保存在相应的记录簿中。”

第二十二条修改为：“载运污染危害性货物进出港口的船舶，

其承运人、货物所有人或者代理人，应当向海事管理机构提出申请，经批准方可进出港口或者过境停留。”

删去第三十条第一款中的“并经海事管理机构检查合格，方可进行船舶拆解作业”。

删去第三十二条第一款。

删去第四十二条第二款、第三款。

第六十条修改为：“违反本条例的规定，船舶污染物接收单位从事船舶垃圾、残油、含油污水、含有毒有害物质污水接收作业，未编制作业方案、遵守相关操作规程、采取必要的防污染措施的，由海事管理机构处1万元以上5万元以下的罚款；造成海洋环境污染的，处5万元以上25万元以下的罚款。”

第六十一条修改为：“违反本条例的规定，船舶污染物接收单位未按照规定向海事管理机构报告船舶污染物接收情况，或者未按照规定向船舶出具污染物接收单证，或者未按照规定将船舶污染物的接收和处理情况报海事管理机构备案的，由海事管理机构处2万元以下的罚款。”

第六十二条第一项修改为：“（一）船舶未按照规定保存污染物接收单证的”。

删去第六十四条中的“进行装卸”。

第六十九条中的“未经海事管理机构批准”修改为“未按照国家规定的标准”。

三十五、将《中华人民共和国招标投标法实施条例》第十二条修改为：“招标代理机构应当拥有一定数量的具备编制招标文件、组织评标等相应能力的专业人员。”

删去第七十八条。

三十六、将《国内水路运输管理条例》第十四条第三款修改为：“海事管理机构在现场监督检查时，发现从事水路运输的船舶不能提供有效的船舶营运证件的，应当通知有关主管部门依法处理。”

此外，对相关行政法规中的条文序号作相应调整。

附件 2

国务院决定废止的行政法规

一、城乡集市贸易管理办法(1983 年 2 月 5 日国务院发布)

二、工资基金暂行管理办法(1985 年 9 月 24 日国务院发布)

三、国家体育锻炼标准施行办法(1989 年 12 月 9 日国务院批准,1990 年 1 月 6 日国家体育运动委员会令第 10 号发布)

无证无照经营查处办法

中华人民共和国国务院令第 684 号　2017.08.06

第一条　为了维护社会主义市场经济秩序,促进公平竞争,保护经营者和消费者的合法权益,制定本办法。

第二条　任何单位或者个人不得违反法律、法规、国务院决定的规定,从事无证无照经营。

第三条　下列经营活动,不属于无证无照经营:

(一)在县级以上地方人民政府指定的场所和时间,销售农副产品、日常生活用品,或者个人利用自己的技能从事依法无须取得许可的便民劳务活动;

(二)依照法律、行政法规、国务院决定的规定,从事无须取得许可或者办理注册登记的经营活动。

第四条　县级以上地方人民政府负责组织、协调本行政区域的无证无照经营查处工作,建立有关部门分工负责、协调配合的无证无照经营查处工作机制。

第五条　经营者未依法取得许可从事经营活动的,由法律、法规、国务院决定规定的部门予以查处;法律、法规、国务院决定没有规定或者规定不明确的,由省、自治区、直辖市人民政府确定的部门予以查处。

第六条　经营者未依法取得营业执照从事经营活动的,由履行工商行政管理职责的部门(以下称工商行政管理部门)予以查处。

第七条　经营者未依法取得许可且未依法取得营业执照从事经营活动的,依照本办法第五条的规定予以查处。

第八条　工商行政管理部门以及法律、法规、国务院决定规定的部门和省、自治区、直辖市人民政府确定的部门(以下统称查处部门)应当依法履行职责,密切协同配合,利用信息网络平台加强信息共享;发现不属于本部门查处职责的无证无照经营,应当及时通报有关部门。

第九条 任何单位或者个人有权向查处部门举报无证无照经营。

查处部门应当向社会公开受理举报的电话、信箱或者电子邮件地址,并安排人员受理举报,依法予以处理。对实名举报的,查处部门应当告知处理结果,并为举报人保密。

第十条 查处部门依法查处无证无照经营,应当坚持查处与引导相结合、处罚与教育相结合的原则,对具备办理证照的法定条件、经营者有继续经营意愿的,应当督促、引导其依法办理相应证照。

第十一条 县级以上人民政府工商行政管理部门对涉嫌无照经营进行查处,可以行使下列职权:

(一)责令停止相关经营活动;

(二)向与涉嫌无照经营有关的单位和个人调查了解有关情况;

(三)进入涉嫌从事无照经营的场所实施现场检查;

(四)查阅、复制与涉嫌无照经营有关的合同、票据、账簿以及其他有关资料。

对涉嫌从事无照经营的场所,可以予以查封;对涉嫌用于无照经营的工具、设备、原材料、产品(商品)等物品,可以予以查封、扣押。

对涉嫌无证经营进行查处,依照相关法律、法规的规定采取措施。

第十二条 从事无证经营的,由查处部门依照相关法律、法规的规定予以处罚。

第十三条 从事无照经营的,由工商行政管理部门依照相关法律、行政法规的规定予以处罚。法律、行政法规对无照经营的处罚没有明确规定的，由工商行政管理部门责令停止违法行为，没收违法所得，并处1万元以下的罚款。

第十四条 明知属于无照经营而为经营者提供经营场所，或者提供运输、保管、仓储等条件的，由工商行政管理部门责令停止违法行为，没收违法所得，可以处5000元以下的罚款。

第十五条 任何单位或者个人从事无证无照经营的，由查处部门记入信用记录，并依照相关法律、法规的规定予以公示。

第十六条 妨害查处部门查处无证无照经营，构成违反治安管理行为的，由公安机关依照《中华人民共和国治安管理处罚法》的规定予以处罚。

第十七条 查处部门及其工作人员滥用职权、玩忽职守、徇私舞弊的，对负有责任的领导人员和直接责任人员依法给予处分。

第十八条 违反本办法规定，构成犯罪的，依法追究刑事责任。

第十九条 本办法自2017年10月1日起施行。2003年1月6日国务院公布的《无照经营查处取缔办法》同时废止。

国务院关于修改《行政法规制定程序条例》的决定

中华人民共和国国务院令第694号　2017.12.22

国务院决定对《行政法规制定程序条例》作如下修改：

一、将第三条修改为："制定行政法规，应当贯彻落实党的路线方针政策和决策部署，符合宪法和法律的规定，遵循立法法确定的立法原则。"

二、增加一条，作为第四条："制定政治方面法律的配套行政法规，应当按照有关规定及时报告党中央。

"制定经济、文化、社会、生态文明等方面重大体制和重大政策调整的重要行政法规，应当将行政法规草案或者行政法规草案涉及的重大问题按照有关规定及时报告党中央。"

三、将第七条改为第八条，修改为："国务院有关部门认为需要制定行政法规的，应当于国务院编制年度立法工作计划前，向国务院报请立项。

"国务院有关部门报送的行政法规立项申请，应当说明立法项目所要解决的主要问题、依据的党的路线方针政策和决策部署，以及拟确立的主要制度。

"国务院法制机构应当向社会公开征集行政法规制定项目建议。"

四、将第八条改为第九条，第一款修改为："国务院法制机构应当根据国家总体工作部署，对行政法规立项申请和公开征集的行政法规制定项目建议进行评估论证，突出重点，统筹兼顾，拟订国务院年度立法工作计划，报党中央、国务院批准后向社会公布。"

第二款第一项修改为：“（一）贯彻落实党的路线方针政策和决策部署，适应改革、发展、稳定的需要”。

五、将第九条改为第十条，第一款修改为：“对列入国务院年度立法工作计划的行政法规项目，承担起草任务的部门应当抓紧工作，按照要求上报国务院；上报国务院前，应当与国务院法制机构沟通。”

增加一款，作为第二款：“国务院法制机构应当及时跟踪了解国务院各部门落实国务院年度立法工作计划的情况，加强组织协调和督促指导。”

六、将第十一条改为第十二条，修改为：“起草行政法规，应当符合本条例第三条、第四条的规定，并符合下列要求：

“（一）弘扬社会主义核心价值观；

“（二）体现全面深化改革精神，科学规范行政行为，促进政府职能向宏观调控、市场监管、社会管理、公共服务、环境保护等方面转变；

“（三）符合精简、统一、效能的原则，相同或者相近的职能规定由一个行政机关承担，简化行政管理手续；

“（四）切实保障公民、法人和其他组织的合法权益，在规定其应当履行的义务的同时，应当规定其相应的权利和保障权利实现的途径；

“（五）体现行政机关的职权与责任相统一的原则，在赋予有关行政机关必要的职权的同时，应当规定其行使职权的条件、程序和应承担的责任。”

七、将第十二条改为第十三条，修改为：“起草行政法规，起草部门应当深入调查研究，总结实践经验，广泛听取有关机关、组织和公民的意见。涉及社会公众普遍关注的热点难点问题和经济社会发展遇到的突出矛盾，减损公民、法人和其他组织权利或者增加其义务，对社会公众有重要影响等重大利益调整事项的，应当进行论证咨询。听取意见可以采取召开座谈会、论证会、听证会等多种形式。

“起草行政法规，起草部门应当将行政法规草案及其说明等向社会公布，征求意见，但是经国务院决定不公布的除外。向社会公布征求意见的期限一般不少于 30 日。

“起草专业性较强的行政法规，起草部门可以吸收相关领域的专家参与起草工作，或者委托有关专家、教学科研单位、社会组织起草。”

八、将第十三条改为第十四条，修改为：“起草行政法规，起草部门应当就涉及其他部门的职责或者与其他部门关系紧密的规定，与有关部门充分协商，涉及部门职责分工、行政许可、财政支持、税收优惠政策的，应当征得机构编制、财政、税务等相关部门同意。”

九、将第十五条改为第十六条，修改为：“起草部门向国务院报送的行政法规草案送审稿（以下简称行政法规送审稿），应当由起草部门主要负责人签署。

“起草行政法规，涉及几个部门共同职责需要共同起草的，应当共同起草，达成一致意见后联合报送行政法规送审稿。几个部门共同起草的行政法规送审稿，应当由该几个部门主要负责人共同签署。”

十、将第十六条改为第十七条，第二款修改为：“行政法规送审稿的说明应当对立法的必要性，主要思路，确立的主要制度，征求有关机关、组织和公民意见的情况，各方面对送审稿主要问题的不同意见及其协调处理情况，拟设定、取消或者调整行政许可、行政强制的情况等作出说明。有关材料主要包括所规范领域的实际情况和相关数据、实践中存在的主要问题、国内外的有关立法资料、调研报告、考察报告等。”

十一、将第十七条改为第十八条，第二款第一项修改为：“是否严格贯彻落实党的路线方针政策和决策部署，是否符合宪法和法律的规定，是否遵循立法法确定的立法原则”。

十二、将第十八条改为第十九条，修改为：“行政法规送审稿有下列情形之一的，国务院法制机构可以缓办或者退回起草部门：

“(一)制定行政法规的基本条件尚不成熟或者发生重大变化的；

“(二)有关部门对送审稿规定的主要制度存在较大争议，起草部门未征得机构编制、财政、税务等相关部门同意的；

“(三)未按照本条例有关规定公开征求意见的；

“(四)上报送审稿不符合本条例第十五条、第十六条、第十七条规定的。”

十三、将第十九条改为第二十条，修改为：“国务院法制机构应当将行政法规送审稿或者行政法规送审稿涉及的主要问题发送国务院有关部门、地方人民政府、有关组织和专家等各方面征求意见。国务院有关部门、地方人民政府应当在规定期限内反馈书面意见，并加盖本单位或者本单位办公厅(室)印章。

“国务院法制机构可以将行政法规送审稿或者修改稿及其说明等向社会公布，征求意见。向社会公布征求意见的期限一般不少于30日。”

十四、将第二十一条、第二十二条合并，作为第二十二条，修改为：“行政法规送审稿涉及重大利益调整的，国务院法制机构应当进行论证咨询，广泛听取有关方面的意见。论证咨询可以采取座谈会、论证会、听证会、委托研究等多种形式。

“行政法规送审稿涉及重大利益调整或者存在重大意见分歧，对公民、法人或者其他组织的权利义务有较大影响，人民群众普遍关注的，国务院法制机构可以举行听证会，听取有关机关、组织和公民的意见。”

十五、将第二十三条修改为：“国务院有关部门对行政法规送审稿涉及的主要制度、方针政策、管理体制、权限分工等有不同意见的，国务院法制机构应当进行协调，力求达成一致意见。对有较大争议的重要立法事项，国务院法制机构可以委托有关专家、教学科研单位、社会组织进行评估。

“经过充分协调不能达成一致意见的，国务院法制机构、起草部门应当将争议的主要问题、有关部门的意见以及国务院法制机构的意见及时报国务院领导协调,或者报国务院决定。”

十六、将第二十八条第一款修改为:“行政法规签署公布后,及时在国务院公报和中国政府法制信息网以及在全国范围内发行的报纸上刊载。国务院法制机构应当及时汇编出版行政法规的国家正式版本。”

十七、将第三十一条第一款修改为:“行政法规有下列情形之一的,由国务院解释:

“(一)行政法规的规定需要进一步明确具体含义的;

“(二)行政法规制定后出现新的情况,需要明确适用行政法规依据的。”

十八、增加一条,作为第三十五条:“国务院可以根据全面深化改革、经济社会发展需要,就行政管理等领域的特定事项,决定在一定期限内在部分地方暂时调整或者暂时停止适用行政法规的部分规定。”

十九、增加一条,作为第三十六条:“国务院法制机构或者国务院有关部门应当根据全面深化改革、经济社会发展需要以及上位法规定,及时组织开展行政法规清理工作。对不适应全面深化改革和经济社会发展要求、不符合上位法规定的行政法规,应当及时修改或者废止。”

二十、增加一条,作为第三十七条:“国务院法制机构或者国务院有关部门可以组织对有关行政法规或者行政法规中的有关规定进行立法后评估,并把评估结果作为修改、废止有关行政法规的重要参考。”

二十一、将第三十五条改为第三十八条,修改为:“行政法规的修改、废止程序适用本条例的有关规定。

“行政法规修改、废止后,应当及时公布。”

此外,对条文顺序和个别文字作相应调整和修改。

本决定自2018年5月1日起施行。

《行政法规制定程序条例》根据本决定作相应修改,重新公布。

行政法规制定程序条例

（2001年11月16日中华人民共和国国务院令第321号公布，根据2017年12月22日《国务院关于修改〈行政法规制定程序条例〉的决定》修订）

第一章　总　　则

第一条　为了规范行政法规制定程序，保证行政法规质量，根据宪法、立法法和国务院组织法的有关规定，制定本条例。

第二条　行政法规的立项、起草、审查、决定、公布、解释，适用本条例。

第三条　制定行政法规，应当贯彻落实党的路线方针政策和决策部署，符合宪法和法律的规定，遵循立法法确定的立法原则。

第四条　制定政治方面法律的配套行政法规，应当按照有关规定及时报告党中央。

制定经济、文化、社会、生态文明等方面重大体制和重大政策调整的重要行政法规，应当将行政法规草案或者行政法规草案涉及的重大问题按照有关规定及时报告党中央。

第五条　行政法规的名称一般称"条例"，也可以称"规定"、"办法"等。国务院根据全国人民代表大会及其常务委员会的授权决定制定的行政法规，称"暂行条例"或者"暂行规定"。

国务院各部门和地方人民政府制定的规章不得称"条例"。

第六条　行政法规应当备而不繁，逻辑严密，条文明确、具体，用语准确、简洁，具有可操作性。

行政法规根据内容需要，可以分章、节、条、款、项、目。章、节、条的序号用中文数字依次表述，款不编序号，项的序号用中文数字加括号依次表述，目的序号用阿拉伯数字依次表述。

第二章　立　　项

第七条　国务院于每年年初编制本年度的立法工作计划。

第八条　国务院有关部门认为需要制定行政法规的，应当于国务院编制年度立法工作计划前，向国务院报请立项。

国务院有关部门报送的行政法规立项申请，应当说明立法项目所要解决的主要问题、依据的党的路线方针政策和决策部署，以及拟确立的主要制度。

国务院法制机构应当向社会公开征集行政法规制定项目建议。

第九条　国务院法制机构应当根据国家总体工作部署，对行政法规立项申请和公开征集的行政法规制定项目建议进行评估论证，突出重点，统筹兼顾，拟订国务院年度立法工作计划，报党中央、国务院批准后向社会公布。

列入国务院年度立法工作计划的行政法规项目应当符合下列要求：

（一）贯彻落实党的路线方针政策和决策部署，适应改革、发展、稳定的需要；

（二）有关的改革实践经验基本成熟；

（三）所要解决的问题属于国务院职权范围并需要国务院制定行政法规的事项。

第十条　对列入国务院年度立法工作计划的行政法规项目，承担起草任务的部门应当抓紧工作，按照要求上报国务院；上报国务院前，应当与国务院法制机构沟通。

国务院法制机构应当及时跟踪了解国务院各部门落实国务院年度立法工作计划的情况，加强组织协调和督促指导。

国务院年度立法工作计划在执行中可以根据实际情况予以调整。

第三章　起　　草

第十一条　行政法规由国务院组织起草。国务院年度立法工作计划确定行政法规由国务院的一个部门或者几个部门具体负责起草工作,也可以确定由国务院法制机构起草或者组织起草。

第十二条　起草行政法规,应当符合本条例第三条、第四条的规定,并符合下列要求:

(一)弘扬社会主义核心价值观;

(二)体现全面深化改革精神,科学规范行政行为,促进政府职能向宏观调控、市场监管、社会管理、公共服务、环境保护等方面转变;

(三)符合精简、统一、效能的原则,相同或者相近的职能规定由一个行政机关承担,简化行政管理手续;

(四)切实保障公民、法人和其他组织的合法权益,在规定其应当履行的义务的同时,应当规定其相应的权利和保障权利实现的途径;

(五)体现行政机关的职权与责任相统一的原则,在赋予有关行政机关必要的职权的同时,应当规定其行使职权的条件、程序和应承担的责任。

第十三条　起草行政法规,起草部门应当深入调查研究,总结实践经验,广泛听取有关机关、组织和公民的意见。涉及社会公众普遍关注的热点难点问题和经济社会发展遇到的突出矛盾,减损公民、法人和其他组织权利或者增加其义务,对社会公众有重要影响等重大利益调整事项的,应当进行论证咨询。听取意见可以采取召开座谈会、论证会、听证会等多种形式。

起草行政法规,起草部门应当将行政法规草案及其说明等向社会公布,征求意见,但是经国务院决定不公布的除外。向社会公布征求意见的期限一般不少于30日。

起草专业性较强的行政法规,起草部门可以吸收相关领域的专家参与起草工作，或者委托有关专家、教学科研单位、社会组织起草。

第十四条 起草行政法规，起草部门应当就涉及其他部门的职责或者与其他部门关系紧密的规定，与有关部门充分协商，涉及部门职责分工、行政许可、财政支持、税收优惠政策的，应当征得机构编制、财政、税务等相关部门同意。

第十五条 起草行政法规，起草部门应当对涉及有关管理体制、方针政策等需要国务院决策的重大问题提出解决方案，报国务院决定。

第十六条 起草部门向国务院报送的行政法规草案送审稿（以下简称行政法规送审稿），应当由起草部门主要负责人签署。

起草行政法规，涉及几个部门共同职责需要共同起草的，应当共同起草，达成一致意见后联合报送行政法规送审稿。几个部门共同起草的行政法规送审稿，应当由该几个部门主要负责人共同签署。

第十七条 起草部门将行政法规送审稿报送国务院审查时，应当一并报送行政法规送审稿的说明和有关材料。

行政法规送审稿的说明应当对立法的必要性，主要思路，确立的主要制度，征求有关机关、组织和公民意见的情况，各方面对送审稿主要问题的不同意见及其协调处理情况，拟设定、取消或者调整行政许可、行政强制的情况等作出说明。有关材料主要包括所规范领域的实际情况和相关数据、实践中存在的主要问题、国内外的有关立法资料、调研报告、考察报告等。

第四章 审　　查

第十八条 报送国务院的行政法规送审稿，由国务院法制机构负责审查。

国务院法制机构主要从以下方面对行政法规送审稿进行审查：

（一）是否严格贯彻落实党的路线方针政策和决策部署，是否符合宪法和法律的规定，是否遵循立法法确定的立法原则；

（二）是否符合本条例第十二条的要求；

（三）是否与有关行政法规协调、衔接；

（四）是否正确处理有关机关、组织和公民对送审稿主要问题的意见；

（五）其他需要审查的内容。

第十九条　行政法规送审稿有下列情形之一的，国务院法制机构可以缓办或者退回起草部门：

（一）制定行政法规的基本条件尚不成熟或者发生重大变化的；

（二）有关部门对送审稿规定的主要制度存在较大争议，起草部门未征得机构编制、财政、税务等相关部门同意的；

（三）未按照本条例有关规定公开征求意见的；

（四）上报送审稿不符合本条例第十五条、第十六条、第十七条规定的。

第二十条　国务院法制机构应当将行政法规送审稿或者行政法规送审稿涉及的主要问题发送国务院有关部门、地方人民政府、有关组织和专家等各方面征求意见。国务院有关部门、地方人民政府应当在规定期限内反馈书面意见，并加盖本单位或者本单位办公厅（室）印章。

国务院法制机构可以将行政法规送审稿或者修改稿及其说明等向社会公布，征求意见。向社会公布征求意见的期限一般不少于30日。

第二十一条　国务院法制机构应当就行政法规送审稿涉及的主要问题，深入基层进行实地调查研究，听取基层有关机关、组织和公民的意见。

第二十二条　行政法规送审稿涉及重大利益调整的，国务院法制机构应当进行论证咨询，广泛听取有关方面的意见。论证咨询可以采取座谈会、论证会、听证会、委托研究等多种形式。

行政法规送审稿涉及重大利益调整或者存在重大意见分歧，对公民、法人或者其他组织的权利义务有较大影响，人民群众普遍关注的，国务院法制机构可以举行听证会，听取有关机关、组织和公民的意见。

第二十三条 国务院有关部门对行政法规送审稿涉及的主要制度、方针政策、管理体制、权限分工等有不同意见的，国务院法制机构应当进行协调，力求达成一致意见。对有较大争议的重要立法事项，国务院法制机构可以委托有关专家、教学科研单位、社会组织进行评估。

经过充分协调不能达成一致意见的，国务院法制机构、起草部门应当将争议的主要问题、有关部门的意见以及国务院法制机构的意见及时报国务院领导协调，或者报国务院决定。

第二十四条 国务院法制机构应当认真研究各方面的意见，与起草部门协商后，对行政法规送审稿进行修改，形成行政法规草案和对草案的说明。

第二十五条 行政法规草案由国务院法制机构主要负责人提出提请国务院常务会议审议的建议；对调整范围单一、各方面意见一致或者依据法律制定的配套行政法规草案，可以采取传批方式，由国务院法制机构直接提请国务院审批。

第五章　决定与公布

第二十六条 行政法规草案由国务院常务会议审议，或者由国务院审批。

国务院常务会议审议行政法规草案时，由国务院法制机构或者起草部门作说明。

第二十七条 国务院法制机构应当根据国务院对行政法规草案的审议意见，对行政法规草案进行修改，形成草案修改稿，报请总理签署国务院令公布施行。

签署公布行政法规的国务院令载明该行政法规的施行日期。

第二十八条 行政法规签署公布后，及时在国务院公报和中国政府法制信息网以及在全国范围内发行的报纸上刊载。国务院法制机构应当及时汇编出版行政法规的国家正式版本。

在国务院公报上刊登的行政法规文本为标准文本。

第二十九条 行政法规应当自公布之日起30日后施行；但是，涉及国家安全、外汇汇率、货币政策的确定以及公布后不立即施行将有碍行政法规施行的，可以自公布之日起施行。

第三十条 行政法规在公布后的30日内由国务院办公厅报全国人民代表大会常务委员会备案。

第六章 行政法规解释

第三十一条 行政法规有下列情形之一的，由国务院解释：

(一)行政法规的规定需要进一步明确具体含义的；

(二)行政法规制定后出现新的情况，需要明确适用行政法规依据的。

国务院法制机构研究拟订行政法规解释草案，报国务院同意后，由国务院公布或者由国务院授权国务院有关部门公布。

行政法规的解释与行政法规具有同等效力。

第三十二条 国务院各部门和省、自治区、直辖市人民政府可以向国务院提出行政法规解释要求。

第三十三条 对属于行政工作中具体应用行政法规的问题，省、自治区、直辖市人民政府法制机构以及国务院有关部门法制机构请求国务院法制机构解释的，国务院法制机构可以研究答复；其中涉及重大问题的，由国务院法制机构提出意见，报国务院同意后答复。

第七章 附 则

第三十四条 拟订国务院提请全国人民代表大会或者全国人

民代表大会常务委员会审议的法律草案,参照本条例的有关规定办理。

第三十五条 国务院可以根据全面深化改革、经济社会发展需要,就行政管理等领域的特定事项,决定在一定期限内在部分地方暂时调整或者暂时停止适用行政法规的部分规定。

第三十六条 国务院法制机构或者国务院有关部门应当根据全面深化改革、经济社会发展需要以及上位法规定,及时组织开展行政法规清理工作。对不适应全面深化改革和经济社会发展要求、不符合上位法规定的行政法规,应当及时修改或者废止。

第三十七条 国务院法制机构或者国务院有关部门可以组织对有关行政法规或者行政法规中的有关规定进行立法后评估,并把评估结果作为修改、废止有关行政法规的重要参考。

第三十八条 行政法规的修改、废止程序适用本条例的有关规定。

行政法规修改、废止后,应当及时公布。

第三十九条 行政法规的外文正式译本和民族语言文本,由国务院法制机构审定。

第四十条 本条例自 2002 年 1 月 1 日起施行。1987 年 4 月 21 日国务院批准、国务院办公厅发布的《行政法规制定程序暂行条例》同时废止。

国务院关于修改《规章制定程序条例》的决定

中华人民共和国国务院令第 695 号　2017.12.22

国务院决定对《规章制定程序条例》作如下修改：

一、将第三条修改为："制定规章，应当贯彻落实党的路线方针政策和决策部署，遵循立法法确定的立法原则，符合宪法、法律、行政法规和其他上位法的规定。

"没有法律或者国务院的行政法规、决定、命令的依据，部门规章不得设定减损公民、法人和其他组织权利或者增加其义务的规范，不得增加本部门的权力或者减少本部门的法定职责。没有法律、行政法规、地方性法规的依据，地方政府规章不得设定减损公民、法人和其他组织权利或者增加其义务的规范。"

二、增加一条，作为第四条："制定政治方面法律的配套规章，应当按照有关规定及时报告党中央或者同级党委(党组)。

"制定重大经济社会方面的规章，应当按照有关规定及时报告同级党委(党组)。"

三、将第五条改为第六条，第一款修改为："制定规章，应当体现全面深化改革精神，科学规范行政行为，促进政府职能向宏观调控、市场监管、社会管理、公共服务、环境保护等方面转变。"

四、将第九条改为第十条，第二款修改为："省、自治区、直辖市和设区的市、自治州的人民政府所属工作部门或者下级人民政府认为需要制定地方政府规章的，应当向该省、自治区、直辖市或者设区的市、自治州的人民政府报请立项。"

增加一款，作为第三款："国务院部门，省、自治区、直辖市和设区的市、自治州的人民政府，可以向社会公开征集规章制定项目建议。”

五、将第十一条改为第十二条，第一款修改为：“国务院部门法制机构，省、自治区、直辖市和设区的市、自治州的人民政府法制机构（以下简称法制机构），应当对制定规章的立项申请和公开征集的规章制定项目建议进行评估论证，拟订本部门、本级人民政府年度规章制定工作计划，报本部门、本级人民政府批准后向社会公布。”

六、将第十二条改为第十三条，第一款修改为：“国务院部门，省、自治区、直辖市和设区的市、自治州的人民政府，应当加强对执行年度规章制定工作计划的领导。对列入年度规章制定工作计划的项目，承担起草工作的单位应当抓紧工作，按照要求上报本部门或者本级人民政府决定。”

增加一款，作为第二款：“法制机构应当及时跟踪了解本部门、本级人民政府年度规章制定工作计划执行情况，加强组织协调和督促指导。”

七、将第十四条改为第十五条，增加一款，作为第二款：“起草规章，除依法需要保密的外，应当将规章草案及其说明等向社会公布，征求意见。向社会公布征求意见的期限一般不少于30日。”

将第十三条第四款改为第十五条第三款，修改为：“起草专业性较强的规章，可以吸收相关领域的专家参与起草工作，或者委托有关专家、教学科研单位、社会组织起草。”

八、将第十五条改为第十六条，修改为：“起草规章，涉及社会公众普遍关注的热点难点问题和经济社会发展遇到的突出矛盾，减损公民、法人和其他组织权利或者增加其义务，对社会公众有重要影响等重大利益调整事项的，起草单位应当进行论证咨询，广泛听取有关方面的意见。

“起草的规章涉及重大利益调整或者存在重大意见分歧，对公民、法人或者其他组织的权利义务有较大影响，人民群众普遍关注，需要进行听证的，起草单位应当举行听证会听取意见。听证会依照下列程序组织：

“（一）听证会公开举行，起草单位应当在举行听证会的 30 日前公布听证会的时间、地点和内容；

“（二）参加听证会的有关机关、组织和公民对起草的规章，有权提问和发表意见；

“（三）听证会应当制作笔录，如实记录发言人的主要观点和理由；

“（四）起草单位应当认真研究听证会反映的各种意见，起草的规章在报送审查时，应当说明对听证会意见的处理情况及其理由。”

九、将第十七条改为第十八条，第三款修改为：“规章送审稿的说明应当对制定规章的必要性、规定的主要措施、有关方面的意见及其协调处理情况等作出说明。”

第四款修改为：“有关材料主要包括所规范领域的实际情况和相关数据、实践中存在的主要问题、汇总的意见、听证会笔录、调研报告、国内外有关立法资料等。”

十、将第十八条改为第十九条，修改为：“规章送审稿由法制机构负责统一审查。法制机构主要从以下方面对送审稿进行审查：

“（一）是否符合本条例第三条、第四条、第五条、第六条的规定；

“（二）是否符合社会主义核心价值观的要求；

“（三）是否与有关规章协调、衔接；

“（四）是否正确处理有关机关、组织和公民对规章送审稿主要问题的意见；

“（五）是否符合立法技术要求；

“（六）需要审查的其他内容。”

十一、将第十九条改为第二十条，修改为：“规章送审稿有下列情形之一的，法制机构可以缓办或者退回起草单位：

“（一）制定规章的基本条件尚不成熟或者发生重大变化的；

“（二）有关机构或者部门对规章送审稿规定的主要制度存在

较大争议，起草单位未与有关机构或者部门充分协商的；

“（三）未按照本条例有关规定公开征求意见的；

“（四）上报送审稿不符合本条例第十八条规定的。”

十二、将第二十条改为第二十一条，增加一款，作为第二款：“法制机构可以将规章送审稿或者修改稿及其说明等向社会公布，征求意见。向社会公布征求意见的期限一般不少于30日。”

十三、将第二十二条、第二十三条合并，作为第二十三条，修改为：“规章送审稿涉及重大利益调整的，法制机构应当进行论证咨询，广泛听取有关方面的意见。论证咨询可以采取座谈会、论证会、听证会、委托研究等多种形式。

“规章送审稿涉及重大利益调整或者存在重大意见分歧，对公民、法人或者其他组织的权利义务有较大影响，人民群众普遍关注，起草单位在起草过程中未举行听证会的，法制机构经本部门或者本级人民政府批准，可以举行听证会。举行听证会的，应当依照本条例第十六条规定的程序组织。”

十四、将第二十四条修改为：“有关机构或者部门对规章送审稿涉及的主要措施、管理体制、权限分工等问题有不同意见的，法制机构应当进行协调，力求达成一致意见。对有较大争议的重要立法事项，法制机构可以委托有关专家、教学科研单位、社会组织进行评估。

“经过充分协调不能达成一致意见的，法制机构应当将主要问题、有关机构或者部门的意见和法制机构的意见及时报本部门或者本级人民政府领导协调，或者报本部门或者本级人民政府决定。”

十五、将第二十九条修改为：“法制机构应当根据有关会议审议意见对规章草案进行修改，形成草案修改稿，报请本部门首长或者省长、自治区主席、市长、自治州州长签署命令予以公布。”

十六、将第三十一条修改为：“部门规章签署公布后，及时在国务院公报或者部门公报和中国政府法制信息网以及在全国范围内发行的报纸上刊载。

“地方政府规章签署公布后，及时在本级人民政府公报和中国政府法制信息网以及在本行政区域范围内发行的报纸上刊载。

“在国务院公报或者部门公报和地方人民政府公报上刊登的规章文本为标准文本。”

十七、将第三十五条修改为：“国家机关、社会团体、企业事业组织、公民认为规章同法律、行政法规相抵触的，可以向国务院书面提出审查的建议，由国务院法制机构研究并提出处理意见，按照规定程序处理。

“国家机关、社会团体、企业事业组织、公民认为设区的市、自治州的人民政府规章同法律、行政法规相抵触或者违反其他上位法的规定的，也可以向本省、自治区人民政府书面提出审查的建议，由省、自治区人民政府法制机构研究并提出处理意见，按照规定程序处理。”

十八、将第三十七条修改为：“国务院部门，省、自治区、直辖市和设区的市、自治州的人民政府，应当根据全面深化改革、经济社会发展需要以及上位法规定，及时组织开展规章清理工作。对不适应全面深化改革和经济社会发展要求、不符合上位法规定的规章，应当及时修改或者废止。”

十九、增加一条，作为第三十八条：“国务院部门，省、自治区、直辖市和设区的市、自治州的人民政府，可以组织对有关规章或者规章中的有关规定进行立法后评估，并把评估结果作为修改、废止有关规章的重要参考。”

二十、将第三十七条第二款改为第三十九条第一款，修改为：“规章的修改、废止程序适用本条例的有关规定。”

增加一款，作为第二款：“规章修改、废止后，应当及时公布。”

此外，对条文顺序和个别文字作相应调整和修改。

本决定自 2018 年 5 月 1 日起施行。

《规章制定程序条例》根据本决定作相应修改，重新公布。

规章制定程序条例

（2001年11月16日中华人民共和国国务院令第322号公布，根据2017年12月22日《国务院关于修改〈规章制定程序条例〉的决定》修订）

第一章 总 则

第一条 为了规范规章制定程序，保证规章质量，根据立法法的有关规定，制定本条例。

第二条 规章的立项、起草、审查、决定、公布、解释，适用本条例。

违反本条例规定制定的规章无效。

第三条 制定规章，应当贯彻落实党的路线方针政策和决策部署，遵循立法法确定的立法原则，符合宪法、法律、行政法规和其他上位法的规定。

没有法律或者国务院的行政法规、决定、命令的依据，部门规章不得设定减损公民、法人和其他组织权利或者增加其义务的规范，不得增加本部门的权力或者减少本部门的法定职责。没有法律、行政法规、地方性法规的依据，地方政府规章不得设定减损公民、法人和其他组织权利或者增加其义务的规范。

第四条 制定政治方面法律的配套规章，应当按照有关规定及时报告党中央或者同级党委（党组）。

制定重大经济社会方面的规章，应当按照有关规定及时报告同级党委（党组）。

第五条 制定规章，应当切实保障公民、法人和其他组织的合法权益，在规定其应当履行的义务的同时，应当规定其相应的权利和保障权利实现的途径。

制定规章,应当体现行政机关的职权与责任相统一的原则,在赋予有关行政机关必要的职权的同时,应当规定其行使职权的条件、程序和应承担的责任。

第六条 制定规章,应当体现全面深化改革精神,科学规范行政行为,促进政府职能向宏观调控、市场监管、社会管理、公共服务、环境保护等方面转变。

制定规章,应当符合精简、统一、效能的原则,相同或者相近的职能应当规定由一个行政机关承担,简化行政管理手续。

第七条 规章的名称一般称“规定”“办法”,但不得称“条例”。

第八条 规章用语应当准确、简洁,条文内容应当明确、具体,具有可操作性。

法律、法规已经明确规定的内容,规章原则上不作重复规定。

除内容复杂的外,规章一般不分章、节。

第九条 涉及国务院两个以上部门职权范围的事项,制定行政法规条件尚不成熟,需要制定规章的,国务院有关部门应当联合制定规章。

有前款规定情形的,国务院有关部门单独制定的规章无效。

第二章 立　　项

第十条 国务院部门内设机构或者其他机构认为需要制定部门规章的,应当向该部门报请立项。

省、自治区、直辖市和设区的市、自治州的人民政府所属工作部门或者下级人民政府认为需要制定地方政府规章的,应当向该省、自治区、直辖市或者设区的市、自治州的人民政府报请立项。

国务院部门,省、自治区、直辖市和设区的市、自治州的人民政府,可以向社会公开征集规章制定项目建议。

第十一条 报送制定规章的立项申请,应当对制定规章的必要性、所要解决的主要问题、拟确立的主要制度等作出说明。

第十二条 国务院部门法制机构，省、自治区、直辖市和设区的市、自治州的人民政府法制机构（以下简称法制机构），应当对制定规章的立项申请和公开征集的规章制定项目建议进行评估论证，拟订本部门、本级人民政府年度规章制定工作计划，报本部门、本级人民政府批准后向社会公布。

年度规章制定工作计划应当明确规章的名称、起草单位、完成时间等。

第十三条 国务院部门，省、自治区、直辖市和设区的市、自治州的人民政府，应当加强对执行年度规章制定工作计划的领导。对列入年度规章制定工作计划的项目，承担起草工作的单位应当抓紧工作，按照要求上报本部门或者本级人民政府决定。

法制机构应当及时跟踪了解本部门、本级人民政府年度规章制定工作计划执行情况，加强组织协调和督促指导。

年度规章制定工作计划在执行中，可以根据实际情况予以调整，对拟增加的规章项目应当进行补充论证。

第三章 起 草

第十四条 部门规章由国务院部门组织起草，地方政府规章由省、自治区、直辖市和设区的市、自治州的人民政府组织起草。

国务院部门可以确定规章由其一个或者几个内设机构或者其他机构具体负责起草工作，也可以确定由其法制机构起草或者组织起草。

省、自治区、直辖市和设区的市、自治州的人民政府可以确定规章由其一个部门或者几个部门具体负责起草工作，也可以确定由其法制机构起草或者组织起草。

第十五条 起草规章，应当深入调查研究，总结实践经验，广泛听取有关机关、组织和公民的意见。听取意见可以采取书面征求意见、座谈会、论证会、听证会等多种形式。

起草规章,除依法需要保密的外,应当将规章草案及其说明等向社会公布,征求意见。向社会公布征求意见的期限一般不少于30日。

起草专业性较强的规章,可以吸收相关领域的专家参与起草工作,或者委托有关专家、教学科研单位、社会组织起草。

第十六条 起草规章,涉及社会公众普遍关注的热点难点问题和经济社会发展遇到的突出矛盾,减损公民、法人和其他组织权利或者增加其义务,对社会公众有重要影响等重大利益调整事项的,起草单位应当进行论证咨询,广泛听取有关方面的意见。

起草的规章涉及重大利益调整或者存在重大意见分歧,对公民、法人或者其他组织的权利义务有较大影响,人民群众普遍关注,需要进行听证的,起草单位应当举行听证会听取意见。听证会依照下列程序组织:

(一)听证会公开举行,起草单位应当在举行听证会的30日前公布听证会的时间、地点和内容;

(二)参加听证会的有关机关、组织和公民对起草的规章,有权提问和发表意见;

(三)听证会应当制作笔录,如实记录发言人的主要观点和理由;

(四)起草单位应当认真研究听证会反映的各种意见,起草的规章在报送审查时,应当说明对听证会意见的处理情况及其理由。

第十七条 起草部门规章,涉及国务院其他部门的职责或者与国务院其他部门关系紧密的,起草单位应当充分征求国务院其他部门的意见。

起草地方政府规章,涉及本级人民政府其他部门的职责或者与其他部门关系紧密的,起草单位应当充分征求其他部门的意见。起草单位与其他部门有不同意见的,应当充分协商;经过充分协商不能取得一致意见的,起草单位应当在上报规章草案送审稿(以下简称规章送审稿)时说明情况和理由。

第十八条 起草单位应当将规章送审稿及其说明、对规章送审稿主要问题的不同意见和其他有关材料按规定报送审查。

报送审查的规章送审稿,应当由起草单位主要负责人签署;几个起草单位共同起草的规章送审稿,应当由该几个起草单位主要负责人共同签署。

规章送审稿的说明应当对制定规章的必要性、规定的主要措施、有关方面的意见及其协调处理情况等作出说明。

有关材料主要包括所规范领域的实际情况和相关数据、实践中存在的主要问题、汇总的意见、听证会笔录、调研报告、国内外有关立法资料等。

第四章　审　　查

第十九条　规章送审稿由法制机构负责统一审查。法制机构主要从以下方面对送审稿进行审查:

(一)是否符合本条例第三条、第四条、第五条、第六条的规定;

(二)是否符合社会主义核心价值观的要求;

(三)是否与有关规章协调、衔接;

(四)是否正确处理有关机关、组织和公民对规章送审稿主要问题的意见;

(五)是否符合立法技术要求;

(六)需要审查的其他内容。

第二十条　规章送审稿有下列情形之一的,法制机构可以缓办或者退回起草单位:

(一)制定规章的基本条件尚不成熟或者发生重大变化的;

(二)有关机构或者部门对规章送审稿规定的主要制度存在较大争议,起草单位未与有关机构或者部门充分协商的;

(三)未按照本条例有关规定公开征求意见的;

(四)上报送审稿不符合本条例第十八条规定的。

第二十一条　法制机构应当将规章送审稿或者规章送审稿涉

及的主要问题发送有关机关、组织和专家征求意见。

法制机构可以将规章送审稿或者修改稿及其说明等向社会公布,征求意见。向社会公布征求意见的期限一般不少于30日。

第二十二条 法制机构应当就规章送审稿涉及的主要问题,深入基层进行实地调查研究,听取基层有关机关、组织和公民的意见。

第二十三条 规章送审稿涉及重大利益调整的,法制机构应当进行论证咨询,广泛听取有关方面的意见。论证咨询可以采取座谈会、论证会、听证会、委托研究等多种形式。

规章送审稿涉及重大利益调整或者存在重大意见分歧,对公民、法人或者其他组织的权利义务有较大影响,人民群众普遍关注,起草单位在起草过程中未举行听证会的,法制机构经本部门或者本级人民政府批准,可以举行听证会。举行听证会的,应当依照本条例第十六条规定的程序组织。

第二十四条 有关机构或者部门对规章送审稿涉及的主要措施、管理体制、权限分工等问题有不同意见的,法制机构应当进行协调,力求达成一致意见。对有较大争议的重要立法事项,法制机构可以委托有关专家、教学科研单位、社会组织进行评估。

经过充分协调不能达成一致意见的,法制机构应当将主要问题、有关机构或者部门的意见和法制机构的意见及时报本部门或者本级人民政府领导协调,或者报本部门或者本级人民政府决定。

第二十五条 法制机构应当认真研究各方面的意见,与起草单位协商后,对规章送审稿进行修改,形成规章草案和对草案的说明。说明应当包括制定规章拟解决的主要问题、确立的主要措施以及与有关部门的协调情况等。

规章草案和说明由法制机构主要负责人签署,提出提请本部门或者本级人民政府有关会议审议的建议。

第二十六条 法制机构起草或者组织起草的规章草案,由法制机构主要负责人签署,提出提请本部门或者本级人民政府有关会议审议的建议。

第五章　决定和公布

第二十七条　部门规章应当经部务会议或者委员会会议决定。

地方政府规章应当经政府常务会议或者全体会议决定。

第二十八条　审议规章草案时，由法制机构作说明，也可以由起草单位作说明。

第二十九条　法制机构应当根据有关会议审议意见对规章草案进行修改，形成草案修改稿，报请本部门首长或者省长、自治区主席、市长、自治州州长签署命令予以公布。

第三十条　公布规章的命令应当载明该规章的制定机关、序号、规章名称、通过日期、施行日期、部门首长或者省长、自治区主席、市长、自治州州长署名以及公布日期。

部门联合规章由联合制定的部门首长共同署名公布，使用主办机关的命令序号。

第三十一条　部门规章签署公布后，及时在国务院公报或者部门公报和中国政府法制信息网以及在全国范围内发行的报纸上刊载。

地方政府规章签署公布后，及时在本级人民政府公报和中国政府法制信息网以及在本行政区域范围内发行的报纸上刊载。

在国务院公报或者部门公报和地方人民政府公报上刊登的规章文本为标准文本。

第三十二条　规章应当自公布之日起 30 日后施行；但是，涉及国家安全、外汇汇率、货币政策的确定以及公布后不立即施行将有碍规章施行的，可以自公布之日起施行。

第六章　解释与备案

第三十三条　规章解释权属于规章制定机关。

规章有下列情形之一的，由制定机关解释：

（一）规章的规定需要进一步明确具体含义的；

（二）规章制定后出现新的情况，需要明确适用规章依据的。

规章解释由规章制定机关的法制机构参照规章送审稿审查程序提出意见，报请制定机关批准后公布。

规章的解释同规章具有同等效力。

第三十四条 规章应当自公布之日起30日内，由法制机构依照立法法和《法规规章备案条例》的规定向有关机关备案。

第三十五条 国家机关、社会团体、企业事业组织、公民认为规章同法律、行政法规相抵触的，可以向国务院书面提出审查的建议，由国务院法制机构研究并提出处理意见，按照规定程序处理。

国家机关、社会团体、企业事业组织、公民认为设区的市、自治州的人民政府规章同法律、行政法规相抵触或者违反其他上位法的规定的，也可以向本省、自治区人民政府书面提出审查的建议，由省、自治区人民政府法制机构研究并提出处理意见，按照规定程序处理。

第七章 附　　则

第三十六条 依法不具有规章制定权的县级以上地方人民政府制定、发布具有普遍约束力的决定、命令，参照本条例规定的程序执行。

第三十七条 国务院部门，省、自治区、直辖市和设区的市、自治州的人民政府，应当根据全面深化改革、经济社会发展需要以及上位法规定，及时组织开展规章清理工作。对不适应全面深化改革和经济社会发展要求、不符合上位法规定的规章，应当及时修改或者废止。

第三十八条 国务院部门，省、自治区、直辖市和设区的市、自治州的人民政府，可以组织对有关规章或者规章中的有关规定进行立法后评估，并把评估结果作为修改、废止有关规章的重要参考。

第三十九条 规章的修改、废止程序适用本条例的有关规定。

规章修改、废止后,应当及时公布。

第四十条 编辑出版正式版本、民族文版、外文版本的规章汇编,由法制机构依照《法规汇编编辑出版管理规定》的有关规定执行。

第四十一条 本条例自2002年1月1日起施行。

国务院关于取消一批行政许可事项的决定

国发〔2017〕46号　2017.09.22

各省、自治区、直辖市人民政府，国务院各部委、各直属机构：

经研究论证，国务院决定取消40项国务院部门实施的行政许可事项和12项中央指定地方实施的行政许可事项。另有23项依据有关法律设定的行政许可事项，国务院将依照法定程序提请全国人民代表大会常务委员会修订相关法律规定。

以上公布取消的行政许可事项，其中市场已具备自我调节能力的事项改革后，相关部门的管理职能要重点转向制定行业标准规范，加强事中事后监管，惩处违法违规行为，维护市场秩序；由同一部门对相同内容进行重复审批的事项改革后，相关部门在削减重复审批、合并办事环节的同时，要进一步强化保留审批事项的准入把关作用，发挥认证管理的积极作用，落实监管责任，防止出现监管盲区；由不同部门多道审批改为负主要责任的部门一道审批的事项改革后，不再实施审批的部门负责制定有关行业标准规范，负责审批的部门按标准规范审核把关，遇到特殊疑难问题通过内部征求意见解决，部门间要优化工作流程，压缩审批时限，便利企业办事。改革涉及的部门要制定完善事中事后监管细则，自本决定发布之日起20个工作日内将适宜公开的向社会公布并加强宣传、确保落实。各地区、各部门要抓紧做好衔接工作，认真落实事中事后监管责任，坚决维护公平公正的市场秩序。

附件：1. 国务院决定取消的国务院部门行政许可事项目录（共计40项）

2. 国务院决定取消的中央指定地方实施的行政许可事项目录（共计12项）

附件 1

国务院决定取消的国务院部门行政许可事项目录

（共计 40 项）

序号	项目名称	审批部门	设定依据	加强事中事后监管措施
1	工程咨询单位资格认定	国家发展改革委	《国务院对确需保留的行政审批项目设定行政许可的决定》； 《国务院关于投资体制改革的决定》（国发〔2004〕20 号）	取消审批后，国家发展改革委通过以下措施加强事中事后监管：1. 制定发布工程咨询标准规范，加强政策引导；2. 强化监管，对违法行为加大处罚力度；3. 通过国家企业信用信息公示系统、"信用中国"网站强化信用约束，向社会公示行政处罚等信息；4. 实施列入"黑名单"等惩戒措施；5. 创造条件，发挥行业协会的自律作用。
2	跨省发电、供电计划和省级发电、供电计划备案核准	国家发展改革委	《电网调度管理条例》	取消审批后，国家发展改革委通过以下措施加强事中事后监管：1. 将各省（区、市）优先发电、优先购电计划和跨省跨区送受电优先发电计划作为约束性指标，纳入"国民经济和社会发展年度计划"中的"基础产业、新兴产业和部分重点领域发展计划"；2. 规范市场主体行为，强化社会监督，加强信用监管，推进信息公开，完善考核机制。

续上表

序号	项目名称	审批部门	设定依据	加强事中事后监管措施
3	常驻机构及非居民长期旅客公私用物品进出境核准	海关总署	《国务院对确需保留的行政审批项目设定行政许可的决定》	取消审批后,监管内容纳入通关环节,在通关时对相关物品进行查验,防止违禁物品进境,海关总署通过以下措施加强事中事后监管:1. 制定公开进出境物品清单;2. 提供解释咨询服务;3. 按照“属地申报、口岸验放”模式办理进出境通关手续;4. 加强后续跟踪管理,采取固定电话或实地核查等方式进行抽查;5. 加大违法违规行为处罚力度。
4	获准入境定居旅客安家物品审批	海关总署	《国务院对确需保留的行政审批项目设定行政许可的决定》	取消审批后,监管内容纳入通关环节,在通关时对相关物品进行查验,防止违禁物品进境,海关总署通过以下措施加强事中事后监管:1. 制定公开进境安家物品清单;2. 提供解释咨询服务;3. 按照“属地申报、口岸验放”模式办理进境通关手续;4. 定居旅客进境机动车辆按照国家有关规定,办理相关手续;5. 加强后续跟踪管理,采取固定电话或实地核查等方式对进境定居旅客是否存在居留时间不满两年再次出境定居的情况进行抽查;6. 加大违法违规行为处罚力度。

续上表

序号	项目名称	审批部门	设定依据	加强事中事后监管措施
5	电工进网作业许可证核发	国家能源局	《电力供应与使用条例》； 《国务院关于第三批取消和调整行政审批项目的决定》(国发〔2004〕16号)； 《电工进网作业许可证管理办法》(电监会令第15号)	取消审批后，通过以下措施加强事中事后监管：1. 由安全监管部门考核发放“特种作业操作证(电工)”，将能源部门的相关管理要求纳入，明确规定考试、发证、收费标准、监管措施，并予以公布；2. 安全监管部门承担监管责任，对持证人员培训考核、监督管理，各级安全监管部门完善“双随机、一公开”抽查、责任追溯、违规行为查处、吊销证件等制度。
6	物业服务企业一级资质核定	住房城乡建设部	《物业管理条例》； 《建设部关于修改〈物业管理企业资质管理办法〉的决定》(建设部令第164号)	取消审批后，住房城乡建设部通过以下措施加强事中事后监管：1. 加快完善物业服务标准和规范；2. 充分发挥物业服务行业组织自律作用；3. 指导地方加强对物业服务企业的监管，畅通投诉举报渠道，推行“双随机、一公开”抽查，及时查处违法违规行为；4. 建立物业服务企业“黑名单”制度，推动对失信者实行联合惩戒；5. 推动与相关政府部门的信息共享，加强企业信息备案管理。

续上表

序号	项目名称	审批部门	设定依据	加强事中事后监管措施
7	申请列入国家级土地调查单位名录审核	国土资源部	《土地调查条例》；《土地调查条例实施办法》(国土资源部令第45号)	取消审批后，国土资源部通过以下措施加强事中事后监管：1. 制定发布开展土地调查的标准和规范；2. 充分发挥土地调查行业组织自律作用；3. 对政府部门委托的土地调查任务，要加强对土地调查单位履约情况的监督，并对委托任务承担相应行政责任；4. 加强事中事后监管，推行“双随机、一公开”抽查，及时查处违法违规行为；5. 建立土地调查单位“黑名单”制度，推动对失信者实行联合惩戒。
8	地质勘查资质审批	国土资源部	《地质勘查资质管理条例》	取消审批后，国土资源部通过以下措施加强事中事后监管：1. 制定发布开展地质勘查的标准和规范；2. 充分发挥地质勘查行业组织自律作用；3. 对政府部门委托的地质勘查任务，要加强对地质勘查单位履约情况的监督，并对委托任务承担相应行政责任；4. 加强事中事后监管，推行“双随机、一公开”抽查，及时查处违法违规行为；5. 建立地质勘查单位“黑名单”制度，推动对失信者实行联合惩戒。

续上表

序号	项目名称	审批部门	设定依据	加强事中事后监管措施
9	收藏单位之间转让、交换、赠与其收藏的重点保护古生物化石审批	国土资源部	《古生物化石保护条例》	取消审批后，国土资源部通过以下措施加强事中事后监管:1. 明确收藏单位之间转让、交换、赠与古生物化石的标准规范和条件;2. 制定备案管理办法，通过备案及时掌握重点保护古生物化石的流向，并更新重点保护古生物化石的档案和数据库;3. 加强事中事后监管，通过开展“双随机、一公开”抽查等方式，对收藏单位进行监督检查，确保重点保护古生物化石得到妥善保护。
10	列入政府管理范围的专业技术人员职业资格审批	人力资源社会保障部	《国务院对确需保留的行政审批项目设定行政许可的决定》; 《国务院办公厅关于清理规范各类职业资格相关活动的通知》(国办发〔2007〕73 号)	取消审批后，人力资源社会保障部通过以下措施加强事中事后监管:1. 对政府管理的专业技术人员职业资格实行目录清单管理并向社会公布，建立常态化清理机制;2. 国家职业资格目录之外一律不得许可和认定职业资格，目录之内除准入类职业资格外一律不得与就业创业挂钩;3. 畅通投诉举报渠道，接受社会监督;4. 严肃查处清单外擅自新设职业资格、“挂证”等违法违规行为。

续上表

序号	项目名称	审批部门	设定依据	加强事中事后监管措施
11	高等学校教授评审权审批	教育部	《国务院对确需保留的行政审批项目设定行政许可的决定》; 《国务院关于第三批取消中央指定地方实施行政许可事项的决定》(国发〔2017〕7号)	取消审批后,教育部通过以下措施加强事中事后监管: 1. 制定完善相关管理办法,明确处罚措施,规范评审行为; 2. 教育行政部门开展随机抽查,畅通投诉举报渠道,对违规评审行为及时处罚纠正,并向社会公开。
12	建设项目水资源论证报告书审批	水利部	《国务院对确需保留的行政审批项目设定行政许可的决定》	取消审批后,水利部通过以下措施加强事中事后监管: 1. 将建设项目水资源论证的有关技术要求纳入"取水许可";2. 在取水许可环节,对水资源论证进行把关,强化取水许可管理;3. 加强对建设项目用水的监督检查,严厉查处违反规定利用水资源的行为,处罚结果纳入国家信用平台,实行联合惩戒。

续上表

序号	项目名称	审批部门	设定依据	加强事中事后监管措施
13	坝顶兼做公路审批	水利部	《水库大坝安全管理条例》	取消审批后，水利部通过以下措施加强事中事后监管：1. 制定完善大坝兼做公路的有关要求，包括事后备案审查、加强日常监管等内容；2. 对新建大坝拟兼做公路的，在设计阶段严格按相关技术标准把关；3. 对现有大坝，坝顶已兼做公路的，水利部应要求大坝管理单位按标准要求进行自查，自查情况向水利部报告；坝顶拟兼做公路的，大坝管理单位进行安全性论证，采取有关安全防护措施，并向上级主管部门进行事后备案；4. 督促大坝管理单位加强日常巡查，定期进行大坝安全鉴定，严格控制超限、超重车辆通行；5. 加大监管力度，通过现场检查、定期或不定期抽查等方式加强监管，严厉处罚违法违规行为。
14	注册（新药用辅料和进口药用辅料注册）审批	食品药品监管总局	《国务院对确需保留的行政审批项目设定行政许可的决定》	取消审批后，食品药品监管总局通过以下措施加强事中事后监管：1. 将药用辅料注册的有关要求纳入药品注册，与药品审批一并办理；2. 明确由药品注册申请人所在地食品药品监管部门加强延伸监管，将药用辅料生产企业纳入日常监管范围；3. 加强事中事后监管，加大对违法违规行为的处罚力度，严控风险，确保药品的安全性和有效性。

续上表

序号	项目名称	审批部门	设定依据	加强事中事后监管措施
15	直接接触药品的包装材料和容器审批	食品药品监管总局	《中华人民共和国药品管理法》	取消审批后,食品药品监管总局通过以下措施加强事中事后监管:1. 将药品包装材料和容器审批的有关要求纳入药品注册,与药品审批一并办理;2. 明确由药品注册申请人所在地食品药品监管部门加强延伸监管,将药品包装材料和容器生产企业纳入日常监管范围;3. 加强事中事后监管,加大对违法违规行为的处罚力度,严控风险,确保药品的安全性和有效性。
16	医疗器械临床试验机构资格认定	食品药品监管总局	《医疗器械监督管理条例》	取消审批后,食品药品监管总局、国家卫生计生委通过以下措施加强事中事后监管:1. 制定并公布开展临床试验的标准和规范,落实申办者主体责任;2. 建立临床试验机构备案管理信息平台,机构备案信息对外公开,供公众和申办者查询,接受社会监督;3. 强化风险控制和过程监管,对备案的临床试验机构进行风险等级划分,对具体临床试验项目执行情况开展“双随机、一公开”抽查和日常监督检查,加大对违法违规行为的处罚力度,严控风险,确保临床试验安全。

续上表

序号	项目名称	审批部门	设定依据	加强事中事后监管措施
17	互联网药品交易服务企业（第三方）审批	食品药品监管总局	《国务院对确需保留的行政审批项目设定行政许可的决定》	取消审批后，食品药品监管总局通过以下措施加强事中事后监管：1. 制定相关管理规定，要求属地食品药品监管部门将平台网站纳入监督检查范围，明确通过平台从事活动的必须是取得药品生产、经营许可的企业和医疗机构，落实平台的主体责任；2. 建立网上售药监测机制，畅通投诉举报渠道，建立“黑名单”制度；3. 加大监督检查力度，加强互联网售药监管，严厉查处网上非法售药行为。
18	高致病性病原微生物实验室实验活动资格审批	国家卫生计生委	《病原微生物实验室生物安全管理条例》	取消审批后，国家卫生计生委通过以下措施加强事中事后监管：1 强化从事高致病性或疑似高致病性病原微生物实验活动审批，将实验室实验活动资格审批的有关要求纳入其中，通过对实验活动的审批进行把关；2. 强化实验室生物安全管理，对实验活动开展全程监管，严控风险，确保病原微生物不外泄，保证实验活动的安全。

续上表

序号	项目名称	审批部门	设定依据	加强事中事后监管措施
19	人体血液、组织器官进出口审批	国家卫生计生委	《艾滋病防治条例》； 《国务院对确需保留的行政审批项目设定行政许可的决定》	取消审批后，通过以下措施加强事中事后监管：1. 对用于临床医疗用途的人体血液、组织器官进出口改为禁止令，今后不得开展进出口活动；2. 对用于科研及其他用途的，根据相关规定通过科技部“人类遗传资源采集、收集、买卖、出口、出境审批”和质检总局“出入境特殊物品卫生检疫审批”加强管理，严控风险。
20	三级医院评审结果复核与评价	国家卫生计生委	《医疗机构管理条例》； 《卫生部办公厅关于规范医院评审工作的通知》（卫办医管函〔2012〕574 号）	取消审批后，国家卫生计生委通过以下措施加强事中事后监管：1. 制定医疗机构评审办法和评审标准；2. 评审委员会要逐步去行政化，政府官员不得在评审委员会中兼职任职，政府部门不得干涉评审委员会工作；3. 对评审委员会的评审实施监督，严肃查处违法违规行为。

续上表

序号	项目名称	审批部门	设定依据	加强事中事后监管措施
21	地震安全性评价单位资质认定	中国地震局	《地震安全性评价管理条例》； 《地震安全性评价资质管理办法》（中国地震局令第8号）	取消审批后，中国地震局通过以下措施加强事中事后监管：1. 制定并公布有关标准和规范，明确开展地震安全性评价单位的条件和要求；2. 建立诚信档案，将失信企业列入“黑名单”；3. 加强执法检查，建立举报平台，严厉处罚违法违规企业，处罚结果纳入国家信用平台，实行联合惩戒。
22	在沙化土地封禁保护区范围内进行修建铁路、公路等建设活动审批	国家林业局	《中华人民共和国防沙治沙法》	取消审批后，国家林业局通过以下措施加强事中事后监管：1. 制定有关标准和条件，铁路、公路等建设项目审批部门按照标准进行审批，严格把关，并征求国家林业局意见；2. 加强日常巡查检查，设立举报平台，强化社会监督；3. 严厉处罚在沙化土地封禁保护区范围内的违规建设行为，处罚结果纳入国家信用平台，实行联合惩戒。

续上表

序号	项目名称	审批部门	设定依据	加强事中事后监管措施
23	海洋石油勘探开发化学消油剂使用核准	国家海洋局	《中华人民共和国海洋石油勘探开发环境保护管理条例》	取消审批后,国家海洋局通过以下措施加强事中事后监管:1. 制定化学消油剂的使用标准和规范;2. 加强对化学消油剂的使用监管,要求企业做好购买、使用、报废记录,对不按规定使用化学消油剂的行为,依法进行查处;3. 加强对化学消油剂的质量监管,对化学消油剂进行质量检测,及时公布检测结果,通报不合格产品。
24	海洋工程拆除或改作他用的审批	国家海洋局	《防治海洋工程建设项目污染损害海洋环境管理条例》	取消审批后,国家海洋局通过以下措施加强事中事后监管:1. 强化“海洋工程建设项目环境影响报告书核准”,将海洋工程拆除或改作他用审批的有关要求纳入其中,通过对环境影响报告书的审批进行把关;2. 制定海洋工程拆除或改作他用的标准和规范;3. 对不执行标准和规范的行为,依法严肃查处。

续上表

序号	项目名称	审批部门	设定依据	加强事中事后监管措施
25	从事海船船员服务业务审批	交通运输部	《中华人民共和国船员条例》	取消审批后,通过以下措施加强事中事后监管:1. 该项审批内容纳入到人力资源社会保障部门负责实施的“劳务派遣许可”中;2. 交通运输部门在日常监管中发现船员劳务派遣存在问题时,及时向人力资源社会保障部门反馈。
26	船舶所有人、经营人或者管理人防治船舶及其有关作业活动污染海洋环境应急预案审批	交通运输部	《防治船舶污染海洋环境管理条例》; 《国务院关于取消和下放一批行政审批项目的决定》(国发〔2014〕5 号)	取消审批后,交通运输部通过以下措施加强事中事后监管:1. 制定预案编制标准和范本,供作业单位编制预案时参照;2. 改审批为备案,并要求所有相关作业单位都要制定应急预案;3. 交通运输部门在日常监管中发现应急预案制定和执行中存在问题的,依法予以处罚并纠正。

续上表

序号	项目名称	审批部门	设定依据	加强事中事后监管措施
27	船舶污染物接收单位从事船舶垃圾、残油、含油污水、含有毒有害物质污水接收作业审批	交通运输部	《防治船舶污染海洋环境管理条例》	取消审批后，交通运输部通过以下措施加强事中事后监管：1. 取消该项审批后，改为每次作业活动事前报告制度；2. 在每次作业活动时，通过现场监管，可以更直接、更有效地确保相关作业符合要求；3. 进一步完善相关作业标准，严格按照标准实施监管，对不按标准作业的企业加大处罚力度；4. 海事部门通过登船检查，以及巡逻船舶、飞机和卫星遥感等联合监管手段，及时发现和处置未经报告的违规作业行为。
28	商用密码产品生产单位审批	国家密码局	《商用密码管理条例》	取消审批后，国家密码局通过以下措施加强事中事后监管：1. 从管企业改为重点管产品，加强密码产品的标准规范和检测认证体系建设，强化商用密码产品许可审批，未经许可不准进入市场销售，严把密码产品市场准入关口；2. 强化市场监管措施，加大商用密码产品“双随机、一公开”抽查力度；3. 建立信用体系，实行“黑名单”制度，加强社会监督，对违法违规行为加大处罚力度，充分发挥行业组织作用。

续上表

序号	项目名称	审批部门	设定依据	加强事中事后监管措施
29	商用密码产品销售单位许可	国家密码局	《商用密码管理条例》	取消审批后,国家密码局通过以下措施加强事中事后监管:1. 从管企业改为重点管产品,加强密码产品的标准规范和检测认证体系建设,强化商用密码产品许可审批,未经许可不准进入市场销售,严把密码产品市场准入关口;2. 强化市场监管措施,加大商用密码产品“双随机、一公开”抽查力度;3. 建立信用体系,实行“黑名单”制度,加强社会监督,对违法违规行为加大处罚力度,充分发挥行业组织作用。
30	外商投资企业使用境外密码产品审批	国家密码局	《商用密码管理条例》;《商用密码产品使用管理规定》(国家密码局公告第8号)	取消审批后,国家密码局通过以下措施加强事中事后监管:1. 加强对进口密码产品的审批,健全相关制度,未经许可不得进口,严把进口关;2. 强化市场监管措施,加大“双随机、一公开”抽查力度,准确掌握进口密码产品的最终用户和最终用途;3. 建立信用体系,实行“黑名单”制度,加强社会监督,对违法违规行为加大处罚力度,充分发挥行业组织作用。

续上表

序号	项目名称	审批部门	设定依据	加强事中事后监管措施
31	境外组织和个人在华使用密码产品或者含有密码技术的设备审批	国家密码局	《商用密码管理条例》	取消审批后,国家密码局通过以下措施加强事中事后监管:1. 要求境外组织和个人严格遵守《商用密码管理条例》规定,如需使用境外密码产品和含有密码技术的设备,必须是已取得国家密码局进口许可的密码产品和含有密码技术的设备;2. 加强对进口密码产品和含有密码技术设备的审批,健全相关制度,未经许可不得进口,严把进口关;3. 强化市场监管措施,加大"双随机、一公开"抽查力度,准确掌握进口密码产品或含有密码技术设备的最终用户和最终用途;4. 建立信用体系,实行"黑名单"制度,加强社会监督,对违法违规行为加大处罚力度,充分发挥行业组织作用。
32	装帧流通人民币审批	中国人民银行	《中华人民共和国人民币管理条例》	取消审批后,中国人民银行通过以下措施加强事中事后监管:1. 研究制定装帧流通人民币相关管理规定,对装帧流通人民币产品内外包装的文字、图案内容等作出相应规定,加大宣传引导力度,推动装帧流通人民币相关规范的普及;2. 按照人民币图样使用管理相关规定,依法查处在产品包装上非法使用人民币图样的行为。组织分支机构加强对人民币相关信息的监测工作,对发现的涉嫌虚假违法宣传的装帧流通人民币产品信息,及时通报工商、公安等相关部门,配合其依法及时查处。

续上表

序号	项目名称	审批部门	设定依据	加强事中事后监管措施
33	设立保险公估机构审批	保监会	《国务院对确需保留的行政审批项目设定行政许可的决定》; 《保险公估机构监管规定》(保监会令2009年第7号)	取消审批后,保监会通过以下措施加强事中事后监管:1.实施备案制度,保险公估机构应当自领取营业执照之日起三十日内向保监会备案;2.制订保险公估人监管规定,落实保险法、资产评估法的原则要求,对保险公估机构及保险公估从业人员业务活动进行监管,强化事中事后监管;3.制定保险公估基本准则,对公估业务程序、质量标准、服务要求进行约束性指导;4.推动成立保险中介行业自律组织,对保险公估机构及保险公估从业人员实施自律管理,对外披露诚信记录、行政处罚等事项。
34	渔业船舶制式电台执照审批	农业部	《中华人民共和国无线电管理条例》	取消审批后,农业部通过以下措施加强事中事后监管:1.在对渔业船舶无线电通信设备(制式电台)认可时,加强产品频率范围的审核,检查设备的频率范围是否符合国家规定;2.在渔业船舶出厂检验环节,渔业船舶检验机构要检查渔业船舶设置使用渔业无线电台的环境和条件,并在渔业船舶检验证书中注明电台使用的频段、呼号等信息;3.在渔业船舶营运环节,要加强对渔业无线电台使用情况的检查,严厉查处违法违规行为。

续上表

序号	项目名称	审批部门	设 定 依 据	加强事中事后监管措施
35	高致病性病原微生物实验活动资格认定	农业部	《病原微生物实验室生物安全管理条例》	取消审批后，农业部通过以下措施加强事中事后监管：1. 修改完善“从事高致病性或疑似高致病性病原微生物实验活动审批”事项要求，严格动物病原微生物实验室标准和条件，明确要求开展实验活动的单位制定有关应急处置预案并进行报备；2. 强化“从事高致病性或疑似高致病性病原微生物实验活动审批”，防控风险，把住安全关；3. 对高致病性或疑似高致病性病原微生物的储存、保藏单位或实验室加强管理，明确有关储存、储藏要求，确保病原微生物不泄漏；4. 加强对实验活动的全程监管。
36	对外承包工程项目投标（议标）核准	商务部	《国务院对确需保留的行政审批项目设定行政许可的决定》； 《对外承包工程项目投标（议标）管理办法》（商务部、银监会、保监会令 2011 年第 3 号）	取消审批后，商务部通过以下措施加强事中事后监管：1. 研究建立对外承包工程“备案 + 负面清单”的管理制度，明确企业主管部门、各地方人民政府的监管主体责任，强化备案报告和监测机制；2. 用好重点检查和“双随机、一公开”抽查手段，指导行业组织加强协调自律；3. 建立跨部门信用平台和联合惩戒工作机制，对违法违规行为严格依法惩处。

续上表

序号	项目名称	审批部门	设定依据	加强事中事后监管措施
37	水利工程启闭机使用许可证核发	水利部	《国务院对确需保留的行政审批项目设定行政许可的决定》; 《水利工程启闭机使用许可管理办法》(水利部令第41号)	取消审批后,水利部通过以下措施加强事中事后监管:1.完善水利工程启闭机技术标准,明确质量标准和质量检测要求;2.建立健全水利工程启闭机“双随机、一公开”抽查制度,加大对水利工程启闭机生产企业违法行为的处罚力度,加快信用体系建设,建立水利工程启闭机管理信息数据库,建立信息联动和联合惩戒机制;3.研究制定启闭机安装使用、确保水利工程安全运行的办法,明确使用单位的责任要求,包括要求启闭机在安装前须进行质量检测,合格后方可安装;完善启闭机安装后的试运行验收程序等;4.强化水利工程验收关,对启闭机运行与水利工程进行整体把关,确保水利工程质量安全。
38	生产建设项目水土保持设施验收审批	水利部	《中华人民共和国水土保持法实施条例》; 《开发建设项目水土保持设施验收管理办法》(水利部令第16号)	取消审批后,水利部通过以下措施加强事中事后监管:1.制定完善水土保持的有关标准和要求,生产建设单位按标准执行;2.明确要求生产建设单位应当加强水土流失监测,在生产建设项目投产使用前,依据经批复的水土保持方案及批复意见,组织第三方机构编制水土保持设施验收报告,向社会公开并向水土保持方案审批机关报备;3.水利部强化“生产建设项目水土保持方案审批”,加强对水土保持方案实施情况的跟踪检查,依法查处水土保持违法违规行为,处罚结果纳入国家信用平台,实行联合惩戒。

续上表

序号	项目名称	审批部门	设定依据	加强事中事后监管措施
39	利用堤顶、戗台兼做公路审批	水利部	《中华人民共和国河道管理条例》	取消审批后，水利部通过以下措施加强事中事后监管：1. 制定完善堤防兼做公路的有关要求，包括事后备案审查、加强日常监管等内容；2. 对新建堤防拟兼做公路的，在设计阶段严格按相关技术标准把关；3. 对现有堤防，已兼做公路的，水利部应要求堤防管理单位按标准要求进行自查，自查情况向水利部报告；拟兼做公路的，堤防管理单位要进行安全性论证，采取有关安全防护措施，并向上级主管部门进行事后备案；4. 督促堤防管理单位加强日常巡查，定期进行堤防安全鉴定，严格控制超限、超重车辆通行；5. 通过现场检查、定期或不定期抽查等方式加强监管，严厉处罚违法违规行为。
40	民用航空器权利登记	中国民航局	《中华人民共和国民用航空法》	中国民航局将转变管理方式，变审批为由政府提供的公共服务，主要措施如下：1. 明确为民事权利登记，没有准入门槛，仅是对既有交易情况的登记；2. 优化和完善登记程序，由原来的现场初审、审核报批、作出决定等审批程序，变为权利人按程序提交完整、合法的材料信息即可享受登记服务；3. 取消登记收费，由原来的每次审批收费 700 元，改为向权利人提供免费登记服务；4. 完善查询、公示服务，将航空器每一次交易都予以公示，由原来的仅可查询最新登记情况变为历次交易的全流程查询。

附件2

国务院决定取消的中央指定地方实施的行政许可事项目录

（共计12项）

序号	项目名称	审批部门	设定依据	加强事中事后监管措施
1	地质勘查资质审批	省级国土资源主管部门	《地质勘查资质管理条例》	取消审批后，国土资源部要制定开展地质勘查的标准和规范，并督促地方国土资源主管部门通过以下措施加强事中事后监管：1. 全面掌握地质勘查单位信息，要求其按照标准规范开展工作；2. 对政府部门委托的地质勘查任务，要加强对地质勘查单位履约情况的监督，并承担相应行政责任；3. 对为市场提供服务的地质勘查单位，推行“双随机、一公开”抽查，及时查处违法违规行为；4. 建立地质勘查单位“黑名单”制度，推动对失信者实行联合惩戒。
2	经营国际船舶管理业务许可（中资）	省级交通运输主管部门	《中华人民共和国国际海运条例》	取消审批后，交通运输主管部门要通过以下措施加强事中事后监管：1. 督促国际船舶管理企业按照相关标准和安全管理规范开展业务；2. 健全有奖举报和舆情监测制度，加快完善举报激励机制，调动公众监督积极性，对举报反映的问题，海事管理机构要认真核实并依法处理。

续上表

序号	项目名称	审批部门	设定依据	加强事中事后监管措施
3	建设项目水资源论证报告书审批	省、市、县级水行政主管部门	《国务院对确需保留的行政审批项目设定行政许可的决定》	取消审批后，水利部要督促地方水行政主管部门通过以下措施加强事中事后监管：1. 将建设项目水资源论证的有关技术要求纳入“取水许可”；2. 在取水许可环节，对水资源论证进行把关，强化取水许可管理；3. 加强对建设项目用水的监督检查，严厉查处违反规定利用水资源的行为，处罚结果纳入国家信用平台，实行联合惩戒。
4	生产建设项目水土保持设施验收审批	省、市、县级水行政主管部门	《中华人民共和国水土保持法实施条例》	取消审批后，水利部要制定水土保持的有关标准和要求，并督促地方水行政主管部门通过以下措施加强事中事后监管：1. 要求生产建设单位按标准执行；2. 明确要求生产建设单位应当加强水土流失监测，在生产建设项目投产使用前，依据经批复的水土保持方案及批复意见，组织第三方机构编制水土保持设施验收报告，向社会公开并向水土保持方案审批机关报备；3. 加强对水土保持方案实施情况的跟踪检查，依法查处水土保持违法违规行为，处罚结果纳入国家信用平台，实行联合惩戒。

续上表

序号	项目名称	审批部门	设定依据	加强事中事后监管措施
5	国内海洋渔业船舶制式电台执照审批	省、市、县级渔业行政主管部门	《中华人民共和国无线电管理条例》; 《渔业无线电管理规定》(国无管〔1996〕13号)	取消审批后,农业部要督促地方渔业行政主管部门通过以下措施加强事中事后监管:1. 在渔业船舶出厂检验环节,渔业船舶检验机构要检查渔业船舶设置使用渔业无线电台的环境和条件,并在渔业船舶检验证书中注明电台使用的频段、呼号等信息;2. 在渔业船舶营运环节,要加强对渔业无线电台使用情况的检查,严厉查处违法违规行为。
6	电影制片单位设立、变更、终止审批	省级新闻出版广电行政部门	《电影管理条例》; 《国务院关于取消和调整一批行政审批项目等事项的决定》(国发〔2014〕27号)	取消审批后,新闻出版广电总局要督促地方新闻出版广电行政部门通过以下措施加强事中事后监管:1. 从管企业改为重点管电影内容,加强完善电影内容的审查制度,未经审查和审查不合格的电影,不准发行、放映,严把电影内容审查关;2. 强化市场监管措施,加大对电影内容的抽查力度;3. 建立信用体系,实行“黑名单”制度,加强社会监督,对违法违规行为加大处罚力度。

续上表

序号	项目名称	审批部门	设定依据	加强事中事后监管措施
7	建立城市社区有线电视系统审批	县级新闻出版广电行政部门	《国务院对确需保留的行政审批项目设定行政许可的决定》; 《国务院关于第六批取消和调整行政审批项目的决定》(国发〔2012〕52号)	取消审批后,新闻出版广电总局要督促地方新闻出版广电行政部门通过以下措施加强事中事后监管:1. 加强有线电视系统工程的新建、改造等建设管理工作,确保有线电视网络覆盖城市各个社区;2. 规范有线电视运营企业运营服务和安全,强化内容管理,提高服务质量,加强安全、检修、维护和应急处置等管理。
8	在林区经营(含加工)木材审批	省、市、县级林业行政主管部门	《中华人民共和国森林法实施条例》	取消审批后,国家林业局要督促地方林业行政主管部门通过以下措施加强事中事后监管:1. 强化"林木采伐许可证核发""木材运输证核发",从源头上对乱砍滥伐行为强化管理;2. 加强与工商部门的信息沟通交流,掌握了解从事木材经营加工企业的工商登记信息,并相应加强实地检查、随机抽查,每年抽查比例不低于本地区木材经营加工企业总数的20%,重点核查经营(加工)场所是否符合相关规定、审查企业原料和产品入库出库台账、审查木材来源是否合法;3. 违法违规行为处理结果及时通报工商部门,纳入国家企业信用信息公示系统。

续上表

序号	项目名称	审批部门	设定依据	加强事中事后监管措施
9	建立固定狩猎场所审批	省级林业行政主管部门	《中华人民共和国陆生野生动物保护实施条例》	取消审批后，国家林业局要督促地方林业行政主管部门通过以下措施加强事中事后监管：1. 强化“国家一级保护陆生野生动物特许猎捕证核发”“国家二级保护陆生野生动物特许猎捕证核发”“猎捕非国家重点保护陆生野生动物狩猎证核发”，依据资源状况依法规范核发特许猎捕证、狩猎证，明确狩猎活动区域、时间和狩猎动物种类、数量、方式；2. 加强野生动物资源监测工作，制定完善监管制度，加大对违法行为的处罚力度，处罚结果纳入国家信用平台，实行联合惩戒；3. 加大宣传教育力度，畅通举报渠道，充分发挥社会监督作用。
10	出口国家重点保护的或进出口国际公约限制进出口的陆生野生动物或其产品初审	省级林业行政主管部门	《中华人民共和国陆生野生动物保护实施条例》； 《中华人民共和国濒危野生动植物进出口管理条例》	取消地方初审后，由国家林业局直接受理审批，并通过以下措施加强事中事后监管：1. 强化“出口国家重点保护的或进出口国际公约限制进出口的陆生野生动物或其产品审批”，严格把关；2. 建立完善有效的举报平台或渠道，充分发挥社会监督作用；3. 加强执法检查，严厉处罚违法违规行为，处罚结果纳入国家信用平台，实行联合惩戒。

续上表

序号	项目名称	审批部门	设定依据	加强事中事后监管措施
11	外来陆生野生动物物种野外放生初审	省级林业行政主管部门	《中华人民共和国陆生野生动物保护实施条例》	取消地方初审后，由国家林业局直接受理审批，并通过以下措施加强事中事后监管：1. 国家林业局要制定完善外来陆生野生动物物种野外放生的相关规定，明确放生活动的范围，明确要求除为保护、拯救野生动物而进行的放归自然行为外，其他放生活动一律在限定范围内实施；2. 强化“外来陆生野生动物物种野外放生审批”，严格把关；3. 加强执法检查，严格处罚违法违规放生行为，处罚结果纳入国家信用平台；4. 加大宣传教育力度，设立完善举报平台，充分发挥社会监督作用。
12	海洋工程拆除或者改作他用许可	省、市、县级海洋行政主管部门	《防治海洋工程建设项目污染损害海洋环境管理条例》	取消审批后，国家海洋局要制定海洋工程拆除或改作他用的操作规范，并督促地方海洋行政主管部门通过以下措施加强事中事后监管：1. 对海洋工程需要拆除或者改变用途后可能产生重大环境影响的，强化“海洋工程建设项目海洋环境影响报告核准”，严格把关；2. 要求施工单位严格按照操作规范执行；3. 加强监督检查，对违反规范的行为，依法严肃查处。

国务院关于在自由贸易试验区暂时调整有关行政法规、国务院文件和经国务院批准的部门规章规定的决定

国发〔2017〕57 号　2017.12.25

各省、自治区、直辖市人民政府,国务院各部委、各直属机构:

为保障自由贸易试验区有关改革开放措施依法顺利实施,国务院决定,在自由贸易试验区暂时调整《中华人民共和国船舶登记条例》等 11 部行政法规,《国务院办公厅转发国家计委关于城市轨道交通设备国产化实施意见的通知》《国务院办公厅关于加强城市快速轨道交通建设管理的通知》2 件国务院文件以及《外商投资产业指导目录(2017 年修订)》《外商投资民用航空业规定》2 件经国务院批准的部门规章的有关规定(目录附后)。

国务院有关部门和上海市、广东省、天津市、福建省、辽宁省、浙江省、河南省、湖北省、重庆市、四川省、陕西省人民政府要根据有关行政法规、国务院文件和经国务院批准的部门规章的调整情况,及时对本部门、本省市制定的规章和规范性文件作相应调整,建立与试点要求相适应的管理制度。

根据自由贸易试验区改革开放措施的试验情况,本决定内容适时进行调整。

附件:国务院决定在自由贸易试验区暂时调整有关行政法规、国务院文件和经国务院批准的部门规章规定目录

附件

国务院决定在自由贸易试验区暂时调整有关行政法规、国务院文件和经国务院批准的部门规章规定目录

序号	有关行政法规、国务院文件和经国务院批准的部门规章规定	调整情况
1	1.《中华人民共和国船舶登记条例》 第二条第一款:下列船舶应当依照本条例规定进行登记: (一)在中华人民共和国境内有住所或者主要营业所的中国公民的船舶。 (二)依据中华人民共和国法律设立的主要营业所在中华人民共和国境内的企业法人的船舶。但是,在该法人的注册资本中有外商出资的,中方投资人的出资额不得低于50%。 (三)中华人民共和国政府公务船舶和事业法人的船舶。 (四)中华人民共和国港务监督机构认为应当登记的其他船舶。 2.《中华人民共和国船舶和海上设施检验条例》 第十三条:下列中国籍船舶,必须向中国船级社申请入级检验: (一)从事国际航行的船舶; (二)在海上航行的乘客定额100人以上的客船; (三)载重量1000吨以上的油船; (四)滚装船、液化气体运输船和散装化学品运输船; (五)船舶所有人或者经营人要求入级的其他船舶。	暂时停止实施相关内容,加快国际船舶登记制度创新,基于对等原则逐步放开船级准入,由国务院交通运输主管部门制定相关管理办法

续上表

序号	有关行政法规、国务院文件和 经国务院批准的部门规章规定	调整情况
2	《印刷业管理条例》 第十四条:国家允许设立中外合资经营印刷企业、中外合作经营印刷企业,允许设立从事包装装潢印刷品印刷经营活动的外资企业。具体办法由国务院出版行政部门会同国务院对外经济贸易主管部门制定。	暂时停止实施相关内容,允许设立从事其他印刷品印刷经营活动的外资企业,由国务院新闻出版主管部门制定相关管理办法
3	《外商投资民用航空业规定》 第四条第一款:外商投资方式包括: (一)合资、合作经营(简称"合营"); (二)购买民航企业的股份,包括民航企业在境外发行的股票以及在境内发行的上市外资股; (三)其他经批准的投资方式。 第六条第四款:外商投资飞机维修(有承揽国际维修市场业务的义务)和航空油料项目,由中方控股;货运仓储、地面服务、航空食品、停车场等项目,外商投资比例由中外双方商定。	暂时停止实施相关内容,允许外商以独资形式投资设立航空运输销售代理企业和航空货运仓储、地面服务、航空食品、停车场项目;放宽外商投资通用飞机维修由中方控股的限制;取消外商投资飞机维修承揽国际维修市场业务的义务要求。由国务院民用航空主管部门制定相关管理办法

续上表

序号	有关行政法规、国务院文件和经国务院批准的部门规章规定	调整情况
4	《中华人民共和国认证认可条例》 第十一条第一款:外商投资企业取得认证机构资质,除应当符合本条例第十条规定的条件外,还应当符合下列条件: (一)外方投资者取得其所在国家或者地区认可机构的认可; (二)外方投资者具有3年以上从事认证活动的业务经历。	暂时停止实施外商投资企业取得认证机构资质的特殊要求,由国务院质量监督检验检疫主管部门制定相关管理办法
5	《娱乐场所管理条例》 第六条:外国投资者可以与中国投资者依法设立中外合资经营、中外合作经营的娱乐场所,不得设立外商独资经营的娱乐场所。	暂时停止实施相关内容,允许设立外商独资经营的娱乐场所,在自由贸易试验区内提供服务,由国务院文化主管部门制定相关管理办法
6	《中华人民共和国中外合作办学条例》 第六十条:在工商行政管理部门登记注册的经营性的中外合作举办的培训机构的管理办法,由国务院另行规定。	暂时停止实施相关内容,由国务院教育主管部门会同有关部门就经营性的中外合作举办的培训机构制定相关管理办法

续上表

序号	有关行政法规、国务院文件和经国务院批准的部门规章规定	调整情况
7	《旅行社条例》 第二十三条：外商投资旅行社不得经营中国内地居民出国旅游业务以及赴香港特别行政区、澳门特别行政区和台湾地区旅游的业务，但是国务院决定或者我国签署的自由贸易协定和内地与香港、澳门关于建立更紧密经贸关系的安排另有规定的除外。	暂时停止实施相关内容，允许在自由贸易试验区内注册的符合条件的中外合资旅行社经营中国内地居民出境旅游业务（台湾地区除外），由国务院旅游主管部门制定相关管理办法
8	《直销管理条例》 第七条：申请成为直销企业，应当具备下列条件： （一）投资者具有良好的商业信誉，在提出申请前连续5年没有重大违法经营记录；外国投资者还应当有3年以上在中国境外从事直销活动的经验； （二）实缴注册资本不低于人民币8000万元； （三）依照本条例规定在指定银行足额缴纳了保证金； （四）依照规定建立了信息报备和披露制度。	暂时停止实施外国投资者应当有3年以上在中国境外从事直销活动的经验的要求，由国务院商务主管部门制定相关管理办法
9	《外商投资产业指导目录（2017年修订）》 限制外商投资产业目录 24. 加油站（同一外国投资者设立超过30家分店、销售来自多个供应商的不同种类和品牌成品油的连锁加油站，由中方控股）建设、经营	暂时停止实施相关内容，允许外商以独资形式从事加油站建设、经营，由国务院商务主管部门制定相关管理办法

续上表

序号	有关行政法规、国务院文件和经国务院批准的部门规章规定	调整情况
10	1.《中华人民共和国国际海运条例》 第二十八条：经国务院交通主管部门批准，外商可以依照有关法律、行政法规以及国家其他有关规定，投资设立中外合资经营企业或者中外合作经营企业，经营国际船舶运输、国际船舶代理、国际船舶管理、国际海运货物装卸、国际海运货物仓储、国际海运集装箱站和堆场业务；并可以投资设立外资企业经营国际海运货物仓储业务。 经营国际船舶运输、国际船舶代理业务的中外合资经营企业，企业中外商的出资比例不得超过49%。 经营国际船舶运输、国际船舶代理业务的中外合作经营企业，企业中外商的投资比例比照适用前款规定。 中外合资国际船舶运输企业和中外合作国际船舶运输企业的董事会主席和总经理，由中外合资、合作双方协商后由中方指定。 2.《外商投资产业指导目录(2017年修订)》 限制外商投资产业目录 17. 国内水上运输公司(中方控股)，国际海上运输公司(限于合资、合作) 23. 船舶代理(中方控股)	暂时停止实施相关内容，允许设立外商独资国际船舶运输、国际船舶管理、国际海运货物装卸、国际海运集装箱站和堆场企业，允许外商以合资、合作形式从事国际船舶代理业务，外方持股比例放宽至51%
11	《外商投资产业指导目录(2017年修订)》 限制外商投资产业目录 22. 稻谷、小麦、玉米收购、批发	暂时停止实施相关内容，取消外商从事稻谷、小麦、玉米收购、批发的限制

续上表

序号	有关行政法规、国务院文件和经国务院批准的部门规章规定	调整情况
12	《外商投资产业指导目录(2017年修订)》 限制外商投资产业目录 9. 干线、支线飞机设计、制造与维修,3吨级及以上直升机设计与制造,地面、水面效应航行器制造及无人机、浮空器设计与制造(中方控股) 10. 通用飞机设计、制造与维修(限于合资、合作)	暂时停止实施相关内容,允许外商以独资形式从事6吨级9座以下通用飞机设计、制造与维修业务;取消3吨级及以上民用直升机设计与制造的投资比例限制
13	1.《国务院办公厅转发国家计委关于城市轨道交通设备国产化实施意见的通知》(国办发〔1999〕20号) 第三部分的有关规定:城市轨道交通项目,无论使用何种建设资金,其全部轨道车辆和机电设备的平均国产化率要确保不低于70%。 2.《国务院办公厅关于加强城市快速轨道交通建设管理的通知》(国办发〔2003〕81号) 第六部分的有关规定:要不断提高城轨交通项目设备的国产化比例,对国产化率达不到70%的项目不予审批。	暂时停止实施相关内容,取消外商投资城市轨道交通项目设备国产化比例须达到70%以上的限制
14	《外商投资产业指导目录(2017年修订)》 禁止外商投资产业目录 26. 互联网新闻信息服务、网络出版服务、网络视听节目服务、互联网上网服务营业场所、互联网文化经营(音乐除外)、互联网公众发布信息服务	暂时停止实施相关内容,允许外商投资互联网上网服务营业场所

续上表

序号	有关行政法规、国务院文件和经国务院批准的部门规章规定	调整情况
15	《中华人民共和国外资银行管理条例》 第三十四条第一款:外资银行营业性机构经营本条例第二十九条或者第三十一条规定业务范围内的人民币业务的,应当具备下列条件,并经国务院银行业监督管理机构批准: (一)提出申请前在中华人民共和国境内开业1年以上; (二)国务院银行业监督管理机构规定的其他审慎性条件。	暂时停止实施相关内容,取消对外资银行营业性机构经营人民币业务的开业年限限制
16	1.《营业性演出管理条例》 第十条第一款、第二款:外国投资者可以与中国投资者依法设立中外合资经营、中外合作经营的演出经纪机构、演出场所经营单位;不得设立中外合资经营、中外合作经营、外资经营的文艺表演团体,不得设立外资经营的演出经纪机构、演出场所经营单位。 设立中外合资经营的演出经纪机构、演出场所经营单位,中国合营者的投资比例应当不低于51%;设立中外合作经营的演出经纪机构、演出场所经营单位,中国合作者应当拥有经营主导权。 第十一条第二款:台湾地区的投资者可以在内地投资设立合资、合作经营的演出经纪机构、演出场所经营单位,但内地合营者的投资比例应当不低于51%,内地合作者应当拥有经营主导权;不得设立合资、合作、独资经营的文艺表演团体和独资经营的演出经纪机构、演出场所经营单位。 2.《外商投资产业指导目录(2017年修订)》 限制外商投资产业目录 35.演出经纪机构(中方控股)	暂时停止实施相关内容,允许外国投资者、台湾地区的投资者设立独资演出经纪机构为设有自由贸易试验区的省、直辖市提供服务,由国务院文化主管部门制定相关管理办法

注:第1项至第9项此前已经在上海、广东、天津、福建自由贸易试验区作了暂时调整,此次暂时调整适用于其他自由贸易试验区。第10项至第16项适用于所有自由贸易试验区。

国务院办公厅关于加快推进“多证合一”改革的指导意见

国办发〔2017〕41号　2017.05.05

各省、自治区、直辖市人民政府，国务院各部委、各直属机构：

“五证合一”“两证整合”登记制度改革的相继实施有效提升了政府行政服务效率，降低了市场主体创设的制度性交易成本，激发了市场活力和社会创新力，但目前仍然存在各类证照数量过多、“准入不准营”、简政放权措施协同配套不够等问题。为进一步优化营商环境，经国务院同意，现就加快推进“多证合一”改革提出以下意见。

一、统一思想，充分认识推行改革的重要意义

在全面实施企业、农民专业合作社工商营业执照、组织机构代码证、税务登记证、社会保险登记证、统计登记证“五证合一、一照一码”登记制度改革和个体工商户工商营业执照、税务登记证“两证整合”的基础上，将涉及企业（包括个体工商户、农民专业合作社，下同）登记、备案等有关事项和各类证照（以下统称涉企证照事项）进一步整合到营业执照上，实现“多证合一、一照一码”，是贯彻中央关于推进供给侧结构性改革决策部署，推进简政放权、放管结合、优化服务的重要内容，是进一步推动政府职能转变、深化行政审批制度改革的重要途径，是深化商事制度改革、进一步释放改革红利的重要抓手；对于推动市场在资源配置中起决定性作用和更好发挥政府作用，构建“互联网+”环境下政府新型管理方式、营造便利宽松的创业创新环境和公开透明平等竞争的营商环境，建立程序更为便利、内容更为完善、流程更为优化、资源更为集约的市场准入新模式，促进提高劳动生产率具有重要意义。各地区、各部门要高度重视,积极作为,把这项改革的实施工作摆在重要位置,采取切实有力措施,确保“多证合一”改革在2017年10月1日前落到实处、取得实效。

二、认真梳理涉企证照事项,全面实行“多证合一”

坚持“多证合一”和行政审批制度改革相结合,按照市场化改革方向,充分发挥市场在资源配置中的决定性作用。各地区要按照能整合的尽量整合、能简化的尽量简化、该减掉的坚决减掉的原则,全面梳理、分类处理涉企证照事项,将信息采集、记载公示、管理备查类的一般经营项目涉企证照事项,以及企业登记信息能够满足政府部门管理需要的涉企证照事项,进一步整合到营业执照上,被整合证照不再发放,实行“多证合一、一照一码”,使企业在办理营业执照后即能达到预定可生产经营状态,大幅度缩短企业从筹备开办到进入市场的时间。对于市场机制能够有效调节、企业能够自主管理的事项以及可以通过加强事中事后监管达到原设定涉企证照事项目的的,要逐步取消或改为备案管理。对于关系公共安全、经济安全、生态安全、生产安全、意识形态安全的涉企证照事项继续予以保留,要实行准入清单管理。对于没有法律法规依据、非按法定程序设定的涉企证照事项一律取消。

三、深化信息共享和业务协同,简化企业准入手续

坚持互联互通与数据共享相结合,大力推进信息共享,能向社会公开的尽量公开,打通信息孤岛。各地区要依托已有设施资源和政府统一数据共享交换平台,进一步完善省级信用信息共享平台、国家企业信用信息公示系统、部门间的数据接口,在更大范围、更深层次实现部门间企业基础信息和相关信用信息共享、业务协同。各地区要加快制定政府数据资源共享目录体系和管理办法,建立区域内统一标准的市场主体信息库,构建统一高效、互联互通、安全可靠的政府数据资源体系,打破部门和行业信息壁垒。从严控制个性化信息采集,凡是能通过信息共享获取的信息和前序流程已收取的材料,不得要求企业和群众重复提交;凡是能通过网络核验的信息,不得要求其他单位和申请人重复提交;凡是应由行政机关及相关机构调查核实的信息，由部门自行核实，实现相同信息“一次采集、一档管理”，避免让企业重复登记、重复提交材料。

四、完善工作流程，做好改革衔接过渡

各地区要在“五证合一”登记制度改革工作机制及技术方案的基础上，继续全面实行“一套材料、一表登记、一窗受理”的工作模式，申请人办理企业注册登记时只需填写“一张表格”，向“一个窗口”提交“一套材料”。登记部门直接核发加载统一社会信用代码的营业执照，相关信息在国家企业信用信息公示系统公示，并及时归集至全国信用信息共享平台。企业不再另行办理“多证合一”涉及的被整合证照事项，相关部门通过信息共享满足管理需要。已按照“五证合一”登记模式领取加载统一社会信用代码营业执照的企业，不需要重新申请办理“多证合一”登记，由登记机关将相关登记信息通过全国信用信息共享平台共享给被整合证照涉及的相关部门。企业原证照有效期满、申请变更登记或者申请换发营业执照的，由登记机关换发加载统一社会信用代码的营业执照。

五、推进“互联网+政务服务”，不断提高服务效率

坚持优化政务服务与推进“互联网+”相结合，优化审批流程，提高审批效率，提升透明度和可预期性。各地区要加快一体化网上政务服务平台建设，打造“互联网+”模式下方便快捷、公平普惠、优质高效的政务服务体系。推进各类涉企证照事项线上并联审批，优化线上、线下办事流程，简化办事手续，减少办事环节，降低办事成本，实现“一网通办、一窗核发”。要推进涉企证照事项标准化管理，在全面梳理、分类处理的基础上，全面公开涉企证照事项目录和程序，明晰具体受理条件和办理标准，列明审查要求和时限，实现服务事项标准化。

六、加强事中事后监管，促进服务效能提升

坚持便捷准入与严格监管相结合，以有效监管保障便捷准入，防止劣币驱逐良币，提高开办企业积极性。各地区、各部门要切实转变理念，精简事前审批，加强事中事后监管，探索市场监管新模式。要全面推行“双随机、一公开”监管，按照“谁审批、谁监管，谁主管、谁监管”的原则，强化主动监管、认真履职意识，明确监管责任。要建立以信用为核心的新型监管机制，依托全国信用信息共享平台不断完善政府部门之间信息共享与联合惩戒机制，充分发挥国家企业信用信息公示系统和“信用中国”网站的作用，强化企业自我约束功能，降低市场交易风险，减少政府监管成本，提高经济运行效率。

七、推进“一照一码”营业执照广泛应用，推动改革落地

坚持“多证合一”与推进“一照一码”营业执照应用相结合，打通改革成果落地的“最后一公里”。各地“多证合一”改革情况不同，证照整合项目、形式不同，各地区、各部门要加快完善各自相关信息系统，互认“一照一码”营业执照的法律效力，推进“一照一码”营业执照在区域内、行业内的互认和应用。对于被整合证照所涵盖的原有事项信息，不得再要求企业提供额外的证明文件，使“一照一码”营业执照成为企业唯一“身份证”，使统一社会信用代码成为企业唯一身份代码，实现企业“一照一码”走天下。

八、强化中央和地方联动，统筹稳妥推进改革

坚持统筹推进与因地制宜相结合，鼓励地方大胆探索实践，自下而上，上下联动。各省级人民政府要结合实际，鼓励基层探索实践。要及时总结改革经验，巩固改革成果，不断扩大“多证合一”的覆盖范围。国务院各相关部门要解放思想，锐意进取，主动作为。各地区、各部门要按照职责分工，加强衔接配合，积极推进改革。要做好对改革政策的解读和宣传工作，形成推动改革落地见效的良好氛围，确保“多证合一”改革各项措施顺利推进。

九、完善配套制度和政策，确保改革于法有据

坚持基层先行先试与依法推动相结合，大力推进相关法律法规制修订和改革配套政策联动。各地区、各部门在推进“多证合一”改革时，要充分做好沟通和衔接工作，在全面梳理、分类处理涉企证照事项的基础上，对确需在全国范围内合并的事项中涉及法律、法规、规章和规范性文件修改、完善和清理的，要按照职责分工，依照法定程序开展相关工作，确保改革在法治轨道上推进。

十、加强窗口建设，做好人员、设施、经费保障

坚持内强素质与外提能力相结合，以内挖潜力、充分利用原有设施为重点，做好人员、设施、经费保障工作。“多证合一”改革后，基层登记窗口压力将进一步增大。各地区要通过合理调整、优化机构和人员配置，配足配强窗口人员队伍，确有必要时可以采用政府购买服务等方式，提高窗口服务能力。要加强窗口工作人员培训，提高业务素质。要优化支出结构，加强窗口软硬件设施配备，做好信息化保障。

十一、加强督查考核，完善激励机制

坚持鼓励先进与鞭策落后相结合，充分调动干事创业积极性、主动性。各地区要通过制定任务清单、将落实情况纳入政府工作考核内容等方式，把“多证合一”改革摆进地方经济社会发展大局考虑，加强督查，形成有效激励机制和容错纠错机制。要对接国际营商环境指标，加强对本地区营商环境便利化的评估和排名工作，建立开办企业时间统计通报制度，研究建立新生市场主体统计调查、监测分析制度。相关部门要组织联合督导，对改革进展情况进行监督检查。

部分地方交通运输法规规章

江苏省民用航空条例

江苏省人民代表大会常务委员会公告第 52 号　2017.01.18

第一章　总　　则

第一条　为了促进民用航空发展，加强民用航空管理，保障民用机场安全和有序运营，维护当事人的合法权益，根据《中华人民共和国民用航空法》、国务院《民用机场管理条例》等法律、行政法规，结合本省实际，制定本条例。

第二条　本条例适用于本省行政区域内的民用航空发展规划和民用机场的规划建设，运输机场的运营、管理、服务和安全环境保护，通用航空有关管理以及相关活动。

民用航空的安全、标准、航空运输、市场监管等行业管理按照法律、行政法规和国家有关规定执行。

第三条　民用航空发展遵循以人为本、安全规范、统筹协调、适度超前的原则，坚持政府引导、市场主导、军民融合、服务发展。

第四条　省人民政府应当加强对本省民用航空发展工作的领导，将民用航空发展纳入国民经济和社会发展规划，建立健全民用航空发展工作领导协调机制，统筹民用航空发展政策、发展资源，采取必要的扶持措施，促进民用航空发展。

设区的市、县(市、区)人民政府应当结合本地区实际，加强对民用航空发展的组织、协调和跨区域配合，组织有关部门和乡镇人民政府、街道办事处做好机场保护相关工作。

第五条　省人民政府交通运输主管部门按照职责权限负责全省民用航空的有关管理与服务工作。设区的市、县(市、区)人民政府交通运输主管部门按照职责权限负责本行政区域内民用航空的有关管理与服务工作。

发展改革、经济和信息化、公安、财政、国土资源、环境保护、住房城乡建设、规划、商务、税务、工商、安全生产监督、口岸等行政管理部门应当按照各自职责,做好民用航空的相关管理与服务工作。

机场管理机构依法负责运输机场地区的安全和运营管理;依照本条例的授权查处运输机场地区有关违反市容环境卫生、公共秩序管理规定的行为,接受机场所在地设区的市人民政府的监督。

第六条 省交通运输主管部门应当会同发展改革等有关部门根据经济社会发展情况和全国民用航空发展规划、民用机场布局和建设规划,编制全省民用航空发展规划、运输机场建设规划和通用航空专项规划等规划,将其纳入全省综合交通运输发展规划。全省通用机场布局规划由省发展改革主管部门编制。

机场所在地设区的市人民政府可以结合本地区实际需要,依据全省民用航空发展规划和相关专项规划,编制本行政区域民用航空发展规划。

民用航空发展规划、运输机场建设规划和通用航空专项规划,应当与土地利用总体规划、城乡规划、生态红线区域保护规划相衔接。

第七条 鼓励和支持企业、个人依法投资民用航空。

对在民用航空发展中做出突出贡献的单位和个人,县级以上地方人民政府应当予以奖励。

第二章 运输机场规划与建设

第八条 运输机场的规划、建设应当符合国家有关标准和规范,并按照国家有关规定办理相关审批、核准、备案和验收手续。

运输机场的规划、建设应当遵循绿色建筑发展要求,节约集约用地,保护生态环境。

第九条 运输机场建设项目法人或者机场管理机构负责编制

运输机场总体规划。

编制运输机场总体规划应当符合全省运输机场建设规划，与城乡规划相衔接，并征求有关军事机关、省发展改革和交通运输主管部门、主要驻场单位和运输机场所在地设区的市、县（市）人民政府相关主管部门的意见。

第十条 运输机场所在地设区的市、县（市）人民政府应当将运输机场总体规划纳入土地利用总体规划和城乡规划，并根据运输机场的运营和发展需要，对运输机场周边地区的土地利用和建设实行规划控制。

第十一条 运输机场总体规划范围内的建设项目应当符合运输机场总体规划，依法办理相关许可手续。机场管理机构应当与地方人民政府有关主管部门做好衔接工作。

任何单位和个人不得在运输机场地区擅自新建、改建、扩建建筑物、构筑物。

第十二条 运输机场应当建设完善旅客服务、航空货运集散、公共交通、油料供应以及航空器维修保障等配套基础设施。

运输机场地区的供水、供电、供气、通信、道路、防汛等基础设施由机场建设项目法人负责建设；运输机场地区外的供水、供电、供气、道路、通信、防汛等配套基础设施由运输机场所在地县级以上地方人民政府统一规划、统筹建设，保证运输机场地区内外基础设施的衔接。

第三章 运输机场管理与服务

第十三条 机场管理机构应当按照国家有关规定对运输机场实施运营管理，提供相关运输机场服务，建立相应的投诉受理制度，并接受国务院民用航空主管部门和地区民用航空管理机构的监督。

航空运输企业以及其他驻场单位应当遵守运输机场管理有关法律、法规以及行业标准，提供相应的服务。

第十四条 机场管理机构应当采取有效措施加强与航空运输企业以及其他驻场单位的协调,并按照国家有关规定与航空运输企业以及其他驻场单位签订书面协议,明确各方在运输机场运营服务过程中的权利和义务,保障运输机场正常有序运营。

机场管理机构应当组织航空运输企业以及其他驻场单位制定机场服务规范,为旅客和货主提供安全、便捷的服务。

第十五条 驾驶车辆进入运输机场地区的,应当服从机场管理机构的管理,遵守运输机场管理秩序,按照规定的路线、规则行驶或者停放。

第十六条 机场管理机构应当建立健全运输机场安全运营责任制,组织制定运输机场安全运营规章制度,保障运输机场安全投入,督促检查安全运营工作,及时消除安全事故隐患,依法报告生产安全事故。

航空运输企业以及其他驻场单位应当按照各自的职责共同保障运输机场的安全运营并承担相应的责任。

机场管理机构应当依法落实运输机场安全防范和内部治安保卫工作。有关公安机关负责对运输机场的公共安全保卫工作实施检查、指导和监督。

第十七条 机场管理机构应当根据国家有关规定,会同相关驻场单位在运输机场地区划定控制区,实行封闭式分区管理。

进入运输机场控制区的人员、车辆以及其他设备,应当凭运输机场控制区有效通行证件经安全检查后进入,并遵守控制区活动准则和相关规定。

第十八条 禁止下列危害或者可能危害民用航空安全的行为:

(一)无有效机场控制区通行证件进入机场控制区;

(二)随意穿越航空器停机位、跑道、滑行道;

(三)非法拦截或者强行登、占航空器;

(四)攀(钻)越、损毁运输机场防护围栏以及其他安全防护设施;

（五）在机场控制区内狩猎、放牧、晾晒谷物；

（六）在机场控制区内驾驶车辆进行教练活动；

（七）冲击或者堵塞安检、登机等通道；

（八）不听劝阻在航空器、机坪或者廊桥内滞留，影响航空器正常运行；

（九）制造混乱以及扰乱运输机场秩序等其他危害或者可能危害民用航空安全的行为。

第十九条 机场管理机构应当通过运输机场候机楼信息显示屏、广播以及网络媒体等多种方式，及时向旅客、货主提供航班计划、航班实时到达和出发时间、进出运输机场公共交通班次、配套服务设施指南等信息。

第二十条 航空运输企业、机场管理机构应当按照《中华人民共和国民用航空法》的规定，做好旅客和货物运输的各项服务工作，提高运输服务质量。

航空运输期间造成旅客、行李或者货物损失的，航空运输企业、机场管理机构应当依法承担相应责任。

第二十一条 航空运输企业、机场管理机构、空中交通管理部门和其他服务保障单位应当各自建立航班运行保障制度，加强协调配合，共同保障航班正点运营。

航班发生延误或者取消时，机场管理机构、航空运输企业应当及时公开发布有关航班延误或者取消的信息、原因及补救措施；机场管理机构应当及时协调航空运输企业以及有关驻场单位做好服务保障和善后处理工作。

航班延误或者取消后，航空运输企业及其代理人对旅客提供的餐饮、住宿等服务以及给予旅客的经济补偿，按照国家规定、合同约定执行。

第二十二条 机场管理机构应当组织驻场单位制定大面积航班延误应急预案，建立联动协调机制。

发生大面积航班延误时，机场管理机构应当及时启动应急预案，组织实施相关服务工作，并向运输机场所在地县级以上地方人民政府和地区民用航空管理机构报告;运输机场所在地县级以上地方人民政府应当组织有关部门调集运能,快速、安全地疏散旅客。

第二十三条 运输机场地区禁止下列违反市容环境卫生与公共秩序管理规定的行为:

(一)建筑工地不设置护栏或者不作遮挡,随意倾倒、抛撒、堆放建筑垃圾或者竣工后不及时清理和平整场地;

(二)违法排放废水、废气、烟尘、粉尘等有毒、有害物质;

(三)随地吐痰,乱扔杂物,随地便溺,乱倒垃圾、污水、粪便等污物;

(四)不履行卫生责任区清扫保洁义务或者不按照规定清运、处理垃圾和粪便;

(五)擅自设置大型户外广告;

(六)在公共场地擅自摆摊设点、兜售物品;

(七)在公共区域违反规定招揽旅客;

(八)破坏标志、标牌、电子显示屏、公用照明等公共设施;

(九)在机场控制区外的道路、场地上晾晒谷物;

(十)其他违反市容环境卫生、公共秩序管理法律、法规的行为。

在运输机场地区散发广告、宣传品,开展募捐活动,拍摄影视片,或者举办展销会、促销会、文娱、体育等活动,应当征得机场管理机构同意。

第二十四条 运输机场地区零售、餐饮、航空地面服务等经营性业务,机场管理机构可以按照国家规定有偿转让经营权。机场管理机构应当按照公平竞争、满足大众消费需求的原则,与取得经营权的零售、餐饮等经营者签订协议,明确服务标准、价格水平、安全规范和责任等事项。

第二十五条 在运输机场地区取得经营权的经营者应当遵守相关法律、法规规定,遵循诚实信用原则,合理定价、明码标价,不得从事不正当竞争,不得销售假冒伪劣商品。

机场管理机构应当对取得经营权的经营者履行协议的情况进行监督。

工商行政管理、食品药品监督、价格等部门应当依法对运输机场地区经营活动进行监督管理。

第二十六条 省交通运输主管部门和运输机场所在地设区的市人民政府交通运输主管部门应当建立交通运输公共服务信息共享机制,将运输机场公共信息纳入综合交通运输信息服务平台,并及时向社会发布有关信息。

第二十七条 运输机场突发事件应急预案应当按照国家有关规定制定,并纳入当地人民政府突发事件应急预案体系。

运输机场发生突发事件,有关地方人民政府、相关部门、机场管理机构等单位应当按照应急预案的要求开展应急救援。

第四章 运输机场安全环境保护

第二十八条 运输机场净空保护区域由运输机场所在地地区民用航空管理机构和运输机场净空保护区域涉及的设区的市人民政府按照国家有关规定划定并公布。运输机场净空保护区域跨行政区域的,其共同上一级人民政府应当做好协调工作。

运输机场净空保护区域涉及的设区的市、县(市、区)人民政府应当建立和完善运输机场净空保护工作责任制和协调机制,督促各有关部门和乡镇人民政府按照规定承担保障净空安全的责任。

第二十九条 运输机场净空保护区域内的建设项目应当符合净空保护的要求。

设区的市、县(市)人民政府城乡规划主管部门审批运输机场净空保护区域内的建设项目,应当书面征求运输机场所在地地区民用航空管理机构的意见。

机场管理机构应当将运输机场净空保护的具体要求告知有关设区的市、县(市)人民政府城乡规划主管部门。

第三十条 运输机场净空保护区域内禁止下列行为：

（一）修建不符合运输机场净空要求的建筑物、构筑物或者设施；

（二）修建可能向空中排放大量烟雾、粉尘、火焰、废气而影响飞行安全的建筑物或者设施；

（三）修建靶场、强烈爆炸物仓库等影响飞行安全的建筑物或者设施；

（四）排放大量烟雾、粉尘、火焰、废气等影响飞行安全的物质；

（五）露天焚烧秸秆、垃圾等，或者燃放烟花、焰火；

（六）放飞影响飞行安全的鸟类，或者升放无人驾驶的自由气球、系留气球、无人机、孔明灯、风筝和其他升空物体；

（七）设置影响运输机场目视助航设施使用或者飞行员视线的灯光、激光、标志或者物体；

（八）种植影响飞行安全或者影响运输机场助航设施使用的植物；

（九）在运输机场围界外五米范围内，搭建建筑物、种植树木，或者从事挖掘、堆积物体等影响运输机场运营安全的活动；

（十）设置易吸引鸟类及其他动物的露天垃圾场、屠宰场、养殖场等场所；

（十一）法律、法规和国务院民用航空主管部门规定的其他影响运输机场净空保护的行为。

在运输机场净空保护区域外从事前款所列行为的，不得影响运输机场净空保护。对可能影响飞行安全的高大建筑物或者设施，其所有者应当按照国家有关规定设置航空障碍灯和障碍物标志，并使其保持正常状态。

机场管理机构应当加强对运输机场净空状况的核查，发现影响运输机场净空保护的情况，应当立即制止，并书面报告运输机场所在地县级以上地方人民政府。接到报告的县级以上地方人民政府应当及时采取有效措施，消除对飞行安全的影响。

第三十一条 运输机场电磁环境保护区域由运输机场所在地无线电管理机构会同地区民用航空管理机构按照国家无线电管理的有关规定和标准确定并公布。

第三十二条 运输机场电磁环境保护区域内禁止下列影响运输机场电磁环境的行为：

（一）修建架空高压输电线、架空金属线、铁路、公路、电力排灌站；

（二）存放金属堆积物；

（三）从事掘土、采砂、采石等改变地形地貌的活动；

（四）修建阻断无线电信号传输的高大建筑、设施；

（五）国务院民用航空主管部门规定的其他影响运输机场电磁环境保护的行为。

第三十三条 任何单位或者个人使用的无线电台（站）和其他仪器、装置，不得对民用航空无线电专用频率的正常使用产生干扰。

民用航空无线电专用频率受到干扰时，机场管理机构和地区民用航空管理机构应当立即采取排查措施，及时消除；无法消除的，应当通报运输机场所在地地方无线电管理机构，有关无线电管理机构应当采取措施依法查处。

第三十四条 运输机场所在地设区的市人民政府应当在航空器起飞、降落的净空周围划定限制建设噪声敏感建筑物的区域，并组织县（市、区）人民政府及有关部门实施控制。

确需在前款规定的区域内建设噪声敏感建筑物的，建设单位应当采取措施减轻、避免民用航空器运行时对其产生的噪声影响。

机场管理机构应当会同航空运输企业、空中交通管理部门等单位，采取技术手段和管理措施控制民用航空器噪声对运输机场周边地区的影响。

第五章 通用航空

第三十五条 从事通用航空规划建设、运营服务等活动的，应当遵守国家有关法律、行政法规和标准规范的规定，依法办理相关审批、核准、备案、验收手续。

县级以上地方人民政府及其有关部门、通用机场运营单位应当按照国家有关规定实施通用机场的安全环境保护。任何单位和个人应当遵守国家有关通用机场安全环境保护的规定，不得从事影响通用机场安全运营的活动。

第三十六条 省人民政府应当加强与国务院民用航空主管部门、地区民用航空管理机构和有关军事机关的沟通，建立协调机制，及时处理、解决通用航空发展中的重大问题，促进通用航空安全、有序、健康发展。

设区的市、县（市、区）人民政府应当加大通用航空配套场外道路、供水、供电、供气、通信、防汛等公共基础设施和专用应急救援设施设备投入，支持通用机场建设，优化通用航空发展环境，推动通用航空事业发展。

第三十七条 交通运输主管部门会同有关部门依据相关规划对通用机场建设进行指导和协调。

第三十八条 按照国家投资项目管理规定实行审批制、核准制的通用机场建设项目，其项目法人应当按照国家规定编制有关申请文件，向省发展改革主管部门提出申请。

按照国家投资项目管理规定实行备案制的通用机场建设项目，其项目法人应当按照国家有关规定办理相关备案手续。

第三十九条 鼓励符合条件的高速公路服务区、医院、学校、体育场、城市核心商务区、一百米以上高层建筑、重点交通枢纽等，按照全省通用机场布局规划要求，根据实际需要设立直升机起降点。

新建前款所列场地设施的，可以按照通用机场布局规划要求，预留直升机起降点。

第四十条 县级以上地方人民政府应当将应急救援、防灾减灾、医疗救护等公益类通用航空服务纳入政府购买服务范围，并加强经费保障；支持通用航空单位开展农业、林业、工业、环境监测等生产类通用航空服务。

鼓励有条件的通用航空单位拓展公务飞行、航空游览、飞行培训、私人飞行、通航短途运输等消费类通用航空服务。

第四十一条 县级以上地方人民政府应当将通用航空单位纳入所在地应急救援体系，组织通用航空单位开展必要的应急救援培训和日常训练。

发生重大自然灾害等重大突发事件时，县级以上地方人民政府可以调用通用航空单位参与应急救援，通用航空单位应当服从调用。

对参与应急救援和应急救援日常训练的通用航空单位，县级以上地方人民政府应当安排财政资金给予适当补偿。

第四十二条 县级以上地方人民政府及其交通运输主管部门应当根据区域经济社会发展需求，配合国务院民用航空主管部门、地区民用航空管理机构编制通用航空服务站布局规划。

县级以上地方人民政府及其交通运输主管部门应当逐步加大通用航空服务站投入，引导社会力量参与投资建设，按照职责权限协调管理通用航空服务站的建设与运营，推进地方建设的通用航空服务站纳入民航空管行业管理体系。

第四十三条 通用航空服务站应当根据国家有关法律、法规和规范以及与通用航空单位签订的服务协议，为通用航空飞行提供飞行计划、航空情报、航空气象、飞行情报、告警和协助救援等服务。

通用航空服务站应当加强通用航空飞行活动监测，对影响公共安全、公共秩序的通用航空飞行活动，应当及时向公安、交通运输等部门通报。接到通报的部门应当采取有效措施及时消除对空防、地面安全的影响。

第四十四条　公安、交通运输、工商、体育、气象等行政管理部门应当配合地区民用航空管理机构、有关军事机关,依法及时处理未经批准擅自飞行、超执照等级飞行、超空域范围飞行等扰乱空中秩序的违法违规行为,确保飞行安全和地面重要目标安全。

有关部门应当依法加强民用无人机、滑翔机、动力伞、飞艇、热气球、航空模型等低空慢速小型飞行器的升空、飞行等活动的监督管理。

第六章　保障与促进

第四十五条　省人民政府及其有关部门应当按照资源优化、共同发展的原则,根据经济社会发展需要,加强部门工作协调,引导区域内机场、航空运输企业资源整合,形成民用航空发展合力。

省、设区的市人民政府及其有关部门应当加强与国务院民用航空主管部门、地区民用航空管理机构和有关军事机关的沟通协调,争取空域使用、航线开辟、航班时刻安排、机场改扩建等方面的支持,促进全省民用航空事业发展。

第四十六条　县级以上地方人民政府应当结合实际情况,加大机场建设、航线培育、通用航空发展、人才培养和引进等方面的政策扶持力度,采取促进本行政区域内民用航空发展的政策措施,由交通运输主管部门会同有关部门组织实施。

发展改革、财政、税务等有关部门应当保障符合条件的民用航空生产、经营、服务单位享受国家和地方扶持民用航空发展有关优惠政策。

第四十七条　省、设区的市人民政府应当根据本行政区域民用航空发展实际,设立民用航空发展专项资金,用于引导、扶持、培育民用航空发展。民用航空发展专项资金的使用管理办法,由省、设区的市人民政府财政部门会同交通运输主管部门制定。

第四十八条　鼓励、支持机场管理机构合理利用运输机场资源,引进基地航空公司,开拓本区域航空市场,推进航线开辟和航班加密，满足经济社会发展和人民群众出行需要。

县级以上地方人民政府对基地航空公司所需用地指标、上缴税费等，在国家相关政策范围内给予政策优惠。

第四十九条 省交通运输主管部门应当加强本省民用航空发展的调查、信息收集和分析研究，对民用航空发展水平进行综合评价。

机场管理机构、基地航空公司、通用航空单位应当按照国家和省有关规定，及时向省和有关设区的市、县（市、区）交通运输主管部门报送有关信息。

第五十条 省、设区的市人民政府国有资产管理部门在对运输机场国有资产进行绩效考核时，应当综合考核其社会效益和经济效益。

第五十一条 县级以上地方人民政府及其相关部门应当将机场集疏运体系建设纳入城乡规划、综合交通运输发展规划，加强机场集疏运道路、公共停车场建设，完善与运输机场相配套的公共汽车、轨道交通、客运班车、出租汽车、汽车租赁等运输服务，实现航空运输与其他运输方式的有效衔接。

支持有条件的运输机场规划建设一体化综合交通枢纽。

第五十二条 省、设区的市人民政府应当组织有关部门采取措施，促进现代信息技术在民用航空领域的应用，加大信息化与民用航空融合发展的扶持力度，推进智慧机场建设，提高民用机场公共服务水平。

第五十三条 鼓励以财政性资金设立的创业投资资金和风险投资机构加大对民用航空发展的投资力度；鼓励其他风险投资机构对民用航空发展进行投资。

鼓励银行业金融机构对民用航空器制造、维修、购租以及机场及其配套基础设施建设提供优惠的信贷支持；鼓励各类融资性担保机构为民用航空基础设施建设项目提供融资担保。

第五十四条 鼓励有条件的地区发展航空产业。鼓励优先发展围绕机场配套和依托民用航空资源的航空维修、航空配餐、航空金融、航空物流、航空旅游等服务业和高附加值制造业。

县级以上地方人民政府应当制定配套政策措施，吸引社会资本，发展与本地区经济联系紧密的航空产业，发挥航空产业对区域经济发展的带动作用。

第五十五条 支持航空货运中心建设，加快航空物流发展。鼓励机场管理机构加强与航空物流、邮政、电子商务等企业的合作。

省、设区的市人民政府应当支持和协调海关、检验检疫、边防、出入境管理等部门，对开通国际和地区业务的运输机场采取通关便利措施，提高通关效率，缩短通关时间，为航空物流发展创造便利条件。

第五十六条 省教育、人社等部门应当结合实际情况和民用航空发展需要，制定推动民用航空发展的人才培养政策措施，重点加强飞行、空管、机务、管理、物流等民用航空发展急需的专业技术技能人才的培养。

鼓励高等院校、科研院所与民用航空生产、经营、服务单位合作办学，扩大民用航空专业人才的培养规模，优化培养模式，提高教学水平，加快民用航空急需人才培养。

县级以上地方人民政府及其人社、财政等部门应当根据民用航空发展规划和民用航空人才需求，支持民用航空发展急需的高层次专业技术技能人才的引进。

第五十七条 鼓励设立民用航空相关行业协会。民用航空相关行业协会应当在标准制定、市场调查、信息交流、咨询评估、企业合作、行业自律、纠纷调解等方面发挥作用，并依法提供相关服务，维护民用航空生产、经营、服务单位合法权益。

第五十八条 鼓励中介机构围绕民用航空发展，开展技术交易、航空物流、会展交流、项目管理、培训教育、人才引进等服务活动。

第七章　法律责任

第五十九条　违反本条例规定的违法行为，有关法律、法规已有处罚规定的，按照有关规定实施行政处罚。

违反本条例第十三条规定，机场管理机构、航空运输企业以及其他驻场单位不按照有关规定提供相应服务的，按照《中华人民共和国民用航空法》、国务院《民用机场管理条例》的规定处理。

第六十条　违反本条例第二十三条第一款第一项、第三项、第四项、第六项规定的，由机场管理机构按照有关市容环境卫生管理法律、法规的规定实施行政处罚。

违反本条例第二十三条第一款第七项、第九项规定的，由机场管理机构责令改正，可以处以五十元以上二百元以下罚款。

除本条规定由机场管理机构实施行政处罚的行为外，对违反本条例第二十三条规定的其他行为，机场管理机构发现后应当予以制止，并及时告知或者送交有关行政管理部门处理。

第六十一条　有关行政管理部门在运输机场地区进行行政执法时，机场管理机构应当予以配合。有关行政管理部门应当采用有利于维护机场安全和有序运营的执法方式。

第六十二条　违反本条例第三十条第一款、第二款和第三十二条规定的，由运输机场所在地县级以上地方人民政府或者其指定的行政管理部门责令改正；情节严重的，按照有关法律、法规规定实施行政处罚。

第六十三条　依照本条例履行执法职责的机场管理机构工作人员，在机场管理工作中玩忽职守、滥用职权、徇私舞弊的，依法给予处分；构成犯罪的，依法追究刑事责任。

第六十四条　违反本条例规定，有关行政管理部门的工作人员有下列行为之一的，依法给予处分；构成犯罪的，依法追究刑事责任：

（一）违反净空保护要求审批建设项目的；

（二）不及时查处运输机场净空保护和电磁环境保护违法行为的；

（三）不依照职责查处违法飞行行为的；

（四）挪用、侵占、截留民用航空相关发展资金或者补贴、补助资金的；

（五）其他玩忽职守、滥用职权、徇私舞弊的行为。

第八章　附　　则

第六十五条　本条例下列用语的含义：

（一）机场是指民用机场，包括运输机场（含军民合用机场民用部分）和通用机场。运输机场是指为从事旅客、货物运输等公共航空运输活动的民用航空器提供起飞、降落等服务的机场。通用机场是指为从事工业、农业、林业、渔业和建筑业的作业飞行，以及医疗卫生、抢险救灾、气象探测、海洋监测、科学实验、教育训练、文化体育等飞行活动的民用航空器提供起飞、降落等服务的机场。

（二）通用航空是指使用民用航空器从事公共航空运输以外的民用航空活动，包括从事工业、农业、林业、渔业和建筑业的作业飞行以及医疗卫生、抢险救灾、气象探测、海洋监测、科学实验、教育训练、文化体育等方面的飞行活动。

（三）机场管理机构是指依法组建的或者受委托的具有法人资格的，负责运输机场的安全和运营管理的机构。

（四）驻场单位是指在运输机场地区的机关、团体、企业事业单位以及其他组织。

（五）运输机场地区是指根据城乡规划和运输机场总体规划，已经征地使用的机场专用区域。

（六）运输机场控制区是指根据航空安全需要划定的进出受到限制的区域，包括候机隔离区、行李分拣装卸区、航空器活动区、航空器维修区和货物存放区等。

（七）运输机场净空保护区是指为保障民用航空器起飞、降落安全,按照运输机场净空障碍物限制图和《民用机场飞行区技术标准》的相关要求划定的空间范围。

(八)运输机场电磁环境保护区是指设置在运输机场总体规划区域内的民用航空无线电台(站)电磁环境保护区域和运输机场飞行区电磁环境保护区域。

(九)噪声敏感建筑物是指医院、学校、机关、科研单位、住宅等需要保持安静的建筑物。

第六十六条 本条例自 2017 年 7 月 1 日起施行。

宁夏回族自治区农村公路条例

宁夏回族自治区人民代表大会常务委员会公告

第五十二号　2017.09.28

第一章　总　　则

第一条　为了加强农村公路建设和管理,促进农村经济社会发展,根据《中华人民共和国公路法》《公路安全保护条例》等有关法律、行政法规,结合自治区实际,制定本条例。

第二条　自治区行政区域内农村公路的规划、建设、养护、管理和运营,适用本条例。

本条例所称农村公路,是指纳入农村公路规划,并按照公路建设技术标准修建的县道、乡道、村道及其附属设施,包括农村公路的桥梁、隧道和渡口。

第三条　农村公路发展应当遵循统筹规划、合理布局、保护环境以及建设与养护并重的原则。

农村公路管理实行政府主导、分级负责、行业监管、部门协作、社会参与的体制。

第四条　县级以上人民政府应当将农村公路的发展纳入国民经济和社会发展规划,将农村公路规划、建设、养护和管理所需经费列入本级财政预算。

第五条　县级人民政府是本行政区域内农村公路规划、建设、养护、管理和运营的责任主体。

乡(镇)人民政府在县级人民政府确定的职责范围内,负责本行政区域内乡道、村道的建设、养护和管理工作。

村民委员会应当教育村民爱路、护路,维护农村公路的路容、路貌。

第六条 自治区和设区的市人民政府交通运输主管部门是农村公路工作的行业主管部门,依据职责做好农村公路的建设、养护和管理工作,加强对农村公路建设、养护和管理的监督考核和指导。

县级人民政府交通运输主管部门负责本行政区域内的农村公路工作,其所属的公路管理机构具体承担农村公路管理和养护工作。

县级以上人民政府发展改革、财政、公安、国土资源、环境保护、农牧、林业、住房和城乡建设等部门,按照各自的职责做好农村公路的相关工作。

第七条 任何单位和个人不得破坏、损坏或者非法占用农村公路、公路用地及公路附属设施。

任何单位和个人都有爱护农村公路、公路用地及公路附属设施的义务,有权检举和控告破坏、损坏或者侵占农村公路、公路用地、公路附属设施以及其他影响公路安全的违法行为。

第二章 规划与建设

第八条 农村公路规划的编制应当以空间规划为依据,与国民经济和社会发展规划、土地利用总体规划相协调,与国道、省道规划和乡(镇)规划、村庄规划相衔接,与农村客运发展规划、旅游规划相适应。

第九条 县道规划由县级人民政府交通运输主管部门会同有关部门编制,经本级人民政府审定后,报上一级人民政府批准,并报自治区人民政府交通运输主管部门备案。

乡道、村道规划由县级人民政府交通运输主管部门协助乡(镇)人民政府编制,报县级人民政府批准,并报设区的市人民政府交通运输主管部门备案。

第十条　县道、乡道的命名和编号，由自治区人民政府交通运输主管部门按照国家有关规定确定。

村道的命名和编号，由县级人民政府交通运输主管部门按照自治区人民政府交通运输主管部门的有关规定确定。

第十一条　新建、改建和扩建农村公路，其相应的公路附属设施应当与公路主体工程同时设计、同时施工、同时交付使用。

农村公路建设项目应当依法进行验收；未经验收或者验收不合格的，不得交付使用。

第十二条　新建、改建和扩建农村公路，应当执行国家和自治区制定的技术标准。

农村公路建设项目符合法定招标条件的，应当依法进行公开招标。

第十三条　农村公路建设项目实行建设质量缺陷责任制度，建设、设计、施工和监理单位依法承担相应的质量责任。

第十四条　农村公路建设项目的建设单位应当建立工程档案，保存工程资料，竣工验收合格后移交农村公路养护单位。

第三章　公路养护

第十五条　县级人民政府交通运输主管部门应当建立健全农村公路养护质量检查、考核和评定制度，建立健全质量安全保证体系和信用评价体系，加强检查监督。

第十六条　农村公路养护实行日常养护与集中养护相结合的方式，注重预防性养护，逐步实现专业化养护。

农村公路可以通过公开招标选择养护单位，也可以实行建设、改造和养护一体化招标确定养护单位。

农村公路日常保洁、绿化等非专业养护项目，可以通过分段承包、定额包干等方式，吸收沿线村民参与。

第十七条　县道、乡道因养护作业需要中断交通的，养护单位应当征求公安机关交通管理部门意见，提前向社会公告，并按规定设置警示标志和绕行标志。发生交通阻塞时,公安机关交通管理部门应当及时做好车辆分流和疏导,维护交通秩序。

村道因养护作业需要中断交通的,由乡(镇)人民政府告知沿线单位和村民。

第十八条 因自然灾害或者其他突发事件造成农村公路严重损坏的,县、乡(镇)人民政府应当启动公路突发事件应急预案,并组织抢修,尽快恢复交通。

第四章 路政管理

第十九条 县级人民政府交通运输主管部门负责农村公路的路政管理工作。

第二十条 县级人民政府交通运输主管部门所属的公路管理机构应当对农村公路、公路用地和公路附属设施进行调查核实、登记造册,逐步建立农村公路基础数据库和电子地图。

农村公路属性不得擅自变更;确需变更的,应当依法办理变更手续。

第二十一条 县道、乡道两侧自边沟(截水沟、坡脚护坡道)外缘起不少于一米的范围为农村公路用地;自公路用地外缘起县道不少于十米、乡道不少于五米的范围为建筑控制区。

第二十二条 任何单位和个人不得实施下列行为:

(一)在农村公路上堆放物料、设置障碍、挖沟引水或者打场晒粮、倾倒垃圾、排放污物等;

(二)损毁、擅自移动、涂改农村公路标志或者擅自设置其他标志;

(三)在公路用地范围内挖砂、采石、取土等;

(四)在农村公路建筑控制区内新建、扩建永久性非公路防护、养护需要的建筑物和地面构筑物;

(五)在公路建筑控制区外修建遮挡公路标志、妨碍安全视距的建筑物、地面构筑物以及其他设施。

第二十三条 下列施工活动，涉及县道、乡道的，依法办理审批手续；涉及村道的，建设单位应当事先征求相关村民委员会的意见，并经乡（镇）人民政府同意：

（一）因修建铁路、机场、供电、水利、通信等设施需要占用、挖掘公路及其用地；

（二）跨越、穿越公路修建桥梁、渡槽或者架设、埋设管道、电缆等设施；

（三）在公路用地范围内架设、埋设管道、电缆等设施；

（四）利用公路桥梁、隧道、涵洞铺设电缆等设施；

（五）利用跨越公路的设施悬挂非公路标志；

（六）在公路上增设或者改造平面交叉道口；

（七）在公路建筑控制区内埋设管道、电缆等设施。

前款规定活动影响道路交通安全的，应当征得公安机关交通管理部门的同意。

第二十四条 超限超载车辆不得在农村公路上行驶。

县级人民政府交通运输主管部门可以根据保护县道、乡道的需要，在县道、乡道的出入口设置必要的限高、限宽设施，乡（镇）人民政府可以根据保护村道的需要，在村道的出入口设置必要的限高、限宽设施，但是不得影响消防和卫生急救等应急通行需要，不得向通行车辆收费。其他单位和个人不得设置限高、限宽等设施。

第五章 公路运营

第二十五条 农村公路的运营应当坚持城乡统筹、以城带乡、城乡一体、客货并举、运邮结合的原则。

第二十六条 农村公路的运营应当执行国家标准、行业标准和地方标准。

第二十七条 鼓励有条件的地区将农村公路建设与产业园区、乡村旅游等进行一体化建设和开发。

鼓励单位和个人投资农村旅游公路服务设施建设。

第二十八条 农村客运站(点)等设施应当与农村公路统一规划,并按照国家和自治区的有关标准统一建设。

农村客运站(点)应当与新建、改建的农村公路同步竣工验收并交付使用。

第二十九条 农村物流场站设施和信息系统建设,应当与农村公路规划、建设相互衔接,逐步实现多站合一、资源共享。

第三十条 鼓励农村客货运站(点)开展快递服务业务。

第六章 资金筹集与管理

第三十一条 自治区建立以政府投入为主、多渠道筹资为辅的农村公路建设和养护资金筹集机制。

县、乡(镇)人民政府可以通过政府购买服务,引入专业企业、社会资本养护农村公路。

第三十二条 农村公路建设、养护资金来源:

(一)国家补助的专项资金;

(二)国家成品油价格和税费改革转移支付资金;

(三)县级以上人民政府安排的财政性资金;

(四)企业、个人等社会力量捐助资金;

(五)以出让公路冠名权、广告权、路域资源开发权、绿化经营权等方式筹集的资金;

(六)其他资金。

第三十三条 农村公路建设、养护资金实行统一管理,专款专用,任何单位和个人不得挤占、挪用和截留。

第三十四条 县级以上人民政府交通运输主管部门和公路管理机构应当加强农村公路专项资金管理,提高资金使用效益。

审计、财政等部门应当依法对农村公路建设、养护资金的使用情况进行监督和检查。

第七章　法律责任

第三十五条　违反本条例规定,涉及县道、乡道的,依照《中华人民共和国公路法》和《公路安全保护条例》等法律、行政法规的规定处理。

第三十六条　有下列情形之一,涉及村道的,由县级人民政府交通运输主管部门予以处罚;造成村道及其附属设施损坏的,依法承担赔偿责任。

(一)违反本条例第二十二条第一项、第二项、第三项规定的,责令停止违法行为,处三百元以上三千元以下的罚款;

(二)违反本条例第二十二条第四项、第五项规定的,责令限期拆除,处三千元以上三万元以下的罚款;责令期满未拆除的,由公路管理机构拆除,拆除费用由违法者承担;

(三)违反本条例第二十三条规定,未经同意擅自进行施工活动的,责令停止违法行为,处五千元以上五万元以下的罚款;

(四)违反本条例第二十四条第一款规定,超限超载车辆在村道上行驶的,责令停止违法行为,处二百元以上二千元以下的罚款;情节严重的,处五千元以上三万元以下的罚款。

第三十七条　县级以上人民政府交通运输主管部门、农村公路管理机构、乡(镇)人民政府的工作人员,在农村公路工作中,玩忽职守、徇私舞弊、滥用职权,构成犯罪的,依法追究刑事责任;尚不构成犯罪的,依法给予处分。

第八章　附　　则

第三十八条　本条例下列用语的含义:

(一)县道是指除国道、省道以外的县际间公路以及连接县级人民政府所在地与乡(镇)人民政府所在地和主要商品生产、集散地的公路。

（二）乡道是指除县道及县道以上等级公路以外的乡际间公路以及连接乡（镇）人民政府所在地与建制村的公路。

（三）村道是指除乡道及乡道以上等级公路以外的连接建制村与建制村、建制村与自然村、建制村与外部的公路，但不包括村内街巷和农田间的机耕道。

（四）农村公路附属设施是指为保护、养护农村公路和保障农村公路安全畅通所设置的防护、排水、养护、管理、服务、交通安全、限高和限宽等设施、设备以及专用建筑物、构筑物等。

第三十九条 本条例自2017年11月1日起施行。

湖北省铁路安全管理办法

湖北省人民政府令第395号　2017.11.16

第一条　为了加强铁路安全管理,保障铁路运输安全和畅通,保护公民生命和财产安全,根据《中华人民共和国铁路法》《铁路安全管理条例》等法律法规,结合本省实际,制定本办法。

第二条　本省行政区域内的国家铁路、地方铁路、专用铁路和铁路专用线的设计建设、线路安全、运营安全管理及相关活动,适用本办法。

第三条　铁路安全管理应当坚持安全第一、预防为主、依法管理、综合治理的原则,建立政府统筹、部门协作、铁路运输企业负责、行业监管和社会监督的运行机制。

第四条　县级以上人民政府负责本行政区域铁路线路封闭区域外的铁路安全监督管理工作,将铁路安全工作纳入当地安全生产、社会治安综合治理和平安建设范围,将铁路护路联防工作经费列入财政预算,建立健全铁路安全管控长效机制。

社会治安综合治理工作机构应当组织协调有关职能部门,加强铁路沿线治安防范和重点区段安全生产隐患排查整治等工作,指导铁路护路联防组织开展联防,防范和制止危害铁路安全的行为。

第五条　县级以上人民政府发展改革、经济和信息化、公安、财政、国土资源、住房城乡建设、规划、交通运输、水利、环境保护、林业、安全生产监督管理及通信、电力等部门应当按照各自职责,做好铁路安全管理的有关工作。

乡镇人民政府、街道办事处应当协助有关部门和单位做好铁路沿线安全管理工作,履行铁路护路联防责任。

第六条 铁路运输企业应当履行企业安全生产主体责任，负责铁路线路封闭区域内的铁路安全工作，接受铁路监管部门的监督管理。

铁路监管部门应当履行铁路行政执法监察职责，依法查处危害铁路运输安全的行为，协助当地人民政府及有关执法部门开展铁路沿线安全综合治理。

第七条 铁路工程的规划、设计和建设应当执行国家标准、行业标准和技术规范，统筹考虑当地城乡规划、产业布局、生态红线、征地拆迁及公用通信、电力网络等情况，避开人口密集区、企业工矿区等安全问题易发区域，研究制定保证铁路安全的设计和建设方案。

第八条 铁路安全设施应当与铁路建设主体工程同时设计、同时施工、同时投入使用。铁路建设工程竣工时，应当按照国家有关规定组织验收，并由铁路运输企业进行运营安全评估。经验收、评估合格，符合运营安全要求的，方可投入运营。

投入运营前，铁路建设单位应当采取设桩、封闭、绿化等方式建设铁路防护带和绿化带，对铁路路基实施安全防护。投入运营后，铁路运输企业应当对铁路线路、铁路防护设施和警示标志进行经常性巡查和维护，及时处置安全隐患，保障铁路安全运行。

第九条 铁路线路两侧应当设立铁路线路安全保护区，铁路线路安全保护区的划定和公告依照有关法律法规的规定执行。

县级以上人民政府应当统筹协调铁路线路安全保护区划定工作，组织同级发展改革、国土资源、住房城乡建设、规划、交通运输、水利、安全生产监督管理等部门及铁路监管部门依法划定铁路线路安全保护区。

新建、改建的铁路线路安全保护区或者需要调整铁路线路安全保护区范围的，应当自铁路建设工程初步设计批准之日或者自确定调整之日起 30 日内，由县级以上人民政府依照国家有关规定划定并公告。

第十条 铁路建设单位或者铁路运输企业应当在铁路线路安

全保护区划定和公告后,根据工程竣工资料进行勘界,绘制铁路线路安全保护区平面图,并根据平面图设立标桩和易于识别的警示、保护标志。设立标桩和警示标志等相关工作,应当在铁路安全设施验收或者铁路线路开通前完成。

第十一条 禁止在铁路线路安全保护区内烧荒、放养牲畜、种植影响铁路线路安全和行车瞭望的树木等植物。

禁止向铁路线路安全保护区内排放气体、固体、液体污染物或者废弃物、倾倒垃圾以及其他危害铁路安全的物质。

禁止攀爬、钻越、损毁铁路线路防护设施,擅自进入铁路线路封闭区域;禁止在铁路线路两侧500米范围内升放风筝、气球、孔明灯、飞行器等低空飘浮物体。

第十二条 在铁路线路安全保护区内建造建筑物、构筑物等设施,取土、挖砂、挖沟、采空作业或者堆放、悬挂物品,应当征得铁路运输企业同意并签订安全协议,遵守保证铁路安全的国家标准、行业标准和施工安全规范,采取措施防止影响铁路运输安全的行为发生。铁路运输企业应当履行铁路安全管理责任,派员对施工现场进行安全监督。

第十三条 铁路线路安全保护区内既有的合法建筑物、构筑物危及铁路运输安全的,铁路运输企业应当告知其产权人或者使用权人采取必要的安全防护措施,消除安全隐患。

采取安全防护措施后仍不能保证安全的,依法予以征收或者拆除。因征收给他人合法权益造成损失的,由所在地县级人民政府依法给予补偿;因拆除合法建筑物、构筑物或者清理铁路线路安全保护区内的植物给他人合法权益造成损失的,由铁路运输企业依法给予补偿。

第十四条 在铁路线路安全保护区及其邻近区域建造或者设置的建筑物、构筑物、设备等,不得进入国家规定的铁路建筑限界。

在铁路线路安全保护区的邻近区域建造或者设置的彩钢瓦房、活动板房、塑料大棚、广告标牌及废品站、垃圾场等建筑物、构筑物,其产权人或者使用权人应当加强管理,采取必要的安全防护措施，防止影响铁路运输安全。

第十五条 县级以上人民政府应当将铁路线路安全保护区外两侧水土流失潜在危险区域划定为水土流失重点预防区，水土流失严重区域划定为水土流失重点治理区。从事生产建设活动造成水土流失的，应当采取水土保持措施依法治理。

县级以上人民政府水利部门应当依照国家有关规定在铁路桥梁跨越处河道上下游划定禁止采砂、淘金的范围，设置禁采标志，并加强日常巡查管理，制止非法采砂、淘金行为。

第十六条 新建、改建、扩建高速公路、一级公路或者城市道路中的快速路，需要与铁路交叉的，应当设置立体交叉设施，并优先选择下穿铁路的方案。

对符合城市规划或者交通运输规划要求、相关安全防护设施完备的基础建设项目，上跨或者下穿铁路线路时，铁路运输企业应当予以支持和配合。

第十七条 设置或者拓宽铁路道口、铁路人行过道，应当征得铁路运输企业的同意。擅自设置或者拓宽铁路道口、铁路人行过道的，由铁路运输企业报请所在地县级人民政府协调处理。

第十八条 新建、改建、扩建公路、城市道路、水利工程及油气、通信、电力、供排水等管线与铁路线路交叉，需要跨越或者穿越铁路线路的，其产权人或者使用权人应当与铁路运输企业协商并签订安全协议，共同维护铁路安全。

铁路沿线的水利工程、油气、通信、电力、供排水等管线设施，其产权人应当加强日常巡查和养护，及时排除危及铁路安全的隐患；不能立即排除隐患的，应当及时告知铁路运输企业，并与其协商排除安全隐患。

第十九条 新建35千伏以下电力线路和通信线路不得跨越电气化铁路接触网；既有的电力线路和通信线路，由铁路建设单位或者铁路运输企业与相关单位按照国家有关规定协商迁移或者采取必要的防护措施。

高速铁路穿越35千伏及35千伏以上电力线路区段的，铁路运输企业与电力线路产权人或者使用权人应当加强日常联合巡查,对发现的问题隐患及时协商处理,确保铁路和电力设备运行安全。

第二十条 因铁路建设需要,新建、改建、还建的公路、城市道路、桥梁、涵洞及其附属安全设施,铁路建设单位或者铁路运输企业应当按照规定和协议移交有关单位管理维护;有关单位拒绝接收或者没有接收单位的,应当报请所在地县级人民政府协调处理。

第二十一条 无线电管理机构应当对铁路沿线的电磁环境进行重点保护,健全铁路沿线的无线电监测网络,铁路运输企业应当予以配合。

任何单位和个人使用的无线电台(站)以及其他仪器、装置,不得干扰铁路运营指挥调度无线电频率的正常使用。

第二十二条 铁路监管部门、铁路运输企业和县级以上人民政府安全生产监督管理部门应当建立信息通报制度和运输安全生产协调机制。

公安、国土资源、交通运输、城市管理、水利、环境保护、安全生产监督管理等部门发现铁路安全隐患,属于职责范围内的,应当依法责令有关单位或者个人立即排除;不属于职责范围内的,应当及时通报铁路运输企业或者铁路监管部门依法处理。

第二十三条 地方公安机关、铁路公安机关和各级护路联防组织应当建立健全铁路车站、铁路沿线治安防范快速联动处置机制,实行信息互通共享,共同做好治安防范和处置工作。

地方公安机关、铁路公安机关分工负责共同维护铁路治安秩序。铁路车站的治安秩序由铁路公安机关负责维护,铁路沿线的治安秩序由地方公安机关和铁路公安机关共同负责维护,以地方公安机关为主。

第二十四条 铁路运输企业应当加强铁路车站、铁路沿线重点保护区域视频监控系统的建设和维护,实现与公安机关建设的视频图像共享平台的互联互通。

县级以上人民政府建设公共安全视频图像信息系统时,应当将铁路车站、铁路道口等公共区域及铁路沿线重点区段纳入视频监控的范围。

第二十五条 铁路运输企业应当根据铁路安全主要风险等因素编制铁路安全应急预案，实现与当地人民政府应急预案相衔接、相配套，并定期组织应急演练。

铁路车站、铁路沿线发生公共安全、公共卫生、事故灾难、自然灾害等突发事件时，铁路运输企业应当按照规定及时报告当地人民政府，并采取先期处置措施。当地人民政府应当按照规定启动相应级别的应急预案，组织开展应急救援。

第二十六条 法定假日、春运、暑运等铁路运输高峰期或者恶劣气象时段，铁路运输企业应当加强铁路运输安全检查，采取必要的管控措施，并协同当地人民政府有关部门做好站区综合治理、交通疏解等工作，确保铁路安全和畅通。

第二十七条 铁路公安消防机构、地方公安消防机构应当依法履行消防监督检查职责，督促铁路运输企业、铁路沿线生产企业落实消防安全措施，消除火灾安全隐患。

铁路运输企业应当落实消防安全责任制和岗位消防安全责任制，履行维护铁路消防设施、预防火灾、报告火警、扑救火灾的责任。

第二十八条 铁路运输企业未履行铁路线路、铁路防护设施和警示标志经常性巡查和维护责任的，由铁路监管部门责令改正，并可以依法实施行政处罚。

第二十九条 违反本办法第十一条第一款、第二款规定的，由铁路监管部门责令改正，对单位可以处5万元以下的罚款，对个人可以处2000元以下的罚款。

违反本办法第十一条第三款规定的，由公安机关责令改正，对单位处1万元以上5万元以下的罚款，对个人处500元以上2000元以下的罚款。

第三十条 违反本办法第十二条规定，未经铁路运输企业同意或者未签订安全协议，影响铁路运输安全的，由铁路监督管理机构责令改正,可以处10万元以下的罚款。

第三十一条 铁路沿线县级以上人民政府有关部门及其工作人员在铁路安全管理中滥用职权、玩忽职守、徇私舞弊的,对直接负责的主管人员和其他直接责任人员依法给予行政处分。

第三十二条 本办法自2018年1月1日起施行。

山西省水上交通安全管理办法

山西省人民政府令第254号　2017.11.23

第一条　为了加强水上交通安全管理,维护水上交通秩序,保障人民群众生命财产安全,根据《中华人民共和国内河交通安全管理条例》《山西省水路交通管理条例》等法律、法规,结合本省实际,制定本办法。

第二条　在本省行政区域内的通航水域以及封闭水域从事与水上交通安全有关的活动,适用本办法。

本办法所称通航水域,是指由设区的市级海事管理机构认定的可供船舶航行的河流、湖泊、水库等水域;封闭水域是指与外界不通航的河流、湖泊、水库、城市园林、风景名胜区等水域。

第三条　水上交通安全管理应当遵循安全第一、预防为主、综合治理、依法监管、便利交通的原则。

第四条　县级以上人民政府应当加强本行政区域内水上交通安全管理工作的组织领导,建立由交通运输(海事管理机构)、财政、公安、农业、林业、水利、国土、住房与城乡建设、环保、卫生计生、安监、体育、旅游、气象等部门参与的水上交通安全工作协调机制和预报预警机制,完善管理责任制度。

第五条　县级以上人民政府应当加强水上交通执法队伍建设,配备的执法人员和装备应当与监管水域面积、通航里程、船舶数量等相适应,执法车船、信息化监管设施设备、应急储备物资等所需经费应当纳入本级财政预算。

县级以上人民政府应当加大对公益性渡口建设的投入,将公益性渡口的建设及维护、渡船的更新改造及维护、安全设施投入、渡工补助和渡船保险等所需经费列入本级财政预算。

乡(镇)人民政府负责本辖区内农村生产、生活使用船舶、渡口船舶及渡口的安全管理工作。

第六条 县级以上人民政府交通运输行政主管部门主管本行政区域通航水域内的水上交通安全管理工作。

县级以上人民政府海事管理机构(未设立海事管理机构的由交通运输行政主管部门)依据职责权限对所辖通航水域实施水上交通安全监督管理。

渔业行政主管部门负责渔业船舶的检验和安全监督管理。

体育行政主管部门负责体育运动船艇、漂流工具检验和漂流活动以及水上赛事等的安全监督管理。

公安机关负责渡口、码头、船舶的治安管理工作,依法查处妨害公共安全和水上交通秩序、破坏水上交通设施的违法行为。

城市园林、风景名胜区、自然保护区、湿地公园和森林公园水域的水上交通安全由管理单位及其行业主管部门负责。

其他有关部门按照有关法律法规及各自职责,做好水上交通安全管理的相关工作。

第七条 各级人民政府及其有关部门应当组织开展水上交通安全法律、法规、规章以及安全知识、应急技能的宣传教育活动,提高公众水上交通安全意识。

第八条 船舶、浮动设施的所有人或者经营人对其船舶、浮动设施的水上交通安全承担主体责任,应当履行下列义务:

(一)建立健全并落实安全生产、安全管理制度和措施;

(二)明确安全管理机构及安全管理人员,制定调度、使用、维修、保养制度及操作规程;

(三)制定水上交通安全应急预案,并定期演练;

(四)保证安全生产和安全管理工作必要的资金、技术投入;

(五)配备必要的安全、安检设施和救生设备;

(六)法律、法规规定的其他义务。

第九条 浮桥的架设应当符合国家和本省有关规定,在界河架设浮桥还应当遵守搭接省的有关规定。

浮桥的所有人和经营人负责浮桥运营的安全管理,有关部门依据法定职责进行监督管理。

用于架设浮桥的承压舟应当符合国家规定的船舶检验技术规范,并依法取得相应的检验证书和登记证书。

第十条 在通航水域从事漂流经营活动,应当征求水行政主管部门意见,并在海事管理机构划定的水域内进行,不得影响航行安全。

在通航水域以外的水域从事漂流经营活动,应当符合国家和本省有关规定,并接受体育行政主管部门监管。

第十一条 气垫船、摩托艇等新型船舶在水面滑行或停泊,应当在当地海事管理机构划定的水域内进行。

第十二条 从事水路运输经营业务应当依法取得《国内水路运输经营许可证》。《国内水路运输经营许可证》的有效期为5年,实行年度核查制度。

水路运输经营者应当在证件有效期届满前的30日内向原许可机关提出换证申请,符合条件的,予以换发。

第十三条 利用船舶、浮动设施从事水上餐饮、娱乐等经营活动,应当符合国家有关船舶、浮动设施和船员管理要求,遵守水上交通安全管理和防污染规定,配备相应的消防、救生、防污设备和人员安全保障设施,并按照海事管理机构指定的停泊区域和停泊方式停泊。

第十四条 长度小于5米的机动船、电瓶船应当依法进行年度安全技术检验,其技术标准应当符合船舶出厂合格证或者安全技术标准文件,具体实施办法由省海事管理机构制定。

第十五条 乘客乘船禁止下列行为:

(一)不按规定穿着救生衣;

(二)携带易燃、易爆、易腐蚀和剧毒危险化学品;

(三)船舶未停稳上(下)船;

(四)未成年人单独乘船;

(五)其他有碍安全的行为。

第十六条 船舶应当在核定的航区、航线内航行，不得危及堤防及其他船舶设施安全。船舶存在下列情形不得出航：

（一）安全检查不合格；

（二）证、照不全；

（三）超员、超载；

（四）人与大牲畜共载；

（五）船员患有妨碍安全驾驶的疾病、饮酒、服用国家管制的精神药品或者麻醉药品；

（六）大风、浓雾、暴雨等恶劣天气；

（七）凌汛期、洪水涨落期；

（八）夜间非夜航航段；

（九）其他有碍航行安全的情形。

第十七条 水库、水电站、节制闸、水上交通经营等单位或者其他调水作业单位应当建立健全水情信息通报制度。

调水作业导致水位急剧变化可能影响水上交通安全的，实施调水作业的单位应当在调水作业前，及时发布水情预警信息。

第十八条 渡口上下游各 100 米范围内，禁止捕捞、采砂、堆砂、网箱养殖等影响渡运安全的行为。

第十九条 船舶、浮动设施遇险时，船员及其他工作人员应当采取有效措施实施自救，并立即报告当地人民政府及海事管理机构。

县级以上人民政府接到报告后，应当根据预案启动相应级别的应急救援预案，并对救助工作进行领导和协调。海事、公安、消防、卫生计生等有关部门接到报告后，按照预案的分工立即实施救援。

遇险现场和附近的船舶、船员，应当服从当地人民政府以及海事管理机构的统一调度指挥。

第二十条 内河水上交通事故调查处理，由县级以上海事管理机构按照《中华人民共和国内河交通安全管理条例》《中华人民共和国内河交通事故调查处理规定》有关规定执行。

第二十一条 县级以上海事管理机构和其他负有水上交通安全监督管理职责的部门应当制定水上交通安全年度监督检查计划，并按照计划开展监督检查。

海事管理机构对在监督检查中发现的水上交通安全隐患，应当依法作出处理。涉及其他单位职责的，应当移送相关单位，相关单位应当采取措施，消除安全隐患，并将处理情况通报海事管理机构。

第二十二条 海事管理机构的执法人员在依法实施监督检查时，应当表明身份、出示有效的行政执法证件。

有关单位或者个人应当接受海事管理机构依法实施的安全监督检查，不得拒绝或者阻挠。

第二十三条 违反本办法规定，法律、法规已有处罚规定的，从其规定；构成犯罪的，依法追究刑事责任。

第二十四条 违反本办法第八条规定，船舶、浮动设施的所有人或者经营人未履行安全主体责任的，由县级以上海事管理机构责令限期整改，逾期未整改或整改不合格的，处1000元以上3万元以下罚款；情节严重的，依法吊销水路运输许可证。

第二十五条 违反本办法第十三条规定，从事餐饮、娱乐服务的水上设施不按照规定的停泊区域和停泊方式停泊的；未按规定配备消防、救生、防污设备和人员安全保障设施的，由县级以上海事管理机构责令限期整改，逾期未整改或整改不合格的，处500元以上1万元以下罚款。

第二十六条 违反本办法第十六条规定，船舶擅自出航的，由县级以上海事管理机构责令改正，可以处500元以上5000元以下罚款。

第二十七条 行政机关及其工作人员玩忽职守、滥用职权、徇私舞弊的，依法给予行政处分；构成犯罪的，依法追究刑事责任。

第二十八条 本办法自2018年1月1日起施行。2007年6月10日公布施行的《山西省水上交通安全管理办法》(山西省人民政府令第205号)同时废止。

沈阳市地铁建设与运营管理条例

(2017年8月31日沈阳市第十五届人民代表大会常务委员会第四十二次会议通过;2017年9月28日辽宁省第十二届人民代表大会常务委员会第三十六次会议批准)

第一章　总　　则

第一条　为了发展地铁事业,保障地铁建设顺利进行和地铁安全运营,维护乘客的合法权益,根据有关法律、法规,结合本市实际,制定本条例。

第二条　本市行政区域内地铁的规划、建设、运营及其监督管理,适用本条例。

第三条　市人民政府应当将地铁建设纳入国民经济和社会发展规划,统筹协调地铁规划、建设、运营中的重大事项。

地铁沿线的区、县(市)人民政府应当按照市人民政府的规定,做好与地铁相关的土地和房屋的征收工作,并按照建设时序的要求,提供地铁建设用地,协助做好地铁设施安全管理、突发事件应急处置等工作。

第四条　市建设主管部门负责地铁建设的监督管理。市交通主管部门负责地铁运营的监督管理,其所属的地铁运营管理机构具体负责地铁运营的监督管理工作。

发展和改革、规划和国土、公安、卫生、环保、城建、安监、人防、民政等有关主管部门,应当按照各自职责做好与地铁建设、运营相关的监督管理工作。

第五条　市人民政府确定的地铁建设单位、运营单位分别负责地铁的建设、运营。

供电、供水、供气、排水、通信等有关单位,应当依法保障地铁建设和运营的需要。

第六条 发展地铁事业应当遵循政府主导、优先发展、科学规划、多元投资、综合开发、安全运营、规范服务的原则。

第七条 地铁发展所需资金可以通过多渠道、多方式筹集。市和区、县(市)人民政府所承担的建设和运营资金由财政负责保障。

鼓励企业事业组织、社会团体和个人参与地铁建设、运营和综合开发,其合法权益受法律保护。

第二章 规划与建设

第八条 地铁规划应当符合国民经济和社会发展规划、城市总体规划,并与土地利用总体规划相衔接。

地铁规划应当包括线网规划、用地控制规划、地铁与地面交通一体化换乘设施规划和建设规划等规划。

编制地铁规划应当广泛听取公众意见。

第九条 地铁线网规划、用地控制规划由市规划和国土主管部门会同市建设、交通等主管部门组织编制,报市人民政府批准。

地铁与地面交通一体化换乘设施规划由市交通主管部门会同市建设、规划和国土、公安等主管部门组织编制,报市人民政府批准后,与地铁建设同步实施。

地铁建设规划由市建设主管部门会同市发展和改革、规划和国土、交通等主管部门以及地铁建设单位、运营单位编制,经市人民政府审核后,报上级主管部门批准。

经依法批准的地铁规划不得擅自变更,确需变更的,应当按照规定的审批程序报批。

第十条 市规划和国土主管部门在规划地铁车站用地时,应当根据地铁线网规划,以及客流量、换乘需要和用地条件,预留换乘枢纽站、机动车和非机动车停车场等公共交通、公共设施用地和紧急疏散用地。

第十一条 城市规划确定的地铁用地,未经法定程序调整,不得改变用途。

第十二条 地铁建设单位、运营单位可以依法在规划确定的地铁用地范围及其空间内进行资源综合开发,所得收益应当用于地铁建设和运营。

资源综合开发应当统筹安排和同步规划公共交通枢纽、商业等公共配套设施的建设。

第十三条 与地铁配套的警务、消防、安防等设施项目应当与地铁工程同步规划建设、同步投入使用。

第十四条 地铁沿线及车站周边用地尚未出让或者划拨的,市规划和国土主管部门应当将整体设计要求纳入土地的规划条件;已经出让或者划拨的,其中尚未建设的建设项目,因与地铁的出入口、通风亭、冷却塔等设施以及地下空间整体设计结合造成建筑面积增加,经有关主管部门认定后,可以不计入规划条件规定的容积率计算标准。

第十五条 地铁工程建设应当按照国家规定的基本建设程序进行。

地铁工程建设项目的勘察、设计、施工、监理等,应当依法执行相关技术标准和规范,符合沿线管线、建(构)筑物、文物、古树名木以及其他相关设施的保护规定。

第十六条 地铁工程建设涉及供电、供水、供气、排水、通信等管线以及其他相关设施和建(构)筑物的,有关部门和产权单位应当根据地铁工程建设需要,及时向地铁建设单位提供档案资料,配合勘察、施工,避免造成损坏。

第十七条 地铁工程建设需要使用地下、地上空间时,与地铁工程相邻的建(构)筑物和土地的所有权人、使用权人应当依法提供必要的便利。

地铁出入口、通风亭和冷却塔等设施需要与周边已有物业结合建设的，物业的所有权人、使用权人应当依法予以配合；因结合建设给其造成损失的，地铁建设单位应当依法承担相应的责任。

第十八条 地铁建设单位应当在地铁工程开工前，对地铁沿线已有管线以及其他相关设施和建（构）筑物进行调查、记录，并在建设期间进行动态监测，采取措施保障其安全。造成损失的，应当依法承担相应的责任。

第十九条 地铁工程竣工后，地铁建设单位应当及时对因施工造成的道路开挖、管线迁移和绿化损坏等进行恢复，并完成临时道路、管线、建（构）筑物等的拆除和清理。

第二十条 地铁工程施工期间，公安机关交通管理部门应当会同建设、城建、交通等主管部门以及地铁建设单位制定交通疏解方案，避免或者减少因地铁工程施工对城市交通造成的影响。

第二十一条 地铁工程竣工后，地铁建设单位应当按照设计标准和国家有关规定组织验收，市建设主管部门应当参加并负责监督。验收合格后，地铁建设单位应当组织不少于三个月的不载客试运行。

试运行期满后，地铁建设单位应当办理地铁设施及相关项目验收。验收合格的，按照国家有关规定进行试运营基本条件评审，评审合格后方可移交地铁运营单位进行不少于一年的试运营。

试运营期满，市人民政府应当按照规定报请国家有关部门对地铁工程进行验收。验收合格后，地铁建设单位应当及时办理移交手续。

第三章 保护区管理

第二十二条 地铁应当设置安全保护区。安全保护区范围如下：

（一）地下车站、地下变电所和隧道结构外边线外侧五十米内；

（二）运营控制中心、车辆段、停车场等建（构）筑物用地界线外侧十米内；

(三)外电源线路周边五米内；

(四)独立设置的出入口、电梯、通风亭外边线外侧十米内；

(五)过河隧道、桥梁结构边线外侧二百米内；

(六)地面和高架车站以及线路轨道外边线外侧三十米内。

安全保护区范围应当在制定相关规划时予以确定，因地质条件或者其他特殊情况，地铁建设单位、运营单位需要调整安全保护区范围的，应当经市规划和国土主管部门审定。

地铁建设单位、运营单位应当在地铁建成线路设置安全保护区标志，有关单位和个人应当予以配合。

第二十三条 在安全保护区内进行下列施工作业活动，需要行政许可的，有关主管部门应当在作出行政许可前，书面征求地铁建设单位、运营单位意见，地铁建设单位、运营单位应当在有关主管部门规定的期限内给予书面答复；依法不需要行政许可的，施工单位应当在施工作业前，书面告知地铁建设单位、运营单位：

(一)新建、改建、扩建、拆除建(构)筑物；

(二)在过河隧道、桥梁河段挖沙、疏浚河道；

(三)敷设或者架设管线、挖掘、爆破、地基加固、打井、吊装；

(四)顶进、灌浆、锚杆、钻探、降水作业；

(五)增加或者减少地铁建(构)筑物载荷的活动；

(六)其他可能影响或者危害地铁安全的作业。

第二十四条 在安全保护区进行本条例第二十三条所列非地铁工程项目作业前，施工单位应当制定安全防护方案，方案应当经地铁建设单位、运营单位审核同意后报市建设主管部门备案，并严格按照安全防护方案组织实施。

在安全保护区实施非地铁工程项目作业时，施工单位应当经地铁建设单位、运营单位书面同意后方可进行施工，并接受地铁建设单位、运营单位的监督检查。

因非地铁工程项目实施，对地铁设施造成破坏和地铁运营造成影响的，项目建设单位应当承担相应的责任。

第四章　运营管理

第二十五条　地铁运营单位应当建立健全运营管理制度,保障地铁正常、安全运营。

任何单位和个人不得危害地铁安全、扰乱运营秩序。

第二十六条　地铁运营单位应当根据乘客出行规律及网络化运输组织要求,科学编制运营计划,报地铁运营管理机构备案。

第二十七条　地铁运营单位应当制定地铁运营服务规则、乘客守则,报地铁运营管理机构审定后向社会公布。

地铁运营单位应当遵守运营服务规则,保证客运服务质量。

乘客应当遵守地铁乘客守则,文明乘车,接受地铁运营单位工作人员的指导和管理。

第二十八条　地铁运营单位应当按照国家有关标准和本市有关规定,在地铁车站周边、地铁车站出入口以及地铁车站内设置导向标志和安全、消防、疏散等运营服务标志,并做好运营服务标志的日常管理和维护工作。

在地铁车站、车厢、隧道、站前广场等范围内设置广告和商业设施的,不得影响正常运营,不得影响导向、提示、警示、运营服务等标志识别、设施设备使用和检修,不得挤占疏散通道。

第二十九条　地铁运营单位应当向乘客提供下列信息服务和问询服务:

(一)通过广播、电子显示屏等向乘客提供列车到达、间隔以及安全提示等信息;

(二)在车站醒目处公布首末班车行车时刻、列车运行状况提示和换乘指示;

(三)在车厢内醒目处张贴乘客守则;

(四)调整首末班车行车时间或者因故延误,及时通过多种信息发布方式告知乘客。

地铁运营单位应当在车站提供问询服务,车站工作人员在接受乘客问询时，应当及时准确提供解答。

第三十条 地铁运营单位应当保持地铁设施内的环境卫生，在车站设置垃圾箱等卫生设施。乘客应当遵守相关规定，维护地铁车站、车厢等地铁设施的环境卫生。

地铁运营单位在车厢内应当设置专供老年人、残疾人、孕妇、幼儿、病人使用的乘客专座。

地铁运营单位应当在车站设置急救箱等服务设施，并对车站工作人员进行急救知识和基本技能的培训。

第三十一条 地铁票价由市价格主管部门制定和调整，报市人民政府批准后执行，其制定和调整前应当广泛听取社会各方面意见。

地铁运营单位应当执行价格主管部门依法确定的票价，不得擅自调整。地铁因故不能正常运行，未能为乘客提供运输服务的，应当为持有效车票的乘客按照原票价办理退票。

第三十二条 乘客应当持有效车票或者有效证件乘车，不得无票、持无效票、冒用他人乘车证件或者持伪造证件乘车。

第三十三条 在地铁设施范围内禁止下列行为：

（一）在地铁车站、车厢内擅自从事销售、散发宣传品等活动；

（二）在地铁站台、站厅、出入口、通道擅自堆放杂物、停放车辆；

（三）在地铁车站、车厢等地铁设施设备上擅自涂写、刻画、张贴或者违反规定悬挂物品；

（四）在地铁车站、车厢内吸烟、随地吐痰、便溺、躺卧，乱扔口香糖、果皮、纸屑等废弃物；

（五）在地铁车站、车厢内乞讨、卖艺、捡拾废旧物品；

（六）在地铁车厢内饮食；

（七）携带自行车、电动车、燃油助力车、充气气球等物品进站乘车；

（八）穿滑轮鞋、踏滑板等进站乘车；

（九）携带活禽和猫、狗（导盲犬除外）以及其他可能妨碍地铁运营的动物进站乘车；

(十)携带总重量超过三十公斤或者外部尺寸长、宽、高之和超过一百六十厘米的行李物品进站乘车；

(十一)其他可能影响地铁环境卫生、运营秩序和运营安全的行为。

第三十四条 地铁运营单位应当做好地铁客运量、客运周转量、运营里程、运营班次、运营收入、运营成本等运营数据的统计和分析,并定期向地铁运营管理机构报告。

地铁运营管理机构应当制定地铁运营服务考核标准,定期对地铁运营单位服务情况进行考核,组织乘客满意度调查等公众评价,公众评价可以委托第三方进行。服务评价结果和改进情况应当向社会公布。

第三十五条 地铁运营管理机构和地铁运营单位应当分别建立投诉受理制度,接到乘客投诉后,应当及时处理,在七个工作日内给予答复。

第五章 安全管理

第三十六条 市建设、交通、公安等主管部门应当将地铁建设安全、运营安全纳入重点指导、监督和检查范围,发现安全隐患的,应当责令地铁建设单位、运营单位采取措施,及时消除安全隐患。

第三十七条 地铁建设单位、运营单位分别是地铁建设安全、运营安全的责任主体,应当按照有关规定设置安全生产管理机构,配备专职安全生产管理人员,建立安全生产预警和应急协调机制,建立健全安全生产管理制度和操作规程,落实安全防范措施,维护地铁建设安全、运营安全。

地铁建设单位、运营单位应当对从业人员进行安全生产或者运营教育和培训,保证从业人员具备必要的安全生产或者运营知识,熟悉有关安全生产或者运营规章制度和安全操作规程,掌握本岗位的安全操作技能。驾驶、调度等岗位的工作人员应当经过考核,持证上岗。

第三十八条 地铁建设单位、运营单位应当采取地铁运行安全防护技术和监测措施,并定期对地铁车站、隧道、高架道路(含桥梁)等建(构)筑物及其他地铁设施设备进行安全性检查和评价,发现隐患的,应当及时消除。

地铁建设单位、运营单位进行安全技术防护和测量监测时,沿线相关单位和个人应当支持和配合。需要在与地铁建设施工有关的建(构)筑物上钻孔布设测量监测点及进行日常测量监测工作的,建(构)筑物的所有权人和使用权人应当予以配合。

任何单位和个人不得损坏和擅自移动地铁沿线的测量监测控制设施,干扰测量监测工作。

第三十九条 禁止下列危害地铁设施设备安全的行为:

(一)损坏地铁相关设施设备;

(二)干扰机电设备、电缆、通信信号系统;

(三)伪造、损坏、遮盖、擅自移动地铁线路安全标志以及防护监测设施设备;

(四)在地铁出入口、风亭、电梯等设施五十米范围内放置爆炸性、毒害性、放射性、腐蚀性物质或者其他危险品;

(五)在地铁地面线路弯道内侧,修建妨碍行车瞭望的建(构)筑物,种植妨碍行车瞭望的树木;

(六)其他危害地铁设施设备安全的行为。

第四十条 地铁运营单位应当按照有关标准和规范配置防护监视、疏散照明、报警、灭火、逃生、防汛、防爆、救援等安全保障器材设备,并保证其完好有效。

鼓励车载自动灭火装置、易开启门窗和自动破玻器等新技术、新产品的推广与应用。

第四十一条 禁止携带易燃、易爆、有毒和有放射性、腐蚀性以及其他可能危及人身和财产安全的危险物品进站、乘车。禁止携带的物品目录由市公安机关公告,并由地铁运营单位在车站显著位置公示。

地铁运营单位应当依法设置必要的安全检查设施，有权按照有关标准和操作规范，对乘客及其携带的物品进行安全检查，乘客应当予以配合。拒绝接受安全检查或者在安全检查中被发现携带危险物品的乘客，不得进站、乘车；已经进站的，地铁运营单位应当责令其出站；拒不出站的，地铁运营单位应当立即采取安全措施，并报告公安机关。

公安机关应当对地铁安全检查工作进行指导、检查和监督，并依法处理安全检查中发现的违法行为。

第四十二条 因节假日、大型群众活动等原因造成客流量上升的，地铁运营单位应当及时增加运力。

发生地铁客流量激增等危及运营安全的情况时，地铁运营单位可以采取乘客限量进站的临时措施，确保运营安全。

采取乘客限量进站的措施无法保证运营安全时，地铁运营单位可以停止地铁部分区段或者全线运营，向地铁运营管理机构和市人民政府报告，并及时向社会公告。

组织运动会、演出等大型活动，需要提前或者延迟地铁运营的，主办单位应当提前十日与地铁运营单位协商，并配合地铁运营单位做好相关工作。

第四十三条 因自然灾害、恶劣气象条件或者重大安全事故以及其他突发事件，严重影响地铁安全的，地铁运营单位可以停止线路运营或者部分路段运营，组织乘客疏散，但应当及时向社会公告，同时向地铁运营管理机构和市人民政府报告。

第四十四条 市建设、交通主管部门应当会同其他有关主管部门及相关单位制定地铁建设、运营突发事件应急预案，报市人民政府批准后实施。

市交通主管部门应当根据地铁运营突发事件应急预案，建立地铁交通与地面交通应急保障联动机制。

地铁建设单位、运营单位应当制定地铁建设、运营突发事件应急处置方案，报有关主管部门备案，并定期组织演练。

第四十五条 地铁建设、运营发生突发事件，市人民政府相关部门、所在地人民政府以及供电、供水、排水、通信等单位，应当按照地铁突发事件应急预案的规定，进行应急保障和抢险救援，尽快恢复地铁建设、运营。

第四十六条 地铁建设、运营发生生产安全事故，地铁建设单位、运营单位应当迅速采取有效措施，组织抢救，告知相关单位、公众和乘客，并组织疏散，防止事故扩大，避免和减少人员伤亡、财产损失，并及时向市人民政府和有关主管部门报告。有关主管部门接到报告后应当立即派员赶赴现场，及时处置。

第六章 法律责任

第四十七条 违反本条例第二十四条规定，施工单位未制定安全防护方案并严格按照安全防护方案组织施工的，由建设主管部门责令限期改正，逾期未改正的，责令停业整顿，并处五万元以上十万元以下的罚款；造成重大安全事故，构成犯罪的，对直接责任人员，依照刑法有关规定追究刑事责任；造成损失的，依法承担赔偿责任。

第四十八条 地铁运营单位有下列行为之一的，由市交通主管部门责令改正，可以处以五千元以上一万元以下罚款：

（一）违反本条例第二十六条规定，未编制运行计划或者运行计划未报备案的。

（二）违反本条例第三十四条第一款规定，未报告运营数据的。

（三）违反本条例第三十七条规定，未建立健全安全生产管理制度和操作规程，落实安全防范措施；未对从业人员进行安全生产教育培训；驾驶、调度等岗位的工作人员未经考核上岗的。

（四）违反本条例第三十八条第一款规定，未采取地铁运行安全防护技术和监测措施，未定期对地铁车站、隧道、高架道路（含桥梁）等建（构）筑物及其他地铁设施设备进行安全性检查和评价的。

第四十九条 违反本条例第三十二条规定,乘客无票或者持无效票乘车的,由地铁运营单位按照线网最高票价补收票款;乘客冒用他人乘车证件乘车的,由地铁运营单位加收线网最高票价五倍的票款;乘客持伪造证件乘车的,由地铁运营单位加收线网最高票价十倍的票款。不服从地铁运营单位工作人员的管理,拒不补交票款,扰乱车站公共秩序的,由公安机关依法予以处理。

乘客有冒用他人乘车证件、持伪造证件乘车或者其他故意逃票行为两次以上的,逃票信息可以依法纳入个人信用信息系统。

第五十条 违反本条例第三十三条规定,影响地铁环境卫生、运营秩序和运营安全的,地铁运营单位工作人员有权进行劝阻和制止;造成损失的,依法承担赔偿责任;拒不服从劝阻和制止,扰乱公共秩序、妨害公共安全的,由公安机关依法予以处理。

第五十一条 违反本条例第三十九条规定,危害地铁设施设备安全的,地铁运营单位工作人员有权予以劝阻和制止;造成损失的,依法承担民事责任;构成违反治安管理行为的,由公安机关依法处理;构成犯罪的,依法追究刑事责任。

第五十二条 违反本条例第四十四条第三款规定,地铁运营单位未按照有关规定制定地铁运营突发事件应急处置方案的,由市交通主管部门责令限期改正,并处一万元以上三万元以下的罚款。

第五十三条 有关主管部门工作人员、地铁运营管理机构工作人员在地铁建设与运营管理活动中玩忽职守、滥用职权、徇私舞弊的,由其所在单位或者上级主管机关依法给予行政处分;构成犯罪的,依法追究刑事责任。

第七章 附 则

第五十四条 本条例自2018年1月1日起施行。

达州市城市公共汽车客运条例

达州市人民代表大会常务委员会公告第三号　2017.10.12

第一章　总　　则

第一条　为了规范城市公共汽车客运活动，保障运营安全，提高服务质量，保护乘客和运营企业合法权益，促进城市公共汽车客运事业健康有序发展，根据有关法律、法规的规定，结合达州市实际，制定本条例。

第二条　本条例适用于达州市行政区域内城市公共汽车客运的规划、建设、运营、管理等活动。

本条例所称城市公共汽车客运，是指在城市人民政府确定的区域内，运用城市公共汽车及其客运设施，按照核准的线路、站点、票价和时间运营，为公众提供基本出行服务的活动。

本条例所称城市公共汽车客运设施，是指城市公共汽车换乘枢纽站、首末站、保养场、停车场、站务用房、专用车道、加气（油）站、充电站（桩）、候车亭、站台、站牌、优先通行信号装置、智能公共交通系统等配套服务设施。

第三条　城市公共汽车客运发展坚持政府主导、统筹规划、公益为先、安全便捷、智能环保的原则。

第四条　市、县级人民政府应当根据国家优先发展公共交通战略，在城市规划、财政政策、用地供给、设施建设、路权分配等方面优先保障城市公共汽车客运发展。

市、县级人民政府应当将城市公共汽车客运专项资金纳入本级财政预算。

第五条 市级人民政府交通运输主管部门负责达州中心城区范围内的城市公共汽车客运管理工作,并指导各县(市)城市公共汽车客运管理工作。市级道路运输管理机构负责具体实施达州中心城区的城市公共汽车客运管理工作,并指导各县(市)组织实施城市公共汽车客运管理工作。

县级人民政府交通运输主管部门负责本行政区域内城市公共汽车客运管理工作。县级道路运输管理机构具体实施本行政区域内城市公共汽车客运管理工作。

市、县级人民政府发展改革、公安、财政、国土资源、环保、规划、住房城乡建设、林业园林、审计、国资、工商、税务、质监、安全监管、城管执法等部门,应当按照各自职责,共同做好城市公共汽车客运管理相关工作。

第二章 规划建设

第六条 市、县级人民政府在组织编制和调整城市总体规划、土地利用总体规划时,应当统筹城市公共汽车客运发展布局和用地配置。

第七条 市、县级人民政府交通运输主管部门会同发展改革、规划、住房城乡建设、国土资源、公安、环保、城管执法等部门,按照城市规划和土地利用总体规划,遵循科学合理、适度超前、换乘便捷、方便出行的原则,编制城市公共汽车客运发展规划及线网规划,报本级人民政府批准后实施。

第八条 因城市发展和城市功能需要,确需调整城市公共汽车客运发展规划及线网规划的,市、县级人民政府交通运输主管部门应当征求社会各方面的意见,并报本级人民政府批准。

第九条 市、县级人民政府应当将城市公共汽车客运设施用地纳入城市规划、土地利用年度计划和建设用地供应计划。

任何单位和个人不得擅自占用城市公共汽车客运设施用地或者改变土地用途。

第十条 新建的规模居住区、机场、火车站、港口码头、汽车客运站、商业中心、学校、医院、大型公共活动场所等建设项目,应当按照城市规划和土地利用总体规划配套规划建设城市公共汽车客运设施,并与建设项目主体工程同步交付使用。

涉及城市公共汽车客运设施的建设项目的规划、设计和竣工验收工作,应当征求市、县级人民政府发展改革、交通运输、国土资源、公安、城管执法等部门的意见。

第十一条 新建、改建或者扩建城市道路时,应当按照规划建设城市公共汽车客运设施;具备条件的,应当建设港湾式站台、城市公共汽车专用车道等城市公共汽车客运设施。

第十二条 城市公共汽车客运设施的日常管理单位应当按照有关标准和规定对城市公共汽车客运设施进行管理和维护。任何单位和个人不得擅自拆除、迁移、占用、毁损城市公共汽车客运设施。

因城市建设需要拆除、迁移、占用城市公共汽车客运设施的,建设单位应当报请所在地交通运输主管部门,共同制定相应的补建或者补偿方案,经本级人民政府批准后方可实施。

第十三条 市、县级人民政府应当根据道路条件及实际交通需求,优先设置城市公共汽车专用车道,并在符合条件的路口设置城市公共汽车专用导向车道、优先通行信号;单行路符合条件的,允许城市公共汽车双向通行。

第十四条 市、县级人民政府应当按照城市公共汽车客运线网规划,设置城市公共汽车站台(点)。任何单位和个人不得阻碍站台(点)设置。

城市公共汽车站台(点)前以及距离站台(点)三十米以内的路段,其他车辆不得停靠使用,正在执行任务的特种车辆除外。

第十五条 城市公共汽车站台(点)遵循同站同名原则统一命名,一般以所在道路、传统地名、公共设施、旅游景点、标志性建筑物或者与人民生活密切相关的其他公共设施的标准名称命名。

第十六条 城市公共汽车客运线路的站牌,应当标明线路编号、途经站台(点)、首末班营运时间、所在站台(点)名称、开往方向、运营线路图和票价等内容;定时城市公共汽车客运线路还应当标明首末站每班次发车时间。

第十七条 市、县级人民政府应当推广新技术、新能源、新装备,加强城市公共汽车客运智能化建设,推进物联网、大数据、移动互联网等现代信息技术在城市公共汽车客运运营、服务和管理方面的应用。

第三章 运营管理

第十八条 城市公共汽车客运实行特许经营,由市、县级人民政府按照法定程序确定运营企业后无偿授予城市公共汽车客运线路运营权,并签订特许经营协议。运营企业不得转让、出租或者变相转让、出租城市公共汽车客运线路运营权。

第十九条 城市公共汽车客运线路运营权期限为六年。运营期限届满六十日前,由市、县级人民政府重新确定下一期限的运营企业。

第二十条 申请特许经营权的企业应有与线路运营规模相适应的车辆(或者车辆购置资金)、设备、设施和运营资金,有与运营业务相适应的驾驶人员、管理人员和其他专业人员,有健全的安全、运营、服务管理等制度。

第二十一条 取得特许经营权的运营企业应当按照注册运营车辆数向市、县级道路运输管理机构申领道路运输证,并依照特许经营协议组织运营。

运营企业在运营期内不得擅自暂停或者终止运营。需要暂停或者终止运营的,应当在九十日前报市、县级道路运输管理机构批准。市、县级道路运输管理机构或者运营企业应当在拟暂停或者终止运营之日七日前向社会公告,并采取必要措施保障公众出行。

需要调整城市公共汽车站点、车型、首末班营运时间的,运营企业应当向市、县级道路运输管理机构提出申请,经批准后公告实施。

第二十二条　市、县级人民政府交通运输主管部门应当坚持成本监审原则,将成本监审作为确定和调整价格的重要程序,会同有关部门依法确定和调整城市公共汽车客运的票制票价。

第二十三条　市、县级人民政府应当建立健全城市公共汽车客运成本规制办法,科学界定运营企业成本标准,对于运营企业执行政府乘车优惠政策、承担政府指令性任务减少的收入,应当给予补偿补贴。

第二十四条　市、县级人民政府应当建立健全监督检查制度和运营企业服务质量、安全生产等考核评议办法,定期考核。考核结果向社会公布,并作为衡量运营企业运营绩效、给予补偿补贴和城市公共汽车客运线路运营权管理的重要依据。

第二十五条　市、县级人民政府应当制定城市公共汽车客运突发事件应急预案,定期组织演练,并建立应急处置联动机制,协调、解决城市公共汽车客运安全方面的重大问题。

市、县级人民政府交通运输、公安等部门以及运营企业应当加强安全乘车和安全应急知识宣传。

第二十六条　城市公共汽车客运发生突发事件,市、县级人民政府应当启动城市公共汽车客运突发事件应急预案,及时处置。

第二十七条　城市公共汽车客运发生安全事故,市、县级人民政府及交通运输、公安、安全监管等部门应当及时处置。

第二十八条　因市政工程建设、重大公共活动、节假日等需要临时调整线路走向、站点、运营时间或者运力的,建设单位、活动举办单位应当提前十日通报市、县级人民政府公安、交通运输部门。市、县级人民政府公安、交通运输部门应当会同相关单位和运营企业,制定道路交通管制方案和城市公共汽车运力调配、线路临时调整方案,提前向社会公告并组织实施。

第二十九条　市、县级人民政府交通运输主管部门、道路运输管理机构应当建立举报投诉处理制度,公开举报投诉电话,及时核实举报投诉事项,并于接到举报投诉之日起十五日内作出答复。

第三十条 乘客与运营企业对运营服务质量有争议时，可以申请市、县级道路运输管理机构或者依法成立的其他调解组织主持调解。

第四章 运营服务

第三十一条 运营企业应当使用符合国家规定标准的车辆，配备符合要求的相关服务设施和运营标识，按照规定对车辆进行维护和检测，保持车容车貌美观整洁和车辆技术状况良好。

运营企业及其投入运营的车辆应当依法年度审验。

第三十二条 城市公共汽车驾驶员应当具有相应的车辆驾驶资格，身心健康，无职业禁忌，三年内无重大以上交通责任事故记录。

城市公共汽车驾驶员应当接受有关法律、法规，城市公共汽车运营服务规范，车辆维修和安全应急等知识技能培训。

第三十三条 运营企业应当遵守以下规定：

(一)执行相关行业标准、规范，建立、健全管理制度；

(二)按照核准的线路、站点、运营时间和车型运营；

(三)执行核准的收费标准和有关优惠乘车的规定；

(四)建立智能化信息管理系统，并按照规定与行业信息管理系统互联互通，及时向相关部门提供所需信息和数据；

(五)严格城市公共汽车驾驶员准入审查，按照规定开展从业人员岗前及在岗培训考核，并报市、县级道路运输管理机构备案；

(六)遇重大公共活动或者发生灾害、突发事件等需要应急疏运的情形，服从市、县级道路运输管理机构的统一调度，及时组织车辆、人员进行疏运；

(七)法律、法规的其他规定。

第三十四条 运营企业是城市公共汽车客运安全生产的责任主体，应当履行下列安全生产职责：

(一)健全安全生产管理机构，安排安全生产专项资金，制定安全生产规章制度和操作规程，按照规定配备专职安全生产管理人员；

（二）建立和完善安全生产责任体系，落实全员岗位安全责任制；

（三）构建安全风险分级管控和隐患排查治理双重预防机制，定期组织安全隐患排查治理，确保运营车辆及附属设备状况良好；

（四）对从业人员进行安全生产教育、培训和考核，并建档备查；

（五）配备符合要求的安保人员和相应设备设施，加强安全检查和保卫工作；

（六）制定城市公共汽车客运安全生产突发事件应急预案，定期组织演练，发生安全生产事故，及时采取应急处置措施，并向事件发生地县级人民政府及其有关主管部门报告，配合有关部门依法调查处理；

（七）依法应当履行的其他安全生产职责。

第三十五条 驾驶员、乘务员应当遵守下列规定：

（一）服从管理，持证上岗，文明、安全行车；

（二）按照规定报清线路名称、车辆开往方向和停靠站点；

（三）按照运营班次、时间准时发车，在规定的区域停靠，不得滞站、甩站、拒载、甩客、强行揽客；

（四）保持车辆整洁、卫生，维护乘车秩序，为老、幼、病、残、孕以及其他需要帮助的乘客提供必要的帮助；

（五）及时处置突发事件，保护乘客安全，不得先于乘客弃车逃离；

（六）协助有关部门查处违法犯罪行为；

（七）法律、法规的其他规定。

第三十六条 乘坐城市公共汽车应当主动购票或者出示有效乘车凭证。

七十周岁以上老年人、重度残疾人、伤残军人和义务兵应当按照相关规定出示免票乘车凭证，免费乘坐城市公共汽车。

身高不足1.2米的儿童免费乘坐城市公共汽车。

第三十七条 乘客应当遵守下列规定：

（一）遵守乘车秩序，在站点区域内文明有序乘车；

（二）不得携带爆炸性、毒害性、放射性、腐蚀性物质，传染病病原体等危险物品或者国家规定的管制器具乘车；

（三）不得携带犬、猫等动物乘车，但携带有证明文件并且采取了保护措施的导盲犬除外；

（四）不得在城市公共汽车客运车辆或者场站内饮酒、吸烟、乞讨、卖艺或者乱扔废弃物等；

（五）不得损坏车内设备，不得妨碍车辆行驶、停靠等运营秩序，不得实施危及他人安全的行为；

（六）对运营企业履行安全生产职责予以配合。

乘客违反本条前款规定，经劝阻拒不改正的，驾驶员、乘务员有权拒绝为其提供运营服务。影响车辆正常运营的，报告公安机关依法处理。

第三十八条 城市公共汽车因故不能继续运行时，驾驶员、乘务员应当向乘客说明原因，并安排免费改乘同线路同方向的城市公共汽车。

第五章 法律责任

第三十九条 违反本条例规定，法律、法规已有处罚规定的，从其规定。

第四十条 运营企业违反本条例，有下列行为之一的，由市或者县级道路运输管理机构责令改正，可以并处两百元以上一千元以下的罚款：

（一）未持证上岗或者未文明、安全行车的；

（二）未按照规定报清线路名称、车辆开往方向和停靠站点的。

第四十一条 违反本条例规定，擅自拆除、迁移、占用、毁损城市公共汽车客运设施的，由市或者县级道路运输管理机构责令改正，对损坏的设施依法赔偿，并对个人处两百元以上一千元以下的罚款，对单位处两千元以上五千元以下的罚款。

第四十二条 运营企业违反本条例规定，有下列行为之一的，由市或者县级道路运输管理机构责令改正，并处一千元以上三千元以下的罚款：

（一）擅自暂停或者终止运营的；

（二）未配备符合要求的相关服务设施和运营标识的；

（三）未按照核准的线路、站点、时间、票价和车型运营的；

（四）未按照信息管理要求，及时提供信息和数据的；

（五）未对从业人员进行职业素质培训的。

第四十三条 运营企业违反本条例规定，有下列行为之一的，由市或者县级道路运输管理机构责令改正，并处二千元以上五千元以下的罚款：

（一）投入运营的城市公共汽车不符合规定要求的；

（二）聘用不符合本条例规定的人员从事城市公共汽车客运服务的；

（三）未按照市、县级道路运输管理机构的统一调度，及时组织车辆、人员进行疏运的；

（四）城市公共汽车驾驶员、乘务员在运营中滞站、甩站、拒载、甩客、强行揽客的。

第四十四条 运营企业违反本条例规定，将没有道路运输证的车辆投入运营的，由市或者县级道路运输管理机构责令改正，并处三千元以上一万元以下的罚款。

第四十五条 运营企业违反本条例规定，未按照规定将智能化信息管理系统与行业信息管理系统互联互通的，由市或者县级道路运输管理机构责令改正，并处五千元以上一万元以下的罚款；情节严重的，由市或者县级人民政府收回城市公共汽车客运线路运营权。

第四十六条 运营企业违反本条例规定，转让、出租或者变相转让、出租城市公共汽车客运线路运营权的，由市或者县级道路运输管理机构责令改正，并处一万元以上两万元以下的罚款；情节严重的，由市或者县级人民政府收回城市公共汽车客运线路运营权。

第四十七条 国家工作人员在城市公共汽车客运管理中，滥用职权、徇私舞弊、玩忽职守、索贿受贿的，由有权机关给予行政处分。

第六章 附 则

第四十八条 经相关城市人民政府协商开通的毗邻城市间公共汽车客运，参照适用本条例。

第四十九条 本条例自2017年11月1日起施行。

青岛市网络预约出租汽车经营服务管理暂行办法

青岛市人民政府令第 248 号　2017 年 1 月 1 日起施行

第一章　总　　则

第一条　为了规范发展网络预约出租汽车,保障运营安全和当事人合法权益,根据有关法律法规等的规定,结合我市实际,制定本办法。

第二条　本市行政区域内网络预约出租汽车(以下简称网约车)的经营服务管理适用本办法。

本办法所称网约车经营服务,是指以互联网技术为依托构建服务平台,整合供需信息,使用符合条件的车辆和驾驶员,提供非巡游的预约出租汽车服务的经营活动。

本办法所称网约车经营者(以下称网约车平台公司),是指构建网络服务平台,从事网约车经营服务的企业法人。

第三条　网约车是出租汽车的组成部分,应当按照优先发展城市公共交通、适度发展出租汽车的原则,高品质服务、差异化经营,有序发展。

第四条　网约车管理应当遵循统一管理与分级管理相结合的原则,强化属地管理,加强部门联动。

第五条　市交通运输主管部门主管全市网约车管理工作。各区(市)交通运输主管部门负责本辖区内的网约车管理工作。

市、区(市)道路运输管理机构、交通运输监察机构按照规定的职责,具体实施网约车监督管理工作。

物价、经济信息化、通信、公安、人力资源社会保障、城市管理、人民银行、税务、工商、质监、网信等相关部门依据法定职责，对网约车实施监督管理。

第六条 市交通运输主管部门应当对网约车运力进行动态监测，综合考虑人口、经济发展水平、公共交通发展情况、出租汽车里程和时间利用率、交通拥堵状况等因素，提出运力规模调整方案，报市人民政府批准后组织实施。网约车运力动态监测和调整办法由市交通运输主管部门制定。

第七条 网约车运价实行市场调节价，必要时实行政府指导价。市物价部门应当会同市交通运输主管部门加强对网约车价格行为的指导规范。

第二章 网约车平台公司

第八条 申请从事网约车经营的，应当具备线上线下服务能力，符合下列条件：

（一）具有企业法人资格；

（二）具备开展网约车经营的互联网平台和与拟开展业务相适应的信息数据交互及处理能力，具备供交通运输、通信、公安、税务、网信等相关监管部门依法调取查询相关网络数据信息的条件，网络服务平台数据库接入市交通运输主管部门监管平台，服务器设置在中国内地，有符合规定的网络安全管理制度和安全保护技术措施；

（三）使用电子支付的，应当与银行或者非银行支付机构签订提供支付结算服务的协议；

（四）有健全的经营管理制度、安全生产管理制度和服务质量保障制度；

（五）在本市设有具备相应能力的服务机构。

外商投资网约车经营的，除符合上述条件外，还应当符合外商投资相关法律法规的规定。

第九条 申请从事网约车经营的,应当作出信用承诺。

信用承诺应当包括自觉遵守法律法规,规范管理、诚信经营、安全生产、文明服务,实时传输真实、全面、完整的数据以及违法失信经营后将自愿接受约束和惩戒等内容。

信用承诺纳入市场主体信用记录,网约车平台公司应当以规范格式向社会作出公开承诺,接受社会监督。

第十条 在本市申请从事网约车经营的,应当向市道路运输管理机构提出申请,并提交以下材料:

(一)网络预约出租汽车经营申请表;

(二)投资人、负责人身份、资信证明及其复印件,经办人身份证明及其复印件和委托书,相应的管理人员信息;

(三)企业法人营业执照,属于分支机构的还应当提交分支机构营业执照,外商投资企业、港澳台侨投资企业还应当提供相关批准证书;

(四)本市固定办公场所产权证明或者房屋租赁备案证明原件及复印件;

(五)具备互联网平台和信息数据交互及处理能力的证明材料,具备供交通运输、通信、公安、税务、网信等相关监管部门依法调取查询相关网络数据信息条件的证明材料,数据库接入情况说明,服务器设置在中国内地的情况说明,依法建立并落实网络安全管理制度和安全保护技术措施的证明材料;

(六)使用电子支付的,有与银行或者非银行支付机构签订的提供支付结算服务协议;

(七)经营管理制度、安全生产管理制度和服务质量保障制度文本,包括车辆和驾驶员管理制度、网约车调度规则、定价规则、服务质量及投诉处理制度、突发事件应急处置预案,以及运营安全管理、网络安全管理、信息安全保护、乘客隐私保护制度和数据库接入监管平台维护保障制度;

(八)信用承诺书。

在本市注册的企业拟从事网约车经营的,由市道路运输管理机构将其提交的前款第(五)项、第(六)项有关线上服务能力材料,提交至省交通运输主管部门商通信、公安、税务、网信、人民银行等的省级部门进行审核认定,获得相应认定结果。

前款以外的企业拟在本市申请从事网约车经营的,直接提交有关线上服务能力认定结果作为第一款第(五)项、第(六)项申请材料。

市道路运输管理机构结合认定结果,对其他线下服务能力材料进行审核。

第十一条 市道路运输管理机构应当自受理之日起20日内作出许可或者不予许可的决定。20日内不能作出决定的,经本机构负责人批准,可延长10日,并应当将延长期限的理由告知申请人。提交省级相关部门取得线上认定结果的时间,不在前述时限范围内。

第十二条 市道路运输管理机构对网约车经营申请作出准予许可决定的,应当明确经营范围为网络预约出租汽车客运、经营区域为青岛市、经营期限为8年,并发放网络预约出租汽车经营许可证;不予许可的,应当向申请人出具不予行政许可决定书。

第十三条 在经营期限届满30日前,网约车平台公司可以向市道路运输管理机构提出延续经营许可的申请。市道路运输管理机构应当依据本办法相关规定,作出是否准予延续经营许可的决定。

第十四条 网约车平台公司应当在取得相应网络预约出租汽车经营许可证并向企业注册地省级通信主管部门申请互联网信息服务备案后,方可开展相关业务。备案内容包括经营者真实身份信息、接入信息、市道路运输管理机构核发的网络预约出租汽车经营许可证等。涉及经营电信业务的,还应当符合电信管理的相关规定。

第十五条 网约车平台公司应当自网络正式联通之日起30日内,到所在地的省级公安机关指定的受理机关办理备案手续。

第十六条 网约车平台公司暂停或者终止经营的,应当提前

30日向市道路运输管理机构书面报告，说明有关情况，通告提供服务的车辆所有人和驾驶员，并向社会公告。终止经营的，应当将相应网络预约出租汽车经营许可证交回市道路运输管理机构。

第三章　网约车车辆和驾驶员

第十七条　拟从事网约车经营的车辆，应当符合以下条件：

（一）7座及以下乘用车；

（二）安装符合国家相关标准的具有行驶记录功能的车辆卫星定位装置、应急报警装置；

（三）车辆技术性能符合运营安全相关标准要求。

拟从事网约车经营的车辆应当在青岛市行政区域内注册登记，车辆购置价格不低于巡游出租汽车礼宾型同期购置价格，车龄从初次注册登记取得机动车行驶证之日至申请日未满1年。

第十八条　拟从事网约车经营的车辆的具体技术标准应当满足以下条件：

（一）轿车车型，车长不小于4800毫米，车宽不小于1800毫米，车高不小于1450毫米，发动机功率不小于100千瓦，综合工况油耗不高于8升每百公里。插电式混合动力车型（含增程式），纯电动续驶里程不低于50公里，发动机功率、油耗不作要求。

（二）多功能车及其他车型，车长不小于4500毫米，车宽不小于1800毫米，车高不小于1600毫米，发动机功率不小于100千瓦，综合工况油耗不高于10.5升每百公里。插电式混合动力车型（含增程式），纯电动续驶里程不低于50公里，发动机功率、油耗不作要求。鼓励使用无障碍用车从事网约车经营，具体标准由市交通运输主管部门核定。

（三）纯电动车型，车长不小于4550毫米，车宽不小于1700毫米，车高不小于1450毫米，电动机功率不小于90千瓦，续航里程不低于200公里。

第十九条　个人申请网络预约出租汽车运输证的，其名下应当无尚在经营使用期内的网约车,且承诺本人驾驶。

企业申请网络预约出租汽车运输证的,应当具有法人资格和不低于车辆规模的网约车驾驶员,具有与车辆规模相适应的安全和经营管理人员、制度。

第二十条 申请办理网络预约出租汽车运输证,应当由车辆所有者或者网约车平台公司向市道路运输管理机构提出,并提交以下材料:

(一)网络预约出租汽车运输证申请表;

(二)车辆所有者为个人的,提交登记在其个人名下的机动车行驶证、机动车登记证、个人承诺书;车辆所有者为企业的,提交登记在企业名下的机动车行驶证、机动车登记证、法人登记证及其复印件,相应的管理人员信息和管理制度文本,具有不低于车辆规模的网约车驾驶员承诺书;

(三)车辆购置发票及其复印件;

(四)车辆安装符合国家相关标准的卫星定位装置、应急报警装置的证明文件或者承诺书;

(五)车辆所有者与网约车平台公司不一致的,提交车辆所有者签署的经营风险知晓声明;

(六)授权委托书和经办人身份证明及其复印件。

市道路运输管理机构依车辆所有者或者网约车平台公司申请,按照本办法规定的条件,在15日内完成审核;审核通过的,公安机关交通管理部门将车辆使用性质登记为预约出租客运后,市道路运输管理机构在5日内发放网络预约出租汽车运输证;市道路运输管理机构可以委托即墨、胶州、平度、莱西市道路运输管理机构办理各自辖区内申请的网络预约出租汽车运输证相关许可手续。

超出网约车运力规模时,市交通运输主管部门可以暂停发放网络预约出租汽车运输证,并向社会公告。

第二十一条 网络预约出租汽车运输证应当载明:经营有效期限起始日为发证之日,届满日为车辆行驶证载明的初次注册之日起8年。有效期届满后,不予延续。

第二十二条 网约车终止营运,经营有效期届满,车辆报废、转让,车辆所有者企业法人营业执照或者个人所有的网约车其网络预约出租汽车驾驶员证被吊销、撤销、注销的,应当退出营运,由市道路运输管理机构注销网络预约出租汽车运输证。

第二十三条 网约车车辆所有者为企业的,企业法人合并、分立或者变更经营主体名称,应当在变更机动车行驶证后,向市道路运输管理机构申请办理网络预约出租汽车运输证变更。

第二十四条 从事网约车服务的驾驶员,应当符合以下条件:

(一)取得相应准驾车型机动车驾驶证并具有3年以上驾驶经历;

(二)无交通肇事犯罪、危险驾驶犯罪记录,无吸毒记录,无饮酒后驾驶记录,最近连续3个记分周期内没有记满12分记录;

(三)无暴力犯罪记录;

(四)未超过法定退休年龄;

(五)具有本市户籍或者有效的居住证。

第二十五条 申请网络预约出租汽车驾驶员证,应当提交以下材料:

(一)出租汽车驾驶员从业资格证申请表;

(二)机动车驾驶证及其复印件;

(三)无交通肇事犯罪、危险驾驶犯罪记录,无吸毒记录,无饮酒后驾驶记录,最近连续3个记分周期内没有记满12分记录的证明或者承诺材料;

(四)无暴力犯罪记录的证明或者承诺材料;

(五)身份证、户口簿原件及其复印件,非本市户籍的同时提交本市有效居住证原件及其复印件。

第二十六条 市道路运输管理机构依申请为符合条件并经考试合格的驾驶员,在考试成绩公布10日内发放网络预约出租汽车驾驶员证。

第二十七条 取得网络预约出租汽车驾驶员证的驾驶员,应当按照相关规定注册后上岗,参加继续教育、诚信考核。

第四章　网约车经营行为

第二十八条　网约车允许在全市范围内经营。超出经营区域的,起讫点一端应当在经营区域内。

第二十九条　网约车平台公司应当承担承运人责任,保证运营安全,保障乘客合法权益,并遵守下列规定:

(一)网络服务平台安全可靠运行,提供 24 小时不间断运营服务;

(二)提供服务的车辆取得网络预约出租汽车运输证,线上提供服务的车辆与线下实际提供服务的车辆一致,不得接入未取得合法资质的车辆从事或者变相从事网约车经营服务,不得以私人小客车合乘名义提供网约车经营服务;

(三)提供服务的驾驶员具有合法从业资格,线上提供服务的驾驶员与线下实际提供服务的驾驶员一致,对提供服务的驾驶员开展相关法律法规、职业道德、服务规范等方面的岗前培训、日常教育和继续教育,定期开展安全运营教育培训,按照有关法律法规规定,根据工作时长、服务频次等特点,与驾驶员签订多种形式的劳动合同或者协议,明确双方的权利和义务;

(四)提供服务的车辆具有交强险、第三者责任险、乘客意外伤害险、承运人责任险等营运车辆相关保险,对服务过程中发生安全责任事故等承担先行赔付责任,不得以任何形式向乘客及驾驶员转移运输服务风险;

(五)督促网约车驾驶员按照规定开展车辆安全性能检测,建立车辆定期检查、保养制度,并建立档案,确保提供服务车辆技术性能符合运营安全相关标准要求;

(六)将提供服务车辆的技术状况、安全性能情况、保险购买情况,与驾驶员签订劳动合同或者协议情况,以及驾驶员岗前培训、日常教育、继续教育等相关信息向市道路运输管理机构报备;

（七）将提供服务的车辆、驾驶员相关信息及营运信息实时传输到本市政府监管平台，保证数据真实、全面、完整；

（八）公布服务质量标准和投诉电话等投诉受理渠道及投诉办结时限，及时处理乘客投诉，并按照规定时限将投诉处理结果告知乘客；

（九）公布符合国家有关规定的计程计价方式，合理确定网约车运价，实行明码标价，并向乘客提供相应的出租汽车发票；

（十）提供服务前向乘客提供驾驶员姓名、照片、网络预约出租汽车驾驶员证号码、手机号码、服务评价结果、车牌号码等信息以及预估价格；

（十一）可以在车窗规定位置上张贴服务标志，但不得喷涂、张贴、安装巡游出租汽车营运标志，在车辆处于行驶状态时，不得向驾驶员发布其他预约业务信息；

（十二）法律、法规、规章规定的其他义务。

第三十条 禁止未取得网络预约出租汽车运输证、网络预约出租汽车驾驶员证从事网约车经营活动；禁止伪造、变造或者使用伪造、变造、失效的网络预约出租汽车运输证、网络预约出租汽车驾驶员证从事网约车经营活动；禁止接入未取得经营许可的网约车平台公司从事网约车经营活动。

第三十一条 网约车驾驶员在营运过程中，应当遵守国家对驾驶员在法律法规、职业道德、服务规范、安全运营等方面的规定，文明行车、优质服务。禁止下列行为：

（一）不按照合理路线或者乘客要求的路线行驶，途中甩客或者故意绕道行驶，无故取消订单；

（二）不按照规定随车携带网络预约出租汽车运输证、网络预约出租汽车驾驶员证；

（三）不按照规定使用或者拆卸、破坏、改装车辆卫星定位装置、应急报警装置等设备，以及在设备无法正常使用时营运；

（四）载客状态时承接其他预约业务；

（五）不按照明码标价规定的收费标准及方式违规收费；

（六）巡游揽客，或者进入机场、火车站、汽车站等巡游出租汽车专用通道（执行道路运输管理机构指令应急疏运任务除外）；

（七）对举报、投诉其服务质量或者对其服务作出不满意评价的乘客实施报复；

（八）法律、法规、规章禁止的其他行为。

第三十二条 乘客发现实际提供服务的车牌号码或者驾驶员信息与预约信息不符的，有权拒绝乘坐或者向网约车平台公司举报。

乘客应当按照明码标价规定的收费标准及方式支付车费，对于不按照规定出具相应出租汽车发票的，有权要求退回车费。

第三十三条 乘客应当文明乘车，有下列情形之一的，网约车驾驶员有权拒绝或者终止提供营运服务：

（一）携带易燃、易爆、有毒等危险品或者违禁品、宠物以及可能污损车辆的物品乘车的；

（二）前往目的地所经道路无法行驶的；

（三）精神病患者或者醉酒者丧失自控能力且无人陪同的；

（四）实施或者要求驾驶员实施违法行为的。

第三十四条 网约车车辆和驾驶员在两个或者两个以上的网约车平台提供运营服务的，相关网约车平台公司均应当依法承担责任。

第三十五条 网约车平台公司不得妨碍市场公平竞争，不得侵害乘客合法权益和社会公共利益。

网约车平台公司不得有为了排挤竞争对手或者独占市场，以低于成本的价格运营扰乱正常市场秩序、损害国家利益或者其他经营者合法权益等不正当价格行为，不得有价格违法行为。

第三十六条 网约车平台公司应当通过其服务平台以显著方式将驾驶员、约车人和乘客等个人信息的采集和使用的目的、方式和范围进行告知。未经信息主体明示同意，网约车平台公司不得将前述个人信息用于开展其他业务。

网约车平台公司采集驾驶员、约车人和乘客的个人信息，不得超越提供网约车业务所必需的范围。

除配合国家机关依法行使监督检查权或者刑事侦查权外，网约车平台公司不得向任何第三方提供驾驶员、约车人和乘客的姓名、联系方式、家庭住址、银行账户或者支付账户、地理位置、出行线路等个人信息，不得泄露地理坐标、地理标志物等涉及国家安全的敏感信息。发生信息泄露后，网约车平台公司应当及时向相关主管部门报告，并采取及时有效补救措施。

第三十七条 网约车平台公司应当遵守国家网络和信息安全有关规定，所采集的个人信息和生成的业务数据，应当在中国内地存储和使用，保存期限不少于 2 年，除法律法规另有规定外，上述信息和数据不得提供给他人。

网约车平台公司不得利用其服务平台发布法律法规禁止传播的信息，不得为企业、个人及其他团体、组织发布有害信息提供便利，并采取有效措施过滤阻断有害信息传播。发现他人利用其网络服务平台传播有害信息的，应当立即停止传输，保存有关记录，并向有关部门报告。

网约车平台公司应当依照法律规定，为公安机关依法开展国家安全工作，防范、调查违法犯罪活动提供必要的技术支持与协助。

第五章 监督检查

第三十八条 交通运输主管部门应当建设和完善政府监管平台，实现与网约车服务平台信息共享。共享信息应当包括车辆和驾驶员相关信息、营运信息、服务质量以及乘客评价信息等。

道路运输管理机构应当加强对网约车平台公司、车辆和驾驶员的资质审查与证件核发管理。

道路运输管理机构应当定期组织开展网约车服务质量测评，并及时向社会公布本地区网约车平台公司基本信息、服务质量测评结果等信息。

道路运输管理机构和交通运输监察机构应当加强营运监管，维护营运秩序，及时查处违法行为，处理乘客投诉。

道路运输管理机构、交通运输监察机构、公安等部门有权根据管理需要依法调取查阅管辖范围内网约车平台公司的登记、运营和交易等相关数据信息。

第三十九条 通信主管部门和公安、网信部门应当按照各自职责，对网约车平台公司非法收集、存储、处理和利用有关个人信息、违反互联网信息服务有关规定、危害网络和信息安全、应用网约车服务平台发布有害信息或者为企业、个人及其他团体组织发布有害信息提供便利的行为，依法进行查处，并配合道路运输管理机构、交通运输监察机构对认定存在违法违规行为的网约车平台公司进行依法处置。

公安、网信部门应当按照各自职责监督检查网络安全管理制度和安全保护技术措施的落实情况，防范、查处有关违法犯罪活动。

第四十条 物价、经济信息化、通信、公安、人力资源社会保障、城市管理、人民银行、税务、工商、质监、网信等部门按照各自职责，对网约车经营行为实施相关监督检查，并对违法行为依法处理。

第四十一条 有关部门应当按照职责建立网约车平台公司和驾驶员信用记录，并纳入全国信用信息共享平台。同时将网约车平台公司行政许可和行政处罚等信用信息在企业信用信息公示系统上予以公示。

第四十二条 出租汽车行业协会组织应当建立网约车平台公司和驾驶员不良记录名单制度，加强行业自律。

第六章 法律责任

第四十三条 违反本办法规定，有下列行为之一的，由道路运输管理机构、交通运输监察机构责令改正，予以警告，并处以10000

元以上30000元以下罚款；构成犯罪的，依法追究刑事责任：

（一）未取得经营许可，擅自从事或者变相从事网约车经营活动的；

（二）伪造、变造或者使用伪造、变造、失效的网络预约出租汽车运输证、网络预约出租汽车驾驶员证从事网约车经营活动的。

第四十四条 网约车平台公司违反本办法规定，有下列行为之一的，由道路运输管理机构、交通运输监察机构和相关部门按照职责责令改正，对每次违法行为处以5000元以上10000元以下罚款；情节严重的，处以10000元以上30000元以下罚款：

（一）违反本办法第十六条规定的；

（二）提供服务车辆未取得网络预约出租汽车运输证，或者线上提供服务车辆与线下实际提供服务车辆不一致的；

（三）提供服务驾驶员未取得网络预约出租汽车驾驶员证，或者线上提供服务驾驶员与线下实际提供服务驾驶员不一致的；

（四）未按照规定确保提供服务车辆技术状况良好的；

（五）起讫点均不在许可的经营区域从事网约车经营活动的；

（六）未按照规定将提供服务车辆及驾驶员相关信息向市道路运输管理机构报备的；

（七）未按照规定提供共享信息，或者未按照规定将相关数据传输到政府监管平台、不配合相关部门依法调取查阅相关数据信息的；

（八）未按照规定制定服务质量标准、建立并落实投诉举报制度的；

（九）违反规定喷涂、张贴、安装巡游出租汽车营运标志的；

（十）未履行管理责任，出现甩客、故意绕道、违规收费等严重违反国家相关运营服务标准行为的；

（十一）未履行管理责任，提供服务车辆的卫星定位装置、应急报警装置等设备被拆卸、破坏、改装或者在无法正常使用时营运的。

网约车平台公司不再具备线上线下服务能力或者有严重违法

行为的，由道路运输管理机构、交通运输监察机构依据相关法律法规规定责令停业整顿、吊销相关许可证件。

第四十五条 网约车驾驶员违反本办法第三十一条营运管理有关规定的，由道路运输管理机构、交通运输监察机构责令改正，对每次违法行为处以200元以上2000元以下罚款。

网约车驾驶员不再具备从业条件或者有严重违法行为的，由道路运输管理机构、交通运输监察机构依据相关法律法规规定撤销或者吊销网络预约出租汽车驾驶员证。

对网约车驾驶员的行政处罚信息计入驾驶员和网约车平台公司信用记录。

第四十六条 网约车平台公司违反本办法第十四、十五、二十九、三十六、三十七条有关网络和信息安全规定的，由网信、公安和通信主管部门按照各自职责依照相关法律法规规定给予处罚；给信息主体造成损失的，依法承担民事责任；涉嫌犯罪的，依法追究刑事责任。

网约车平台公司及网约车驾驶员违法使用或者泄露约车人、乘客个人信息的，由公安、网信等部门依照各自职责处以2000元以上10000元以下罚款；给信息主体造成损失的，依法承担民事责任；涉嫌犯罪的，依法追究刑事责任。

网约车平台公司拒不履行或者拒不按照要求为公安机关依法开展国家安全工作，防范、调查违法犯罪活动提供技术支持与协助的，由公安机关依法予以处罚；构成犯罪的，依法追究刑事责任。

第四十七条 违反明码标价有关规定及违规收费的，由物价部门依照相关法律法规规定予以处罚。

违反本办法规定的其他行为，相关法律法规规章有处罚规定的，由有关主管部门依法予以处罚。

第七章 附 则

第四十八条 私人小客车合乘不适用本办法。

本办法所称私人小客车合乘（也称为拼车、顺风车），是指通过互联网平台整合出行信息，由合乘出行提供者事先发布出行信息，出行线路相同的人选择合乘出行提供者的小客车、分摊部分出行成本或者免费互助的共享出行方式。

第四十九条 巡游出租汽车以电信、互联网等电召服务方式为乘客提供运营服务的，按照国家有关规定执行。

网约车的强制报废标准按照国家、省有关规定执行。

第五十条 本办法自2017年1月1日起施行。

本办法实施前，原在外地注册的网约车平台公司在本市提供服务的，应当在本办法实施之日起90日内办理许可手续。

2016年7月26日后、本办法实施前，尚在前款网约车平台公司提供服务、在青岛市行政区域内注册登记并符合第十七条第一款、第十八条要求，且车龄从初次注册登记取得机动车行驶证之日至申请日未满3年的车辆，需要在本市营运的，应当在本办法实施之日起90日内办理相关许可手续。逾期未办理许可手续的，网约车平台公司不得为其提供网约车经营服务。

珠海市小型客运船舶管理规定

珠海市人民政府令第120号　2017.11.13

第一章　总　　则

第一条　为加强本市小型客运船舶管理，保障人民群众生命财产安全，规范和维护水路客运市场的经营秩序，根据法律、法规的规定，结合本市实际，制定本规定。

第二条　本规定所称小型客运船舶，是指单船载客十二人以下（不含十二人）从事旅客运输、休闲观光等商业活动的船舶。

第三条　在本市水域内的小型客运船舶适用本规定。

在渔港内专门为渔船提供水上交通运输服务的船舶和在公园、风景名胜区等封闭非通航水域内从事水上游乐活动的船只，以及乡镇载客渡船不适用本规定。

第四条　市交通主管部门是本市小型客运船舶的行政主管部门。

海事、旅游、公安、海洋、渔港监督等部门在各自职责范围内协助做好小型客运船舶的管理工作。

第五条　市交通主管部门开展小型客运船舶行业的管理工作应当遵循公开、公正、公平和便民的原则。

经营者开展经营活动应当遵循安全至上、诚实守信、公平竞争的原则。

第二章　经营资格

第六条　小型客运船舶经营者应当具备下列条件：

（一）有中华人民共和国企业法人资格。

（二）配备相应的通信、救生、消防设备。

（三）有与停靠站点的港口、码头经营人达成停靠协议。

（四）拥有与经营范围相适应、符合第八条规定的五艘以上、总客位50个以上的船舶。

（五）有与经营规模相适应的船员和至少2名管理人员。

（六）设置专门的安全生产管理机构，制订完善的安全生产管理制度，包括安全生产操作规程、安全生产责任制、安全生产监督检查制度、从业人员和船舶安全生产管理等制度。

第七条 小型客运船舶的船员和管理人员应当符合下列条件：

（一）年内无重大以上水上交通安全责任事故记录。

（二）取得交通主管部门颁发的从业资格证书。

（三）船员持有海事或渔港监督部门签发的相应等级的适任证书。

（四）船长与所属经营者签订安全生产管理责任合同。

（五）管理人员取得航运、航海、船舶或船机等相关专业中等以上学历或分别持有不低于大副、大管轮的适任证书。

第八条 小型客运船舶应当符合下列条件：

（一）有符合规定的垃圾回收及防污设施。

（二）符合国家对船龄、船型、船舶噪声的规定。

（三）符合船检部门的船舶技术检验标准和海事或渔港监督部门注册规定。

第九条 小型客运船舶从事经营活动应当向市交通主管部门提交下列材料：

（一）申请书、承诺书。

（二）公司章程。

（三）企业名称预先核准通知或营业执照副本。

（四）固定办公场所使用证明。

（五）企业管理制度或安全管理体系。

（六）拟聘用船员适任证书、从业资格培训证书。

（七）船舶靠泊设施证明文件或港航协议意向书。

（八）管理人员的从业资格培训证书和劳动合同。

（九）主要股东身份证明和资产评估机构出具的资信证明。

（十）拟建造船舶提供船舶类型、艘数、座位数的书面说明及船舶设计图纸或模拟效果图，拟购置、光租或现有船舶提供有效船舶证书及船舶的外形、舱内照片。

第十条 已获得小型客运船舶经营许可的经营者，申请新增小型客运船舶时，应当提供下列材料：

（一）申请书、承诺书。

（二）水路运输经营许可证复印件。

（三）企业法人营业执照副本复印件。

（四）拟聘用船员适任证书、从业资格培训证书。

（五）船舶靠泊设施证明文件或港航协议意向书。

（六）拟建造船舶提供船舶类型、艘数、座位数的书面说明及船舶设计图纸或模拟效果图，拟购置、光租或现有船舶提供有效船舶证书及船舶的外形、舱内照片。

第十一条 市交通主管部门对小型客运船舶经营申请不予以受理的，应当书面说明理由；受理的应当自受理之日起20日内作出决定；不予许可的，应当书面说明理由。

经营者应当持水路运输经营许可证向工商行政管理部门办理营业登记手续。

第十二条 经营者应当按照市交通主管部门确定的时间和许可事项落实人员、拟投入船舶等事项。经市交通主管部门核实且符合要求的，发给国内船舶运输经营资质认可通知书和船舶营运证；对未能按时落实的，取消其经营许可并通知工商、税务部门注销登记。

第三章 营运管理

第十三条 经营者应当在市交通主管部门核定的经营范围内

经营。

未经市交通主管部门批准,任何单位和个人不得在本市水域内从事小型客运船舶业务。

第十四条 经营者不得将依法取得的经营资格转让、出租他人使用。

第十五条 经营者不得强行提供服务,从事不正当竞争。

第十六条 经营者应当在其经营场所公布经营服务的收费项目、收费标准和投诉电话;未公布的,不得开展经营活动。

经营者应当使用国家统一印制的票据,并遵守国家价格管理的规定。

第十七条 经营者应当依法制止旅客携带易燃、易爆等危险品及污染物品乘船,并有权拒绝醉酒等可能危及航行安全的人员乘船。

船员应当将有关乘客须知和安全救生知识告知旅客。

在航行途中,船员及旅客应当穿着救生衣。发生旅客意外落水或其他险情时,船员应当立即采取有效措施排除险情,并及时向海事、渔港监督、交通和安全生产监督等部门报告。

第十八条 经营者应当按最低安全配员和载客定额购买船员和旅客的人身伤亡意外责任保险,同时购买小型客运船舶的第三者责任险。保险期届满前7日内经营者应当续保,拒不续保的,经营者不得继续从事载客服务。

第十九条 经营者在营运时应当制定安全生产应急预案,并定期进行演练。

第二十条 经营者应当自行提取安全费用,专户专存,用于安全设备、设施的更新和维护,安全生产的教育、培训,劳动防护用品,应急救援器材和物资的储备。

第二十一条 经营者应当对从业人员进行安全生产教育培训,未经安全生产教育和培训合格的人员,不得上岗作业。安全教育和培训情况应当记入从业人员安全生产培训记录卡,记录卡应当由考核人员和从业人员签名。

第二十二条 禁止使用报废的小型客运船舶和国家淘汰的水泥质、挂桨机船舶,以及将货运船舶改建为小型客运船舶。

第二十三条 小型客运船舶不得经营跨市航线船舶客运和班轮船舶客运业务。

本条所称班轮,是指客船按固定的班期、航线从事载客服务。

第二十四条 小型客运船舶航行时应当随船携带船舶营运证,并遵守航行规则,按照船舶证书核定的载客定额运送旅客,不得超载。

第二十五条 有下列情形之一,小型客运船舶不得出海航行:

(一)晚上八时至次日六时。

(二)能见度低于三千米。

(三)海上风力超过六级。

第二十六条 小型客运船舶应当在划定的区域内停泊,遵守国家水污染防治的法律、法规,不得违规排放、倾倒废弃物和污染物。

第四章 监督检查

第二十七条 市交通主管部门应当加强对经营者及小型客运船舶的监督检查。实施监督检查时,应当有2名以上执法人员,并向当事人出具执法证件。

第二十八条 市交通主管部门可依法向小型客运船舶经营者以及相关单位和个人询问有关情况,并可依法查阅、复制有关资料。

经营者应当接受交通主管部门执法人员的监督检查,无正当理由不得拒绝检查或谎报情况。

第二十九条 执法人员应当将监督检查的时间、地点、内容、发现的问题及处理情况作出书面记录并交由经营者签字确认,经营者拒绝签字的,执法人员应当如实作出记录。

执法人员应当依法保守经营者以及相关单位和个人的商业秘密。

第五章　法律责任

第三十条　未取得许可擅自经营小型客运船舶业务的，由市交通主管部门责令停止违法行为，并可处一万元以上三万元以下的罚款。

第三十一条　违反第十三条的，由市交通主管部门责令改正，并处以一万元以上三万元以下的罚款。

第三十二条　违反第十四条的，由市交通主管部门责令限期改正，并处以一千元以上五千元以下的罚款。

第三十三条　违反第十五条的，由市交通主管部门处以一万元以上三万元以下的罚款。

第三十四条　违反第十八条的，由市交通主管部门责令改正，并处以一万元以上三万元以下的罚款。

第三十五条　经营者有下列情形之一的，市交通主管部门可责令其停业整顿：

（一）发生重大以上水上交通安全事故。

（二）不再具备本规定所要求的经营资格条件。

经停业整顿，已符合本规定所要求的经营资格条件和安全条件的，发给整改合格通知书，可重新营业；不符合本规定所要求的经营资格条件和安全条件的，市交通主管部门应当取消其经营资格。

第三十六条　小型客运船舶超载、乱停、乱泊、不遵守航行规则航行或违规排放、倾倒废弃物和污染物的，由海事、渔港监督部门依照国家有关规定给予处罚。

第三十七条　小型客运船舶管理部门及其工作人员滥用职权、徇私舞弊、玩忽职守的，由有关部门给予行政处分；构成犯罪的，依法移交司法机关处理。

第六章　附　　则

第三十八条　本规定所称的小型客运船舶包括休闲渔船、游艇、摩托艇等船舶。

第三十九条　休闲渔船的注册、登记、检验、船员证书等相关手续及安全监督管理工作由渔港监督部门负责。

第四十条　本规定自发布之日起30日后施行。

附　　录

2017 年由交通运输部规章废止的规章和规范性文件目录

被废止的规章名称	被废止规章的发布日期	废止依据
跨越国家航道的桥梁通航净空尺度和技术要求的审批办法	交基发〔1994〕906 号 1994 年 9 月 10 日发布	2017 年 1 月 16 日被交通运输部以交通运输令 2017 年第 1 号《航道通航条件影响评价审核管理办法》废止
关于进一步做好跨越航道的桥梁通航净空尺度和技术要求审批工作的通知	交水发〔2006〕388 号 2006 年 7 月 26 日发布	2017 年 1 月 16 日被交通运输部以交通运输令 2017 年第 1 号《航道通航条件影响评价审核管理办法》废止
公共航空旅客运输飞行中安全保卫工作规则	交通运输部令 2016 年第 5 号 2016 年 3 月 4 日发布	2017 年 2 月 7 日被交通运输部以交通运输令 2017 年第 3 号《公共航空旅客运输飞行中安全保卫工作规则》废止
中华人民共和国船舶安全检查规则	交通运输部令 2009 年第 15 号 2009 年 11 月 30 日发布	2017 年 5 月 23 日被交通运输部以交通运输令 2017 年第 14 号《中华人民共和国船舶安全监督规则》废止
交通建设项目环境保护管理办法	交通部令 2003 年第 5 号 2003 年 5 月 13 日发布	2017 年 5 月 23 日被交通运输部以交通运输令 2017 年第 22 号《关于废止 2 件交通运输规章的决定》废止

续上表

被废止的规章名称	被废止规章的发布日期	废止依据
中华人民共和国船舶签证管理规则	交通部令2007年第7号2007年5月31日发布	2017年5月23日被交通运输部以交通运输令2017年第22号《关于废止2件交通运输规章的决定》废止
民用航空产品和零部件合格审定规定	中国民用航空总局令第183号1990年8月8日发布,1991年4月9日第一次修订,1998年8月20日第二次修订,2007年4月15日第三次修订	2017年5月24日被交通运输部以交通运输令2017年第23号《民用航空产品和零部件合格审定规定》废止
定期国际航空运输管理规定	中国民用航空总局令第36号1993年7月29日发布	2017年5月26日被交通运输部以交通运输令2017年第24号《定期国际航空运输管理规定》废止
公路水运工程安全生产监督管理办法	交通部令2007年第1号2007年2月14日发布;交通运输部令2016年第9号2016年3月7日修订	2017年6月12日被交通运输部以交通运输令2017年第25号《公路水运工程安全生产监督管理办法》废止
民用航空器适航委任代表及委任单位代表的规定	中国民航总局令第28号1992年12月11日发布,1997年1月6日修订	2017年8月1日被交通运输部以交通运输令2017年第26号《民用航空适航委任代表和委任单位代表管理规定》废止
港口危险货物安全管理规定	交通运输部令2012年第9号2012年12月11日发布	2017年9月4日被交通运输部以交通运输令2017年第27号《港口危险货物安全管理规定》废止

续上表

被废止的规章名称	被废止规章的发布日期	废止依据
公路工程质量管理办法	交公路发〔1999〕90号 1999年2月24日发布	2017年9月4日被交通运输部以交通运输令2017年第28号《公路水运工程质量监督管理规定》废止
水运工程质量监督规定	交通部令2000年第3号2000年6月7日发布	2017年9月4日被交通运输部以交通运输令2017年第28号《公路水运工程质量监督管理规定》废止
公路工程质量监督规定	交通部令2005年第4号2005年5月8日发布	2017年9月4日被交通运输部以交通运输令2017年第28号《公路水运工程质量监督管理规定》废止
大型飞机公共航空运输承运人运行合格审定规则	交通运输部令2016年第6号2016年3月4日发布	2017年9月4日被交通运输部以交通运输令2017年第29号《大型飞机公共航空运输承运人运行合格审定规则》废止
中国民用航空空中交通管理规则	中国民用航空总局令第86号1999年7月5日发布;中国民用航空总局令第99号2001年3月19日修订;中国民用航空总局令第190号2007年11月4日修订	2017年9月29日被交通运输部以交通运输令2017年第30号《民用航空空中交通管理规则》废止
长江干线水上交通安全管理若干办法(暂行)	交安监字〔1991〕781号1991年11月11日发布	2017年11月4日被交通运输部以交通运输令2017年第32号《长江干线水上交通安全管理特别规定》废止

续上表

被废止的规章名称	被废止规章的发布日期	废止依据
航空器型号和适航合格审定噪声规定	中国民航总局令第182号2002年3月20日发布,2007年4月15日修订	2017年12月12日被交通运输部以交通运输令2017年第33号《航空器型号和适航合格审定噪声规定》废止
国内投资民用航空业规定(试行)	中国民用航空总局令第148号2005年7月15日发布	2017年12月18日被交通运输部以交通运输令2017年第34号《国内投资民用航空业规定》废止
外国公共航空运输承运人运行合格审定规则	中国民用航空总局令第127号2004年8月23日发布	2017年12月18日被交通运输部以交通运输令2017年第35号《外国公共航空运输承运人运行合格审定规则》废止

ISBN 978-7-114-14867-5